海港区年鉴

2013

秦皇岛市海港区地方志年鉴编纂委员会 编

方志出版社
Publishing House of Local Records

图书在版编目（CIP）数据

海港区年鉴．2013／秦皇岛市海港区地方志年鉴编纂委员会编.—北京：方志出版社，2014.4
ISBN 978-7-5144-1238-3

Ⅰ.①海… Ⅱ.①秦… Ⅲ.①区（城市）—秦皇岛市—2013—年鉴 Ⅳ.①Z522.23

中国版本图书馆CIP数据核字（2014）第073377号

海港区年鉴（2013）

编　　者：秦皇岛市海港区地方志年鉴编纂委员会
责任编辑：章　瑾
出 版 者：冀祥德
出 版 者：方志出版社
地址　北京市朝阳区潘家园东里9号（国家方志馆四层）
邮编　100021
网址　http://www.fzph.org
发　　行：方志出版社发行中心
（010）67110500
经　　销：各地新华书店
印　　刷：北京中实兴业印务有限公司
开　　本：889×1194　　1/16
印　　张：27.875
字　　数：790千字
版　　次：2014年4月第1版　　2014年4月第1次印刷
印　　数：0001~1000册
ISBN 978-7-5144-1238-3/K·1006　　**定价**：280.00元

编辑说明

一、《海港区年鉴》1986年创刊，是由中共海港区委、海港区人民政府主办，海港区地方志年鉴编纂委员会主持编纂的一部大型资料性工具书。

二、本年鉴以马列主义、毛泽东思想、邓小平理论、“三个代表”重要思想和科学发展观为指导，坚持实事求是的原则。

三、本年鉴从2012卷起逐年编纂出版，是海港区权威地情年刊，全面、系统、翔实地载录海港区上一年的经济和社会发展进程，客观反映全区的新变化、新成就及经验教训，为区内外及海外各界人士和广大读者了解海港区、研究海港区提供准确可靠的信息资料和基本数据。

四、本年鉴采用分类编纂的方法。卷首设彩页，卷尾设附录，卷中设篇目（类目）、篇目（类目）下设分目、分目下设条目记述。

五、本年鉴所用稿件由各部门提供，并经部门主要负责人审阅签字、单位盖章。部分参考《秦皇岛市年鉴》、《今日海港区》等方面信息。

六、本年鉴所用数据除各部门提供外，一般以统计年鉴数字为准。

七、本年鉴收录的先进人物为获得区委、区政府以上级别表彰的区内单位工作人员。获得省委、省政府以上级别表彰的先进人物的事迹进行简要介绍。

八、由于年鉴涉及面广，内容繁杂，在编纂质量方面难免存有不足之处，为此恳望各界人士多提意见和建议，以便我们不断改进工作，把《海港区年鉴》越办越好。

海港区地方志年鉴编纂委员会

《海港区年鉴》编辑部

主　审

齐香民

主　编

王　澍　孙　毅　王洪泉

执行主编

王胤龙　傅　宁

副主编

刘景银　亢学文　李志贤

编　辑

么敏芳　许　嘉　洪铉子　徐晶晶　杨　君　王敬国　韩兴隆　石林生

摄　影

郭万海　王建民　张瑞华

法律顾问

王立平

全区概况 | QUANQU GAIKUANG

区貌

全区概况 | QUANQU GAIKUANG

区貌

区貌

全区概况 QUANQU GAIKUANG

第二届庙会

海港区总工会

区总工会务实创新，竭诚履职，强化自身建设，工会组织建设、厂务公开民主管理、工资集体协商、和谐企业创建、困难职工帮扶、职工文化建设、物业公司建会、群众工作室建设等多项工作及创新工作方法得到省、市工会肯定，在全省 172 个县、区工会规范化建设考核中，以总分第二名获“工会工作优秀单位”称号。

▲ 举行“温暖冬日、共建和谐”春节送温暖物资发放仪式

▲ 慰问秦皇岛瑞通发展有限公司、秦皇求仙入海处管理办等一线职工

▲ 组织省部级以上劳动模范到乐亭李大钊纪念馆参观

▲ 全区社区、村基层工会组织建设工作现场会

▲ 组织职工进行跳绳比赛

▲ 省总工会副主席刘书为视察海港区困难职工帮扶工作

海港区教育局

全区有中小学校 68 所，其中，中学 18 所（城区中学 13 所，农村中学 5 所），小学 49 所（城区小学 27 所，农村小学 22 所），九年一贯制学校 1 所。有国办独立幼儿园 4 所，小学附属幼儿园 17 所，局机关和校外教育机构（青少年活动中心、中小学生社会实践基地、社区教育管理委员会、教师进修学校）5 个，民办教育机构 152 个，民办幼儿园 75 所。有教职工 5553 人，其中：中学教职工 2302 人；小学教职工 2700 人；国办独立幼儿园教职工 187 人；局机关及校外机构教职工 364 人。中小学在校生 5.71 万人，教学班 1207 个。其中：小学在校生 3.77 万人，教学班 794 个；中学在校生 1.94 万人，教学班 413 个。

▲ 爱国主义主题教育活动

▲ 读书社团

▲ 幼儿操展示

▲ 足球社团

▲ 标准化现代化的明珠学校

▲ 整洁美观的文化里小学

单位简介 | DANWEI JIANJIE

海港区安监局

区安监局坚持“安全第一、预防为主、综合治理”的方针，开展安全生产年、安全生产文化年、行政执法年、基层基础建设年，“双创、双打、双迎”和“决战四十天，迎接十八大”安全生产执法专项整治特别行动等系列活动，强化基层基础，强化责任落实，强化专项整治，全面深化落实安全生产各项政策措施，保持全区安全生产总体形势的持续平稳发展。全区未发生安全生产事故及有恶劣影响的安全生产事件，安全生产形势良好。

▲ 区长冯国林在永晖石油股份有限公司现场调研

▲ 商场火灾事故应急演练

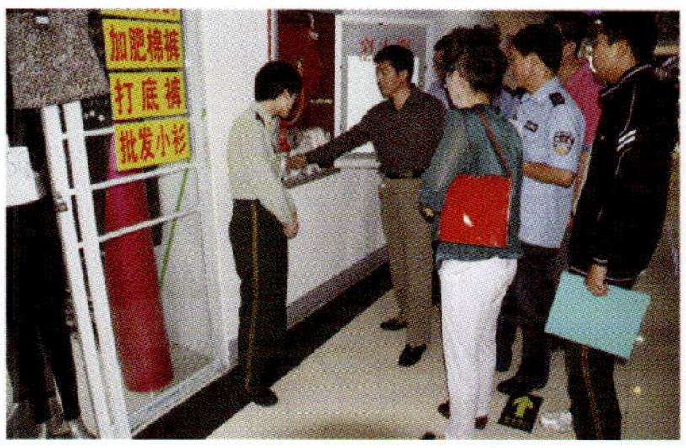

▲ 安监局会同消防部门检查四季青批发市场消防安全

▲ 安监执法人员检查乐购商场

▲ 海港区举办基层安监工作人员培训班

单位简介 DANWEI JIANJIE

海港区畜牧局

全区畜牧业继续保持健康、平稳发展的势头，牧业产值 1.53 亿元。猪肉产量 3013 吨、牛肉产量 328 吨、羊肉产量 104 吨、禽肉产量 1070 吨、蛋产量 3109 吨、牛奶产量 5653 吨；生猪存栏 2.88 万头，出栏 4.85 万头；禽存栏 36.78 万只，出栏 67.6 万只；大牲畜存栏 2973 头，出栏 2097 头，其中：奶牛存栏 1824 头，肉牛存栏 443 头；羊存栏 5920 只，出栏 6130 只。

▲培训村级畜牧员

▲阳光工程培训

▲举办动物卫生监督执法暨行风建设培训班

▲动检人员对病死猪进行无害化处理

海港医院

海港医院是集医疗、急救、教学、科研和预防保健为一体的市内第二大综合性医院，担负着市区及周边人口的医疗保健任务，以及河北大学医学部、华北煤炭医学院、承德医学院等 7 所医学院校的临床教学和实习任务，是国家二级甲等医院。医院占地面积 11246. 8 平方米，建筑面积 44268.86 平方米，编制床位 530 张，实际开放床位 600 张，设有内、外、妇、儿、骨、肿瘤等 28 个病区，27 个一级科室，30 多个专科专病门诊。在职职工 858 人，其中：正高级职称 39 人，副高级职称 98 人，中级职称 193 人。年门诊量近 44 万人次，出院病人 2 万人次，开展各类手术 6400 多例。

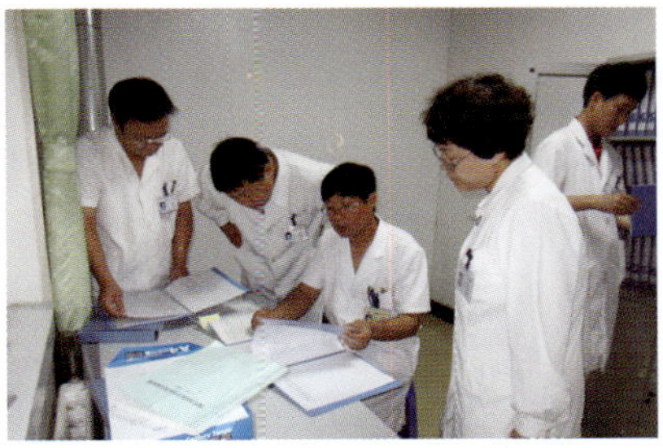

▲院长曹信杰带领班子成员检查二甲复审工作

▲挂号收费厅

▲海港医院外景

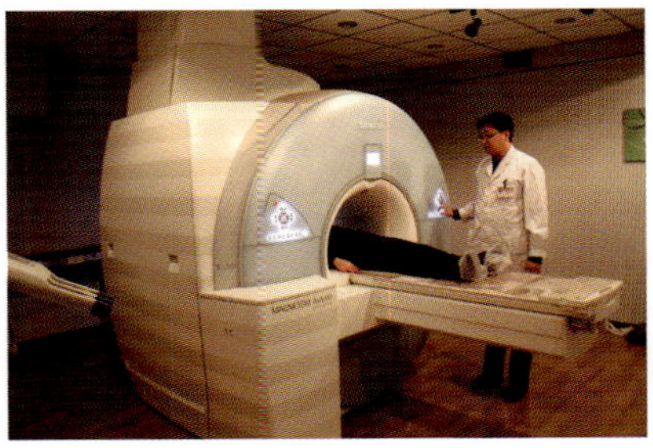

▲5T磁共振

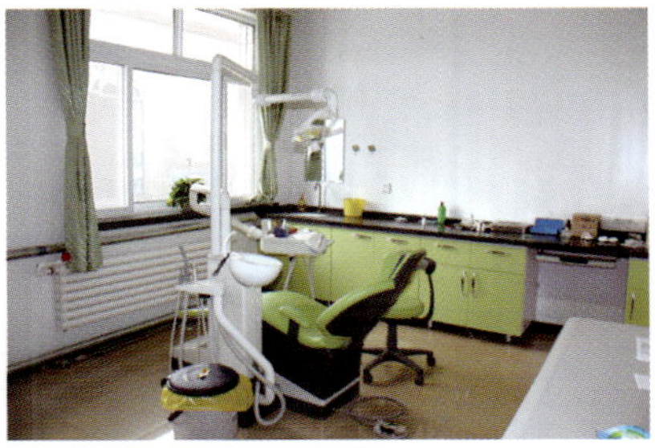

▲门诊科室新颜新貌

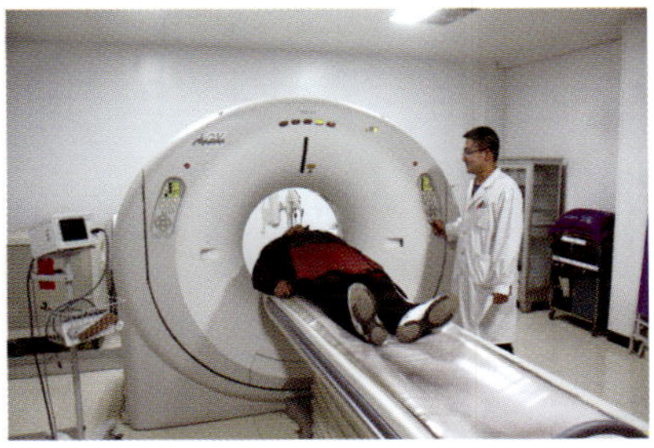

▲4排以上螺旋CT

海港区太阳城管理委员会

太阳城管委会以理念和思路创新为先导，以太阳城升级改造项目为抓手，创新思路，高点定位，统筹谋划，真抓实干，着力实施太阳城整体形象提升工程，深入推进重点项目建设，努力打造无处不景、无场不商、休购天堂的中心商业区。

▲ 维稳宣传

▲副区长赵长泰到太阳城调研

▲太阳城城区内安装固化棚亭

▲太阳城新增保洁设备

东港镇

东港镇辖 12 个行政村，总面积 16.8 平方千米，耕地面积 545 公顷，总户数 4730 户，总人口 1.45 万人。全年完成社会固定资产投资 11.15 亿元，同比增长 36.5%；引进内资 2.5 亿元，同比增长 56.3%；实现千万元以上重点项目投资 18.15 亿元，同比增长 79.7%；农民人均纯收入 9344 元，同比增长 8%。

▲ 区委书记冯志勇检查铁路护路情况

▲ 常务副区长齐香民到东港镇调研

▲ 东港镇召开大学生村官座谈会

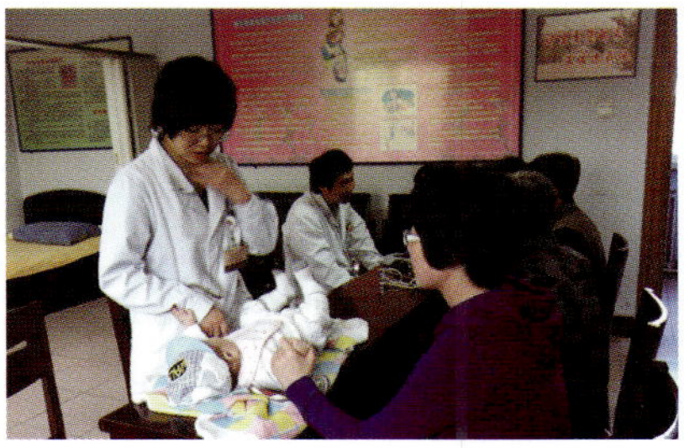

▲ 巾帼志愿者姜波为前来义诊的患儿体检

▲ 东港镇召开争做“文明东港人”动员大会

海阳镇

海阳镇辖 17 个行政村，总面积 25.4 平方千米，耕地面积 1106.67 公顷。总户数 7428 户，总人口 1.87 万人。全年完成固定资产投资 14.15 亿元，引进内资 1.85 亿元；完成重点项目建设投资 22 亿元；完成规模工业产值 3100 万元，规模工业增加值 584 万元；农民人均纯收入 9089 元。

▲ 市委副书记、市长商黎光到海阳镇调研安全生产工作

▲镇领导督导农村面貌整治提升工作

▲ 海阳镇群众健身操代表队参加全区比赛

▲市民到小苇芝港村大樱桃园体会休闲采摘乐趣

▲ 专业合作社的错季蔬菜长势喜人

目　录

MULU

MULU

特　载

冯志永在中共海港区第九届委员会第二次全体会议上的工作报告……………………………（3）
鲁栋在海港区第十四届人民代表大会第一次会议上的工作报告……………………………（11）
冯国林在海港区第十四届人民代表大会第一次会议上的政府工作报告……………………（16）
杨永会在政协海港区第八届委员会第一次会议上的工作报告………………………………（26）

大事记

1～12 月大事记 ……………………………（33）

区情综述

概况……………………………………………（51）
历史沿革……………………………………（51）
地理位置及面积……………………………（51）
人口…………………………………………（51）
2012 年海港区总人口及总户数情况一览表……………………………………（51）
行政区划……………………………………（51）
自然环境……………………………………（52）
地质…………………………………………（52）
地貌…………………………………………（52）
河流…………………………………………（53）
气候…………………………………………（54）
2012 年海港区各月平均气温（℃）情况一览表……………………………………（54）
2012 年海港区各月降水量情况一览表 …（54）
气象灾害……………………………………（55）
自然资源……………………………………（55）
植物资源……………………………………（55）
动物资源……………………………………（56）
土地资源……………………………………（56）
矿产资源……………………………………（56）
海洋资源……………………………………（56）
水资源………………………………………（57）
旅游资源……………………………………（57）
国民经济和社会发展………………………（57）
概况…………………………………………（57）
经济总量与财政收入………………………（57）
农林牧渔业…………………………………（57）
工业…………………………………………（58）
国内贸易……………………………………（58）
固定资产投资与房地产……………………（58）
对外贸易……………………………………（58）
城市建设与环境保护………………………（58）
科学技术与教育……………………………（59）
文化、体育和卫生…………………………（60）
人口、人民生活与社会保障………………（61）

中共海港区委员会

区委重要决策………………………………（65）
区委重要会议………………………………（67）
区委全委会议………………………………（67）
区委常委会议………………………………（67）
区委主要工作………………………………（68）
概况…………………………………………（68）
经济工作……………………………………（68）
城市建管工作………………………………（68）
民生工作……………………………………（69）
宣传、文化和旅游工作……………………（69）
社会和谐稳定工作…………………………（69）
党建工作……………………………………（70）
区委工作机构及其领导……………………（70）
区委领导人…………………………………（70）
区委工作机构主要负责人…………………（70）
区委派出机构主要负责人…………………（71）
区委办公室工作……………………………（71）
概况…………………………………………（71）
参谋辅政工作………………………………（71）
协调服务工作………………………………（71）
督查工作……………………………………（72）
信息工作……………………………………（72）
文秘工作……………………………………（72）
信息化工作…………………………………（72）
后勤工作……………………………………（72）

保密工作……………………………………（72）
值班工作……………………………………（73）
党史工作……………………………………（73）
纪检监察工作……………………………………（73）
概况……………………………………（73）
源头上预防和治理腐败……………………………………（73）
信访维稳和案件查办……………………………………（73）
党风廉政建设……………………………………（74）
纠风工作……………………………………（74）
专项治理工作……………………………………（74）
行政效能监察……………………………………（74）
纪检监察队伍建设……………………………………（75）
中共海港区纪律委员会组成人员…………（75）
组织工作……………………………………（75）
概况……………………………………（75）
领导干部思想政治建设工作…………………（75）
干部教育培训工作……………………………………（76）
干部考核评价工作……………………………………（76）
干部人事制度改革工作…………………………（76）
干部监督和管理工作……………………………（76）
人才工作……………………………………（76）
农村党建工作……………………………………（76）
社区党建工作……………………………………（77）
“两新”党建工作 ……………………………（77）
党员队伍建设工作……………………………………（77）
党员电教与远教工作……………………………（78）
“创先争优”活动 ……………………………（78）
“基层建设年”活动 …………………………（78）
自身建设……………………………………（79）
老干部工作……………………………………（79）
老年教育工作……………………………………（80）
关心下一代工作……………………………………（80）
党校工作……………………………………（80）
宣传思想工作……………………………………（81）
概况……………………………………（81）
理论教育……………………………………（81）
新闻宣传……………………………………（81）
文化建设……………………………………（82）
舆情信息……………………………………（82）
两个创建……………………………………（82）
统一战线工作……………………………………（82）
概况……………………………………（82）
学习中共十八大精神……………………………（82）
经济统战工作……………………………………（83）
党外人士工作……………………………………（83）
新社会阶层工作……………………………………（83）
社区统战工作……………………………………（83）
民族宗教工作……………………………………（83）
对台工作……………………………………（84）
农村工作……………………………………（84）
概况……………………………………（84）
省、市示范村建设……………………………（84）
新民居建设……………………………………（84）
幸福乡村建设……………………………………（84）
农业产业化……………………………………（84）
山区综合开发建设……………………………（85）
党风廉政建设……………………………………（85）
政法稳定工作……………………………………（86）
概况……………………………………（86）
社会稳定工作……………………………………（86）
社会创新管理……………………………………（86）
涉法涉诉工作……………………………………（87）
政法队伍建设……………………………………（87）
机构编制管理工作……………………………（87）
概况……………………………………（87）
机关事业单位编制现状…………………………（87）
机关编制实名制信息核查工作……………（88）
事业单位清理规范工作…………………………（88）
编制使用核准制度实施…………………………（88）
事业单位登记管理……………………………（88）
机构编制统计工作……………………………（89）
信访工作……………………………………（89）
概况……………………………………（89）
完善信访制度……………………………………（89）
畅通信访渠道……………………………………（89）
全力攻坚积案难案……………………………（89）
完善非正常上访管理程序……………………（90）
敏感时期工作……………………………………（90）
精神文明建设……………………………………（90）
概况……………………………………（90）
文明网络建设……………………………………（90）
第三届“感动港城·平民偶像”评选活动（90）

"八好"镇民评选活动 ……………………（91）
第四届农村文化艺术节……………………（91）
文明和谐社区创建…………………………（91）
文明生态村创建……………………………（91）
市民文明素质提高…………………………（91）
未成年人思想道德建设……………………（92）
志愿服务活动………………………………（92）
区直机关党建工作……………………………（93）
概况…………………………………………（93）
"创先争优"活动 …………………………（93）
党员发展工作………………………………（93）
机关党建规范化建设………………………（94）
群团组织建设………………………………（94）
党风廉政教育………………………………（94）
城市建设系统党建工作………………………（94）
概况…………………………………………（94）
思想政治建设………………………………（94）
机关作风建设………………………………（95）
基层党建基础工作…………………………（95）
机关文化建设和群团工作…………………（95）
班子建设……………………………………（95）
生态工程项目建设…………………………（96）
基层建设年暨"一联六促、访解帮带"活动
……………………………………………（96）
卫生系统党建工作……………………………（96）
概况…………………………………………（96）
"创先争优"和"一联六促、访解帮带"活动
……………………………………………（96）
党风廉政和行业作风建设工作……………（97）
综治信访工作………………………………（97）
送医送药下乡活动…………………………（97）
教育系统党建工作……………………………（97）
概况…………………………………………（97）
基层党建工作………………………………（97）
"创先争优"活动 …………………………（97）
"基层建设年"活动 ………………………（98）
规范队伍管理………………………………（98）
工会工作……………………………………（98）
共青团工作…………………………………（98）
妇联工作……………………………………（98）
关心下一代工作……………………………（99）
老干部工作…………………………………（99）
优化发展环境工作……………………………（99）
概况…………………………………………（99）
"治庸提效能、服务促发展"活动 ………（99）
行政审批制度改革…………………………（99）
行政效能监察………………………………（100）
重点项目跟踪问效…………………………（100）
机关标准化建设……………………………（100）

海港区人民代表大会

区人民代表大会会议…………………………（103）
区十四届人大一次会议……………………（103）
区人大常委会会议……………………………（103）
区第十三届人大常委会第三十七次会议…（103）
区第十四届人大常委会第一次会议………（103）
区第十四届人大常委会第二次会议………（103）
区第十四届人大常委会第三次会议………（103）
区第十四届人大常委会第四次会议………（103）
区第十四届人大常委会第五次会议………（103）
区人大常委会主要工作………………………（104）
概况…………………………………………（104）
工作监督……………………………………（104）
司法监督……………………………………（104）
代表工作……………………………………（104）
人事任免……………………………………（105）
自身建设……………………………………（105）
区人大常委会机构……………………………（105）
区第十三届人大常委会组成人员…………（105）
区第十四届人大常委会组成人员…………（105）
区人大常委会工作机构主要负责人………（105）
区第十四届人民代表大会代表团及代表……（105）
东港镇代表团………………………………（105）
海港镇代表团………………………………（106）
海阳镇代表团………………………………（106）
西港镇代表团………………………………（106）
北港镇代表团………………………………（106）
文化路代表团………………………………（106）
海滨路代表团………………………………（106）
建设大街代表团……………………………（106）
燕山大街代表团……………………………（106）

港城大街代表团……………………………（106）
东环路代表团……………………………（106）
白塔岭代表团……………………………（107）
河东代表团………………………………（107）
西港路代表团……………………………（107）
北环路代表团……………………………（107）

海港区人民政府

区政府重要决策…………………………（111）
区政府重要会议…………………………（115）
区政府常务会议……………………………（115）
区长办公会议………………………………（115）
区政府主要工作…………………………（119）
概况…………………………………………（119）
三次产业……………………………………（119）
发展后劲……………………………………（119）
城乡面貌……………………………………（119）
内在动力……………………………………（120）
人民生活……………………………………（120）
行政履职……………………………………（120）
民心工程……………………………………（120）
2012年海港区民心工程24件实事进展情况一览表
…………………………………………………（121）
招商引资……………………………………（127）
国际商会……………………………………（127）
赴北京、深圳拜访重点客商………………（128）
2012年河北省（香港）投资贸易洽谈会（128）
组团参加2012年中国·廊坊国际经济贸易洽谈会
…………………………………………………（128）
参加第十六届中国国际投资贸易洽谈会…（128）
区政府工作机构及其领导………………（129）
区政府领导人………………………………（129）
区政府工作部门直属机构主要负责人……（129）
垂直管理部门主要负责人…………………（129）
区政府其他工作机构主要负责人…………（129）
区政府办公室工作………………………（130）
概况…………………………………………（130）
综合协调工作………………………………（130）
文秘工作……………………………………（130）
政策研究工作………………………………（130）
督查工作……………………………………（131）
政府法制工作………………………………（131）
提案工作……………………………………（132）
市、区长公开电话工作……………………（132）
政府信息工作………………………………（132）
电子政务工作………………………………（132）
外事侨务工作………………………………（133）
地方志工作…………………………………（133）
应急管理工作………………………………（134）
教育督导工作………………………………（134）
贯标工作……………………………………（134）
值班工作……………………………………（134）
接待工作……………………………………（135）
后勤保障工作………………………………（135）
政务服务工作……………………………（135）
概况…………………………………………（135）
政务管理工作………………………………（135）
与市中心资源共享…………………………（135）
完善四级政务服务体系建设………………（136）
领办工作……………………………………（136）
基层政府服务百姓平台……………………（136）
各部门职能…………………………………（136）
机关事务管理……………………………（136）
概况…………………………………………（136）
市民中心工程………………………………（137）
第十八中学改造后续工作…………………（137）
督导检查公共机构节能减排………………（137）
机关建设……………………………………（137）
国有资产管理与运营……………………（138）
概况…………………………………………（138）
国有资产管理………………………………（138）
大宗资产置换………………………………（138）
企业国有资产管理…………………………（138）
财政管理…………………………………（138）
概况…………………………………………（138）
收入征管……………………………………（139）
财政支出……………………………………（139）
财政体制改革………………………………（139）
队伍建设……………………………………（140）
人事管理…………………………………（140）
概况…………………………………………（140）

人事管理工作……………………………(140)
人力资源配置工作…………………………(140)
工资管理工作……………………………(140)
劳动就业管理……………………………(140)
概况………………………………………(140)
就业再就业工作…………………………(140)
社会保障工作……………………………(141)
劳动维权工作……………………………(141)
重点项目管理……………………………(141)
概况………………………………………(141)
重点项目完成情况………………………(141)
项目库建设………………………………(142)
项目管理…………………………………(142)
协调服务…………………………………(142)
队伍建设…………………………………(142)
2012 年海港区千万元以上新开工项目情况一览表
……………………………………………(143)
2012 年海港区千万元以上续建项目情况一览表
……………………………………………(149)
物价管理…………………………………(155)
概况………………………………………(155)
价费管理…………………………………(155)
价格信息服务……………………………(155)
价格监督检查……………………………(155)
价格服务…………………………………(155)
工商行政管理……………………………(155)
概况………………………………………(155)
注册登记工作……………………………(156)
服务市场主体工作………………………(156)
市场监管工作……………………………(156)
行政执法工作……………………………(157)
消费维权工作……………………………(157)
食品安全工作……………………………(157)
国家税务管理……………………………(158)
概况………………………………………(158)
组织收入…………………………………(158)
依法治税…………………………………(158)
税收征管…………………………………(158)
加强所得税管理…………………………(159)
加强纳税评估……………………………(159)
普通发票的使用与管理…………………(159)
纳税服务…………………………………(159)
班子队伍建设……………………………(159)
廉政建设…………………………………(160)
地方税务管理……………………………(160)
概况………………………………………(160)
征管改革…………………………………(160)
纳税服务…………………………………(161)
行风建设…………………………………(161)
食品安全管理……………………………(161)
概况………………………………………(161)
食品安全专项整治………………………(161)
重要时段食品安全监管…………………(162)
食品安全风险检测监测…………………(162)
食品安全宣教……………………………(162)
食品安全机制建设………………………(163)
食品稽查大队……………………………(163)
食品安全隐患排查………………………(163)
重要时段的食品安全保障………………(164)
食品安全培训……………………………(164)
食品安全示范典型………………………(164)
工地食堂监管……………………………(164)
量化分级管理工作………………………(164)
质量技术监督……………………………(164)
概况………………………………………(164)
质量工作…………………………………(164)
标准化工作………………………………(165)
计量工作…………………………………(165)
特种设备安全工作………………………(165)
食品质量安全工作………………………(165)
统计管理…………………………………(165)
概况………………………………………(165)
2012 年人口变动情况抽样调查…………(166)
2012 年四季度劳动力调查………………(166)
统计信息自动化建设……………………(166)
审计管理…………………………………(166)
概况………………………………………(166)
预算执行审计……………………………(166)
经济责任审计……………………………(167)
固定资产投资审计………………………(167)
专项资金审计……………………………(167)
安全生产监督与管理……………………(167)

概况……（167）
落实安全生产责任……（167）
基层基础工作……（168）
安全生产联合行动……（168）
安全生产宣传……（168）
安全生产教育培训……（168）
安全生产监管执法……（168）
重点行业监管……（168）
民政管理……（169）
概况……（169）
低保工作……（169）
救灾工作……（169）
扶贫开发工作……（169）
慈善工作……（169）
基层政权和社区建设工作……（169）
优抚工作……（169）
双拥安置工作……（169）
社会事务管理工作……（170）
社会福利工作……（170）
老龄工作……（170）
民族宗教事务管理……（170）
概况……（170）
民族工作……（170）
宗教工作……（170）
维稳工作……（171）
档案管理……（171）
概况……（171）
馆藏工作……（171）
基层档案工作……（171）
档案利用……（171）
《典读秦皇岛》编纂……（171）

政协海港区委员会

区政协全体委员会议……（175）
区政协第八届委员会第一次会议……（175）
区政协常务委员会议……（175）
区政协第七届委员会第十六次常务委员会会议……（175）
区政协第八届委员会第一次常务委员会会议……（175）
区政协第八届委员会第二次常务委员会会议……（175）
区政协主要工作……（175）
概况……（175）
提案工作……（176）
调研视察工作……（176）
民主监督工作……（177）
民生工作……（177）
区政协机构……（177）
政协海港区第七届委员会常务委员会……（177）
政协海港区第八届委员会常务委员会……（177）
政协海港区第八届委员会委员……（178）
政协海港区委员会办公室及各专门委员会主要负责人……（179）

军　事

人民武装……（183）
概况……（183）
国防教育……（183）
思想政治建设……（183）
军事工作……（183）
安全管理工作……（183）
党管武装工作……（183）
参加军地大型活动……（184）
海港区人武部领导人……（184）
人民防空……（184）
指挥通信……（184）
工程建设……（184）
宣传教育……（184）
“准军事化”建设……（184）

民主党派　工商联

民主党派……（187）
概况……（187）
中国国民党革命委员会海港区总支部……（187）
中国民主同盟海港区支部……（187）
中国民主建国会海港区委员会……（187）
中国民主促进会海港区工作委员会……（187）
中国农工民主党海港区支部……（188）

九三学社海港区支社…………………………(188)
海港区工商业联合会……………………………(188)
概况……………………………………………(188)
会员思想政治工作………………………………(188)
换届工作………………………………………(188)
为会员服务………………………………………(189)
光彩公益事业……………………………………(189)
参政议政………………………………………(189)
组织建设 ………………………………………(189)
对外经济联系……………………………………(189)
加强“基层建设年”工作…………………………(189)

人民团体

海港区总工会…………………………………(193)
概况……………………………………………(193)
工会基层组织建设………………………………(193)
群众工作室建设…………………………………(193)
职工民主管理……………………………………(193)
经济技术创新……………………………………(193)
帮扶保障………………………………………(194)
宣传文体工作……………………………………(194)
工会自身建设……………………………………(194)
共青团海港区委员会……………………………(194)
概况……………………………………………(194)
服务党政中心工作………………………………(195)
青年志愿者工作…………………………………(195)
基层组织建设……………………………………(195)
互联网团建工作…………………………………(195)
少先队工作………………………………………(195)
希望工程…………………………………………(195)
海港区妇女联合会………………………………(195)
概况……………………………………………(195)
“双学双比’活动 ………………………………(196)
“巾帼志愿”活动 ………………………………(196)
维权工作………………………………………(196)
星级文明家庭创建活动…………………………(196)
儿少工作………………………………………(196)
妇儿工委工作……………………………………(197)
组织建设………………………………………(197)
海港区科学技术协会……………………………(197)
概况……………………………………………(197)
基础设施建设工作………………………………(197)
巩固全国科普示范区创建成果……………………(198)
全民科学素质建设工作…………………………(198)
培树科普典型……………………………………(198)
主题科普活动……………………………………(198)
海港区文学艺术界联合会………………………(199)
概况……………………………………………(199)
文化活动………………………………………(199)
文艺创作………………………………………(199)
海港区残疾人联合会……………………………(199)
概况……………………………………………(199)
残疾人就业………………………………………(199)
康复工作………………………………………(200)
残疾人维权信访…………………………………(200)
残疾人活动………………………………………(200)
扶贫解困………………………………………(200)
基层组织建设……………………………………(200)

法　治

审判……………………………………………(203)
概况……………………………………………(203)
刑事审判………………………………………(203)
民事审判………………………………………(203)
行政审判………………………………………(203)
立案、信访工作…………………………………(203)
审判管理工作……………………………………(203)
执行工作………………………………………(204)
调研、信息、宣传工作…………………………(204)
队伍建设………………………………………(204)
检察……………………………………………(204)
概况……………………………………………(204)
服务经济社会发展………………………………(204)
打击刑事犯罪……………………………………(205)
查办职务犯罪……………………………………(205)
创新社会管理……………………………………(205)
法律监督………………………………………(205)
队伍建设………………………………………(205)
检务保障………………………………………(206)
公安……………………………………………(206)

概况……………………………………………（206）
人口管理…………………………………………（206）
流动人口管理……………………………………（206）
社会政治稳定……………………………………（207）
暑期保卫…………………………………………（207）
严打整治…………………………………………（207）
队伍建设…………………………………………（208）
治安管理…………………………………………（208）
执法规范化建设…………………………………（209）
社区警务工作……………………………………（209）
司法……………………………………………（209）
概况……………………………………………（209）
普法宣传…………………………………………（209）
人民调解、安置帮教工作………………………（210）
社区矫正工作……………………………………（210）
法律服务…………………………………………（210）
公证工作…………………………………………（210）

农业和农村经济

种植业…………………………………………（213）
概况……………………………………………（213）
项目建设…………………………………………（213）
农业生产…………………………………………（213）
农村灭鼠工作……………………………………（214）
新能源工作………………………………………（214）
无公害农产品产地复查换证工作………………（214）
阳光工程培训工作………………………………（214）
农作物良种补贴工作……………………………（215）
蔬菜生产…………………………………………（215）
农机监理…………………………………………（215）
农业执法…………………………………………（215）
农产品质量监管…………………………………（215）
病虫害防治………………………………………（216）
无公害农产品标志使用专项检查………………（216）
2012 年海港区农业主要产品生产情况一览表
……………………………………………………（216）
畜牧业…………………………………………（218）
概况……………………………………………（218）
技术推广…………………………………………（218）
项目建设…………………………………………（218）
重大动物疫病防控………………………………（219）
动物产品质量安全监管…………………………（219）
2012 年海港区畜牧业生产情况一览表 …（219）
林果业…………………………………………（221）
概况……………………………………………（221）
“基层建设年”活动 ……………………………（221）
沿海防护林体系工程……………………………（222）
林果产业建设……………………………………（222）
森林防火…………………………………………（222）
义务植树…………………………………………（222）
森林病虫害防治…………………………………（222）
林政执法…………………………………………（222）
2012 年海港区水果生产情况一览表 ……（223）
2012 年海港区林业生产情况一览表 ……（223）
水产业…………………………………………（225）
概况……………………………………………（225）
水产品质量安全监管……………………………（225）
渔政监督管理……………………………………（225）
渔业安全生产工作………………………………（225）
渔船年度检验工作………………………………（225）
2012 年海港区水产业生产情况一览表
……………………………………………………（225）
水务管理………………………………………（226）
概况……………………………………………（226）
水务行政监察大队成立…………………………（226）
水利工程…………………………………………（226）
防汛抗旱工作……………………………………（226）
河道综合治理……………………………………（226）
水政水资源工作…………………………………（227）
河道划界确权登记………………………………（227）
移民工作…………………………………………（227）

工　业

综述……………………………………………（231）
概况……………………………………………（231）
工业经济运行工作………………………………（231）
工业企业技术改造………………………………（231）
2012 年海港区规模以上工业企业办科技机构情
况一览表…………………………………………（231）
2012 年海港区规模以上工业企业技术获取和技

术改造情况一览表……………………………(232)
2012年海港区规模以上工业企业新产品开发、生产及销售情况一览表……………………(232)
全民创业………………………………………(233)
中小企业和民营经济发展……………………(233)
贷款融资………………………………………(234)
工业企业对标工作……………………………(234)
重点企业……………………………………(234)
秦皇岛耀优工程玻璃有限公司………………(234)
秦皇岛鸿德天鼎铸造机械有限公司…………(234)
秦皇岛华科煤矿机械有限责任公司…………(234)
2012年海港区工业企业主要经济指标（区属）情况一览表………………………………(235)
2012年海港区区属规模以上工业企业主要产品产量情况一览表…………………………(238)
2012年海港区在地规模以上工业企业主要产品产量情况一览表…………………………(238)

邮政通信业

邮政业………………………………………(243)
概况……………………………………………(243)
企业运营管理…………………………………(243)
企业改革………………………………………(243)
综合能力建设…………………………………(243)
通信业………………………………………(243)
中国移动通信集团河北有限公司秦皇岛分公司……………………………………………(243)
中国电信集团公司秦皇岛市分公司…………(244)

商贸　旅游业

商贸综述……………………………………(247)
概况……………………………………………(247)
国内贸易………………………………………(247)
对外贸易………………………………………(247)
2012年海港区社会消费品零售总额情况一览表……………………………………………(247)
市场建设与管理……………………………(248)
概况……………………………………………(248)
市场建设………………………………………(248)
市场管理………………………………………(248)
食品安全………………………………………(248)
2012年海港区亿元以上商品交易市场成交情况一览表……………………………………(248)
商贸行业管理………………………………(248)
概况……………………………………………(248)
家电下乡………………………………………(249)
市场运行监测分析……………………………(249)
万村千乡市场建设工程………………………(249)
稳定市场秩序…………………………………(249)
夜经济工作……………………………………(249)
对标先进地市管理模式………………………(250)
早餐工程………………………………………(250)
畜禽定点屠宰…………………………………(250)
酒类监管………………………………………(250)
再生资源………………………………………(250)
粮油流通……………………………………(251)
概况……………………………………………(251)
粮情调查………………………………………(251)
粮食执法………………………………………(251)
供销合作……………………………………(251)
概况……………………………………………(251)
企业管理………………………………………(251)
农资供应………………………………………(251)
项目建设………………………………………(252)
防汛抢险物资储备……………………………(252)
太阳城商业区………………………………(252)
概况……………………………………………(252)
升级改造………………………………………(252)
招商引资………………………………………(252)
城区监管………………………………………(252)
城区治理………………………………………(252)
安全生产………………………………………(253)
宣传工作………………………………………(253)
旅游…………………………………………(253)
概况……………………………………………(253)
项目建设………………………………………(253)
基础设施建设…………………………………(253)
整顿旅游市场…………………………………(253)
行业管理………………………………………(254)
旅游宣传………………………………………(254)

交通运输业

公路运营……………………………………………（257）
概况……………………………………………（257）
公路养护…………………………………………（257）
超限超载治理……………………………………（257）
农村公路…………………………………………（257）
客、货运输行业管理……………………………（258）
机动车维修市场监管……………………………（258）
出租车管理………………………………………（258）
货运车辆监管……………………………………（258）
机动车检测………………………………………（258）
“基层建设年”活动 ……………………………（259）
铁路运营……………………………………………（259）
秦皇岛车务段……………………………………（259）
秦皇岛工务段……………………………………（259）
京哈南龙改造……………………………………（260）
秦皇岛站普速场改造……………………………（260）
大秦车务段………………………………………（260）
秦皇岛港……………………………………………（260）
概况……………………………………………（260）
改革创新…………………………………………（260）
生产运营…………………………………………（261）
结构调整…………………………………………（261）
企业上市工作……………………………………（261）
重点项目建设……………………………………（261）
企业管理…………………………………………（262）
拓展冀蒙在环渤海区域战略合作………………（262）
7项科技成果通过省级鉴定 ……………………（262）
江海联运打造华中煤炭运输新通道……………（262）
秦港至上海煤炭准班轮航线开通………………（262）
秦皇岛第一条海峡两岸直航船舶首发秦港
……………………………………………………（262）
秦皇岛新港…………………………………………（262）

金融保险业

银行业………………………………………………（267）
中国工商银行秦皇岛分行………………………（267）
中国农业银行股份有限公司秦皇岛分行…（267）
中国建设银行秦皇岛分行………………………（267）
中国交通银行股份有限公司秦皇岛分行…（267）
秦皇岛市商业银行股份有限公司………………（268）
河北省农村信用社联合社秦皇岛办事处…（268）
中国邮政储蓄银行股份有限公司秦皇岛市分行
……………………………………………………（268）
保险业………………………………………………（268）
概况……………………………………………（268）
中国人民财产保险股份有限公司秦皇岛市分公司
……………………………………………………（269）
中国平安财产保险有限公司秦皇岛中心支公司
……………………………………………………（269）
中国太平洋财产保险股份有限公司秦皇岛中心
支公司…………………………………………（269）
中国人寿财产保险股份有限公司秦皇岛市中心
支公司…………………………………………（269）
中国大地财产保险股份有限公司秦皇岛中心支
公司……………………………………………（270）
中华联合财产保险股份有限公司秦皇岛中心支
公司……………………………………………（270）
阳光财产保险股份有限公司秦皇岛中心支公司
……………………………………………………（270）
太平财产保险有限公司秦皇岛中心支公司
……………………………………………………（270）
安邦财产保险股份有限公司秦皇岛中心支公司
……………………………………………………（270）
渤海财产保险股份有限公司秦皇岛中心支公司
……………………………………………………（270）
民安财产保险有限公司秦皇岛中心支公司…（270）
都邦财产保险股份有限公司秦皇岛中心支公司
……………………………………………………（271）
天安保险股份有限公司秦皇岛中心支公司…（271）
永安财产保险股份有限公司秦皇岛中心支公司
……………………………………………………（271）
中银保险有限公司秦皇岛中心支公司……（271）
华泰财产保险有限公司秦皇岛中心支公司…（271）
中国人寿保险股份有限公司秦皇岛分公司…（271）
中国平安人寿保险股份有限公司秦皇岛中心支
公司……………………………………………（271）
中国太平洋人寿保险股份有限公司秦皇岛中心
支公司…………………………………………（272）

中国人民人寿保险股份有限公司秦皇岛中心支公司……………………………………………(272)
泰康人寿保险股份有限公司秦皇岛中心支公司……………………………………………(272)
新华人寿保险股份有限公司秦皇岛中心支公司……………………………………………(272)
信泰人寿保险股份有限公司秦皇岛中心支公司……………………………………………(272)
中国人民健康保险股份有限公司秦皇岛中心支公司……………………………………………(273)
民生人寿保险股份有限公司秦皇岛中心支公司……………………………………………(273)
合众人寿保险股份有限公司秦皇岛中心支公司……………………………………………(273)
百年人寿保险股份有限公司秦皇岛中心支公司……………………………………………(273)
长城人寿保险股份有限公司秦皇岛中心支公司……………………………………………(273)
华夏人寿保险股份有限公司秦皇岛中心支公司……………………………………………(273)
生命人寿保险股份有限公司秦皇岛中心支公司……………………………………………(273)
阳光人寿保险股份有限公司秦皇岛中心支公司……………………………………………(273)
太平人寿保险有限公司秦皇岛中心支公司……………………………………………(273)
光大永明人寿保险有限公司秦皇岛中心支公司……………………………………………(274)

口岸管理

秦皇岛海关……………………………………(277)
概况……………………………………(277)
海关监管……………………………………(277)
海关征税……………………………………(277)
海关缉私……………………………………(277)
服务经济……………………………………(277)
出入境检验检疫……………………………………(278)
概况……………………………………(278)
检验检疫工作……………………………………(278)
出入境商品质量管理工作……………………………………(278)
认证认可工作……………………………………(278)
执法监管工作……………………………………(278)
质量安全专项执法整治工作……………………………………(278)
口岸卫生工作……………………………………(278)
动植物疫情监测与监管……………………………………(279)
进出口食品安全……………………………………(279)
口岸服务环境……………………………………(279)
支持外贸企业发展……………………………………(279)
海上安全监督……………………………………(279)
概况……………………………………(279)
电煤运输……………………………………(279)
海上安全……………………………………(279)
海上污染防治……………………………………(280)
优化通航环境……………………………………(280)
旅游船艇安全监管……………………………………(280)
港口建设费征收……………………………………(280)
边防检查……………………………………(280)
概况……………………………………(280)
爱民固边……………………………………(280)
社会管理创新……………………………………(281)
民警任村官……………………………………(281)
重大工作任务……………………………………(281)
执法执勤……………………………………(281)
参加抢险救灾……………………………………(281)
执法规范化建设……………………………………(281)

城市建设

城乡规划……………………………………(285)
概况……………………………………(285)
圆明山文化旅游产业聚集区总体发展规划……(285)
秦皇皓月城控制性详细规划调整方案……(285)
西部文化休闲区规划……………………………………(285)
大北部片区总体发展规划……………………………………(285)
韩庄片区规划……………………………………(285)
秦皇岛临港物流园区总体规划……………………………………(285)
湾海仙岛城市设计规划编制前期工作……(286)
太阳城景观整治规划……………………………………(286)
迎宾路、文化路道路景观整治规划……………(286)
东部片区控制性详细规划调整……………………(286)
东西连峪规划方案调整……………………………………(286)

东西连峪村庄规划……………………………(286)
编制帮扶村村庄规划…………………………(286)
城建大厦规划设计方案………………………(286)
规划执法监察…………………………………(287)
市政规划管理…………………………………(287)
规划审查工作…………………………………(287)
规划宣传工作…………………………………(287)
“基层建设年”活动 …………………………(287)
国土资源管理………………………………(287)
概况……………………………………………(287)
建设用地管理…………………………………(287)
耕地保护………………………………………(287)
地质矿产与海洋资源管理……………………(288)
土地执法监察…………………………………(288)
基层基础工作…………………………………(288)
城乡建设管理………………………………(288)
概况……………………………………………(288)
城市重点城建项目……………………………(288)
建筑行业管理…………………………………(289)
村镇建设管理…………………………………(289)
防汛工作………………………………………(289)
火车站临时停车场管理工作…………………(289)
“创先争优”活动 ……………………………(290)
基层党建工作…………………………………(290)
精神文明创建工作……………………………(290)
2012 年海港区市政基本情况一览表 ……(290)
建筑业管理…………………………………(290)
概况……………………………………………(290)
行业管理………………………………………(291)
文明施工管理…………………………………(291)
技术培训………………………………………(291)
清理拖欠工作…………………………………(291)
城市管理……………………………………(291)
概况……………………………………………(291)
市容综合整治…………………………………(291)
重点工程创建工作……………………………(291)
道路清扫………………………………………(292)
社区卫生管理…………………………………(292)
城市管理市场化………………………………(292)
环卫设施………………………………………(292)
2012 年海港区购置环卫设施情况一览表…(293)
城市绿化……………………………………(293)
概况……………………………………………(293)
西浴场综合改造项目…………………………(293)
街头游园建设与改造工程……………………(293)
“森林港城”建设 ……………………………(293)
花街花城花海建设……………………………(293)
圆明山森林公园建设…………………………(294)
绿化养护管理…………………………………(294)
群众绿化………………………………………(294)
2012 年海港区园林绿化基本情况一览表…(294)
房地产开发管理……………………………(295)
概况……………………………………………(295)
房地产综合开发………………………………(295)
开发企业行业管理……………………………(295)
重点项目………………………………………(295)
规范管理旧改工作……………………………(295)
房产管理……………………………………(295)
概况……………………………………………(295)
保障性安居工程建设项目……………………(295)
征收项目………………………………………(296)
旧改项目………………………………………(296)
保障性住房管理工作…………………………(296)
物业管理………………………………………(296)
房地产市场管理………………………………(297)
归提寨片区综合开发改造项目开工…………(297)
首个限价房项目开工…………………………(297)
环境保护……………………………………(297)
概况……………………………………………(297)
环保队伍建设…………………………………(297)
环境监管、监察、监测………………………(297)
环境治理………………………………………(297)
污染减排………………………………………(297)
环境宣教………………………………………(298)
环境应急管理…………………………………(298)
2012 年海港区环境保护基本情况一览表…(298)
城建管理调度………………………………(298)
概况……………………………………………(298)
督导协调工作…………………………………(298)
城建热线工作…………………………………(299)
数字化城管平台工作…………………………(299)
非法小广告治理………………………………(299)

市容环境综合整治……（299）
城乡环卫一体化工作……（299）

社会事业

教育事业……（303）
概况……（303）
德育工作……（303）
教育改革与创新……（303）
学校建设……（303）
干部队伍建设……（303）
教师队伍建设……（303）
非义务教育……（303）
安全稳定工作……（304）
社区教育……（304）
学校体育……（304）
学校选介……（304）
科学技术事业……（307）
概况……（307）
科技立项……（307）
创新型海港区建设工作……（307）
科技特派员活动……（307）
防震减灾工作……（307）
高新技术企业和企业工程技术中心培育工作（307）
科技平台建设……（308）
知识产权保护……（308）
发展战略新兴产业……（308）
提高农业科技水平……（308）
2012年海港区辖区获科技进步二等奖情况一览表……（308）
2012年海港区辖区获科技进步三等奖情况一览表……（309）
卫生事业……（309）
概况……（309）
农合医疗保障……（309）
基础设施建设……（309）
公共卫生服务均等化……（310）
药物网采零差率销售……（310）
基层医疗卫生机构综合改革……（310）
医政管理……（310）
传染病防治……（311）
计划免疫……（311）
公共场所监测……（311）
卫生执法监督……（311）
妇幼保健……（312）
爱国卫生工作……（312）
汛期防疫……（312）
医疗惠民……（312）
2012年海港区卫生事业基本情况一览表……（313）
海港医院……（314）
人口和计划生育……（314）
概况……（314）
宣传教育工作……（314）
计划生育管理……（314）
流动人口管理与服务……（314）
出生缺陷一级干预工作……（315）
做好免费生殖健康检查工作……（315）
婴幼儿早期教育工作……（315）
依法行政……（315）
“双无”创建工作……（315）
协会建设……（315）
班子建设……（316）
文化艺术事业……（316）
概况……（316）
公共文化服务体系建设……（316）
基层文化队伍建设……（316）
群众文化活动……（316）
文化遗产保护……（317）
文化市场管理……（317）
驻村帮扶工作……（317）
第二届民俗文化庙会……（317）
体育事业……（318）
概况……（318）
社会体育……（318）
老年体育……（318）
学校体育……（318）
体育基础设施建设……（318）
机关建设……（318）

镇

海港镇……（321）

概况……（321）
镇域经济……（321）
新民居建设……（321）
基层党建工作……（321）
社会事业……（321）
各村简介……（322）
领导班子主要负责人……（322）
东港镇……（322）
概况……（322）
东部循环经济园建设……（322）
镇域经济……（322）
新农村建设……（323）
社会事业……（323）
各村简介……（323）
领导班子主要负责人……（323）
西港镇……（324）
概况……（324）
镇域经济……（324）
新农村建设……（324）
基层党建……（324）
社会事业……（325）
各村简介……（325）
领导班子主要负责人……（325）
北港镇……（325）
概况……（325）
镇域经济……（326）
社会事业……（326）
各村简介……（326）
领导班子主要负责人……（327）
海阳镇……（327）
概况……（327）
镇域经济……（327）
秦皇皓月城项目……（328）
新农村建设……（328）
社会事业……（328）
各村简介……（328）
领导班子主要负责人……（329）

园　区

金梦海湾商务旅游度假区……（333）
概况……（333）
项目建设……（333）
基础设施建设……（333）
领导班子主要负责人……（333）
临港产业聚集区循环经济园……（333）
概况……（333）
园区发展……（333）
项目建设……（333）
领导班子主要负责人……（334）
圆明山文化旅游产业聚集区……（334）
概况……（334）
项目建设……（334）
领导班子主要负责人……（334）
北部工业区……（334）
概况……（334）
项目建设……（334）
基础设施建设……（334）
社会保障……（335）
党建工作……（335）
各村简介……（335）
领导班子主要负责人……（335）
临港物流园区……（335）
概况……（335）
招商引资……（335）
项目建设……（335）
基础设施建设……（336）
新农村建设……（336）
社会事业……（336）
社会治安综合治理……（336）
各村简介……（336）
领导班子主要负责人……（337）

街　道

文化路街道……（341）
概况……（341）
社区党建……（341）
社区建设……（341）
社会事业……（341）
社区简介……（341）
领导班子主要负责人……（342）

海滨路街道……（342）
概况……（342）
社区建设……（342）
社会事业……（343）
社会治安综合治理……（343）
社区简介……（343）
领导班子主要负责人……（344）
燕山大街街道……（344）
概况……（344）
社区党建……（344）
社区建设……（344）
社会事业……（344）
社会治安综合治理……（345）
社区简介……（345）
领导班子主要负责人……（346）
河东街道……（346）
概况……（346）
社区党建……（346）
“创先争优”活动……（346）
党风廉政建设……（347）
社区建设……（347）
社会事业……（347）
街道公共服务中心建设……（348）
老年人日间照料中心建设……（348）
社区简介……（349）
领导班子主要负责人……（349）
建设大街街道……（350）
概况……（350）
社区建设……（350）
社会事业……（350）
精神文明建设……（350）
社会治安综合治理……（351）
社区简介……（351）
领导班子主要负责人……（352）
白塔岭街道……（352）
概况……（352）
社区党建……（352）
社区建设……（352）
社会事业……（353）
精神文明建设……（353）
社会治安综合治理……（353）
社区简介……（354）
领导班子主要负责人……（356）
西港路街道……（356）
概况……（356）
社区党建……（356）
社会事业……（357）
社会治安综合治理……（357）
社区简介……（357）
领导班子主要负责人……（358）
港城大街街道……（358）
概况……（358）
社区党建……（358）
社区建设……（358）
社会事业……（359）
社会治安综合治理……（359）
社区简介……（359）
领导班子主要负责人……（361）
东环路街道……（361）
概况……（361）
社区党建……（361）
社区建设……（361）
社会事业……（362）
社会治安综合治理……（362）
社区简介……（362）
领导班子主要负责人……（363）
北环路街道……（364）
概况……（364）
社区党建……（364）
社区建设……（364）
社会治安综合治理……（364）
社区简介……（365）
领导班子主要负责人……（365）

人　物

先进人物……（369）
杨忠权……（369）
兰清福……（369）
姜广明……（369）
杜艳文……（370）
刘继军……（370）

荣誉专版

集体荣誉……………………………………………（373）

2012 年海港区获国家部委、省委、省政府表彰的先进集体一览表…………………………（373）

2012 年海港区获省委、省政府委办厅表彰的先进集体一览表………………………………（373）

2012 年海港区获市委、市政府表彰的先进集体一览表……………………………………（374）

2012 年海港区获市委、市政府各委办局表彰的先进集体一览表…………………………（374）

2012 年区委、区政府表彰的先进集体一览表……………………………………………（380）

个人荣誉……………………………………………（385）

2012 年海港区获省委、省政府各委办厅表彰的先进个人一览表…………………………（385）

2012 年海港区获市委、市政府表彰的先进个人一览表……………………………………（387）

2012 年海港区获市委、市政府各委办局表彰的先进个人一览表…………………………（387）

2012 年区委、区政府表彰的先进个人一览表……………………………………………（398）

2012 年度海港区年度考核记三等功人员一览表……………………………………………（401）

2012 年度海港区年度考核获嘉奖人员一览表………………………………………………（402）

附　录

2012 年中共海港区委规范性文件一览表………………………………………………（405）

2012 年海港区人民政府规范性文件一览表……………………………………………（406）

2012 年中共海港区委办、海港区政府办规范性文件一览表………………………………（407）

特　载

TEZAI

TEZAI

立足新起点 明确新要求
为打造沿海一流主城区而努力奋斗

——在中共海港区第九届委员会第二次全体会议上的工作报告

中共海港区委书记 冯志永

（2012年1月6日）

各位委员、同志们：

我受区委常委会委托，向全会报告工作，请予审议。

一、过去一年工作的简要回顾

刚刚过去的2011年，是我区深入贯彻落实科学发展观，努力实现区第九次党代会确定的目标任务，打造沿海一流主城区的起步之年。区委坚持用科学发展观统领经济社会发展全局，团结带领广大干部群众，振奋精神，真抓实干，全区经济综合实力明显增强，民生民利逐步改善，社会政治大局更加稳定，经济社会保持了平稳较快发展。预计完成区属地区生产总值183亿元；实现全部财政收入65.9亿元，其中一般预算收入11.46亿元，首次突破10亿元大关；城镇居民人均可支配收入突破两万元大关，农民人均纯收入突破8000元。

一是坚定科学跨越发展信心，进一步完善了发展思路。区委常委会始终把理清思路作为又好又快发展的首要环节，坚持从地处环渤海、环京津的区域实际出发，按照科学发展观的要求，认真总结历史经验，深化区情认识，把握发展规律，找准发展定位，完善并确立了“加速转型、加快发展，奋力打造沿海一流主城区”的奋斗目标。为进一步将“打造沿海一流主城区”引向深入，我们针对发展现状和区情实际找差距，以青岛市市北区为对标学习目标，组织了大规模外出考察活动，并开展了区情再认识大讨论等一系列研讨活动，有效地统一了全区上下的思想认识。一年来的实践表明，“打造沿海一流主城区”的目标定位和以“五大工程”为主抓手的工作举措，更加符合实际，更加科学完善，体现了全新的内涵，使广大干部群众看到了希望，坚定了加快发展的信心。

二是经济保持良好发展态势，综合实力不断增强。四项重点经济工作强势推进。全年共实施千万元以上在建项目133项，25个项目列入省、市重点；十大重点产业攻坚项目以及31项“旅游立市”百项工程取得阶段性进展，义乌小商品城、秦皇求仙4D影院等一批服务业项目开门迎客，奥瑞特二期等一批工业项目竣工投产。大北部、大物流、圆明山及西部片区等四大园区规划研究工作正式启动，以北部工业区、临港物流园区、东部循环经济园区为基础的省级海港经济开发区正式获批；红旗路北延伸、龙港路等道路建设工程竣工通车，水、电、气等配套设施同步延伸。以大客户管理模式为主要抓手，组织谋划了哈尔滨、韩国招商周活动，深圳茂业城市综合体、秦皇创业园等10个项目成功签约。积极推进沿海地区开发建设，成立了加快沿海开发建设领导小组，出台了《海港区推进沿海地区开发建设九大攻坚战实施方案》，完成了省、市下放的67项审批权限的对接落实工作。

三是加快推进社会民生事业，稳步构建和谐港城。牢固树立和谐共进理念，高度关注民生，推进各项事业协调发展。以为民办实事为统揽，先后实施了37个老旧小区的改造提升，小区居住条件得到显著改善；保障性住房指标全部落实，东李庄经济适用房配建廉租房主体封顶，杨道庄保障性住房开工建设。义务教育均衡发展，逸城学校、文化里小学等5所学校竣工并投入使用，强校带弱校组团联办模式取得初步成效。卫生事业加快发展，东环路社区卫生服务中心投入使用，港城大街社区卫生服务中心被评为国家级社区工作示范点。残疾人康复中心高标准建成并投入使用。社会保障工作稳步提升，社会保险扩面工作持续推进，低保提标全面落实，全年累计新建5个老年日间照料中心（站），15处农村幸福院，发放城乡低保金3159万元。首届民俗庙会、第八届秦皇望海祈福文化旅游节成功召开。文化体制改革取得实质性效果，"彩色周末"、"港城大讲堂"等文化品牌号召力日益增强，引领示范带动作用有效发挥。不断探索做好新形势下群众工作的方式方法，加强和创新社会管理工作，运用治安综合治理、矛盾排查调处、严打整治斗争等综合手段，有效维护了社会和谐稳定，广大百姓的幸福感和满意度不断提升。

四是城市建设与管理力度不断加大，人居环境显著提升。坚持高起点规划，聘请国际、国内顶级规划公司，完成了圆明山片区规划、西部休闲文化创意产业园规划、道路景观整治规划等一系列专项规划及城市重要地段控制性、修建性详细规划相关编制工作，片区功能得到合理界定和科学统筹。不断完善基础设施建设，河北大街、秦皇大街街景整治等一大批市政工程相继完工。实施城市主次干道绿化提升、"绿廊花海"建设等工程，新增改造绿化面积近31万平方米，完成造林7000余亩。秉承"文化＋生态"建设理念，注重城市文化研究，在城市节点增设了"秦俑游秦"、"穿越"等城市雕塑小品，城区整体景观效果和居民生活环境得到明显改善。加快城乡一体化步伐，城市基础设施和服务向农村不断延伸，共同繁荣的整体框架逐渐拉开。城管体制重心下沉工作取得实质性效果，非法占地建设整治、迎暑期市容环境整治百日攻坚成果显著。经过新一轮的城市精品建设，运转协调、配套完善的区域现代化基础设施体系逐步形成，城市品位与包容承载能力不断提升。

五是坚持提高领导水平和执政能力，党组织建设不断加强。结合十七届六中全会精神的学习贯彻，深入开展"创先争优"等一系列活动，各级干部的思想进一步解放，领导发展的能力进一步提高。学习型党组织建设逐步常态化，党委中心组学习制度得到进一步巩固和完善。党建工作迈上新台阶，通过"干部素质提升月"等活动，不断加大干部培训力度；圆满完成了镇党委换届工作，公平、公正选用干部，一批务实干事、群众公认的年轻干部充实到了重要岗位，领导班子的结构得到了优化；基层党建走在全国前列，"两新"组织党建活力得到激发，片区联合党委工作全面铺开，首次获得"全省基层党建先进县（区）"称号。狠抓党风廉政建设，倡导艰苦创业的工作作风，加大违法违纪案件的查办力度，庸、懒、散等现象得到有效治理，形成了务实、清廉、干事的良好氛围。注重发挥统战、群团组织作用，双拥、人武、档案、老干部等各项工作取得新的进展。

一年来，区委常委会认真执行民主集中制原则，充分发挥统揽全局、协调各方的作用，不断加强和改进领导方式，支持人大、政府、政协依法履行职责，一心一意谋发展，齐心协力干事业。各级各部门围绕全区工作重心，积极进取，创新突破，表现出了良好的精神风貌和工作责任心。一个人人关心发展，事事为了发展，对内充满活力和希望，对外影响力和吸引力不断扩大的崭新局面已经形成。一年来的实践证明，只要我们坚定信心，团结实干，打造沿海一流主城区的目标就一定能够实现。

回顾过去一年的实践历程，我们深刻体会到，在新形势下主导海港区的发展，必须动员全区广大干部群众，进一步统一科学发展的思想，切实落实加快发展的行动。一是要用战略的眼光谋划长远发展。就是站位要高，要跳出海港看海港，把海港区放在全省、全国，甚至全世界的大背景和格局中去思考。要学会用创新的思维找到解决问题的办法，既要发挥好自身优势，又要学会乘势、借势。要以历史的眼光谋划长远发展，既要干好现在的，更要干对将来的，让我们的发展成绩经得起历史的检验。二是要以一流的目标引领各项重点工作。就是要用超常的目标激发起超常的思维状态、制定出超常的工作举措、树立起超常的工作作风，这样才能以一流的工作创一流业绩，取得超常的工作效果。三是要用群众的观点实现社会全面进步。就是要坚持执政为民的根本宗旨，充分了解民意、尊重民意，将民意放在所有工作的最前面，将百姓的期盼和愿望真正纳入到规划里，体现在政策中，展示在成果上，以实实在在的工作业绩赢得群众的拥护和支持。四是要以第一责任抓好党的建设。就是要坚持正确的用人导向，始终注重工作实绩和能力，公平公正选用干部，建好班子、带好队伍，通过调动干部队伍的积极性，让我们的干部队伍思想统一，步调一致，充满激情，敢于'亮剑"，为加快发展提供坚强保障。五是要以满腔的热情抓好本职工作。就是要以满腔的激情作为推进工作的强大动力，始终坚持以解放思想为先导，创新方法和机制，提高解决问题的前瞻性和预见性，靠激情求创新，靠创新求突破，以突破促发展。

同志们，2011年是我们抢抓机遇、突破难点、努力夯实发展基础的一年，是我们直面矛盾、迎难而上、不断开拓进取的一年，更是形成并保持全区经济社会良好发展态势的一年。这些成绩的取得，归功于市委、市政府的正确领导，归功于全区广大干部群众的共同努力，归功于各驻区单位的鼎力支持和砥砺奋进！在此，我代表区委向所有关心支持海港区发展的各级领导和各界人士，向奋战在全区各条战线上的同志们，表示衷心的感谢和崇高的敬意！

二、理性分析当前发展存在的问题及面临的形势，进一步明确今后发展思路

肯定成绩的同时，我们必须冷静地分析当前发展中存在的问题和面临的形势，准确把握全区经济社会发展特征，才能增强工作的前瞻性、系统性和针对性，赢得工作的主动权。要清醒地看到取得的成绩只是自己与自己相比，如果跳出海港看海港，把海港区放在环渤海、甚至全国沿海主城区之中去横向比较，我们的差距很大。站在全市唯一主城区的高度，综合分析对比海港区发展的速度和质量，问题主要体现在四个方面：一是三个城市区的发展不平衡，海港区明显成为全市的短板。山海关、北戴河两区在全国乃至全世界颇具名气，甚至超过秦皇岛市的名气，这固然有历史原因和先天优势，但与其近年来的自身发展密不可分。尤其是与北戴河区相比，海港区在发展速度、城建质量以及旅游开发上明显被拉开了档次。二是总体发展水平落后，与主城区地位还不相称。作为全国第一批沿海开放城市的唯一主城区，虽然在全省城市主城区中比较不算落后，但与全国其他沿海先进地区比较差距很大，缺乏利用港口、发挥沿海优势的自身发展特色，在发展空间的拓展和自身优势的挖掘上尚不到位，项目发展质量没有形成集群规模优势。三是城市功能欠缺，城市缺少特色。经过多年的发展，海港区的城市基础设施不断完善，能够满足市区人口生活基本需要。但作为旅游城市的中心城区，作为综合服务中心，其功能远远不够，无法满足外地游人来秦吃、住、行、游、购、娱的消费和享受需求。城市特色不明显，商业布局不均衡，城市管理标准相对较低，相比主要街道，背街小巷、老旧小区的管理相差太远；城市功能比较单一，还在为了满足全区人民内部需要而补课，缺少高标准的影剧院、文化体育设施和行政办公场所。四是干部队伍缺少工作激情，与沿海一流主城区的要求不相适应。海港区的领导干部工作能力不低，但干工作的积极性不高，责任心不强，尤其是抓落实的执行力不够。部分领导干部安于现状，多年来以"老大"自居的心理仍然存在，眼界太窄，不善于跳出海港看海港；部分同志工作热情、创业激情不足，缺乏干事创业的事业心和责任感，工作中缺少攻坚克难的魄力，不敢应对挑战、直面困难、化解矛盾，畏难情绪、应付工作的思想不同程度存在；一些领导干部缺少真抓实干的作风，在全区还没有形成一门心思抓工作、沉心静气抓落实的工作状态，这些问题也是我们与先进地区形成差距的根本原因。以上这些问题的存在，无疑会成为今后我区实现又好又快发展的障碍，必须加以解决。

尽管存在很多问题，但是我们面临的机遇和优势同样不少。重新审视海港区的优势与劣势，扬长避短，高站位、高起点谋划海港区战略定位和长远发展设想，通过进一步制定和完善有利于今后发展的实用政策，明确发展重点，寻找突破口。

深入分析海港区面临的机遇。一是政策机遇。河北沿海发展战略已经上升为国家战略，这是继我市被列为首批 14 个沿海开放城市之后，对秦皇岛和海港区今后发展影响最大、最重要、最直接的战略机遇；我市已相继被确定为国家首批服务业综合改革试点区域、国家首批旅游综合改革试点城市、国家创新型试点城市和国家首批公共文化服务体系示范区“四个试点”；特别是，全省经济工作会议又进一步明确了我市为统筹城乡一体化发展试点城市，并给予沿海地区更多的政策支持，上述多载难逢的政策机遇，将给我们带来土地、资金、人才等诸多优惠，必将为海港区今后发展注入强大的动力。二是决策机遇。近年来，我省立足于提高全省各城市的发展水平，相继做出了三年大变样、三年上水平等重大决策部署，可以说推进工作的态度坚决，力度空前，这为我们城市建设、生态建设的快速推进赢得了机遇。同时，秦皇岛市日臻成熟的总体工作思路、产业布局、重大战略及强有力的推进措施，尤其是旅游立市战略决策的制定、“大旅游”理念的形成、旅游立市百项工程的实施推进，对我区今后促进产业发展、完善城市功能、提升城区景观水平和承载力等方面都将产生较大影响。三是政治机遇。就是换届带来的政治效应。去年，我们完成了区、镇两级党委换届工作，今年区、镇人大、政府、政协也即将面临换届。每一名领导干部走上新的工作岗位，都会对自己的工作有很高的期望值，都是雄心勃勃，希望大展拳脚，开创一个新局面，这也是我区今后发展最具潜力的机遇。

重新发挥海港区的优势。一是临海优势。沿海是开放的窗口，是要素聚集的高地。国家寄希望于沿海地区发展，连续批复几个国家级沿海发展区域，努力打造富有活力的新增长极，足以说明沿海地区是国家战略发展的重点；投资者青睐，旅游者向往，与内陆地区相比，在吸引人流、资金流、信息流、人才流等方面优势巨大；沿海地区自然条件好，生态优良，在旅游、休闲、度假方面更具有独特的吸引力。二是近港优势。海港区因港而生，更应依港而长。港口是我们最大的优势，虽然长期以来港、城没有形成优势互补，但随着形势的发展，港、城已经达成了合作的共识、具备了合作的基础。一方面城市产业体系不断完善，亟需拓展空间，另一方面，港口没有工业腹地，实现产业转型也非常困难，可以说，港城联合开发临港物流产业势在必行，而且潜力巨大、前景无限。三是主城区优势。海港区虽然不同于其他县区在城市规划、建设上有自主权，但从另一个角度看，作为主城区，我们得到市里的支持最多，市里的引资优势、旅游优势、人才优势、市政优势、产业聚集区优势最终都可以为我们所用，转化为我们的优势。另外，相对于一般城市的主城区而言，我们有广阔的可开发和改造空间。海港区辖区总面积 205 平方公里，城市建成区面积 62 平方公里，全区尚有 2/3 以上的区域可供开发利用，我们在北部还有广阔的发展空间，同时近城优势明显，周边乡村发展潜力很大。这是我们今后发展的希望之源，是发达地区难以比拟的优势所在。

基于上述分析，结合继承历届区委的发展经验，今年及今后一段时期全区总的工作要求是：明确“加速转型、加快发展，奋力打造沿海一流主城区”这一目标，坚持“两主四化”发展战略（即：沿海开发和旅游立市两大主体和城市功能化、城乡一体化、产业集群化、社会管理科学化战略），确立“一中心三基地”产业定位（即：旅游业综合服务中心、临港物流产业基地、先进制造业配套基地、新兴产业及现代服务业基地），重点发展“一线两片三组团”空间布局（即：沿海一线，城市中心区和西部次中心片区，北部工业组团、东部物流组团和圆明山旅游组团），以“五大工程”（强区工程、民心工程、精品工程、平安工程、基础工程）为抓手，通过规划引领、项目拉动、健全功能、强化管理等途径，为我市建立“宜居宜业宜游，富庶文明和谐”滨海名城发挥主力军作用。

三、2012年主要工作举措

中央、省、市、区一系列会议相继召开，对未来五年的发展都进行了安排部署。我们结合区情实际，通过认真分析中央和省市的政策走向，加快促进优势资源整合，努力使海港区发展的目标更加明确、城市功能更加突出，产业布局更加合理，显著提升地区的综合实力、创新能力、服务能力。当前要重点抓好以下四个方面工作：

（一）立足中心城区定位，谋划长远发展战略。围绕全市的总体部署，我们要聘请各方面的专家学者，结合区情实际，谋划事关海港区长远发展的战略规划。要加强平台建设。继续深入做好大北部片区规划研究工作，积极协调市直相关部门，谋划并推动北部工业区向北扩区问题，力争在年内实现突破性进展；推动大北部工业区和现有一区三园的有效整合，加快推进园区基础设施建设和产业升级，按照“重心北移”的发展战略，积极引导城区工业向北部园区聚集，促进资源、要素合理配置。要发展临港产业。把港口物流业作为服务业发展的重中之重，积极争取与港务局合作，加快港口物流设施建设，高起点规划、引进、建设一批港口物流项目，配套建设完善的港航基础设施，形成港口物流业的主体运作平台，打造全国重要能源物资储运中转基地、环渤海重要对外贸易物流基地、市域临港工业物流支撑基地。要强化配套服务。依托全市“一中心三基地”和“一主六化”的发展定位，结合“西港东迁”，谋划以旅游业为中心的现代服务业和相关配套产业，着力打造旅游综合性服务中心和国内一流商务休闲旅游度假目的地。加快发展休闲、娱乐、会议会展及文化体育等与高端旅游相配套的服务型产业，下力气谋划推进一批重大服务业项目，为“三基地”建设搞好配套服务。要发展项目农业。我区的农业发展经历了从传统的大田农业，到以交换为目的的商品农业，再到以经济作物为主的城郊农业等发展阶段，目前已经进入了广泛应用现代科学技术、科学管理方式和市场经济的现代农业阶段。下一步要以做项目的思路来发展农业，通过建设一批高品位、高规格的精品农业项目，生产无公害优质农产品，深化产业链，形成集休闲、观赏、娱乐于一体的现代农业园，开拓农业创收新渠道。要发展旅游产业。围绕历史、文化、人文做文章，深入挖掘自身旅游资源，作为全市旅游资源的补充，实现与山海关、北戴河两区旅游业的错位发展。改造提升求仙入海处景区，充分挖掘历史文化资源，加快圆明山景区建设，打造我区独有的生态人文景观，统筹全市的演艺节目，发展文化旅游。要发展总部经济。加快商务楼宇建设和提档升级，引导和扶持专业型、主题型、地标型高品质商务楼宇开发建设，通过积极的奖励和优惠政策吸引总部企业进驻。依托煤炭交易市场建设，吸引大型煤企在我区注册落户。

（二）完善城市规划理念，彰显主城区独特魅力。在城市建设方面，我区没有规划权，但可以做市里没有做的补充规划，为市委、市政府决策提供依据。具体城市规划主要围绕以下几个方面来做：一是全区域空间产业布局规划。要做好全区域的空间发展战略规划，市政府对海港区205平方公里的区域有初步的规划，我们要在此基础上进一步做实、做深、做细，要与市委、市政府确定的城市规划目标定位相衔接，并在新的发展形势下，体现出传承和创新，以进一步优化发展空间，提升发展能级。二是旧城旧村改造规划。目前，海港区的老旧小区与新建高档小区的差距越来越大，老旧小区物业管理、配套设施、服务设施等都无法满足日常生活的需要，一新一旧形成的反差极为明显。我们要不断探索和创新旧城改造的方法，发挥政府主导作用，集中人力、物力、财力，加快老城区的成片区改造，进一步改善群众居住条件和居住环境，拓展城市发展空间，提升城市发展水平。三是市场、学校、文化等专项规划。市场建设规划要突出遵守规划的刚性，研究市场发展演变规律，不能因人为因素影响市场规划布局；学校建设规划应以并校、寄宿、多轨为方向，通过规划整合，进一步节约教育资源，提升教育质量；文化规划要围绕“两馆”建设（群艺馆、图书馆），以方便群众、服务群众为目标选址建设，认真做好相关配套。四是城市景观规划。主要内容包括绿化、美化、亮化、城市雕塑、城市色调等等，有关部门要对其进行认真研究，拿出专项规划。同时，要引入国内外高水平的设计单位，开展城市重点地段、重点区域设计工作，重点对城市出入口、主街道路口、商业区、广场等重要节点开展城市设计，塑造城市特色，打造城市亮点。

在提升上述规划时，要强化四种理念。一是控制一般性的房地产开发。把开发的重点放到健全城市功能、建设城市综合体上来，进一步合理界定城市功能分区，增强相关配套设施。二是逐步消减临街商业门市。新建临街建筑不允许搞商业门市，学习借鉴先进大城市的经验，严把行政审批关口，出台相关政策优惠，加大对现有违规行为整改力度，推动主干道的临街商业向背街、次干道或特色街区布局经营，缓解秩序混乱、交通拥堵等诸多问题。三是城市要按整体区片统一改造。注重各种生活服务设施配套，完善城市功能。农村改造要坚持政府主导，禁止开发商提前介入。四是做好特色街区的建设。政府要积极参与控制业态布局，利用拆迁或闲置土地，结合“西港东迁”和地方铁路拆迁，谋划建设酒吧、烧烤、海鲜、影楼等若干条特色街区。

（三）要准确把握核心优势，全面提升旅游业发展水平。具体讲就是要做到“三点开花”和“两个中心”。“三点开花”就是加快东山片区、圆明山和西部片区的开发建设。以东山片区的成片开发为依托，全力打造东部历史文化旅游基地。积极引进战略投资者，依托求仙园加快东山片区的开发改造，在片区内谋划建设历史文化街区，并加强街区内的业态控制，满足游客对历史文化的浓厚兴趣和购买旅游纪念品的需求。充分利用求仙园的现有资源，做大4D电影的播放规模；同时，开发以冒险、历险、体验为主基调的参与性娱乐项目，吸引更多的年轻群体。协助市宣传部门，筹划编排反映全市地域文化特色的大型室内演艺节目。以圆明山为主体，打造集旅游观光、休闲度假等多种功能于一体的北部休闲生态旅游基地。以西部片区为依托，着眼紧邻北戴河的地理优势，谋划避暑、养生、养老的拓展平台，打造以休闲、健康、养老为主的西部养生休闲基地。“两个中心”就是游轮中心和会展中心。要利用港口的优势和“西港东迁”的契机，谋划发展以私人游艇、游轮为特色的游艇俱乐部，打造满足本地、辐射京津冀的高档、高端旅游中心。要利用主城区的政治经济优势和便捷的交通服务体系，谋划发展会展中心，在拓展营销平台的基础上，充分发挥形象展示窗口和平台的重要作用。

（四）要突出工作重点，赋予“五大工程”新的内涵。实践证明，我们连续多年实施的“五大工程”，有效的统筹整合了全区各项重点工作，既兼顾全面，又重点突出，符合我区发展实际，是推进全区经济社会又好又快发展的有力抓手，应该在补充完善的基础上，继续坚持下去，真正做到在继承中发展，在发展中创新。一是要以园区建设为中心开展“强区工程”。要以构建更趋合理的现代产业体系为目标，围绕我区“一中心三基地”的产业定位，进一步强化项目拉动，大力引进和培育旅游及现代服务业、临港物流业，先进制造业配套产业，新兴产业、高新技术产业等产业项目。要加大战略投资者引进力度，不断拓展招商区域，创新招商方法，争取在引进新的大公司、大集团特别是跨国公司上取得新突破。要强化园区在项目建设中的平台、核心作用，多方筹集资金，加大园区基础设施的建设力度；运用市场化运作方式，引导社会资金参与到园区基础设施建设上来；要设定合适的投资强度门槛，合理确定土地的投资密度，并根据投资进度分期分批供地。二是要以老旧小区改造为中心开展“民心工程”。树立“民生无小事”的理念，进一步强化宗旨意识和群众观点，多听取百姓的意见，找准执行决策与维护群众利益的最佳结合点，以此谋划和推进“民心工程”建设。要围绕“民忧”做好保障，建立健全就业再就业、社会保险、社会救助、慈善事业相衔接的社会保障体系，扩大基本社会保障范围，加大对困难群体的救助力度。要围绕“民生”办好实事，统筹做好教育、医疗、住房等群众普遍关心的热点难点问题；办好为民实事工程，以实施“民心工程”为抓手，着力在提升公共服务水平上下工夫，加大公共服务基础设施建设力度；要将老旧小区改造作为“民心工程”的重点，通过老旧小区改造，缩小老小区与新小区的距离，让人民感受到政府实实在在的工作，让百姓在“民心工程”中得到实惠。三要以生态建设为中心开展“精品工程”。秉承精品理念，树立精品意识，用“一流”的标准推进城市、生态、景观建设。深入开展城市建筑风格、色彩研究，协调市直部门，加大对城市建筑规划的审批控制，尽快形成有海港区特色的城市色彩和建设基调。要严格政府投资城建项目的标准，从建筑外形、美化、亮化等多个方面，都要向“一流”看齐，严格按照规划设计标准建设施工，使规划不走样、不降低标准，使每一个城建项目都经得起时间和历史的检验。要把生态建设作为“精品工程”的重点，做好城市区主次干道、小区、公园、节点等地区的绿化增量、提档工作；抓好城乡绿化造林，特别是做好北部生态景观林等生态景观工程建设，同时，加大海水、滩涂、湿地、森林等资源的保护力度，防止污水直排入海等问题的发生，守住海港区这片青山绿水，真正把海港区建设成为生态宜居的魅力城区。四要以基层基础工作为中心开展“平安工程”。要进一步深化社会矛盾化解、社会管理创新、公正廉洁执法三项重点工作，认真研究用群众工作统揽信访工作的方式方法，健全完善矛盾纠纷预警机制，完善“三位一体”大调解机制，把矛盾纠纷化解在基层，解决在萌芽状态。要切实把加强社会建设、创新社会管理作为重要而紧迫的战略任务，改变社会管理手段单一的现状，运用行政、法律、经济、舆论等多种手段，提高社会管理水平。特别是要扎实做好基层基础工作，整合基层政法、综治、信访、城管、民政等部门的资源和力量，合理配置党政部门社会管理的职责权限，切实解决多头管理、分散管理、难以形成有效合力的问题；要加强基层社会管理信息化建设，健全社会舆情汇集和分析机制，努力实现实时、动态管理，提高社会管理的快速反应力；要延伸基层综治组织网络，加强企事业单位和“两新”组织的平安建设，推进建立综治工作站、工作室；要深入开展“创先争优”活动，把化解社会矛盾的任务落实到每个基层党组织和广大党员身上，通过强化基层组织增强基层管控能力。五要以点燃激情为目的开展“基础工程”。要把调动干部的积极性、点燃干事创业的激情作为基础工程的重点，进一步巩固当前全区上下团结一心、心齐气顺、干劲充足的工作局面，进一步营造奋勇争先、竞相发展的态势。实行干部包村居制度，以3～5年为一个周期，县级干部包镇、街道、园区，科级干部包村，由所包干部负责解决所包村、镇在工作中遇到的难点问题。探索纪检干部巡查机制，由纪检部门对基层单位进行巡查走访，检查工作作风、项目进度等，对完不成任务的部门单位进行问责。

四、全面加强和改进党的建设，为实现打造沿海一流主城区提供强大动力

面对发展良机和各种挑战，顺利实现既定的各项任务，关键在党，重点在干部。我们必须准确把握中央和省、市委对加强和改进新形势下党的建设做出的新部署、新要求，切实把党的建设与实现“十二五”科学发展同步谋划，深入扎实地推进思想、组织、作风、制度和反腐倡廉建设，努力为“打造沿海一流主城区”筑牢坚实的政治和组织保障。一是以提高执政能力为核心，着力加强领导班子建设。从解放思想、强化学习、优化结构、健全机制入手，推进各级班子执政能力的全面提高。把解放思想作为班子建设的核心内容，引导全区党员干部跳出海港看海港，不断开阔发展视域、放开赶超步伐。继续完善巩固区委理论中心组、港城大讲堂等学习平台，不断加强调查研究、参观考察等实践性学习，切实把学习成果转化为实现科学决策的能力、解决复杂问题的能力、讲求团结配合的能力、狠抓落地落实的能力。要不断优化班子结构，按照年龄上梯次、知识上互补、专业上配套的结构配置，进一步调整和科学配备领导班子，实现班子结构的科学、协调、平衡、合理。要健全班子内部决策前、决策中、决策后的沟通机制，促进班子成员在抓工作中始终保持思想统一、步调一致；健全民主决策机制，保证班子内部定事讲民主、做事讲原则、成事讲团结、共事讲大局。二是以提高执行力为核心，着力加强干部队伍建设。要认真做好换届相关工作。针对今年人大、政府、政协集中换届的实际，深入分析各级领导班子结构和运转情况，真正把有本事、能干事、干成事的干部选拔到领导岗位上来。要引导新任职干部强化岗位角色认知，增强在岗履职本领，顺利度过调整磨合时期。要完善干部队伍培养机制，力戒形式、注重实效，深化外埠培训、挂职锻炼和交流轮岗，使干部在不同岗位、不同层次、不同领域经受锻炼，同时注重在基层一线和重点项目建设中培养锻炼干部，提高干部的整体素质和综合能力。要切实抓好人才工作。强化人才第一理念，研究制定留住人才、培育人才、用好人才的有效机制，为各类人才健康成长、发挥才干创造优良环境。同时加强与燕山大学等高校和市相关专家协会在人才智力方面的交流合作，探索建立市、区、高校、科研院所和驻区企业科技人才合作共建机制，为全区“十二五”发展提供人才智力保障。三是以增强生机活力为核心，着力加强基层组织建设。不断创新“党建带群建、群建促党建”机制，拓展“携手结对帮扶工程”，完善资源共享、优势互补、以强带弱、整体推进的基层大党建格局，推动党的工作在各个领域有效覆盖。全力做好村“两委”换届工作，选好配强村“两委”班子，有针对性地搞好新一届村“两委”培训活动，提升村级组织抓发展、保稳定、带领村民增收致富能力，切实夯实党在农村的执政基础。要继续抓好社区党建工作，完善“片区联合党委”职能，逐步理顺完善社区党委、居民委员会、群众工作室等社区组织框架，探索形成新型社区管理格局，提升城市社区党组织建设水平。要适应“两新”组织快速发展，全力推进“两新”组织支部、工会建设，进一步规范非公经济组织、新社会组织党组织发挥作用途径，提升“两新”组织党建工作水平。四是以提高效能建设为核心，着力深化作风转变。要深化机关作风和效能建设，引导党员干部真正把心思用到干事业上，把工夫下到察实情、出实招、办实事上，切实为群众提供更加高效快捷的服务。严厉查处不作为、慢作为、不负责任、推诿扯皮、勒拿卡要等隐性腐败;开展经常性明察暗访，继续坚决治理庸、懒、散等作风问题。要大力开展各种行之有效的载体活动，领导干部要经常深入基层，深入群众，了解民情，切实办好顺民意、解民忧、惠民生的实事，让人民群众共享改革发展成果。要坚持不懈地抓好反腐倡廉建设，深入落实党风廉政建设责任制，重点加强对实权部门和关键岗位的监督，加强对重大问题决策、重大项目建设、大额资金使用的全过程监督。同时加大案件查办力度，重点严肃查办商业贿赂案件和严重侵害群众利益案件，严肃查办群体性事件和重大责任事故背后的腐败案件，保持惩治腐败高压态势，切实为全区经济社会平稳较快发展提供坚强有力的保障。

同志们，发展任重道远，奋进永不言止。我们要认真落实科学发展观，解放思想，振奋精神，求真务实，锐意进取，为加快推进沿海一流主城区建设做出新的更大的贡献，以优异的成绩迎接党的十八大的召开！

海港区人民代表大会常务委员会工作报告

——在海港区第十四届人民代表大会第一次会议上

海港区人民代表大会常务委员会主任　鲁　栋

（2012年2月17日）

各位代表：

我受海港区十三届人大常委会委托，向大会报告五年来的工作，请予审议，并请各位列席同志提出意见。

过去五年工作回顾

过去的五年，是我区全面实施和完成“十一五”发展目标、科学制定“十二五”规划、经济建设和社会发展取得显著成就的五年，也是我区社会主义民主法制建设和人大工作取得新进展的五年。五年来，海港区人大常委会在中共海港区委的正确领导下，深入贯彻落实科学发展观，紧紧围绕全区工作大局，依法履行宪法和法律赋予的神圣职责，注重发挥自身优势，加大监督力度，注重监督实效，为促进经济社会发展、推动依法治区进程、打造沿海一流主城区做出了积极贡献。

突出工作重点，增强监督实效——一个与时俱进的五年

五年来，常委会从人大职能和工作特点出发，按照届初确定的工作思路和工作原则，突出监督重点，改进监督方式，紧紧围绕推动科学发展开展工作，努力增强履职实效，保证和促进了经济社会持续、协调、健康发展。

围绕加快发展开展监督工作。针对影响我区经济社会发展带有全局性、长远性、根本性的重大问题，先后对“十二五”规划编制、年度财政预算调整、北部综合片区基础设施贷款、民族路北延伸二期和圆明山山野森林公园二期工程采取BT融资等重大事项依法行使决定权，确保了经济健康、平稳运行。同时还对进一步优化投资环境、促进区域经济发展、重点项目建设提出了审议意见，并跟踪监督，督促政府有关部门认真落实。

围绕持续发展开展监督工作。在坚持以往成功做法的基础上，常委会又将预算初审向政府组成部门延伸，向财政专项资金比较集中的部门拓展，严把预算审查关，进一步强化了对预算的编制、执行、审计、审查及预算外资金使用管理的监督，预算监督由程序性向实质性迈进。坚持每年听取和审议国民经济和社会发展计划及财政预算执行情况的报告，深入开展经济发展形势和计划执行情况的专题调研，及时对经济社会发展中的热点问题提出意见和建议，依法审查批准区级预算调整方案，保证经济和社会事业持续发展。

围绕和谐发展开展监督工作。通过组织视察、执法检查、专题调研、听取和审议专项工作报告等形式，加强对城镇面貌“三年大变样”、城市建设与管理、事业单位改制、环境保护、公安信息化建设等工作的监督，发出审议意见书40件，督促政府及其工作部门进一步转变职能，改进工作作风，创新管理模式，加大为民利民力度，促进和谐港城建设。

围绕法治建设开展监督工作。为保证法律法规在本行政区域内的贯彻实施，不断改进监督方式，坚持明察与暗访结合、程序与实体并重、整改与反馈并举，先后组织开展了统计法、矿产资源法、义务教育法、食品卫生法、道路交通安全法、法官法、检察官法、公共文化体育设施条例、计划生育奖励条例、信访条例、民族宗教条例等40多部法律法规的执法检查、视察和调研活动，促进了执法机关严格执法和公正司法，营造了良好的法治氛围，推进了依法治区进程。

坚持以人为本，关注民生民意——一个承载重托的五年

五年来，常委会在工作中始终把人民群众普遍关注的热点、难点问题作为人大工作重点，把人民群众的喜怒哀乐作为人大观察问题和处理问题的晴雨表，坚持以人为本，关注民生民意，尽心竭力地为群众办实事，为促进社会和谐稳定发挥了积极作用。

力促"三农"发展缩小差距。针对城乡差距扩大、农民增收缓慢等突出问题，先后组织开展了对农村产业化经营、农村合作医疗制度改革、农田水利基本建设、农村公路建设及管养等工作的监督，督促政府及有关部门给农村更多关注、给农业更多支持、给农民更多关爱，进一步加大农村和农业的投入，千方百计增加农民收入，促进城乡统筹发展，全力推进社会主义新农村建设。

力促人民群众安居乐业。针对人民群众反映较为强烈的就业、入学、安居等问题，常委会通过听取和审议工作报告、视察、检查、调查等形式，对全区就业再就业、义务教育均衡发展、中小学校建设、保障性住房建设与分配等工作进行有效监督，促使政府及有关部门采取积极措施，下大力解决好就业难、上学难、房价高等热点问题。此外，常委会还重点加强了对社会治安、安全生产、食品安全、公共文化体育设施建设、社会救助和慈善事业等工作的检查，督促政府及有关部门加大监管力度，确保群众的生命财产安全，努力让群众过上安心日子。

力促司法机关公正司法。为增强司法监督力度，常委会创新司法监督工作载体，连续五年组织人大代表开展了旁听和评议庭审专题调研活动。活动中坚持事先排期、重点择案、随机到庭、一案一议，累计有常委会组成人员和代表150余人次参加了这项活动，共旁听和评议案件35件。通过开展旁听和评议庭审专题调研活动，促进了司法队伍整体素质的提高，促进了庭审方式的转变和庭审规范化建设，进一步规范了司法行为。

力促信访工作做深做实。针对群众告状难的问题，常委会在督促"一府两院"完善信访工作机制、畅通群众诉求渠道的同时，加强和改进了人大信访工作，专门成立了信访办公室，充实了工作人员。同时还加强对重点信访案件的跟踪、督办、落实，积极引导上访群众以理性的方式表达利益诉求，解决利益矛盾，化解社会不和谐因素。五年来，共受理群众来信来访508件次，交办督办重点信访案件46件，一些人民群众反映强烈的信访问题得到了处理解决，减少了社会不稳定因素。

健全保障机制，发挥代表作用——一个不辱使命的五年

五年来，常委会围绕提高代表素质、发挥代表作用、改进代表工作进行了积极探索和大胆实践，使代表工作取得了新进展。

注重提高人大代表的依法履职能力。加强代表培训，完善培训机制，规范培训内容，促进了代表自身素质和履职能力的提高。坚持向代表通报重要工作和重大事项、代表列席常委会会议制度，畅通代表知情知政渠道，扩大代表知情权。届内开展了两次优秀人大代表和先进代表团的评选活动，激发了代表的履职热情。

注重发挥人大代表的参政议政作用。加强闭会期间代表活动的组织、指导、协调和服务工作。各代表团组织人大代表围绕"旅游立市"重点项目建设、促进后奥运经济发展、老旧小区改造、新民居建设等开展视察、检查、调研活动158次，累计有人大代表1560人次参加，为代表服务经济建设、更好地参政议政提供平台。加强和改进代表议案和建议的提出和办理工作，对重点建议加大督办力度，实行常委会分管主任领衔督办、常委会各工作部门跟踪督办，使办结率和满意率逐年得到提高，一些代表和群众所关注的热点难点问题得到了较好解决。

注重发挥人大代表的桥梁纽带作用。组织代表开展了提一条建议、上一个发展项目、帮群众办一件实事、带一个困难户脱贫、反映一次社情民意的“五个一”活动，努力为群众办实事、办好事、解难事。认真落实代表联系选民制度，积极引导代表向群众宣传国家政策和法律法规，提高群众知法守法和依法办事的自觉性。开展代表向选民述职活动，主动接受群众监督，增强了代表的责任感和使命感。

注重发挥人大代表的模范带头作用。常委会立足于发挥人大代表素质高、经济意识强、群众威信好的优势，在全区人大代表中开展了“人大代表履职主题年”活动，积极引导代表在各自的岗位上当好发展经济的带头人、民主法制建设的明白人、招商引资的引路人、密切联系群众的贴心人、为民排忧解难的热心人，充分发挥表率作用，带动广大人民群众一道投身到经济社会发展的主战场，为建设沿海一流主城区献计出力。

完善规章制度，规范监督行为——一个探索创新的五年

五年来，常委会结合工作实际，把健全制度、完善机制作为常委会的根本性建设，制定了一系列规章制度，使国家权力机关的各项工作有章可循，使常委会各方面工作有法可依。

坚持民主集中制原则，在会议制度建设方面进行了改革。制定、完善了主任会议、常委会会议议事规则，规定了会议职责范围、议事内容、议事程序和决定决议处理办法，保证了会议的规范运作，依法集体行使职权。积极探索人代会会务改革，试行了邀请部分金融界代表、市民、农民工旁听人代会，同时还开展小记者走近人代会活动。这些改革，不但增强了人代会的透明度，而且有利于人大正确行使决定权。

坚持依法行使职权原则，在运行制度建设方面进行了尝试。修改完善了常委会讨论决定重大事项及“一府两院”重大事项报告制度，使常委会审议决定重大事项范围得到了明确，保证了决定权的有效行使。完善了常委会审议意见交办督办办法，增强了监督实效，确保审议意见真正落到实处。出台了人事任免、任前法律知识考试办法，坚持任前考察了解和法律知识考试，任中表态发言和表决票决，任后日常工作监督和评议监督，保证了人事任免与人事监督的依法有效进行。届内任免国家机关工作人员 202 人次。

坚持务实高效的原则，在配套制度建设方面进行了探索。制定了代表依法执行代表职务的暂行规定，明确了代表在会议及闭会期间应该履行的职责和应尽的义务。为充分发挥代表作用，制定了区人大常委会组成人员联系代表办法、代表向选民述职等系列制度，增强了代表的政治观念，提高了代表的履职能力。为提高人大机关工作效能，不断完善机关干部岗位考核、后勤服务和财务管理等方面制度，基本做到了靠制度规范行为，凭制度办理事情，用制度推动工作。

加强自身建设，认真履行职责——一个务实奋进的五年

五年来，面对人大工作的新形势、新任务，常委会按照“政治坚定、业务精通、务实高效、作风过硬、团结协作、勤政廉洁”的要求，积极参加学习科学发展观和“创先争优”活动，不断加强自身建设，使常委会的各项工作与发展社会主义政治文明的时代要求相适应，与人民群众寄予的高度信任和期望相适应。

自觉加强学习培训。换届伊始，对新当选的常委会组成人员进行了集中法律知识和业务培训。届中，组织常委会组成人员参加了省市人大常委会举办的集中培训。在日常监督中，结合人大工作实际，围绕常委会审议议题，采取多种形式组织常委会组成人员和机关工作人员学政治、学法律、学业务，做到政治理论学通、法律知识学懂、业务知识学精，进一步提高了领导班子整体素质和履职能力，为做好人大工作打下了坚实基础。

自觉改进工作作风。常委会班子成员带头坚持求真务实，大兴调查研究之风，紧紧抓住事关改革发展稳定大局和人民群众普遍关注的热点问题，深入基层、深入群众，了解真实情况，掌握第一手材料。五年来，共组织开展专题调研活动 125 次，形成专题报告 112 篇，有的放矢地开展监督工作，提高了监督工作的针对性和实效性。

自觉提高服务水平。通过组织开展创建“学习型、和谐型、效能型、廉洁型、节约型”机关活动，营造了干事、创业、为民的工作环境，建立了运行有序的工作机制，全面提高了机关的工作效能，连续五年被评为市级文明单位，对外树立了良好形象。加强老干部服务工作，设立老干部工作办公室，充实人员，保障车辆，投入经费，积极为老干部解决医疗、生活等方面的实际困难。注重机关干部的培养、使用和交流，五年来共有17名同志得到提拔和交流使用，增强了机关的生机和活力。在抗震救灾、奥运安保、节能减排等重大行动中，常委会也全力以赴，为服务大局发挥了积极作用。

各位代表，在过去的五年里，区十三届人大常委会圆满完成了全区人民交付的重托，各项工作都取得了可喜的成绩。这些成绩的取得，离不开区委的正确领导，离不开全体人大代表的共同努力，离不开区人民政府、区人民法院、区人民检察院及全区人民的大力支持。在此，我谨代表区十三届人大常委会表示诚挚的感谢和崇高的敬意！

回顾五年的工作实践，我们深深体会到，做好人大工作，一定要把握好以下五点：

必须牢固树立党的观念，自觉坚持和依靠党的领导。坚持党的领导是社会主义民主政治建设的要求，是做好人大工作的根本保证。常委会在制订计划、安排工作和监督实践中，都自觉围绕区委的总体工作部署，自觉贯彻和体现党委意图，积极向区委请示汇报，把党的主张通过法定程序转变为人民意志，使地方国家权力机关的职能得到进一步发挥，确保人大各项工作顺利开展。

必须牢固树立全局观念，自觉服从和服务于经济社会发展的大局。人大及其常委会是权力机关，其法律地位本身决定其必须具有很强的全局观念，想问题，作决策，都必须从全区经济社会发展的大局出发，突出发展主题，围绕中心，服务大局，依法履行职责，努力推进全区经济社会又好又快发展。

必须牢固树立群众观念，忠实代表和维护人民群众的根本利益。人大及其常委会是代表人民行使管理国家事务的机关，必须把人民拥护不拥护、赞成不赞成作为工作的出发点和立足点，一切工作必须从人民利益出发，忠实代表和维护人民群众的根本利益。必须充分发挥人大代表的桥梁纽带作用，畅通民意渠道，及时反映群众的所需、所想、所愿，努力为人民群众办好事。

必须树立法制观念，自觉推进法律法规的正确实施。人大常委会的首要职责就是维护宪法和法律在本行政区域的正确实施，根本任务就是推进社会主义民主法制建设。因此，要做好人大常委会工作，没有法制观念不行，法制观念不强也不行。必须坚持以法为魂，无论是决定大事，对“一府两院”进行监督，还是人事任免，都要以法律为尺度，依法说话，依法办事，依法做人，做到言之有法，证之有据，行之有规。

必须牢固树立创新观念，不断深化人大工作。坚持和完善人民代表大会制度，要求我们必须面对新形势、新任务，在维护宪法和法律的基础上，不断创新发展，要善于发现人大工作中的新亮点，不断总结好经验、好做法，积极探索做好人大工作的新途径，使人大工作时刻保持旺盛的生机和活力。

总结成绩，我们倍感欣慰，寻找不足，我们更加理性。尽管在过去的五年里，我们取得了一定的成绩，但是也深深感到还存在一些问题和差距，主要是：在新的历史条件下如何更好地做好人大工作，还需要进一步探索；监督工作的实效性还需要进一步增强；代表依法履职的能力还需要进一步提高；常委会自身建设还需要进一步加强等。这些不足和差距都需要在今后的工作中努力改进和提高。

今后五年工作建议

各位代表：区十三届人大常委会任期已满，区十四届人大常委会即将由本次代表大会选举产生。面对新形势、新任务，新一届人大常委会肩负的责任更重大，面临的任务更艰巨。今后一个时期，常委会工作的指导思想是：坚持以邓小平理论和“三个代表”重要思想为指导，深入贯彻落实科学发展观，继续解放思想，坚持改革开放，加快依法治区，求真务实，艰苦创业，励精图治，开拓创新，为促进全区经济又好又快的发展，全面实现打造沿海一流主城区的目标做出新的贡献。围绕这一指导思想，常委会应抓好以下几项工作：

认真贯彻实施《监督法》，依法履职行权。要深入贯彻实施《监督法》，紧紧围绕全区工作中心，紧紧围绕改革发展稳定的大局，紧紧围绕关系人民群众切身利益的热点难点问题，坚持把握中心、突出重点、增强实效的指导思想，精选议题，科学安排，不断提高会议质量，使人大的监督工作有利于实现区委意图，有利于“一府两院”依法行政、公正司法，有利于全区经济健康发展、社会和谐稳定、人民安居乐业，真正寓监督于支持之中，切实推进工作再上新台阶。要认真行使好重大事项决定权，凡涉及我区改革、发展、稳定的重大问题，常委会都要在充分调查研究的基础上，及时作出决议或决定，使重大事项决定不断走上制度化、规范化轨道。要正确处理党管干部与人大依法任免干部的关系，坚持人事任免中的重大问题向区委报告制度；坚持人事任免办法等行之有效的做法，充分发扬民主，不断完善人事任免工作程序，依法行使好人事任免权。

切实加强代表工作，充分发挥代表作用。要全面贯彻落实新修订的代表法，着力健全代表服务保障和激励约束机制，充分发挥代表在全区经济社会建设中的作用。科学规范代表闭会期间的活动，拓宽代表活动的方式，为代表联系群众、调查研究、参加活动、依法执行职务创造有利条件，提供良好服务。以提高办理质量为重点，以解决实际问题为目标，做好代表建议的办理工作，不断完善督办制度，加大督办力度，适时进行视察和检查。组织代表搞好专题调研和视察，使代表知情知政，更好地履行职责，参政议政。进一步密切与代表的联系，继续邀请代表列席人大常委会会议、参与人大常委会的重大活动。做好常委会组成人员联系代表工作，坚持人大常委会重要工作向代表通报制度，自觉接受代表的监督。重视代表的学习和培训，进一步建立和完善培训制度，增强培训效果，提高代表依法履职能力。加强对镇街人大的联系和指导，促进镇街人大工作水平不断提高。

不断深化法律意识，稳步推进依法治区进程。要强化对区人大及其常委会选举任命的国家机关工作人员进行培训，促使他们熟悉法律、严格执法、主动接受人大监督，切实履行好工作职责。要抓好行政机关、审判机关、检察机关推行执法责任制的监督工作，促使“一府两院”依法行政、公正司法。要督促“一府两院”加大法制宣传教育力度，对其贯彻实施情况进行跟踪检查。要深入开展以宪法为核心，以专业法律法规和市场经济法律法规为主要内容的法制宣传教育活动，努力形成全社会学法、守法、用法的良好氛围，促进领导干部正确处理政策与法律、经济建设与法制建设的关系，不断提高运用法律手段实施依法行政、公正司法的能力。

进一步加强自身建设，不断提高工作水平。要组织常委会组成人员和人大机关干部认真学习邓小平理论、“三个代表”重要思想，深入贯彻落实科学发展观，进一步提高做好人大工作的自觉性、主动性和创造性。要坚持继承和创新相结合的原则，根据时代的发展和形势的要求，进一步加强常委会及机关的制度建设，使人大工作富有创造性，具有开拓性。要进一步加强人大宣传工作，认真总结经验，不断促进和完善人民代表大会制度，为人大工作的稳步推进营造良好的舆论氛围。要高度重视来信来访工作，及时为群众排忧解难。要切实抓好机关精神文明建设、党风廉政建设和老干部工作，努力塑造地方国家权力机关良好形象。

各位代表，同志们！回顾过去，豪情满怀，展望未来，充满希望，“十二五”规划目标催人奋进，任务光荣而艰巨。区十三届人大常委会已胜利圆满地完成了本届各项工作任务。我们相信，有区委的坚强领导，有历届人大积累的丰富经验，有“一府两院”及社会各界的大力支持配合，有全区人大代表的积极努力，新一届人大常委会必将以雄姿勃发、与时俱进的精神，起好步，开好头，以昂扬向上、开拓创新的斗志和更卓有成效的工作业绩，为建立“宜居宜业宜游，富庶文明和谐”的滨海名城再谱新篇章、再创新辉煌，以优异成绩迎接党的十八大胜利召开！

政府工作报告

——在海港区第十四届人民代表大会第一次会议上

海港区人民政府区长　冯国林

（2012年2月16日）

各位代表：

现在，我代表海港区人民政府，向大会报告工作，请予审议，并请区政协委员和列席会议的同志提出意见。

一、2011 年暨本届政府工作回顾

2011 年是“十二五”开局之年。一年来，区政府在市委、市政府和区委的正确领导下，紧紧依靠全区人民，攻坚克难，团结奋进，圆满完成区十三届人大五次会议确定的各项目标任务，实现了“十二五”良好开局。完成区属（下同）地区生产总值 183 亿元，比上年增长 13%；全部财政收入 66.9 亿元，其中一般预算收入 11.46 亿元，分别增长 15.9% 和 31.4%；完成全社会固定资产投资 201.8 亿元，增长 21%；实现社会消费品零售总额 165 亿元，增长 18%；城镇居民人均可支配收入 20095 元，农民人均纯收入 8620 元，分别增长 10.1% 和 10%;单位生产总值能耗下降 3.66%，主要污染物排放总量削减 1.5%。

产业结构调整深入推进。蔬菜、果品、畜牧、水产等农业主导产业规模化和标准化水平提高，新增设施蔬菜、优质果品基地 1190 亩，2 家企业跻身省畜牧产业百强之列，实施农业产业化项目 13 个。完成工业投资 25.3 亿元，同比增长 60%，新增省知识产权优势培育企业 2 家、省优产品和著名商标 8 个。服务业增加值同比增长 13.5%，义乌小商品城竣工开业，开滦路历史街区、世纪港湾商业广场、茂业城市综合体等一批重点项目实质推进。成功举办第八届秦皇望海祈福文化旅游节，全国最大环幕 4D 影院、全球首创九屏动态全景馆开门迎客。全年接待游客人次、旅游综合收入分别增长 15.3% 和 29.3%。

项目园区建设实现突破。全年实施千万元以上项目 133 项，累计完成投资 179.2 亿元，同比增长 130.3%，中农物流等 11 个项目列入省重点。海港经济开发区获批省级经济开发区。圆明山文化旅游产业聚集区被确定为首批市级文化旅游产业聚集区。大北部、大物流、圆明山片区以及西部创意产业园规划研究形成初步成果。北部工业区等三个园区水、电、路、讯等基础设施进一步完善，累计完成固定资产投资 42.4 亿元，实现主营业务收入 55.9 亿元，分别增长 22.3% 和 18.7%。

改革开放取得积极进展。镇级财政正式纳入

支付中心管理，全区实现财政资金和预算单位全覆盖。乡镇机构改革基本完成，机关事业单位实行机构编制实名制管理。政府举办的基层医疗机构药物零差率销售全面推行。被确定为国家级人口和计划生育综合改革示范区。沿海开发“九大攻坚战”全面展开。全年新增私营企业2237家、个体工商户3690个。深层次收集客商资源，收录大客户306个。在韩国首尔举办的招商活动开创县级政府在国外举办大型招商活动先河。全年引进内资22.97亿元，同比增长61.6%，实际利用外资1.58亿美元，位列全市第二。

城市面貌明显改观。出台旧城旧村改造、国有土地征收等方面的规范性文件，提高城市建设管理水平。秦皇大街被评为全省十佳景观大道。秦皇植物园被评为全省十佳公园。河北大街等3座过街天桥建成投用，东环路、文坛路以及建设大街平改立主路竣工。港城市场、团结里市场完成升级改造。综合整治小街小巷26条，新建改造垃圾中转站、收集站6座。新增城市绿地31万平方米、乡村林地7000亩。东王岭等3个村返迁房主体完工，桥东北里等老旧小区改造工程开工建设，胜利村等37个老旧小区整治一新。累计拆除违法建筑8.3万平方米，清运城郊垃圾9万吨，拆除违规棚亭936座，取缔马路市场17处。

社会事业协调发展。全年实施国家、省、市科技项目48个，被评为全国科技进步先进集体。文化里小学等5所新建学校投入使用，成功承办河北省中小学校舍安全现场会和德育工作推进现场会。设立农村教师基金，稳定农村教师队伍，推进义务教育均衡发展。东环路社区卫生服务中心建成投用，港城大街社区卫生服务中心被评为国家级社区工作示范点。新建标准化村卫生室29个，新农合参合农民享受医疗补偿1706万元。麻疹疫苗强化免疫工作被树为全省典型。完成东港镇、北港镇综合文化站建设，全市首家区级体育总会正式成立。被评为国家级全民健身先进区。残疾人综合服务中心竣工投用。区人武部被评为全国民兵工作先进单位。审计、统计、人防、双拥、外侨、档案等工作取得新成绩。

人民生活持续改善。民心工程23件实事全面落实。全区新增就业5621人，失业人员再就业2165人。新增企业养老、医疗保险4580人，城乡居民社会养老保险5.4万人。5588名转城村居民享受城镇职工养老保险待遇。低保提标扩面全面落实，累计发放城乡低保金3910万元、困难群众医疗救助金359万元。新成立社区居委会7个。新建老年日间照料中心（站）5个、农村幸福院15处。东李庄经济适用房配建廉租房主体封顶，杨道庄保障性住房开工建设。完成青石山等3座水库除险加固，解决龙家营等4个村人畜饮水问题。食品安全综合抽检合格率和安全食品市场占有率均达94%以上，企业安全生产执法检查覆盖面和隐患整改率分别达100%和98%，刑事发案同比下降16.5%，全区安全稳定形势良好。

政府自身建设切实加强。出台并落实国有资产、财政、教育、低保等方面的管理意见和办法，健全完善政府管理体制机制。深入开展“三进三治”活动，着力提高科学决策等“六种能力”，政府公信力和执行力得到进一步提升。自觉接受人大、政协监督，办结人大代表建议和政协提案165件，满意率达100%。市长公开电话转办件解决率达100%。全面推进“六五”普法。深入开展ISO 9000质量管理体系认证。顺利接收省市下放行政审批权限67项。大力推行行政权力公开透明运行，廉政建设和反腐败工作取得新的进展。

各位代表，2011年也是本届政府的收官之年，这一年各项任务的全面完成，为本届政府的工作画上了圆满的句号。在本届政府五年的任期里，全区上下团结奋斗、苦干实干，各行各业、各个领域都发生了全面、深刻的变化，实现了本届政府提出的各项目标。

这五年，是倾力干事创业、不断开拓进取的五年。我们始终坚持以发展经济为本、以百姓福祉为重，切实把发展的思路、工作的抓手、改革的方向、攻坚的举措与宏观大势和区情实际相结合，进一步明晰了发展战略、产业定位和空间布局。紧紧围绕一流主城区建设，全面推进“五大工程”，励精图治、开拓创新，圆满完成“十一五”目标任务，实现了经济社会快速健康发展，广大干部群众对港城的认同感、归属感和自豪感明显增强。

这五年，是紧抓发展要务、实力明显壮大的五年。区属地区生产总值年均增长13.1%，2011

年完成总量是2006年的1.85倍；全部财政收入年均增长20.1%，其中一般预算收入年均增长29.5%，比上个四年增速快9.6个百分点；五年完成全社会固定资产投资489亿元，年均增长13.5%；社会消费品零售总额年均增长19.3%，比上个四年增速快5.4个百分点。主要经济指标连创历史新高，多项指标位列全省主城区前列，全区经济步入发展的快车道。

这五年，是突出改革创新、后劲显著增强的五年。政府机构改革取得阶段性成效，财政、旅游、城管、市场、农村等方面改革全面推进。企业自主创新能力明显增强，新增省级以上高新技术企业9家，连续三年被评为全省知识产权优势培育区，连续两次获得全国科技进步先进区称号。项目招商成效显著，五年实施千万元以上项目276个，完成投资399亿元；引进内资61.2亿元，实际利用外资7亿美元，年均分别增长31.9%和14.3%。北部工业区等三个园区面积拓展至50平方公里，秦皇岛临港产业聚集区、临港物流园区晋升省级产业园区。

这五年，是强化城市建管、形象魅力提升的五年。五年修编完善各类城市规划51项，基本实现规划全覆盖。累计投入城建资金24亿元，新建改造城市主次干道13条，综合整治街巷路183条。全区森林覆盖率达到44%，人均公共绿地面积达到9.12平方米。五年拆迁拆除各类建筑130万平方米，创建示范街10条。先后实施13个城中村和老旧小区改造，新建返迁房、商品房380万平方米，6726户返迁居民喜迁新居，42个老旧小区完成改善提升。城乡面貌焕然一新，城市知名度和影响力显著提高。

这五年，是狠抓民生事业、人民更加幸福的五年。累计新增就业再就业1.84万人，基本消除零就业家庭。城镇居民人均可支配收入、农民人均纯收入分别增长68.2%和53.1%，企业养老、医疗保险参保人数由4.2万人增加到5.2万人，社会养老保险基本实现全覆盖，城乡低保标准分别提高57%和60%，新农合参合率提高到96.5%，1427户居民入住经济适用房或廉租房。教育、医疗、文体、社区等方面的条件不断改善，先后获得全国民政工作先进单位、残疾人社区康复示范区、群众体育工作先进县区、奥运安保先进单位，全省社区卫生服务示范区、养老工作先进区、社会治安综合治理工作先进集体等荣誉称号。

各位代表！纵观五年来的奋斗历程，成绩来之不易。特别是“十一五”后半期，面对国际金融危机、奥运暑期保障、节能减排攻坚、国家房地产政策调整等一系列重大考验，全区上下不畏艰难、奋力攻坚，同心同德、携手共进，突破了一个又一个难题，推动一流主城区建设不断前进，共同谱写了海港区发展的新篇章。五年来的发展与进步，得益于市委、市政府和区委的正确领导，得益于全区人民的团结奋斗，得益于社会各界的大力支持。在此，我谨代表区政府，向辛勤工作在各行各业的广大干部群众，向给予政府工作大力支持的人大代表、政协委员、各民主党派、工商联、人民团体和无党派人士，向驻区部队和单位，向为港城发展做出贡献的各界朋友，致以崇高的敬意和衷心的感谢！

在总结成绩的同时，我们也清醒地看到，全区经济社会发展中还存在一些矛盾和问题，主要是：经济发展方式尚未根本转变，各种要素制约仍比较突出；城市功能与环境面貌仍需改善，管理水平有待进一步提升；城乡一体化发展的任务还很艰巨，促进基本公共服务均等化的步伐尚需加快；政府自身建设与发展要求、人民期望还有一定差距，尤其在工作作风、行政效率和创新能力等方面，必须进一步加强。我们一定要以对人民、对事业、对历史高度负责的态度，更加奋发努力、勤勉尽责地做好各项工作。

二、未来五年奋斗目标和 2012 年重点工作

今后五年，是全面建设沿海一流主城区的关键时期，既面临河北沿海地区发展规划上升为国家战略、我市被确定为“五个国家、省级试点”城市等千载难逢的机遇，也面临宏观经济形势复杂严峻、区域竞争更加激烈、经济下行压力加大等诸多挑战。我们必须适应新形势新任务新要求，抓住难得机遇，积极应对挑战，切实增强工作的针对性、实效性和灵活性，牢牢把握发展的主动权。

今后五年，区政府工作的总体要求是：以科学发展观为指导，围绕“加速转型、加快发展，奋力打造沿海一流主城区”总体目标，实施“两主四化”发展战略，按照“一中心三基地”产业定位和“一线、两片、三组团”空间布局，突出“五大工程”抓手，着力优化经济结构和产业结构，深入推进改革开放和自主创新，切实加强节能减排和生态建设，更加重视改善民生和促进和谐，为我市建设“宜居宜业宜游，富庶文明和谐”滨海名城发挥主力军作用。主要目标是：

（一）坚持提速发展，打造实力雄厚主城区。在优化结构、提高效益、降低能耗、保护环境基础上，区属地区生产总值年均增长13%，财政一般预算收入突破20亿元，全社会固定资产投资年均增长15%，社会消费品零售总额年均增长17%，2016年主要经济指标力争比2011年翻一番以上。区域经济实现跨越式发展，综合实力保持全省城市区前列，在全面打造沿海一流主城区进程中迈出实质步伐。

（二）加快经济转型，打造现代产业主城区。按照“产业兴市”的要求，深入实施沿海开发和旅游立市两大主体战略，推动产业结构向高端化、特色化转型，全面构建城郊农业高效集约、新型工业实力强劲、现代服务业支撑有力的现代产业体系，打造区域旅游业综合服务中心、临港物流产业基地、先进制造业配套基地、新兴产业及现代服务业基地，产业综合竞争力明显提升。五年单位生产总值能耗下降15%，主要污染物排放总量减少10%。

（三）塑造城市品牌，打造生态宜居主城区。全面拓展城市发展框架，沿海一线休闲会展产业带，城市中央商业商务区、西部次中心创意产业区两大片区，北部工业、东部物流、圆明山旅游三大城市组团的空间布局初具规模。建成较为完善的城市基础设施体系，城市管理实现标准化、精细化和信息化，基本完成城中村改造和老旧小区综合提升。文化创意要素融入城市环境，形成一批标志性街区、景观和建筑。绿化、美化、亮化力度加大，森林港城和北方花城建设成效明显，全面彰显宜居宜业宜游的主城区魅力。

（四）深化改革开放，打造创新创业主城区。进一步加大改革力度，健全现代市场体系，着力消除制约科学发展的体制机制障碍。大力推进国有资产管理、行政管理、投资、财税及社会领域改革，在优化服务、提高效率、增强活力上取得新突破。鼓励企业自主创新和群众自主创业，全面开展创新型海港区建设，高新技术产业产值占地区生产总值的比重达到15%以上。改善投资环境，扩大对外开放，以开放促改革、促调整、促发展，五年引进内资177.9亿元，实际利用外资10.6亿美元，年均分别增长15%和10%。

（五）持续改善民生，打造幸福和谐主城区。逐步加大新增财力在民生方面的投入，人民群众的幸福感和满意度进一步增强。城镇居民人均可支配收入和农民人均纯收入年均分别增长10%。年均新增就业岗位5000个以上，让每一个有劳动能力、有就业愿望的城镇居民都享有就业机会。以养老、医疗、低保、住房等为重点的社会保障体系不断完善，以推进社会公平为重点的教育、文化、卫生、体育等项事业蓬勃发展，安全生产、食品安全、社会治安形势良好，保持和发展和谐稳定的社会局面。

各位代表！建设一个繁荣、靓丽、文明、和谐的新港城，是全区57万人民的共同愿望和根本利益所在，更是区政府的责任所在。我们已经打下了一个良好的发展基础，我们也一定能够谱写更加辉煌的新篇章！

2012年是党和国家政治生活中具有重要意义的一年，也是实施“十二五”规划的关键一年，更是新一届政府的起步之年，做好今年工作非常重要。全区经济社会发展的主要预期目标是：区属地区生产总值增长13%；区级一般预算收入增长15%；全社会固定资产投资增长15%；社会消费品零售总额增长17%；城镇居民人均可支配收入和农民人均纯收入分别增长10%；单位生产总值能耗降低3.66%，化学需氧量、二氧化硫、氨氮化物、氮氧化物排放分别削减2.2%、3.2%、3.1%和1.5%；城镇登记失业率控制在4%以内；人口自然增长率控制在6.2‰以内。上述目标，是从我区实际出发，基于对当前形势和今后走势的判断，综合考虑各种因素确定的，力求既体现科学发展、转型升级的要求，又符合经济社会发展的阶段性特征。实际工作中，要紧紧围绕“稳增长、优结构、抓创新、惠民生”这一工作主基调，突出“主力军、主阵地、主窗口、主旋律”这一工作内涵，在确保完成计划目标的基础上，注意与我省沿海地区发展规划相衔接，与其他沿海主城区相对照，争先进位，争创一流。

围绕上述目标和要求，着力抓好八个方面重点工作：

（一）持续扩大投资，保持经济增长。坚持扩大内需战略，以项目、园区、招商为重点，促进经济平稳较快增长。

狠抓项目建设。研究制定“一把手抓项目”的意见，深入实施领导分包、节点督导、领办代办、一线服务等项目工作制度，努力营造围着项目转、盯着项目干的浓厚氛围。高度重视后续项目储备，认真策划包装雨润总部基地等44个重点前期项目。以十大重点产业项目攻坚为抓手，切实抓好博硕光电二期等48个计划新开工项目，加快推进世纪港湾商业广场等49个在建项目，全年计划完成投资160亿元。力争重点项目开工率和投资到位率名列全市前茅。

加快园区建设。高标准做好大北部等四大产业园区规划编制，全力推动开发建设，拓展发展空间。以海港经济开发区机构组建为契机，推动现有一区三园的有效整合，加快北港大街东延伸、规划二路等道路建设，谋划启动承秦出海路复线改扩建、燕山大街东延伸、圆明大街、兴电路建设工程，不断完善垃圾处理、给排水、通讯、热力等设施，提高园区承载能力。推进行业之间关联配套、上下游有机链接，培育壮大玻璃制造、临港物流、光伏电子、装备制造配套等优势产业集群。切实抓好圆明山文化旅游产业聚集区申报省级园区以及园区建设工作，打造我区独有的生态人文景观。

强化招商引资。结合产业发展规划和资源条件，坚持招商与选商、引资与引智、域内与域外并重，促进区内外企业战略合作。围绕延伸优势产业链，重点面向资本密集地区、行业龙头企业、大型央企和国际知名企业，积极开展主题招商和产业招商，充分运用订单招商、定向招商、以商招商、网络招商等方式，努力在临港物流、商贸流通和先进制造业的招商引资上实现新突破。力争全年引进内资26.5亿元，实际利用外资1亿美元。

着力扶持企业。大力开展服务企业活动，出台《扶持企业做大做强的意见》，对重点企业实行分级帮扶，支持企业增产增效。完善和创新监测调度方式，及时分析解决重点行业、重点企业、重点产品的倾向性问题。抓好小额贷款公司试点工作，加大对小微企业扶持力度，缓解企业融资难问题。支持奥瑞特、博硕光电等企业上市。

（二）力促转型升级，提振工业经济。培育壮大骨干企业，推进产业优化升级，打造优势产业集群，在工业提速增效上实现突破，区属规模工业增加值增长8%以上。

改造提升传统优势产业。进一步提高玻璃产业综合竞争力和品牌效应，加快推进太阳能基板、硼硅板生产线建设，壮大玻璃深加工产业集群。抓好山船重工配套、环亚设备等项目建设，打造以汽车船舶零配件为重点的先进制造业配套基地。以中信渤铝、美铝渤铝为依托，积极发展为航空航天产业配套的高端铝材压延业。抓好华润雪花啤酒生产基地、福寿食品等重点项目，引导农、工、贸一体化和产、供、销一条龙，培育壮大粮油食品加工业。

大力发展战略新兴产业。积极发展以光伏企业孵化器为主阵地的太阳能光伏产业，以益海嘉里、甲醇燃料等项目为重点的生物质能源、新能源产业，以特种玻璃、高温超导薄膜、碳纤维为主要方向的新材料产业，以富通尼特智能家居、华电测控仪表等项目为代表的电子信息产业，重点扶持一批高成长、高效益、拥有自主知识产权的高科技标杆企业，引导战略新兴产业向产业链和价值链的高端延伸。

持之以恒抓好节能减排。坚持开发节约并重、节约优先的原则，抓好工业企业节能，加强对8家重点耗能企业的监管，加快北方玻璃、秦热发电等企业节能降耗的技术改造。严格落实建设项目“四不批”，坚决禁止“两高一资”项目进入。推进北部片区等污水处理及技改工程，加快实施燃煤锅炉整治和热力并网，抓好畜禽养殖业污染减排，严控污染物排放总量。全力做好近岸海域环境综合治理。

（三）发挥比较优势，大力发展服务业。依托临港和主城区优势，加大服务业投入和扶持力度，促进服务业比重逐步提升，增强对经济发展的支撑拉动作用。

加快发展临港物流业。以港为题，积极筹办临港物流产业发展论坛，研究制定临港物流产业发展规划，逐步建立现代物流体系。以港为媒，瞄准以晋、蒙及东三省为重点的腹地物流市场，扶强和引进一批有实力、信息化、专业化的现代物流企业。港区联动，谋划建设港口物流配送基地，加快推进嘉恒、冀盛、汽车商贸城等物流项目，打造区域物流枢纽。

不断壮大现代服务业。围绕城市中心片区和西部次中心片区，深入谋划服务业发展目标、战略思路和空间布局，努力提高城市综合服务水平。加快太阳城等特色街区优化升级，推进茂业城市综合体、万达广场等项目建设，提升商业业态，繁荣商贸经济。立足区域内科研院校多、人才基础好的优势，谋划建设西部创意产业园，积极发展影视传媒、演艺娱乐、动漫制作、技术研发等创意产业和文化产业。认真落实房地产业宏观调控政策，推进远洋海世纪、秦皇半岛等品质房源建设，优化产品结构；加大保障性住房建设力度，保障低收入人群的居住需求，保持房地产市场稳定。加快香格里拉五星级酒店、湾海国际等项目建设，重点打造金梦海湾会展中心，拓展奥体中心会展功能，着力培育和引进节庆赛事和商务展会。启动实施商会大厦建设，抓好天马糖酒产业总部基地等项目，加快楼宇经济、总部经济、服务外包等新兴产业发展。

全面提升旅游产业。强化大旅游和全产业理念，以全新的思路推动旅游产业大发展。突出抓好秦皇求仙入海处景区改造二期、开滦路历史街区、连峪北齐长城保护开发等重点旅游项目建设，打造一批新景点、新看点。围绕完善旅游配套服务，深入推进旅游综合改革，加快旅游综合服务中心建设，着力培育一批特色美食、购物、娱乐街区。积极发展工业旅游、休闲旅游以及乡村游。精心组织秦皇望海祈福文化旅游节等节庆活动，全面提升城市的知名度和美誉度。

（四）完善城市功能，加快城市化进程。统筹推进城市基础配套、城市形象塑造和管理服务提升，促进城市建设上水平、增内涵、出品位，切实发挥展示秦皇岛城市形象的主窗口作用。

高水平规划。坚持可持续发展战略，强化规划先行、规划必行理念，按照城市总体规划，结合主城区发展特点，做好全区域的空间布局研究，进一步优化发展空间，提升发展能级。加快市政设施、农贸市场、社区用房、教育、文化、卫生等专项规划的研究与完善，形成指导经济社会发展的规划体系。开展城市绿化、美化、亮化、雕塑等规划研究，搞好城市出入口、主次干道、商业区、广场等重要节点景观设计，塑造城市特色，打造城市亮点。

高标准建设。以基础设施为重点，高质量、快节奏推进城市建设，完善城市功能，打造建筑精品。力促民族路北延伸暑期前竣工通车，谋划启动北港大街西延伸、长江道西延伸以及海阳片区路网等道路工程，配合做好秦抚路、西部快速路及火车站建设。抓好精品迎宾线和特色海岸线景观建设，推进西浴场综合改造，完成圆明山山野森林公园工程，实施公园游园改造升级，布设高品位城市雕塑。以一街一品为特色，打造观叶街、赏花街、看果街等绿化特色街巷。实施河东片区等 6 处集水点雨水设施改造，综合整治 20 条街巷路。新建改造垃圾收集站、转运站 4 座和高标准公厕 2 座。谋划实施文化路、迎宾路街景整治提升工程。

人性化改造。坚持以人为本、拆建并举，加快旧城旧村拆改和老旧小区提升，建设环境优美、配套齐全的居住小区。年内实现西白塔岭、东王岭、后道西、邹吕庄返迁入住，归提寨、前道西等返迁房主体完工，西王岭、大里营、新店子等村庄动迁。推进新兴里等老旧小区改造工作。抓好重点片区开发，加快东山片区建设，力争海阳片区、金三角鑫园片区改造年内有实质性进展。完成 2011 年实施的 37 个老旧小区改善提升后续工作，谋划启动 20 个老旧小区综合整治。

精细化管理。深入开展“城市精细化管理年”活动。出台《进一步加强城市管理工作的意见》，规范临违整治、渣土排放、牌匾设置等城市管理工作。以环卫体制改革为突破口，政府主导与市场化运作相结合，推进管理创新。深化城管下沉，充分发挥镇街、村居在城市管理中的重要作用。

每个街道设立一个试点，分类推进物业管理，切实提高小区管理水平。深入开展市容环境综合整治，全面治理城市顽疾，三年内逐步取缔马路市场。

（五）统筹城乡发展，抓好“三农”工作。坚持用工业化思维谋划农业，用城镇化理念建设农村，用市场化途径普惠农民，努力在统筹城乡发展试点工作中走在全省前列。

提高农业生产水平。大力发展项目农业，全面推进农业标准化生产和规模化养殖。谋划建设海阳镇、西港镇大型现代化生态种养殖基地，抓好西连峪等五村连片采摘基地、宝润生态园、小苇芝港大樱桃示范园等农业园区建设，扶持欣兴奶牛养殖场提质增效，新建2个省级标准化养殖示范场。抓好牧羊源等农业产业化项目。指导和穆祥蛋鸡、旭兴奶牛养殖场通过产品、产地认证。提高农业科技化水平，积极推广日光温室、测土配方施肥等先进技术，选派科技特派员入村开展服务。

改善生产生活条件。抢抓国家加大水利建设投入的政策机遇，大兴水利事业。谋划启动闫庄等6座水库扩容清淤，实施西连峪7500亩荒山治理，推进沙河蓄水、西港镇节水灌溉以及汤河入海口海堤工程，完成小汤河支流综合整治。加大城乡规划、基础建设的统筹整合力度，抓好生态景观林等绿化项目，完成造林5000亩，打造“两域三线”绿化格局；修建长桥岭至望峪山庄等农村公路3条、4.6公里。扎实抓好森林防火。继续推进新民居建设，打造新型农村社区。

着力推进强村富民。认真落实各项强农惠农政策，做好“一事一议”财政奖补，完善村级集体财富积累机制。稳步推进土地流转，建立流转机构和台账，设立村级服务站，确保土地流转面积每年递增1.5%。加快发展农民股份合作组织和专业合作组织，培育市级示范专业合作社2家、省级示范专业合作社1家。推进公共服务向农村覆盖，逐步解决农民在就业、医疗、子女入学等方面的问题，有序引导符合条件的农民进城落户。

（六）推进改革创新，激发发展活力。以更大广度和深度推进各领域改革，以更大决心和勇气实施沿海开发战略，为经济社会跨越发展增添动力活力。

加快沿海开发。坚持高站位、高标准、高水平原则，搞好关系全区长远发展的战略谋划，制定重点产业发展规划，全面对接和融入全省沿海开发大格局。深入开展九大攻坚战，积极争取土地、资金、财税等方面的优惠政策，不断提升项目、资金、技术、人才的吸纳力和承载力，着力破解制约发展的突出问题，全面启动以“一线、两片、三组团”为重点的新一轮开发建设。不断拓展与周边县区的联系，在更广领域、更深层次建立沟通合作机制，实现优势互补和互利共赢。

推进各项改革。统筹推进国家、省“五个试点城市”改革。全面实行预算单位公务卡结算，提高政府支出透明度。研究建立税源属地管理约束激励机制，严控税源流失。探索国有资产管理新模式，加强政府债务监管和风险防范。继续推进医药卫生体制改革，完善城乡医疗卫生服务体系。优化行政审批流程，提高政务服务水平。加强机构编制管理，强化总量控制。抓好统计“一套表”改革。

突出科技创新。强化核心技术和关键技术的研发攻关，建设自主创新平台，努力构建以企业为主体、市场为导向、产学研相结合的技术创新体系。全年实施技术研发项目35项，列入市级以上科技计划25项；争创省级科技企业孵化器，新增省名牌5个、知名著名商标3件；培育国家级高新技术企业1家，省知识产权优势企业2家，市级以上工程技术研究中心2家。谋划建设科技成果转化基地。

壮大民营经济。深入开发民智，有效利用民资，放宽准入条件，降低创业门槛，全面推动全民创业，激发各方面的创业热情和发展活力。加强港城创业中心建设，争创国家级示范基地。开展企业家培训，提升企业家队伍综合素质。完善民营经济扶持奖励政策，优化投融资机制，积极为中小企业发展提供融资支持。

（七）繁荣社会事业，促进社会和谐。坚持以民为本、以民为先、惠民为重，切实抓好民心工程，建立健全公共服务体系，解决好涉及群众切身利益的重点难点问题。

统筹发展各项事业。有序推进义务教育均衡发展，完成第十八中学、海阳小学续建以及明珠学校建设，实施新一路小学等20所城区中小学操场改造，启动第十四中学、归提寨小学、白塔岭小学建设。推进先盛里幼儿园改扩建工程，强化民办幼儿园管理。加强校长、教师队伍建设，实施教育质量提升工程，促进学校内涵发展和教师专业发展。完成燕山大街、白塔岭等社区卫生服务中心建设，抓好国家级社区卫生服务示范区创建工作。推行新农合“一卡（证）通”管理，参合率稳定在95%以上。开展好以“六争六创”为统揽的精神文明创建工作，提升各行各业的文明素质。健全公共文化服务体系，积极推进区文体中心、镇（街）综合文化站、图书馆以及村（居）文化室建设，打造港城大讲堂、“彩色周末”等文化品牌，创建公共文化服务体系示范区。继续稳定低生育水平。推进市民中心建设。支持工会、共青团、妇联等群众组织开展工作。大力发展公益社会组织和慈善事业。加强双拥共建和民兵预备役工作。继续抓好人防、档案、外事侨务、民族宗教、年鉴方志、防震减灾等工作。

着力解决民生问题。多渠道开发就业岗位，强化政府投资、重大项目建设与增加就业联动机制，抓好退役士兵、大中专毕业生和就业困难人员的就业工作。年内建成精品示范劳动保障平台2个，谋划建设高标准人力资源市场，新增就业5500人，失业人员再就业2000人，转移农村富余劳动力1000人。扩大社会保险覆盖面，年内新增企业养老、医疗保险3000人。抓好城镇居民和新型农村社会养老保险“两个试点”工作。建立低收入困难家庭信息库，全面落实低保提标扩面工作，低保覆盖面提高到5%以上。稳步提高医疗救助和特困户临时救助标准，切实保障低保边缘和困难群体的基本生活。完成红旗里等7个社区老年人日间照料中心（站）以及东向河寨等10个农村“幸福院”建设，谋划启动老年人服务中心二期工程。新建农贸市场2个，便民服务市场进入15个小区。积极推进早餐工程进社区。完成村“两委”班子换届。加快推进东李庄、杨道庄等保障性住房建设。

（八）创新社会管理，保持社会稳定。着力化解社会矛盾、维护社会公正、应对社会风险，推进社会管理科学化，保障好安全稳定大局。

打造和谐社区。加强社区基础设施建设，加快现有社区工作用房达标进程，确保新开发小区“两室”用房一次性达标。坚持权随责走、费随事转，理顺社区管理体制。建立“四位一体”联席会议制度，充分发挥社区党组织、居民委员会、业主委员会、物业公司在社区管理中的作用。拓宽社区工作人员来源渠道，加大业务培训力度，提高基本生活补贴标准。鼓励支持社区兴办服务型经济实体，构建政府公共服务、居民志愿服务与市场提供服务相衔接的社区服务体系。

建设平安港城。严格落实“八三”工作法，以化解信访积案为重点，以20个重点部门为核心，健全“一站式”接访流程和信访工作会商机制，提高信访化解效率，严格控制“三类访”出现。积极推进网格化的治安防控体系建设，整合安装一批视频监控设备，基本实现技防手段全覆盖。坚持以打黑除恶为重点，严厉打击重大刑事犯罪和多发性侵财犯罪，实现“命案必破”目标。深入推进“六五”普法，提高全民法律意识。

坚持安全发展。加大安全生产监管力度，深化高危重点行业专项整治，全面推进安全生产标准化建设，不断强化企业主体责任，严格落实事故责任倒查和追究制度，坚决杜绝重特大事故发生。启动作业场所职业卫生监管工作。建立食品安全综合信息系统、投诉举报平台和联合执法机制，完善风险监测和评估体系，深入开展瘦肉精、地沟油等专项整治，严厉打击制售假冒伪劣和有毒有害食品行为，确保人民群众饮食健康和生命安全。进一步完善应急管理体系，不断提高保障公共安全和处置突发事件的能力，确保完成各级“两会”、暑期等重点时期的保障任务。

三、努力建设创新务实、高效廉洁的政府

新一届政府任务艰巨、使命光荣。我们将时刻不忘政府的权力来自人民，忠于职守、敢于担当、永不懈怠，全面建设让人民群众真心拥护、放心满意的政府。

坚持为民执政，建设责任政府。时刻牢记为人民服务的宗旨，牢固树立人民至上的信念，真正做到定决策充分尊重民意，上项目充分珍惜民力，办实事充分体现民需，搞改革充分保障民利。规范政府及公务员服务行为，推行服务质量公开承诺制，努力为群众办事提供最大便利。加大区长公开信箱、公开电话受理力度，密切与基层群众的联系。落实政府信息公开制度，保障群众的知情权、参与权和监督权。

坚持依法行政，建设法治政府。健全科学民主决策机制，规范公众参与、专家论证、合法性审查和集体讨论的决策程序，提高政府科学民主高效决策能力。增强法制观念，严格按照法定权限行使权力和履行职责，规范行政执法行为。深化机关建设标准化认证工作。坚决维护区委权威，认真执行人大及其常委会的决议决定，主动接受政协民主监督，虚心听取民主党派、工商联、无党派人士、各人民团体和人民群众的意见。

坚持务实勤政，建设效能政府。加快政府职能转变，优化机构配置，理顺部门职能，提高行政效能。顺应市场经济发展规律，运用产业政策、财税政策、环境标准等手段管理引导经济事务，在城市管理、民生改善等领域扩大政府购买服务范围，提高公共服务和社会管理水平。围绕上级和区委决策部署，推行干部包村居、包项目等项制度，主动作为，狠抓落实。改进工作作风，力戒假大空，狠治庸懒散，确保政令畅通。

坚持从严治政，建设廉洁政府。严格落实党风廉政建设责任制，健全和完善惩治腐败体系。加强对行政权力的监督制约，抓好政府采购、土地出让、项目审批、产权交易、工程招标等重点领域监管，实行阳光操作、阳光运行。加大行政监察和审计监督力度，加强领导干部任中经济责任审计。严肃查处违法违纪案件，坚决纠正损害群众利益的不正之风，树立清正廉洁的政府形象。

各位代表！强区富民，责任所系；和谐港城，民心所盼；抢抓机遇，时不我待！让我们在区委的坚强领导下，把崇高的使命化为积极的行动，把人民的期望当做前进的动力，大力弘扬奋勇争先的进取精神、迎难而上的拼搏精神、埋头苦干的务实精神，锐意进取，开拓创新，推动沿海一流主城区建设迈出坚实步伐，以优异成绩迎接党的十八大胜利召开！

附注

九大攻坚战：按照2010年省政府提出的沿海开发九大攻坚战，我区也提出了九大攻坚战，即规划编制攻坚战、基础设施攻坚战、生态环境攻坚战、城市建设攻坚战、产业聚集攻坚战、人才创新攻坚战、对外开放攻坚战、腹地互动攻坚战、体制机制攻坚战。（第17页）

“三进三治”活动：即在全区范围内开展进社区、进农村、进企业活动，切实解决经济社会发展中的实际问题，治庸治懒治散，切实锤炼工作作风，巩固执政基础。（第17页）

六种能力：即2011年区政府全体会上提出的提高科学决策、谋事创新、创业干事、统筹协调、有效执行和处理复杂问题能力。（第17页）

“六五”普法：即2011年至2015年在全国范围开展的第六个五年普法工作。（第17页）

五大工程：2007年至2011年实施的“五大工程”，即强区工程、民心工程、精品工程、生态工程、基础工程。2012年区委九届二次全会调整后的“五大工程”，即强区工程、民心工程、精品工程、平安工程、基础工程。（第8页）

“五个国家、省级试点”城市：即国家首批服务业综合改革试点区域、国家首批旅游综合改革试点城市、国家创新型试点城市和国家首批公共文化服务体系示范区、省统筹城乡一体化发展试点城市。（第18页）

“两主四化”发展战略：即沿海开发和旅游立市两大主体和城市功能化、城乡一体化、产业集群化、社会管理科学化战略。（第18～19页）

一中心三基地：即旅游业综合服务中心、临港物流产业基地、先进制造业配套基地、新兴产业及现代服务业基地。（第19页）

一线、两片、三组团：即沿海一线，城市中心区和西部次中心片区，北部工业组团、东部物流组团和圆明山旅游组团。（第19页）

主力军、主阵地、主窗口、主旋律：即争当旅游立市主力军，打造沿海开发主阵地，形成展示形象主窗口，唱响社会和谐主旋律。（第19页）

四大产业园区：即大北部工业区、大临港物流园区、圆明山文化旅游产业聚集区以及西部创意产业园区。（第20页）

四不批：即不符合环保法律法规和国家产业政策的不批，与规划不符、布局不合理的不批，对环境敏感区产生不利影响、群众反映强烈的不

批，严重影响生态环境的不批。（第 20 页）

两高一资：即高能耗、高污染、资源型项目。（第 20 页）

两域三线："两域"即以圆明山及周边为主的生态景观林体系（沙河流域）、以东西连峪为中心的乡村旅游造林工程（石河流域），"三线"即与抚宁县交界的北部、西北部两线，以及与北戴河区交界的西南部一线绿色长廊。（第 22 页）

"一套表"改革：即采用联网直报，将数据直接报入联网直报平台，实现数据从始点直达终点，改变过去从乡到省层层上报的情况。（第 22 页）

"一卡（证）通"管理：即就诊、审核、报销"一卡（证）通"管理，利用二代身份证号码与参合信息对接，实现市、区、乡、村定点医疗机构与新农合信息管理平台无缝连接，实行二代身份证一卡通就医。（第 23 页）

六争六创：即争做执政为民公仆，创建文明"三优"机关；争做五好五星农民，创建文明生态村；争做品行双优市民，创建文明和谐社区；争做明礼尚德师生，创建文明育人校园；争做亲民便民标兵，创建文明服务窗口；争做爱岗敬业职工，创建文明诚信企业。（第 23 页）

"八三"工作法：2011 年 12 月 24 日全省信访工作会议提出"八三"工作法，即三个执政、三项工作、三访结合、三管齐下、三位一体、三大平台、三种手段、三项问责。（第 23 页）

三类访：即进京非正常上访、进京集体访及赴省集体访。（第 23 页）

中国人民政治协商会议
海港区第八届委员会常务委员会工作报告

——在政协海港区第八届委员会第一次会议上

海港区政协主席 杨永会

（2013年3月29日）

各位委员，同志们：

我受政协海港区第八届委员会常务委员会委托，向大会报告工作，请予审议，并请列席会议的同志提出意见。

2012 年工作回顾

2012 年，八届区政协在中共海港区委的正确领导下，在全区各界的大力支持下，坚持以邓小平理论和“三个代表”重要思想为指导，全面贯彻落实科学发展观，牢牢把握团结、民主两大主题，紧紧围绕全区中心工作，把服务科学发展作为第一要务，把促进民生改善作为履职之本，把维护社会和谐作为重要责任，积极探索政协工作的新思路、新形式、新方法，为构建和谐港城做出了积极贡献。

一、围绕中心，服务大局，协商献策助推发展

紧扣区委“两主四化”战略定位，围绕调整产业结构、促进加速发展、加强城市建管等问题，精心选择课题，认真组织开展富有成效的履职活动，为促进我区经济社会发展协商献策。

专题协商求发展。区政协常委会针对年初整体经济形势下行和我区企业实际，组织经济界委员开展“解读当前经济形势、促进企业发展”企业家沙龙活动，邀请有关部门、相关人士、金融机构参加，共商发展对策。积极开展“走百企、查实情、促发展”活动，助推“强区工程”深入实施。分组深入 50 余家企业走访，实地了解生产经营情况，探讨企业解困发展办法，形成了《强化统筹，优化环境，促进我区经济持续健康发展》等调研报告 8 篇，并以常委会专题协商形式，开展协商议政活动。

深入调研谋发展。加强工业经济发展情况调研，通过座谈研讨、发放企业调查问卷等形式，多层面、多角度了解我区工业经济发展情况，形成了《拓展空间，完善环境，大力扶持工业经济发展》的调研报告。对发展机遇、周边环境、我区经济基础和企业自身发展动力等进行了深入分析，提出了细化主导产业定位，引导工业集群发展；扩大发展空间，推动城乡统筹；做强生产性服务业，推进产业融合等建议，均得到了区委、区政府领导的高度重视。以城市精细化管理、提升城市承载能力、打造生态宜居环境等为重点，组织委员深入一线调研，完成了《推进城市精细化管理》等调研报告。在加大老旧小区改造管理力度、完善城市绿化体系、加大公共服务设施建设方面提出了多项建设性意见，部分已被采纳实施。

重点视察促发展。为推进生态环境建设，助力实现“天蓝水净，地绿山青”目标，以主席视察团形式对我区近海海域环境综合整治工作进行视察，形成了《关于我区环境综合整治工作的视察报告》，在建立健全长效管理机制、积极帮助企业转型升级、提高全民环保意识等方面建言献策。为充分发挥主城区聚集效应，助推我区在“旅游立市”战略中切实发挥主力军作用，安排委员对照全区旅游发展规划，开展经常性的调研、视察，形成了《关于我区旅游基础设施建设情况的视察报告》，在加快重点旅游项目建设、积极发展乡村旅游、做强休闲旅游产业等方面，提出了多项有价值的意见建议。

二、体察民情，反映民意，积极服务群众改善民生

把以人为本、履职为民贯穿于政协工作的各个方面，组织和引导广大政协委员为保障和改善民生、构建和谐港城做出积极贡献。

落实提案纾解民忧。区政协八届一次会议以来，提案立案125件，其中涉及民生问题56件，占提案总数的45%。选取25件重点民生提案由各位主席跟踪督办，并将3件报请区委、区政府领导阅批，取得了良好的办理效果。积极反映社情民意，组织委员开展“走进社区、倾听民意、反映民忧”活动，及时了解和反映社会不同阶层、不同群体的愿望和诉求。全年共收集社情民意信息80余条，上报市政协31条，向区直有关部门反馈20余条。关于促进教育均衡发展、加强食品安全、健全医疗保障体系等问题已经得到有关部门的高度重视并逐步加以解决。

专题调研视察关注民生。针对征地拆迁极易引发社会矛盾问题，组织委员多次深入村、社区视察，与群众、拆迁单位、政府相关部门交流，形成了《关于海港区房屋土地征收拆迁引发信访稳定问题的调研报告》，对规范拆迁行为，保护群众合法权益，推进社会管理创新等问题进行了深入探讨。调研成果得到了有关领导的充分肯定。对群众关心的医疗卫生、社会保障、食品安全等问题，组织不同界别委员深入调研、视察，提出了推进市区医疗保险制度整合、加强基本公共卫生服务、整合食品安全检查力量等建议，得到政府相关部门采纳。

开展帮扶活动温暖民心。组织有专长、有资源的委员以及人民团体开展送文化、科技、卫生、法律下乡、进社区等活动。政法组委员代理特困家庭诉讼案件15起，免除代理费10万余元；卫生组委员深入农村、社区开展大规模义诊3次，累计接诊群众近400人次，免费发放药品价值6万余元；经济、城建组委员筹资8万余元，适时开展了捐资助学、后进村帮扶、环保宣传、敬老助残等社会服务活动；教育组委员开展了对口帮扶农村弱校、送课下乡活动。均取得了良好效果。

三、增进团结，加强监督，营造民主和谐氛围

坚持发扬民主、增进团结、协调关系、强化监督，积极促进各党派团体和各界人士的团结合作，政协作为民主政治建设的渠道作用得到充分发挥。

民主团结氛围更加浓厚。认真贯彻“长期共存、互相监督、肝胆相照、荣辱与共”方针，积极促进参加人民政协的各民主党派、工商联、有关人民团体和无党派人士的团结合作。坚持区政协领导联系民主党派、工商联制度，认真听取意见建议，切实帮助解决实际困难。在政协全会、常委会以及其他重要会议上，优先安排党派界别发言；开展重点调研视察、重点提案督办、重大议政活动主动邀请参加，为各党派界别的委员了解和掌握区情创造了有利条件。

民主监督更加有力。通过听政议政、选派行风监督员、参加行风评议等活动，加强了对全区重大决策制定、重点项目实施以及各部门行政行为的监督，有效推进了工作落实，促进了依法行政。

社会联谊更加广泛。以“五个一”活动为载体，深入不同群体、不同阶层，特别是私营企业主、自由职业者等社会阶层以及困难群体，通过政协渠道了解反映他们的利益诉求，协助党委、政府协调关系、化解矛盾、凝聚力量。组织党外人士学习十八大精神座谈会、各界人士新春联谊会等活动，取得了各方共识，融洽了关系、促进了团结。

四、建章立制，夯实基础，切实加强自身建设

坚持以制度建设引领，以队伍建设支撑，以机关建设蓄势，激发活力，提升张力，增强合力，为政协工作顺利开展提供了保证。

结合新形势，先后修订了《全体会议议事规则》《常委会议议事规则》《主席会议议事规则》等制度，进一步完善了机关九项规章。通过建章立制，有效提高了政协工作的制度化、规范化和程序化水平。针对换届后新委员多的特点，适时加强委员培训，提高了委员撰写提案、调查研究、反映社情民意等水平，进一步提高了政协委员履职尽责的能力。按照《加强政协委员管理工作的实施意见》规定，建立了委员履职档案，从出席会议、撰写提案、参加活动、发挥作用、奉献社会等方面对委员进行全过程考评，规范履职行为，收到了良好效果。以“创先争优”活动为载体，不断强化机关工作人员的务实、创新、团结、进取意识，激励其主动谋事、积极干事、努力成事，干部职工精神面貌焕然一新。加大信息宣传力度，充分利用报纸、广播、电视和政协内部刊物，对政协各项工作及时报道，在国家、省、市新闻媒体刊发稿件 20 余篇，扩大了区政协的社会影响。

各位委员，上述成绩的取得，是中共海港区委坚强领导的结果，是区人大、区政府和社会各界倾力支持的结果，是全体委员团结奋斗的结果。在此，我谨代表区政协八届常委会向全体委员和所有关心支持政协工作的各级领导、各界人士表示衷心的感谢并！

回顾一年的工作，我们也清醒地看到，区政协的工作与区委的要求，与群众的期盼还有一定的差距。特别是政治协商的力度有待进一步加强；民主监督的领域有待进一步拓展；参政议政的制度化、规范化和程序化建设有待进一步完善；委员履职能力和水平有待进一步提高等。真诚地希望大家对常委会的工作提出意见、建议，帮助我们把工作做得更好。

2013 年工作建议

2013 年，是全面深入贯彻落实中共十八大精神的开局之年，是我区奋力打造沿海一流主城区的关键之年。区政协 2013 年工作思路是：深入学习贯彻落实中共十八大精神，以邓小平理论、“三个代表”重要思想和科学发展观为指导，紧紧围绕区委九届四次全会提出的工作目标和主要任务，牢牢把握团结和民主两大主题，切实履行政协三大职能，充分发挥好协调关系、汇聚力量、建言献策、服务大局的作用，为我区率先全面建成小康社会做出新的贡献。

一、紧扣时代脉搏，强化理论武装，着力在贯彻十八大精神上实现新突破

把学习、宣传、贯彻好十八大精神作为当前和今后一个时期人民政协的首要政治任务。要全面准确把握十八大的精神实质、科学内涵和战略部署，深刻领会关于“健全社会主义协商民主制度”、“充分发挥人民政协作为协商民主重要渠道作用”等一系列新观点、新论断、新要求，努力找准政协履行职能与服务科学发展的结合点，着力履行好政治协商、民主监督和参政议政职能。要紧密联系政协工作实际，把学习十八大精神同贯彻落实全国“两会”以及省市区全委会精神结合起来，同履行职能的各项工作结合起来，着力推动区委重大决策部署的落实。

二、围绕中心工作，突出职能作用，着力在促进跨越发展上谋求新作为

紧密围绕全区“两主四化”、“一中心三基地”、“六大工程”等关系发展大局的思路和举措，就产业转型升级、改善生态环境、城市建设管理等重点工作组织开展全方位、多层次的调查研究，积极协商议政，着力建言献策。结合“树讲聚促”大讨论活动，继续开展“走百企、查实情、促发展”活动，详细了解企业发展现状，为企业排忧解难。以改善“两个环境”为契机，充分运用提案、视察调研、民主评议、政情通报会、特邀监督等多种形式，开展经常性的民主监督活动，促进“两个环境”进一步优化。

三、关注民生民利，坚持团结民主，着力在促进社会和谐上发挥新作用

充分发挥政协联系广泛、渠道畅通的优势，深入基层，倾听群众意见，围绕群众思想认识上的“困惑点”，矛盾“易发点”，主动协助党委、政府多做理顺情绪、化解矛盾的工作，为维护我区稳定和谐的良好环境贡献力量。以深化“基层建设年”活动为契机，深入农村、社区、企业，认真开展“察民情、解民忧、为民言”活动，充分运用走访、视察、调研、座谈等方式，了解群众的所思所想、所盼所求，通过调研报告、提案和反映社情民意等形式，及时向党委、政府及有关部门反映群众诉求，真正成为党和政府联系人民群众的“连心桥”。动员和鼓励广大政协委员投身社会公益事业，组织开展“植一棵委员树兴一片委员林”、委员专项帮扶等活动，多做排忧解难、雪中送炭的工作，弘扬人民政协的优良传统。

四、创新工作举措，完善工作机制，着力在自身建设上迈出新步伐

健全以党派为骨干、界别为纽带、委员为主体、专委会为基础、机关建设为保障的“五位一体”工作机制，切实改进工作作风，不断提高履职实效和政协工作科学化水平。加强与各民主党派、工商联、无党派人士的合作共事，大力支持他们通过人民政协开展协商议政活动。完善界别工作的领导、协作和保障机制，支持各界别小组根据自身特点和优势，开展形式多样的履职和联谊活动，充分体现界别作为民主渠道、团结渠道和咨询渠道的功能。加强委员学习培训，密切与委员联系，搭建活动平台，引导、激励委员在提出建议、合作项目、兴办实业、树立形象等方面取得新的成效。强化专委会建设，推动专委会拓宽领域，创新方法，切实增强工作实效。进一步提升机关工作水平和服务质量，努力把政协机关建设成委员之家、各界人士之家。认真落实中央“八项规定”，进一步规范自身行为，着力改进工作作风，不断增强机关的亲和力、凝聚力和战斗力。

各位委员，中共十八大开启了全面建成小康社会新征程，海港区进入了新一轮跨越发展的新阶段，政协也迎来了更为广阔的履职空间。让我们在中共海港区委的坚强领导下，高举中国特色社会主义伟大旗帜，团结一心，群策群力，为实现率先全面建成小康社会目标而努力奋斗！

大事记

DASHIJI

DASHIJI

1月

5日

○ 区委书记冯志永、区长冯国林、区委副书记高立明、区人大常委会主任鲁栋、区政协主席何发江等领导先后到秦皇岛视听机械研究所、河北科技师范学院、燕山大学慰问。

6日

○ 中共海港区委九届二次全会暨经济工作会议在秦皇岛大酒店召开。会议主要学习贯彻中共十七届六中全会、省第八次党代会、市第十一次党代会和中央、省、市经济工作会议精神，听取2011年区委常委会工作报告，深入分析当前形势，对2012年工作进行安排部署。会议听取区委书记冯志永受区委常委会委托作的工作报告，区委副书记、区长冯国林作的经济工作报告。

○ 坐落于市文化广场的金棕榈国际电影城开业。DMAX巨幕影厅填补秦皇岛市放映巨幕电影空白。

7日

○ 全市“元旦春节消费促进月”暨“秦皇岛义乌小商品城第二届年货大集”在秦皇岛义乌小商品城启动。市领导王文钊、邢留逮出席启动仪式。

11日

○ 召开区工商业联合会第七届会员代表大会。大会听取工商联六届执委会工作报告，通过举手表决选举产生第七届常务委员会委员55人；选举主席1人，副主席22人，秘书长1人；选举区总商会会长1人，副会长11人。薛向华当选为区工商联第七届主席、区总商会会长。大会通过《第七届会员代表大会决议》。

12日

○ 海港区新年联谊会在秦皇岛大酒店举行。区政协主席何发江主持联谊会。区委常委、常务副区长张国林通报2011年海港区国民经济和社会发展情况和2012年重点工作安排。区委书记冯志永在联谊会上致辞。

○ 市红十字会“博爱送温暖”活动启动仪式在海阳农副产品批发市场门前举行。副市长张经华出席启动仪式。

13日

○ 市委书记王三堂在市委常委、市委秘书长刘辰彦，市人大常委会党组书记李秦生，市政协副主席闻德生，区委书记冯志永的陪同下，看望慰问海港区部分优抚对象和低保户。

○ 冯国林、高立明、鲁栋、何发江等区领导分赴各镇、街道走访慰问困难党员和群众，为他们送去新春祝福，送上党和政府的关怀与温暖。

○ 区长冯国林先后到河北远洋集团、金屋集团、新天地购物商贸集团等企业走访慰问。

○ 河北省第一家方志馆——秦皇岛市方志馆在山海关成立。市委常委、常务副市长李洪卫出席仪式并为其揭匾。市方志馆占地面积1400平方米。

14日

○ 区委书记冯志永到北港镇张桥庄村就重点工作及发展思路进行调研，与广大干部群众座谈交流，共商发展良策。

16日

○ 冯志永、冯国林、鲁栋、何发江等区领导，分组先后到军分区、92676部队、66109部队、91404部队、武警支队、消防支队等单位走访慰问。

○ 由市妇联倡导实施的“少年儿童健康饮水工程”在铁新里小学启动。副市长张经华出席启动仪式并讲话，市政协副主席关敏出席启动仪式。

17日

○ 海港区在文化广场举行2012年春节团拜会暨春节联欢会。冯志永、冯国林、高立明、鲁栋、何发江等区领导参加团拜会。区长冯国林主持团拜会，区委书记冯志永致辞。

29日

○ 区政府决定授予丁春启“见义勇为先进分

子”荣誉称号，奖励人民币1万元。区政府号召广大干部、群众以丁春启为榜样，认真学习他见义勇为，敢于同违法犯罪分子作斗争的精神，为营造全区和谐稳定的社会环境，打造“省内一流主城区”作出更大贡献。

是月

○ 海港区法院长城法庭庭长杜艳文当选河北省“十佳”亲民法官。

○ 秦皇植物园荣获河北省“十佳”公园称号，为秦皇岛市唯一入选的河北省“十佳”公园。秦皇大街荣获河北省“十佳”景观大道荣誉称号。

○ 全年政府采购金额累计9460.63万元，比预算节约453.94万元，节约率4.58%。采购金额同比增长40.78%。

2月

6日

○ 为期3天的“祥龙祈福万家春”第二届港城民俗文化庙会在人民广场隆重举行。王三堂、朱浩文、时晓峰、蔡运国、邢留逮、闻德生、冯志永、冯国林、高立明等市、区领导为第二届港城民俗文化庙会揭幕。区长冯国林主持开幕仪式。区委书记冯志永致辞。庙会表演区设5个舞台，分3天推出秧歌、评剧、舞龙舞狮等港城文艺队伍演出。

14日

○ 全区召开加强基层建设年暨“一联六促、访解帮带”活动动员大会。全区选派338名领导干部和年轻干部下基层“接地气”，以5年为一个周期开展驻村居工作。区委书记冯志永，区委副书记、区长冯国林作重要讲话，区委副书记高立明宣读《中共海港区委关于开展加强基层建设年暨“一联六促、访解帮带”活动的实施意见》。区人大常委会主任鲁栋、区政协主席何发江等领导出席会议。

○ 中组部组织二局副巡视员周训国一行2人的调研组就“创先争优”活动和社区党建工作到海港区调研。实地考察天洋新城社区党员星级管理长廊、“创先争优”活动公开栏、星级党员风采录、一站式服务大厅、党员活动室，听取社区负责人的情况介绍，与社区党员代表座谈交流。省委组织部基层组织处处长贾仕祥，市委常委、市委组织部部长陈书增，区委书记冯志永等领导陪同调研。

15～17日

○ 区政协八届一次会议在秦皇岛大酒店召开。会议由区政协副主席肖长祥主持。区委书记冯志永代表区委、区政府对大会召开表示祝贺并作重要讲话。区政协党组书记杨永会作区政协常务委员会工作报告。

大会选举杨永会为区第八届政协委员会主席，选举张素珍（女）、肖长祥、张继成、李国强为区第八届政协委员会副主席，选举孙贺为区第八届政协委员会秘书长。

大会以举手表决的方式通过区政协八届一次会议政治决议。

16日

○ 为期40天的春运工作结束，辖区长途客运企业共发送旅客40多万人次，同比上涨1.6%；发车3.47万班次，加车70台次，包车4台次。

16～18日

○ 海港区第十四届人民代表大会第一次会议在工人文化宫举行。大会由区人大常委会主任鲁栋主持。区长冯国林向大会作《政府工作报告》。区人大常委会主任鲁栋向大会作《海港区人民代表大会常务委员会工作报告》。听取并通过议案审查委员会主任委员廉国会作的《关于议案审查情况的报告》。大会以书面形式提交《关于海港区2011年国民经济和社会发展计划执行情况与2012年国民经济和社会发展计划（草案）的报告》和《关于海港区2011年财政预算执行情况和2012年财政预算（草案）的报告》。大会依次通过举手表决的方式，通过《海港区人民政府工作报告》等7个决议和有关议案的决议。

大会选举鲁栋为区人大常委会主任，选举陈永山、廉国会、韩国祥、杨丽萍（女）为区人大常委会副主任；冯国林为区人民政府区长，张国林、杨东明、赵长泰、张立红（女）、刘晓光、袁会民为区人民政府副区长；董宝军为区人民法院院长，陈巍为区人民检察院检察长。

29日

○ 中共海港区第九届纪律检查委员会第二次全体会议召开。会议传达贯彻中央、省、市纪委全会精神，回顾总结2011年全区党风廉政建设和反腐败工作，研究部署2012年工作任务。区委书记冯志永出席会议并讲话，要求各级纪检监察干部深刻领会中央、省、市纪委全会精神，充分认识新形势下加强反腐倡廉建设的重要性；深刻审视所处环境变化，认真抓好新形势下反腐倡廉建设的重点工作；加强组织领导和自身建设，切实保障新形势下反腐倡廉建设取得良好成效。冯国林、高立明、鲁栋、杨永会等区领导出席会议。

是月

○ 秦皇国际大酒店被国家星评委正式批准为五星级旅游饭店。

○ 西港镇副镇长姜广明被国家司法部评为全国模范司法所所长。

○ 团区委获“河北十佳团县（市、区）委”称号。

○ 全区镇级人代会换届选举工作圆满结束，完成各项议程，依法选举产生新一届镇人大、政府领导班子。

○ 从1月起，调整城镇职工医疗保险参保人员医疗保险待遇。降低参保人员自负比例。在职职工的自负比例由起付线至5000元个人负担18%、5001～10000元个人负担16%，调整为起付线至1万元个人负担均为15%。退休人员自负比例较在职职工低5个百分点；调整基本医疗保险最高支付限额标准。城镇职工基本医疗保险年度最高支付限额由4.6万元调整为6万元。

3月

1日

○ 区委书记冯志永到海港镇和东港镇相关铁路路段检查铁路安全保卫工作，并亲切慰问执勤民警和护路队员。

7日

○ 召开连峪山庄建设工作调度会。会议听取东、西连峪乡村生态旅游项目规划和连峪山庄建设进展情况汇报。区委书记冯志永、区长冯国林参加会议。

8日

○ 市委常委、常务副市长李洪卫带领市直相关部门负责人，就重点项目和产业聚集区建设到海港区调研，并到圆明山山野森林公园项目工地现场详细了解项目规划和建设情况。区委书记冯志永、区长冯国林等陪同。

9日

○ 省委常委、宣传部部长艾文礼到北部工业区石山村调研新农村文化建设。艾文礼一行通过观看展牌、听取介绍等方式，详细了解石山村全面打造文化内涵型农村建设情况。实地参观石山村文体健美场地和图书室等文化设施，观看书画社、太极扇表演队、威风锣鼓等文体队伍活动开展情况。并与两委班子进行交流，叮嘱大力发展村集体经济的同时，做好精神文明建设，让老百姓共享经济社会发展成果。省文明办主任白石，市委副书记杨泰安，市委常委、宣传部部长时晓峰，副市长王亚洲，区委书记冯志永，区长冯国林等陪同调研。

15日

○ 市工商局、市消费者协会、市物价局、市质监局、市卫生局等部门，联合组织的主题为“消费与安全”的大型宣传服务活动在天洋西厅广场前举行。

○ 冀北电力秦皇岛电力公司举办的以“惠民、助企、兴冀”为主题的“3·15”宣传日活动在金原商厦前举行。

23～25日

○ 海港区首届新世纪两岸诗歌高端论坛暨海子诗歌艺术节在秦皇岛隆重开幕。论坛由海港区与中国国际汉语诗歌协会共同主办，邀请台湾著名诗人、艺术家管管，国立台北教育大学教授、诗人林于弘，女诗人、文艺活动家颜艾琳，以及北京师范大学教授、诗人、诗评家任洪渊，北京师范大学中国当代新诗研究中心主任谭五昌，山东威海职业学院教授、著名诗评家燎原，湖南省文联主席、诗人谭仲池等27名诗人、诗歌评论家到会。期间，举办两岸诗人作品朗诵会、诗歌讲座、海子诗歌研讨会、秦皇岛山水风光观光体验和创作笔会等活动。24日，论坛在东北大学秦皇岛分校礼堂正式开幕，区委副书记高立明主持，区长冯国林致辞。

29日

○ 召开全区农业农村工作会议。确定全区农业农村工作主要预期目标，全年实现农业生产总值4.5亿元，同比增长5%；农民人均纯收入达到9500元，同比增长10%。

是月

○ 在河北省“双创双争”活动评比中，海港区远程教育教学服务平台被授予河北省党员干部现代化远程教育先进教学服务平台称号。

○ 在第八届“德艺双馨”中国文艺展示活动全国总决赛暨第十一届“百花迎春”中国青少年艺术人才评选活动中，第八中学学生李佳泽获少年B组小提琴金奖，并获得全国德艺双馨奖学金500元。区青少年活动中心选送的舞蹈《春的芭蕾》《街舞》《喜悦》《孔雀飞来》均获河北赛区金奖。

○ 海港区被中宣部授予2011年度全国舆情信息工作先进单位，已连续5年获此殊荣。

4月

1日

○“关爱自然义务植树志愿服务”活动在民族路北延伸万亩生态景观林区展开，当日完成造林20公顷，栽植黄栌、元宝枫等景观树种2万株。王三堂、朱浩文、杨泰安、菅瑞亭、马宇骏、刘辰彦、郝占敏、冯国林、高立明、杨永会等市区领导参加活动。

10日

○ 区长冯国林主持召开区政府十四届一次常务会议，研究并原则通过《2012年生态工程实施方案》《关于进一步加强城市管理工作的意见》《2012年强区工程实施方案》，讨论研究民营纳税十强企业、科技成长型企业、创业明星奖励办法和奖励名单，听取临港物流园区管委会关于拟规划仓储物流园的情况汇报。

○ 海港区2012年中小学生春季田径运动会在第七中学召开。区委书记冯志永等区领导出席开幕仪式。

○ 港城大街社区卫生服务中心正式挂牌，为全区首个国家级示范社区卫生服务中心。

11日

○ 区委书记冯志永就“一联六促、访解帮带”基层建设年活动开展情况，到文化路街道红旗里社区、北港镇拦马庄村调研。

12日

○ 区委书记冯志永主持召开常委会议。传达全省开展加强基层建设年活动推进会和省干部警示教育大会会议精神，研究讨论《中共海港区委关于文化强区建设的意见（讨论稿）》，听取关于做好加强和创新社会管理综合试点工作的汇报。

○ 海港区被市人大常委会、市政府、市政协联合评为2009～2011年度承办人大代表建议政协提案工作优秀单位。

14日

○ 举办海港区第九届全民植树认种认养活动，2000多名市民免费领取紫叶风箱果、丁香、珍珠等苗木5000多株。

16日

○ 由市委、市政府主办，市全民阅读活动组委会承办的2012年全民阅读暨“手机阅读”活动启动仪式在人民广场举行。

16～20日

○ 区委书记冯志永带领区招商团赴香港参加

2012年河北省（香港）投资贸易洽谈会。与台湾蓝天电脑集团成功签订“百脑汇电子资讯广场”合作项目。

19日

○ 市长朱浩文到海港镇范家店片区就火车站站前广场拆迁改造进行调研。

○ 全区村党组织换届圆满完成，选举产生支委295人，平均年龄49.1岁。

24日

○ 区直机关单位职工3000多人在奥体中心停车场西侧参加义务植树活动，栽植苗木1万株。

25日

○ 秦皇岛市志愿者在行动暨《全民消防安全宣传教育纲要》宣传周启动仪式在人民广场举行。

27日

○ 团区委在秦皇岛大酒店召开青春“微”我互动平台、青年志愿者网上管理系统、招财牛浏览网页返利项目启动仪式。

○ 全区首家社区统战工作联络站——秦皇社区统战工作联络站在建设大街街道秦皇社区成立。

28日

○ 团区委组织召开纪念“五四”运动93周年、建团90周年暨共青团系统“创先争优”表彰大会，弘扬“五四”精神、缅怀共青团历史，号召广大青年为全区经济社会率先跨越发展建功立业。

是月

○ 在北京人民大会堂举行的“创先争优”巾帼建功全国“三八”红旗手（集体）表彰大会上，长城法庭庭长杜艳文荣获全国妇女“创先争优”先进个人称号。

○ 全市首家登记的大规模、跨地区农民专业合作社—秦皇岛海尔思蜂业农民专业合作社成立。合作社成员达180人，涉及北京、辽宁、承德等周边地区，其中农民成员173人，单位成员3人，成员出资总额300万元。

5月

4日

○ 对全区92名新提拔、新任职的副科级以上领导干部集中开展廉政谈话。

7日

○ 市长朱浩文一行先后到中信渤铝技术改造项目、北部工业区及圆明山片区基础设施项目、耀华整体搬迁项目和世纪港湾商业广场项目建设现场进行观摩，详细了解项目建设进展情况和项目建设中存在的资金、政策等问题。菅瑞亭、马宇骏、王亚洲、张经华、张锋等市领导参加观摩活动，区长冯国林陪同。

8日

○ 国际书画艺术联盟首家分会在海港区成立，中国企业家收藏协会常务理事长赵宁任分会会长。开幕式在秦皇求仙入海处景区砚池边隆重举行。张大千再传弟子、国际书画艺术联盟执行主席高歌，副主席胡正云，河北书画协会理事蔡振林，中国企业家收藏协会顾问张义民及社会各界人士到场祝贺。

8～14日

○ 秦皇岛青年手风琴演奏家许笑男在德国克林根塔尔举行的第49届德国克林根塔尔国际手风琴比赛中获得最高级别大奖—艺术家组第一名。

9日

○ 区人大举办人大代表培训班。市委党校教授安秀荣讲解“我国的人民代表大会制度”等相关知识。

10日

○ 2012年秦皇岛国际拳联女子拳击锦标赛欢迎晚宴在秦皇国际大酒店举行。国际拳联执委弗兰克·法切内里、国际拳联技术代表赫尔墨特·兰兹、中国拳击协会主席常建平、省体育局局长张平、省体育局副巡视员李东奇，以及国际拳联技术官员、裁判员近100人出席欢迎晚宴。市委副书记、市长朱浩文出席晚宴并致辞。

11日

○ 投资20.68亿元的城市西部快速路竣工通车。工程东起河北大街与西环路交叉口，西至北戴河区联峰北路，下穿北戴河京沈连接线现况通道西南约106米处，路线全长9.78公里，途经崔各庄、蔡各庄、慕义寨、南大寺、新店子、下庄、归提寨等村庄，控制红线宽度标准路段为70米，行政中心路段为80米，设计速度80公里/小时，主路双向6车道。项目总投资20.68亿元。是秦皇岛市建设的第一条采用BT模式建设的城际间快速路。将山海关区、海港区、北戴河区和北戴河新区连接，建成城市组团间“20分钟交通圈”。

11～19日

○ 2012年秦皇岛国际拳联世界女子拳击锦标赛暨伦敦奥运会资格赛在秦皇岛奥林匹克体育中心体育馆隆重开幕。省委书记、省人大常委会主任张庆黎出席开幕式并宣布开幕。国家体育总局局长刘鹏，国际拳联执委弗兰克·法切内里，国家体育总局副局长段世杰，省委常委、秘书长景春华，副省长杨汭等出席开幕式。弗兰克·法切内里、杨汭等分别在开幕式上致辞。中国队在总共10个级别的较量中，夺得3项冠军，并拿到伦敦奥运会2个参赛席位。

15日

○ 全市正式签发启用中华人民共和国电子普通护照。电子普通护照是在传统本式普通护照中嵌入电子芯片，并在芯片中存储持照人个人基本资料信息的新型本式证件。

16日

○ 2012年全国少数民族自治区“六一”儿童节文艺晚会录制在广西电视台演播厅拉开帷幕。秦皇岛市歌手李雪燕（蒙古名：乌兰齐齐格）带领“小燕子”合唱团参加晚会节目的录制，整台晚会于“六一”前后在央视及地方卫视播出。

○ 民建海港区委第五次会员代表大会开幕。大会听取和审议民建海港区第四届委员会工作报告，选举产生民建海港区第五届委员会委员13人。五届一次会议选举五届委员会主委1人，副主委4人。王自俭当选为民建海港区五届委员会主委。

○“关爱学生心理健康，服务青年成长成才”阳光行动启动仪式在市第一中学举行。

19日

○ 第二个“中国旅游日”，秦皇岛市开展“游览参观点免费开放日”活动，景区景点对市内外游客免费或限量开放，多个景区景点的日接待量均创新高。

19～20日

○ 为庆祝秦皇求仙入海处开园20周年，海港区以“中国旅游日”“全国助残日”为契机，举办“风雨同舟二十载，溯源祈福欢乐游”庙会，并举办“开园20周年庆典暨2012年年票启动仪式”。

20日

○ 秦皇岛丰圣企业有限公司加盟半边天洗衣工程，标志着国内唯一由政府支持和帮扶的公益洗衣连锁项目正式落户秦皇岛。

21日

○ 为市第一医院被中华全国总工会授予2012年全国“五一”劳动奖状举行授牌仪式。市人大常委会副主任、市总工会主席高文涛，副市长张经华，市政协副主席霍兴文为市第一医院颁授奖牌和证书。

○ 区委书记冯志永、区长冯国林等领导到秦皇植物园调研植物园管理工作。冯志永要求，要组织专业人员对园内青砖路、地灯、路灯、休闲座椅等所有公共设施进行全面检查、擦拭和维修，对存在的安全隐患及时拆除或维修。管理要人性化，要注意功能分区，以方便百姓、服务群众为目的，进行功能的提档升级。

22日

○ 市委书记王三堂到海港区就旅游项目建设进行实地调研。王三堂一行实地查看圆明山山野森林公园和西连峪乡村旅游项目，指出海港区在旅游项目建设中，要注意功能分区，加强养护管理，要做好原有生态景观的保护，在项目包装上，要注重借鉴外地开发经验，学会招商引资，引进大型综合开发商，高标准设计，高档次规划。冯志永、冯国林等区领导陪同调研。

○ 区委书记冯志永带领人社局、民政局等部门负责人到燕山大街街道调研。

23 日

○ 区委书记冯志永主持召开党政联席会议。传达省委副书记赵勇在市暑期工作汇报会上的讲话精神和省委常委、组织部部长梁滨在全省开展加强基层建设年活动项目工作调度会上的讲话精神，并听取基层建设年 10 个重点帮扶村项目帮扶进展情况汇报。冯国林、高立明、张国林、杨永会等区领导出席会议。

25 日

○ 第九届秦皇望海祈福文化旅游节新闻发布会在北京梅地亚中心举行。中华文化促进会副主席于广华，市委常委、宣传部部长时晓峰等与会领导共同转舵启动文化旅游节序幕。

○ 首届《中国达人秀》冠军——断臂钢琴师刘伟带着他的“拥抱基金”到燕山大学，与大学生一起体悟逆境中成长的经历。

○ 秦皇岛市志愿者在行动暨《全民消防安全宣传教育纲要》宣传周启动仪式在人民广场举行。

25 ~ 27 日

○ 由区委、区政府主办，区文体广新局、区体育总会和秦皇岛天道棋院承办的 2012 年海港区第十四届王斌眼镜杯棋类比赛在天道棋院举行。比赛由 55 个单位近千人参加，设中国象棋、围棋和国际象棋 3 个大项目。

28 日

○ 巴哈马籍五星级豪华邮轮“汉莎蒂克”号靠泊秦皇岛港西港区 21 号泊位，澳大利亚、德国等 7 个国家的 278 名游客和船员分批登陆游览秦皇岛。“汉莎蒂克”号是德国赫伯罗特邮轮公司旗下的五星级豪华邮轮，号称“海上度假城”。

29 日

○ 区纪委在秦皇植物园内的廉政文化创作室举行秦皇植物园廉政文化建设示范基地揭牌仪式。

30 日

○ 由民进秦皇岛市委员会、秦皇岛广播电视大学、海港区社区教育管理中心联合主办的“社区国学大讲堂”正式启动，120 名社区代表参加启动仪式并聆听讲座。

○ 秦皇岛市主要污染物排放权交易启动仪式在市公共资源交易中心举行，第一笔主要污染物排放权以拍卖形式完成交易。

31 日

○ 全市少年儿童健康文明歌曲传唱活动“六一”汇报演出在开发区会展中心举行。

○ 平安志愿者协会瑞通公司分会正式成立。是全区首个民营企业平安志愿者分会，标志着平安志愿者协会化运作模式向企业延伸。

○ 区财政局对国有资产房屋进行公开招租，区属 17 家单位所有的 90 宗房产参与拍卖，当场成交 85 宗，交易额 270.65 万元。

○ 市书法家马永林的作品第 4 次参加由中国书法家协会主办的国展，连续 4 次入展。马永林为中国书法家协会会员、燕山大学客座教授、东北书法文化艺术研究院院长。

6 月

1 日

○ 以“生态·环保·家园”为主题的庆“六一”迎接 6 月 5 日世界环境日活动，在秦皇植物园广场启动。

5 日

○ 海港区市民中心举行开工奠基仪式。海港区市民中心位于大汤河以东、海阳路以西、李姓安庄村以南、秦皇大街以北，总占地面积 1.76 公顷，总建筑面积 3.82 万平方米。副市长邢留逮宣布工程开工，区委书记冯志永作重要讲话，区长冯国林主持开工仪式。市人大党组书记、副主任李秦生，市政协副主席王进勤出席奠基仪式。

○ 河北省首个市级船舶污染应急指挥中心—秦皇岛市船舶污染应急指挥中心挂牌成立。

8 日

○ 冯志永、冯国林、高立明、杨永会等区领导携党政班子及部分区直单位成员到开发区戴河生态园就河道整治、景观建设进行观摩学习。

○ 市督导组到海港区督导检查近海域环境综合整治农业面源污染防治工程，实地查看慕义寨生猪养殖场、南大寺农村清洁卫生、徐庄村栗园清洁种植和北温家洼肉牛养殖场等项目，听取相关责任单位对农业面源污染防治工程指标的完成及进展情况汇报，提出指导性意见。

9 日

○ 零时，下调成品油价格，90 号汽油最高零售价格由每吨 9605 元调整为 9075 元，每吨降 530 元；0 号柴油最高零售价格由每吨 8775 元调整为 8265 元，每吨降 510 元；非标准品汽、柴油最高零售价格按照国家规定的品质比率相应调整。降价后的汽、柴油价格为：90 号汽油每升由 7.17 元降至 6.77 元；93 号汽油每升由 7.73 元降至 7.31 元；97 号汽油每升由 8.17 元降至 7.72 元。

○ 在工人文化宫举行第三届“平安志愿者日”主题活动。全区各镇、园区、街道、行业系统和企业代表 1200 多名平安志愿者参加。市委副书记、政法委书记杨泰安，市政协副主席王广新，区委书记冯志永，区委副书记张国林出席活动，为优秀志愿者代表颁发奖章，为秦皇岛瑞通发展有限公司平安志愿者分会授旗，表彰 2011 年度优秀社会治安志愿者。

12 日

○ 海港区举办 2011 年度“八好镇民”评选工作表彰暨事迹报告会，对 33 名区级“八好镇民”和 6 家评选工作先进单位予以表彰。

13 日

○ 区委书记冯志永主持召开党政联席会议，就河道整治工作进行安排部署。高立明、张国林、鲁栋、杨永会等区领导参加会议。

○ 举行第二届“感动港城·平民偶像”事迹综艺报告会。第二届“平民偶像”分别是：奋不顾身、智斗歹徒的普通农民丁春启；拥有稀有血型、用血液传递爱心的时代青年刘杰；有着高度责任感、用真情树立交通行业良好形象的文明工作者刘亚新；多年来义无反顾照顾妻子和岳母的孝老爱亲道德模范刘光胜；9 年笔耕不辍，用行楷抄写四大名著，力争做全国手抄名著第一人的李云宗；关心孤寡老人、将老人接到家中照顾的爱的使者张芹本；带领社区艺术团开展慰问活动、每周坚持在社区和退管中心等地介绍健康知识的退休干部张国寅；帮助村民共同致富、对无儿无女的姑妈悉心照顾的文明村民夏润君；勇救溺水男子、年仅 14 岁的初中女孩霍宗泽；自掏腰包成立艺术团，排演歌剧《白毛女》做客央视“文化访谈”栏目的长青艺术团团长董晓娜。

15 日

○“关爱他人、关爱社会、关爱自然”志愿服务活动启动暨志愿服务培训基地揭牌仪式在市卫生学校举行。74 支志愿者队伍、近 1000 名志愿者参加活动。

20 日

○ 秦皇岛市首家集邮文化礼品专卖店开业。

21 日～7 月 6 日

○ 第九届秦皇望海祈福文化旅游节在秦皇求仙入海处开幕。开幕式由央视主持人毕福剑主持。文化旅游节历时 16 天，以“幸福”为主题，推出逛码头·万众祈福、游庙会·体验幸福、竞“智慧”·成长幸福、看世界·行走幸福、迎奥运·运动幸福等 9 项主题活动。出席开幕式的嘉宾有：中华文化促进会副主席于广华，中国徐福研究会副会长李书和，省文化厅副厅长李建华，市领导王三堂、朱浩文、菅瑞亭、杨宏、邢留逮、张经华，区领导冯志永、冯国林、高立明、张国林、鲁栋、杨永会等。区委书记冯志永致辞，市委书记王三堂宣布第九届秦皇望海祈福文化旅游节开幕。7月6日，第九届秦皇望海祈福文化旅游节闭幕式在市奥体中心举行。闭幕式由区长冯国林主持。中华文化促进会副主席于广华向区委书记冯志永赠送由中华文化促进会主席高占祥专门为海港区题写的“中国望海祈福地”书法作品。省文化厅党组书记王滴湘，市区领导杨泰安、马宇骏、陈书增、李秦生、张锋、冯志永、冯国林、高立明、张国林、杨永会出席闭幕式。期间，秦皇求仙入海处景区总接待人数3.83万人次，门票收入19.15万元。

23日

○ 由河北省体育局社会体育指导中心、市文明办、市体育局、市体育总会、中共海港区委、海港区人民政府主办的“我们的节日——端午”秦皇岛市“明珠地产杯”首届龙舟大赛暨京津冀三地首届龙舟对抗赛在汤河举行。

25日

○ 秦皇大街东段维修工程竣工，继河北大街地道桥、民族路人行道维修工程完工后，市区3条重点维修工程全部完工。

28日

○ 召开社区党建研究会成立暨庆祝建党91周年大会。中组部组织二局二处处长耿延葆参加会议。区委副书记高立明宣读《中共海港区委关于表彰“创先争优”活动先进集体和优秀个人及实施“港城先锋”创建工程的决定》。区委副书记、区长冯国林主持会议。中组部组织二局二处处长耿延葆和区委书记冯志永为社区党建研究会揭牌。

30日

○ 省安全生产“打非治伪”专项行动督导组到海港区督导检查安全生产工作。

是月

○ 市中国摄影家协会会员肖吉地获由中国文联和中国摄影家协会联合主办的摄影艺术领域全国性最高个人成就奖——中国摄影金像奖。

7月

1～5日

○ 由东港镇西向河寨村主办、区门球运动协会承办的庆“七一”全国老年门球邀请赛在西向河寨村举行，葫芦岛、天津、抚顺及市内18支队伍的346名队员参加比赛。天津队、西向河寨村二队、山船联队分获一、二、三等奖。

3日

○ 召开机关标准化建设现场观摩暨优化发展环境工作会，区委书记冯志永作重要讲话。

7日

○ 中央电视台《暑假七天乐》栏目组在秦皇求仙入海处的节目录制拉开序幕。央视主持人毕福剑携明星嘉宾同台演出。

9日

○ 17时40分，在秦皇岛昌黎火车站，正在维护1547次列车旅客秩序的实习乘警李博亚，奋不顾身冲入铁轨救旅客，被疾驶而来的列车轧断双腿。“最美90后学警”李博亚的事迹感动全国，也在秦皇岛引起强烈反响。区委宣传部下发通知，号召全区各级党组织向“最美90后学警”李博亚学习。

13日

○ 大型史诗音画歌舞剧《幽燕秦皇》在市文化广场首演。文化部艺术司副司长张凯华、省文化厅党组书记王离湘致辞。新华社新闻部主任李斌、光明日报总编室主任王力、中央歌舞剧院党委副书记袁平、中央电视台大型活动部副主任林远、北京市海淀区委宣传部副部长王言敏、著名舞蹈家陈爱莲、表演艺术家靳大中参加首演仪式。

○ 秦皇岛市“人人参与消防，共创平安和谐”大型主题宣传活动启动仪式在新世纪公园举行。参加启动仪式的社会单位人员600人。

14 日

○ 秦皇岛陆军预备役炮兵旅新营区开工奠基仪式举行。

17 日

○全市首个“全民科学素质教育示范单位”——秦皇岛市方志馆挂牌。

21 日

○ 江苏省宿迁市宿城区党政代表团到海港区考察。考察团一行实地参观兴龙商贸物流中心、秦皇求仙入海处、秦皇大街街景改造项目。冯志永、冯国林、高立明、鲁栋等区领导陪同考察。

24 日

○ 区委书记冯志永、区长冯国林到西浴场综合改造项目现场就热点、难点问题进行调研。

25 日

○ 区委书记冯志永、区长冯国林、区人大常委会主任鲁栋、区政协主席杨永会等区领导慰问支暑干警和参与暑期工作的相关人员。

○“八一”前夕，冯志永、冯国林、鲁栋、杨永会等区领导走访慰问驻区部队官兵，给官兵送上节日的祝福和慰问品。

○ 市环境监控指挥中心投入运行。

26 日

○ 杭州万华控股集团与战略合作伙伴香港卫视传媒集团到海港区进行商务考察。实地考察规划市行政中心西侧、原市青少年宫、万华产业园项目拟选址。区委书记冯志永，区长冯国林陪同考察。

27 日

○ 350 名社会各界的代表参加全区 2012 年度民主评议问卷评议大会，通过问卷打分的方式评价参评单位的工作。

是月

○ 区委社区办在全市广泛开展社区徽标征集活动，征集到社区徽标 100 多幅，经汇总筛选，最终确定燕山大学学生王一帆设计的“港城家园”社区徽标在全区试用。

○ 海港区历史上第一部村镇志《海港区村镇志》正式出版。《海港区村镇志》是第一部反映全区镇村自然面貌和社会历史发展变化的权威性专著，也是秦皇岛市、河北省乃至全国第一部以合编形式正式出版的村镇志。《海港区村镇志》以述、志、传、图、表、录等为体裁，真实、详细地记述全区 5 个镇、2 个园区和 118 个行政村历史之沿革。

○ 由中央文明办主办、中国文明网承办的“我推荐我评议身边好人”活动中，在铁轨下奋勇救人的“最美 90 后学警”李博亚被评为“中国好人”，荣登 7 月份“中国好人榜”。是他继荣获“中国五四青年奖章”“全国公安系统二级英模”等称号后，获得的又一国家级殊荣。

8 月

3 日

○ 普降大暴雨，区委书记冯志永冒雨实地查看解放里、秦皇大街东段防汛工作。

5 日

○ 因连日的大雨导致北港镇遭受洪涝灾害，区委书记冯志永到北港镇魏家沟村、陆庄村、南王庄村及圆明山实地详细查看灾情。

6 日

○ 全国首家国有玻璃专题博物馆——秦皇岛市玻璃博物馆正式开馆。省委宣传部、省文化厅、省文物局、市委、市政府共同主办开馆仪式。省文化厅厅长张妹芝、副市长邢留逮分别致辞。清华大学美术学院工艺美术系副主任关东海，省文物局副局长李恩佳，市人大常委会党组书记、副主任李秦生共同为“清华大学美术学院玻璃艺术专业社会实践基地”揭牌。

9 日

○ 区委书记冯志永带领镇、街及相关单位主要负责人参观《喜迎党的十八大——秦皇岛市“创先争优”和加强基层建设年活动成果展》。

10 日

○ 召开 2012 年重点项目建设现场观摩会议。区委书记冯志永要求，以科学发展观为统领，以基层建设年活动为动力，突出重点，全面推进，倒排进度，大干 4 个月，圆满完成全年目标任务。

17 日

○ 海港区就业服务网站（www.hgqjy.gov.cn）正式开通运行。

19 日

○ 中国地方志指导小组常务副组长朱佳木在市政府地方志办公室主任孙继胜陪同下，到市方志馆调研指导工作。在看到海港区地方志办公室编纂的《海港区村镇志》时，他说："一个县区将辖区内的村镇志合编为一本志书的形式比较好，不必要每个村镇都搞志书，那样也不容易编好。"

24 日

○ 面向社会公开招聘中小学及幼儿园教师 120 人。有 622 人报名，8 月 28 日笔试后，224 人进入到试讲答辩阶段。最终依据总成绩，经考核、体验等程序，确定招录中小学、幼儿教师 110 人。其中，到农村小学任教 67 人，到农村中学任教 6 人，到城区小学任教 27 人，到城区中学任教 5 人，到幼儿园任教 5 人。

25 日

○ 在意大利举行的第 65 届世界杯手风琴锦标赛上，许笑男夺得世界杯组冠军，成为自 1938 年创建手风琴世界杯以来第一位获得冠军的中国选手。

27 日

○ 在中国大众音乐协会，2012 音乐·中国杯全国音乐大赛组委会主办的 2012 音乐·中国杯第三届全国优秀词曲、歌手、乐手大型音乐展演赛中，由市作曲家吕立仁、田晨曦父女创作的歌曲《踏上长城》获作曲金奖。

29 日

○ 在北京召开的全国组织系统"讲党性、重品行、作表率"活动总结会议上，区委组织部荣获全国组织系统先进集体称号。区委常委、组织部部长刘爱秀应邀到北京领奖，并受到习近平、李源潮等党和国家领导人的亲切接见。

○ 全市首家民营、全省乃至华北地区首家综合性通用航空公司——河北致远通用航空公司开始运营。

30 日

○ 海港区成立金梦海湾商务旅游度假区管理委员会，并正式挂牌办公。

31 日

○ 秦皇岛世纪港湾商业广场项目举办品牌租户签约仪式，与凯宾斯基 - 谭阁美酒店，普拉那啤酒坊，百胜集团旗下肯德基、必胜客等国内外知名连锁品牌正式签约。

是月

○ 区委组织部获全省业务练兵一等奖，成为全市组织人事系统唯一获得一等奖的县（区）委组织部。

○ 全区党员开展党务公开知识测试活动。知识测试以党务公开的基本原则、党务公开的内容、党务公开的程序等为重点。全区参加测试党员 2 万多人，平均分数达到 90 分以上，普及范围和达标率均为 100%。

9 月

1 日

○ 2012 年度"全国安全用药月"秦皇岛市咨询活动举行。

○ 截至 12 时，北纬 35° 以北的环渤海海域结束为期两个半月（6 月 16 日 12 时至 9 月 1 日 12 时）的伏季休渔。该海区参加休渔的海洋捕捞渔船总数为 4 万艘，涉及辽宁、河北、山东、天津三省一市的 43 万渔民。

3 日

○ 区委书记冯志永率区党政考察团赴浙江省

杭州市上城区学习考察，并与上城区领导展开座谈，畅叙两地友情，共谋合作发展。冯志永指出，要认真学习上城区先进的发展理念、改革措施和管理经验，加强沟通交流，健全合作机制，实现共同发展。

○ 市数字规划馆试行对外开放。数字规划馆位于秦皇植物园内，主体分数字沙盘演示厅、展板及多媒体展厅、会商中心三部分。数字规划馆拥有国内最大的三维悬浮式数字沙盘，空间信息屏投影幕面积 384 平方米，信息屏投影幕面积 178 平方米。

5 ~ 6 日

○ 区委书记冯志永、区长冯国林带领区党政考察团到浙江省宁波市江北区和舟山市普陀区参观考察，学习特色街区和城市综合体建设、旅游品牌塑造及港口建设方面的经验。区委副书记高立明等区领导，镇、街、园区和部分区直部门负责人参加考察。

6 日

○ 在西安召开的节庆中华颁奖晚会上，海港区凭借第九届秦皇望海祈福文化旅游节脱颖而出，喜获节庆中华·公众评议奖“最佳节庆旅游目的地”。

7 日

○ 全区庆祝第 28 个教师节暨表彰大会在燕山大学大学生活动中心召开，对在教育工作中做出突出贡献的第七中学等 20 个教育系统先进集体、刘秋玲等 34 名优秀教育工作者、唱晓旭等 146 名优秀教师进行表彰。

○ 第二届秦皇岛风光国际摄影大展影展开幕暨颁奖仪式在市文化广场举行，有 149 幅摄影作品获奖。市民佟志民获最高奖金 5 万元。展览持续到 14 日。

9 日

○ 由市政协主办的“走家乡、爱家乡”主题活动启动仪式在秦皇求仙入海处求仙殿前广场举行。市政协副主席王广新出席启动仪式并致辞。

10 日

○ 市委副书记、市长朱浩文，市人大常委会副主任蔡运国到迎秋里实验学校校长刘清文家中慰问，为她送去节日的问候与祝福。区委副书记张国林陪同慰问。

18 日

○ 全市 28 家二级以上公立医院统一与保险公司签订保险合同，参加医疗责任保险，标志着秦皇岛市医疗责任保险制度正式建立。

19 日

○ 区委召开优秀年轻干部集体谈话会。选派 15 名优秀年轻干部到镇街进行为期一年的挂职锻炼，是改“伯乐相马”为“赛场选马”的重要决策，主要目的是充实基层、锻炼干部和发现干部。区委书记冯志永寄语全体挂职干部，要把握好挂职锻炼的机会，在摔打中磨炼心志，在实践中增长才干，加速成长，早日成才，为奋力打造沿海一流主城区做出新的更大贡献。

19 ~ 20 日

○ 铁新里小学大队辅导员孙英和交建里小学大队辅导员徐晓芸代表海港区参加全市首届少先队辅导员大赛。大赛分为少先队理论知识笔试、少先队主题队会设计、即兴演讲、才艺展示等 4 个环节。徐晓芸以 96.6 分获大赛冠军、孙英以 89.6 分获大赛亚军。

20 日

○ 由市政协主办，市政协书画摄影联谊会、龙腾书画院承办的喜迎“十八大”暨纪念毛主席《在延安文艺座谈会上的讲话》发表 70 周年书画展在龙腾书画院举行，展出书画作品 100 多幅。

28 ~ 29 日

○ 全省着力改善“两个环境”，推进农村生态文明建设—创建文明村镇现场会在秦皇岛召开。28 日下午，观摩团到海港区“文明生态村走廊”北部工业区石山村、北港镇张桥庄村、西连峪村以及连峪山庄进行参观学习。

30 日 ~ 10 月 7 日

○“两节”期间，全区长途班线客运发车 8134 班次，安全及时发送旅客 13.52 万人次，同比增长 2.2%。

是月

○ 从国庆节起，实行《重大节假日免收小型客车通行费实施方案》，春节、清明节、劳动节、国庆节等假日免收 7 座及以下小型客车通行费。国庆节期间，免费通行的时间统一明确为 9 月 30 日 00：00 至 10 月 7 日 24：00。期间，各地高速公路收费站（点）仍实行“入口领卡、出口收卡”的管理模式，只是显示通行费金额为零。

○ 工人南里社区的张立秋入围中央文明办主办的中国好人榜。在母亲去世、夫妻离异的情况下，他坚持照顾脆弱的“玻璃人”哥哥，喂水喂饭、擦身洗衣，清晨黄昏，春夏秋冬，坚持始终。

○ 大学生村官网上党支部成立。

10 月

12 日

○ 中央人民广播电台“走转改”采访团到海港区，就西港路街道红卫里社区“善行讲习所”进行采访。

13 日

○ 秦皇岛陆军预备役炮兵旅“三部”（营部、连部、应急排排部）规范化建设现场观摩会在海港区召开，会议规范“三部”建设标准，出台“三部”规范化建设标准文件。省军区参谋长王舜，市委常委、常务副市长、秦皇岛陆军预备役炮兵旅副旅长李洪卫，区委书记冯志永等领导参加观摩会。

15 日

○ 秦皇岛市荣获中国最佳休闲徒步旅游目的地城市称号。

19 日

○ 全区领导干部思想政治素质提升工程“集中培训月”活动正式开班。

○ 全市大学生征兵宣传暨征兵“宣传日”活动在河北科技师范学院举行。

○ 由市旅游局和秦皇岛晚报主办、秦皇岛金屋房地产开发集团有限公司协办的“秦皇岛十大景观”，以及由市旅游局主办、市电视台财富频道承办、秦皇岛正大集团冠名播出的“秦皇岛十大旅游美食”评选活动在海景假日酒店落幕。

22 日

○ 中国海关管理干部学院举行挂牌仪式，海关总署党组书记、署长于广洲，副省长杨汭为中国海关管理干部学院挂牌。海关总署党组成员、纪检组组长胡玉敏，省政府副秘书长孟祥伟，市领导朱浩文、邢留逮出席挂牌仪式。

23 日

○ 中国·秦皇岛 PWE 智慧成长教育培训基地启动仪式在市实验中学举行，培训基地全面实施高中学业水平考试和综合素质评价，克服应试教育倾向，为学生和家长、教育教学管理者和教师提供优质教育服务。

24 日

○ 市军队离退休干部第三休养所服务楼正式启用。服务楼总建筑面积 3500 多平方米，集文化交流、生活服务、娱乐健身为一体。

26 日

○ 全国基本药物短缺品种供应保障暨全国人大代表重点处理建议追踪办理工作会议在秦皇岛市召开，就巩固完善基本药物制度、扩大基本药物制度实施范围、鼓励基本药物的优先使用等进行探讨与研究。

是月

○区委宣传部发出通知，10 月下旬至 11 月底，全面征集具有海港区地域特点和地方特色的城市人文精神表述语。

○ 全区征兵工作从 10 月 20 日开始，至 2013 年 1 月 10 日结束。征集的主要对象为：各级本科、大专、高中（职高、中专、技校）学校 2012 年应届毕业生；征集年龄男青年 18 ～ 20 周岁，高中毕业以上文化程度可放宽到 21 周岁，大专毕业文化程度的青年可放宽到 23 周岁，本科及以上学历毕业生可放宽到 24 周岁；根据本人志愿，也可征集部分年满 17 岁的 2012 年高中应届毕业生入伍。

11 月

1 日

○ 市双拥办召开 2012 年度驻秦部队归提寨限价商品住房分配会议。会上通过公开摇号的方式，将 30 套归提寨限价商品住房一次性分配给驻秦各部队，是继 5 月 11 日分配驻秦部队 100 套东李庄经济适用房后，又一次为驻秦部队分配限价商品房。

7 日

○ 由市公安消防支队、市燃气总公司联合举办的秦皇岛市“1・19”消防日宣传周活动启动仪式在秦皇小区中心广场举行。

8 日

○ 中国共产党第十八次全国代表大会开幕，冯志永、冯国林、高立明、张国林、鲁栋、杨永会等区领导，区委各部门主要负责人和区直单位党委、党工委、党组主要负责人集中收看开幕式盛况；各单位、部门也组织全体机关干部收看。聆听胡锦涛代表第十七届中央委员会向大会作的报告，并通过座谈交流的形式，深入研讨学习报告精神，广泛交流心得体会。

13 日

○ 市邮政管理局举行成立揭牌仪式。省邮政管理局局长曾军山，副市长刘成出席成立大会，并为市邮政管理局成立揭牌。市邮政管理局组建后，原秦皇岛市邮政局更名为秦皇岛市邮政分公司。

14 日

○ 秦皇岛金融服务中心项目签约框架协议签约仪式举行，标志又一重点项目落户海港区。项目拟选址在海港区西部快速路北，占地面积 6.67 公顷；计划总投资 25 亿元，投入运营后项目将聚集金融类企业 100 家以上，年预计实现税收 1 亿元人民币以上，带动自主创业和就业人员 5000 人以上。

15 日

○ 省委政法委副书记、省综治办主任王会平带队的省督导组到海港区社区、农村，督导检查社会管理创新综合试点和“两个排查”工作开展情况。市委副书记、政法委书记杨泰安，区委书记冯志永等市区领导陪同检查。

○ 区退休人员活动中心正式启用。中心位于红旗路 5 号，使用面积 606.82 平方米。活动中心内设 7 室 1 厅，包括乒乓球室、图书室、阅览室、书画室、舞蹈室、棋牌室、健身室和多功能厅，用于开展退休人员健身娱乐活动。

17 日

○ 全国地方志工作机构新任负责人培训班在秦皇岛市开班。人力资源和社会保障部失业保险司副司长宋汝冰参加开班仪式，副市长张锋介绍秦皇岛的市情市况以及地方志工作的开展情况，近 30 个省市的 50 多名代表参加培训。作为地方志专门培训在全国尚属首次。

18 日

○ 秦皇岛市首届青年美术作品展览在燕山大学艺术与设计学院开幕。是秦皇岛市第一次举办全市青年美术作品大展，展出包括国画、油画、水彩等各类美术作品 100 件。

24 日

○ 由团市委主办的市第二届广场舞健身交流会在人民广场举行。

27 日

○ 召开全区学习宣传贯彻中共十八大精神暨着力改善“两个环境”动员大会。区长冯国林主持会议。区委书记冯志永、区委副书记高立明、区委副书记张国林、区人大常委会主任鲁栋、区政协主席杨永会等区领导参加会议。

28 日

○ 秦皇岛民间红色收藏交流大会在秦皇岛古玩城开幕。

○由团市委、市人力资源和社会保障局组织开展的 2012 年度秦皇岛市杰出“青年岗位能手”评选揭晓。张伦玮获杰出青年岗位能手称号。

是月

○ 区房产局及时部署保障性住房项目建设，建立完善“一把手”抓项目工作机制，细化工作责任，确保全面完成建设任务。

○ 1 ~ 11 月，全区实际利用外资 2.12 亿美元，同比增长 38%，列全市各县区第一，是海港区继 2008 年实际利用外资突破 1 亿美元后再创历史新高。

○ 全区新增就业岗位 7281 个，下岗失业人员再就业 3095 人，就业困难人员再就业 1062 人，农村劳动力向非农产业转移就业 1511 人，组织就业再就业技能培训 2030 人。建立 3 个高校毕业生就业见习基地，提供见习岗位 314 个；城镇职工养老保险新增人员 9668 人；城镇职工养老保险征缴 2.02 亿元；城镇职工医疗保险参保 2.77 万人；城镇职工医疗保险征缴 6844.66 万元；城镇职工失业保险新增人员 1815 人；城镇职工失业保险征缴 865.54 万元；城镇职工生育保险征缴 252.85 万元，全年各项目标任务提前完成。

○ 全区实施千万元以上在建项目 103 项，累计完成投资 171.65 亿元，完成市定计划的 142.9%。

12 月

1 日

○“激扬青春·与奥运同行”全国青年迎青奥长跑（秦皇岛站）起跑仪式在市奥体中心举行。秦皇岛籍游泳运动员、伦敦奥运会男子蝶泳第八名陈寅作为青年代表参加起跑仪式。市人大常委会副主任蔡运国、副市长邢留逮，市政协副主席闻德生出席起跑仪式。

○ 区长冯国林主持召开政府常务会议。会议就海港区旧改征收工作、金梦海湾商务旅游度假区管理、加大规划执法监察处和执行力度、城镇土地使用税奖励等内容进行专题研究讨论。

2 日

○ 全国首个交通安全日正式启动。市文明办、市安监局、市司法局、市交通局、市教育局、市公安交警支队工作人员和 500 名志愿者走上街头、走进社区，向市民宣传“遵守交通信号，安全文明出行”。

4 日

○ 全市第 27 个“国际志愿者日”主题志愿服务活动启动。

11 日

○ 区委书记冯志永到北港镇南王庄村基层建设年联系点讲解中共十八大精神，从村民关心的话题、用村民熟悉的语言为大家深入浅出的讲解，受到村民欢迎。

13 日

○ 第三届秦皇岛市金牌工人、能工巧匠表彰大会举行，对 15 名金牌工人和 35 名能工巧匠进行表彰，命名秦皇岛技师学院和山海关旅游人才实训基地为“秦皇岛市职工职业技能实训基地”。

○ 市公安局巡警支队、特警支队正式组建成立。

14 日

○ 举行全区干部法律知识考试，冯志永、冯国林、高立明、张国林、鲁栋、杨永会等区级领导干部带头参加法律知识考试。全区参加考试 1.01 万人，其中区级领导 33 人，科级及科级以下干部 4812 人，教师 5284 人。

21 日

○ 市商务系统对近期查获的 8700 多瓶、价值 80 多万元的假冒伪劣酒进行集中销毁。

23 ~ 25 日

○ 燕赵风骨——当代河北隶书十家提名邀请展在市文化广场展厅开幕。

28日

○ 以"喜迎新年·健康相伴"为主题的2012年安利纽崔莱健康跑活动在奥体中心拉开帷幕。活动由市体育局、市直机关工委、市广播电视台主办。市领导蔡运国、邢留逮、闻德生出席起跑仪式。4000多名跑步爱好者参加活动。

○ 承秦高速公路秦皇岛段正式通车。承秦高速全长191公里,是河北省高速公路网布局规划"五纵、六横、七条线"中的第一条,对拓展秦皇岛港口腹地,打造京、承、秦旅游金三角,带动秦皇岛市北部山区经济发展具有重要意义。2009年12月28日,承秦高速全线15个合同段全部破土动工,承秦高速公路在秦皇岛市境内有99公里,有抚宁北、青龙、青龙东3个服务区,庙岭、八道河等6个收费站。高速秦皇岛段90%路段地处山区,有大中桥77座,小桥2座,涵洞126户,隧道17条。高速公路通车后,承秦之间车程由4个多小时缩短为2小时。

31日

○ 秦皇岛市"红红火火过大年"主题志愿服务暨百名书画家送春联活动在古玩城启动。市领导时晓峰、蔡运国、闻德生及市"及时雨"志愿服务总队和志愿服务联盟的200名志愿者代表参加启动仪式。

是月

○ 海阳镇司法助理兰清福获司法部授予"全国模范人民调解员"称号。港城大街工农里社区主任孟祥敏获省级优秀人民调解员称号。

○ 茂业商厦经营管理有限公司、德信医药连锁有限责任公司康乐药店、天洋生活电器有限公司和平店3家商贸企业被河北省知识产权局授予无假冒专利示范单位称号。至此全区已有15家企业获此称号。

○ 元旦期间,全区粮油库存量达1万多吨,库存量比节前增加20%。粮油品种齐全,单品达100多种,完全可以满足广大消费者节日需求。

(海　志)

区情综述

QUQINGZONGSHU

QUQINGZONGSHU

概　况

【历史沿革】 海港区即秦皇岛城区。相传秦始皇巡游途中曾求仙驻跸于此，秦皇岛由此而得名。唐太宗李世民东征高丽时曾到此观海揽胜，故又有秦王岛之说。上古属幽州，商属孤竹国，战国时期属燕国。秦汉时期属辽西郡累县（临渝），隋唐属平州临榆县，辽属迁民县，元属迁民镇，明属山海卫，清·乾隆二年（1737）置临榆县，属其管辖。光绪二十四年（1898）辟为商埠，修建码头，人烟骤增，形成聚落，直至1948年为临榆县1个镇，称秦皇岛镇。1948年11月27日解放后建立秦榆市，市区在解放前3个镇的基础上设立3个区。1949年2月，秦榆市改称秦皇岛市。1950年2月，成立秦皇岛市郊区；7月，秦皇岛市郊区改称四区；9月，第一、二区合并称一区，三区改称二区，四区改称三区。1953年8月，一、二区合并称一区，三区改称二区。1956年1月，一区改称海港区，二区改称汤河区。1958年5月，汤河区并入海港区。

【地理位置及面积】 海港区位于秦皇岛市东南部，南临渤海，北倚燕山，东毗历史文化名城山海关，西连避暑胜地北戴河。区境地理坐标，东经119° 30′ 至119° 41′ 15″，北纬39° 52′ 30″ 至40° 00′ 。距首都北京280公里，是北京、内蒙古、山西、河北等省市和东北地区重要的出海口。南临渤海，东毗山海关，西连北戴河，北与抚宁县接壤。京沈、京秦、大秦、京哈四条铁路干线在海港区交汇，京沈高速公路和102、205国道穿境而过，东距山海关机场12公里。境内有年吞吐量超亿吨的能源输出港——秦皇岛港。境内土地总面积204.72平方公里。海岸线长34.7公里。

【人口】 2012年年底，全区户籍总户数200830户，总人口575398人。县区内迁入15691人，城市区内跨区迁入1984人，省内市区县外迁入7759人，省外迁入11533人。迁往县区内15691人，城市区内跨区迁出2260人，迁往省内市区县外迁出8038人，迁往省外8919人。

全区43个少数民族总人口4.37万人，其中主要有满族3.48万人，回族4300人，朝鲜族1400人，蒙古族2300人，土家族200人等。

2012年海港区总人口及总户数情况一览表

表1－1

名称（按各派出所填列）	总人口（人）			总户数（户）
	合计	男	女	
总 计	660707	329396	331311	231508
海港区（不含开发区）小计	575398	287392	288006	200830
白塔岭派出所	75398	38770	36628	19520
北部园区派出所	13924	6843	7081	5131
北港派出所	17819	8785	9034	5373
北环路派出所	35744	18522	17222	13696
东港派出所	20731	10052	10679	7394
东环路派出所	35519	17690	17829	12883
港城大街派出所	45762	22518	23244	14928
海滨路派出所	50594	25466	25128	17755
海港派出所	29108	14516	14592	11163
海阳派出所	23188	11487	11701	9472
河东派出所	35897	17937	17960	13739
红旗路派出所	32521	16090	16431	10997
建设大街派出所	34608	16871	17737	12827
太阳城派出所	6552	3203	3349	2390
文化路派出所	32524	16284	16240	11212
西港路派出所	36520	18109	18411	14122
燕山大街派出所	29249	14604	14645	10556
站前派出所	2430	1118	1312	915
和平大街派出所	17310	8527	8783	6757
开发区	85309	42004	43305	30678
珠江道派出所	30691	15127	15562	10339
长江道派出所	7689	3676	4013	3231
西张庄派出所	46929	23201	23730	17108

【行政区划】 海港区辖东港镇、海港镇、西港镇、海阳镇、北港镇等5个镇及北部工业区、临港物流园区、临港产业聚集区循环经济园、圆明山文化旅游产业聚集区、金梦海湾商务旅游度假区等5个园区，98个行政村和文化路街道、海滨路街道、北环路街道、建设大街街道、河东街道、西港路街道、燕山大街街道、港城大街街道、东环路街道、白塔岭街道等10个街道，80个社区。

自然环境

【地质】 海港区地处大地构造单元，属中朝准地台(Ⅰ2)—燕山台褶带(Ⅱ2^{2})—山海关台拱(Ⅲ28)的东部。在漫长的地质发展史中，基本保持正性状态，直到新生代才遭受海侵超覆。地层出露简单，只分布有新太古代和第四系地层。新太古代地层为秦皇岛变质花岗岩，形成时间在24亿年前，为五台运动产物，分布在辖区所有裸露地区。第四系只见有全新统地层，以砂、砾石、亚砂土、亚粘土等组成，厚0～40米。主要有河流冲积层、冲洪积层、海积层和风积层等，分布在河流、沟谷及沿海地带。只有少量岩脉出露，主要分布在北部丘陵地区，以伟晶岩脉、辉绿岩脉为主，为中生代产物。

地质构造发育有断裂构造，分为大断裂和一般断裂两级。大断裂，固安—昌黎—山海关隐伏大断裂：位于北纬39° 30′ 40″，区内全线隐伏海内，由西向东贯穿境内，走向北东60°，断面南倾，倾角60° ～80°，为一正断层，形成于燕山运动，长期先张后压活动。断层南侧第三系底界落差1000～1500米，是Ⅲ级构造单元的分界线。一般断裂，汤河断裂：北延至抚宁县唐家房向南经海阳、汤河口入渤海，全长32公里以上，为张性活动断裂，性质为断面直立（75° ）的正断层。自印支运动形成，燕山期强烈活动伴有中性岩浆喷发。在1976年的唐山地震时，有地震坑等形成。孟营—黄土坎断裂：近东西向，全长13.5公里，为一隐伏性质不明的断层（物探推测），在铁庄一带将汤河断裂切断，形成时间晚于汤河断裂。大白庙—高建庄断裂：西端走向近北东45°，东端为近东西向弧状隐伏断裂（物探推测），全长14公里，在赵庄一带将汤河断裂切断，形成时间晚于汤河断裂。西付店—拦马庄—朱清峪环状断裂：区内近北西300° 走向，过拦马庄后向北东45° 走向，在西付店与大白庙—高建庄断裂汇合，向东至山海关，境内长8公里，为性质不明隐伏断裂（物探推测）。秦油港—高建庄断裂：走向北东30°，长6公里，为性质不明隐伏断裂（物探推测）。在黄土坎一带将孟营—黄土坎断裂切断，形成时间晚于孟营—黄土坎断裂。

【地貌】 海港区地域东西较长，南北较窄，东北—西南顺海岸延伸呈长方形。地势北高南低，起伏较大。地貌形态简单，大致可分为堆积平原区、构造剥蚀准平原区和构造侵蚀低山丘陵区。

堆积平原。主要分布在高速公路以南地区，占全区面积的三分之二以上。濒临渤海，处于沙河、汤河三角洲，气候湿润，雨量较多，受地形影响，剥蚀和冲蚀作用强烈，发育不少洪积和冲积地形。冲洪积平原，分布在东港镇京山铁路以南地区，是在古石河、沙河的冲击作用下堆积而成。北高南低，地表由缓洪积、冲积物组成，土质中粒。冲积平原，分布在孟营、铁庄、市区一带，是在汤河、小汤河的冲积作用下堆积而成。海拔5～10米，坡度小于5‰，地势较平坦。由于汤河、小汤河的上游为山地、丘陵，坡降大，侵蚀重，构成土质含沙量大，地表多豆砂、砂土和亚黏土。三角洲平原，汤河三角洲形态鲜明，河口上方修建水库、水闸，径流、泥砂补给减少，挖砂取沙，三角洲形态和沙嘴发育受到影响和侵蚀。滨海沉积平原，为近代海岸与陆地共同沉积而成，海拔1～3米，地势平坦，土质为黏质海相沉积物。

构造剥蚀准平原。主要分布在北部地区和西港镇以西栖云寺山一带。北部地区西起大深巷至东付店、北到麻念庄一带；西部地区西起栖云寺山经归提寨至白塔岭一带。形态分为残山、一、二、三级剥蚀台地，总面积100平方公里左右。岩性由古老的混合花岗岩及其剧风化物组成，表面覆盖薄厚不一的残积层。剥蚀残山，分布在栖云寺山以及山前一带，海拔高度100米以上。由于遭受强烈风化剥蚀，山体成为和缓圆滑的孤立残丘而突出于各级剥蚀面，坡度一般30° ～40°。组成残山的混合花岗岩垂直节理发育，并沿节理充填有脉状石英岩、伟晶花岗岩等，岩石表面风化较强。三级台地，主要位于西港镇的大乐安寨和北港镇的张桥庄一带，断续分布在低山丘陵前缘，标高50～100米，顶部呈园丘形，起伏较大，平均坡度5°，最大坡度20°。台面上风化基岩裸露，坡地覆有薄层残积物。二级台地，主要分布在北港镇的姚周寨、西港镇新店子一带。平面较平缓，标高30～50米，宽400～3000米，向海微倾4°～5°，最大坡度15°，与三级台地有缓坡相接。台面上风化基岩出露成孤立的馒头顶，其上有长英岩脉、伟晶花岗岩脉穿插。台面上残积物薄，一般小于1米，坡凹处较厚，达4～5米，冲沟发育。一级台地，主要分布在东港镇和西港镇沿海一带，平行海岸呈条带状断续分布，标高10～30米，宽400～4000米。台地面平缓开阔，向海微倾4°～5°，与二级台地以和缓坡折相接。顶部残积层较厚，一般大于1米，最厚5～6米，为棕黄、肉红色残积砾质黏土，冲沟不甚发育。

丘陵。主要分布在区域最北部，为构造侵蚀低山区，面积很小，只有5平方公里左右。构造侵蚀低山丘陵，主要分布在北港镇拦马庄一带，东起长桥岭，西至刘家河，主要为岩浆岩低山丘陵。绝对标高100～500米，山峰多为尖顶形锯齿状，坡度一般30°～50°，岩性由早元古—早太古界混合花岗岩及一些侵入岩脉组成，岩石节理裂隙发育。

海岸。海岸线西起狼牙桥，东至沙河口，长20.97公里。由归提寨附近海岸向东，是一片延续的砂质海滩，原为海岸砂丘，已被挖运或植被固定，砂丘后侧有泻湖分布。在东山海岸有基岩岬角。新开河口以东海岸，是砂质海岸与砾石质海岸的过渡。海岸沙丘，新开河口至东山，原是一片延伸10余公里的海岸砂丘，最宽处2公里～3公里，由南向北逐渐变窄，窄到1公里左右。砂丘高10～20米，大部分被森林固定。新月型砂丘地貌形态基本不见，森林中地形略有起伏，形态依稀可辨。泻湖沉积，由于海退海侵，海岸砂丘后面形成小片泻湖沉积。比较典型的是山东堡村西人工挖砂后呈现的泻湖。基岩岬角，东山一带海岸有海蚀滩、海蚀崖、海蚀阶地、海蚀穴等海蚀地貌。岬角东侧有海积阶地、砂质海滩。残丘，位于东山和南山，原为壁立于海边的剥蚀残山，经多年海蚀与风化成残丘。主要由太古代花岗岩组成，有石英和伟晶岩穿插。最高点海拔24.96米。沿海岸从东山向东北有一道高7米的沙堤，颗粒逐渐变粗，形成砂砾混合的海堤。

【河流】 境内河流有汤河、小汤河、新开河、马坊河、沙河，均属沿海小型水系，特点是源短流小，汛期暴涨暴落，非汛期基流少或干涸，为典型的北方山溪性河流。

汤河。因河源多温泉涌入得名。上游有两支，东支较长，亦称温河，发源于抚宁县柳观峪西北，西支亦称头河，发源于抚宁县温泉堡方家河洼子铺。两支于抚宁县平山营汇合后向南，在海阳镇有东北丘陵地带的小部落沟、徐家沟、腰子沟等6条支流汇入。而后向南穿越102国道进入区境，沿区西界穿过秦皇大街、和平大街、河北大街，于老京山铁路桥下面有支流小汤河汇入后注入渤海。全长28.5公里，流域面积184平方公里，其中海港区境内河段长8.2公里，流域面积18平方公里。汤河流域地势北高南低，除西北源头为高峻山区外，其余大部分为地形复杂的陵地带，流域最大宽度16公里。汤河源于山区，流程短，上游段河床为卵石、砾石基地，下游砾石、砂质河床。河源、河口最大高差1070米，平均坡度37‰，平均河宽100米，进入区境后，河床变宽，达80～200米，河口处近400米。纵坡渐缓，为1/500～1/1000，河槽深3～5米。汤河源短流急，属典型的山溪性河流，受暴雨过程影响，河水暴涨，极易形成较大洪峰。2001年后，对汤河下游段实施综合治理，维修美化汤河防潮蓄水闸；修建左岸河北大街至秦皇大街北堤防，设计行洪标准50年一遇；根据汤河河道功能区划，在干流和平桥上游260米处，修建一座橡胶坝，坝长135米，以坝为界，坝上游为饮用水源区，下游至防潮闸段为景观娱乐区，在岸边建成风景优雅别致的带状公园。

小汤河（汤河支流）。发源于海阳镇西北抚宁县苏子峪，由秦皇岛经济技术开发区的孟营村流入境内。穿越西环路、河北大街，流经东白塔岭村后，过老京山铁路桥汇入汤河入海。全长17公里，流域面积56.5平方公里，区内流长2.5公里。均处平原区，河床以细砂、黏土为主，河宽10～20米，下游变宽为20～50米，纵坡1/1000渐变为1/2000。是海港区西部及秦皇岛经济技术开发区的重要排水河道。

沙河。发源于北港镇东陆庄，至鹿头山进入山海关区，东南流，经安民寨、红瓦店，穿越102

国道、京山铁路后进入东港镇，向东南流经卸粮口村注入渤海。全长19公里，流域面积62.5平方公里。沙河流域地势北高南低，北部为浅山丘陵区，南部为滨海平原，平原区内河段长13公里，河床为卵石、砾石、砂组成，平均河宽50米，纵坡1/250～1/2000渐变。为全区东部重要行洪河道。行洪能力249立方米每秒，下游右岸设有土堤，长1.2公里。2001年，为防河口海潮上溯，在沿海公路桥上游200米处修建沙河防潮橡胶坝，坝长100米，高2.3米。

新开河。位于城市区，是城市区主要排水河道。发源于北港镇田家沟南山，南流穿越京沈公路、京山铁路、秦皇大街、建设大街、港区铁路，于河北大街桥上游，汇入大马坊河、护城河，向南经新开河港入渤海。全长11公里，流域面积42平方公里。流域内地势北高南低，北部为丘陵区，占总面积62.7%，南部为滨海平原，占37.3%。

马坊河。新开河支流。发源于海港镇涂庄北岭，东南流，穿越京山铁路、燕山大街、文化路、民族路、建设大街，于铁路桥西汇入护城河，全长7.4公里，流域面积12平方公里。流域北高南低，河道穿越城市区，为城市区内雨水排泄主河道。

【气候】 海港区属暖温带半湿润大陆性季风气候。气候特点是四季分明，光照充足。热量充足，夏季水热组合好，适合各种温带作物和温带果树生长。滨海地带夏季海陆风明显，气候凉爽，是避暑的好地方。

海港区天气气候特点为：气温显著偏低，降水异常偏多。年平均气温9.6℃，比历年平均值低1.4℃，属显著偏低年份，年极端最高气温33.2℃，出现在7月29日，年极端最低气温-18.9℃，出现在2月2日，年降水量为1234.4毫米，与历年相比异常偏多。

冬季（2011年12月～2012年2月）平均气温-5.2℃，比常年低2.2℃，属偏冷年份。其中2011年12月平均气温比常年偏低1.8℃，1月平均气温比常年偏低2.2℃，2月平均气温比常年偏低2.7℃。春季（3～5月）平均气温9.9℃，比常年低0.8℃，属正常略偏低年份。其中3月平均气温较常年偏低1.2℃，4月平均气温较常年偏低1.1℃，5月平均气温接近常年。夏季（6～8月）平均气温22.6℃，比常年偏低1.1℃，属较为凉爽年份。其中6月平均气温较常年偏低1.3℃，7月平均气温接近常年，8月平均气温较常年偏低1.5℃。秋季（9～11月）平均气温11.6℃，比常年偏低1℃，属偏凉年份。其中，9月平均气温较常年偏低1.4℃，10月平均气温接近常年，11月平均气温较常年偏低1.3℃。

2012年海港区各月平均气温（℃）情况一览表

表1-2

月份	平均气温	月份	平均气温
1月	-7.0	7月	24.4
2月	-5.1	8月	23.2
3月	2.3	9月	18.8
4月	10.1	10月	12.8
5月	17.4	11月	3.3
6月	20.3	12月	-5.7

海港区降水量1234.4毫米，比常年偏多95%，属异常偏多年份，为历史同期第二位，仅少于1969年。冬季(2011年12月～2012年2月)降水量0.9毫米，较常年偏少92%。其中2011年12月无降雪，1月降水量较常年偏少2.9毫米，2月降水量较常年偏少2.2毫米。春季（3月～5月）降水量62.9毫米，较常年偏少29%。其中，3月降水量较常年偏多2毫米，4月降水量较常年偏多20.0毫米，5月降水量较常年偏少47.8毫米。夏季（6～8月）降水量927.5毫米，较常年偏多109%。其中6月降水量较常年偏多23.2毫米，7月降水量较常年偏多117.8毫米，8月降水量较常年偏多342.2毫米。秋季（9～11月）降水量235.3毫米，较常年偏多161%。其中9月降水量较常年偏多41.4毫米，10月降水量较常年偏多14.8毫米，11月降水量较常年偏多88.8毫米。

2012年海港区各月降水量情况一览表

表1-3

月　份	降水量(毫米)	月　份	降水量（毫米）
1月	0.1	7月	307.5
2月	0.8	8月	494.5
3月	11.4	9月	92.4
4月	44.1	10月	43.4
5月	7.4	11月	99.5
6月	125.5	12月	7.8

无霜期205天，接近常年。初霜冻出现在10月30日，终霜日出现在4月7日。

最大冻土深度46厘米，出现在2月，较常年略偏深；结冰日数143天；冬季最大积雪深度7厘米。

年日照时数2484.1小时，年日照百分率56%，较常年偏少。

年平均相对湿度70%，接近常年；雾日4天，大雾主要集中于春季；雷暴日28天。

年平均风速1.8米/秒，多西北风。大风日1天，为4月27日。

【气象灾害】 2012年，海港区出现的主要天气气候事件有大雾、寒潮降温、暴雨、大风灾害等。

大雾天气。2月6日，出现大雾。3月17日，出现大雾。4月13日，出现大雾。5月1日，出现大雾。

降温。海港区出现中等强度以上降温天气为：1月7日、11日、28日中等降温，1月21日～22日强降温；2月7日、24日中等降温，2月1～2日、15日强降温；3月18日、28日、31日中等降温；10月17日强降温，10月28～29日中等降温；11月4～6日、23日、29日中等降温；12月21～23日、28～30日强降温。

大风灾害。3月23日海港区境内出现大风天气，受影响的主要为农业大棚，受灾面积0.09公顷，绝收面积0.05公顷，受灾人口4人，直接经济损失1万元。

4月27日，海港区出现大风天气，部分基础设施及设施农业遭受损失。此次风灾受影响的主要为农业大棚，主要有黄瓜、西红柿、草莓、油桃、香瓜等，由于风力较大，大部分农业大棚不同程度破损，严重影响收成，受灾面积0.39公顷，受灾人口7人，直接经济损失30万元。

9月27日，海港区出现局地大风天气，大田作物及设施农业遭受损失。据区民政部门统计：此次风灾主要影响大田作物玉米及农业大棚，严重影响了收成，受灾面积64.83公顷，绝收面积49.3公顷，受灾人口2908人，直接经济损失3272万元。

暴雨。2012年夏季，全区出现暴雨7次，分别是7月10日、7月28日、8月1～2日、8月3～4日、8月27日、11月4日，多于往年。

7月21～8月4日，暴雨造成全区7.84万人受灾，倒塌房屋177间，严重损坏580间，一般损坏2.34万间。紧急转移安置人口3415人，农作物受灾面积2123.71公顷，绝收面积608.26公顷，直接经济损失5.07亿元。

（齐义君）

自然资源

【植物资源】 木本植物。包括乔木、灌木、藤木。乔木有银杏科，银杏属：银杏；松科，松属：油松、白皮松、落叶松；柏科，侧柏属：侧柏。元柏属：松柏、龙柏；杉科，杉属：云杉、水杉、冷杉；杨柳科，杨属：毛白杨、北京杨、加拿大杨、小叶杨、大官杨、二青杨、钻天杨、山海关杨、沙兰杨、107杨、108杨、中林46杨、84K杨、枫杨。柳属：垂柳、旱柳、杞柳；胡桃科，胡桃属：核桃；山毛榉科，栗属：板栗。栎属：辽东栎；榆科，榆属：白榆、家榆；桑科，桑属：白桑、家桑；柿科，柿属：柿子、黑枣；苦木科，臭椿属：臭椿；柽柳科，柽柳属：柽柳；木樨科，白蜡属：白蜡；立参科，泡桐属：白花泡桐。紫花泡属：紫花泡桐。樱属：樱桃、山杏、李子、山桃、榆叶梅。苹果属：苹果、海棠。山楂属：山楂。梨属：梨；云香科，花椒属：花椒。黄檗属：黄菠萝；楝科：香椿；槭科，槭属：王角枫、八角枫；无患子科，无冠果属：文冠果；谨葵科，木槿属：木槿。灌木有木樨科，连翘属：连翘。丁香属：紫丁香、白丁香；马鞭草科，杜荆属：黄荆；茄科，杞属：枸杞；千层炭科，紫薇属：紫薇；忍冬科，金银花属：金银花；蔷薇科，蔷薇属：玫瑰、月季、蔷薇；卫矛科，卫矛属：卫矛。藤木有葡萄科，葡萄属：葡萄、爬山虎。

草本植物。根据1992年区植保站关于田间杂草优势种及分布情况调查资料，海港区杂草种类多、密度大、分布广。有优势种12种，其他杂草103种，分28科。稻田杂草10科28种。如禾本科：稗草、狗尾草；菊科：苦菜、狼尾巴草；泽泻科：慈姑、长瓣慈姑；车前科：大车前、平车前；苋科：反枝苋、眼子菜；还有香蒲科、萍科、蓼科、莎草科、千屈采科的一些杂草。其中以稗草、莎草、小香蒲、耳叶水苋为杂草优质种。稗草占35%左右，莎草占25%左右，耳叶水苋占15%左右，其他占10%左右。玉米、花生田杂草17科42种。有禾本科、莎草科、旋花科、藜科、苋科、桑科、菊科、大戟科、蓼科、窃科、锦葵科、豆科、蒺藜科、十字花科、玄参科等，其中以马唐、鸭跖草、反枝苋、藜为优势种，马唐占35%，鸭跖草占20%，反枝苋占17%，藜占15%，其他占13%。蔬菜田杂草14科33种。主要有十字花科、藜科、旋花科、车前科、苋科、桑科、禾本科、菊科、大戟科、蒺藜科、莎草科、蓼科、茄科等，其中马齿苋、辣子草、灰绿藜、马唐为优势种，马齿苋占25%、辣子草占25%、灰绿藜占15%、马唐占15%。果园杂草19科41种。主要有禾本科、茄科、苋科、藜科、菊科、大戟科、旋花科、茜草科、马齿苋科、车前科、木贼科、十字花科、蒺藜科、唇形科、豆科、紫草科，其中马唐、狗尾草、反枝苋为优势种，马唐占50%，反枝苋占15%，狗尾草占15%，其他占10%。

栽培植物。包括大田作物、蔬菜作物、果园型植物3个类型。大田作物20余种，其中粮食作物11种，主要有玉米、水稻、高粱、谷子、小麦、薯类、豆类等。经济作物9种，其中油料作物4种，主要有花生、芝麻、向日葵、白苏;药材2种，金银花、枸杞，还有少许七彩蓖麻、棉花、烤烟等。果园型植物主要有苹果树、梨树、桃树、葡萄等。蔬菜作物主要有菠菜、韭菜、黄瓜、西红柿、青椒、茄子、马铃薯、豆角、甘蓝、菜花、西葫芦、芹菜、豇豆角、冬瓜、大葱、白菜、小萝卜、茴香、油菜等。

【动物资源】 野生动物。境内野生动物有8类，分别是兽类、鸟类、昆虫类、爬行类、两栖类、节肢类、软体类、环节动物。兽类：野兔、黄鼠狼、刺猬、田鼠、狐狸、松鼠、獾子等。鸟类：麻雀、喜鹊、灰鹊、燕子、鸽子、鹌鹑、海鸥、野鸭、乌鸦、黄鸟、山鸡等。昆虫类：害虫，卷叶虫、蚜虫、食心虫、红蜘蛛、美国白蛾、天社蛾、柳毒蛾、椿象、大青叶蝉。益虫，蜜蜂、草蜻蛉、螳螂、蜻蜓、赤眼蜂、七星瓢虫等。爬行类：蛇、蜥蜴、蜈蚣。两栖类：青蛙、蟾蜍。节肢类：蜘蛛、蝎子。软体类：蜗牛。环节动物：蚯蚓。

【土地资源】 2012年，全区土地总面积2.12万公顷。其中海港镇土地面积273.3公顷、东港镇土地面积1833.3公顷、西港镇土地面积2646.7公顷、北港镇土地面积4873.3公顷、海阳镇土地面积2540公顷、北部工业区及临港物流园区土地面积2826.7公顷。全区耕地面积4737.51公顷，园地面积1170.98公顷；林地面积1142.54公顷；宅地面积927.42公顷，工矿用地面积11356.92公顷，交通用地面积921.06公顷，水域面积562.79公顷，其他用地面积384.98公顷。

【矿产资源】 建筑用花岗岩。主要分布在北部低山丘陵区，矿体多为太古界花岗闪长岩岩体，中细粒花岗结构，岩石由钾长石、斜长石、石英、角闪石组成，适用于生产建筑用毛石和铺路碎石。

【海洋资源】 全区已开发的海洋资源主要有海岸港址资源、海洋生物资源、滨海旅游资源。此外，还有海水、海底矿藏等未利用的海洋资源。

海岸港址资源。汤河港湾，水域开阔，不淤不冻，风平、浪静、水深、潮小。岸线由城市生活、临港工业和旅游业所用。新开河河口港址，港池深入陆地900米，水域27万平方米，掩护条件较好，可建0.5～1万吨级泊位。此外有卸粮口渔港。

海洋生物资源。鱼类有87种，以鳀鱼、黄鲫为主，占鱼类生物种数的比例分别为41.8%、30.4%。其他还有棘头梅童鱼、焦氏舌鳎、鲚、斑鰶、赤鼻棱鱼、银鲳、叫姑鱼、青鳞鱼、纯兴尾、鰕虎鱼等。无脊椎动物15种，主要经济品种有中国对虾、中国毛虾、短鳀蛸、长蛸、日本枪乌贼、曼氏无针乌贼、三疣梭子蟹、日本鲟、虾姑等。潮间带生物163种，年均生物密度879.01个/平方米，其中双壳类和单壳类密度最高，占90.6%，分别为411.65个/平方米、393.54个/平方米。贝类生物主要有四角蛤蜊、文蛤、青蛤、大连湾牡蛎4种及光滑蓝蛤、彩虹明樱蛤、托氏鲳螺3种。底栖生物206种，其中脊椎动物（鱼类）11种、脊索动物5种、软体动物79种、甲壳动物

50种、棘皮动物15种、多毛类31种、腔肠动物8种、腕足类1种、益虫2种、纽虫1种、星虫1种、其他2种。文昌鱼是海区特产。此外还有毛蚶、青蛤、文蛤、小刀蛏等。平均生物量每平方米29.16克。

【水资源】 区域幅员窄小，自产地表水量很少，所利用水源大部分为过境水。由于水文地质条件较差，地下水储量有限，多年平均水资源量为5879万立方米，特枯水年（P=95%）水资源量为2127万立方米。随着全区国民经济的发展，人口的逐年增多，水资源的紧缺状况趋于严重。

地表水。位处各水系下游，地表水的补给主要来自大气降水，资源量的时空变化特点与降水相同，年内集中在6～9月，各河系河川径流可占全年径流量的75%；年际变化大，具有丰枯交替现象。多年平均地表水资源量3891.3万立方米，平水年（P=75%）1556.5万立方米，偏枯水年（P=95%）467万立方米。

地下水。地下水主要类型为潜水，多储于第四纪含水层中，埋藏较浅，水位季节变化较大。其中裂隙水分布于境内北部，由于风化较强，裂隙节理发育，多属封闭型，水量不大。冲洪积潜水分布于西部，处于汤河冲洪积区，含水层主要为粗、中沙及少量沙砾夹卵石。含水层厚度由南向北变薄，厚度7～5米，单井出水量每小时20～40吨。地下咸水区主要分布于东部的东盐务、西盐务一带，面积约10平方公里。水位埋藏较浅。多年平均地下水资源量2649.4万立方米，平水年（P=75%）1825.5万立方米，偏枯水年（P=95%）547.7万立方米。

【旅游资源】 自然旅游资源。境内地势北高南低，北部为起伏不平的剥蚀平原，多丘陵、山地，南部滨海地区为泻湖平原，地势低平。北部圆明山风景秀丽，有天然林场40公顷。境内海岸线长20.97公里，有东山浴场和西浴场。沙细、滩缓、水清、潮平，是北方地区最优秀的天然浴场之一。东山处有岬角，岩质奇特，极具观赏价值。

人文旅游资源。海港区文化底蕴深厚，秦皇求仙文化独树一帜。据史载，公元前215年，秦始皇第四次东巡，至此拜海祭天，派卢生、韩终等方士入海求仙，秦皇岛由此而得名。在东山公园发现明代成化十三年（1477年）“秦皇求仙入海处”残碑18块（毁于1966年），发现秦汉绳纹板瓦和纹瓦，以及明代或之前时代布纹板瓦、陶片和残块。1991年，开始建设秦皇求仙入海处景区。据《临榆县志》记载，圆明山中有一座圆明寺。碑文记载圆明寺始建于唐朝，并经过明成化、万历以及清乾隆、民国初年历次重修。周边有弘法寺、大士殿和三教堂。在1922年直奉大战中，寺庙被炮火摧毁，存有古柏1株及寺庙遗址和残碑。

口岸文化资源。1898年，秦皇岛港开始建设。1915年，“老港区”建成。20世纪50年代后，进行大规模码头建设和更新改造，成为中国能源输出大港。港口建设的发展使近代西洋建筑成为海港区一景，保存完好的有南山近代建筑群、开滦路和缸砖路近代建筑群及耀华老区部分建筑等，形成独特的口岸文化。

（海　志）

国民经济和社会发展

【概况】 2012年，全区上下在区委、区政府的正确领导下，贯彻国家、省、市的各项决策部署，以“全面打造沿海一流主城区”为奋斗目标，团结一致，奋力拼搏，圆满完成各项任务。

【经济总量与财政收入】 经济总量增长较快。全年完成地区生产总值466.39亿元，同比增长9.2%。其中：第一产业完成增加值2.18亿元，同比增长3.9%；第二产业完成增加值175.2亿元，同比增长10.8%；第三产业完成增加值289.01亿元，同比增长8.3%，三次产业结构比调整为0.5：37.6：61.9。

财政收支状况良好。全年实现财政收入76.54亿元，同比增长14.4%，其中：国税系统收入29.59亿元，同比增长12.4%，地税系统收入45.61亿元，同比增长15.3%，财政系统收入1.34亿元，同比增长26.2%，区级一般预算收入14.2亿元，同比增长23.9%；财政支出20.24亿元，同比增长17.9%。

【农林牧渔业】 海港区区属口径农林牧渔业总产

值 4.51 亿元，同比增长 2.7%；其中农业产值 1.79 亿元，同比下降 12.5%；林业产值 1625 万元，同比下降 15.5%；牧业产值 1.53 亿元，同比下降 0.6%；渔业产值 8766 万元，同比增长 79.3%。全年实现粮食产量 8868 吨，油料 1400 吨，蔬菜（含瓜果）5.87 万吨，肉类总产量 4515 吨，奶产量 5653 吨，禽蛋产量 3109 吨。全年造林面积 333 公顷，养殖面积 1123 公顷，实现水产品产量 2650 吨（增速为当年可比价产值与上年现价产值之比）。

【工业】 海港区规模工业生产形势平稳，截至年底，规模以上工业企业数达到 146 家，完成工业增加值 132.07 亿元，同比上长 12.6%，实现工业总产值 616.26 亿元，同比上涨 12.3%，实现工业销售产值 624.04 亿元，同比上涨 14.3%，工业产品销售率达 101.3%；工业效益比上年有所增长，实现主营业务收入 674.4 亿元，同比上涨 11.3%，实现利税总额 25.834 亿元，实现利润总额 5.68 亿元。其中：区属规模工业企业数达到 45 家，完成工业增加值 28.63 亿元，同比增长 5.8%，实现工业总产值 155.38 亿元，同比增长 10.7%，实现工业销售产值 152.44 亿元，同比上涨 10.7%，工业产品销售率达到 98.1%；实现主营业务收入 141.18 亿元，同比下降 –2.7%，利税总额 –5.08 亿元，其中利润总额 –8.27 亿元。

【国内贸易】 全年实现在地口径社会消费品零售总额 214.82 亿元，同比增长 15.1%。从行业分类上看，批发业实现零售额 29.23 亿元，同比增长 19.3%；零售业实现零售额 162.07 亿元，同比增长 14.5%；住宿业实现零售额 3.8 亿元，同比增长 9.0%；餐饮业实现零售额 16.83 亿元，同比增长 15.2%。市场建设稳步有序发展，成交额超亿元的市场有 7 个，成交额共计 59.18 亿元，同比增长 1.1%。全年实现区属社会消费品零售总额 190.4 亿元，同比增长 15.1%。从行业分类上看，批发业实现零售额 27.92 亿元，同比增长 15.9%，其中：限额以上企业实现零售额 14.8 亿元，同比增长 6.8%；零售业实现零售额 142.13 亿元，同比增长 14.9%，其中：限额以上企业实现零售额 60.05 亿元，同比增长 0.8%；住宿业实现零售额 2.91 亿元，同比增长 14.9%，其中：限额以上企业实现零售额 1.45 亿元，同比增长 6.8%；餐饮业实现零售额 17.44 亿元，同比增长 15.3%，其中：限额以上企业实现零售额 2.49 亿元，同比下降 0.7%。

【固定资产投资与房地产】 在地口径固定资产投资规模进一步扩大。在地口径固定资产投资完成 338.79 亿元，同比增长 22.2%。其中：城镇项目建设投资 178.42 亿元，同比增长 17.9%，农村非农户投资 19.12 亿元，增长 3.7%；房地产开发投资 141.24 亿元，同比增长 31.4%；农村农户投资 3500 万元。新区属固定资产投资保持平稳增长，全年完成投资 182.53 亿元，同比增长 27.2%。其中：城镇项目建设投资 59.5 亿元，同比增长 16.5%；农村非农户投资 19.12 亿元，增长 3.7%；房地产开发投资 103.91 亿元，同比增长 40.4%；农村农户固定资产投资完成 3500 万元。

房地产业投资快速增长。在地口径房地产开发投资全年完成 141.24 亿元，同比增长 31.4%；新区属房地产开发投资 103.91 亿元，同比增长 40.4%。

【对外贸易】 全年区属出口总额达 6202 万美元，同比增长 30.1%；区属直接利用外资 2.17 亿美元，同比增长 37.5%；新批利用合同外资项目 3 个。

【城市建设与环境保护】 道路工程建设。以提升主城区道路环境为目标，开展重点道路建设：先后完成西港路北段道路改造工程收尾工作、南岭西路（长江西道—山东堡段）道路改造工程、连峪山庄景区道路改造工程，经文路（文体路——珠江道）道路改造工程，共计改造路段全长 4405 米。背街小巷道路改造工程：全年实施改造街巷路 20 条，其中由市财政投资 671 万元对煤港里、第十中学门前等 11 条街巷路进行改造，由区财政投资 600 万元对桥东里小学南侧路、港二路北段等 9 条街巷路进行改造。由市财政投资的煤港里、政法委门前、新风里等 11 条街巷道路改造工程全部完工；由区财政投资的 9 条街巷路改造工程全部完成。积水严重的重点路段的雨水改造：暑期期间，完成东港路（秦皇东大街—燕山大街）雨水改造工程和民族路南段天洋电器门前雨水改造工程，改造雨水管线长560米。主次干道路及人行道维修。暑期期间，对民族路（河北大街—东环路）人行道及路缘石、河北大街地道桥及收水管线、秦皇东大街东段损坏路面进行维修改造，维修改造人行道面积6600万平方米，路缘石700延长米。过街天桥建设工程。河北大街二中东侧过街人行天桥修建，估算投资740万元。预计2013年暑期前完成。

推进近岸海域环境综合整治工作。建立沿河企业动态台账。对辖区内15条河流进行拉网式排查,共排查沿河单位225家。完善与各镇联系网络，明确专人定期检查河流沿岸企业情况。利用水务局智能办公平台，建立沿河企业动态台账，制做电子河流分布图，将辖区内主要河流沿岸企业情况进行标注，随时掌握沿河企业变化情况。强化对违法违规企业监管。做好关停企业善后工作，严防企业擅自恢复生产。对19家关停企业进行分类管理，对其中7家符合复产要求的企业其按要求进行整改，建立复产企业档案。加大环境治理力度，生态环境明显改善。污染减排工作，在对全区现有污染源构成和新增污染物排放量进行深入分析的基础上，科学制定减排计划，明确结构减排、工程减排、管理减排的具体措施，四项污染物在2011年排放量基础上分别削减2.2%、3.1%、2.1 % 和1.5%。水污染物减排方面：强化环保基础设施建设，全力推进化学需氧量减排工作。第一污水处理厂处理之后的废水交由港务局中水厂进行再利用，预计可减排化学需氧量364.55吨，氨氮72.91吨。推进畜禽养殖业污染减排工程。先后完成玉芬养殖场等4家养殖单位废水减排项目，预计总共减非化学需氧量22.86吨，氨氮1.71吨。大气污染物减排方面：对辖区燃煤锅炉单位、浴池进行督促联网、改用清洁能源的工作。取缔燃煤锅炉30台，节约燃煤9966.9吨，约削减二氧化硫85吨，氮氧化物40吨。重点企业清洁生产。汇中再生资源利用有限公司、秦皇岛市碧建贸易有限公司、秦皇岛金建钢绞线有限公司通过清洁生产审核，另有秦皇岛市第一污水处理厂、秦皇岛市第三污水处理厂、秦皇岛市第一医院、秦皇岛市妇幼保建院正在开展清洁生产审核工作。生态村创建工作。北部工业区小高庄村、海阳镇青石山村、海阳镇小苇芝港村、北港镇拦马庄村和小河村、东港镇西向河寨村顺利通过省级生态村的验收。

【科学技术与教育】 推进企业科技创新，开展创新型单位建设，全区2家科技企业、1家企业工程技术中心、2家社区、1家机关申请并获得100万元市级创新型城市发展专项资金支持。文化路街道的河涧里社区、北环路街道的军工里社区申报到市科技局作为全国创新型社区试点单位进行重点培育，并分别得到10万元创新型城市发展资金支持；秦皇岛双轮环保有限公司、秦皇岛奥瑞特科技有限公司被市认定为市级创新型企业，分别得到30万元创新型城市资金支持；秦皇岛尼特智能科技有限公司的住宅智能化工程技术研究中心获10万元资金支持；科技局做为创新型县区建设单位，得到10万元资金支持。坚持把抓好科技项目建设作为提升科技支撑能力的重要手段，从项目的立项申报、组织实施、产业转化，实行全面跟踪、全程服务。共有20个项目被列为国家、省、市科技项目，获得452万元上级科技经费扶持。其中“视听机械研究所的“高精度探针台”项目、秦皇岛科维克科技有限公司的“纳米高活性正磷酸铁生产”等3个项目被列为国家级科技计划，共获得200万元国家创新基金扶持。加强项目后期管理，组织企业申报科技进步奖，全区有10个项目获市级科技进步奖。

推进“教育教学质量提升年”活动，促进学生全面发展。坚持立德树人，全面提升学生综合素养。利用常规管理示范校、特色学校建设平台，开展学校特色建设系列沙龙活动。年内，新增市级常规管理示范校4所，常规管理先进校5所，特色学校9所。开展学生养成教育活动。以学期为周期、学年为单位，促进学生养成1 ~ 2个比较稳固的良好习惯。抓好学生社团活动。全区学校共建立学生社团近500个，成员2万多人，社团类型包含文学、艺术、心理、公益服务和社会实践等多个领域。持续开展经典诵读活动。抓好体育、卫生、艺术等工作。教育改革与创新不断深入，教学质量全面提高。推进教学教研规范化管理和制度建设。继续开展各学科联片教研活动，组织“异科同研”研训，采用教研员包校，蹲点式的跟踪指导与教学集体视导、区级教学评估相结合的方法，促进全区常规教学水平的整体提升，全年组织联片教研50多次，中心备课组活动近30次。强化科研工作的管理和建设。完成区级第二批“十一五”课题的结题验收工作，组织省、市级“十二五”课题的开题会。组织农村中小学课题研究优质课评比，开展海港区第二届科研成果评比活动。加大教育投入，推进学校标准化建设。做好民心工程，改善学校办学条件。年内，明珠学校新建工程、十八中改扩建工程完工并投入使用；白塔岭小学完成主体工程；海阳小学完成主体工程。利用暑期投入资金3495万元，完成城市区19所学校运动场改造工程，改造面积12.66万平方米。做好维修改造工作，完善学校基础设施，投资225万元对第八中学等9所学校取暖设施进行改造；投资60万元对河东等6所学校的输电线路进行改造；投资320万元对外语实验学校、鲤泮庄小学门窗、围墙进行改造，进一步改善办学条件。

【文化、体育和卫生】 以国家级公共文化服务体系示范区创建工作为载体，抓项目促发展，文化基础设施建设取得新突破。文体中心项目建设。启动海港区文体活动中心建设工程。海港区文体活动中心为区级图书馆、区级文化馆、区级全民体育健身中心三位一体的综合性文化活动场馆，预计投入资金8200万，全部由政府投资建设。加强信息资源共享工程建设。文化信息资源共享支中心建成并对外开放，地址在区青少年活动中心。文化信息资源共享基层服务点涉及98个行政村，79个社区，覆盖率达到100%。强化群众文艺辅导基地。以区文化馆为依托，建成15个基层辅导基地，计划每年新建验收合格并挂牌4个基层辅导基地，文化馆将针对基地实际需要，配备专业的辅导老师。推进镇、街道综合文化站，村（社区）文化活动室建设。

全区5个镇已建成符合国家标准的乡镇综合文化站3个（东港镇综合文化站、北港综合文化站、海阳综合文化站），专门设立娱乐、休闲、健身、广场、图书阅览、信息资源共享等功能分区。2012年，立足“打造体育名城”战略，积极推进全民健身，加强体育基础设施建设，开展丰富多彩群众体育活动，先后举办秦皇岛市第三届大众体育项目创纪录大赛，决出跳绳王、踢毽王、撞拐王、力王、滑雪王等群众体育明星；海港区“王斌眼镜杯”棋类比赛，已连续举办14年，设中国象棋、围棋和国际象棋等3个大项目，参加范围、涉及人数均在秦皇岛各类体育比赛项目中名列前茅；成功举办“海阳农副产品批发市场杯”乒乓球比赛、羽毛球比赛、沙滩体育节等特色赛事。

医药改革稳步实施，惠民政策再现新成效。农合医疗保障面大幅拓宽。全区新农合参合人数为8.19万人，参合率97.5%，筹资总额2375.912万元。全年次均住院费用为6839元，同比下降14%，住院报销比例比上年同期提高5～10%，参合农民受益水平明显提高，最高补助标准提高到7万元。在23家定点医疗机构实行出院即报，使住院患者在出院当天即能领到新农合住院补偿。实施门诊统筹，落实大病补偿，全年补偿住院人数为5279人，补偿金额1579.8万元，门诊补偿人数为3974人，补偿金额40.5万元，统筹基金使用率65.9%，预计全年基金使用率85%，基金运行平稳。公共卫生服务均等化成效显著。全面落实11类国家基本公共卫生服务项目，重大公共卫生项目稳步推进。建立居民健康档案54.3万份，建档率为88.06%。开展健康教育讲座385次，健康教育人数19193人次，发放宣传资料17895份。规范化管理高血压病人50173人、糖尿病人23791人，65岁及以上老年人60046人。为5024位孕产妇建立“孕产妇保健手册”，系统管理率达到88%。为22300多名6岁以下儿童提供随访保健服务，儿童保健管理率达96%以上。在专业机构的指导下，对351名重性精神疾病患者登记管理。实施老年人、0～6岁儿童及慢病人群每年至少一次的免费体检活动。基层医疗卫生机构建设全面实施。燕山大街社区卫生服务中心主体工程已完成，正在进行内部装修和业务科室改造。西港路社区卫生服务中心已签定购买协议，进入全面装修阶段。规范化建成29个具备省级标准的村卫生室，25个村卫生室通过省、市、区有关单位的联合验收，并为4个试点新建村卫生室配备新的医疗设备，推进村卫生室一体化管理模式，落实6个村卫生室的建设任务，正在做施工前准备工作。国家药物制度基本建立。基本药物制度已在所有政府举办的基层医疗卫生机构全面实施，全部配备和使用基本药物目录内药品以及省政府增补品种，实行零差率销售，药品平均价格降低约30%，减轻群众基本用药费用负担，门诊药费、住院费用也相应降低。加强医疗机构药品质量监督管理，保证群众基本用药的可及性、安全性和有效性，使医改工作真正服务于人民群众，让人民群众真正成为医改成果的受益者。

【人口、人民生活与社会保障】 2012年底全区户籍总户数23.15万户，总人口66.07万人。不含开发区总户数20.08万户，总人口57.54万人，同比增长-0.1%，出生人口6082人，人口出生率10.6‰，人口死亡率4.98‰，人口自然增长率5.59‰。

完善体系、提高标准，社会救助工作实现新跨越。开展低保提标工作。全区城市居民最低生活保障标准由每人每月380元提高到420元，农村最低生活保障标准由每人每年1600元提高到2200元，此标准在全市领先，城乡低保保障率提高到3.47%。全区共有城市低保4.52万人、7425户，发放保障金1884.1万元。农村低保4455人、2262户，发放保障金180.7万元，新增城乡低保户1924户，3.78万人，发放春节生活补贴330.4万元，发放农村低保户冬季取暖补助35.7万元。完善制度建设。创新社会救助机制，制定出台《海港区城乡居民最低生活保障管理办法》。对低保对象的确认、收入的计算、申报审批程序等系列问题进行明确规定。落实医疗救助。依据《海港区城乡特困群众医疗救助管理办法》，拟定《海港区城乡特困群众医疗救助管理办法》有关事项的补充说明，提高救助比例，提高封顶额。为127人发医疗救助金30.3万元。开展“慈善一日捐”大型募捐活动，有84家机关单位参与活动，募集善款30多万元。开展慈善大拜访活动，深入辖区23家规模企业，宣传慈善理念，让更多企业积极的投身到慈善事业中来，提高慈善事业社会救助成效。

城乡居民生活水平不断提高。城市居民人均可支配收入达2.26万元，同比增长12.7%；人均消费支出1.21万元，同比增长5.6%。恩格尔系数（食品支出占消费支出的比重）为38.5%。农民人均纯收入达1.086万元，同比增长15.8%。

（统计局）

中共海港区委员会

ZHONGGONGHAIGANGQUWEIYUANHUI

ZHONGGONGHAIGANGQUWEIYUANHUI

区委重要决策

1月6日，区委印发区委书记冯志永在区委九届二次全会上《立足新起点　明确新要求　为打造沿海一流主城区而努力奋斗》的工作报告。报告简要回顾2011年工作，理性分析发展存在的问题及面临的形势，明确发展思路；提出2012年主要工作举措；强调全面加强和改进党的建设，为实现打造沿海一流主城区提供强大动力。

1月6日，区委书记冯志永在区委九届二次全会上的工作报告提出全区总的工作要求是：明确“加速转型、加快发展，奋力打造沿海一流主城区”这一目标，坚持“两主四化”发展战略（即：沿海开发和旅游立市两大主体和城市功能化、城乡一体化、产业集群化、社会管理科学化战略），确立“一中心三基地”产业定位（即：旅游业综合服务中心、临港物流产业基地、先进制造业配套基地、新兴产业及现代服务业基地），重点发展“一线两片三组团”空间布局（即：沿海一线，城市中心区和西部次中心片区，北部工业组团、东部物流组团和圆明山旅游组团），以“五大工程”（强区工程、民心工程、精品工程、平安工程、基础工程）为抓手，通过规划引领、项目拉动、健全功能、强化管理等途径，为全市建立“宜居宜业宜游，富庶文明和谐”滨海名城发挥主力军作用。

2月3日，区委印发《中共海港区委2012年工作要点》。要点进一步明确全区工作总的要求是：明确“加速转型、加快发展，奋力打造沿海一流主城区”这一目标，坚持“两主四化”发展战略，确立“一中心三基地”产业定位，重点发展“一线两片三组团”空间布局，以“五大工程”为抓手，以党的建设为根本保障，通过规划引领、项目拉动、健全功能、强化管理等途径，为全市建立“宜居宜业宜游，富庶文明和谐”滨海名城发挥主力军作用。强调做好五方面的工作：谋划长远发展战略，扎实推进经济平稳较快发展；提高公共服务水平，切实做好民生工作；不断完善城市功能，彰显中心城区魅力；推进社会管理创新，不断巩固和谐稳定的良好局面；转变干部工作作风，不断加强党的建设。

2月13日，区委印发《中共海港区委关于开展加强基层建设年暨“一联六促、访解帮带”活动的实施意见》。意见就全区开展加强基层建设年暨“一联六促、访解帮带”活动的总体目标、工作原则、主要任务、组织实施、活动安排、保障措施提出具体意见。提出的总体目标是：坚持以邓小平理论和“三个代表”重要思想为指导，深入贯彻落实科学发展观，以“强素质、促发展、惠民生、筑和谐”为主题，以“一联六促、访解帮带”（“一联六促”即领导干部和年轻干部联基层，促基层组织建设有新加强、机制体制创新有新突破、科学发展能力有新提高、社会和谐环境有新气象、解决突出问题有新举措、困难群体帮扶有新成效；“访解帮带”即访民意，解民忧，帮民富，带民强）活动为抓手，以“创先争优”为动力，以创建幸福乡村与和谐社区为目标，出真招、办实事、求实效，全力解决影响基层改革发展稳定的突出问题，让群众得实惠，让干部受教育，让基层增活力，为奋力打造沿海一流主城区提供坚强的组织保障。

4月12日，区委印发《中共海港区委关于文化强区建设的意见》。就文化强区建设的重要意义；文化强区建设的指导思想、奋斗目标和基本原则；文化强区建设的主要任务；文化强区建设的保障措施提出意见，推动全区文化大发展大繁荣，建设文化强区。

5月2日，区委印发《海港区2012年“五大工程”实施方案》。提出实施“五大工程”的指导思想是：坚持以邓小平理论、“三个代表”重要思想和科学发展观为指导，按照“围绕发展抓党建、抓好党建促发展”的理念，以提高党的执政能力建设、加强党的先进性建设和保持党员的纯洁性为主线，以调动党员干部积极性、点燃干事创业激情为重点，以改革的精神、创新的思维、务实的举措，全面推进党的思想建设、组织建设、作风建设、制度建设和反腐倡廉建设，不断提高贯彻落实科学发展观能力，全面提升党的建设科学化水平，为奋力打造沿海一流主城区提供坚强有力的组织保障。还进一步明确实施“五大工程”的基本原则、工作目标、主要任务、组织保障。

5月30日，区委印发《海港区创建国家公共文化服务体系示范区工作实施方案》。提出创建国家公共文化服务体系示范区工作的指导思想是：以邓小平理论和“三个代表”重要思想为指导，深入贯彻落实科学发展观和中共十七届六中全会、省第八次党代会精神，以保障人民群众基本文化权益、满足人民群众基本文化需求为目标，以政府为主导，以公共财政为支撑，以全民为服务对象，以基层为重点，大力推进广覆盖、高效能、可持续的公共文化服务体系建设，落实《国家公共文化服务体系示范区（中部）创建标准》，全面提升全区公共文化的服务能力和水平。还进一步明确创建国家公共文化服务体系示范区工作的总体目标、工作任务、实施步骤、保障措施。

7月6日，区委印发《中共海港区委 海港区人民政府关于深入实施旅游立市战略打造旅游业综合服务中心的实施意见》。提出全区实施旅游立市战略打造旅游业综合服务中心的指导思想是：以科学发展观为统领，牢固树立“大旅游、大产业、大发展”的理念，紧紧把握河北沿海地区开发和“4+1”试点战略机遇，以一流的目标强力抓好提升服务功能、壮大市场主体、开发特色旅游、聚焦整体开发、创优宜游环境五大抓手，强化统筹协调、政策激励、品牌塑造、队伍建设四大保障，着力推进支撑全市旅游大局的旅游集散中心、住宿中心、餐饮中心、购物中心、娱乐中心等五大中心建设，深化文化开发和生态建设，集成打造支撑全市旅游跨越发展的旅游业综合服务中心和国内一流商务休闲旅游度假目的地。全区实施旅游立市战略打造旅游业综合服务中心的发展目标是：到2016年，全区年接待游客640万人次，年均增长10%；旅游综合收入60亿元，年均增长15%，占全区GDP的比重超过13%；景区门票收入4300万元，年均增长10%。软实力实现五个明显提高：即服务游客、服务全市旅游全局、服务全区战略大局的综合服务功能和竞争力明显提高，知名度、美誉度明显提高，旅游贡献度和游客质量明显提高，旅行社等涉旅企业集聚度明显提高，旅游特色化水平明显提高。还就全区实施旅游立市战略打造旅游业综合服务中心的主要任务、保障措施提出具体意见。

11月1日，区委、区政府印发《关于加快产业集聚发展扶持企业做大做强的实施意见》。提出全区加快产业集聚发展扶持企业做大做强的指导思想是：以科学发展观为指导，抢抓河北沿海地区开发建设的战略机遇，围绕“加速转型、加快发展，奋力打造沿海一流主城区”总体目标，深入实施“两主四化”发展战略，按照“一中心三基地”的产业定位和“一线两片三组团”的空间布局，推进产业优化升级，培育壮大骨干企业，打造优势产业集群，促进产业综合竞争力和企业市场竞争力全面提升，实现区域经济可持续发展。发展目标是：到2016年，全区基本建立新型工业实力强劲、现代服务业支撑有力的现代产业体系，以及区域旅游业综合服务中心、临港物流产业基地、先进制造业配套基地、新兴产业及现代服务业基地。全区实现区属地区生产总值年均增长13%以上，到2016年突破340亿元；旅游、先进制造、临港物流、现代服务等重点产业项目投资年均增长25%以上，实现增加值年均增长15%以上，规模企业利润总额年均增长10%以上，到2016年重点产业增加值占全区地区生产总值的比重达到50%以上；到2016年全区规模企业数量突破60家，高新技术企业达到15家以上，培育市级以上创新型企业15家以上，培育名牌产品7个以上，实现3家以上企业上市。还就加快产业集聚发展扶持企业做大做强的主要任务、保障措施提出具体意见。

11月21日，区委、区政府印发《关于着力改善发展环境的实施方案》。提出全区着力改善发展环境的指导思想是：深入贯彻落实中共十八大精神，坚持以科学发展观为指导，牢固树立发展环境是生产力、发展环境是竞争力的理念，围绕“加速转型、加快发展，奋力打造沿海一流主城区”的目标，动员和组织全区各方面力量，针对海港区发展环境中与新形势、新任务不相适应的突出问题，扎实开展“六项主题活动”，着力改善发展环境，为打造“风清气正、开放文明、和谐港城”提供坚强保障。全区着力改善发展环境的工作目标是：经过三年努力，使海港区行政效能明显提升、市场秩序明显规范、法制进程明显加快、基础支撑明显增强、人文环境明显优化，进一步提升海港区形象和区域竞争力，将海港区打造成全省乃至全国发展环境一流的主城区，为聚集优质产业和要素创造条件。还就着力改善发展环境的基本原则、主要内容、保障措施提出具体意见。

11 月 21 日，区委、区政府印发《关于着力改善生态环境的实施方案》。方案对全区着力改善生态环境的指导思想、基本原则、主要目标、主要任务、保障措施提出具体意见。

11 月 26 日，区委印发《中共海港区委关于认真学习宣传贯彻党的十八大精神的通知》。提出学习宣传贯彻党的十八大精神是当前全区政治生活的头等大事，是各级党组织的重要职责，是全区广大党员的首要任务。通知要求：要充分认识学习宣传贯彻党的十八大精神的重要意义；全面准确学习领会党的十八大精神；迅速掀起学习宣传贯彻党的一八大精神热潮。

区委重要会议

【区委全委会议】 1 月 6 日，召开中共海港区第九届委员会第二次全体会议暨经济工作会议。会议由区委书记冯志永主持。审议通过题为《立足新起点 明确新要求 为打造沿海一流主城区而努力奋斗》的区委常委会工作报告。区委副书记、区长冯国林就 2012 年经济工作进行部署，区委书记冯志永作重要讲话。

9 月 19 日，召开中共海港区第九届委员会第三次全体委员（扩大）会议。会议由区委书记冯志永主持。区委副书记、区长冯国林传达省市暑期工作总结会议精神；区委书记冯志永代表区委常委会作工作报告。冯志永在《报告》中指出，区委九届二次全会以来，全区人民围绕“奋力打造沿海一流主城区”的目标，紧扣实施“沿海开发”和“旅游立市”两大战略，以“五大工程”为抓手，大力推进项目建设、园区建设、城乡建设、社会建设等重点工作，各项工作都取得积极进展。他要求，要积极谋划亮点，以开放的思想深入推进强区工程；要激发街居活力，从服务为民的角度更加贴近民生；要围绕“两个环境”，打造沿海一流的精品生态；要创新方式方法，全力打造首善平安之区；要强化基层基础，营造充满激情的干事氛围。

【区委常委会议】 2 月 3 日，召开九届区委第七次常委会议。研究讨论区“两会”相关事宜，研究讨论并原则通过《中共海港区委 2012 年工作要点（讨论稿）》《海港区 2012 年政府工作报告（讨论稿）》《2012 年海港区政府预算（草案）》《2012 年民心工程（讨论稿）》和《关于海港区 2011 年国民经济和社会发展计划执行情况与 2012 年国民经济和社会发展计划（草案）的报告》。

2 月 13 日，召开九届区委第八次常委（扩大）会议。研究讨论并原则通过区委《关于开展加强基层建设年暨“一联六促、访解帮带”活动的实施意见（讨论稿）》。听取开展加强基层建设年暨“一联六促、访解帮带”活动动员大会筹备情况、信访工作情况和政法暨信访工作会筹备情况的汇报。

3 月 15 日，召开九届区委第九次常委会议。研究干部任免事宜。

4 月 12 日，召开九届区委第十次常委会议。传达河北省开展加强基层建设年活动推进会会议精神；传达河北省干部警示教育大会会议精神；研究讨论区委关于文化强区建设的意见（讨论稿）；听取关于做好加强和创新社会管理综合试点工作的汇报；研究通过区委常委工作分工；研究干部任免事宜。

7 月 6 日，召开九届区委第十一次常委会议。区委书记冯志永传达河北省暑期工作会议精神；研究讨论并原则通过《深入实施旅游立市战略，打造旅游业综合服务中心的实施意见（讨论稿）》；研究讨论《关于加快产业聚集发展的若干意见（讨论稿）》，并提出修改意见；审议并原则通过 2011 年度科级领导班子和领导干部考核结果。

7 月 17 日，召开九届区委第十二次常委会议。区委常委、组织部长刘爱秀传达全省开展加强基层建设年活动现场观摩会会议精神，汇报全区加强基层建设年活动工作情况；区委常委、政法委书记高骥恩传达全市暑期维护稳定工作调度会会议精神；信访局通报 6 ~ 7 月全区信访工作情况。

8 月 1 日，召开九届区委第十三次常委（扩大）会议。收看省委书记张庆黎在河北省领导干部思想政治素质提升工程报告会上作重要讲话时的影像资料。

8 月 24 日，召开九届区委第十四次常委会议。听取 2012 年暑期各项工作完成情况，2013 年暑期重点项目及工作谋划情况；研究干部任免事宜。

9月18日，召开九届区委第十五次常委会议。传达市联席会第五次会议精神，听取信访局关于全区近期信访形势汇报；听取并通过关于召开区委九届三次全委（扩大）会议有关事宜的工作汇报；研究讨论并通过区委书记冯志永在区委九届三次全委（扩大）会议上所作的工作报告。

11月21日，召开九届区委第十六次常委（扩大）会议。传达学习贯彻党的十八大会议精神，研究讨论《学习宣传贯彻党的十八大精神实施方案》，总结十八大期间信访稳定情况，研究部署年底前维稳工作等有关事宜。

区委主要工作

【概况】 2012年，中共海港区委紧紧围绕“加速转型、加快发展，奋力打造沿海一流主城区”的目标，坚持继承发展创新，把科学发展作为第一要务，把改革开放作为第一动力，把改善民生作为第一追求，把维护稳定作为第一责任，把党的建设作为第一保证，集中力量办大事、抓要事、解难事，全区经济社会发展取得新成就。全年实现区属地区生产总值206.8亿元，同比增长13%；完成区属全社会固定资产投资184亿元，同比增长27%；完成全部财政收入76.5亿元，同比增长14.4%；其中公共财政收入14.2亿元，同比增长23.9%。

【经济工作】 在产业聚集发展、园区平台建设和结构转型升级等方面实现新突破。坚持用项目聚产业。围绕“一中心三基地”产业定位，深入实施强区工程，走项目农业、新型工业、现代服务业之路。制定出台一把手抓项目工作意见，持续开展十大重点产业项目攻坚活动，世纪港湾、香格里拉大酒店等重点项目顺利推进；嘉恒物流、国际汽配城等现代物流企业入驻港城；连峪山庄等农业产业化项目快速推进。成功举办秦皇岛物流园区项目推介会，成功协办全国物流年会。全年实际利用外资2.1亿美元，引进内资30.7亿元。坚持扩园区筑平台。按照“大北部、大物流、大旅游”的发展理念，编制完成大北部片区总体规划，西部休闲文化创意产业园概念性规划；整合临港物流园区和东部循环经济园区布局，编制临港物流园区总体规划，实现全区范围内的园区规划全覆盖。开展扩区研究和省级园区申报工作，大北部工业区扩区计划提上重要议事日程，扩区规划研究工作取得积极进展，圆明山文化旅游产业聚集区成功晋升省级园区。坚持调结构促转型。把科技创新作为中心环节，加快传统优势产业的改造升级步伐，中信渤铝等一批传统支柱企业启动重大技改项目；耀华整体搬迁项目Low- E和太阳能基板浮法玻璃两条生产线竣工投产。坚持把节能减排和淘汰落后产能作为转型升级的重要抓手，加强节能评估审查工作，对39家企业、10个重点项目进行节能登记和评估审查。坚持攻难点促发展，把可持续发展作为经济工作的重点。招商引资工作取得突破。与河北燕达集团成功签约投资额680亿元的秦皇皓月城项目，其控规已通过市规委会审核，并进入实质性推进阶段。依法治税工作得到加强。针对部分房地产企业在区外注册、区内开发，税源无法监管的现实，建立治税体系和税收信息平台，从根本上解决涉税信息不畅、涉税源头控管不严和税源流失等问题，属地纳税体制规范运行。园区土地处置权限问题得到解决。为化解土地供应紧张问题，实现土地高效、集约利用，争取市政府下放特定园区部分土地供应权限。启动3个园区居民集中安置项目，为园区产业发展腾出空间。

【城市建管工作】 在城市发展的理念上，更加注重城市规划的制订和规划刚性的遵守，更加注重一般性房地产开发的控制和临街商业门市的削减，更加注重城市片区整体开发建设和城市特色街区的打造。城市建设稳步推进。城市基础设施建设全面跟进，河北大街、秦皇东大街等市政设施改造工程全面完工，东环路全线竣工通车。城市重点片区开发改造工作强势推进，归提寨片区开发工作取得阶段性成果；海阳片区整体开发改造项目取得实质性突破；太阳城商业区升级改造工程进入施工招标阶段；金梦海湾顺利交接，西浴场景观改造提升工程一期主体完工。生态景观建设亮点频现。以暑期为节点，高标准实施20条主次干道修复、10个街边游园绿地增绿以及

10处街头林阵建设，把绿化触角向城区的各个角落延伸。高水平推进花海工程，围绕城市出入口、公园、景区等节点，打造城市花海景观。开展全民义务植树、认种认养等活动，激发全民绿化热情，掀起生态港城建设高潮。城市管理工作成效显著。深入开展“城市精细化管理年”活动，出台16项城市管理规范性文件。探索城市管理新途径，引入市场化管理机制，对部分小区保洁和主次干道非法小广告治理实施市场化运作，实现城市管理的创新和突破。持续开展城市环境综合整治活动，严查占道经营、店外经营等行为。城乡环卫一体化工作取得重大突破，争取国家专项扶持资金4170万元，实现农村垃圾收集、清运、处理一条龙。

【民生工作】 深入实施“民心工程”，全面落实年初确定的23件实事，把有限资金投入到低保扩面、老旧小区改造、学校建设等民生领域。老旧小区改善提升工作。对美岭小区、团结里等20个老旧小区进行改造提升，切实改善百姓的生活居住环境。学校操场改造工作。对19所城区中小学、幼儿园操场进行改造提升，实现城区义务教育学校草皮操场全覆盖。市场建设工作。实施森林逸城等4个便民市场新建工程和14个农贸市场的改造升级，市场面貌和秩序显著改善。保障性住房建设工作。实施东李庄、杨道庄、公富庄及红光里、站西里等多批次的保障性安居工程，市定各项任务指标全部落实。医疗卫生保障工作。稳步推进医药卫生体制改革，大幅拓宽农合医疗保障面，参合农民受益水平明显提高；全面实施基本药物制度，落实11类国家基本公共卫生服务和重大公共卫生项目，新建和购买2家社区卫生服务中心。低保扩面工作。在全市率先完成低保提标工作，城乡低保标准全部高于其他县区标准，全区新增参保人员6775人，低保覆盖率提高1.5个百分点，达到4%。公共服务设施建设工作。海港区市民中心项目经省发改委审批，正式开工建设，建筑主体即将封顶。区文体中心、文化馆项目顺利开工建设。

【宣传、文化和旅游工作】 加强宣传教育和理论武装。注重以社会主义核心价值体系为重点的思想政治工作，强化社会公德、职业道德、家庭美德、个人品德及青少年思想道德建设。创新理论教育平台，采用专题报告、理论宣讲等形式，开展理论中心组学习，推进学习型党组织建设。扎实开展党员教育，开展“区情再认识大讨论”等主题活动，凝聚人心，提振信心。打造特色文化品牌。成功举办第二届港城民俗庙会，通过“城乡文艺互动互访”彩色周末活动，促进城乡文化交流。“港城大讲堂”更趋成熟和完善，在市民中的影响力不断提升。与央视联手，举办第九届秦皇望海祈福文化旅游节，成功塑造“中国望海祈福第一地”的文化品牌形象，海港区被中华文化促进会、节庆中华协作理事会评为第四届节庆中华奖“最佳节庆旅游目的地”。推进文化产业和旅游项目建设。出台《海港区深入实施旅游立市战略，打造旅游业综合服务中心的实施意见》，明确东山文化旅游区、圆明山文化旅游产业聚集区、西部创意养生休闲基地“三点开花”的现代服务产业格局。深入推进“旅游立市”百项工程，由海港区牵头的23项工程有3项完工，15项开工建设，开滦路历史文化街区、连峪山庄沿河绿道、海港区旅游咨询服务中心等工程均已建成或取得阶段性进展。吸引如家、锦江之星等20多家知名品牌快捷酒店入驻区内，提升旅游接待能力。全年接待游客678万人次，同比增长29%；实现社会旅游总收入39.3亿元，同比增长34%。

【社会和谐稳定工作】 区委常委会把稳定工作牢牢抓在手上，多次召开大规模、高规格会议进行安排部署，完成全国“两会”、暑期和中共十八大安保维稳任务，以超常的措施和力度确保社会大局总体稳定。积极构建“大维稳”格局。以“平安工程”为统揽，始终保持严打高压态势，创新警务巡查模式，对违法分子形成强大震慑。以解决影响社会稳定的重大问题为突破口，深入推进社会管理创新试点创建，深化平安志愿者巡防和平安建设工作队派驻工作，加大对特殊人群和流动人口的管理力度，群防群治工作取得显著成效。扎实开展安全生产和食品安全工作，发生有影响的安全事故。加强和改进信访工作。贯彻落实省委“八三”工作法，实行重点案件重点调处机制，成立“五人小组”定期解决重大疑难信访问题。深化领导干部大接访活动，发挥区级领导和各部门一把手作用，信访工作水平得到提升。年内，全区进京集体访、个体访、非正常访和赴省集体访全面下降。加强暑期安保和服务工作。把做好暑期工作作为重大政治任务，在省市提出“四个上新水平”的基础上，结合海港区自身工作实际，提出“打好三场攻坚战，实现四个上水平”的工作目标，近岸入海河道整治、暑期信访稳定、城乡面貌改善三场攻坚战完美收官，安全保卫、服务保障、暑期接待和借助暑期四项工作任务圆满完成。面对百年不遇的雨水灾害，广大干部群众众志成城，夺取抢险救灾的全面胜利。

【党建工作】 抓好领导班子建设。以实施领导干部思想政治素质提升工程为载体，通过“集中培训月”等活动，全区干部队伍的能力素质显著增强。深化干部人事制度改革，完善干部选拔任用机制，从机关选派年轻干部到镇街、园区挂职，丰富年轻干部经历，加强基层工作力量。抓好基层组织建设。完成村“两委”换届工作，并对新一届村“两委”干部进行集中培训。认真总结党建工作经验，逐渐形成富有海港区特色的党建工作方法，连续两年获得全省基层党建先进县（区）和“创先争优”先进县（区）荣誉称号；探索党代会闭会期间党代表发挥作用的有效途径，“党代表工作室”试点工作取得积极进展。扩大党组织的覆盖面，发挥各街道党工委领导“两新”片区联合党委的作用，做到党的组织和党的工作全覆盖。开展基层建设年活动，下派172名副科级以上干部，下农村、包社区，访民情、促发展，为村居解决大量具体困难和问题，赢得基层干部群众的欢迎和信赖。抓好反腐倡廉建设。始终把反腐倡廉建设摆在重要位置，严明党的政治纪律，加快推进惩治和预防腐败体系建设，建立健全反腐倡廉各项机制。以提高执行力为核心，通过纪检干部巡查、明察暗访和召开干部警示大会等手段，促进领导干部廉洁自律、查办案件、纠正部门和行业不正之风等工作的有效开展。

在推进全区经济社会发展的进程中，区委常委会注重统筹做好各方面工作。支持人大及其常委会依法履行职责，围绕全区工作大局，加强法律监督；发挥政协政治协商、民主监督、参政议政职能，促进决策的科学化、民主化。重视做好新形势下的统战工作，注重发挥工会、共青团、妇联等人民团体作用，支持其开展工作。全力做好老干部工作。加强党管武装工作，召开议军、议警专题会议，国防和后备役工作取得积极进展。区委常委会高度重视自身建设，带头加强学习，带头完善制度，带头转变作风，带头勤政廉政，认真贯彻民主集中制，坚持集体领导、分工负责，充分发挥党委的领导核心作用。

区委工作机构及其领导

【区委领导人】

书　记：冯志永
副书记：冯国林
　　　　高立明（4月任，挂职）
　　　　张国林（4月任）
常　委：冯志永
　　　　冯国林
　　　　高立明
　　　　张国林
　　　　黄　萍
　　　　张　浩
　　　　齐香民
　　　　张晓雁（女）
　　　　杨东明
　　　　刘爱秀
　　　　高骥恩（4月任）
　　　　刘凤奎

【区委工作机构主要负责人】

区委办公室主任：刘凤奎
区委政法委书记：齐香民（4月免）
　　　　　　　　高骥恩（4月任）
区委农工委书记：张　浩（兼）
区委组织部部长：刘爱秀
区委宣传部部长：张晓雁（女）

区委统战部部长：张素珍（女）
区委编办主任：胡广设
区委老干部局局长：郭中华
区委党校校长：刘爱秀（兼）
区委信访局局长：董云鹏
区委保密局局长：（空缺）
区委机要局局长：才汇强
区委研究室：乔永强（7月免）
赵　营（7月任）
区委党史研究室主任：刘　颖（女）

【区委派出机构主要负责人】

教育工委书记：王建国
建管工委书记：董育松
卫生工委书记：赵荣福
区直机关工委书记：刘凤奎（兼）

区委办公室工作

【概况】 2012年，区委办公室坚持科学发展观，履行各项职责，以“营造轻松和谐的干事氛围、打造创新一流的服务水平、树立求真务实的工作作风、建设充满激情的干部队伍”为目标，围绕区委中心工作，开拓进取，优化服务，完成全年各项工作任务，工作质量和整体服务水平进一步提升，得到区委和各级各部门的认可与好评。

【参谋辅政工作】 坚持求深谋远，提升调研工作的前瞻性。坚持为区委决策提供调研服务，建立和完善调研工作网络，形成“强‘龙头’—联科室—网基层”的调研工作网络机制。立足于设大谋、当高参，围绕区委中心工作确定调研方向，围绕领导关注、百姓关心的热点、难点问题开展对策性调研，为区委、区政府科学决策提供前瞻性、实时性服务。其中，《关于农村两委班子换届工作思考与分析》一文在《河北政策科学研究文集》发表，《海港区老旧小区物业管理现状及创新模式调研》《社区为老服务体系建设的思考》两篇文章在市委《情况与对策》刊发。全年编发《海港调研》52期，《领导参阅》2期。坚持求精谋新，提高文稿起草的针对性。树立“精品意识”，以“站位高、看点远、思路新、语言精”为要求，坚持以提高领导满意度、基层认同感和对实际工作的指导性为原则，正确传达上级精神，准确体现领导意图，如实反映基层情况，多出新思路、多谋新办法、多提新举措。在起草大型综合文稿时，全面落实分口起草、科长统稿、集体讨论制度，力求文稿在内容上高度凝练，逻辑上严谨缜密，文字上简洁流畅，确保文稿质量达到一流。全年起草各类文稿115篇，编发办公室通报21期。高标准完成区重点工作会、区委全会等重要会议活动领导讲话的起草工作，得到领导的充分肯定。

【协调服务工作】 坚持改进作风与优化服务相结合。办公室全体人员端正服务态度，改进工作作风，牢固树立公仆意识和服务观念，热情细致，高度负责，雷厉风行，齐心协力地完成领导交办的任务。在办事上，强化“办公室工作无小事”的观念，秉承“举轻若重”的工作作风，保持专注、细致、扎实的工作态度。善于抓大事，谋全局，紧跟领导的工作思路，主动适应领导的工作方法，把问题想在前面，把工作做在前头，切实做到大事不误、小事不漏。周密细致地搞好重大会议、活动的组织协调工作，认真做好会前、会中、会后各个环节的衔接，将“周密严谨，细致认真”的工作作风贯穿于会议的全过程。全年承办区委全会、全区重点工作会、第九届秦皇望海祈福文化旅游节等大型综合性会议、活动40多次。坚持日常沟通与综合协调相结合。在沟通与协调过程中，树立全局观念和整体意识，与上下左右积极联系，加强沟通，全力理顺各种关系。加强与上级机关的联系，主动向市委办公厅汇报工作，及时了解上级工作动态及重大活动安排，统筹安排工作，避免区内活动与上级活动相冲突，增强工作安排的有效性。加强与区人大、区政府、区政协办公室的协调沟通，对涉及全区的重要工作或重大活动，特别是对急事、要事、难办的事，区委办公室勇于承担、主动牵头，当好“总协调”“总调度”。加强与全区各单位办公室之间的联系，及时向基层单位传达区委的决策部署和工作重点，推进区委决策在基层的贯彻落实。

【督查工作】 牢固树立“抓好区委决策落实，推进工作有效开展”的使命意识，不断创新督查工作方式方法，开创“领导支持有力，决策部署得力，督查跟进下力，协调联动聚力”的良好工作局面。围绕中心工作，抓好决策督查。对区委、区政府确定的2012年目标任务进行细化分解，压实责任，采取月调度、季通报的形式，督促各单位各部门抓好重点工作的落实，确保按时完成年度目标任务。督促“五大工程”办公室，及时制订工作方案，对各项任务进行细化分解，并多次召开调度会，全力推进工程进度。对区委全会、区委常委会、党政联席会、全区重点工作会等重要会议的议定事项和会议精神及时分解立项，把任务落实到单位，落实到人头，开展跟进督查活动。全年下发各类督办卡70多份，形成情况反馈及《督查报告》42期，印发《海港督查》刊物30期。严格办理程序，抓好专项督查。切实抓好领导重要批示件的督办落实，做到件件有答复，事事有回音。对领导关注、群众反映强烈的突出社会问题和长期得不到解决的热点、难点问题，采取明察暗访的方式，进行重点督查，努力在促进矛盾和问题的解决上取得新突破。做好人大代表建议、政协委员提案办理工作，根据领导批示下发专门督办卡，分解落实到相关部门，做到批则必办、办则必果，办结率、回访率、满意率均达100%。全年承办市政协委员提案1件，区政协委员提案13件，领导批办件14件，均如期办结。调整工作重心，抓好重点工作督查。及时调整督查工作重心，对重点、难点工作出重拳、下猛药。暑期前，联合公安、环保部门对近岸海域环境综合整治工作进行高频次、突击性明察暗访，依法关停排污企业10多家，确保整治工作取得实效。中共十八大期间，采取日督导、日报告的形式，对重点信访案件稳控情况及驻村居干部、维稳队员在岗情况、维稳工作开展情况进行不间断督导，发现问题及时报告并通报全区，有效促进全区维稳工作开展。全年开展各类重点工作督导20多次。

【信息工作】 坚持求实谋快，提升信息服务的实效性。坚持把上报高层次、高质量信息作为信息工作的出发点和着力点，挖掘精品，抢抓亮点，突出抓好区委重大决策、重点工作落实情况的信息反馈，积极推介全区工作的新经验、新作法。时刻关注热点、难点、焦点问题，及时、准确、全面地收集、选编各类信息，信息服务质量有新提高。全年上报省委信息中心信息400多条目，网络摘报7.5万多条目；上报市委信息中心信息1200多条目；刊发《每日动态》139期，采写领导信息86条目。

【文秘工作】 文件收发、传阅和办理工作。全年办理中央、省、市、区文件1062件，均达到及时、准确、高效的要求。政策法规工作。狠抓公文规范化管理，严格按照《党政机关公文处理工作条例》的要求，对全区公文行文格式进行规范，严把“五关”，（即政策关、程序关、文字关、格式关、文印质量关）按照规定权限制发公文，防止公文横传倒流，确保公文质量。全年审核下发文件185份。

【信息化工作】 加强网络软硬件设施建设，为全区工作搭建方便快捷、安全可靠的网络平台。开展技术人员培训，全面改版区电子政务网，提升电子政务应用水平。制发《海港区规范网络问政加强群众工作的通知》，明确网络问政平台交办事项的办理流程和相关制度，通过网络问政平台解决违章建房、违规养犬、噪声扰民等相关问题28件，得到群众好评。

【后勤工作】 做好接待工作，全年接待来宾460多人次。完成海港区党政考察团赴外地学习考察的后勤保障任务及其他县市区考察团到区内学习考察等大型接待任务。提高后勤保障水平，规范物资供应管理，健全办公用品采购供应台账，严把审批关、采购关、支领关和报废处理关。执行《财务管理制度》，严把财务支出关，厉行节约，杜绝浪费。暑期工作坚持高标准、高质量、保证重点、兼顾全面，做到热情、周到、及时、细致服务，全年完成各项接待任务21次。制发《2012年海港区暑期工作任务分解表》，对各有关部门的工作进展情况进行严格督导检查，确保工作效果。

【保密工作】 以保密检查和宣传教育为基础，坚持把“查问题、堵漏洞、除隐患”作为永恒课题常抓不懈。加大保密工作依法管理力度，对全区涉密计算机信息摸底上报，加强计算机保密及互联网信息检查工作，切实防止在互联网上泄漏秘密。健全保密规章制度，完成《海港区保密制度汇编》并下发全区，开展保密法制宣传教育及送法到村居活动。全年未发生失泄密事件。

【值班工作】执行24小时正副班双人值班和交接班制度，落实区委领导、对应主任双人在岗带班制度。完善《办理紧急情况重大事件工作流程》《值班工作预案》。探索建立定期反馈制度，通过《值班信息综报》刊物，定期汇总区委领导在《区委值班报告》上批示的落实情况。全年办理《区委值班报告》77期，协助领导处置紧急情况重大事件5件。

【党史工作】发挥“以史鉴今，资政育人”的作用，在抓队伍、抓载体、抓创新、抓实效上下工夫，开创全区党史工作的崭新局面。提高工作的前瞻性和系统性，制订并下发5年工作规划。加强队伍建设，成立党史联络员、党史工作顾问和研究员队伍，开展党史业务培训，增强工作力量，完善队伍格局。拓展宣教平台，开办《海港党史学刊》，并与宣传部等部门合作，在报纸、手机报、小虎子手册等媒介上设立党史专栏，增强宣教的广泛性和针对性。完成中共海港区委大事记、海港区委及区委办公室年鉴、组织史、稳步发展的秦皇岛等相关内容的撰写工作。开展“学党史，忆党恩，喜迎十八大”活动，面向全区党员群众开展专题宣传、主题征文、老照片征集等活动，制作印发海报2000多张，设立宣传展板。

（高　峰）

纪检监察工作

【概况】2012年，全区各级纪检监察机关坚持反腐倡廉战略方针，围绕中心、服务大局，围绕民生、履行职责，围绕热点、注重监督，围绕作风、提升素质，提升反腐倡廉建设科学化水平，促进干部清正、政府清廉、政治清明，以执纪惠民生，以督查通政令，以制度保发展，以履职的新成效为海港区全面发展提供坚强的政治保障。海港区纪委、监察局获全市开展加强基层建设年活动优秀驻村工作单位、纪检监察工作“创先争优”经验推广奖等奖项。

【源头上预防和治理腐败】构建教育、制度、监督并重的源头防腐工作体系，增强党员干部拒腐防变和抵御风险的能力。开展反腐倡廉教育活动，开展向全区600多名科级干部统一发放《领导干部廉洁从政教育读本》、组织2000多名党员干部观看影片《忠诚与背叛》等活动，教育引导领导干部自觉学廉守廉；开展廉政文化建设观摩、廉政文化示范基地揭牌仪式等活动，推进廉政文化建设。抓好拟提拔党员领导干部党纪政纪法规知识考试制度，实行考前观看警示教育片，改进教育形式，增强考试效果。对135名拟提拔科级党员干部进行党纪政纪法规知识考试。推进行政权力廉政风险防控工作，组织全区各有关单位重新查找廉政风险、确定风险等级、制订防范措施，全区47个有行政职权的单位查找廉政风险点1552个，制订防范措施1518项。开展征地拆迁廉政风险防控，在5个镇、北部工业区、临港物流园区、国土分局、城乡建设局、房产局等10个单位开展征地拆迁廉政风险防控试点工作，清理规范工作流程19个，查找廉政风险点66个，制订防范措施44项，及时化解廉政风险6个。推进电子政务服务和电子监察系统平台建设，组织街道、镇（园区）、区直各单位对本单位政务公开和政务服务事项进行全面清理，对清理出的1124项行政职权事项编制政务服务事项内容信息表和权力运行流程图，在政府门户网站对全区政务服务事项内容目录进行公布。制订培训计划，对镇、街、园区、区直单位进行一对一的专项培训，推进平台的运转和使用。

【信访维稳和案件查办】发挥纪检监察信访作用，严把阅信、接访、初查、落实四道关口，妥善解决问题，防止矛盾升级。全年受理群众来信来访电话88件，其中来信21件，来访43件，电话举报24件。市纪委交办16件，其中要结果4件。

信访材料经委、局领导阅批后，均已妥善处理。综合运用多种办案手段搜集证据，突破重大案件。整合办案力量，调动各执纪执法部门办案，增强合力。全年初查各类案件线索22件，立案22件，结案22件。

【党风廉政建设】 推进全区党务公开工作，完成党务公开电教光盘制作工作；开展党务公开测试活动，全区2万多名党员参加。印发《关于转发< 党的基层组织党务公开示范点工作“十有”标准 >的通知》，确保全区党务公开工作上水平。做好省级党务公开联系点创建工作，编制区委党务公开目录，建立配套制度15项，绘制工作流程图15项；组织区委6部门、183名党员干部参加的党务公开知识测试；采取党内情况通报、发送手机短信、设立党务信息查询室等形式向党内公开；利用网页、电子显示屏、邮箱、意见箱、热线电话、新闻媒体等现代手段向社会公开；按照公开事项，收集整理相关佐证材料，进行分类、整理，建立工作台账和电子档案。印发《海港区2012年党风廉政建设和反腐败工作任务分工》，将区委、区政府领导班子成员承担党风廉政建设和反腐败工作的任务具体分解，主要任务分解为50项，明确责任领导14人，确定牵头单位25个。采取责任领导季度提示卡、责任单位半年工作调度及不定期组织督导检查等形式，对党风廉政建设任务和责任做到有部署、有落实、有检查。

【纠风工作】 开展民主评议工作，印发《海港区2012年民主评议工作方案》，对参评范围重新捋顺、更替，新增区直参评单位3个、优化基层直评单位6个；试行评议重点股室负责人、学校、卫生院和村（居）干部等活动。建立健全8000人省、市、区三级共享民主评议评议员信息库。组织2011年下半年、2012年上半年民主评议问卷评议会议群众意见、建议整改活动，对涉及54个（次）参评单位和2个非参评单位的211条群众具体意见、建议督促有关单位进行整改。

【专项治理工作】 深化专项资金综合治理。以强化资金监管为重点，开展重点审计和重点检查，对2011年度社会保险基金、社会救助基金、社会福利基金等3类专项资金进行重点审计；对退耕还林补助、科技专项资金、农机补贴等三类专项资金进行重点检查。建立健全专项资金监管使用长效机制，把专项资金综合治理引向深入。推动工程建设领域突出问题专项治理，抽调区建设局、城管局、园林局、水利局、国资委等5个部门工作人员组成专门检查组，对全区2011年后新开工、投资额500万元以上的政府投资和使用国有资金的房屋建筑项目、市政工程项目、水利建设项目、交通工程项目、通信工程项目进行挂靠借用资质投标违规出借资质问题的专项清理。抓好《招标投标法实施条例》的学习宣传和贯彻执行，加强配套制度建设。组织开展惠农强农资金专项检查活动，组织27家单位对2011年中央、省、市、区各级共7728.11万元强农惠农资金安排和使用情况进行全面自查自纠，从纪委、财政、审计、农业等4个部门抽调12人，组成3个检查组对所涉及的27家单位逐一严格检查，对发现的问题督促整改。加大治理公路“三乱”工作力度，在全区范围内开展治理公路超限超载“春季会战”专项活动，通过公安、工商、国土、水务、交通运输等部门联合执法，开展源头执法行动，取缔非法装载源头，完善责任倒查机制。通过严格24小时快速反应机制、加强明察暗访等方法，开展日常公路“三乱”治理工作，开展各类上路明察暗访28次，处理12346投诉举报14件。组织开展公务用车专项治理活动，严格规定和严肃公车专项治理工作纪律，对认定的违规车辆妥善处理，对越野车管理使用认真规范，对全区党政机关公务用车编制重新核定。印发《海港区公务用车配备使用管理实施办法》，推动全区公务用车配备使用管理工作制度化、规范化。

【行政效能监察】 围绕全区重点工作，以优化发展环境为主线，以“治庸提效能、服务促发展”活动为载体，全面开展干部作风建设工作。组织人员采取抽查案卷、电话调查、个案回访和暗访代办（组织监测员开展暗访，代企业办理行政审批）等形式，对全区各相关部门“三类事项”办理、行政处罚及落实限时办结制度情况进行综合监督检查，共抽查行政许可事项860多件，非行政许可审批事项720多件，行政监管事项430多件，行政处罚410多件。印发海港区机关效能建设和“三类事项”办理、行政处罚及落实限时办结制度综合监督检查情况通报，对问题部门（单位）下达限期整改通知书。组织相关部门（单位）对保留和下放的审批事项进行梳理及公开，并对“三类事项”流程图汇编成册发放全区。采取明查暗访、重复访、跟踪访等形式，对全区各部门、各单位日常工作状况督导检查，召开典型案件通报会，向14家问题单位发送整改通知书，对18名责任人严肃处理。组织召开经济发展软环境建设监测工作座谈会，发放调查问卷30多份，征求意见和建议24条。以优化发展环境投诉举报电话、投诉举报邮箱等形式受理优化发展环境工作及机关效能建设方面投诉，共受理投诉举报件7件，办结2件，正在办理5件。对区选重点项目跟踪问效，组织人员到7家重点项目企业和9家经济管理及服务部门进行走访调研，向企业发放海港区“三类事项”目录200多册，调查问卷120多份。采取集中检查、明察暗访、跟踪检查等形式，对涉及重点项目办理的行政单位督导检查。培育先进典型，召开机关标准化建设现场观摩暨优化发展环境工作会议，组织91家单位参观海港公安分局太阳城派出所、区国税局、区财政局机关标准化建设先进单位；开展服务窗口星级考评申报，37个服务窗口被评为市级星级服务窗口，推进全区各服务窗口的规范化建设。

【纪检监察队伍建设】 推进乡镇纪检组织建设工作，各镇、街道都配备专职纪委副书记和专职纪检干部，实现专职专用。建立健全村级纪检组织，98个行政村都配备纪检委员。明确镇纪检组织工作职责和任务，规范镇纪检组织工作制度、工作流程。改善镇纪委办公条件，工作经费实现单列，镇纪检干部享受每月220元的办案补贴。做好乡镇纪委书记培训工作，组织14名乡镇纪委、街道纪工委书记参加省纪委培训。加强区纪委、监察局机关内部管理，坚持从严管干部、从严带队伍，切实加强内部监督，建立健全各项规章制度，做到用制度管人，靠制度做事。在中共十八大期间，印发《海港区纪委关于十八大期间信访稳定工作的有关规定》，提出严明政治纪律、严格执行考勤和值班制度等具体要求，调动纪检监察干部主动性和积极性，推动工作开展。

【中共海港区纪律委员会组成人员】

书　记：张　浩
副书记：何占峰
　　　　姜传文
常　委：张　浩
　　　　何占峰
　　　　姜传文
　　　　陈　平
　　　　蔡　岩
　　　　胡　萍（女）
　　　　周春友

（李佳优）

组织工作

【概况】 全区组织工作以加强领导班子思想政治素质建设、深化干部人事制度改革、推进“创先争优”、加强基层组织、落实人才工作为重点，党员、干部、人才三支队伍增添新活力，领导班子和基层组织两项建设得到新提升，组织部门自身建设得到新加强，为海港区奋力打造沿海一流主城区提供坚强的组织保证。海港区被省委命名为全省“创先争优”活动先进县（市、区）委；区委组织部获全国组织系统讲党性、重品行、作表率先进集体，区委常委、组织部长刘爱秀受邀到北京领奖，受到习近平、李源潮等党和国家领导人亲切接见；区远程教育教学服务平台被授予河北省农村党员干部现代远程教育先进教学服务平台称号；在全省组织人事系统“干部工作业务大练兵”活动中荣获一等奖。

【领导干部思想政治建设工作】 开展以“锤炼党性、砥砺政德”为主题的教育培训活动，86名党员“一把手”讲党课，653名干部参与在线答题，提高科级干部的党性政德修养。举办“集中培训月”活动，邀请北大、清华和国家行政学院教授授课，参训科级干部2000多人次。

【干部教育培训工作】 探索实施以“菜单选学、灵活办学、实践促学、学分管理”为核心的“开放式培训、学分制管理”模式，做法被《中国组织人事报》采用、被《河北干部教育》刊登，并在全市干部教育培训会上进行交流发言。联合区委党校抓好各类主体班次培训，举办新任职科级领导干部培训班和年轻干部培训班，促进领导班子新成员的履职能力提升，年轻干部理论业务素质提升。

【干部考核评价工作】 完善正向测评和反向调查相结合的考德方法，在任职考察和年度考核中推行干部“述德”制度，在重点拆迁工作、解决信访突发事件等急难险重任务中全面考察干部“德”的表现，使干部“德”的考察逐渐走向科学化、规范化。修改并完善考核指标体系，对镇（园区）、街道、区直单位进行分类侧重评价，多元化评价主体，增强考核评价的科学性和权威性。加大考核结果的运用，对2011年度被评为优秀等次的40个领导班子和102名领导干部进行奖励。

【干部人事制度改革工作】 完善干部工作信息公开办法，通过信息对称，有效提高满意度。健全干部初始提名制度，通过对关键岗位试行“三推两考一公示”（他人署名推荐、单位党组织推荐、全委会成员推荐，对现任职单位和原任职单位进行全面考察，将干部工作实绩在推荐范围内进行公示）办法，提高干部选任的民主质量。建立组织部长与基层干部双向约谈制度，通过电话预约、短信预约等方式，畅通基层干部与组织部长约谈通道。

【干部监督和管理工作】 开展“一报告两评议”（地方党委常委会每年向全委会报告工作时，要专题报告年度干部选拔任用工作情况，并在一定范围内接受对本级党委干部选拔任用工作和新选拔任用领导干部的民主评议）工作，做好干部家庭美德考察、干部考察公示、任前公示和拟提拔干部征求纪委、计生局等有关部门的意见工作，把是否有违反换届纪律行为作为干部考察重要内容。推行“双征四议两公开”（双征即面向基层、面向社会广泛征求意见，征求上级党委和有关部门的意见；四议即部门提议、议题审议、会前商议、会议决议；两公开即决议公开、实施结果公开）工作机制，提高各党（工）委、党组决策的民主化科学化水平，做法在《河北快报》刊发。建立健全经济责任审计信息库，建立经济责任审计结果整改落实反馈机制，对15个单位的23名科级领导干部进行经济责任审计，27名离任领导干部办理离任经济事项交接手续。

【人才工作】 创新人才工作机制，将目标任务完成情况纳入领导班子年度考核定量指标体系，规范人才协调服务机制，畅通各类人才及用人单位需求事项表达沟通渠道，做法被《中国组织人事报》刊载，在《河北人才工作简报》刊发。落实中长期人才发展规划，实施柔性引智工程、优秀人才引进储备工程、临港特色产业人才聚集工程、农村实用人才培养工程和港城优秀人才表彰工程。探索建立市、区、高校、科研院所和驻区企业科技人才合作共建机制，为教育、卫生等部门单位引进急需的硕士研究生以上学历专业技术人才11人，举办农村实用人才培训班36期，培训3210人次。优化人才发展环境，开展优秀人才健康体检、优秀人才基层行、优秀人才服务进企业等主题活动。授予20位企业家“创业明星”称号，给予每人3万元奖励，对河北日泰新型管材有限公司等10家科技、成长型企业奖励80万元，在全区形成激励创新创业的浓厚氛围。

【农村党建工作】 推行“十提倡两备案”（十提倡即提倡快速推进，提倡细化候选人资格条件，提倡逐村制订方案和预案，提倡优秀村书记跨村任职，提倡“一人兼”和交叉任职，提倡灵活选举方式，提倡大学生村官竞选村“两委”，提倡村团组织、妇代会与村“两委”同步换届，提倡选举监督委员会全程签字，提倡加强对党员的党性教育；两备案即凡是涉及村“两委”换届工作的文件，村级出台的要在镇备案；镇出台的要在区村“两委”换届工作领导小组办公室备案）方法，完成村“两委”换届工作，做法在省换届简报上刊发。探索“分步直选”模式，包括村情极为复杂的7个难点村在内的24个试点村全部一次选举成功，做法被《中国组织人事报》和《河北日报》报道，被市委常委、组织部长陈书增批示肯定。深入推进“十百千”携手共建工程，基层党组织之间开展文艺互进互访30多场次，城乡党员联谊活动20多次，发放《海港区城乡党员活动一卡通》2000多个，全面推进各领域基层党建资源共享、优势互补。推进农村党组织全覆盖，指导新建或规范党总支部2个、调整党小组96个，起草《农村党组织全覆盖操作规程》。试点推行优秀村党组织书记跨村任职，大村带小村、强村帮弱村。开展“农村干部素质提升月”活动，依托“农村干部月末课堂”等，举办各类培训班23期，培训农村干部3000多人次。完善大学生村官管理，组织大学生村官到非公企业担任党建辅导员，在村“两委”换届中引导大学生村官参加竞选，有2人担任村书记，29人担任副书记。成立海港区大学生村官QQ群及网上党支部，新华网进行报道。

【社区党建工作】 成立社区党建研究会，研究社区党建工作的新情况、新问题，总结社区党建工作的新做法、新经验，探寻加强社区党的先进性建设、提高执政能力的新规律。建立11个“党代表工作室”和1个网上“党代表工作室”，做法在《共产党员》杂志刊发，市委常委、组织部长陈书增两次对“党代表工作室”的做法批示在全市推广。出台《海港区城市社区党组织设立有关规定》，规范社区党组织和居委会设置，新成立社区党支部5个。东环里社区党员人数达到200多人，组织建制按照党委的模式进行模拟运行，党支部改称党委，下设党支部，党支部下设党小组。强化社区干部队伍建设，组织社区书记、主任及优秀社区干部13人外出学习经验。出台《关于将区属机关退休党员转入社区管理的通知》，将组织关系转回社区退休干部57人，推进“共驻共建”。

【“两新”党建工作】 扩大党组织覆盖面，在“两新组织”（新经济组织和新社会组织的简称）建立党组织8个，其中规模以上非公企业党组织4个，确保符合条件的“两新”组织全部建立党组织。本着“以点带面、整体推进”的原则，加大对非公企业党组织党建工作的扶持力度，重点打造红星美凯龙、瑞通公司等典型。按照“一返两补”（新经济组织中规模以上企业党委建制和新社会组织党组织上缴的党费适度返还，党、工委和“两新”组织财力适当补贴）制度要求，对9家规模以上党委建制非公企业党组织和1家新社会组织党组织的党费返还1.6万元，推动“两新”组织党建工作深入开展。组织“两新”组织党组织书记参加理论及业务知识培训，邀请上海市静安区凯迪克大厦联合党总支书记到海港区为“两新”组织的党组织书记授课，全面提高理论和业务知识。

【党员队伍建设工作】 严格落实“一票两制三公”（一票即表决票决制，对拟接收为预备党员的发展对象进行无记名投票；两制即组织员谈话制、责任追究制；三公即召开党员大会公开推荐入党积极分子人选，召开党员大会对入党积极分子公开测评确定发展对象，对发展对象进行为期7天的公示）、农村发展党员“五备案”（即两年不发展党员村备案；发展村干部主要亲属入党备案；村党组织与非公企业党组织在发展党员时互相征求意见备案；镇党委征求党内外群众对发展对象意见备案；镇党委列席村党组织发展党员大会备案）和发展党员志愿书编号管理等制度。坚持“成熟一个，发展一个”，全年发展党员554人。严厉整顿农村长期不发展党员问题，印发《关于集中整顿农村长期不发展党员问题的通知》，要求相关镇村深入剖析长期不发展党员工作的根源，找准症结积极整改。结合“七权七责（七项权利：方针政策知情权、党内活动参与权、评先选优提名权、积极分子推荐权、意见建议表达权、村级大事审议权、党务村务监督权；七项责任：政策法规宣传责任、组织决定执行责任、群众致富帮带责任、社情民意反馈责任、矛盾纠纷化解责任、遵纪守法自律责任、党内团结维护责任）工作机制，深入开展“明权确责、创新体制”活动，激发党员主体意识、责任意识，全面彰显党员的先锋作用、引领作用，构建科学的民主决策机制，提升基层党组织凝聚力、战斗力。

【党员电教与远教工作】 初步构建起培训、研讨、实践一体化的队伍建设模式，实现摄像制片水平大提高，全年组织制片100多部，向上级上报党建新闻片51部、专题片31部，《满票村官》等多部专题片获省、市奖励。建立起专业协会、新型合作组织、艺术团体等远教站点相结合的模式，提高远程教育学用转化率。与领导干部素质提升工程、加强基层建设年活动等重点工作相结合，利用“海港党建网”举办远程教育主题播放月、网上知识竞赛等，更新信息1900多篇，视频近500个，图片1400多张。成立远程教育流动放映队、用“QQ群”开展远程教育等做法在中央电视台网站、党员电教与远程教育杂志、《河北日报》、凤凰网等媒体刊登。

【“创先争优”活动】 围绕“党旗飘扬在暑期一线、党徽闪亮在暑期一线、党员奉献在暑期一线”，重大任务和重要工作中党组织战斗堡垒作用和党员先锋模范作用，服务暑期等工作重点，开展多角度、立体化的宣传活动。在窗口单位和服务行业选树示范窗口21个、党员先锋岗189个、服务标兵336人，在“星级管理、千分考核”工作中评选出红旗党工委7个、红旗党支部（总支）97个、先锋党员1472人。表彰“港城先锋”100人、“创先争优”优秀党务工作者42人、“创先争优”先进基层党组织38个，在《海港党建网》开辟港城先锋专栏，编印《创先争优新起点 科学发展新征程》总结汇编。开展“暑期再加力、喜迎十八大”活动，抓好安全维稳、近岸海域河流整治、旅游环境整治、服务保障等暑期工作，掀起“创先争优”新高潮。化解矛盾纠纷39件，排除信访隐患84件次；开展志愿服务活动290多场次，服务群众2万多人。开展“一句话承诺”活动，基层党组织兑现承诺7069件，党员兑现承诺9.3万多件；征集基层党组织认责承诺范例57个、党员范例109个。开展“五亮五比五评”（亮身份、亮职责、亮标准、亮承诺、亮成效；比技能、比作风、比业绩、比效率、比奉献；党员互评、领导点评、群众评议、意见征评、组织考评）活动，全面实施“三化一创四提升”（形象亮化、服务优化、考核量化；党群共创；提升内动力、满意度、实效性、覆盖率）工程，全区115家窗口单位和15个服务行业的1025名党员全部亮明身份，展示良好风貌。组织各党（工）委撰写理论文章41篇、调研报告4篇、到先进地区学习心得体会2篇。以科学的创争机制实现“创先争优”长效化。制发《中共海港区委“创先争优”活动领导小组2012年“创先争优”活动指导意见》，通过组织开展新一轮对标创标和“带头‘创先争优’，争做人民满意公务员”、“党内‘创先争优’带动全社会‘创先争优’”等活动，推行“星级管理、千分考核”工作机制，总结提炼深化“创先争优”六项长效机制，即领导联系基层机制，对基层部门帮扶机制，党员干部教育培训机制，党群共建“创先争优”，全民“创先争优”机制，全面对标、认责承诺、亮牌示范、夺旗争星“四项机制”，全面推动“创先争优”常态化、长效化。

【“基层建设年”活动】 突出特色抓实载体，活动开展规范有序。在深入研究区情实际，结合活动总体要求的基础上，提出“强素质、促发展、惠民生、筑和谐”的活动主题，设计“一联六促、访解帮带”（访即访问群众访民情，宣讲上级精神；解即解决当前基层存在的各类问题；帮即帮思路、帮项目、帮民富、帮发展；带即通过带思想、带行动、带民风，实现一年带一批、五年带整体）的具体活动载体，确定“10+2”（即在坚持省、市委“十项重点任务”的基础上，新增农业技术培训、转移就业两项任务）重点帮扶项目和要达到的“六新”目标。坚持“三结合、四突出”（三结合即与“创先争优”活动、“五大工程”、干部作风建设相结合；四突出即突出全覆盖、示范性、实效性、长期性）原则，将全区98个村和75个社区全部纳入活动范畴，按照“党委部门干部包弱村居，经济部门干部包穷村居，政法部门干部包乱村居，资历老、经验丰富的干部包复杂村居”的思路，安排338名领导干部和年轻干部下基层，实现对村居的全覆盖。强化措施保证，活动推进有力高效。出台《项目管理规定》，对项目谋划、实施、审计等每个环节进行规范。制订《派驻村综合经费管理办法》，明确驻村综合经费5万元全部用作项目启动资金。成立项目审核小组，拨付120万元用于南王庄村等4个村的重点帮扶项目，推进项目落实。建立项目汇报调度机制，实行项目帮扶“三卡”（即项目帮扶白、黄、红‘三卡’督导机制，白卡用于日常督导检查；黄卡用于对工作落实不到位的下派干部进行警示，两次‘黄牌’即诫勉谈话，并取消年度评先评优资格；红卡对两次‘黄牌’后整改效果仍不明显的，实行‘召回’）督导制度，实现在项目动态管理中掌控进度、解决问题。履职充分落实有力，活动扎实效果明显。全区各村居完成帮扶项目205个，完成总投资1343.18万元。10个重点帮扶村中有9个村编制“一村一品致富产业”规划，6个村实施特色主导产业，4个工作组实施打井工程，9个工作组实施村街道路硬化项目，8个工作组帮助建成“四室”（即诊断室、治疗室、药房、观察室）分开、设备齐全的村卫生室，10个村开展“四清四化”（四清即清垃圾、清杂物、清残垣断壁和路障、清庭院；四化即绿化、美化、亮化、净化）活动，并编制村庄环境综合整治规划和村庄建设规划。

【自身建设】 抓素质，推进“学、比、促”业务大练兵活动。以“八个一”（记录一本学习笔记；整理一套学习资料；背诵一篇精品范文；开展一次业务讲座；提交一篇主题征文；撰写一篇精品文章；提供一个工作创意‘金点子’；联系一个领导班子）为载体，把学习当成加强自身建设的第一要务，严格落实“日学一小时，掌握一政策”要求，着重强化机关工作人员政治理论、业务知识和区情及全区组织工作概况的学习，实现更好的知己。开办海港区组工干部素质提升专题系列讲座8期，邀请知名教授和先进地区业务同行传授经验做法，全区组织系统受训干部400多人次，实现更好的知彼。开展“我学、我讲、我做”活动，通过邀请市委组织部6个科室科长（主任）授课和机关工作人员对照自身工作轮流上台讲业务、谈体会、品文章，实现全面锻炼。抓形象，推进“先锋组工”品牌创建工程。年初，在全区组织系统启动“先锋组工”品牌创建工程暨“一迎双争”（迎接党的十八大，争当“三服务”优秀标兵，争创“两满意”模范部门）活动，通过开展主题党日、什么是组工干部的党性大讨论、组织部长讲党课、“五联五送”（联党员，送思想；联代表，送政策；联能人，送知识；联弱势，送温暖；联学生，送关怀）实践锻炼等主题活动，实现凝聚力、向心力和战斗力的提升，站位大局谋发展、服务大局比奉献的意识增强。精心打造机关文化走廊，弘扬“敬民、竞业、静心、净行”的海港组工精神，营造具有新时代组织部门特色的先进组工文化体系。规范党员之家、干部之家、人才之家建设，注重服务的标准化，倡导主动服务、阳光服务、优质服务、高效服务，树立组织部门的良好形象。推动组织工作创新，开展创新工作项目化管理活动，全区各党（工）委实施涉及领导班子建设、基层组织建设、党员管理、党员电教、“创先争优”等五个类别的创新项目40多个，开创全区组织工作科学发展新局面。提高信息宣传和办文办会服务水平，全年在省级以上媒体发稿27篇、省级以上简报发稿12篇。办文442件，承办区级以上会议30多场次。围绕涉组涉干问题抓好信访隐患排查及调处，中共十八大召开前夕，集中开展信访“攻坚月”活动，实现组织工作“零上访”。

（黑月婷）

【老干部工作】 全区有离休干部149人，其中，机关、事业单位离休干部101人，企业离休干部18人，异地安置30人。退休人员2520多人。

老干部政治、生活待遇。认真做好老干部报刊杂志征订工作。除按规定为每位离退休干部征订党报、党刊外，为老干部阅览室订报刊、杂志，阅览室有藏书8000多册，报刊杂志40多种。对全区150多名直管离休干部进行走访慰问；组织离休老干部到昌黎华夏长城葡萄酒厂参观考察，了解企业文化和经济发展状况；组织离退休老干部到北戴河健康疗养；组织全区百名离退休老干部代表到玻璃博物馆参观，了解玻璃产业的历史发展及现状。做好日常管理服务工作。坚持“六必访”（老干部生病住院必访、重要寿辰必访、新春佳节必访、矛盾纠纷必访、生活困难必访，丧葬大事必访）。对来访的老干部，始终坚持一杯热茶相迎，一张笑脸相送，无论事情大小，无论是否合理，都耐心解答，尽力解决，绝不推诿或回避矛盾。建立对特困离退休干部的帮扶机制。按照“单位尽责，财政支持，突出重点，特事特办”的原则，做好特困离退休干部的帮扶解困工作。全年，区财政拨付10万元帮扶资金，帮扶特困离退休老干部50人。

老干部管理。健全组织、让老干部离岗不离党，加强分类指导，强化组织设置，使老干部党员能够按期、就近参加组织生活。选派身体状况好，政治觉悟高，责任心强，工作积极主动的老干部担任支部书记，密切与老干部党支部和老干部的联系。坚持把老干部党支部书记列为重要参学对象，帮助老干部党支部书记提高思想政治素质和业务工作能力。加强组织建设。根据不同地区、不同部门及不同老干部群体的实际情况，加强分类指导，强化组织设置，使老干部党员能够按期、就近参加组织生活。加强制度建设。坚持学习日制度，每月15日为支部书记上站学习日，由专门工作人员进行组织学习。传达党和国家的大政方针，通报区委、区政府对重大事项的决定及重要会议精神。加强阵地建设。组织参加合唱团、舞蹈队、模特队、乒乓球协会、门球协会、收藏协会、台球协会、书画协会的老干部300多人。

【老年教育工作】 全区10个办事处均成立老年学校，78个社区90%以上开设老年课堂，1万多人深入社区老年课堂学习。老年教育课堂开设政治理论、思想道德、法律规范等教学课程，还有科学技术、文学艺术、养生保健等文化方面的教学内容，最大限度满足老年人精神文化方面的需求。学有所为，有的老干部加入到“五老”志愿者队伍中，担当网吧义务监督员，保护未成年人健康成长，还有的老干部成为义务宣讲员、青少年教育报告员，为关心下一代工作奉献余热。

【关心下一代工作】 学校、社会、家庭联动，形成教育网络。抓好学生们假期活动，与社区等有关单位齐抓共管，开展“小虎子”等社会活动。注重家长学校工作，各学校成立家长学校工作领导小组，成立家长委员会。全区城区学校订阅家长学校教材，更新家教理念，普及家教知识，改善家庭育人环境。向家长传授怎样教育孩子爱祖国、爱人民、遵纪守法、遵守社会公德等知识，传授如何培养孩子敏锐的观察力、找到正确的学习方法，使家长在培养教育孩子方面提高艺术水平和教育效果。加强农村学校家长学校工作，教育局关工委为每所农村学校配备家长学校教材，让教师更好地向学生家长传授家教知识，促进学生健康成长。全国少工委组建的争当“四好少年”宣讲团到第九中学、第四中学、和安里小学、东港镇第一小学和滨河路小学进行“让真爱洒满人间”大型感恩演讲活动。宣讲志愿者围绕爱祖国、爱父母、爱老师、自律自强四大主题与孩子们进行心灵交流和碰撞。各学校开展国旗下演讲活动，每周确定一个主题，对学生进行思想政治教育。各学校关工委利用校报、班级板报、学生个人手抄报及学校小广播“三报一台”开展法制教育、爱国主义教育、安全教育、传染病知识教育。利用校讯通平台与家长沟通，及时反映学生的在校情况，与家长互相配合教育学生。文化里幼儿园创办自己的园刊—小螺号，每月一期发放给每位家长和幼儿，使家长了解幼儿园，关心幼儿园，支持幼儿园。

探索新途径，结合重大节日，实施系列教育活动。组织“喜迎十八大，争当好少年”少年微美文、微建议、微视图作品网上展评活动，数千名中小学生的作品参与活动。组织开展“童心向党”歌咏活动并择优对优秀曲目进行集中展演，推进社会主义核心价值体系学习教育。30所学校的1000多名学生倾情传唱歌颂党、歌颂伟大祖国、歌颂中国特色社会主义的优秀歌曲，做好“做一个有道德的人”主题活动。“九一八”事变纪念日，通过升旗仪式、主题班会等形式回顾“九一八”的历史、宣讲抗日故事，激发师生的爱国热情。邀请老红军进校园进行爱国主义专题讲座，既让同学们重温历史，又增强民族责任感。开展“缅怀先烈，爱我中华”征文和手抄报评比活动，营造教育氛围。部分学校组织学生把写满对祖国祝福的小红心贴在亲手绘制的祖国地图上，祝福伟大祖国更加强大。“九九”重阳节，开展尊老敬老活动，组织学生为孤寡老人打扫卫生，培养孩子尊老爱老的传统美德。在“五好小公民”读书教育活动中，对学生进行思想道德教育。

（赵　岩）

【党校工作】 2012年，区委党校有教职工13人，其中，领导班子2人，均为大学学历；教师10人，均为大学学历，有高级讲师7人，讲师2人，助理讲师1人；工勤人员2人。党校在区人社局6楼办公，教室在区教育培训中心5楼，与区人社局共用大教室1个，可容纳100名学员。有藏书5021册，台式电脑13台，笔记本电脑3台，投影仪1台，复印机1台，打印机3台，照相机2部，VCD机1台，电视机1台，音响功放系统1套。

区委党校将干部教育培训作为工作的重点，求实创新，抓好落实。年内，举办主体班5期，培训近350多人次；配合机关工委举办培训班1期，培训80多人次，下基层宣讲40多场。

3月13～19日，举办海港区新一届村"两委"干部培训班。培训各镇组织委员、村书记、村主任、两委成员、大学生村官及基层建设年活动中的包村干部。区委书记冯志永在开班典礼上亲自授课、还聘请市政法委、市农工委、市农业局、区检察院等部门的相关领导和专家学者为学员集中授课，邀请全国劳动模范、滦南县李营村党组织书记李志刚现身说法，参观西向河寨村新农村建设成果，参加区预防职务犯罪警示教育基地揭牌仪式，为做好农村工作奠定良好的思想基础。

3月28日～4月1日，举办海港区新提拔科级领导干部培训班。开设中共十七届六中全会精神、党的基本知识、经济发展形势问题分析、公务员礼仪知识、预防领导职务犯罪、公文写作专题讲座、提高领导干部沟通与协调能力、加强自身修养，培养健康生活情趣等专题，提升领导干部的理论和业务素质。

9月11日～11月7日，举办海港区年轻干部培训班。围绕年轻干部综合素质和工作能力的提升设置课程，既有基础理论灌输、思想道德修养，又有社会实践锻炼、文化素养培养。并设置才艺展示、篮球比赛、演讲比赛等环节，学员们在培训中学到知识，得到锻炼，增进友情，提高能力。

党的基本知识宣讲。深入基层送党课，送理论，弘扬主旋律。在区直机关工委、卫生工委、建管工委、海阳镇、东港镇、西港镇、建设大街秦皇社区、发改局等部门组织的入党积极分子培训班中，讲授党史、党章、党建等知识。中共十八大召开后，抽调骨干教师参加海港区中共十八大宣讲团，到镇、街及机关工委、排水管理处、政法委、残联、地税局、工商局、教育局等单位宣讲中共十八大精神，全年到基层授课40多场次。

（王　静）

宣传思想工作

【概况】 坚持唱响"高举旗帜、围绕大局、服务人民、改革创新"主旋律，突出"打造品牌、彰显特色、致力创新"三条工作主线，全力推动"港城文化大发展、大繁荣"和"市民素质大提升、大变样"两大工程，提高宣传思想文化工作的覆盖率、在经济社会发展全局中的贡献率和人民群众的满意率，为奋力打造沿海一流主城区提供理论指导、舆论支持、精神动力和文化条件。区委宣传部被评为全国舆情信息工作先进单位；海港区被中华文化促进会授予"中国望海祈福地"、第四届节庆中华奖最佳节庆旅游目的地称号。

【理论教育】 采用邀请著名专家、学者作专题报告、理论宣讲等形式开展理论教育，理论教育的频次和质量进一步提高。中心组成员的学习体会文章和调研报告分别在《河北日报》《秦皇岛日报》《精神文明导刊》发表。年内，编发理论学习手机报《移动党课周周学》47期、《舆论引导专刊》7期。向全区科级领导干部推荐理论学习重点，向区属各单位发放学习资料。开展"区情再认识大讨论"、十七届六中全会、省第八次党代会精神，以及"惠在何处，惠从何来"宣讲活动；"千名书记讲党课"活动中，各单位党委（党组）书记讲党课38场，农村、社区、学校党支部及其他支部讲党课260场；开展城市人文精神讨论、征集活动。中共十八大期间，制作安装标语200多条；开展各种座谈会、读书会、报告会，推进理论大众化、通俗化。

【新闻宣传】 围绕区委、区政府中心工作，拓展内容领域，新闻外宣工作建立完善五项制度（即：新闻宣传例会制度、媒体联谊制度、媒体走进海港区机制、新闻宣传"月碰头"制度、媒体随机采访制度）。建立突发事件新闻宣传应急机制、建立媒体监督应对机制，应对突发事件和新闻监督采访。《平民偶像刘光胜》《秦皇岛海港区启动近海海域治理工程》《秦皇岛建成百余所乡村学校少年宫》等稿件在中央电视台、中央人民广播电台、《人民日报》等主流媒体刊播，全年有230篇稿件被新华社以通稿形式刊发，实现新闻宣传在国家级主流媒体发稿的重大突破。省以上主流媒体发稿700多篇。市以上主流媒体发稿3500篇，在全市排名第一。

【文化建设】 整合文化资源，打造一批特色文化品牌。成功举办第二届港城民俗庙会，20万人参加。通过"城乡文艺互动互访"彩色周末活动，促进城乡文化交流。举办"喜迎十八大彩色周末""童心向党，喜迎十八大""喜迎十八大，唱响新生活"3个层次专场演出33场，观看群众30万人次。祈福文化旅游以"龙腾盛世四海庆，人和海港五福临"为主题，成功塑造"中国望海祈福第一地"的文化品牌形象。海港区被中华文化促进会、节庆中华协作体理事会评为第四届节庆中华奖"最佳节庆旅游目的地"。"港城大讲堂"活动与清华大学培训中心建立长期联系，确定每月第二个星期五为固定讲座时间。对区属的相关文化项目、文化资源进行调查摸底。"德庆堂沙画"、"木刻粘贴版画"等民间工艺美术品参加首届河北省特色文化产品博览交易会；秦皇求仙入海处"画说秦皇"全景馆、4D影片《秦皇求仙》等申报中央和河北省文化产业项目，紫云山滑雪场等3家企业申报市级重点文化企业，东山文化旅游区正积极申报市级文化产业园区。圆明山文化旅游产业度假区项目已申报省级重点项目。"星光梦舞台"项目各项前期准备工作稳步推进。

【舆情信息】 向中宣部、省委宣传部和市委宣传部上报舆情信息1万多篇，据中宣部网络平台显示，被中宣部舆情局采用500多篇，同比多采60多篇，高质高效完成中宣部、省、市委宣传部门约稿70篇，参加全市首届网络文化节活动，被授予全市首届网络文化节优秀组织奖。规范网络舆情处理流程，建立网络舆情处理流程图，绘制网络舆情动态分析表，对涉区网络舆情实施全面监测、评估、引导，妥善处置。监测涉区重大突发性舆情事件40多次，创办《海港舆情专报》，被市、区主要领导批示16次。

【两个创建】 承办全市"宣传文化示范工程"文艺汇演，西港路街道办事处选送的《沈汝波的一天》等节目获得全市最佳节目奖。活动受到中央人民广播电台、新华社、省电视台等主流媒体的关注。河涧里社区、东环里社区、滨海城社区等3个社区被评为省级文明社区。高质量完成市级文明生态村创建工作任务，其中，市级示范村1个，市级二次创建村4个。连峪文明生态旅游区重点村建设初显成效。全省创建文明村镇现场会与会各地市代表60多人到区内文明生态村走廊7个创建村参观学习。在未成年人中开展"童心向党，喜迎十八大"系列活动，弘扬优秀革命传统。举办歌咏展演、"童心向党，巧手绘家园"绘画大赛以及民间艺术进校园活动。活动信息被《光明日报》和《人民日报》刊发。以深入开展学雷锋活动为主题，把关爱弱势群体、展示窗口形象、社区亲情传递、环境容貌整治作为主要工作内容贯彻落实，开展志愿劝导、志愿监督活动，引导广大市民遵章守序、爱护环境。全市建设"社区学雷锋志愿服务站"现场会在区内召开，海港区的做法得到市文明办肯定。全区开展各类志愿服务活动200多次，参与近万人。

（喻　博）

统一战线工作

【概况】 2012年，全区统一战线工作以科学发展观为指导，贯彻落实中共十八大和省、市、区委全会精神，围绕"旅游立市"战略的推进和"五大工程"的深入实施，以服务经济发展和促进社会和谐为目标，发挥统一战线人才荟萃、智力密集的优势，推动海港区经济社会科学发展。

【学习中共十八大精神】 有计划、分批次地组织统一战线成员参加各种形式的宣讲、讲座、研讨、交流活动，引导统战成员与党在思想上同心同德、目标上同心同向、行动上同心同行，推动中共十八大精神的学习贯彻。组织召开全区党外人士学习贯彻中共十八大精神座谈会，组织民营企业家参加中共十八大精神专题培训。通过学习培训，统战成员一致表示，要认真学习贯彻中共十八大报告精神，坚决拥护中国共产党的领导，在中共十八大精神的指引下，履职建言，参政议政，共同为中国特色社会主义事业做出积极贡献。

【经济统战工作】 围绕区委工作中心，抓好经济统战工作，发挥工商联在经济统战工作中的作用，创新工作思路和活动载体，为全区经济发展服务搭桥，创造良好的发展环境。做好“产学研”对接服务工作，通过普遍摸底、重点走访、联系对接，最终达成10个重点项目合作意向，推动企业科技创新、产品创新，加快企业转型升级。深入遭受暴雨灾害的企业了解情况，争取上级领导的帮扶，筹措帮扶资金6万元，为受灾严重的企业购置必要的办公设备。

【党外人士工作】 开展“踏寻革命历程、重温红色经典”主题教育活动，组织民主党派、无党派人士、非公经济代表人士、党外干部等一行20人赴西柏坡、白洋淀参观学习。引导民主党派成员继续发扬与中国共产党风雨同舟、荣辱与共的优良传统，发挥优势，凝聚力量，围绕市、区经济社会生活中的重点、难点和热点问题，提出有针对性的意见和建议，为经济和社会事业发展建言献策。区民建撰写的《公共服务社会化中社会组织的社区治理参与的调研》，对区委、区政府了解情况，完善思路，推动工作提供较高的参考价值；区民盟提出的《应进一步规范政府采购行为》作为市政协重点提案，得到市纪委书记郝占敏批示加以落实，有效规范政府采购；区民进提交的《关于加强金原商厦过街天桥管理的建议》被民进市委推荐为市政协重点提案，得到有效落实；区民建提交的《强化旅游立市战略促进经济发展》的提案，得到区委书记冯志永批示，要求相关部门研究落实，推动海港区经济社会发展。通过开展区级领导班子党员领导干部与党外代表人士双向交友联谊活动，征集到民主党派人士提交的《改善发展环境促进中小企业发展》等有价值的调研报告3篇、《加强社会保障，提升人民幸福指数》等建设性建议18条，为推动全区经济和社会发展起到积极的促进作用。

【新社会阶层工作】 街道社区通过板报、发放宣传册和联谊等多种形式宣传新社会阶层统战工作相关知识，增强做好新的社会阶层统战工作意识。普遍开展联谊交友和“双向服务”活动，主动与新的社会阶层人士联系沟通，增进感情和共识，帮助他们解决遇到的实际困难，主动搞好服务。港城大街中西医结合骨科医院开展“春风送暖”义诊活动，为辖区老年人进行健康检查、建立健全健康档案；裕盛公司帮扶社区贫困户20户。新的社会阶层人士自觉参与社区建设和管理，服务社会意识增强，实现互助双赢。

【社区统战工作】 4月，全市首家社区统战工作联络站在建设大街秦皇社区挂牌成立，并召开成立大会，推进社区统战工作。秦皇社区发挥联络站联系广泛的优势，开展“我为十二五献计策”“我心向党，紧跟党走”文艺演出等多项活动，使联络站真正成为倾听民意的新渠道，参政议政的新平台和凝聚人心、汇聚力量的新形式，对推动全区社区统战工作开展起到示范作用。

【民族宗教工作】 贯彻落实党的民族宗教政策，加强民族宗教事务管理，引导宗教与社会主义社会相适应，特别是做好中共十八大、暑期、国庆等敏感时期的民族宗教维稳工作，未发生越级上访案件。发挥统战部门牵头协调职能作用，利用“三级”网络，对全区宗教领域存在的问题和隐患进行拉网式排查，重点对基督教福音堂、天主教堂等宗教活动场所进行排查，摸清基督教私设聚会点、天主教、基督教地下神职人员与境外宗教组织有无联系等情况，动员群众提供情报，与宗教信息员加强联系，第一时间了解情况，掌握工作主动权，维护全区民族宗教形势的稳定。及时妥善解决回民冲突、汉回殴斗等纠纷7起，维护民族团结和社会稳定。妥善处理维吾尔族群众买提要求海阳路小学接收其子入学的上访件，做好五明佛学院“菩提学会”专项治理工作，依法取缔菩提学会在区内的非法传教组织网络。及时协调解决资金 3 万元，更换清真寺大门，安装监控设备，确保场所安全。为天主教神父捐助医疗费 5000 元。戒全老和尚在法云寺圆寂后，为其追思法会解决活动经费 5 万元。

【对台工作】 加强与台胞台属的联系，组织台胞台属座谈会、迎新春茶话会等活动，宣传党的最新对台方针政策并通报全区经济社会发展情况，听取台胞、台属对区委、区政府的意见和建议。做好因公赴台从事经济、文化、教育等各项交流活动立项工作。安排全区赴台计划，做好台湾各界人士访问、考察、交流的接待工作，借机宣传海港区发展，扩大海港区的知名度和影响力。

（张　丽）

农村工作

【概况】 围绕区委工作中心，坚持以农民增收为目标，突出幸福乡村暨新民居建设、农业产业化和山区综合开发建设等工作，加强干部队伍和党风廉政建设，促进全区“三农”工作的又好又快发展。

【省、市示范村建设】 在建省、市级示范村项目 8 个，涉及村庄 14 个，其中临港物流园区小张庄旧村改造项目由秦皇岛市玉发房地产开发有限公司开发建设，总投资 10 亿元，占地面积 16.47 公顷，完成土地招拍挂，摘牌价格 2020 万元 / 公顷，总价款 2.05 亿元。正在进行村址房屋拆迁，140 多户村民签订拆迁补偿安置协议书，拆除房屋 300 多间。完成项目核准证办理工作，年底完成村址房屋拆迁工作并开工建设。西港镇西白塔岭村返迁安置房建设面积 18 万平方米，4 栋高层、30 栋多层返迁房已开工，高层多层楼房主体已封顶；归提寨村拆迁已完成，村民返迁安置房计划建设 76 栋 6+1、4 栋高层已开工。偏坡村已开工建设返迁房，占地面积 9.3 公顷，建筑面积 14 万平方米，由昌德房地产公司开发。海阳镇大里营村整体搬迁改造项目总用地面积 26.67 公顷，总投资 2.8 亿元，招拍挂程序已完成，成立搬迁改造工程指挥部，拟订房屋补偿方案，进行资产预评估。东港镇南四村项目（东向河寨村、王家庄村、西向河寨村、上营村）可安置村民 1972 户、5651 人，计划建设面积 300 万平方米，村址征转卷获得省国土资源厅批准，市规划局规划调整完毕，正进行村址招拍挂的前期工作。

【新民居建设】 全区新民居建设有序开展。西港镇公富庄村新建村拟占地面积 26.7 公顷，建筑面积 40 万平方米，由河北华润房地产公司开发，取得开工许可证，6 月 20 日开工。西部四村改造项目中的东白塔岭村、前道西村、山东堡村由海洋置业公司负责实施拆迁改造，各村正在就补偿安置方案等问题进行洽谈。西部快速路项目（南大寺村、慕义寨村、下庄村、新店子村）结合快速路项目的征地、拆迁、建设，已完成入户摸底调查，分别与银都房地产公司、金盛达房地产公司、星光房地产公司进行洽谈。大乐安寨村、小乐安寨村分别与富立房地产公司联系，正在进行拆迁改造的前期沟通洽谈。东港镇徐庄、富家营片区规划调整已完成，土地征转手续办理完毕，进行征收安置补偿方案的论证等。临港物流园区崔庄村原址改造。召开村两委及村民代表会征求意见，同意崔庄村新民居改造，完成入户测量、村址地形测绘等。海阳镇海阳片区开发项目（暂定名：秦皇皓月城）占地面积 635 公顷，涉及海阳一村、海阳二村、海阳三村、四村及范庄村，总建筑面积 806 万平方米（含地下），总投资 680 亿元。6 月 29 日，市政府与燕达集团签署投资项目协议书。各项前期筹备工作正在有条不紊地进行。

【幸福乡村建设】 全区列入省级幸福乡村计划工作的有 4 个示范村（卸粮口村、西连峪村、暴庄村、倪庄村），向上级争取资金 44 万元。环境综合整治。从治理“脏、乱、差、散”等实际问题入手，集中精力抓好庭院净化、环境绿化、村庄美化、乡村面貌改观。基础设施建设。道路总体较完备。全区新安装路灯 320 多盏，粉刷墙壁 10 万多平方米。平安工程建设。通过走访、座谈等方式，掌握、解决基层群众生产生活中遇到的实际困难和问题。加强调研，排查群众反映的社会治安方面的热难点问题，制订方案，快速整治。

【农业产业化】 全区已培育市级以上农业产业

化重点龙头企业18家，其中，省级龙头企业2家，为秦皇岛金海粮油工业有限公司和秦皇岛市牧羊源食品有限公司；市级16家，为海港区欣兴奶牛养殖场、秦皇岛杰艺荔园蔬菜种植有限公司、秦皇岛富滋食品有限公司、海港区旺花食用油厂、海港区林果协会、秦皇岛鑫坤肉联食品有限责任公司、海阳农副产品批发市场、海港区方正饲料厂、秦皇岛德盛伟业粮油有限公司、秦皇岛一栗食品有限公司、海港区金牧种鸡场、秦皇岛亿泽食品工业有限公司、秦皇岛豪盛产品养殖开发基地有限公司、秦皇岛粮丰贸易有限公司、秦皇岛求仙岛食品有限公司、秦皇岛宝润物流有限公司。围绕蔬菜、林果、养殖等主导产业建龙头。蔬菜产业，以无公害蔬菜的标准化生产为重点，以秦皇岛杰艺荔园蔬菜种植有限公司的蔬菜大棚种植观光项目和秦皇岛宝润物流有限公司的宝润农家乐采摘观光园为突破口，提高科技含量，提升产品质量和产业层次，推进蔬菜产业化发展进程。林果产业，以海港区林果协会和海阳农副产品批发市场为依托，结合城郊二环一路绿化工程，着力优化果品区域布局，发展大樱桃、梨、核桃等名优特色树种。养殖产业，发展传统优势畜禽养殖加工业，刘家河金牧种鸡、魏家沟欣兴奶牛等养殖型龙头企业不断壮大，鑫坤屠宰、牧羊源等屠宰加工不断发展。对市级以上农业产业化重点龙头企业实行动态监测管理，经过实地考察，材料审核，全区新申报认定省级重点龙头企业1家，即秦皇岛市牧羊源食品有限公司；市级重点龙头企业2家，即秦皇岛求仙岛食品有限公司、秦皇岛宝润物流有限公司；监测合格企业16家，淘汰不合格企业1家，即秦皇岛卫达利食品有限公司。

【山区综合开发建设】 成立海港山区综合开发建设示范区领导小组，制订示范区项目任务分解表，明确责任单位和责任人，倒排工期，实行月调度和月汇报制度，形成“部门联动、各司其职、相互配合”的工作机制，保障山区综合开发工作顺利进行。

连峪山庄项目。将农业与旅游开发结合，突出生态优势和农家特色，将连峪山庄打造成为湿地环境保护、人文景观休闲、农业引水灌溉三者有机结合的综合开发项目。道路和绿道建设。长城路西起连峪小学，东至山腰停车场，全长3500米，已交付使用。探险路由长城遗址至连峪河，全长1500米，已完工。景区内修建石阶路1300级和通向采摘区的土路2公里。东连峪村东至燕塞湖的绿道全长2500米，已完工。连峪河综合治理。综合治理连峪河4000米，两侧护坡及50多处拦水坝全部建设完成；建设堤坝50多处、小型蓄水池2个和10万立方米水库1座。荒山绿化和特色种植。山腰规划千亩造林工程，种植油松苗10万株，移栽大松树2000棵。采摘基地种植山野菜面积33.33公顷，黑花生、黑豆等黑色系列作物面积30公顷。骑马观光园。依托长城路，项目建设占地面积2.67公顷，建马厩300平方米。游客服务中心及农家乐餐饮。项目建设占地面积0.67公顷，建筑面积2400平方米，主体已封顶，正在做外墙装修。西连峪村有4家农家乐饭庄开业。

圆明山山野森林公园项目。位于北港镇北部，承秦出海路以东，规划范围为以圆明山为中心约1平方公里范围。建设内容包括游客服务中心等服务性建筑，车行道、木栈道、石磴道等基础设施建设及沿路两侧绿化景观打造等，总投资2.1亿元。栽植油松、杨树、梨树等乔木2.24万多株，荆条6.35万多株，芒草7000多平方米，播种野花组合2万多平方米，铺设植草袋挡土墙1300多平方米；铺筑环山道路2680多延长米、木栈道防腐木4200多平方米，砌筑石磴道2500多延长米、毛石挡土墙700多延长米。

圆明寺复建项目。圆明寺复建项目总投资7000万元，占地面积0.67公顷。建佛教大殿5座：大雄宝殿、天王殿、钟鼓殿、观音殿、药师殿。丈室1栋、僧僚2座、课房2栋。建设面积3800平方米。完成山门、大殿及2个偏殿基础和斗拱建设彩绘装修。

【党风廉政建设】 以领导干部廉洁自律为重点，强化组织监督和群众监督，保证廉洁自律各项制度的落实，促进机关各项工作的开展。加强学习，提高拒腐防变的自觉性，坚持中心组学习制度，对照“四大纪律，八项要求”（四大纪律即政治纪律、组织纪律、经济工作纪律、群众工作纪律；八项要求即要同党中央保持高度一致，不阳奉阴违、自行其是；要遵守民主集中制，不独断专行、软弱放任；要依法行使权力，不滥用职权、玩忽职守；要廉洁奉公，不接受任何影响公正执行公务的利益；要管好配偶、子女和身边工作人员，不允许他们利用本人的影响谋取私利；要公道正派用人，不任人唯亲、营私舞弊；要艰苦奋斗，不奢侈浪费、贪图享受；要务实为民，不弄虚作假、与民争利）内容，检查领导班子和个人存在的问题，制订整改措施，并在实际工作中落实。

（王　爽）

政法稳定工作

【概况】 以“平安工程”为统领，以创建全省最平安城区为目标，抓住“维护稳定、服务发展、促进和谐”三条主线，推进矛盾源头预防、社会管理创新、公正廉洁执法三项重点工作，完成全年各项目标任务，确保社会大局持续和谐稳定。社会管理创新综合试点、平安志愿者、铁路护路联防等多项工作受到省市好评。

【社会稳定工作】 针对“两节”“两会”、女拳世锦赛、暑期等各个时期特点，对基层维稳安保工作进行调度和现场督导，对重点问题组织专题研究，督促落实，确保特殊敏感时期社会稳定。落实社会稳定风险评估机制，对12个重点项目进行评估，对7个未评估重点项目进行倒查，其中6个因前期手续滞后而纳为重点监管对象，未出现影响稳定的问题。做好社会矛盾纠纷排查化解，发挥区调解中心和基层调解组织的平台作用，专项排查和重点时期集中排查结合，落实“村居日排查、镇街周调度、区月分析汇总”和领导包案等制度，建立健全三级矛盾纠纷明细台账，对涉军、移民、缠访闹访等重点群体，开展拉网式排查，明确重点人员，落实稳控措施。排查各类矛盾纠纷1644起，化解1643起。健全维稳队伍，发展壮大群众信息员队伍，登记、核实维稳信息员1300多人。建立20人的网评员队伍，拓宽情报信息收集渠道，延伸情报信息工作触角，提高应对突发事件、网上舆论引导能力。强化应急处突能力，组建30人的专职应急队伍，投入130万元，购置反恐应急装备，组织应急处突演练，处置群体性事件23起，维护正常的社会秩序。

【社会创新管理】 以实施“平安工程”为抓手，健全完善符合区情特点的社会治安防控模式，夯实社会治安管理和落实综合治理措施。加大对治安混乱地区和突出治安问题的整治力度，对突出治安问题予以挂牌督办，发挥公安机关主力军和综治部门协调督导作用，各部门全力配合，限期解决重点问题。组织开展燕赵利剑、破案会战、打击盗窃电动自行车、治爆缉枪等系列专项行动，打击犯罪分子嚣张气焰，群众对社会治安满意度提升。推行科技防范建设，采取政府主导、市场运作、分级负责、分类实施的方法，加强公共场所、复杂区域、老旧小区技防建设。以流动人口综合信息网站建设为平台，以出租房屋管理为重点，推进流动人口综合信息管理系统建设，加强流动人口信息采集。加强对社区服刑人员的监督管理，建立跟踪帮教机制，解决释解人员就业、生活、家庭等实际困难。加强平安志愿者协会和队伍建设，以平安志愿者统领群防群治工作，推进各级平安志愿者协会建设，开展第三届“平安志愿者日”活动，打造工作亮点和特色品牌，提高社会面防控能力和水平。

推行农村社会管理“四个覆盖”（基层党组织全覆盖、农村民主组织全覆盖、农村经济合作组织全覆盖和综治维稳组织全覆盖）和“六六工程”（强化六个覆盖即农村基层党组织、基层民主组织、经济合作组织、综治维稳组织、基层文化组织和社会保障组织建设六方面全覆盖；实现六个能力提升即农村党组织战斗和凝聚能力、服务农村经济发展能力、民主管理和村民自主能力、排查化解矛盾纠纷和治安防控能力、公共文化服务能力和民生保障能力提升），制订实施方案，牵头抓好组织工作，发挥综合协调作用，通过实地考察学习，召开推进会等方式，推进各项措施落实，覆盖全区51%的村。按照建立农村“四化”（公共管理有序化、治安防范自治化、出租房屋规范化、流动人口常住化）管理模式，在西港镇倪庄村试点，结合城区实际创新农村社会管理与服务。探索城市社区服务管理工作新模式，通过整合组织、民政、计生、人劳、文化、司法等资源，探索建立以党建工作为龙头，以社区社会管理服务中心为载体，以便民服务站、综治维稳站、文化教育活动站、党群管理服务站为平台的“一中心、四平台”（以社区社会管理服务中心为载体，以便民服务站、综治维稳站、文化教育活动站、党群管理服务站为工作平台）模式，推进社区网格管理，统领社区各项社会事业健康发展。

重点做好全国“两会”、中共十八大期间护路联防工作，全区设16个护路岗点，安排护路队员36人，每日由区领导带班对护路联防工作进行督导，及时通报督导情况，确保铁路大动脉畅通。在辖区铁路沿线开展“大排查、大调解、大整治、大宣传”活动，逐线、逐段踏查，整合基础数据，在全市率先创建护路联防综合信息平台，实现无缝隙管理，得到省市肯定。

【涉法涉诉工作】 建立并完善政法委书记接访和政法各部门领导班子成员接访办访制度，定期到区涉法涉诉接访服务中心进行接访，发挥“吸、化、稳”（吸附、化解、稳定）作用。全年接访120人次，办结区重点涉法涉诉问题40件。处理和解决中央和省交办案件16件，市交办案件30件。集中开展“百日攻坚”活动，印发《关于开展集中排查化解涉法涉诉信访案件“百日攻坚活动”的实施方案》，掌握信访底数，全面开展涉法涉诉隐患排查化解。印发《专项治理实施方案》，在全区政法机关深入开展专项治理活动，以责任追究促公正执法，开展涉法涉诉信访案件专项检查。健全完善司法救助制度，重点对刑事被害人、刑事附带民事案件赔偿不到位的被害人、因丧失执行条件造成特殊困难的上访群众进行司法救助。发放司法救助金50万元，救助困难信访群众26人，缓解涉法信访压力。实行“委务会”督办制度，对案件评查工作中发现的突出执法问题进行集中研究，提出具体指导意见，确保案件得到消化处理。通过公开电话、网上举报等方式，收集各种信息，接待群众信访。

【政法队伍建设】 全面开展“忠诚、为民、公正、廉洁”政法干警核心价值观教育活动，强化教育培训，坚定政法队伍理想信念，通过开展全封闭教育集训，提升政法干警综合素质。开展基层建设年驻村（居）帮扶活动，成立驻村（居）工作组，分别对东港镇卸粮口村、北港镇河北村、白塔岭街道世纪海洋花园社区进行帮扶，实施涉及群众生产、生活的帮扶项目10个，帮扶资金150多万元。组织政法干警参与“我心向党”书画摄影作品展示，筹备组织知识竞赛及演讲比赛，开展每月读一本好书、走访一次基层、完成一篇调研、提一个好的工作建议的“四个一”活动。关爱特困干警，帮助干警解决实际问题和困难，舒缓干警的身心压力，激发政法队伍的向心力、凝聚力和战斗力。

（裴宏雷）

机构编制管理工作

【概况】 2012年，围绕省市编办的工作安排和区委、区政府决策部署，开展机构编制实名制信息核查工作，推进事业单位清理规范进程，营造机构编制使用核准制度实施的良好氛围，切实履行机构编制部门工作职责，为不断提高机构编制工作水平，为全区经济社会发展提供体制机制保障。

【机关事业单位编制现状】 全区区直机关61家。其中区委工作部门9家：纪检会、区委办、政法委（防范办）、组织部、宣传部、统战部、编委办、农工委、机关工委；部门管理机构2家：信访局、老干部局；政府工作部门20家：政府办（外事侨务办公室）、发展改革局（粮食局、工业和信息化局）、教育局、科学技术局（地震局）、民政局（民族宗教局）、司法局、财政局、人力资源和社会保障局、环境保护局、城乡建设局（人民防空办公室）、城市管理局、交通运输局、农业局、商务局（招商引资领导小组办公室）、文化体育广电新闻出版（版权）局、卫生局（爱国卫生运动委员会办公室）、人口计划生育局、审计局、安全生产监督管理局、统计局；政府管理的行政机构1家：物价检查所（物价局）；政府直属事业3家：住房保障和房产管理局、水务局、旅游局；群团7家：总工会、工商业联合会、科学技术协会、残疾人联合会、文学艺术界联合会、团区委、妇女联合会；人大、政协、检察院、法院各1家；街道办事处10家：文化路街道办事处、海滨路街道办事处、燕山大街街道办事处、河东街道办事处、建设大街街道办事处、白塔岭街道办事处、西港路街道办事处、港城大街街道办事处、东环路街道办事处、北环路街道办事处。区直机关含人大、政协机关；检察院、法院机关；街道办事处机关。编制总数827人，其中行政编制471人，工勤编制29人，直属事业、群团等机构事业编制76人，政法专项编制总数251人。镇5家：海港镇、东港镇、西港镇、北港镇、海阳镇，行政编制163人，工勤编制10人。

区直事业单位228家，编制9425人。镇街事业单位25家，编制203人。

【机构编制实名制信息核查工作】 开展机构编制实名制信息核查工作，主要是依托省机构编制信息管理平台，对全区各机关事业单位的机构编制和人员信息的真实性、完整性进行核查，分自查清理、编办核查、整改规范和评估验收四个阶段进行。核查过程中，加强组织领导，搞好业务培训。开展信息核查培训工作，详细讲解电子编制证的使用和人员信息模版填报事项，规范核查流程。制定核查方案，加强对各机关事业单位自查工作的督促和指导，按照核查内容、范围、步骤、格式等要求，组织好核查工作。明确责任，严肃纪律。核查工作做到谁核查、谁签字、谁负责，把机构编制实名制信息核“实”查“准”。明确专人负责实名制核查工作，对上报的实名制信息进行严格审核，经审核无误后录入并上传至省信息平台。做好资料的归档留存。对相关原始档案、影像资料按户立档，做好接受上级检查的准备工作。全区实名制信息真实、完整、准确。

【事业单位清理规范工作】 按照政事分开、事企分开、优化结构、精简效能要求，对全区事业单位在2007年和2011年两次清理规范基础上，进行回头看和再清理、再规范。开展调研摸底。对全区各事业单位机构编制现状及存在问题进行全方位调研，全面掌握全区事业单位的总体情况，了解掌握各单位及其主管部门对事业单位调整、分类和核定人员编制的意见和建议，为事业单位清理整顿创造有利条件。谋划起草清理规范实施方案。在深入调研、摸清底数基础上，明确事业单位清理规范工作思路和目标，协调组织、财政、人社等有关部门共同研究起草《海港区事业单位清理规范工作实施方案》，并经区编委会同意后上报市编办备案。清理规范取得实效。根据市编委办批复的《海港区事业单位清理规范方案》，制发《关于海港区人力资源和社会保障局所属事业单位机构调整名称规范等有关问题的通知》《关于海港区交通运输局所属事业单位职责调整名称规范等有关问题的通知》和《关于规范部分事业单位名称的通知》等8个批复。通过清理规范，整合事业单位2家，调整机构职责5家，规范单位名称149家，收回财政性资金零补助事业编制名额30人。

【编制使用核准制度实施】 区编制使用核准制度从2012年1月1日起正式实施。用编有计划。各单位年初要按时申报2012年编制使用计划，科学预测本年度编制使用需求，按照“统筹使用、保证重点、留有余地、逐步到位”的原则，制订本部门、本单位的年度编制使用计划。实施总量控制。按照“从严控制，便捷高效”的原则实施分类管理，总量控制，合理调剂编制余缺，坚持“空编先核准后补充，满编先出后进，超编只出不进”，全面落实编制使用核准制度。实行动态管理，优化结构。根据机关事业单位职责任务和机构编制执行情况，按照优化结构、有增有减的原则，建立编制使用调剂机制，确保重点工作及高层次人才引进等用编急需。实名管理，核编到人。核准使用的编制落实到具体人员，一人一编，实名管理。

【事业单位登记管理】 强化登记管理监管职责，严把资格审批关，注重事业单位登记管理事项的实地核查和实质审查，规范档案管理。年度应年检法人事业单位134家，按规定进行网上年检的法人事业单位133家，年检率99.9%。对41家法人事业单位进行变更登记。筑牢登记管理工作基础，推动事业单位公益服务职能的履行。落实省编委关于加快推进“政务”和“公益”中文域名注册管理工作的指示精神，全区通过审核的中文域名241个，其中公益类181个，政务类60个，域名注册覆盖率110%，被省编委办授予先进单位称号。

【机构编制统计工作】 利用机构编制信息管理平台和电子编制证提供的统计功能，对填报的各项指标与文件批复、编制职数、实有人数进行核对。严格按照指标解释和填报说明要求，如实填写每项数据，杜绝人为改动或编造。形成机构编制统计数据分析报告，对全区机构编制现状和调动变动情况，进行全面系统分析，形成有理有据的分析总结，为加强机构编制管理提供统计依据。

（董　颖）

信访工作

【概况】 2012年，接待群众来访916批、2766人次，其中：集体访58批、1266人，同比下降38%和46%；区委、区政府大门访121批、1160人，其中集体访71批、1074人次，同比上升25%和下降10%；市委市政府大门访54批、879人次，其中集体访45批、864人次，同比下降36%和上升27%；赴省个体访36人次，同比下降51%；未发生赴省集体访；进京正常访38批、51人次，其中集体访1批、5人次，同比下降67%和90%；进京非正常上访17人次，同比下降64%。化解信访案件182件。受理市级以上交办案件64件，全部办结，按期结案率90%，超过省定85%的目标。

【完善信访制度】 以贯彻落实省委“八三”工作法为契机，以区委办、区政府办的名义出台《关于在信访工作中落实“八三”工作法的实施意见》《关于开展领导干部大接访活动的实施方案》；出台《信访工作规程》《区级领导信访工作职责分工》《关于对进京非正常上访进行综合整治的实施意见》3个文件，规范全区信访工作中各环节、各层级的有效对接，完善各级领导信访工作“一岗双责”制度。中共十八大期间，出台《海港区在党的“十八大”期间信访稳定工作八项规定》，对信访值班、信息报告、领导包案、属地稳控和督查问责进一步细化。

【畅通信访渠道】 深化领导干部大接访活动。区委办、区政府办印发《关于开展领导干部大接访活动的实施方案》，建立区领导接访AB角制度，按照区联席会议要求，每月形成《区领导接访日志》汇总报区委、区政府主要领导。全年区领导公开接访184人次，接待164件（批）次、495人次，协调解决信访问题53件，31件信访问题均有明确化解方案。3月，在区联合接访中心设置“信电网”信访事项受理办公室，明确专人处理群众来信、来电和网上信访事项。全年办理网上信访案件21件，办理领导阅批群众来信34件，通过转交和督办责任单位，全部予以答复。推行信访工作“领访制”，针对信访人反映的问题经有权处理的责任单位作出处理后、信访人不满意而多年上访的情况，推行信访事项领访制度，由信访人户籍所属镇、街（园区）或区直部门带领信访群众代表，专题到上级相关部门进行咨询，促进问题的解决。

【全力攻坚积案难案】 对重点信访案件实行领导提及分包。即：每个村、居排查出来的前5个隐患由镇、街领导分包；镇、街排查出来的前5个信访案件由区级领导分包，实现点对点包案，一对一解决问题，按照“五个到位”要求明确稳控和化解工作措施。4～6月，开展“百日攻坚”活动；7～8月，开展“双月会战”活动，梳理出43件积案、难案集中攻坚，出台《海港区开展清积案、消重案活动的实施方案》和《海港区百日攻坚活动实施方案》。成立小组联席会议第一召集人牵头、其他召集人和主管城建的区领导逐案研究解决问题对策的重点信访案件5人调处领导小组。化解积案难案37件。通过信访事项依法终结和利用信访救助资金措施，推进信访积案化解工作。按照省联席会议《2012年集中化解信访积案的实施意见》要求，6月，安排专人4次赴省信访局、国家信访局公关报备工作，加大对省审批的13件终结案件的跟踪跑办力度。发挥信访救助资金作用，利用区级资金49.9万元，中央和市级资金53万元，解决疑难信访案件18件，其中6个重点难案彻底解决到位，2个小区200多户居民因用电问题引发的重大信访隐患化解在萌芽阶段。

【完善非正常上访管理程序】 建立重点敏感时期由区联席会议召集人轮流带队进京赴省信访值班制度；建立由公安统一接劝非访人员机制，抽调公安干警10人组建专门备勤队伍，负责统一劝返进京非正常上访工作。按照市联席办规定模式，以原区信访服务中心为班底，5月成立特殊疑难信访问题调处中心，细化非正常访整治的工作流程。11月6日，增设区特殊疑难信访问题调处分中心，启动市救助站临时看护点。年内任特殊疑难信访问题调处分，中心教育重点人46人。

【敏感时期工作】 隐患排查。在各敏感期前开展集中排查活动4次，排查各类社会矛盾纠纷334件，对所有矛盾纠纷建立台账，实行滚动管理。稳控方面。筑牢区内重点卡点、村居稳控防线。全国“两会”、暑期、中共十八大期间，分别在区内环城检查站、火车站、长途汽车站、北汽车站、海滨检查站等重点部位设立值班点，组织镇、街和重点区直部门配合公安干警做好劝返工作；建立重点信访案件“五包一”机制，区级包案领导、区内责任单位包案领导、区内责任单位办案人、村居干部、管片民警落实重点人。组织抽调区直部门干部286人作为专职维稳工作队员，充实到街道协助稳控。保障措施。年初建立省定倒排指标月通报机制，建立敏感期信访工作情况日报告、日督查、日通报制度。日报告：各镇、园区、街道每日汇总当天稳控情况，由包片区领导签字后报区维稳办、联席办，区联席办汇总后报区委、区政府主要领导。日督查：区委、区政府督查室、纪委、维稳办、信访局、公安分局联合督导组每天深入各镇、园区、街道进行督导，对科级干部驻村居在岗值班、专职维稳队员、片警协助稳控等工作督察暗访，督导情况每日直接报区委、区政府有关领导。日通报：区联席办每天汇总全区信访稳定情况报区委、区政府主要领导、主管信访区领导和包案区领导，并通报全区。区联席办每天将越级上访情况、重点信访人失控情况及时上报，相关单位好的做法向全区通报。

（孔繁琦）

精神文明建设

【概况】 通过拓展道德建设途径、强化“两个创建”实效、打造城乡创建特色，出色完成各项工作任务。区文明网发稿量位居全市第一。第二届“感动港城·平民偶像”评选活动评出的平民偶像事迹在河北卫视播出。在中央文明办主办的“我推荐、我评议身边好人”活动中，海港区第一届平民偶像仲维娜入围7月“中国好人榜”；9月，平民偶像张立秋入选该期“中国好人榜”，成为全市唯一获此殊荣的先进人物；开展首届“八好镇民”评选和第四届农村文化艺术节活动。海港区精神文明建设经验在中国文明网、《光明日报》等媒体刊载。

【文明网络建设】 加强网站建设。专门组建信息，报送QQ群和邮箱，与辖区各单位信息员做好对接，畅通信息渠道，完善考核机制。采取季度信息通报制度，及时通报各单位在中央、省、市文明网网站的信息上稿量，督促信息上报滞后的单位，查找差距，弥补不足，促进海港区信息工作的良性发展。全年，区文明网更新信息649篇，中央文明网登载信息14篇，省文明网登载29篇，市文明网登载214篇。开展优秀传统文化“双六进”网上展播活动，全区在册网络文明志愿者78人，利用博客、微博、贴吧、QQ等方式，参加“弘扬优秀传统文化，做文明秦皇岛人”博客征文、优秀传统文化“双六进”活动大家谈、优秀传统文化“双六进”活动网络摄影作品展三大系列活动。每月适时统一和了解各单位网络志愿者的活动开展情况，年内，刊发博客1000多条，反映全区各行各业的精神文明建设成果。

【第三届“感动港城·平民偶像”评选活动】 海港区“感动港城·平民偶像”特色品牌评选挖掘各行各业勇于实践、敢于作为、乐于奉献的先进典型，第三届评选活动推荐优秀候选人30人，通过逐一考核、组织投票、民主评议等3个环节近半年的筛选，最终评选出平民偶像10人。他们是：宁舍一人脏，换来万户洁的港城清掏工；用爱心传递正能量的优秀志愿者杨晓平；义无反顾投身社区公益事业的退休老党员赵志芬；无怨无悔照顾大姑姐的好弟媳王丽华；40多年收集档案，通过滴点记录社会发展的退休老党员冯怀志；恪尽职守，无私奉献，用大爱感化教悟疑犯的人民卫士李战胜；兢兢业业，无私奉献的优秀教师王玉凤；向邻里伸出援助之手，多年默默帮扶的好邻居张艳芹；诚实守信，带领村民共同致富的领路人王丽；奋不顾身，舍己救人的好村民邓军利。

【“八好”镇民评选活动】 6月12日，在东港镇西向河寨村举办首届“八好镇民”（带头致富好镇民、热心公益好镇民、诚实守信好镇民、邻里和睦好镇民、好家庭、好夫妻、好公婆、好媳妇）表彰和事迹报告会，制作反映全区各镇村评选工作及“八好镇民”事迹的展牌10块，专门设计制作“八好镇民”评选活动徽标和发言代表LED图片幻灯片，为现场100多名村民代表呈现一场高品质的事迹报告会。通过《今日海港区》连载5期，刊登33名区级八好镇民标兵事迹材料，与市电台合作连续报道西港镇6位“八好”镇民事迹。

【第四届农村文化艺术节】 5月18日，在北部工业区石山村举办第四届农村文化艺术节启动仪式暨喜迎中共十八大文艺演出。北部工业区邀请海阳镇大里营村的白毛女剧团到和美社区演出。海港镇结合“我们的节日在农村”主题活动，开展“好儿媳，新女性”“低碳生活我先行”“文明祭祀进村居”等活动；以镇文化艺术团为主体，动员村民参与，开展送戏、送电影、送图书、送故事、送展览等“五送”活动，艺术团专场演出10多场。

【文明和谐社区创建】 继续开展“我们的节日在社区”系列主题活动。组织开展“我们的节日在社区·学雷锋”“我们的节日在社区·清明”“我们的节日在社区·五四”“我们的节日在社区·端午”等多项主题活动，通过形式多样、内涵丰富的传统文化教育实践活动，吸引更多的居民感知传统文化魅力，增强社区文化的感召力与凝聚力。其中，被中央人民广播电台采用1篇、中新网采用1篇、新华社采用3篇、省电视台采用1篇，市级媒体采用18篇。组织街道“喜迎十八大，唱响新生活”彩色周末专场演出13场、镇街互动互访演出8场，丰富广大城乡居民的精神文化生活。通过活动带动社区文化队伍建设，为宣传文化示范社区建设储备文艺人才与精品节目。1月15日，承办全市“宣传文化示范”汇演。其中，文化路办事处选送的《亲情接力》和西港路办事处选送的《沈汝波的一天》获得全市最佳节目奖，港城大街办事处办选送的《看电视》获得优秀节目奖。打造社区生态环境。以“绿色、文化、和谐、清洁、平安”为主题开展文明生态小区创建工作，通过组织居民参与植树护绿、开展环保宣传、创建文明楼栋等系列活动，营造出文明和谐、美观整洁的整体环境。河涧里社区、东环里社区、滨海城社区被评为2010～2011年度省级文明社区。

【文明生态村创建】 高质量完成市级文明生态村创建工作任务。建成市级示范村1个、市级二次创建村4个。连峪文明生态旅游区重点村建设初显成效，西连峪村投入资金90万元，新建村民中心，面积560平方米，主体施工基本完成；连峪山庄旅游景区新硬化上山道路4公里，建设葡萄走廊3公里，采摘、跑马场、篝火晚会旅游项目初步建成。东连峪等4个二次创建村修整道路6500米，粉刷墙壁1.4万平方米，新建公厕8个，建设花池23个，栽植花木2100株，安装路灯45盏，安装摄像头2个。配合基层建设年暨“一联六促、访解帮带”活动，为北港镇拦马庄村、南王庄村设计绘制文化墙2000多平方米。9月28日，全省创建文明村镇现场会与会各地市代表60多人到区内文明生态村走廊7个创建村参观学习并给予高度评价，石山村党支部书记刘玺祥作为农村唯一代表在全省经验交流大会上作典型发言。

【市民文明素质提高】 开展道德讲堂活动。以东港镇、第七中学、文化路街道办事处、区国税局等12家省级以上文明单位为试点开展道德讲堂活动。课程安排统一模式，以唱歌曲、讲事迹、谈感受、学国学、践善行等5个步骤进行，其中“讲事迹”的环节由文明办统一安排宣讲团成员到各个单位去宣讲区内20位平民偶像的先进事迹，其他4个环节由各单位自行安排。成立海港区道德宣讲团，把道德讲堂的教育模式全面辐射到机关、企业、学校、社区、农村等各行各业。召开道德讲堂现场会，把首期道德讲堂开办优秀单位第七中学作为试点，为全区各单位上一堂示范课，倡导助人为乐、见义勇为、诚实守信、敬业奉献、孝老爱亲等5种行为，加强社会公德、职业道德、家庭美德和个人品德等方面的市民教育，让市民通过参加道德讲堂，成为道德的传播者和践行者，形成“讲道德，做好人，树新风”的文明和谐社会氛围。

强化市民教育阵地。在全区10个街道办事处组建100人的社区文化能人“港城大讲堂—分课堂”授课员队伍。利用社区市民学校，开展“港城大讲堂—分课堂”巡讲活动，全年开展活动20多期，参与居民近千人。联合秦皇岛日报社对全区部分住宅小区进行摸底调查，为怡安家园、燕山家园、广顺厚现代城等13个小区免费安装阅报栏，定期更换报纸，方便群众阅读浏览。按照功能齐全、设施完备、活动丰富的原则，在东环里社区、滨海城社区、河涧里社区、天洋新城社区等4个社区建成首批未成年人活动站，将其作为教育基地开展以“爱父母、敬家长”为主题的社区文明小博客、社区未成年人心理辅导、日行一善等主题活动。利用红卫里社区“善行讲习所”的典型道德传播阵地，发挥社区道德先锋的感化辐射作用，在西港路街道的4个社区进行典型推广，得到省、市领导认可。

【**未成年人思想道德建设**】 以迎接中共十八大为契机，在全区未成年人中开展“童心向党，喜迎十八大”系列活动，深入推进“做一个有道德的人”主题活动。联合教育局开展“童心向党，喜迎十八大”歌咏活动。引导未成年人在老师、家长的帮助下，学唱红色歌曲，利用课余、课后时间，开展爱党、爱国歌曲大家唱活动，弘扬优秀革命传统。8月25～31日，全区近30家文明学校在新世纪公园举办“童心向党，喜迎十八大”歌咏展演活动。活动稿件被《光明日报》刊发。联合教育局开展“民间艺术进校园”活动。面向社会和全区各单位招募志愿者，组成一支具有剪纸、陶艺、雕刻、地秧歌、京剧、二胡、陶笛、书法、丝网花、编织等民间艺术特长的老教师、“五老”干部、大学生志愿者、民间老艺人等20多人的骨干队伍。在全区10多所学校开设民俗艺术课程。聘请民俗艺人走进课堂，传授传统技艺，让孩子们体会到浓厚的乡情气息，培养学生乡土情感和热爱中华民族优秀传统文化的美德。6月，“民间艺术进校园”的做法被《人民日报》刊发。联合教育局、文联开展“童心向党，巧手绘家园”绘画大赛活动。在上报的近千幅作品中评选出500幅，“五一”期间分两组在红星美凯龙、旭日家居广场进行现场创作决赛。评出中学组、少年组和幼儿组一等奖各10人、二等奖各20人、三等奖各30人、优秀奖各30人、教师指导奖85人、学校组织奖9人。在全区各中小学开展“平民偶像进校园”活动。

【**志愿服务活动**】 3月，制发《关于在全区开展学雷锋“及时雨在行动”主题志愿服务活动的通知》，把学雷锋活动作为全年志愿服务工作的主题，把关爱弱势群体、展示窗口形象、社区亲情传递、环境容貌整治作为主要工作内容落实，推动学习活动制度化、常态化，推动志愿服务活动。5月1日～8月31日，分2批组织87名文明交通志愿者在河北大街、建设大街、秦皇大街三条主干道的13个路口参与文明交通协管工作，协助交警维护市内主要路口交通秩序，劝阻行人和非机动车文明出行。在全区繁华部位，设立16个暑期志愿服务站，为中外游客提供服务。在主次干道、大型商超及社区招募公共文明引导志愿者1025人，开展劝导、监督，引导市民遵章守序、爱护环境。在80个社区建立学雷锋志愿服务工作站，制订《海港区社区学雷锋志愿服务站建设标准》《海港区社区学雷锋服务站制度汇编》，完善组织机构、档案整理、硬件配置等项工作，开展科普教育、文体活动、法制讲座、法律咨询、医疗卫生活动，为居民提供志愿服务。全市建设社区学雷锋志愿服务站现场会在海港区召开。河涧里社区、滨海城社区、天洋新城社区、军工里社区、东环里社区、服务里社区等6个社区作为全市示范点报省文明办。全年开展各类志愿服务活动200多次，参与近万人。组织54家文明单位的216名“文明劝导员”以“志愿服务暑期、倡导公共文明”为主题，开展“文明劝导、点靓港城”巡访活动。对翻越交通护栏、毁坏花坛绿地、流动商贩叫卖、沿街卜卦算命、回收旧手机、公共场所袒胸露背等不文明行为进行劝阻，营造文明礼让、整洁靓丽的公共秩序与市容环境。

（林贵枨）

区直机关党建工作

【概况】 区直机关工委系统辖49个党委、总支、支部，53个单位，下设基层支部113个，党员总数2017人。2012年，牢牢把握服务中心建设队伍两大任务，以加强机关党的“五个建设”工作为重点，以学习贯彻新《中共中央和国家机关党的基层组织工作条例》和迎庆中共十八大召开为契机，做好机关党的建设工作，为促进一流主城区建设提供坚强的组织保障。如期完成2012年党费收缴工作，收缴党费46万元，并全额上缴。

【“创先争优”活动】 以扎实开展党性教育活动为重点推进“创先争优”。组织开展“六个一”活动，对系统内1757名党员进行党性教育。宣讲一次党史。对88名入党积极分子、53名党务工作者进行集中培训，宣讲党的历史和“十二五”规划等内容，开展积极分子奉献在社区、为白塔岭小学农民工子女爱心捐助接力等活动，引导其树立奉献意识、强化党性观念。推出一批先进。围绕“学习身边典型，做好本职工作”主题，选树8个先进集体、17名优秀个人作为先进典型。组织一次志愿者活动。科级领导干部深入联系点帮助解决实际问题92个，帮助基层党组织谋划发展思路120条，帮助基层办好事、实事328件。开展以义务咨询、义务奉献等为主要内容的“践诺奉献日”活动。开展一次警示教育。区检察院开展“规范检察礼仪、塑造职业文化”专项活动，组织干警收看检察礼仪演示专题片，学习检察礼仪日常规范，全面提升干警的礼仪形象。座谈一次发展。召开庆祝中国共产党成立91周年暨“创先争优”座谈会，广泛征求广大党员和群众的意见，谋划推动科学发展的新思路、新方法、新举措。学习一批书目。以读书节、读书竞赛、读书交流会等形式，使党员全面系统学习掌握党史知识，激发爱党爱国热情。推进党员“七权七责”工作。以开展“党务业务双标兵”争创活动为抓手，先行在财政局等15个试点单位推开，逐步完善工作方案，对系统内49个基层党组织实施分类指导。以扎实开展基层建设年活动促“创先争优”出实效。建立领导小组，制订活动方案。以白塔岭小学为重点联系对象，为困难学生送去慰问物资。领导班子成员多次深入所联系的村、居走访调研，尽全力为其发展出谋划策。以开展“一联六促、访解帮带”活动为重要载体，区直机关159名干部深入村居为基层发展出力献策。机关工委班子成员每人联系一个社区，就基层组织规范化建设问题为其出谋划策。与白塔岭小学结为帮扶对子，连续3年开展“送温暖，献爱心，捐资助教”活动，为其捐助物资近3万元。开展“五亮、五比、五创、五评”活动，全力推进窗口单位“创先争优”。区直机关工委把窗口单位“创先争优”作为重点，通过重点督导、加强指导、典型示范等措施，推动“创先争优”深入开展。

【党员发展工作】 按照“坚持标准、保证质量、改善结构、慎重发展”的原则，制订党员发展计划，履行工作程序，把好党员“入口关”，保证党员发展质量。制订发展党员计划。把握一线、一流青年的发展重点，改善党员队伍结构，建设数量充足、质量较高、结构合理的入党积极分子队伍。年初，确定重点培养对象73人。举办入党积极分子培训班。培训班采取集中授课、爱国主义教育、学习笔记评比和心得体会交流、感悟奉献进社区、为农民工子女送温暖等多种方式。采取理论灌输模式、量化考核形式等，让学员做到学有所获、学以致用，促进学习成果的转化，使发展党员工作始终体现时代要求。培训基层党务工作者。针对基层组织员更换频繁的实际情况，组织发展工作的培训，就发展工作的要求、标准、步骤等内容进行翔实的讲解。规范档案格式。专门设计发展党员工作专用档案袋，按顺序把发展党员所需“十二有”内容排列在档案袋封皮上，使发展党员工作操作更方便、明了。档案审核完成后，对年内符合条件的65名发展对象进行实地考察，与195名党内外人员谈话，征求党员及群众意见，对党员发展对象和58名转正党员严格审批。

【机关党建规范化建设】 在把握机遇上求实效。编制《贯彻学习条例实施意见》，建立机关党建专项经费，保障基层党组织活动开展。在服务中心上下功夫。把“建设队伍、服务中心”作为基层党建方针，激发各级党组织和广大党员的生机活力，使党的基层组织发挥推动发展、服务群众、凝聚人心、促进和谐的作用。在建设队伍上创特色。全区机关党组织设置进一步优化，强化部门党组（党委）指导机关党建工作的职责。明确区直机关党工委、部门党委（党组）、部门机关党组织三者的职责分工，合力抓好机关党建工作。实施竞赛促学习。通过组织学习贯彻《实施细则》知识竞赛（53个单位参加竞赛，初赛后取前8名进入决赛），既检验学习成果又推动学习贯彻活动的深入开展，促进机关党建水平提升。6月8日，组织知识竞赛决赛，区工商局代表队以优异的成绩取得第一名。

【群团组织建设】 依托群团组织，开展丰富的主题活动，促进基层组织的凝聚力。工会工作。通过多渠道、多途径协调资金，为职工解决生活困难问题，年底走访慰问系统内困难职工24户，老干部6户，为系统内的特困和困难职工发放米、面、油和现金共5000多元。共青团工作。深化开展党团共建“创先争优”活动。“五四”青年节，组织开展青年团员创雷锋业绩、做雷锋传人、让雷锋精神闪闪发光青年志愿者服务等活动，调动他们的积极性。在“五四”表彰会上，区直机关团工委被评为“五四”红旗团委，涌现一批青年文明号、青年突击队、优秀的团干部和优秀共青团员。妇女工作。组织开展巾帼志愿者服务系列活动，用真情服务社会，用行动奉献爱心，在服务中彰显巾帼风采，打造巾帼志愿服务品牌，增强基层妇联组织的凝聚力、号召力。

【党风廉政教育】 制订党风廉政建设和反腐败工作实施方案，做到防患于未然。落实《中国共产党党内监督条例（试行）》和《中国共产党党员权利保障条例》，实施党务公开，编制党务公开目录和党务公开流程图，增强党支部工作的透明度，使党员更好地了解和参与党内事务。落实党风廉政建设责任制，把反腐倡廉纳入“双十星”考核重要内容。加强对党员特别是党员领导干部的教育和监督，开展“关注民生、优化环境”百人问卷调查，落实领导班子民主生活会，增强监督的效果。推进机关转变作风。学习《廉政准则》，领导和党员干部一起牢记廉洁从政行为“八类禁止”“52项不准”，主要领导带头严于律已，撰写学习心得，做自觉接受监督的表率。

（罗　颖）

城市建设系统党建工作

【概况】 中共海港区建管工委系统有党委、总支、支部等基层党组织127个，党员2333人。2012年，工委坚持“围绕中心抓党建，抓好党建促发展”的主线，紧扣全区中心工作和发展主题，牢固树立服务意识，探索党建工作与中心工作相结合的工作载体，提升党员干部的思想水平和创造能力，为打造群众满意、社会满意的城市形象提供坚强的思想政治基础和组织保证。

【思想政治建设】 全面加强学习型党组织建设。工委以“学习也是工作，工作必须学习”的思想理念，组织开展学习型党组织创建活动，提升党员干部的思想水平和创造能力，为打造群众满意、社会满意的城市形象提供坚强的思想政治基础和组织保证。各单位在原有的中心组理论学习制度和党员、干部学习制度的基础上，给党员领导干部提出更高的要求，即“五个一”学习制度，主要内容包括：每天一条新知识，每周一次报告会，每月阅读一本书，半年一次书面交流，每年一次大调研。建立学习考评激励机制，把党员、干部、职工参加学习活动情况和学习研究成果纳入年度考核评价体系范畴，鼓励和支持干部职工参加各种类型学历教育和继续教育。加强督察，完善考评，加大制度的执行力。注重“典型培树”形成“创先争优”氛围。开展深入挖掘先进事迹和先进人物的活动，推荐、评选出区级先进基层党组织（红旗支部）和优秀党务工作者及优秀共产党员（港城先锋），组织党员学习区委辑印成册的以全区100名生产一线优秀共产党员模范事迹为内容的《港城先锋》一书。引领全体党员干部向更高的目标前行，营造“创先争优”的良好氛围。抓党性教育促党员队伍素质提高。组织各基层党组织开展党员评议工作，制订整改措施，签写个人公开承诺书。各单位采取党员佩戴党徽和胸卡的形式亮明身份；机关科室党员制作党员先锋岗桌牌；在行政审批大厅窗口制作党员先锋岗标识。通过亮牌示范活动，整体精神风貌显现，党员争优意识明显增强。

【机关作风建设】 4～12月，组织开展“强责任、转作风、提效能”活动，切实加强作风建设。活动分学习动员、自查整改、整改提高、建章立制等4个阶段实施。学习动员阶段。对“强责任、转作风、提效能”主题活动进行动员部署，制订具体工作方案。自查整改阶段。通过自己找、别人提、领导点、社会评等方式，集中查找存在的各种不良风气、突出问题，认真研究整治意见，提出整治对策，形成治理“庸、懒、散、虚”的长效机制。整改提高阶段。开展“告别庸懒散，提升执行力”专项整治活动、“立足岗位，争先创优”榜样学习活动及“开门纳谏，接受评议”争创满意活动。建章立制阶段。通过建立完善岗位责任制、干部考核评价机制、干部选拔任用机制、干部教育培训机制、奖勤罚懒机制等治理“庸、懒、散、虚”的长效机制，深化作风建设，形成干事创业的良好氛围。通过开展“强责任、转作风、提效能”主题活动，系统干部职工的责任意识加强，执行力提升，公信力增强，群众满意度提高。

【基层党建基础工作】 完善党组织机构和工作网络。指导园林局党委、城管局党总支以及部分非公企业的在职党员重新调整组建成新的基层党支部，采取选举、基层推荐等多种方式，配齐组织委员和宣传委员等支部委员，将支部委员会建在科、处、室，将党小组建在一线班组，确保上至全体党委班子成员、下至一线工人党员都能参加基层党组织活动。做好党员发展工作。严格按照“控制总量、优化结构、提高质量、发挥作用”的方针，精心培育入党积极分子，严把入党关口。举办入党积极分子培训班，系统82名新党员参加为期4天的集中培训，重点强化新党员对党的基本理论和基本知识的掌握，提高自身党性修养。举办基层党务工作者和支部书记培训班，严格入党程序，确保党员发展质量。对2011年发展的92名预备党员进行审查转正。做好党员日常管理。做好党员组织关系调转及党员统计和党费收缴。全年接转党员组织关系132人次，收缴党费11.29万元。

【机关文化建设和群团工作】 把机关文化建设贯穿于机关党建工作和群团工作各个方面，利用党员干部踊跃参与、喜闻乐见的活动载体增强活动的吸引力和感染力，激发广大党员干部的工作热情和工作激情，构建健康和谐的工作氛围。建立完善系统工会组织网络。原有基层工会组织10个，工会会员2463人；年内新增工会组织2个，发展新会员320人；3个基层工会依法进行换届改选。举办系统工会主席培训班，利用“三八”节、“五四”青年节等节假日，组织团员、青年、妇女开展各种活动，活跃基层各单位之间良好氛围。举办海港区城建系统第二届职工运动会。从7月12日～10月13日，设置16大项、33小项竞赛项目，1500多人参加比赛。开展职工文化活动。春节前夕，举办城建系统龙年春节大型团拜会，整台演出主要结合系统各单位工作及行业特点由各单位干部职工自编自演，展示城建系统广大干部职工风采，营造城建系统干部职工凝心聚力谋发展、团结拼搏促和谐的良好工作氛围。

【班子建设】 落实党风廉政建设“一岗双责”制，工作目标任务层层分解落实，做到谁主管，谁负责。班子成员牢固树立正确的权力观、地位观、利益观，关心职工疾苦和政治进步，大事讲原则、小事讲风格，相互支持，相互信任，相互配合，工作上勇于担责，生活上不计得失，提升班子的向心力，确保整体合力得到有效发挥。严格落实民主决策制。建立健全工委班子成员集体领导、分工负责的工作机制，班子成员始终自觉克服工作中的各种矛盾和困难，严格按区委要求和各项规章制度办事，做到大事集体研究。班子成员主动增强沟通联系，发挥各自的职能优势，独当一面、勇于负责。加强班子团结。班子成员率先垂范，争做廉洁自律的表率，做敬业奉献的表率，做维护团结的表率；加强思想政治工作，坚持经常与干部职工进行思想交流，多方组织集体活动，培养集体意识和集体荣誉感，营造工委团结向上、和谐融洽的工作氛围。

【生态工程项目建设】 按照“旅游立市”、“城镇建设三年上水平”工作要求及争创“国家生态园林城市”工作目标，起草《海港区2012年生态工程实施方案》并通过区委审定正式实施。方案涉及城乡绿化建设、生态旅游建设、生态环境整治3类、14个项目、26个分项。年末21个分项全部完成，5个分项受规划设计调整、信访、资金等问题制约正在推进。起草《海港区加强城市管理工作规范手册》。协调督导城建系统开展加强城市环境卫生管理、整治市容秩序、园林美化、河道治理、非法小广告治理等系列“两治”工作。

【基层建设年暨“一联六促、访解帮带”活动】 工委书记、副书记、工会主席分别到北部工业区四合庄村、北环路街道玉峰里社区走访调研，制订帮扶计划，想办法、办实事，做大量工作。驻村干部多次协调，解决四合庄村拆迁安置过程中地产开发商与村民存在的矛盾和问题，消除遗留多年的上访隐患问题。驻村干部自筹资金1万多元，为村西出入口设计并制作限高架；为特困户、孤寡老人、重病患者送去慰问品及慰问金；汛期购置排水器材和设施等。解决玉峰里社区办公房漏雨问题，派驻干部筹集资金1.8万元，在雨季前完成维修，确保社区安全度汛。协调市政部门，将社区健身活动场地硬化列入街巷改造计划。

（陆亚男）

卫生系统党建工作

【概况】 中共海港区卫生工作委员会为主管全区卫生系统党的建设的区委派出机构，同时设立中共海港区卫生纪律检查工作委员会。卫生工委辖党委1个（德信医药有限责任公司党委），党总支1个（海港医院党总支），党支部23个（卫生局机关党支部、海港医院内科党支部、海港医院外科党支部、海港医院医技党支部、海港医院五官党支部、海港医院中医党支部、海港医院行政党支部、海港医院离退党支部、海港区疾病预防控制中心党支部、卫生执法监督所党支部、妇幼保健站党支部、东环路社区卫生服务中心党支部、海阳镇中心卫生院党支部、东港镇卫生院党支部、北港镇卫生院党支部、西港镇海港镇卫生院联合党支部、海港口腔医院党支部、仁辉化学制药有限公司党支部、德信医药有限责任公司机关支部、德信医药有限责任公司国药党支部、德信医药有限责任公司连锁党支部、德信医药有限责任公司药品党支部、德信医药有限责任公司退休党支部），党员438人，其中在职党员347人。理顺规范社区卫生服务中心和镇卫生院的党组织管理，将5个镇卫生院的党组织管理转入到卫生工委管理。

【“创先争优”和“一联六促、访解帮带”活动】

开展服务好、质量好、医德好、群众满意的“三好一满意”活动和争创白求恩杯活动。海港医院综合内科主任鲁永和被省卫生厅授予白求恩式医疗卫生工作者称号。“七一”前夕，全系统有1个先进基层党组织、1名优秀党务工作者、4名港城先锋受到区委表彰。开展加强基层建设年暨“一联六促、访解帮带”活动，局科级帮扶领导与年轻派驻干部在第一时间深入所派驻的村居，在西港路街道纤维里社区，河东街道煤港里社区，北港镇暴庄村、东陆庄村开展帮扶工作。结合全区“人才工作宣传月”活动，组织开展“送医送药送健康、帮扶帮困解民忧”系列活动。为社区和农村群众提供健康咨询和义诊服务，发放各类宣传资料1200多份，现场义诊2000人次，接受健康咨询3000多人次，免费发放药品总额价值1.5万元，药品种类40多种。分别向4处帮扶村居赠送全新办公电脑1台，提供消杀药品总额价值千元，协助解决信访隐患7起。

【党风廉政和行业作风建设工作】 严格落实党风廉政建设责任制。深入开展党务公开、行风建设工作和行政权力公开运行监控工作。制订行风公开承诺，规范梳理行政审批事项和廉政风险点，制订防范措施，对2个社区卫生服务中心和5个镇卫生院纠风治贿工作进行督导检查。加强党员和干部管理，加大年轻干部培训。组织开展局机关党员干部理论业务培训。开展卫生技术人员到基层医疗机构挂职试行工作，选派6名工作人员到基层医疗机构单位挂职锻炼。转变工作作风，加强机关效能建设，在全体干部职工中开展“四查四看”活动，召开机关效能工作会，学习机关各项工作制度，提高机关工作效率。开展爱国主义教育活动。为迎接中共十八大召开，组织开展“学党史、忆党恩、喜迎十八大”系列活动。征集短信100条，征文28篇，摄影作品31幅。开展对口帮扶。帮助长桥岭村建成1所村卫生室，并帮助村卫生室添加相应的医疗设备价值约3万多元。

【综治信访工作】 对系统内存在的信访问题和隐患进行全面梳理，认真摸排，仔细分析协调解决。针对医疗纠纷，根据《医疗事故处理条例》，坚持预防在先、发现在早、处置在小的原则，化解各类医患纠纷，防止因医患纠纷引发群体性事件和恶性事件，维护社会稳定和医患关系。做好中共十八大期间卫生系统信访维稳工作，化解矛盾纠纷，全力预防和杜绝进京、省、市上访事件，为中共十八大胜利召开营造和谐稳定的社会环境。

【送医送药下乡活动】 全年组织开展医疗下乡义诊服务11次，受益群众6500多人，免费发放药品价值2.3万元，发放宣传资料3300份。

（裴　睿）

教育系统党建工作

【概况】 坚持围绕中心抓党建、抓好党建促发展的主线，紧扣全区中心工作和发展主题，积极谋划，认真部署，努力完成各项工作，不断增强基层党组织的凝聚力和战斗力，为海港区教育工作的全面开展提供有力的保障。

【基层党建工作】 做好党员发展工作，做到“严”字当头。按照“一票、两制、三公制度”（“一票”即预备党员票决制；“两制”即首问责任制、谈话制；“三公”即在确定发展对象时实行公推制度、在评价发展对象是否成熟时实行公评制度、在确定入党积极分子、接收预备党员和预备党员转正前实行公示制度），做到各支部严把推荐关，工委严把审核关，纪检严把审查关，全面提高党员发展质量，全年73人接受严格审核测试后加入中共党组织，75名预备党员如期转为中共正式党员。开展党员下社区活动，向全体党员提出“亮牌在社区，奉献于社区”的口号，与社区一起研究并组织开展社区各种活动，每位党员要达到“三合格”，即单位合格职工、社区合格居民、家庭合格成员；做好“四件事”，即管好自家事、关心邻里事、参与社区事、知晓天下事；起到“五带头”，即带头宣传党的政策、带头参与社区服务、带头倡导文明风尚、带头帮助困难家庭、带头维护社会稳定。党员帮助办事处、社区、镇、村做实事、好事2000多件。通过上党课、开展党员活动日、重温入党誓词、学习典型人物事迹、观看爱国影片等形式，提高党员的使命感及责任感，使党员教师真正成为遵规守纪、勤奋学习、努力工作的模范。

【“创先争优”活动】 坚持“规定动作不走样、自选动作有创新、具体动作讲实效”的原则，贴近基层，贴近实际，积极推进。开展“五比三优一满意”活动，即比学习、比教学、比管理、比奉献、比业绩，争创师德优秀、教育教学质量优秀、育人方法优秀，让学生家长满意，并作为工委“创先争优”活动的长效机制贯穿始终。各支部结合单位实际，通过开展岗位练兵、传帮带、星级争创等形式多样的活动，在系统中形成争先进、比奉献的良好氛围。各支部上报活动信息、先进事迹1000多条。坚持党支部书记定期调度制度，利用《港城教育报》介绍先进支部经验，宣传优秀共产党员事迹，使各党支部之间取长补短、相互学习、相互借鉴。发挥先进典型示范带动作用，促进教育教学工作，巩固、提升“创先争优”活动成果。教育工委和第二中学党支部被评为区级先进基层党组织。

【“基层建设年”活动】 制订《在教育系统开展加强基层建设年活动的实施方案》，延续2011年度“创先争优百千万”工程和“双联双促”活动精神，巩固和完善局领导干部直接联系基层学校制度。每名局科级领导确定一所学校为联系点，学校党政领导及学校各科室负责人分别与该校的年级组或教研组建立联系，每月至少与基层同志谈一次心、搞一次走访、帮助解决一个实际问题。成立加强基层建设年活动领导小组，指导系统加强基层建设年活动的开展。每个帮扶小组对帮扶单位进行走访，形成调研报告，制订帮扶方案，召开推进会5次。5月18日，教育工委在第二中学和第七中学召开党建、“创先争优”暨基层建设年活动示范点观摩会，参加会议的党支部书记80多人。

【规范队伍管理】 做好系统干部挂职工作。选派干部到农村、城区、基层挂职锻炼，并对挂职干部实施管理。对2011 ~ 2012年挂职的5名干部进行考察，挂职结束后，每位挂职干部撰写挂职工作总结。9月中旬，工委召开挂职干部汇报会，5名挂职干部发言。继续做好2012 ~ 2013年挂职干部选派工作。制发教育工委、教育局《关于选派干部挂职锻炼的通知》，经基层学校、机关科室推荐，选派5名城区业务干部到农村学校挂职锻炼。做好挂职干部的管理，每位挂职干部利用1个月时间，了解熟悉挂职学校的基本情况，制订挂职锻炼的计划，帮助挂职学校解决问题。对挂职人员进行追踪管理，挂职人员每周上报工作总结，年度严格考核，并依据考核结果评定实绩突出单位及优秀人员。做好系统内干部的选拔任用工作。做好系统中层以上干部情况信息的整理工作，及时调整干部花名册，对新提拔任用人员的基本情况逐一核对档案，完善干部情况信息。组织调整干部填写干部任免审批表，做好审核存档工作。

【工会工作】 加强理论学习，提高教工师德水平。“爱生敬业”活动与教育活动结合，塑造和完善教师自身人格，激发教师进行教育理论研究和教学实践的工作热情。关心青年老师，促其迅速成长。加强教师“师德师表”教育，提高教师的职业道德素质，注重教师能力的培养。9月，组织青年教师职业道德演讲比赛。加强职工之家建设，将每项常规工作落到实处。5月15日，在市教科文卫工会规范化工作现场会上，参会单位均给予高度评价。年内21个基层工会被评为二星级职代会。帮助教师解决实际困难，把工会办成真正的教职工之家。为5名因病致困的教师建立档案，为5名教师申请“白内障复明工程”救助，为2名困难职工的子女申请“金秋助学”补助，有5名患病女工递交申请。

【共青团工作】 开展系列庆祝活动，庆祝建团90周年。3月，利用黑板报、展板、手抄报、国旗下讲话、校园广播站等多种形式宣传雷锋精神，开展形式多样的学雷锋活动，雷锋语录搜索、雷锋事迹舞台剧、聘请校外辅导员讲雷锋故事以及慰问、劳动、班会、团课、辩论赛、摄影展、征文等。开展以“让青春在奉献中闪光”为主题的演讲比赛活动，为青年提供展示自己的平台，评出一等奖3人，二等奖9人，三等奖15人。加强青年文明号和青少年维权岗工作，获市级青年文明号12个，市级维权岗4个。教育局团委、第七中学团委被评为市级“五四”红旗团委；第八中学团委、第十中学团委和桥东里小学团支部被评为区级“五四”红旗团委及支部。

【妇联工作】 下发《关于开展庆祝“三八”国际劳动妇女节102周年系列活动的通知》，通过举办座谈会、读书会、演讲比赛及各种文体活动，营造良好的节日氛围。家庭教育特色校开展迎传爱心、送温暖、促和谐巾帼志愿服务活动，帮助和服务空巢老人、单亲家庭、困难家庭、留守妇女和儿童，开展敲一扇门、扫一楼道、栽一片绿、聊一会儿天、帮一个人、解一份忧“六个一”便民、利民志愿服务活动，提供生活照料、心理抚慰、应急救助等服务。将“三八”前一周定为妇女维权周，集中开展妇女法制宣传活动。认真学习《中华人民共和国妇女权益保障法》《河北省实施〈中华人民共和国妇女权益保障法〉办法》《河北省预防和制止家庭暴力条例》等维护妇女合法权益的法律法规；通过召开会议、摆放展板、散发资料、悬挂横幅、利用LED屏等方式集中宣传妇女法制活动。参加区妇联“三八”节汇报汇演，赢得好评。建立系统贫困儿童信息库，上报贫困儿童93人；上报8名因病贫困的儿童为河北省危难困境儿童救急基金人员。“六一”儿童节，选定61名贫困儿童，开展与爱心人士一对一游乐岛活动及品尝西餐活动。在市妇联举办的全市少年儿童健康文明歌曲传唱活动中，迎宾路小学歌伴舞《阳光下的好少年》、建设路小学合唱《红领巾向着太阳走》等两首歌曲的演唱取得优异成绩。开展走进基层、走近妇女——妇联干部“一联五”贴心扎根工程。确定燕秀里、临河里、先盛里幼儿园、青少年活动中心、耀华妇委会主任为“一联五”工程联系人；确定耀华小学、青少年活动中心及先盛里幼儿园为“一联五”工程试点校。协调社区教育管理中心与滨海城社区开展城乡牵手、岗家共建活动。4月，社区3名唱歌、舞蹈、书法教师深入滨海城社区，与社区居民共同研究书法，教授社区居民唱歌、舞蹈。组织社区教育管理中心5名巾帼志愿者参加区妇联、区环保局组织的环保日宣传活动。

【关心下一代工作】 健全完善关工委组织机构，调整关工委。做好家长学校实验区工作，各学校制订有效措施，推进家长学校工作。指导农村学校学习家庭教育知识，开展农村家长学校工作。开展省级家长学校优秀教案征集活动，上报优秀教案106篇。开展家长学校课题研究工作，26个单位的课题通过省级申报。教育局关工委和社区教育管理中心共同举办“有效沟通，让爱流动”大型家庭教育讲座，1200名家长代表参加，省家长学校梁红梅老师利用翔实的事例，现场与家长面对面交流，普及家教知识，帮助家长更好地开展家庭教育。开展全国青少年五好小公民“复兴中华，从我做起”主题教育读书活动，采取多种多样、生动活泼的形式，通过主题班会、社会实践、演讲比赛引导青少年在活动中认识自己、展示自己、提高自己。

【老干部工作】 落实老干部的政治待遇和生活待遇，按政策落实老干部的交通费、文艺费等，按政策为老干部订阅报刊杂志，及时为老干部申请护理费，组织老干部参加暑期疗养。召开老干部工作培训会，学习相关政策文件，按照《老干部工作检查内容细化表》在各支部开展自查工作，严格落实秦发（1998）10号文件、组通字（2011）36号文件等，深入推动老干部工作。教师节、重阳节、春节，开展走访慰问活动，耐心、细心、诚心做好老干部工作，把温暖和关怀及时送到老干部心中。

（马建玲）

优化发展环境工作

【概况】 围绕河北沿海地区发展战略和区委、区政府中心工作，以“治庸提效能、服务促发展”活动为主题，以转变机关干部作风、规范行政行为、提升服务质量为目标，加强监督检查，严肃查处违纪行为，解决机关效能建设中存在的突出问题；树立项目为先、企业为大的理念，提高群众和市场主体满意度，为全区在沿海地区开发建设中率先发展、率先突破提供有力保障。

【“治庸提效能、服务促发展”活动】 以机制建设规范行政行为、治庸问责提升干部作风、监督检查促进权力规范、绩效管理推动工作落实为重点，在全区开展“治庸提效能、服务促发展”活动，由区纪委、监察局成立领导小组办公室，负责组织实施、宣传报道、督导检查及日常工作。通过开展“治庸提效能、服务促发展”活动，提升行政服务水平，在围绕大局、服务建设方面有新提高；深化行政审批制度改革，在项目审批简政放权方面取得新成效；推进依法行政，在规范涉企执收执罚行为方面树立新形象；创新管理模式，在机关效能长效机制建设方面取得新突破。

【行政审批制度改革】 开展“双减双提”专项行动，集中清理和消减行政审批事项，规范行政审批程序，印发“三类事项”目录及流程图汇编5500份；开展涉企收费专项治理，清理规范收费项目，与区物价局联合编印《海港区涉企收费明白手册》。开展“三类事项”办理、行政处罚及落实限时办结制度情况监督检查。全年检查行政许可事项860多件，非行政许可审批事项720多件，行政监管事项430多件，行政处罚410多件，政务运行更加规范。

【行政效能监察】 采取明察暗访、重复访、跟踪访等形式，对全区120家单位进行督导检查。召开典型案件通报会，向14家问题单位发送整改通知书，并责令问题单位进行整改，对18名责任人进行严肃处理。按照《海港区经济发展软环境建设监测点的实施办法》要求，5月15日，组织召开经济发展软环境建设监测工作座谈会，通过以会代训的形式，提高各监测员对发展软环境监测认识，丰富监测方式及内容，增进政府与监测员间的沟通与互信，了解掌握全区经济发展软环境建设现状。发放海港区经济发展软环境建设调查问卷30多份，征求意见和建议24条。加大社会维稳工作监督力度，为中共十八大召开提供保障。10月下旬开始，采取明察暗访、昼夜巡查等形式对各稳控点进行监督检查，并对问题责任人通报批评。以优化发展环境投诉举报电话、投诉举报邮箱等形式受理优化发展环境工作及机关效能建设方面的投诉，保护企业和群众的合法权益。全年受理投诉举报件8件，办结5件，另3件转2013年办理。

【重点项目跟踪问效】 开展优化经济发展环境调研活动。4月开始，组织人员到7家重点项目企业和9家经济管理及服务部门走访调研。向企业发放海港区"三类事项"目录200多册，调查问卷120多份。采取集中检查、明察暗访、跟踪检查等形式，对涉及到重点项目办理的行政单位进行督导检查。结果为每个项目建设均有进展，有的项目进展顺利，相关部门对项目建设给予大力支持，特别是在项目服务方面落实首问负责、服务承诺、领办代办等规定，帮助项目单位办理项目有关手续，主动为项目单位服务，服务方式更加灵活，服务效率明显提高。

【机关标准化建设】 实施《海港区"机关标准化建设"实施方案》。以规范服务、提高效率为主线，通过对公共服务标准的制订和实施，运用标准化建设原则和方法，建立健全各项规章制度和行之有效的监督、检查和问责机制，全面规范行政行为，达到服务质量目标化、服务方式规范化、服务过程程序化，实现工作职责明确、工作过程规范、工作质量要求清晰、工作效率管理的标准化，提高机关行政管理水平。召开机关标准化建设现场观摩暨优化发展环境工作会议。7月3日，组织91家单位参观海港公安分局太阳城派出所、区国税局、区财政局机关标准化建设先进单位。通过学习交流，促使各单位对标先进找差距，对照要求抓落实，全面提升机关行政管理效能与服务质量，实现工作提速、服务提质、管理规范的工作要求，为全区实现科学发展、和谐发展、跨越发展提供有力保障。经过区服务窗口星级考评领导小组考评、推荐，市级服务窗口星级考评领导小组办公室审定，全区被评为市级星级服务窗口37个，其中:金色五星级窗口2个、五星级窗口5个、四星级窗口3个、三星级窗口27个，有效推进各服务窗口的规范化建设。

（王金刚）

海港区人民代表大会

HAIGANGQURENMINDAIBIAODAHUI

HAIGANGQURENMINDAIBIAODAHUI

区人民代表大会会议

【区十四届人大一次会议】 2月16～18日，海港区第十四届人民代表大会第一次会议在君御大酒店召开。大会应出席代表265人，实出席249人。大会主席团由王琳（女）、王自俭、王建国、公爱民、史力方、冯志永、冯国林、边瑞增、刘凤奎、刘立辉、刘晓光、刘爱秀、刘嘉诚、齐香民、孙爱静（女）、杨广俊、杨东明、杨永会、杨丽萍（女）、杨艳莉（女）、张浩、张鹏、张立红（女）、张国林、张振江、张晓雁（女）、陈巍、陈永山、郎晓光、房德臣、赵长泰、袁会民、倪俊友、高立明、黄萍、曹信杰、曹耀辉、崔洋、韩国祥、董宝军、鲁栋、温志国、廉国会等43人组成。冯志永、鲁栋、陈永山、廉国会、韩国祥、杨丽萍（女）为主席团常务主席。陈永山为大会秘书长。

大会审议批准区人民政府区长冯国林所作的《海港区人民政府工作报告》；审查批准区发展改革局局长刘福生《关于海港区2011年国民经济和社会发展计划执行情况与2012年国民经济和社会发展计划（草案）的报告》（书面）、区财政局局长印洪《关于海港区2011年财政预算执行情况和2012年财政预算（草案）的报告》（书面）；区人大常委会主任鲁栋所作的《海港区人民代表大会常务委员会工作报告》；区人民法院院长李顺武所作的《海港区人民法院工作报告》；区人民检察院代理检察长陈巍所作的《海港区人民检察院工作报告》。大会通过上述各项报告，并作出相应的决议。

大会选举鲁栋为区人大常委会主任，陈永山、廉国会、韩国祥、杨丽萍（女）为区人大常委会副主任。选举冯国林为区人民政府区长；张国林、杨东明、赵长泰、张立红（女）、刘晓光、袁会民为区人民政府副区长。选举董宝军为区人民法院院长；陈巍为区人民检察院检察长。大会选出海港区十四届人大常委会委员20人。

大会收到代表提出建议、批评和意见84件，代表建议办结率100%，满意率100%。

区人大常委会会议

【区第十三届人大常委会第三十七次会议】 2月3日，召开海港区第十三届人大常委会第三十七次会议。补选陈书增为市十二届人民代表大会代表；研究人事任免有关事宜；原则通过区人大常委会工作报告；通过代表资格审查情况的报告；研究区第十四届人民代表大会第一次会议有关事宜。

【区第十四届人大常委会第一次会议】 4月18日，召开海港区第十四届人大常委会第一次会议。研究人事任免有关事宜；通过代表资格审查委员会名单；讨论通过区人大常委会2012年工作要点。

【区第十四届人大常委会第二次会议】 6月27日，召开海港区第十四届人大常委会第二次会议。研究人事任免有关事宜，陈绳锋为区人民政府副区长。听取审议区人民检察院关于开展法律监督工作情况的报告。

【区第十四届人大常委会第三次会议】 8月30日，召开海港区第十四届人大常委会第三次会议。听取和审议区政府2012年上半年国民经济和社会发展计划及财政预算执行情况的报告；听取和审议区政府2011年度财政预算执行和其他财政收支审计情况的报告。

【区第十四届人大常委会第四次会议】 11月1日，召开海港区第十四届人大常委会第四次会议。研究人事任免有关事宜；听取和审议区政府关于全区居民住宅小区物业管理工作情况的报告。

【区第十四届人大常委会第五次会议】 12月24日，召开海港区第十四届人大常委会第五次会议。听取和审议区政府公共财政预算调整意见的报告，审查批准预算调整方案；听取和审议区政府2012年度代表建议、批评和意见办理情况的报告。

区人大常委会主要工作

【概况】2012年，以邓小平理论和“三个代表”重要思想为指导，认真学习宣传贯彻落实中共十八大精神，深入实践科学发展观，围绕全面打造沿海一流主城区的目标，认真履行宪法和法律赋予的职权，发挥地方国家权力机关的作用，为促进经济社会发展和民主法制建设、构建和谐港城做出积极贡献。

【工作监督】加强经济工作监督。常委会听取和审议2012年上半年国民经济和社会发展计划及财政预算执行情况的报告、2011年度本级预算执行情况和其他财政收支情况的审计工作报告，提出面对当前经济下行压力增大等困难，要不断推进产业结构优化升级，加快发展旅游业和现代服务业，发挥玻璃制造、金属压延、太阳光伏等传统优势产业的作用；想方设法引进具有核心竞争力的高新技术产业和制造业项目，提升招商引资的质量；全力组织财政收入，加大对重点税种、重点税户、重点企业、重点项目的跟踪力度，及时协调解决收入征管中出现的问题，做到应征不漏、应收尽收，确保全年财政收支平衡等建议。根据全年财政收入增长和全区建设发展的需要，适时批准2012年区本级财政预算调整方案，保障全区经济和社会发展的需要。围绕抓好经济建设、促进社会和谐的中心，选准议题，确定监督重点，坚持在监督中支持，开创党委满意、“一府两院”感谢、单位主动欢迎的崭新局面。强化对社会热点问题的监督。对全区经济适用房和廉租房建设总体情况和2011年全区经济适用房和廉租房建设重点项目进展情况进行视察，常委会专门听取区政府加强经济适用房和廉租房建设、改善部分困难居民居住条件的报告。区政府采取灵活多样的形式，广泛宣传实施保障性住房建设的目的、意义、政策和工作成效，促进全社会关注和支持保障性住房建设。强化对计划预算的审查监督。

【司法监督】强化司法监督，维护社会和谐稳定。常委会把维护社会和谐稳定作为重要职责，不断加大对“一府两院”的工作监督，着力促进社会和谐发展。听取和审议区检察院关于加强法律监督工作情况的报告，督促检察机关加强队伍建设，不断提升法律监督的能力和水平。主任会议专门听取区政府关于社区矫正工作情况汇报，提出要加大政府投入，提高社会各方面参与此项工作积极性，公检法司各部门要强化部门间的协作与配合等建议。组织部分常委会组成人员和人大代表深入参加旁听和评议法院庭审专题调研活动，旁听和评议案件4个，规范司法行为，促进法官、检察官队伍素质的提高。认真办理人民群众来信来访，全年受理来信来访57件89人次，妥善处理人民群众的合理诉求，消除不稳定因素，维护人民群众合法权益和社会和谐稳定。

【代表工作】精心组织代表学习培训。在换届选举产生区十四届人大代表后，常委会组织全区265名人大代表进行集中培训，学习人民代表大会制度基本知识，明确人大代表的权利和义务，了解如何更好发挥人大代表作用的方法，增强当好人大代表的使命感和责任感。拓宽代表知情知政渠道。常委会坚持邀请代表列席常委会会议、参与常委会组织的执法检查、视察和调研活动，担任法、检两院和政府相关部门等各类监督员，多渠道发挥代表参与管理国家和社会事务的作用。依法促进人大代表履职。围绕区委中心工作和常委会工作议题组织代表开展调查研究、集中视察和执法检查等活动37次，参加代表292人次。各代表团活动内容丰富，涵盖就业再就业、社会保障、学前教育等方面内容；活动形式多样，听汇报、搞座谈、实地边看边议，现场看成绩、查不足、提建议；组织方式灵活，对于重要项目不仅组织2～3个代表团联合视察，还采取市区代表、区镇代表联合活动形式，增强活动实效。规范代表建议办理工作。区十四届人大一次会议收到代表建议、批评和意见84件。对涉及区政府系统的81件代表建议进行整理交办，区政府在规定时限内全部办结并答复代表，满意率和基本满意率100%。常委会还通过代表视察、召开代表建议办理情况座谈会、听取和审议区政府《关于代表建议办理情况的报告》等方式，及时了解建议办理情况，督促建议办理进度，提高办理工作实效。

【人事任免】 常委会始终坚持党管干部和依法任免的有机统一，坚持对被任命人员履行任前法律知识考试、表态发言、票决、颁发任命书等法定程序，特别是换届后及时任命区政府组成部门的主要负责人，为新一届政府开展工作提供组织保障。全年任免机关工作人员 27 人次。

【自身建设】 提高能力强建设。常委会把加强自身建设作为本届开局之年的重要工作，致力提高组成人员履职能力和工作水平，以不断适应新时期、新形势、新任务下人大工作要求。加强思想建设。采取集中辅导、专题讲座、外出培训和个人自学等多种形式，组织常委会组成人员、机关干部学习政治理论、法律法规和人大业务知识，突出抓好中共十八大精神的学习贯彻，增强常委会组成人员和机关干部的政治意识、责任意识、大局意识、服务意识，营造树正气、讲团结，比奉献、思进取，谋发展、求实效的工作氛围。强化机关工作。完善和规范机关工作制度，建立和完善常委会工作程序、议事规则和机关财务管理、后勤保障、会务安排、服务承诺等工作机制，对机关各委办实行目标责任制管理，规范常委会和机关的履职行为，提高办事效率和工作水平。加大对机关干部的教育、培养和交流力度，提拔交流干部 6 人，优化干部队伍结构。重视老干部工作，为老干部搞好服务。加强人大宣传。常委会把人大工作理论研讨和人大工作宣传摆在重要位置，及时宣传报道常委会工作情况，多渠道开辟人大新闻宣传阵地。加大对人大工作制度、民主法制建设、代表履行职责的宣传力度。加强对人大工作理论的研讨，围绕代表工作、监督法实施、常委会自身建设等课题开展专题调研，有 20 多篇理论文章在市级以上媒体发表。参加全国 13 城区人大常委会联席会议，借鉴外地经验，推动人大工作创新发展。

区人大常委会机构

【区第十三届人大常委会组成人员】

主　任：鲁　栋

副主任：陈永山

王海英（女）

张景魁

韩国祥

委　员：（以姓氏笔画为序）

王广慧　王自俭　王丽敏（女）

刘　君（女）　杨广俊　李永军（女）

李成玉　周忠义　郎晓光　房德臣

高玉彬　曹信杰　崔　洋　程淑颖（女）

谢京海

【区第十四届人大常委会组成人员】

主　任：鲁　栋

副主任：陈永山

廉国会

韩国祥

杨丽萍（女）

委　员：（以姓氏笔划为序）

王　琳（女）王自俭　王建国　公爱民

史力方　边瑞增　刘立辉　刘嘉诚

孙爱静（女）　杨广俊　杨艳莉（女）

张　鹏　张振江　房德臣　倪俊友

郎晓光　曹信杰　曹耀辉　崔　洋

温志国

【区人大常委会工作机构主要负责人】

办公室主任：公爱民

财政经济工作委员会主任：王丽敏（女）

法制工作委员会主任：房德臣

代表人事工作委员会主任：张振江（4 月免）

高　凡（女,6 月任）

教科文卫工作委员会主任：杨玉强（2 月免）

王　琳（女,2 月任）

信访办公室主任：王　琳（女，2 月免）

张　磊（6 月任）

老干部工作办公室主任：边瑞增

区第十四届人民代表大会代表团及代表

【东港镇代表团】 王　健　郭　文　王　哲

王金华　王维民　卢利辉

史力方　冯国林　朱兰田
刘立辉　那　威（女）
杜显兰（女）　李殿民　何世国
孟凡辉　费静波　夏润君
徐　丹（女）

【海港镇代表团】肖子平　高　庚　王平和
王永群　王志勇　王郁岚
王洪泉　王德月　付连永
朱大田　刘才兴　李成玉
张立红（女）　张孟秋　张铁忠
张智强　陆洪德　岳会仁
曹国伟

【海阳镇代表团】祖旭波　苏大忠　王　澍
刘海波　杨丽萍（女）　杨忠权
张志民　陈　海　周鹏林
赵凤芝（女）　袁孝本　倪宝全
郭子茹　曹　辉　温志国
谢京海　戴荣元　魏汉良

【西港镇代表团】孙　毅　侯中文　于恩林
王彦军　王满成　孔祥东
石建军　刘英峰　刘殿昌
杨广俊　杨家琛　李秋来
张云山　张玉华　张利荣
张湘义　郭学深　鲁　栋
廉国会

【北港镇代表团】郝冀伟　李贵林　王东江
王庭锁　田连有　冯志永
印　洪　刘玺祥　杨永会
杨时慧　杨润芝（女）
张　洁（女）　张德喜　苑同锁
郎海伦（女）　胡福全　徐志敏
郭宪彬

【文化路代表团】刘淑珍（女）　宫慧艳（女）
王文斌　王志新　王建国
刘爱秀　刘嘉诚　齐春霞（女）
孙淑安　宋继良　李　敏
李文生　李会庆　李晓光
张振江　张晓雁（女）
胡敬林

【海滨路代表团】瓮志平　王　琳（女）
王一歌　尹清志　付合全
刘　存　齐香民　安文杰
杨雨春　肖长海　吴文生
张浩然　张静漪（女）
陈　娜（女）　郎晓光
赵文成　韩国祥

【建设大街代表团】吕红新　于海鹏　王红艳（女）
王海军　申雅秋　刘双全
杨铁林　李广民　张　伟
张国军　林大华　房德臣
胡富强　郝富连　赵长泰
钟　涛　顾国辉　崔　洋

【燕山大街代表团】冯立志　季　平　王有长
王秀红　公爱民　杨连盛
苏文胜　吴立芳（女）
张凤龙　周　倩　周莲洁（女）
周慧霞（女）　郎喜梅
高　栋　涂学宏　曹信杰
曹耀辉　董宝军

【港城大街代表团】兰　鹏　王晓冬（女）
任丽娜（女）　刘凤奎　刘继军
许一群　杨艳莉（女）　李兴收
吴秋来　张国林　张艳东（女）
胡孝文　费敬霞（女）　黄海疆
董彦超　程克军　魏淑娟（女）

【东环路代表团】昝　欣　王玉华（女）
王建国　王晓静（女）
王喜亭　王德权　方向明
田秀财　孙志刚　杨爱文
李秀丽（女）　李建国

张　浩　郑云明　赵军朝
高玉彬　高立明　崔清林

【白塔岭代表团】 梅红霞（女）许　岩　王自俭
东方阳　任　毅　刘晓光
刘清芬（女）毕卫红（女）
杨　英（女）李克国　李林忠
辛彦怀　武新军　郑国新
赵　伟（女）倪俊友　高洪星

【河东代表团】 谢桂亮　迟　飞　王　静（女）
王进国　王胜超　边瑞增
刘久军　杨东明　李双全
张亚杰　陈　巍　邵清惠
罗胡英（女）周冬菊（女）
梁安平　董育松　蒋福长

【西港路代表团】 张华津　郭智慧（女）朱清国
李天兵　李占谦　李冠霖
李晓奇　吴国生　陈永山
武　涛（女）徐志文（女）
徐建华　晁迎峰　高　辉
黄　萍　梁　力　裴　勇

【北环路代表团】 张秀英（女）岂福明　丁连斌
王晓民　刘福生　齐秋丰
孙爱静（女）佟佰军　李　平
张　鹏　张建梅（女）张春义
迟耀安　荣博英（女）
洪　园（女）袁会民
康红艳（女）

（郑　苗）

海港区人民政府

HAIGANGQURENMINZHENGFU

HAIGANGQURENMINZHENGFU

区政府重要决策

1月17日，海港区人民政府印发《关于加强2012年春节期间烟花爆竹安全管理工作的通知》。通知对做好2012年春节期间烟花爆竹安全监管工作提出具体意见，旨在实现社会稳定，保障人民群众生命财产安全，构建和谐社会。

1月30日，海港区人民政府印发《关于授予丁春启同志见义勇为先进分子荣誉称号的决定》。决定对东港镇富家营村村民丁春启面对持刀行凶歹徒，临危不惧，勇于同歹徒作斗争，为维护全区社会治安秩序作出积极贡献的事迹予以表彰，并决定授予丁春启“见义勇为先进分子”荣誉称号，奖励人民币1万元。旨在号召全区广大干部、群众以丁春启为榜样，认真学习他见义勇为、敢于同违法犯罪分子作斗争的精神，为营造全区和谐稳定的社会环境、打造省内一流主城区作出更大贡献。

3月14日，海港区人民政府印发《关于做好2012年食品安全风险监测的通知》。通知对做好食品安全风险监测的目的、形式、工作安排、工作要求提出具体意见，旨在及时、客观、准确地进行食品安全风险评估，客观反映全区食品安全现状，为开展食品安全风险评估和采取有针对性的控制措施提供科学依据。

3月27日，海港区人民政府印发《海港区2012年新型农村合作医疗实施方案》。方案分总则，参合者的权利和义务，基金的筹集、管理与使用，医疗费用补偿，监督与奖惩，新农合服务机构，附则等7章28条。方案自2012年1月1日起实行。

4月10日，海港区人民政府印发《关于深化基层供销合作社组织体制改革的实施意见》。意见对全区深化基层供销合作社组织体制改革提出具体意见，旨在深化基层供销合作社组织体制改革，发挥供销合作社在推进社会主义新农村建设、构建城乡经济社会发展一体化新格局中的重要作用。

4月10日，海港区人民政府印发《海港区2012年食品安全宣传教育工作实施方案》。方案对食品安全宣传教育工作指导思想、工作目标、宣传培训内容、宣传培训进度安排、工作要求提出具体意见，旨在深入贯彻国家《食品安全宣传教育工作纲要（2011 ~ 2015年）》，广泛开展面向全社会的食品安全宣传培训活动，切实增强食品安全宣教工作的系统性和实效性，进一步提升社会各界食品安全意识和食品安全监管队伍的工作水平。

4月27日，海港区人民政府印发《海港区基本农田划定工作方案》。方案对基本农田划定工作目的和意义、工作内容、工作安排、具体要求的提出具体意见，旨在划定永久基本农田，建立补偿机制，确保基本农田总量不减少、用途不改变、质量有提高。

5月3日，海港区人民政府印发《蓬莱19-3油田溢油事故海水养殖损失补偿资金发放工作方案》。方案对损失补偿资金发放的工作原则、补偿范围、工作步骤及时间安排、工作要求提出具体意见，旨在维护养殖渔民的切实利益，做好补偿资金发放工作。

5月9日，海港区人民政府印发《海港区安全生产“三双”活动方案》。方案对开展“双创、双打、双迎”安全生产实践活动的指导思想、工作内涵、总体目标、工作内容及任务分解、方法步骤、保障措施提出具体意见，旨在进一步提升全区安全生产水平，确保安全生产形势持续稳定。

5月10日，海港区人民政府印发《海港区2012年节能工作实施方案》。方案对节能工作的指导思想、主要目标、工作任务、工作安排、保障措施提出具体意见，旨在进一步增强全民的节能意识，在全区形成节约光荣、浪费可耻的良好氛围。

5月10日，海港区人民政府印发《海港区2012年主要污染物总量减排实施方案》。方案对污染减排工作的指导思想、主要污染物排放量新增量预测及减排指标、污染减排工程、工作举措提出具体意见，旨在实现污染减排约束性指标，推动经济社会又好又快发展。

5月17日，海港区人民政府印发《海港区2012年“安全生产年”活动实施方案》。对“安全生产年”活动的指导思想、总体目标、活动内容及主要任务、实施步骤、工作要求提出具体意见，旨在进一步加强安全生产工作，推动全区安全生产形势的持续稳定。

5月17日，海港区人民政府印发《海港区安全生产“十二五”规划》。对规划编制的目的、依据，现状和形势，指导思想、基本原则和规划目标，主要任务，保障措施，规划实施与考核提出具体意见，旨在夯实安全生产基础，提高安全水平，推动安全生产形势总体平稳和持续好转，保障人民群众生命财产安全。

5月23日，海港区人民政府印发《海港区农村集体土地确权登记发证工作实施方案》。方案对农村集体土地确权登记发证工作的目的与任务、主要工作及具体时间安排、技术要求、组织实施、经费保障提出具体意见，旨在进一步完善农村地籍档案，建立农村地籍信息系统，逐步实现农村地籍管理数据化，明确农村集体土地产权主体，切实保障农村集体及农民的合法权益。

5月25日，海港区人民政府印发《海港区2012年城市环境容貌脏乱整治工作实施方案》。方案对城市环境容貌脏乱整治工作总体思路和工作目标、整治内容和工作分工、实施步骤和工作要求、保障措施提出具体意见，旨在强力解决一批影响城市环境容貌的难点和顽症，促使城市环境容貌特别是环境卫生在暑期前实现明显改观。

5月28日，海港区人民政府印发《关于进一步加强城市管理工作的意见》。意见对加强城市管理的总体目标和基本原则、主要内容及责任分工、保障机制提出具体意见，旨在进一步提升城市管理水平，建立长效城市管理工作机制，加快打造沿海一流主城区。

5月29日，海港区人民政府印发《关于推进镇财政所标准化建设的实施意见》。意见对推进镇财政所标准化建设的总体目标、基本原则、建设任务、相关措施提出具体意见，旨在完善全区公共财政管理体系，确保镇财政资金安全和有效使用，落实好强农惠农财政政策，提高镇财政科学化、精细化管理水平。

5月29日，海港区人民政府印发《海港区迎暑期市容环境综合整治实施方案》。方案对迎暑期市容环境综合整治的工作目标、主要任务、保障措施提出具体意见，旨在全面提升城市环境面貌及卫生条件水平，以崭新的城市容貌迎接暑期。

6月1日，海港区人民政府印发《海港区2012年食品安全工作实施方案》。方案对食品安全工作的指导思想、总体思路、目标任务、工作重点和主要措施、保障措施提出具体意见，旨在全面贯彻实施《中华人民共和国食品安全法》，强化基层基础，突出工作重点，破解薄弱节点，打造工作亮点，加强食品安全长效机制建设，促进食品产业健康发展。

6月5日，海港区人民政府印发《海港区加快镇（街道）政务服务中心、村（社区）便民服务室建设实施方案》。方案对加快镇（街道）政务服务中心、村（社区）便民服务室建设的指导思想、工作目标、主要内容、保障措施提出具体意见，旨在进一步优化全区经济发展环境，提高服务效率和质量，将政府服务延伸到基层，构建完善政务服务体系，最大限度地满足基层群众对政府公共服务的需求，为群众提供创造高效、便捷的公共服务环境。

6月6日，海港区人民政府印发《海港区2012年暑期食品安全保障暨食品安全大检查工作实施方案》。方案对暑期食品安全保障暨食品安全大检查工作的指导思想、工作目标、工作重点、保障措施提出具体意见，旨在巩固食品安全专项整治成果，强化食品安全各环节的日常监管，加强食品安全预警和监测分析，全力做好暑期食品安全风险监测和检测，建立健全食品安全监管长效机制，努力营造安全可靠、和谐稳定、舒适优美的暑期环境。

6月14日，海港区人民政府印发《海港区2012年地质灾害防治方案》。方案对地质灾害防治重点、地质灾害防治主要工作、地质灾害防治措施提出具体意见，旨在切实做好2012年地质灾害防治工作，确保人民群众生命财产安全，最大限度地减少地质灾害带来的损失。

6月27日，海港区人民政府印发《海港区食品安全事故应急预案》。预案分总则，组织机构及职责，监测预警、报告与评估，应急响应，后期处置、应急保障、附则。旨在建立健全应对食品安全事故运行机制，有效预防、积极应对食品安全事故，高效组织应急处置工作，最大限度地减少食品安全事故的危害，保障公众健康与生命安全，维护正常的社会经济秩序。

7月4日，海港区人民政府印发《海港区突发环境事件应急预案》。预案分总则、组织机构及其职责、监测和预警、应急处置、后期处置、保障、宣传、培训、演练与奖惩、附则。预案自公布之日起执行。《海港区突发环境污染事件应急预案》（海政〔2006〕60号）同时废止。

7月6日，海港区人民政府印发《关于进一步加强查处取缔无证照经营工作的通知》。通知对查处取缔无证无照经营工作的目标任务、整治重点和内容、职责分工、工作措施、工作要求提出具体意见，旨在努力构建查处取缔无证无照经营制度化、系统化和规范化的监管体系，有效遏制无证无照经营行为，推动全区经济又好又快发展。

7月9日，海港区人民政府印发《海港区应对极端天气应急方案》。方案对应对极端天气的指导思想和工作目标、组织领导、应急处置、保障措施提出具体意见，旨在有效防范发生极端天气时造成河流、海域环境污染，着力构建应对极端天气应急处置长效机制，确保近岸海域环境综合整治工作取得实效。

7月10日，海港区人民政府印发《海港区畜禽养殖管理办法》。办法共31条，自发布之日起施行。旨在规范畜禽养殖行为，预防控制畜禽疫病，防止畜禽养殖污染，保障畜禽产品质量安全，促进畜禽养殖业可持续发展。

7月13日，海港区人民政府印发《海港区城市社区基础设施达标建设实施方案》。方案对城市社区基础设施达标建设的指导思想、基本原则、总体目标和具体要求、实施步骤、资金筹措、保障措施提出具体意见，旨在充分发挥社区在构筑和谐社会中的重要作用，进一步提升全区社区建设工作整体水平。

7月13日，海港区人民政府印发《关于进一步加强安全生产基层基础建设的意见》。意见对加强安全生产基层基础建设的重大意义；安全生产基层基础建设的指导思想、工作内涵、目标任务；加强安全生产基层建设；夯实安全生产基础工作；完善安全生产保障体系；完善安全生产激励约束机制提出具体意见，旨在切实加强安全生产基层基础建设，全面提升安全生产保障能力，树立海港区安全发展的良好形象，确保“十二五”安全生产目标任务的实现。

7月20日，海港区人民政府印发《海港区深入推进消防安全网格化管理工作的实施方案》。方案对深入推进消防安全网格化管理工作的工作目标、划分“三级网格”、消防安全网格化管理责任、消防安全网格化管理主要工作、推进消防安全网格化管理的保障措施提出具体意见，旨在建立责任明晰、机制健全、运行高效的消防安全网格化管理组织和工作机制，城乡消防安全条件明显改善，防控火灾能力显著提高。

7月20日，海港区人民政府印发《中华人民共和国政区大典·海港区分篇编纂工作实施方案》。方案对《中华人民共和国政区大典·秦皇岛卷》编纂工作重要意义、组织领导、实施步骤、编纂内容、审稿上报提出具体意见，旨在全面介绍海港区政治、经济、文化、社会、历史、环境和自然条件等各个方面的情况让外界了解海港区区情，推动地区间的相互交流，促进城乡经济社会发展。

7月23日，海港区人民政府印发《海港区园区土地供应实施方案》。方案对园区土地供应的基本原则、适用范围、组织实施主体和方式、工作内容和程序、保障措施提出具体意见，旨在贯彻落实市政府向海港区政府下放特定园区部分土地供应权限的决定，使北部工业区、临港物流园区、东部循环经济园3个园区的土地供应审批行为更加规范化、制度化。

7月25日，海港区人民政府印发《海港区成品油市场秩序专项整治月行动实施方案》。方案对成品油市场秩序专项整治月行动的指导思想、职责分工、时间步骤、整治措施、工作要求提出具体意见，旨在重点打击无证照销售成品油、违规建设加油站（点）、销售劣质成品油、非法流动油罐车售油等违法违规行为，使经营者的经营行为更加规范，零售网点布局更加科学合理，消费者权益得到有效保障，促进成品油市场健康、有序、规范发展。

7月27日，海港区人民政府印发《海港区人民政府关于进一步加强招商引资工作的意见》。意见对进一步加强招商引资工作的总体要求、工作重点、保障举措提出具体意见，旨在进一步推进对外开放，构建规范有序、科学高效的招商引资工作体系，提高利用外来投资水平，发挥外来投资在推动科技创新、产业升级、经济转型和沿海开发等方面的积极作用，促进全区经济实现又好又快可持续发展。

8月14日，海港区人民政府印发《海港区招商引资奖励（暂行）办法》。办法对招商奖励范围、招商奖励标准、奖励资金来源、附则提出具体意见，旨在进一步调动各镇、园区、街道及区直相关部门招商引资工作的积极性，推动全区开放型经济更好更快发展。

8月29日，海港区人民政府印发《关于印发2012年医药卫生体制改革主要工作安排的通知》。通知对医药卫生体制改革主要工作的总体要求、工作任务、保障措施提出具体意见，旨在保持医改良好势头，巩固扩大医改成果，持续深入推进医改，为实现“十二五”阶段性改革目标奠定坚实基础。

9月18日，海港区人民政府印发《海港区铁路沿线环境安全专项治理活动实施方案》。方案对铁路沿线环境安全专项治理活动的组织领导、工作目标、主要任务、工作步骤、工作要求提出具体意见，旨在进一步优化铁路运输环境，确保铁路运输安全畅通。

9月25日，海港区人民政府印发《海港区安全生产事故应急救援预案》。预案分总则、组织体系及相关机构职责、预警预防机制、应急响应、后期处置、保障措施、宣传培训和演习、演练及附则。本预案自公布之日起执行。《海港区特别重大事故应急处理预案》(海政〔2003〕38号)同时废止。

9月25日，海港区人民政府印发《海港区危险化学品事故应急救援预案》。预案分总则、组织机构及职责、预警预防机制、应急响应、后期处置、保障措施、宣传、培训和演习及附则。本预案自公布之日起执行。《海港区重特大危险化学品事故应急救援预案》(海政〔2007〕29号)同时废止。

9月25日，海港区人民政府印发《海港区烟花爆竹事故应急救援预案》。预案分总则、组织机构及职责、预测、预警、应急响应、后期处置、保障措施、宣传、培训与演练及附则。本预案自公布之日起执行。《海港区烟花爆竹突发事故应急预案》(海政〔2006〕68号)同时废止。

9月26日，海港区人民政府印发《海港区2012年十一黄金周旅游市场秩序整治专项行动方案》。方案对十一黄金周旅游市场秩序整治专项行动的工作目标、时间安排、主要任务及分工、有关要求提出具体意见，旨在进一步优化十一黄金周旅游环境，切实解决旅游市场中存在的突出问题，提高旅游服务质量，树立诚信旅游形象。

9月27日，海港区人民政府印发《海港区2012年农村危房改造工作实施方案》。方案对农村危房改造的改造范围、任务目标、基本原则、时间安排、补助对象、补助标准、改造标准和改造方式、实施步骤、工作措施提出具体意见，旨在贯彻落实中央、省、市关于加快推进农村危房改造工作的要求，确保保质保量按时完成全区危房改造任务，逐步解决和改善全区农村贫困群众的住房不安全问题。

9月27日，海港区人民政府印发《海港区“决战四十天，迎接十八大”安全生产执法专项整治特别行动实施方案》。方案对“决战四十天,迎接十八大”安全生产执法专项整治特别行动的总体目标、组织领导、执法时间、重点范围及执法内容、工作要求提出具体意见，旨在最大限度消除事故隐患，全力防范各类事故发生，确保安全生产形势稳定，为中共十八大胜利召开创造和谐稳定的社会环境。

9月28日，海港区人民政府印发《关于做好2010年冬季退役士兵安置工作的通知》。通知对退役士兵接收安置范围、接收安置工作遵循的政策、原则和方法、全力做好退役士兵接收安置工作、安置要求提出具体意见，旨在构建和谐社会，支持国防军队建设和维护改革发展稳定大局。

10月15日，海港区人民政府印发《海港区预算单位公务卡管理办法》。办法分总则、公务卡日常管理、公务卡支付管理、公务卡财务报销管理、各方职责、附则，共6章39条。办法由区财政局负责解释。办法自发布之日起执行。

10月17日，海港区人民政府印发《海港区政府投资项目资金管理暂行办法》。办法分总则、项目审批及投资安排、项目变更审批管理、投资评审、资金管理、附则，共6章、19条。方法自发布之日起实施，原有规定与本办法冲突的，一律以本办法为准。办法由海港区财政局负责解释。

11月5日，海港区人民政府印发《关于建立综合治税大格局的实施意见》。意见对建立综合治税大格局的工作目标、基本原则、组织机构、工作制度、工作重点、保障措施作出具体规定，旨在进一步实施科学化精细化管理，深化税源控管，维护纳税人合法权益，增加财政收入，促进地方经济社会和谐发展的重要保证。

12月6日，海港区人民政府印发《海港区地震应急预案》。预案分总则、组织指挥体系及职责、地震灾害事件分级与事权划分、预警和灾情信息报送、区抗震救灾指挥部应急处置、12个应急救援组应急处置、应急结束、后期处置、宣传、培训和演习、附则。预案由区抗震救灾指挥部办公室制定并负责解释。预案自发布之日起实施。

12月6日，海港区人民政府印发《海港区人民政府关于大力实施质量兴区战略的意见》。意见对实施质量兴区战略的指导思想、主要目标、工作重点、保障措施提出具体意见，旨在深入贯彻落实科学发展观，立足以质取胜，全面提升质量总体水平，促进全区现代产业体系建设和经济社会又好又快发展。

区政府重要会议

【区政府常务会议】 2012年，区政府召开常务会议7次。

1月31日，召开十三届区政府第五十八次常务会议。研究并通过有关人事任免事宜；研究并原则同意《海港区2012年政府工作报告（讨论稿）》;研究并原则同意《2012年海港区政府预算（草案）》；研究并原则同意《关于海港区2011年国民经济和社会发展计划执行情况与2012年国民经济和社会发展计划（草案）的报告》；研究并原则通过《海港区2012年民心工程实施方案（讨论稿）》;研究并原则通过《海港区人民政府关于建立健全土地执法监察长效机制的意见》。

4月10日，召开十四届区政府第一次常务会议。研究并原则同意《海港区2012年生态工程实施方案》；研究并原则同意《海港区人民政府关于进一步加强城市管理工作的意见》；研究并原则同意《海港区2012年强区工程实施方案》；研究并原则同意《民营纳税十强企业、科技成长型企业、创业明星奖励办法和奖励名单》；听取《秦皇岛临港物流园区管理委员会关于拟规划中小企业园的情况汇报》，并就相关工作提出要求；研究并通过有关人事任免事宜。

7月2日，召开十四届区政府第二次常务会议。研究并通过有关人事任免事宜；研究并原则通过《海港区人民政府关于进一步加强安全生产基层基础建设的实施意见》；研究并原则同意《海港区城市建设综合开发办公室关于成立国有资本参股的股份制有限公司参与旧城改造的报告》；研究并原则同意《海港区人民政府关于加快产业聚集发展的若干意见》；研究并原则同意《海港区深入实施旅游立市战略打造旅游业综合服务中心的实施意见》；研究并原则通过《关于进一步加强招商引资工作的意见（讨论稿）》《项目招商合作协议（讨论稿）》《海港区招商引资奖励暂行办法》；研究《海港区人民政府关于促进企业做大做强的扶持奖励办法》；听取并原则同意《海港区2012年度招录补充教师有关情况汇报》；听取并原则通过《海港区财政局关于与鼎威房地产公司置换资产工作的情况汇报》；研究并原则同意《海港区党政机关公务用车配备使用管理实施办法》。

8月30日，召开十四届区政府第三次常务会议。研究并原则通过《海港区政府投资项目资金管理暂行办法》；研究并原则同意《秦皇岛市一塑厂职工住宅房屋征收补偿安置方案》；研究并原则通过《海港区西港镇山东堡村国有土地上房屋征收与补偿安置方案》；研究并原则通过《海港区道路交通安全整治工作实施方案》；研究并原则同意《建设创新型海港区工作实施方案（讨论稿）》。

12月1日，召开十四届区政府第四次常务会议。研究并通过有关人事任免职事宜；研究《海港区旧城旧村改造征收工作规范性操作流程》；研究《金梦海湾商务旅游度假区管理实施方案》；研究《海港区人民政府关于进一步加大规划执法监察查处和执行力度的暂行规定》；研究并原则同意《海港区政府城镇土地使用税奖励政策》。

12月24日，召开十四届区政府第五次常务会议。听取并原则同意区监察局《关于信昕所犯错误的处理意见》。

12月28日，召开十四届区政府第六次常务会议。研究并原则同意《海港区退出筏式海水养殖及养殖用船补偿办法》；研究并原则通过《海港区海阳镇范庄村房屋征收补偿安置方案》。

【区长办公会议】 1月10日，召开区长办公会议，专题研究区检察院、档案馆专业用房置换问题。

议定的主要事项：对原来与鼎威地产置换区检察院、档案馆专业技术用房方案进行调整，决定以原第五中学资产以及区燃料总公司下属的张庄煤点、东港路5号储煤场、大件路煤点等三块土地及房产置换鼎威房地产公司开发的位于东兴家园小区的2栋独立楼宇,1栋为9层，另1栋为3层，总面积8876平方米。

2月21日，召开区长办公会议，专题研究成立小额贷款公司有关问题。议定的主要事项：成立小额贷款公司是解决区内中小企业融资难的重要措施办法，区工信局要延续前期工作，继续牵头组织办理成立小额贷款公司的具体工作；要严格按照成立小额贷款公司的文件要求履行程序，严格执行对申报材料和小额贷款公司投资人的第三方审计以及社会公示等规定；区小额贷款公司试点工作领导小组和区工信局要加强指导，建立健全小额贷款公司的各项管理制度。

3月21日，召开区长办公会议，专题研究光明路拆迁遗留问题。议定的主要事项：关于铉绪皇房屋拆迁补偿问题；关于拆迁工作经费问题。

3月29日，召开区长办公会议，专题研究文化路、迎宾路街道景观整治工作。议定的主要事项：原则同意文化路、迎宾路街景整治规划设计方案，区规划分局要协调设计单位进一步修改完善；文化路工程费、迎宾路工程费、二三类费用由区财政列支，同时积极争取市资金支持。

3月29日，召开区长办公会议，专题研究市场建设、2012年老旧小区改造提升工程及“森林港城”工程规划设计方案问题。议定的主要事项：市场建设原则同意2012～2014年海港区市场建设规划方案，原则同意东方明珠、新闻北里、海政里、和苑、啤酒消夏广场、水产市场、水果批发等市场的选址，为民市场建设经营责任公司、海港规划分局要进一步落实西城里、电动车、三五四零、滨河湾、森林逸城和东李庄等市场地块选址工作，原则同意采取市场化运作模式。关于2012年老旧小区改善提升工作，同意对美岭小区、团结里小区、先茂里小区、建树里小区、二建小区、工农里小区、群益里小区、耀东里小区、新闻里小区、柳江家属院、健锋里小区、兴隆里东区、兴隆里西区、和安里小区、八三东里小区、燕旭里小区、西港里小区、燕海东里小区、文化里小区、东光里小区等20个小区局部或整体实施老旧小区改善提升工程。关于“森林港城”绿化工作，原则同意“森林港城”工程实施方案。

4月6日，召开区长办公会议，专题研究东连峪村、西连峪村开发建设过程中遇到的问题。议定的主要事项：北港镇、东连峪村、西连峪村要认真研究连峪山庄开发建设过程中遇到的资金不足问题；连峪山庄的开发建设，是圆明山旅游度假区、北港镇以及涉及相关部门的一项重点工作，各部门要高度重视，进一步调整工作思路，加大工作力度，务求全力推进；各部门、单位要树立一盘棋思想，抓住工作重点，着力做好当前道路、河流、绿化种植三项重点工作，制订进度时间表，按计划全力推进。

4月17日，召开区长办公会议，专题研究新建学校有关问题。议定的主要事项：关于海阳小学迁扩建工程；关于白塔岭小学迁扩建工程；关于第十四中学、归提寨小学新建工程；关于逸城学校建设工程；关于明珠学校新建工程。

4月25日，召开区长办公会议，专题研究市民中心建设有关问题。议定的主要事项：要抓重点，强力推进；抓细节，做实基础；抓管理，严格程序；要抓质量，建设精品。

4月26日，召开区长办公会议，专题研究北部工业区建设有关问题。议定的主要事项：要充分认清北部工业区当前的发展优势和突出问题；做好园区建设工作的几点要求；关于启动韩庄片区改造工作、中科三环永磁项目投资、益海循环经济园项目用地、涂庄村和新崔庄村旧村改造、环渤海健康产业园项目、腰站庄村拆迁改造及和美市场地价问题。

5月22日，召开区长办公会议，专题研究橡树湾项目征地及地上附着物补偿等相关工作。议定的主要事项：原则同意对橡树湾项目用地涉及的公富庄村面积约2.67公顷土地及地上附着物征地补偿工作；资金拨付到位后，西港镇要尽快完成相关征地补偿工作，区国土分局要做好征地协议签订工作。

6月15日，召开区长办公会议，专题研究茂业综合体项目用地征收工作。议定的主要事项：

茂业综合体项目用地征收工作由西部四村征地拆迁指挥部负责；区征收办要尽快制订已完成招拍挂村庄的统一征收办法，并由区政府法制办把关后提请区政府常务会议研究，以便为茂业综合体项目征收工作提供依据。

6月21日，召开区长办公会议，专题研究河道治理和环境卫生综合整治问题。议定的主要事项：各部门、单位要突出重点、突破难点、做出亮点、完善节点，始终保持高压态势，以细致严谨的工作作风强力推进，确保治理效果明显；各部门、单位要加强后续管理和督导检查，着手建立长效机制，尤其要在加快城乡一体化建设上有所进展；各部门、单位要以近岸海域环境综合整治为契机，进一步加强城乡环境卫生管理。

7月2日，召开区长办公会议，专题研究第十届全国物流园区年会筹备工作问题。议定的主要事项：要统一思想，高度重视；明确责任，协调配合；利用会议，展示形象；注重细节，强化保障。

7月10日，召开区长办公会议，专题研究圆明山山野森林公园项目建设问题。议定的主要事项：关于征地拆迁问题；关于资金问题；关于履约担保问题。

8月9日，召开区长办公会议，专题研究旅游开发总公司内退、退养、退休职工工资及保险费用有关问题。议定的主要事项：落实工作责任；强化宣传引导；区人社局、财政局要对全区自收自支单位进行摸底，研究此类单位纳入社保的可行性，制定具体解决方案；旅游开发总公司24名退休职工工资待遇按相关政策规定，应由政府出资部分由区财政安排；旅游开发总公司内退、退养、退休职工2012年5～10月工资待遇从区财政借支，旅游开发总公司要积极研究债务偿还办法。区人社局、财政局、旅游局对该公司内退、退养、退休职工工资待遇重新进行测算；区旅游局要加强对旅游开发总公司的管理，抓好业务经营，打造企业品牌，努力增加企业收益。审计部门要对该企业近年来经营状况进行审计。

8月15日，召开区长办公会议，专题研究财政预算追加有关问题。议定的主要事项：关于人事劳动和社会保障局劳动保障监察“两网化”工作经费问题等49项具体经费拨付事项。

8月15日，召开区长办公会议，专题研究教师招录有关工作。议定的主要事项：教师招录工作是促进教育均衡发展的重要举措，各有关部门、单位要高度重视，提高认识，切实把此项工作摆上重要议事日程；要按照公平、公开、公正的原则，严格招录程序，精心组织安排，确保不出现任何问题；坚决杜绝发生收受贿赂、跑风漏气等行为，一经查实违法违规行为，严肃处理，绝不姑息；各有关部门、单位要按照职责分工，强化协调配合，确保招录工作不出现任何纰漏；区教育局对教师招录工作费用详细测算，区财政予以保障。

9月19日，召开区长办公会议，专题研究第十八中学改造工程有关工作。议定的主要事项：教育局要切实承担教育管理主体责任，积极主动抓好第十八中学校改造工程有关工作。并研究关于实验室设备和教学仪器设施问题、弱电工程费用问题、学生桌椅购置费问题、工程建设期限问题等几个具体问题。

10月9日，召开区长办公会议，专题研究保障性住房建设工作。议定的主要事项：要高度重视，主动工作，认真部署；东李庄保障性住房建设项目，杨道庄保障性住房建设项目，红光里、站西里等棚户区改造项目，公富庄保障性住房建设项目等具体项目建设安排；保障性住房常态化受理及申报。

10月12日，召开区长办公会议，专题研究沙河蓄水（圆明湖项目）及环境综合整治工程前期有关工作。议定的主要事项：高度重视，以“一竿子插到底”的精神抓好工作落实；健全机构，进一步强化对项目建设的组织领导；明确时序，下大力抓好工程开工前准备工作。

10月17日，召开区长办公会议，专题研究公富庄保障性住房建设工作。议定的主要事项：要从讲政治的高度，充分认识到保障性住房建设工作的重要意义；要以超常规的举措，全力以赴地做好公富庄保障性住房项目征拆工作；要依法依规，尽快完善项目相关手续；要克服一切困难，确保10月底公富庄保障性住房项目正式开工。

10月25日，召开区长办公会议，专题研究原区法院办公楼及附属土地拍卖过户缴纳税费有关问题。议定的主要事项：关于河北东日房地产开发集团有限公司需承担的税费问题；关于土地增值税缴纳计税问题；待该地块过户所需缴纳税费完毕后，区法院、房产局等部门要积极主动配合东日地产公司及时办理产权过户相关手续。

10月25日，召开区长办公会议，专题研究民族路北延伸一期绿化工程移交工作。议定的主要事项：原则同意民族路北延伸一期绿化工程由施工单位移交至北部工业区进行日常管护；民族路北延伸一期绿化工程移交完成后，北部工业区要加大工作力度，确保养护到位，养护费用列入北部工业区日常管理经费；民族路北延伸一期绿化工程竣工审计工作由区建设局负责，待整个工程完成竣工验收后，将相关施工资料全部移交北部工业区；民族路北延伸一期路灯工程由区建设局提供路灯基座法兰加工图纸，北部工业区负责一并采购，相关费用列入一期工程建设进行评审。

11月3日，召开区长办公会议，专题研究连峪山庄项目建设有关工作。议定的主要事项：充分肯定成绩，进一步提高认识；立足新目标，进一步加强建设管理；明确任务，进一步加大推进力度。

11月3日，召开区长办公会议，专题研究富家营村、徐庄村旧村改造工作。议定的主要事项：全力推进、慎重操作；明确分工、协调配合；分期实施、统一操作。原则同意富家营村、徐庄村旧村改造项目征收补偿方案；原则同意富家营村、徐庄村旧村改造项目返迁房建设采取BT方式实施，具体事宜与开发企业签订框架协议予以确定；区国土分局、综开办、东港镇等相关部门要加快推进富家营村、徐庄村旧村改造项目土地挂牌前各项准备工作，争取尽快具备土地招拍挂条件。

11月15日，召开区长办公会议，专题研究公富庄保障性住房项目征地拆迁工作。议定的主要事项：相关部门、单位务必引起高度重视，全力推进征拆工作，力争1周内完成全部征拆任务；项目征地拆迁补偿标准参照杨道庄保障性住房项目补偿方式，按450万/公顷大包干模式实施（种养殖大院、企业除外），不足部分由开发企业自行解决，地上附着物残值由相关村自行拆除，以料抵工；区房产局要协调开发企业做好资金保障，确保11月19日前足额打入指定账户。

11月19日，召开区长办公会议，专题研究民族路北延伸二期工程建设、圆明山山野森林公园工程建设及交建里片区国有土地上房屋征收工作。议定的主要事项：民族路北延伸二期工程要尽快签订工程BT合同，严格履行合同，规范操作；明确合同主体、财政承诺还款问题及拆迁问题。圆明山山野森林公园工程要尽快签订工程BT合同；原则同意一期工程岩石园、金葵朝阳茶室、南入口服务中心项目暂缓实施。交建里片区国有土地上房屋征收工作要本着帮助企业排忧解难和适度开展工作的原则，坚决避免因征收工作引发矛盾纠纷和群体性事件；补偿安置标准不能突破现有政府主导征收补偿安置方案的标准；相关部门必须在项目开发单位将各项征拆资金及相关费用足额打入征收专项账户后，方可配合其开展征拆工作。

11月23日，召开区长办公会议，专题研究东方明珠城爆炸事故善后处理工作。议定的主要事项：要全力做好受爆炸事故影响住户的稳控工作；要尽快推进受损楼体装修工作；关于受损财物核损问题；建议市燃气总公司尽快与承保的保险公司接触、沟通，尽可能争取保险赔付金，为受损住户赔偿做好资金准备。

11月27日，召开区长办公会议，专题研究区司法局业务用房建设地址变更有关问题。议定的主要事项：根据上级文件精神，区司法局于2011年申报司法业务用房项目，建设地点位于西港镇法云寺以东、法云寺东路以西、规划路以北。2012年3月7日秦皇岛市发改委下达2012年基础设施建设项目中央预算内投资计划，中央预算内投资206万元已经到位。鉴于原选址目前尚未开发，不具备开工条件，且位置较偏僻，不方便群众来访。原则同意将区司法局司法业务用房与区政府市民中心合建。

11月29日，召开区长办公会议，专题研究市民中心建设有关问题。议定的主要事项：关于设备采购问题；关于施工安排问题；关于内部装修问题；关于人防异地建设费问题；关于工程资金问题；关于工作人员补贴问题。由区财政按照相关规定安排。

12月27日，召开区长办公会议，专题研究对组织收入做出突出贡献的单位和个人予以奖励等有关事宜。议定的主要事项：区财政部门要制定具体奖励办法，对积极组织财税收入的区国税、地税和财政部门的干部职工给予奖励，并对全区组织财税收入提供帮助的市国税、市地税等部门以及对组织收入做出积极贡献的区级各部门、单位和个人给予相应的奖励。奖励资金在财政超收中予以安排。

（海　志）

区政府主要工作

【概况】 2012年是新一届政府为民施政的第一年。区政府带领全区人民，深入贯彻落实科学发展观，团结一心，砥砺奋进，埋头实干，较好地完成区十四届人大一次会议确定的目标任务，经济社会持续健康发展。完成区属地区生产总值199.8亿元，同比增长9.2%；全部财政收入76.54亿元，其中公共财政预算收入14.2亿元，分别同比增长14.4%和23.9%；完成全社会固定资产投资243亿元，同比增长21%；实现区属社会消费品零售总额191.1亿元，增长15.5%；城镇居民人均可支配收入22648元，农民人均纯收入10855元，分别同比增长12.7%和15.8%；单位生产总值能耗降低3.66%，化学需氧量、氨氮、二氧化硫和氮氧化物排放分别削减2.2%、3.1%、2.1%和1.5%。

【三次产业】 把构建现代产业体系作为战略重点，提升产业层次和发展水平，三次产业结构调整为1:35:64。现代农业稳步发展。全年引进农作物新品种25个，新增优质果品基地20.4公顷，实施农业产业化项目15个，新增市级龙头企业4家。工业经济稳中向好。区属规模工业增加值28.6亿元，同比增长5.8%，实施工业技改项目15个，完成投资14.5亿元，以博硕光电、河北羿珩等为重点的高新技术产业逐步壮大。现代服务业日益繁荣。茂业、乐购、新天地等商贸业态竞相发展，国际汽配城等现代物流企业相继落户。新建“万村千乡”市场工程农家店5家，社区食堂10个，累计销售家电下乡产品2.26万台。旅游立市战略深入实施。秦皇求仙入海处、连峪山庄分别被评为秦皇岛市“十大景观”和“十大乡村旅游目的地”，开滦路历史文化街区等3项旅游立市百项工程顺利竣工；成功举办第九届秦皇望海祈福文化旅游节；全年接待游客478万人次，实现旅游综合收入39.3亿元，同比分别增长29%和34%。

【发展后劲】 落实分级调度、节点督导、定期通报、一线服务等项目工作机制，出台《加快产业集聚发展扶持企业做大做强的实施意见》和《进一步加强一把手抓项目的实施意见》，倾力推动四大园区竞相发展。全年实施千万元以上项目103个，累计完成投资201亿元，完成区定任务的121.9%。中信渤铝技改等项目顺利推进；秦皇半岛等重点项目全面开工；秦皇皓月城等4个项目列入省重点。先后编制完成大北部工业组团、圆明山片区、大物流园区总体规划和西部文化创意产业园概念性规划，实现区域范围内的规划全覆盖。北港大街东延伸加快推进，西港北路功能提升、规划二路等道路及配套建设相继竣工，园区承载力大幅提升。东部循环经济园中小企业孵化基地具备入驻条件。成功协办全国物流年会。圆明山文化旅游产业聚集区获批省级园区，圆明山森林公园一期、圆明寺复建如期完工。

【城乡面貌】 始终把城乡互动发展作为最大的民心、民生工程，突出打造精品工程、亮点工程，全面加强和规范城市建设和管理。东部片区、韩庄片区村庄联建项目全面启动，归提寨片区开发、海阳片区整体开发取得实质性进展。金梦海湾顺利交接，西浴场综合改造提升一期全面完工并开放迎客。太阳城商业区升级改造加快推进。河北大街、秦皇东大街市政设施改造按时完工，东环路全线贯通，民族路北延伸二期建设进展迅速。旧城（村）改造稳步推进，后道西村顺利实施返迁，西白塔岭村返迁安置房主体完工，前道西村、山东堡村动迁工作有效开展，新兴里小区、航海里小区等改造项目积极推进。团结里小区等20个老旧小区整治一新。高标准完成20条道路绿化修复，新建改造公园游园5个，栽植乔灌木花卉100多万株。深入开展城市精细化管理年活动，全年出台城市管理规范性文件16项。持续开展市容环境综合整治，累计取缔占道摊点3069个，查处店外经营3053家。城乡环卫一体化基础设施项目成功争取到国家专项扶持资金4170万元，并试点启动。

【内在动力】 解放思想，在深化改革中寻求重点突破，在扩大开放中激发内在潜力，逐步破解体制机制障碍。出台《综合治税实施意见》等4项规范性文件，完善属地纳税体制。争取园区部分土地供应权限下放，工业项目用地紧张问题初步缓解。加强机构编制管理，全面推行编制使用核准制度。公务卡改革全面实施。乡镇财政所标准化建设率先通过省级验收。医药卫生体制改革深入推进。统计“一套表”改革完成并轨任务。加大民营企业扶持力度，新增私营企业1827家、个体工商户4171个。全年实施国家、省、市科技项目20个，新增省级工程技术研究中心2家，省级光伏企业孵化器申报成功。组团参加河北省（香港）投资贸易洽谈会、中国厦门国际贸易投资洽谈会等招商活动10多次，百脑汇电子资讯广场、秦皇岛金融中心等8个亿元以上项目成功签约。全年引进内资30.7亿元，实际利用外资2.17亿美元，分别同比增长33.6%和37.5%，外资引资额位列全市第一。

【人民生活】 从人民群众反映最强烈的问题入手，从人民群众最盼望的事情做起，加大投入力度，优化资源配置，民心工程23件实事全面落实。全区新增就业7281人、失业人员再就业3095人，城镇登记失业率为3.69%，河涧里社区被评为“全国充分就业社区”。新增养老保险、医疗保险参保人员10049人。明珠学校、十八中学改扩建竣工投用，白塔岭小学迁扩建完工，19所城区中小学操场改造全面完成。燕山大街、西港路社区卫生服务中心正式建成，东环路社区卫生服务中心被评为国家级社区工作示范点。药品零差率销售全面落实。新建村卫生室29个，新农合参合率97.5%，高出省定任务2.5个百分点。在全市率先完成低保提标扩面工作，新纳低保人员6775人，城乡低保覆盖率提高1.5个百分点，达到4%。新建老年日间照料站7个、农村幸福院10个。人口自然增长率5.31‰，低生育水平持续稳定。新建森林逸城等便民市场4个，改造升级农贸市场14个。完成北戴河近岸海域环境综合整治各项市定任务。国家环保模范城创建工作取得初步成果。东李庄经济适用房一期出售，杨道庄、公富庄保障性住房开工建设。启动实施市民中心并实现主体封顶，文体中心开工建设。经受强降雨考验，成功转移受灾群众3241人。全区社会治安形势持续向好，全年刑事发案率同比下降32.7%。安全生产、食品安全、森林防火常抓不懈，暑期、中共十八大维稳任务圆满完成。

【行政履职】 以深入开展基层建设年、“创先争优”、改善“两个环境”等活动为动力，健全规章制度，推动管理创新，打造创新务实、高效廉洁政府。坚持把法制学习作为政府常务会常规议题，依法行政能力进一步增强。出台《政府投资项目资金管理暂行办法》等行政决策程序规定10多个，政务运行更加规范。自觉接受人大依法监督和政协民主监督，加强与各民主党派、工商联、无党派人士和社会群众团体的联系。累计办结市、区人大代表建议89件、政协提案118件，按时办结率、规范化率、满意率均为100%。简化审批程序，提升政务服务效率，全年受理业务5.15万件，办结率99.6%。办理市长公开电话1173件，办复率100%。完成村“两委”换届工作。严肃党政机关公务用车纪律。落实党风廉政建设责任制，廉政建设和反腐败工作取得新进展。

（王济悦）

【民心工程】 对照《海港区民心工程实施方案》要求，区民心工程领导小组各成员单位立足本职、主动作为，24件实事进展顺利，21件实事全部完成，3件实事达到时序进度。发挥职能作用，统筹各项工作，做到“五个强化”：强化组织领导。定期主持召开民心工程调度会，及时了解工程进展情况，研究解决各项工程建设中的突出问题。各牵头责任单位分别成立以行政一把手为组长的民心工程领导小组，及时调整和充实组织机构，明确专人负责，制订具体工作方案，细化目标任务，确保民心工程各项工作顺利开展。强化项目梳理。对各责任单位上报的项目计划，深入实地调研，征求各方意见，逐个核实论证项目建设的可行性，研究制定《民心工程实施方案》，科学确定全年项目计划。项目实施，注重跟踪问效，及时听取责任单位和群众的意见，适时调整民心工程项目建设的目标及内容，使项目建设更加科学合理。强化沟通协调。定期收集整理基层单位在实施民心工程过程中的问题，及时分析处理。对于涉及部门职能交叉和市直部门权限范围内的问题，通过各种方式沟通协调，推进解决；对于情况较为复杂的问题，及时提请相关区领导或领导小组会议研究解决。以简报、工作提示等方式，将典型经验通报全区，促进相关单位层层落实责任。强化督导落实。建立完善月报告制度，每月汇总各责任单位项目建设情况，及时呈报领导小组各位组长，及时掌握项目建设第一手材料。建立“台账督办”制度，对民心工程24件实事全部建立台账，挂图作战，逐项按月督办进度。采取明察暗访等形式，加强对民心工程建设的一线督导，不定期深入项目单位和现场查看进度，查找问题，加大对工程的跟踪和调度力度。适时组织开展民心工程建设项目观摩交流活动，组织民心工程责任部门对工程的进展情况现场观摩，横向查找自身缺点和不足，促进民心工程项目顺利推进。强化宣传引导。通过电台、电视台、宣传栏等媒介向社会宣传民心工程建设的意义和内容，定期公示民心工程进展情况，营造全社会关心支持民心工程建设的浓厚氛围。邀请区人大代表、政协委员对民心工程进展情况逐件进行走访检查，听取和采纳代表、委员对民心工程建设的建议，提高民心工程质量和水平。

表2–1

2012年海港区民心工程24件实事进展情况一览表

目标任务			资金总额（万元）	资金来源	完成时限	牵头单位	责任单位	完成情况
城乡劳动力就业保障工程	就业安置工作	实现城镇新增就业岗位7000个以上。	500	市财政、区财政各250万元	一季度完成1400个 二季度完成2450个 三季度完成2250个 四季度完成900个	人社局	人社局 财政局	新增就业岗位7281人，完成全年任务的104%。
		失业人员再就业3000人以上，就业困难对象再就业1000人以上。			一季度完成20% 二季度完成35% 三季度完成30% 四季度完成15%			失业人员再就业3095人，完成全年任务的103%，就业困难对象再就业1062人，完成全年任务的106%。
		城镇登记失业率控制在4%以内。			全年工作。		人社局 各镇园区 各街道	城镇登记失业率为3.69%。
	就业指导和培训	加强就业指导和服务，加大就业培训力度，年内培训失业人员不少于2000人。	150	市财政75万元，区财政75万元	一季度完成200人 二季度完成600人 三季度完成600人 四季度完成600人		人社局 各镇园区	培训下岗失业人员2030人，完成全年任务的102%。
		农村富余劳动力转移不少于1000人，其中劳务输出不少于500人。			一季度完成10% 二季度完成30% 三季度完成30% 四季度完成30%			转移农村劳动力1511人，完成全年任务的151.1%，其中劳务输出711人，完成全年任务的142.2%。
	创建就业见习基地。年内创建3个就业见习基地，为200名以上未就业高校毕业生安排见习。		240	市财政	6月底完成。		人社局 各街道	完成3个大学生就业基地建设，征集就业见习岗位314个。

续表 2-1

目标任务			资金总额（万元）	资金来源	完成时限	牵头单位	责任单位	完成情况
困难群体解困工程	保障性住房建设工程	杨道庄保障性住房建设工程建设保障性住房2610套，年内主体施工。	87500	地方补贴资金自筹	年底完成35%。	房产局	房产局	南区8栋住宅楼正进行地上主体施工，其余进行基础施工；北区全部进行基础施工。
		落实保障性住房常态化受理和准入退出机制，确保保障性住房惠及住房困难家庭。	300	市财政	年底完成。			上报市房产局住保科保障性住房申请资料6032份，为住房保障家庭发放廉租住房补贴656万元。
	完善城乡低保和医疗救助工作	摸清低保底数，夯实低保基础，全面开展低保提标扩面工作，实现动态管理下的应保尽保。	5900	市财政4808万元，区财政1092万元	6月底完成。	民政局	民政局	低保提标扩面全面完成，实现动态管理下的应保尽保。全区有城市低保7317户、1.41万人，发放低保金4038.5万元；农村低保3016户、5731人，发放低保金908.4万元。
		提高医疗救助标准，扩大医疗救助范围，对重大疾病特殊救助，让更多因病致困的家庭缓解因大病造成家庭生活困难，救助率100%。	500	市财政450万元，区财政50万元	全年工作。			发放医疗救助金258万元，救助率达到100%。
	搭建优抚对象医疗服务平台。由康泰医学系统有限公司无偿提供监测仪器，政府购买服务的方式，建立海港区优抚对象健康预警监测平台。在优抚对象集中供养的老年人服务中心、居住比较集中的辖区配备检测仪器，为280名重点优抚对象提供健康医疗服务。		21.5	争取上级资金	上半年完成录入优抚对象信息。 下半年投入使用。	民政局	民政局	完成优抚对象基本信息的录入，并为280名重点优抚对象进行体检。

续表 2-1

目标任务			资金总额（万元）	资金来源	完成时限	牵头单位	责任单位	完成情况
困难群体解困工程	完善养老服务体系，提高服务功能	建设并完善8个老年人日间照料中心（站）项目。完善15个农村“幸福院”运营，新建10个村“幸福院”。	790	上级拨款660万元，区财政130万元	全年工作。	民政局	民政局 财政局 发改局 国土分局 规划分局 环保局	8个老年人日间照料中心全部完成。建成的15个农村“幸福院”投入使用并运营良好，10个新建的农村“幸福院”全部建成。
		谋划启动区老年人服务中心二期项目，计划投资8600万元，新增建筑面积2.6万平方米，床位1000张。	8600	争取上级和区财政配套	年内动工。	民政局	民政局	老年人服务中心二期项目已起草项目规划书，并上报区政府及市、区发改委，待批复后实施。
	贫困残疾人复听、助视工程	免费对68名贫困听力残疾人配发助听器。	13.6	上级争取6.8万元，残保金6.8万元	12月底完成。	残　联	残　联	为68名贫困听力残疾人配发助听器，提前完成全年目标任务。
		免费对170名贫困低视力残疾人配发助视器。	8.5	争取上级和区级配套	12月底完成。	残　联	残　联	完成对170名贫困低视力残疾人配发助视器工作，提前完成全年目标任务。
	法律援助工作。健全16个法律援助站便民服务各项制度，规范法律援助案件受理、审批、指派程序，提升援助案件质量，做到应援尽援。年内受理援助案件数量同比增长20%以上。		10	区财政	全年工作。	司法局	司法局	办理各类法律援助案件460件，受理案件数量同比增长33%。其中民事案件449件，刑事案件11件，解答各类法律咨询2650人次。
城市居民生活服务保障工程	街巷路改造工程。年内完成第十中学门前、工人南里等20条小街小巷改造任务。		1600	争取市财政1000万，区财政600万	9月底完成施工前的各项准备工作。 10月底完成7条道路改造。 11月底完成13条道路改造。	市政处	市政处	第十中学门前路、临河里小学门前路等20条街巷路已经全部完工。
	老旧小区改善提升工程	完成2011年实施的老旧小区改造工程收尾工作并推进物业管理。	7325	区财政	7月底完成。	街景整治办公室	街景整治办公室	等待质监站验收。
		实施20个老旧小区改善提升。	400	区财政	12月底完成。			收尾工作完成，部分小区砼路面因季节原因，改在2013年春季施工。

续表 2-1

目标任务			资金总额（万元）	资金来源	完成时限	牵头单位	责任单位	完成情况
城市居民生活服务保障工程		生活垃圾收集站新建和改造工程。推进环卫基础设施建设，新建1座压缩式生活垃圾收集站，对3座生活垃圾收集站进行压缩式改造。	200	市财政	6月完成工程设计、招投标，确定施工单位。 7月进入施工阶段。 12月15日前完工。 12月完成工程验收。	城管局	城管局	新建燕山大学垃圾收集站工程及3座生活垃圾收集站压缩式改造工程全部完成。
城市居民生活服务保障工程		公园游园建设与改造提升。通过高标准规划设计，对5个街头游园建设、改造，打造精品、亮点。	500	市财政	7月底完成。	园林局	园林局	益寿园、雁留园、得月园、阳光园等6个街头游园全部建成。
公共医疗卫生工程	城市医疗卫生服务体系建设	年底前完成西港路、北环路、白塔岭3个社区卫生服务中心建设工程。	2500	中央投资555元，地方配套1945万元（市区两级7：3）	新建项目年底完成土地、规划、建设、招投标等前期手续，进行开工建设。购买项目年底完成购买。	卫生局	卫生局 西港办 北环办 白塔办	西港路社区卫生服务中心选址在在水一方小区，建筑面积1740平方米。北环路社区卫生服务中心拟购买瑞启大厦1000平方米用房，暂推后。白塔岭社区卫生服务中心因片区改造，无法选址，报区政府同意暂时由海滨路社区卫生服务中心代替。
公共医疗卫生工程	城市医疗卫生服务体系建设	深入开展“鱼水工程”送医送药下乡活动，对远郊群众进行义诊、免费体检，全年不少于8次。	2	单位自筹	每一季度至少2次。	卫生局	卫生局及卫生系统各单位	组织海港医院、妇幼保健院等医疗机构专家团队，到纤维里、煤港里、北港镇等村居开展医疗服务11次，受益群众6500多人，免费发放药品价值2.3万元，发放资料3300份。
公共医疗卫生工程	开展已婚育龄妇女免费健康检查。为全区无业和流动人口已婚育龄妇女提供免费生殖疾病检查服务，提高育龄妇女生殖健康水平。		63	财政拨付和单位自筹	全年工作。	计生局	计生局 镇、街道 北部工业区	为镇、街、园区9.3万名已婚育龄妇女免费查体。查出妇科疾病1.22万人，占参查人数的15.2%，乳腺疾病1.3万人，占参查人数的21.7%。

续表 2-1

目标任务			资金总额（万元）	资金来源	完成时限	牵头单位	责任单位	完成情况
食品安全工程	市场建设为民服务市场进社区工程	完成2座农贸市场建设。	400	区财政	12月底完成。	市场局	市场局 国土分局 规划局 园林局	东方明珠城市场现更名为南李庄市场，工程主体完工，待内外装修及工程收尾。森林逸城市场工程主体完工，待天气回暖继续施工。
		开展便民市场进社区活动，年内便民服务市场进入15个小区。	100		12月底完成。	市场局	市场局 各街道	河涧里社区、体育基地、天骄园社区等15个便民服务市场全部建成。
	牛定点屠宰工程。年内依托牧羊源食品有限公司建立牛定点屠宰、加工车间，年屠宰量不少于3万头。		200	企业自筹	10月底完成。	商务局	商务局	沼气池建成，污水处理设备安装完毕，环评报告及项目备案工作完成，定点企业获省定点办批准。等待规划、消防等部门审批。
	海港区早餐工程。扩大早餐工程覆盖范围，改善社区居民就餐条件，新建10个社区食堂。		70	区财政	6月底完成新建3个。 9月底完成新建2个。 11月底完成新建5个。	商务局	商务局	燕山一社区、红太阳面馆等10家社区食堂建设全部完成。
公共文化教育工程	学校建设工程	完成明珠学校建设，占地面积2.72公顷，建8轨制48个教学班小学，总建筑面积1.29万平方米。	4324	区财政	年底完成。	教育局	教育局 财政局	已竣工投入使用，提前完成全年目标任务。
		建设白塔岭小学。占地面积2.67公顷，规划建6轨36个教学班的小学。	5000	土地出让金	年底完成。			完成教学楼施工，正在进行工程收尾和设备安装调试。

续表 2-1

目标任务			资金总额（万元）	资金来源	完成时限	牵头单位	责任单位	完成情况
公共文化教育工程	城区学校操场新建和改造	完成第四中学、新一路小学等19所学校操场改造任务，改造面积11.23万平方米。	3386.98	区财政	6月底完成方案设计、前期手续办理等工作。 7月开始施工。 9月竣工并投入使用。	教育局	教育局	投入使用。
	提高农村教师待遇工程。区财政每年专项列支850万元作为农村教师基金，并根据全区1120名农村教师任教时间、所在学校地理位置、实际交通情况设立不同档次专项基金，给予适当补助，提高农村教师待遇。		850	区财政	年底完成。	教育局	教育局	完成全年的基金发放工作。
	海港区文体中心建设工程。建设集文化馆、体育中心、图书馆为一体的公共文化示范工程，年内主体完工。		3000	区财政	3月底完成立项。 12月底完成主体建设。	文体局	文体局	设计、投资计划已批复，经专家论证，资金调整为9009万元。规划方案已报建。工地进行地下基础建设。
农村生产生活条件改善工程	农村公路建设工程	修建与周边县区接壤的道路，长桥岭至望峪山庄的道路，全长约1.8公里。 尹家沟至抚宁黑山窑的道路，全长约2公里。 木砟峪至黑水河道路，全长0.8公里。	138	争取上级资金和单位自筹	年底完成。	交通局 北港镇	交通局 北港镇	3条农村公路建设全部完工，提前完成全年目标任务。
	塘坝维修加固工程。年内完成东连峪和李新庄两座塘坝大坝加固、清淤。		120	市水务局	年底完成。	水务局	水务局	东连峪、李新庄两座塘坝大坝加固、清淤工程全部完成。

（宋　焱）

【招商引资】 2012年，超额完成招商引资任务指标。全区累计引进内资30.68亿元，完成全年任务（26亿元）的118%，位列全市各县区第三名；实际利用外资2.17亿美元，完成市定全年任务（2.1亿美元）102%，位列全市各县区第一名。

务实招商，引进战略投资者实现突破。实施领导招商负责制、以商招商、定向招商和网络招商。区领导带队分别赴香港、廊坊、北京、太原等地外出招商10多次，期间与浙商投资公司、闽能集团等20多家战略投资者成功对接，总投资785亿元的秦皇岛国际商品物流城、万华金融服务中心等8个项目顺利签约。加强招商引资大客户管理平台建设，从世界500强企业中筛选出日本爱信精机株式会社、施耐德电气等80家战略投资者纳入大客户管理，已储备大客户524户，范围遍及京津、长三角、珠三角及港台、日韩等地；灵活开展网络招商，新建海港区招商网门户网站，及时将全区最新招商引资动态、物流综合服务园等重点招商项目、秦皇岛际华鞋业等企业需求和招商引资优惠政策等进行发布推介，并与辖区内中阿化肥、奥瑞特光伏等知名企业进行链接，网站点击量近万次，通过网络推介，接洽客商10多人。引进战略投资者初见成效：投资680亿元的秦皇皓月城项目成功签约，其控规已通过市规委会审核，进入实质性推进阶段；投资15亿元的茂业城市综合体项目土地预付款已到位，开始地上附着物的拆迁；投资1.5亿美元的百脑汇电子资讯广场项目已在萨摩亚注资1500万美元注册秦皇岛公司。

优化环境，以商招商成效显著。在建、续建项目是全区经济的新增长点，全区实施千万元以上在建项目103项，完成投资171.6亿元，其中新开工项目58项，完成投资64.4亿元。主动延长服务链条，对20多家重点落地企业加大帮扶力度，及时将最新的招商优惠政策告知企业，帮助协调解决企业发展过程中出现的技改、手续、融资等实际问题。打造优良的投资环境，强化对落地项目的跟踪服务，与企业家交朋友，发挥其示范引领作用，开辟以商招商新通道。全区有6个项目增资扩股，占引进外资总额的30%以上。益海循环经济园两年，取得较好的社会效益和经济效益。与中石化石家庄炼化公司达成合建生物柴油的合作意向，中石化的资金、技术、销售网络与益海的原材料、场地强强联合。投资方于1月10日到区内实地考察，并向中石化总部汇报，以商引进“中字头”企业。

突出服务，招商项目稳步推进。强力推进对外开放，完善政策机制，相继出台《海港区进一步加强“一把手”抓项目工作的通知》《海港区进一步加强招商引资工作的意见》《海港区招商引资奖励（暂行）办法》等系列政策，在全区营造抓项目、抓招商的浓厚氛围。推行“五心”服务方式，对重大项目实行接待洽谈、谈判签约、领办跑办、综合协调等一条龙式专业化招商推进。在前期洽谈阶段，为项目提供拟选址建议，对地块性质、规划等进行初步摸底，为客商提供翔实、准确、全面的投资参考数据；注重投资合同细节，为客商争取具体的优惠政策；在项目落地阶段，继续为客商做好后期服务，区招商办与区征收办、区建设局等职能部门联席办公，帮助协调解决在项目推进过程中出现的各种问题。年内，重点推进茂业城市综合体、百脑汇电子资讯广场、大润发购物中心等项目，确保在谈项目早签约，签约项目早落地。

加强调度，直接利用内外资创新高。对涉外企业进一步摸底调查，强化外资到位的服务调度，增强与市直部门，特别是市商务局、市统计局、市招商办的协调，采取领导、科室分包重点项目的方法，保证增资额较大的戴卡轮毂、耀华玻璃和美铝渤海铝业等外资的引进、利用和纳统。加强利用外资项目的储备，强化外商投资比重，在12个在谈重大项目中都有外资的成分，如茂业城市综合体、万华金融服务中心、百脑汇电子资讯广场、大润发购物广场等项目，为外资的永续利用奠定基础。戴卡轮毂增资9150万美元，占全区利用外资总数的43%，为将资金利用好并及时纳统，多次到企业走访，与市商务局、市统计局进行沟通，到省政府有关部门对项目进行专项跑办，保障项目外资的顺利纳统。全区实际利用外资首破2亿美元，实际引进内资首破30亿元，双创历史新高，在全市各县区排名分列第一名和第三名。

【国际商会】 国际商会充分发挥企业和政府之间的纽带作用，三措并举，不断提升服务企业水平。搭平台，促合作。参加2012年全省贸促工作会议，组织会员企业赴昆山参加首届中国国际进口产品博览会，组织原产地证办理、涉外法律业务等培训讲座5次；组织会员企业加入中国民生银行秦皇岛国际商会城市商业合作社，为2家会员企业办理贷款业务。走下去，解困难。对会员企业进行有目的、有针对性的走访，发放调查问卷130份，收集金融危机对全区企业实际影响的范围和程度的相关信息，研究相关具体应对策略。协助企业成立万通相声社，从前期谋划、场地选址、资金筹措等多方面与有关单位进行沟通协调。广联系，助招商。发挥商会信息面广等优势，与西安市贸促会、呼和浩特市国际商会等商会组织进行联络，组织会员企业进行商务考察，为跨区域企业搭建沟通合作桥梁，开展好招商引资工作。

【赴北京、深圳拜访重点客商】 1月8～12日，区委书记冯志永、区长冯国林一行赴北京、深圳两地，分别走访大连万达、深圳茂业等战略合作企业，增进友谊，巩固合作成果。区政协党组书记、副区长杨永会，常务副区长张国林，秦皇岛临港产业聚集区管委会副主任孟凡辉，北部工业区、临港物流园区、招商办等相关领导参加。重点拜访三环永磁（北京）科技有限公司董事长陈伟明、大连万达集团副总裁杨越、国机汽车股份有限公司副总经理孙勇、深圳茂业集团董事长黄茂茹。分别与客商就万达广场、茂业城市综合体等项目进行深入交流。黄茂茹表示，将全力推进茂业城市综合体项目，做好资金保障，力争3月底开始拆迁。

【2012年河北省（香港）投资贸易洽谈会】 4月16～20日，由区委书记冯志永带队的海港区招商团赴香港参加2012年河北省（香港）投资贸易洽谈会。区委常委、宣传部部长张晓雁，政府办、临港物流园区、北部工业区、旅游局、招商办负责人及部分企业家代表参加。在18日上午举行的“中国河北秦皇岛北戴河新区投资环境说明会”上，海港区成功与台湾蓝天电脑集团签订百脑汇电子资讯广场合作项目。项目总投资1亿美元，选址于河北大街与海阳路交叉口区域，项目占地面积1.67公顷，总建设面积10多万平方米，建设百脑汇连锁IT数码广场、百脑汇科技大厦5A级办公楼等多种业态的大型商业综合体。期间，区招商团组重点参加冀港文化产业合作项目对接会、河北省（香港）旅游招商合作洽谈会、冀港新兴产业合作项目对接会；重点拜访香港茂业集团有限公司、香港龙采集团、台湾蓝天电脑集团等企业，深化友谊，强化合作。

【组团参加2012年中国·廊坊国际经济贸易洽谈会】 5月17～19日，以常务副区长齐香民为团长的海港区代表团参加2012年中国·廊坊国际经济贸易洽谈会（简称廊洽会），政府办、招商办、临港物流园区、东港镇等相关部门负责人参加。期间，海港区成功签约项目2个，协议引资38亿元。在秦皇岛市重大项目签约仪式上，海港区与闽能集团签署龙家营物流园区投资合作框架协议，项目总投资额25亿元，拟占地66.67公顷，分3期实施。在河北省合作项目签约仪式上，海港区与浙商投资公司签署秦皇岛国际商品物流城项目投资合作框架协议，总投资13亿元，项目选址于物流园区内，主要建设以产品展示、物流配送、电子商务、总部物流为核心的皮革、锁具、高低压电器设备等产品的现代物流交易城。期间，还参加APEC智能城市智能产业高端会议、中美合作项目专题对接会，与30多位客商广泛接触，发放50多份宣传资料，宣传推介海港区。

【参加第十六届中国国际投资贸易洽谈会】 9月8～11日，区长冯国林带领海港区经贸代表团赴厦门参加第十六届中国国际投资贸易洽谈会（简称厦门投洽会）。副区长陈绳锋，区政府办、建设局、旅游局、招商办、北部工业区、东港镇等相关责任单位负责人参加活动。期间，区长冯国林考察拜访厦门闽能集团和厦门百脑汇电子城，就龙家营物流园区项目和百脑汇电子资讯广场项目进行广泛深入交流。在主宾省签约仪式上，海港区与台湾润泰集团合作的大润发城市综合体项目成功签约。项目总投资10亿元，拟在燕山大街与民族路相交地块建设融文化、休闲、购物、餐饮于一体的大型城市中心商业广场。区经贸代表团参观主宾省展馆，参加河北省重点园区专场对接会等重要展会。发放宣传资料50多份，展示海港区良好的投资环境和产业优势。

（郭　杰）

区政府工作机构及其领导

【区政府领导人】

区　长：冯国林

副区长：张国林（4月免）

齐香民（4月任）

杨东明

赵长泰

杨永会（2月免）

张立红（女）

刘晓光

袁会民

陈绳锋（6月任）

【区政府工作部门直属机构主要负责人】

区政府办公室（外侨事务办公室）主任：王 澍

区发展改革局（粮食局、工信局）局长：

刘福生（4月免）

苏文胜（4月任）

区教育局局长：李晓光

区科学技术局（地震局）局长：黄秀红（女）

区监察局局长：何占峰

区民政局（民族宗教事务局）局长：周雪山

区民族宗教事务局局长：韩丽霞（女，4月免）

周雪山（4月任）

区司法局局长：李所丰

区财政局局长：印 洪

区人力资源和社会保障局局长：刘继军

区环境保护局局长：谢京海

区城乡建设局（人民防空办公室）局长：肖长海

区城市管理局局长：梁安平

区交通运输局局长：马建忠（4月免）

肖子平（4月任）

区农业局局长：李秋来

区商务局（招商引资领导小组办公室）局长：

孙长征

区文化体育新闻出版局（版权局）局长：刘海波

区卫生局（爱国卫生运动委员会办公室）局长：

苏文胜（4月免）

孙　毅（4月任）

区人口和计划生育局局长：费玉琴（女，4月免）

王晓民（4月任）

区审计局局长：吴焕永

区安全生产监督管理局局长：张茂和

区统计局局长：黄彦英（女）

区住房保障和房产管理局局长：王有长

区水务局局长：房必有（4月免）

刘福生（4月任）

区旅游局局长：骆　欣

【垂直管理部门主要负责人】

区国家税务局局长：田印书（6月任）

区地方税务局局长：杨连盛

海港质监分局局长：李学良

区工商局局长：刘明祥

海港国土分局局长：张玉华

海港规划分局局长：杨丽萍（女，8月免）

孟祥玉（8月任）

海港公安分局局长：刘晓光（兼）

【区政府其他工作机构主要负责人】

区政府政策研究室主任：韩兴隆（4月任）

区政府法制办公室主任：王立平

区政府督查办公室主任：陈贺营（7月免）

王保磊（7月任）

区政府地方志办公室主任：王胤龙

区政府政务服务中心主任：王 宏

区政府机关事务管理局局长：郭立盘

区政府重点项目办主任：陈占勤（8月免）

李晓颖（8月任）

区物价检查所（物价局）所长：任德文

区林业局局长：魏　琦

区畜牧局局长：秦宝林

区市政处主任：刘保平

区拆违办主任：赵国祥

区园林管理局局长：张　晶

区城市建设综合开发办公室主任：张亚杰

区档案馆馆长：范春媛（女）

区供销合作社主任：胡金明

区城建管理调度中心：陶剑锋（4月任）

区市政处主任：刘保平

区太阳城管委会主任：郝富连（9月免）

马　馨（9月任）

区金梦海湾管委会主任：陈占勤（8月任）

区食安办主任：徐　彤

区食品稽查大队大队长：王洪民

区为民市场建设经营有限责任公司董事长、总经理：陈文博

（张　磊）

区政府办公室工作

【概况】 2012年，区政府办公室认真履行工作职责，做好政务、办好事务、提高服务，完成各项工作任务。精心做好区政府领导日常工作的安排，提高领导日常事务处理的工作效率。发挥办公室枢纽作用，主动加强四大家办公室的互动联系，及时做好各级领导的事务协调。高质、迅速、安全制发区政府及办公室文件546件，办理涉密文件113件，传阅省级文件95件、市级文件729件，市领导批示413件，区级收文308件，办理区级请示报告612件，全部做到及时、准确、规范。筹备组织全区性重点工作会议40多次。

【综合协调工作】 围绕区政府重点工作，刻苦努力、扎实工作，保证区政府及办公室相关工作的顺利推进，出色完成各项预定目标任务。先后承办、协办领导干部大会及区长办公会、协调会210多次，撰写各类综合材料500多篇，300多万字。其中领导讲话、述职报告及区长个人总结等综合材料145篇约42万字；汇报材料230篇约75万字；调研报告、会议纪要、备忘录及其他综合材料400篇约200万字。加强信息宣传，及时对区政府重要工作及领导活动在省、市级媒体进行宣传报道，扩大海港区影响力。发挥组织协调作用，及时向政府领导信息反馈，定期收集年度目标的指标任务、重点项目建设、重大活动及事项完成情况，尤其是密切关注各部门、单位在工作开展过程中遇到的问题，帮助领导出谋划策，协助部门共同解决问题。认真进行对上对下协调工作，收发传真200多份、电子邮件1350多封；通过电话咨询、陪同领导调研等途径掌握全区各领域工作动态，掌握政府工作任务落实情况的第一手资料。

（薛海鹏）

【文秘工作】 牢固树立创新观念，强化五种意识（即奉献意识、参谋意识、勤政意识、窗口意识、进取意识），积极探索事务服务的客观规律，实现由被动服务向主动服务转变、由浅层服务向深层服务转变、由单向服务向多向服务转变、由传统型服务向创新型服务转变，办公室工作水平明显提高。对科室岗位工作职责、会务制度、电话接听工作制度等进行补充完善、打印成册。狠抓各项制度的落实，使各项工作更加规范化、制度化、标准化。改善办公环境。增铺计算机网线，更换配备计算机、速印机等，为现代化办公提供条件，提高办公质量。精心周密做好会务组织工作。完善会议组织程序，建立会议审批制度和跟踪记录制度，从会议通知、会场布置到食宿安排、车辆调度等都精心谋划、周密部署。对区政府重要会议，做到会前充分准备、会中积极服务、会后及时总结，为领导提供优质服务。对市政府召开的各类会议，在接到会议通知或传真电报后，遵照审批程序，按照领导批示意见，通知与会人员，并安排好车辆、工作人员、带队负责人等事项，确保到会率100%。全年，区委、区政府召开大中型和重要会议40多次。做好文件管理工作，使文件的收、发、传、送、批、借、存、销等环节做到程序化、制度化、科学化。全年办理各级各类公件2200多份，做到及时、准确、规范，不错发、不遗失。按照保密制度管理、规范三密文件，无被盗和失泄密事件发生。

（张　磊）

【政策研究工作】 4月，海港区政府政策研究室成立，是海港区人民政府办公室内设机构，人员编制为主任1人、副主任1人、科员1人，人员配备到位。主要职能是组织研究全区国民经济和社会发展中的全局性、综合性、战略性、长期性问题，为区政府领导提供政策建议和咨询意见；根据区政府领导指示，单独或组织、协同有关方面起草、修改区政府有关长期性、规范性重要文件，起草区政府领导部分重要讲话等文稿；对国

内国际经济形势、上级出台的重要经济和社会发展政策进行分析和研究，结合区情实际提出政策建议；对全区贯彻执行上级的重要政策、措施情况进行跟踪调研，研究工作中出现的情况和问题，总结工作经验，及时向市政府报告及向有关部门反馈信息。年内，研究室积极发挥参谋助手作用，牢固树立精品意识，理论与实际结合，紧扣区委、区政府工作思路，围绕领导决策，深入联系实际，抓住全区经济社会发展重大问题，为领导提供决策依据，以高度负责的态度，完成重要会议筹备和文稿起草工作。参与筹备区政府全体会议、暑期工作会、全区经济指标调度会等重要会议20多次，起草完成《海港区人民政府工作报告》《在海港区十四届人民政府第一次全体会议上的讲话》《在区委九届二次全会暨经济工作会上的讲话》等重要文稿30多篇。充分发挥智囊团作用。围绕区委、区政府主要领导的工作思路，突出重点，超前谋划，多方位为区政府提供决策依据。深入基层、深入群众调查研究，形成一批重要调研成果。坚持使调研成果转化为领导决策、使调研成果转化到实际工作，推进工作开展。陪同区政府主要领导先后到区发改局、教育局、北部工业区等多个单位走访调研，形成《关于加快产业聚集发展、扶持企业做大做强的实施意见》《关于进一步做好区域经济发展的思考》等多篇重要调研文章，对海港区区域经济发展方向提出积极建议，受到领导好评。

（韩兴隆）

【督查工作】 建立健全督查工作制度。规范请示报告、催办督办、定期汇报、岗位责任等制度，对督促检查工作从立项到反馈做出明确规定，并纳入年终工作目标评优考核体系，使全区政务督查工作更加制度化、规范化。加强网络建设。建立63个单位126人的督查网络，为督查工作开展提供组织保证。围绕全区中心工作开展督查。围绕“五大工程”市、区两级报告为主线进行督导。对市、区两级工作报告和全体会议内容进行分解通知，明确目标、任务完成时限、承办单位负责人和分管领导，不定期督促检查。围绕政府决策落实开展督查。对区政府十四届一次全体会议、安全生产会议、防火会议、防汛会议、灾后重建会议等重要会议精神的落实开展督促检查。全年下发督办卡221件，做到专人盯办，件件有落实、事事有回音。全年撰写督导报告130篇，为领导科学决策提供依据。保质按时完成区长早餐碰头会议、政府常务会议纪要的整理、撰写工作，整理区长早餐会备忘54篇，呈交各位区长提示卡378份；筹备政府常务会6次；承办市政府网络问政平台民情信息交办卡10件，群众满意率100%。督办领导临时交办重大事项75件，办结率100%。撰写呈报签21篇，上报督查专报23篇。

（高　伟）

【政府法制工作】 调整依法行政工作领导小组，区直工作部门建立健全依法行政工作领导机制，形成主要领导亲自抓、分管领导具体抓、一级抓一级、层层抓落实的工作格局。深入开展法制宣传教育。落实领导干部学法制度，通过法制专题讲座、法律学习班等形式，组织领导干部带头学法和公务人员学习和培训。组织行政执法人员法律知识培训，保证每个行政执法人员一年不少于40个学时以上学习时间。落实行政执法资格考试制度，组织政府系统拟任领导职务的干部任职前法律知识考试。完善行政决策机制。严格执行新修订的《海港区人民政府工作规则》，建立重大事项决策集体讨论、听取意见、听证等制度。建立行政决策合法性审查制度。发挥政府法制机构和法律顾问作用，推行政府法制机构负责人固定列席政府常务会议及重要专题会议制度。启动新一轮行政审批制度改革，保留行政许可项目150项、非行政许可项目53项、行政监管项目92项。完善集中审批制度，具备条件的一律进驻区政务服务中心，缩短审批时限。加快电子政务系统建设，完善区政府门户网站建设和基础数据库建设。推行政务公开和办事公开制度，公开面100%。加强行政执法队伍建设。行政执法人员持证上岗、亮证执法，未取得执法资格的人员不得从事执法活动。全区1726人通过资格考试。加强规范性文件监管。全年制定出台规范性文件1件。保留文件110件，修改文件7件，废止文件10件。开展依法行政综合监察和行政执法案卷评查活动。组成检查组，对10个行政机关办理的100多件行政执法案卷进行评查。参与行政应诉工作。年内区政府作为被告参与行政应诉22件，其中撤诉9件，未判决12件，驳回诉讼请求1件。

（纪文莉）

【提案工作】 办理市级人大代表建议8件，市政协提案9件，区级人大代表建议80件，区政协提案108件。按时办结率100%，答复函规范率100%，走访率100%，代表满意率100%，解决和基本解决问题95%以上。

（刘　静）

【市、区长公开电话工作】 完善市长公开电话的办理办法，建立健全各种制度，推行台账管理模式，强化督办意识。细化办理程序，保证市长公开电话从接件、签批、办理到反馈，不拖拉、不推诿、实事求是，把质量和效率贯彻办理工作始终。全年受理市长公开电话1289件，有效办理1173件，其中交办事项反馈卡150件，办结150件，办结反馈率100%；电话交办事项1023件，办结1023件，办结反馈率100%；受理市民各类反映、咨询或投诉、建议事项956件，其中有效受理503件，办结反馈率100%；接转其他单位1987件，重复反映相同问题637件，办结率100%。办理区长信箱在线答疑62件，基本按规定在3个工作日内给当事人以满意答复，却因某些原因不能具体详细回答的问题，转交相关部门解决，并向当事人讲明相关的政策和解决办法。

（杨丽芳）

【政府信息工作】 突出沿海主城区的特点，围绕经济转型、城乡发展等热点工作，及时向省、市报送新思路新举措的信息。《海港区“三个转变”助推区域经济发展》等信息被省交流采用。围绕全区各级各部门解决群众关心的热点、难点问题等方面的创造性工作举措和成功做法，及时整理成信息上报，予以推介，《海港区叫响“生态”品牌做优现代服务业》等信息，被省县市区专版采用。紧贴政府不同时期不同的中心工作、不同时期不同的重点工作，调整、筛选报送具有可用性的信息。《各县区迅速贯彻省、市维稳工作会议精神，结合实际周密部署和落实各项维稳举措》等专报信息被市专报采用，并获领导批示。紧贴领导思路。通过参加会议，听取领导讲话，及时捕捉领导的思路、观点；通过研究文件，听取领导意见，准确了解领导关心的工作和问题，使提供的信息与领导的思维对接、需求合拍。紧贴基层实际。随时掌握社会关注的热点问题及时编写原汁原味的符合基层实际的信息。撰写的《海港区强力抓好项目建设》等信息被省县市区专版采用。健全信息运行机制。围绕领导关注的难点，社会反映的热点，或深入实地专题调研，或协调部门配合调研，收集、捕捉第一手材料，提供高视角、高品位、高效应的信息，使参谋服务真正“参”到点子上，“谋”在关键处，全区政务信息工作呈现出持续发展的良好局面。全年收到各网络单位报送信息4000多条，编发《海港区政务信息》22期，《政府工作简报》4期、《专报信息》2期、《每日快报》244期；上报市政府办信息380多条，其中67条被《秦皇岛信息》采用，5条被市《昨日情况》采用，3篇被市《专报》采用，2篇被市《工作简报》采用；上报省政府办公厅信息300多条，其中20条被《河北政务信息》和《省昨日要情》采用，1篇约稿上报国办。被评为省、市信息工作优胜单位。

（卢　亮）

【电子政务工作】 推进移动办公。与联通公司协调到期移动办公终端合同的续签事宜，汇总上报新增移动办公终端的数量。谋求多方合作。与移动公司就固话打包工作进行沟通，完成部分党政机关的固定电话的号段发放并配合移动公司完成布线、移机等相关工作。对全区软件正版化工作进行摸底排查，参与接待省软件正版化检查小组一行。做好市、区两级网站的内容保障工作。全年发布《政务信息》20期、《政府公文》16期，转发市政府网站、《秦皇岛日报》等单位信息200多条。做好领导干部日报告工作，在区每日工作报告平台发布《每日工作报告》182期、机关门厅大屏幕《区领导上下午工作安排》264期。协助各单位解决日报告软件问题130多件，保证每日工作报告工作的正常运行。完成金茂大厦、机关活动室等地的网络改造。做好机关计算机等设备的更新维护，解决电脑及软件故障560多次。完成各级领导及各科室纸制文件转电子稿的扫描整理。完成政府两个会议室、门厅、餐厅雅间电子屏幕字幕更新。为各类会议演示幻灯文稿或专题片播放提供技术支持。为全市重点项目建设工作会议制作演示幻灯片（PPT）。

（方　堃）

【外事侨务工作】 外事工作。起草下发《海港区关于进一步做好因公出国和赴港澳台工作的通知》；办理因公出国（境）团组审核申报手续9批118人次；办理因公随团出访8批22人次。审批邀请外国人来访15批31人次；实地走访办理邀请外国人企业3家。拓展友城交流，与加拿大魁北克省瓦利菲尔德市塞勒伯利—德—瓦利菲尔德区签署友城协议，建立友好城区关系；与奥地利、韩国的有关城市建立友城工作正在洽谈中。协调市外侨办和区人劳局确定选拔公务人员赴韩国西归浦市交流事宜。协助市外办做好浙江省台州市天台县侨办考察团、外交部领事司护照处有关领导、澳大利亚昆士兰州考察团、日本NPO日中交流协会、日本苫小牧市及韩国西归浦市中学生友好访问团7批50人次；做好世界女拳赛有关服务工作。

侨务工作。对辖区归侨侨眷基本情况进行摸底调查，有归侨6人、侨眷57人。邀请市侨办领导、归侨侨眷代表及区有关部门代表参加以“聚侨力共建海港·联侨心同享幸福”为主题的归侨侨眷端午节联谊活动，参观区新建民生重点项目。组织东环路街道东环里社区开展“全国社区侨务工作示范点”建设工作。安排人员参加全国侨务工作培训会，与国侨办及全国各兄弟城市县区进行广泛接触。调查处理日籍华人王淑芳上访问题，并将调查报告报市侨办。

（张晓曦）

【地方志工作】 认真履行《地方志工作条例》所赋予的职责任务，坚持志书、年鉴编纂工作抓质量、抓细节，日常工作抓规范、抓具体，不断创新工作方法，提高工作人员的工作能力和工作水平，在人手少、任务重、难度大的情况下，全体人员齐心协力、共同努力，圆满完成各项工作任务。

《海港区村镇志》出版发行。《海港区村镇志》是根据河北省政府地方志办公室关于抓好乡镇村志编写的有关精神和全区新农村建设步伐加快的实际情况，由市政府地方志办公室引导，区政府地方志办公室牵头，会同5个镇、2个园区，组织有关人员编写的第一部反映全区镇村自然面貌和社会历史发展变化的权威性专著，也是秦皇岛市、河北省乃至全国第一部以合编形式正式出版的村镇志。《海港区村镇志》编纂工作历时两年半，7月正式出版发行，全书85万字，全面记述海港区5个镇、2个园区和118个行政村建村至今的政治、经济、文化、社会等方面的发展历程，是海港区农村经济社会发展的一个缩影。已送至市区有关领导和单位，发放到区内各镇、村。《海港区村镇志》的编纂发行，市地方志主任孙继胜非常重视，并从多方面给予关心和帮助，亲自带队进村入户收集资料；村志出版后，采取多种渠道推介。中指组、河北地方志办公室、市地方志办公室都相继以简报的形式宣介。中国地方志指导小组办公室党组书记田嘉堪称此书为“美丽的精神家园”。中国地方志指导小组办公室常务副组长朱佳木高度评价《海港区村镇志》。省、市和国家方志简讯中有9期关于《海港区村镇志》相关内容的报道。秦皇岛电视台、秦皇岛广播电台，《燕赵都市报》、《秦皇岛晚报》等多家新闻媒体专题报道《海港区村镇志》的出版发行，得到社会各界人士赞誉，取得很好的社会效益。

《海港区年鉴》自1986年创刊，区地方志办公室不间断地坚持编修工作，共编纂《海港区年鉴》9册。坚持高标准，树立细节决定成败的理念，处理和把握好编纂和出版发行环节的每一个细节，做好约稿、组稿、编撰、审稿、征集彩页、印刷招标、业务培训等项工作。保证年鉴质量，坚持“三审三校”制，规定编辑人员互审互校，以高度责任感对每页文字、每一个版面进行精审、精校、精改，从而高质量完成年鉴编纂的系列工作。海港区年鉴（2009 ~ 2010）已于10月正式出版发行，全书99.7万字。2011年起，《海港区年鉴》由两年出版更改为一年出版。对年鉴内容横向进行拓宽，增加邮政通信、金融保险、港口运输等类目，完善交通运输等内容。《海港区年鉴（2011）》已完成二轮校对，并与3月送方志出版社，等待终审结果。

强化档案管理。年鉴资料每年按时整理归档，按档案局要求订卷保管，未发生资料缺失问题，资料管理走上规范化轨道。

（刘景银）

【应急管理工作】 加强应急管理办事机构和职能部门建设。形成统一指挥、反应灵敏、协调有序、防范严密到位、处置快捷高效的应急管理机制。应急预案体系实现全覆盖。修订完成各部门、镇(园区)、街道、村（居）应急预案537个；完成修订中小型企业全部预案287家，其中包括危化企业94家；68所中小学校修订应急预案816个，4所幼儿园修订应急预案48个。区专项应急预案23个，完成修订应急预案7个，正在修订的专项应急预案13个，正在审批的3个。建立“统一指挥、职责明确、结构完整、功能全面、反应灵敏、运转协调、符合区情”的综合应急救援体系，即以区应急救援指挥机构为核心，专业应急救援指挥体系为支撑，行业应急救援队伍为技术支持，乡镇（街道）应急救援指挥体系为基础，公安消防部队为骨干力量，社会应急救援力量为补充，应急救援培训、演练基地、装备、信息等基础建设为保障的海港区综合应急救援队伍。全面提高军地联合应急救援力量建设，按照“平时服务、急时应急、战时应战”的指导思想，扎实工作、主动作为。在8月抗击10号台风的防汛救灾行动中，军地联合应急救援发挥重要作用。10月13日，秦皇岛陆军预备役炮兵旅“三部”（营部、连部、应急排排部）规范化建设现场观摩会在海港区召开。风险隐患排查做到定时监管。坚持预防与应急相结合，对各领域进行深入排查，把隐患排查工作做细做实。开展“双项行动”“百日大会战”“决战40天，迎接十八大”等6次全区性的专项整治特别行动。检查经营单位941家，查出安全隐患3710处，期限内整改3710项。保障救援物资实现配备到位。做好储备库的专人保管，定期补充与更新，确保储备物资质量可靠、数量充足、常备不懈。年内，统一购置一批应急物资，金额55.81万元。海域岸线油污有效防控，未发生油污污染事故。应急值守制度科学、规范。中共十八大期间，实行24小时领导带班制度，加强应急值守和信息报送，履行应急值守、信息汇报、综合协调、督促检查职责，建设具备监测监控、预测预警、信息报告、辅助决策、调度指挥和总结评估功能的应急平台，遇紧急情况，确保快速反应、科学应对、高效处置。

（温　平）

【教育督导工作】 中小学发展性督导评估工作循序推进。首批24所学校完成学校三年规划和发展目标的制订。11月，督导室组织督学和项目组对24所学校进行实地发展性督导评估。通过实地评估，各校基础性指标均达98%以上，发展性指标按照学校既定目标完成。督学责任区工作有序开展。建立树状结构网络，搭建督导工作新平台。形成“动态化”管理机制，提升学校科学管理水平。确立3项教育督导内容引领学校健康自主发展。督学责任区制度的实行，使教育督导形式多样化，强化督学的监管责任。

（乔桂凤）

【贯标工作】 增强贯标工作系统性和规范性，减少工作随意性。强化建章立制，制订完善质量管理体系文件。持续协助各部门及业务科室完善工作职责、工作目标、工作计划、工作流程、管理制度、工作依据等方面内容，并根据实际情况指导调整更新。强化审核整改，通过审核发现问题并督导予以整改。加强外部审核和内部审核，借助第三方即认证公司对全区各部门及单位进行审核，查找问题；强化督导区直部门领导班子及内审员对单位进行自我评审。侧重审核是否明确工作职责、是否合理制订工作目标和计划、是否规范及按流程开展工作并留下痕迹、是否及时更新工作依据、发现的问题是否按要求改进并填写整改报告等。2012年，全区接受并通过ISO 9000质量管理体系第3次监督审核的单位21家，全部完成外审规定动作的单位64个，完成首轮贯标工作任务。

（毛海山）

【值班工作】 细化值班室的工作职责、添加办公设备、增补值班人员，值班室工作更加规范，各项工作有章可循、有案可查。值班工作有登记、有报告、有落实、有反馈。对领导交办的事项，件件落到实处；对各种突发事件，及时请示，认真记录，按照领导的指示意见及时通过有关部门进行处理。熟知部门职能，明确信访接待程序，施行轮流接访制度，深入了解上访原由，并对每一次事件进行详细登记。遵循接待时要热心、听取时要耐心、处理时要诚心的原则，及时与相关部门取得联系，为上访群众化解矛盾心，解决实际问题。全年接待上访人员170多批次、730多人。

（丁业轩）

【接待工作】 严格把握"三项"原则（坚持服务经济建设，服务机关工作的原则；坚持热情周到，优质服务的原则；坚持方便务实，勤俭节约的原则），做好接待工作。突出抓好三个环节（抓好迎送服务环节、抓好膳食服务环节、抓好住宿服务环节），做到全面、细致、体贴、周到服务接待。落实三项保证措施（控制总量，严格流程；定点接待，严格标准；定期总结，严格监督），强化接待工作。在接待中，热情大方，不卑不亢、有礼有节，赢得领导、来宾好评。全年，服务大小会议400多次，暑期接待领导20多次、160人。重大客商6批、70人次。

（勾　扬）

【后勤保障工作】 财务工作。日常账务处理和各种票据报销整理7000多份，向各对口单位报送财务报表及各种报表70多份。编写2013年单位预算并准时报送，按时完成年终决算和财政部门年终对账、年度过账工作。合理使用追加经费和各项预算内指标经费，调整公积金、医疗保险、养老保险基数和绩效工资总量审批，完成工资正常晋升、编制核查、实名制工作及年度公务员、事业单位人员统计。为调入、调出人员办理手续、审批工资、准确发放。办理单位托收费用变更名称手续，完成机关代码证和固定资产年检，定期发放司机车补、离退休交通补贴。严格执行政府集中采购制度，对办公用品采用统一管理、造册登记、审批领取。维修改造工作。对办公楼维修改造50多次，检修办公楼内摄像头、监控器20多次，增添办公隔断2组。绿化工作。采取苗圃直接供花、专人管理方式，更换花卉2000多盆。节假日，精心布置标语，悬挂彩灯，烘托节日气氛。车勤保障工作。车辆定期检修、维护、保养，保证出车安全；司机随叫随到，保障领导、机关公勤用车。安保工作。对客访人员严格登记，需要面见领导的访客，由保安人员联系后方可进入。保安人员轮流值班，维护政府工作秩序。加强车辆管理，制做车辆出入通行证，保证院内车辆停放整齐、管理有序。做好老干部工作，组织离退休老干部集中活动，组织老干部参加文体活动，为老干部订阅报刊、解决生活困难等。及时清扫院内、楼内卫生，清除垃圾400多车，疏通下水管道20多次。

（孙晓惠）

政务服务工作

【概况】 区政务服务中心与市政务服务中心合署办公，编制5人。政务服务中心是集信息咨询、审批收费、管理协调、投诉监督于一体的政务服务机构。设25个区直部门、18个窗口，142项审批事项，其中，本级行政许可事项131项、非行政许可事项7项、行政监管事项4项。

【政务管理工作】 对首问责任、服务承诺、绩效考核等制度进行修订和完善，规范挂牌上岗制度和请销假制度，聘请行风监督员，全方位、多层次加强内部管理；继续对保留的行政许可及审批收费事项进行规范，逐项研究，简化审批环节，规范审批流程，确保运作规范、高效快捷。区属各进厅部门及工作人员牢固树立大局观念、"一盘棋"思想，自觉服从政府决策，转变工作作风，提高工作效率，实行开放式的、公开式的、承诺式的办事新形式。

【与市中心资源共享】 做好两级中心合理衔接，把区中心工作思路与市中心全面沟通，在不影响市中心各项管理体制的情况下，制订适合区中心的一套管理办法，扩大区中心的影响，减轻市中心的工作压力。区中心在办公场地、管理体制等方面实现与市中心资源共享。

【完善四级政务服务体系建设】 组织召开基层政务服务体系建设协调会，征求镇、街和部门意见，制发《海港区加快镇（街道）政务服务中心、村（社区）便民服务室建设实施方案》。镇、街道政务服务中心设立办事窗口，实行开放式一条龙服务，将劳动就业、低保办理、计划生育、经济适用房廉租房申请等事项纳入政务中心规范办理。在村和社区设立代办员，由村居干部担任，对镇、街以上审批、办理的事项，无偿为群众提供代办服务，做到一般服务不出村和社区，出村、社区的不收费代办。健全镇（街道办事处）和村（社区）两级政务服务机构的管理机制，明确镇、街道办事处1名副职为镇、街道政务服务中心主任，村、社区党支部书记或主任为村、社区便民服务室主任。

【领办工作】 对11类涉及多部门前置审批的工商注册事项制订审批流程，规范各阶段的办理时限，领办窗口根据流程制订相应表格，申报材料、办结文书证照等的移交及现场踏勘意见由领办窗口、部门、申报人签字或盖章，严格落实书面回执、一次提清和限时办结等各项制度，在审批程序上不断规范和完善。工商注册前置审批业务的申报，涉及卫生局、食品稽查大队、文体局、公安局、教育局、民政局等多部门，领办服务窗口对事项统一领办、“一条龙”服务，解决企业、群众不明部门、不懂办事程序等问题。领办服务窗口从收件、分发申报材料、联合指导、联合验收、最后统一发证，在领办服务窗口的协调、监督和统一组织下，各相关部门同步进行，为企业节省办结时间，杜绝个别部门因各种借口拖延、违规操作等问题。在做好领办服务的基础上，探索政务服务新模式，举办政务服务直通车活动5期。

【基层政府服务百姓平台】 在行政便民服务中心的基础上，建立“三位一体”矛盾纠纷调处中心和信访投诉服务中心，集中受理、承办信访投诉及矛盾纠纷等问题，形成行政便民服务中心与矛盾纠纷排调中心、信访投诉中心相互配合、相互衔接的工作格局，构建加强效能建设、方便群众服务、维护辖区稳定的重要平台，乡镇基层政府服务平台作用日趋显现。

【各部门职能】 公安分局：负责户口迁移、刻章转信、特种行业许可证等审批事项的办理。

卫生局：负责公共场所卫生许可、医师执业注册许可等审批事项的办理。

食品稽查大队：负责餐饮服务许可等审批事项的办理。

商务局：负责酒类零售审批事项的办理。

人社局：负责用人单位集体合同审核、特殊工时制度审批等。

交通局：负责道路运输、机务维修等审批事项办理。

教育局：负责学前教育机构、民办学校等审批事项办理。

文体局：负责娱乐场所、出版物、印刷企业审批事项办理。

城管局：负责临时占用城市道路、城市建筑垃圾处置审批事项办理。

民政局：负责社会团体、民办非企业等审批事项办理。

质监分局：负责组织机构代码证审批事项的办理。

市政处：负责城市道路挖掘审批事项办理。

建设局：负责建筑工程施工许可审批事项的办理。

园林局：负责城市绿地、树木等审批事项办理。

水务局：负责取水许可，建设项目水土保持、排污等审批事项办理。

环保局：负责建设项目环评审批事项办理。

发改局：负责企业固定资产投资项目备案。

工商局：负责有限公司设立、变更、注销，个体工商户设立、变更、注销等相关审批事项办理。

综合窗口：由农业局、林业局、畜牧局、旅游局相关审批事项办理。

（郑 巍）

机关事务管理

【概况】 围绕区委、区政府中心工作，以转变机关干部作风、规范行政行为、提升服务质量为目标，圆满完成全年工作任务。承担的海港区市民中心建设任务，工作人员发扬“严、细、深、实、快”的工作作风，节假日不休，保障2013年11月5日前竣工入驻，确保省优，力争国优建设目标的实现；经过6个多月的艰苦奋战，完成主体封顶的艰巨任务；抓好第十八中学改造，深入开展全区公共机构节能减排，较好完成各项工作任务。

【市民中心工程】 年内，完成市民中心项目手续的跑办、施工图设计、进场准备、主楼施工、合同和变更的审签和附楼筹建等项工作。全力跑办前期各项手续。区市民中心项目在省发改委立项，开工手续涉及省、市56家单位和部门。成立由一把手带队的工作组，23次往返石家庄，到省住建厅办理规划选址意见、到省国土厅办理土地预审手续、到省环保厅办理环评手续、到省发改委办理立项及可行性研究报告批复。市级审批阶段，呈请市政府将市民中心工程纳入全市重大项目审批绿色通道。办理土地、工程规划证明，减免人防易地建设费等6项费用，完成初步设计和施工图纸联审。按程序开展设计、勘察、施工、监理单位招投标，确定市建筑设计院为项目设计和勘察单位，海三建设工程发展股份有限公司为项目施工单位，广德监理公司为项目监理单位。工程进场施工后，协调市、区职能部门，办理土地使用证、用地规划许可证、工程规划许可证、开工许可证等正式文本，确保项目“四证一书”（规划选址意见书）手续齐全。合理安排初步设计和施工图设计工作。考察青龙县、卢龙县等行政中心后，确定办公用房的设计模式。采取超常规、走捷径、打穿插的方式同步开展图纸审查、工程量清单和栏标价编制、评审工作，最终施工图纸通过市政务服务中心组织的联审会，为招标工作的开展提供依据。做好进场前准备。提前协调市自来水、电力、排水、市政等部门和单位，在最短时间内完成临时用水、用电、污水雨水排水的施工，督促施工单位做好“三通一平”和临建搭建工作。成立以区纪检监察、区检察院、区审计局为成员单位的监督工作组，对工程招投标、建筑资金使用、设备考察及重要决策进行全程监督。抓好主楼施工管理。6月，市民中心主楼进场施工。开展图纸交底，督促施工单位制订科学严密的施工组织计划，对关键施工程序及部位随时进行检查巡视，确保施工质量和进度。督导监理单位实施钢筋见证取样152次、防水材料10次、试件262次、砼试块795次。原材料审批26次，隐蔽工程验收277批次。强化安全生产，确保施工现场三宝、四口、五临边防护到位，塔吊、铲车、钩机等特殊工种作业人员持证上岗，消防设施齐全。做好合同和变更审签工作。邀请区政府法制办、区政府法律顾问对合同条款逐项审查，确保合理合法合规。对施工过程中发生的各类变更，坚持在3天内予以确认。召集设计、施工、监理等单位进行会审，确认变更项目的依据和体量；召开由跟踪审计和工程监督组参加的审核会，对变更事实进行通报，确认无误后各责任单位在洽商记录上签字，按程序报批。

附楼筹建工作。市民中心附楼以海港区文化馆的名义在市发改委立项，已完成土地使用证办理、工程勘察、设计招投标工作，初步设计和投资计划经区发改局批准，规划方案经市规划局核准，施工图通过联合审查。准备开展施工和监理的招标。

【第十八中学改造后续工作】 年内，第十八中学改造的任务是南教学楼内外装修及设备安装、北教学楼维修改造。10月中旬，完成南教学楼内外装修及设备安装工作，交付学校使用。北教学楼维修改造，呈请区政府批准改造方案，对原楼外立面、室内门、墙面、顶棚装修及疏散楼梯进行加固和改造，楼内改造工作进展顺利。

【督导检查公共机构节能减排】 对全区72家公共机构2011年的节能减排数据进行统计，各项用能数据呈现下降趋势。选择有条件的单位作为试点，逐步推广，力争在“十二五”期间，基本建成规模适度、布局合理、功能齐全、运转高效的区级公共机构节能监管网络体系。督导各单位日常节能工作，不定期对各公共机构能耗统计、台账管理、岗位培训、信息上报等工作进行督导，对能耗控制不达标的单位提出警示。

【机关建设】 在全区加强基层建设年暨“一联六

促，访解帮带”活动中，进驻西港镇新店子村，驻村干部在摸清基本情况的基础上针对发展集体经济、开拓旅游资源献计献策，协调林业局提供专项资金 4.5 万元。抓好班子和队伍作风建设。成立党风廉政建设和反腐败工作小组，将党风廉政建设责任制进行量化细化，明确每项工作的负责人，具体工作人员和工作目标，在工作中认真贯彻落实。利用党员生活会、民主生活会、业务培训会等多种形式，对全体工作人员进行思想道德教育和业务培训，全面提升素质。在单位日常管理中，通过严格值班、车辆、食堂、办公制度，优化办公环境、做好综合治理等措施，保障各项工作顺利开展。

（吴晓松）

国有资产管理与运营

【概况】 国资办内设 3 个科室，分别为企业国有资产管理科、行政事业国有资产管理科、综合科，有工作人员 10 人。2012 年，海港区国有资产管理工作在区委、区政府的正确领导下，以实现国有资产保值增值为目标，扎实基础、完善制度、努力创新，圆满完成区委、区政府制定的各项工作目标任务。

【国有资产管理】 国有资产公开招租。全年组织国有资产公开招租会 5 次，累计成交 185 处，成交额 649.56 万元，较招租底价增长 101.41 万元，增长率 18.5%。严把资产处置关。依据《海港区国有资产管理办法》，严格按照国有资产处置流程规定，完善相关日常工作程序，资产处置中做到逐件登记、逐件审核、逐件批复、逐件备案。全年累计办理资产处置 294 笔、金额 4067.78 万元，其中出售资产 6 笔、110.47 万元，报废资产 99 笔、1740.62 万元，划转资产 189 笔、2216.69 万元。清查建账，摸清资产“家底”。10 月，对区内行政事业单位（包括其下属企业）的土地、房产使用情况进行专项摸底统计。全区有国有土地、房产 354 宗，土地面积 224.41 万平方米；房屋建筑物面积 75.2 万平方米。通过土地、房产的摸底统计，摸清全区土地、房产的来源、性质、面积、产权人以及入账状态等信息，为领导决策及时提供依据。

【大宗资产置换】 根据区政府工作安排，组织办理区检察院及档案馆的资产置换项目。成立由国资办、发改局、燃料总公司、鼎威房地产公司及中介机构等 5 家单位组成的项目评估组，组织召开资产置换项目协调会，解决在资产置换过程中遇到的问题，提高工作效率。经项目评估组对所置换项目进行实地查勘后出具的评估报告得到各方的认可。经区政府授权，与鼎威房地产公司进行多轮磋商，撰写《关于置换秦皇岛市鼎威房地产开发有限公司所属房产的情况汇报》，并代区政府起草资产置换协议书，经政府常务会通过；协调市、区土地、房产等部门，完成燃料公司所属 3 宗土地、房产产权划转至区国有资产投资经营有限公司，已完成资产置换协议的签订工作。

【企业国有资产管理】 通过“四项举措”，全面贯彻落实《海港区人民政府关于进一步加强企业国有资产管理的通知》要求。组织区属国有、集体（不含村集体）企业按要求进行自查，对每一家企业分别建立档案资料；制定 12 项企业国有资产管理制度；邀请部分区属国有企业财务负责人参加座谈会，对相关细则予以讨论完善；组织召开全区企业国有资产管理制度培训会，总结全区企业国有资产管理工作，并对企业重大事项审批等制度进行讲解培训，为区属企业国有资产管理的制度化、规范化奠定基础；完成调研工作，利用近 2 个月的时间对 32 家区属国有、集体企业 2010 ~ 2012 年财务、人员等情况进行调研。

（张　雷）

财政管理

【概况】 区财政局有在册人员 124 人（其中，行政编制 25 人，全额事业编制 74 人，自收自支编制 25 人），退休干部 18 人。内设机构 25 个科室。分别为：办公室、信息中心、监察室、人教科、预算科、预算编审中心、国库科、综合科、文行科、社保科、企业科、农财科、经济建设科、投资评审科、金融办、监督科、国资办、产权交易中心、国投公司、会计科、政府采购办公室、政府采购中心、集中支付中心、债务管理中心、财政信用服务所。2012年，全区经济发展速度放缓，尤其是国家调控政策和减税政策的继续实施，造成区财政收入短期内增收困难。全局干部职工开拓进取，创造性开展工作，圆满完成区委、区政府制定的目标任务。

【收入征管】 发挥职能作用，协调国税、地税部门，推动建设综合治税协调机制，加强纳税信息沟通和统计分析，密切关注财政经济运行走势，严格依法治税管费，强化财政收入的组织调度，及时分析财政收入增减变化，对重点税种、重点行业实施动态监控，采取有力措施，加大税费征管力度，确保各项政府收入及时足额入库。全区实现财政总收入76.54亿元，为年初任务的100.2%，同比增长14.4%。其中公共财政预算收入完成14.2亿元，为年初任务的107.7%，同比增长23.9%。按征收部门划分，财政部门完成1.34亿元，为年初任务的114.4%，同比增长126.2%；国税部门完成29.59亿元，为年初任务的100.1%，同比增长12.4%；地税部门完成45.61亿元，为年初任务的100%，同比增长15.3%。

【财政支出】 公教人员工资按时足额发放。区财政局始终把保工资、保稳定放在财政工作的首要位置，把按月发放工资作为保大局的第一要务，拨付财政供养人员工资3.96亿元。加大对北部工业区、临港物流园区、圆明山园区的资金支持。拨付资金4796.4万元，促进园区基础设施建设，提高园区的硬件水平，为项目向园区投放、企业向园区集中、创业要素向园区汇聚提供财力支撑。全面提升区旅游业的整体吸引力和综合竞争力，拨付旅游发展专项资金383万元，拨付秦皇望海祈福文化旅游节专项资金260万元。“家电下乡”工程。拨付“家电下乡”补助资金544万元，拉动消费4200多万元。争取上级资金，加大对全区企业扶持力度，争取上级扶持资金570万元，为全区中小企业产业升级和延伸提供有力支持。安排民营经济发展专项资金和企业技改专项资金各500万元，促进全区企业技术改造和产业升级。加大科技创新支持力度，安排科技专项资金100万元，创新型县区建设资金100万元，提高企业自主创新能力。强农惠农。发放粮食直补、农资综合直补资金350.9万元；加大教育资金投入，拨付资金759万元用于免除农村中小学2012年度义务教育阶段学生学杂费。发放2011年能繁母猪补贴资金37.7万元，受益养殖户384户。及时拨付2011年一事一议项目资金263.5万元，争取2012年一事一议项目，累计申报32个，涉及资金418万元。整合各类涉农资金290万元，带动以蔬菜生产为主导的全区农业产业化发展。以发展设施蔬菜、畜禽养殖、水利基础设施建设等为重点，争取到农林水上级专项资金2929万元。

保障和改善民生。拨付改造资金3615.1万元，提高居民幸福指数；推进校舍安全工程，拨付资金3480万元；落实社会保障政策，拨付城镇居民医疗保险资金912.56万元、基本公共卫生服务资金245万元、城乡医疗救助资金50万元、新农村合作医疗资金486.65万元、城市低保资金5200万元、农村低保资金925万元、低保户冬季取暖补贴资金261.65万元。做好医疗卫生体制改革工作，拨付资金2378万元，其中基层医疗卫生机构建设地方配套资金1214.6万元，基层医疗卫生机构差额补贴资金450万元，新农合标准从230元提高到290元。加大教育资金投入力度，全年安排教育资金6.22亿元，同比增长45.6%。保障城市建设。拨付道路建设资金1833.6万元，保证民族路北延伸、秦皇大街东延伸等多条道路建设顺利开展；优化城市景观，围绕打造森林港城和北方花城的主题，拨付园林绿化资金455万元。

【财政体制改革】 构建综合治税大格局，加大税政管理力度，从根本上解决全区税源流失问题；加强基层财政管理，提高镇财政管理水平，在全市率先通过乡镇财政所标准化建设验收。稳步推进公务卡改革，出台海港区预算单位公务卡管理办法，164家预算单位全部申请办理公务卡，申请办卡2417张。公车治理工作进展顺利，制定《海港区党政机关公务用车配备使用管理实施办法》，对占编车辆的管理日趋规范。政府采购工作加强，全年节约资金1335.7万元，节约率10.4%。财政投资评审工作成效显著，评审建设项目220项，报审资金52.3亿元，审减资金4.1万元，平均审减率7.9%。政府债务管理日趋完善，完成6477.8万元还款项目的审批拨付工作。开展非税收入制度建设工作，全面加强非税收入征管；企业国有资产管理工作稳步推进，摸清国有、集体企业家底；加强出租资产管理，全年组织国有资产公开招租会5次，累计成交185处，成交额649.6万元，增长率18.5%；发挥专项资金监控系统平台的作用，加强对专项资金的监控管理，接受公众监督。

【队伍建设】推行“创先争优”和“对标先进”活动，落实“星级管理、千分考核”工作机制。加强基层建设年暨“一联六促、访解帮带”活动，做好帮扶工作，并通过上级验收。邀请各方面专家教授，以集中授课形式对全局干部进行培训，提高财政干部的综合素质。深化干部管理制度，通过公开竞聘方式，对全局中层正、副职进行重新选聘，提高全局干部职工的积极性和干事创业的激情。推进机关标准化建设，完善各项管理制度，提高财政服务水平。召开党风廉政建设工作会，各科室与主管领导签订反腐倡廉暨效能建设责任书，制定《海港区2012年党风廉政建设和和反腐败工作任务分工》和《海港区财政局2012年民主评议工作实施方案》，在全区年中群众问卷评议中名列第一名。加强信息调研宣传工作。全年上报信息1000多条，调研文章37篇，局办报纸《海港财政》12期；被区级以上刊物、媒体采用信息100条、调研文章12篇。

（娄俊杰）

人事管理

【概况】按照省、市关于人事管理及改革有关部署要求，完善管理机制，规范管理职责，科学制定人事人才政策，激发人才潜力及才能。严格组织机关事业单位人事考核；完善事业单位人员聘用管理；科学设置各类岗位及技术职务，提升各机构组织整体效能；健全收入分配制度；规范退休及工资审批，保障机关事业单位工作人员工资福利待遇；推进人才管理工作，提高人才服务水平；完善军转干部安置工作办法，提高部队、安置单位和军转干部的满意度。

【人事管理工作】做好干部政治理论教育培训，抓好在岗学习培训，组织3180人参加知识产权考试。审验继续教育证书6300多本，对2012年参加中高级职称评审的1762人进行继续教育证书的审验。严格进行人事考核，实行奖优罚劣。规范职称管理工作，770人晋升专业技术资格。整理规范人事档案材料1万多份。规范机关股级干部审核管理。

【人力资源配置工作】抓住人才引进、培养、使用三个环节，加大人才工作服务力度，拓宽服务渠道。围绕重点支撑产业和战略新兴产业发展，征集各单位人才需求信息。实现人事代理1146人，签订大学生村官聘用合同23份，安置军转干部4人。完成教师招聘工作，招聘中小学、幼儿教师108人。

【工资管理工作】调整审核绩效工资9000多人，事业单位工作人员正常晋升工资8559人，审批退休1027人。统计分析机关、企事业单位1.7万多名在职及退休人员工资。

（冯　彬）

劳动就业管理

【概况】将就业工作作为重中之重，创新举措，优先做好服务工作，千方百计实现充分就业。加大社会保障覆盖范围，强化医疗、养老、失业、生育保险经办管理，依法组织劳动保障监察、人事劳动争议调解仲裁，保障劳动者切身利益。

【就业再就业工作】8月17日，海港区就业服务网站正式开通，实现网络招聘企业资质、信息真实性、招聘成本的“三保障”，成为全市首个综合性公共就业服务虚拟平台。成立公益性就业技能培训机构，举办培训班52期，培训2030人。

在农村劳动力实行就业实名制的基础上，开展高校毕业生、外来务工人员就业实名制工作，以全面掌握全区就业动态，科学分析就业形势，有效贯彻就业扶持政策。通过开展政策落实、项目推介、小额担保贷款支持，为657人申请小额担保贷款5256万元。带动724名困难人员就业，实现以创业带就业的良性循环。河涧里社区被评为全国充分就业社区。全力推进驻村帮扶工作。发布52家企业的用工信息500多条，发放各类宣传资料1000多份，宣讲小额担保贷款和农村富余劳动力转移就业等相关政策，受到村民欢迎。举办专场招聘会8场，为700多家单位和4100多名求职者搭建对接平台，达成意向600多人。新建基层保障平台5个。严格开展就业困难人员认定工作，认定就业困难人员4185人。发放社保补贴1486万元。全区新增就业岗位7281个，完成全年任务的104%；失业人员再就业3095人，完成全年任务的103%；就业困难人员再就业1062人，完成全年任务的106%；农村劳动力向非农产业转移就业1511人，完成全年任务101%；组织就业再就业技能培训2030人，完成全年任务101%；城镇登记失业率3.69 %；建立3个高校毕业生就业见习基地，提供见习岗位314个。

【社会保障工作】 开展城乡居民养老保险“两个试点”工作。经过提高和完善，实现平稳运行，参保总人数5.29万多人。建立由社保机构经办的社会保险包括：城镇职工基本医疗保险、城镇职工生育保险、城镇职工社会养老保险、城乡居民社会养老保险、城镇职工失业保险。医疗保险参保人最高保额达31万元。连续8年提高退休人员养老金，平均每人每月增加158元。从2012年开始，失业保险参保人失业期间具有失业、医疗、生育等多重保障。城镇职工养老保险新增人员9922人，完成全年任务的396.88%；城镇职工养老保险征缴2.09亿元，完成全年任务的108.08%；城镇职工医疗保险参保2.78万人，完成任务目标的102.58%；城镇职工医疗保险征缴7564.06万元，完成全年任务的128.2%；城镇职工失业保险新增人员1815人，完成全年任务的259%；城镇职工失业保险征缴951.38万元，完成全年任务的146%；城镇职工生育保险征缴279.5万元，完成全年任务的133.1%。

【劳动维权工作】 根据《秦皇岛市全面推进劳动保障监察两网化管理工作的实施意见》精神，在全市率先开展劳动保障监察“两网化”管理工作。完成网格划分，分二级网格（镇街）17个、三级网格（社区）78个，建立区、镇（街）、居三级劳动保障监察网络体系。基层协管人员接受初级培训95人。劳动监察网络逐步向基层延伸，覆盖整个主城区，实现无缝隙监控。

劳动监察、劳动人事争议仲裁工作制度化、标准化建设顺利推进，全年受理劳动争议案件65起，其中立案35起，案外调解13起，不予受理17起，挽回经济损失标的额300多万元。实现统一服装、统一程序、统一行动的劳动监察执法。执法队伍建设更加规范、更加法制化。全年监察用人单位600户次，受理投诉举报138起，解决工资款478万元。

（冯　彬）

重点项目管理

【概况】 按照“高站位、高水平、高标准、高效率”原则，加大项目谋划及实施力度，对年初确定的新开工项目逐一明确分管区领导，逐个制订工作方案和流程图，明确项目建设各环节的任务要求、跑办途径、完成时限和责任人。形成分管区长每周调度、主要领导每月调度的分级调度制度和节点督导、领办代办等跟踪服务机制。落实并推进领导分包重点项目、一把手抓项目工作，实施重点项目节点督导、领办代办、一线服务等工作制度，加大项目谋划储备力度，定期深入项目单位，帮助解决问题，促进项目尽早投产。

【重点项目完成情况】 市政府下达海港区项目建设完成投资目标任务120.1亿元。全区实施千万元以上在建项目103项，计划总投资1017.34亿元，全年实际完成投资201亿元，完成市定计划的167.36%，完成区定年度计划的122%，其中：新开工千万元以上项目58项，完成投资87.37亿元。新开工亿元以上项目33项，主要有橡树湾开发、北港物流服务中心、杨道庄保障性住房、万和郡（香邑溪谷）一期等项目。续建项目45项，完成投资113.63亿元。世纪港湾商业广场、中信渤铝技改、香格里拉大酒店、民族路北延伸等重点续建项目进展顺利。列入省重点建设项目4项，即秦皇皓月城、华润雪花退城进郊、益海循环经济产业园和嘉恒物流中心，除华润雪花有意在开发区落户外，余下项目年度计划投资19亿元，完成投资25.5亿元。

【项目库建设】 谋划建立重大项目储备库。研究产业政策和投资导向，加大前期投入，聘请权威机构、高等院校和发改、国土、规划等部门专业人士，筛选、包装一批具有区域特色和比较优势、科技含量高、市场前景好、符合国家产业政策的重特大项目，丰富项目储备。完善重点项目库。按照前期、在建、竣工等梯次结构，筛选优化库内项目，提升项目数据库质量，除完善常规项目信息外，还对每个项目列出节点控制方案，制订详细的进度计划和推进措施，逐个落实建设要素，确保重点项目深入开展、扎实推进。筹建重点项目建设网站。利用现代信息手段，搭建全区重点项目建设服务、管理平台，宣传项目建设优惠政策，公开项目备案审批程序和领导分包重点项目等信息，跟踪并及时更新重点项目建设，为项目管理者和实施者服务。

【项目管理】 落实《一把手抓项目》《区级领导分包重点项目》等文件要求，强化4项工作机制，规范对重点项目建设的全过程管理，强化激励约束，兑现项目奖惩，确保全年项目建设任务顺利完成。分级调度制度。对全区重点项目建设情况坚持每月调度1次；区政府每季度召开1次重点项目建设调度会，听取各相关部门、单位一把手关于项目建设情况的汇报；区委每半年召开1次调度会议听取区级领导分包重点项目建设情况，实时掌握重点项目进展情况，总结重点项目推进中的好经验，分析解决重点项目推进过程中存在的问题。定期通报制度。对全区重点项目建设情况在网站上实时通报，每月坚持通报区领导分包项目情况，每季度对全区重点项目建设情况作深入分析，找准项目推进的制约因素，提出加快项目建设的意见建议，为区委、区政府领导决策提供参考。加密督导制度。完善项目督查机制，按照在建项目抓进度、新建项目抓开工的要求，明确每个重点项目的目标任务和建设进度，联合区委、区政府督查室按照时间节点对重点项目进展情况进行督导，在年中组织全区重点项目建设观摩会，检查进度，发现问题，督促项目单位及责任单位加快项目建设。

【协调服务】 全方位服务。对重大项目建设全程跟踪，逐一明确责任单位和专办人员，实行贴身管家式服务，及时解决项目建设难题。努力破解用地难题。对全区重点项目用地及缺口情况进行摸底调查，盘活存量，整合资源，协调土地部门集中向重点项目倾斜；谋划包装省、市重点项目，跑办争取土地指标，化解项目建设用地矛盾。缓解融资难题。加强与金融机构的沟通与合作，搞好银企对接，开展省、市重点项目推介工作，定期向有关金融机构通报重点项目投资情况，寻求有力支持；争取国家专项扶持资金，在破解项目融资难题方面寻求新突破。集印国家、省、市、区政策性文件，深入基层调研，逐家企业走访，结合经济运行实际，跟踪分析产业发展，特别是重点行业运行和发展中出现的带有全局性、苗头性的新问题，制定和完善适用于全区的产业政策，使产业政策更具有科学性、预见性、可操作性和实效性。

【队伍建设】 抓好建章立制。完善机关各项规章制度和办事程序，严格纪律，履职尽责，提高机关效能。抓好学习培训。安排班子成员及科室负责人授课，围绕产业政策、项目审批流程、申报省重点要求及程序、公文写作等业务知识，组织机关人员学习，提高机关工作人员业务水平。适时组织培训，邀请专家授课，提高项目跑办人员的能力和水平。抓好对外宣传。加强与新闻单位的沟通联系，宣传报道全区经济发展及项目建设成果，营造全社会关心发展、支持项目建设的浓厚氛围。

2012年海港区千万元以上新开工项目情况一览表

表2-2

单位：万元

项目名称	主要建设内容及规模	建设周期	总投资	当年计划投资	1-12月		当前形象进度
					累计完成投资	占当年计划%	
新开工项目:72项			3966181	1075770	1291827	120%	
工业项目：23项			264410.5	190156	223187	117%	
泽运游艇制造及船舶配套项目	占地面积4.4公顷，实现年产游艇150艘的生产能力。	2011～2013	12554	3000	3000	100%	6月12日取得土地使用权，正在进行规划设计
太阳能路灯项目	占地面积0.67公顷，总建筑面积9000平方米，计划新建太阳能路灯生产线1条及其附属配套设施。	2011～2013	2400	2400	3000	125.00%	竣工
耀木贸易	占地面积1.33公顷，以玻璃深加工为主，总建筑面积8710.77平方米。	2011～2013	4000	3000	2000	66.67%	一间厂房主体完工，科研楼正在进行主体施工
秦皇岛第一污水处理厂升级改造及中水回用工程	新建中水回用工程，设计污水日处理能力4万吨，采用新工艺对污水处理厂进行升级改造。	2012～2013	6299	6299	6299	100%	竣工
上蚨机械车辆零部件仓储中心	上蚨汽车销售有限公司投资建设。总建筑面积2.18万平方米，将建设仓库、办公用房、职工生活区、休息室和其他配套基础设施。	2012～2014	11000	5500	6500	118%	施工建设
虎跃汽车销售维修项目	虎跃汽车改装有限公司投资建设。总建筑面积2.5万平方米，将建设专业作业站，服务站等。	2012～2014	10500	7000	6500	93%	施工建设
年产4万吨溶剂油生产项目	紫东化工有限公司投资建设。将建设4000平方米办公用房及油罐辅助设施。	2012～2013	4800	4800	4000	83%	施工建设
徐庄门窗厂建设项目	占地面积1.33公顷，新建办公楼、厂房及配套设施。	2012～2012	3000	3000	3000	100%	竣工
科威克公司	新建生产线及配套设施。	2012～2012	3000	3000	3000	100%	竣工
年产4000吨塑胶制品项目	新建厂房，生产线等。	2012～2012	3000	3000	3000	100%	竣工
混凝土干混砂浆项目	总建筑面积2.28万平方米，建设生产、维修车间；办公、实验用房；原料棚及库房。年生产混凝土干混砂浆60万立平方米。	2012～2013	12069.46	12069	13000	108%	竣工
大中型轮船舱盖加工项目	拟建设1个大中型轮船舱盖的加工和销售中心。	2012～2013	3900	3900	3000	77%	施工建设

续表 2-2

项目名称	主要建设内容及规模	建设周期	总投资	当年计划投资	1-12月		当前形象进度
					累计完成投资	占当年计划 %	
固永安装公司办公楼及厂房建设项目	新建办公楼、厂房及配套设施。	2012～2012	1128	1128	1128	100%	竣工
黄北中药厂项目	新建办公楼、厂房及配套设施。	2012～2012	2358	2358	2358	100%	竣工
年产1500万平方米弹性体SBS改性沥青防水卷材项目	总建筑面积1.2万平方米，将建设办公、联合车间、原材料库、成品库、综合动力站等。	2012～2013	6000	3000	3000	100%	施工建设
秦皇岛宏智机械有限公司真空吸砂机项目	建设年产500台船用真空吸砂机生产线，占地面积3.67公顷。	2012～2012	12000	12000	12000	100%	竣工
鑫沃能源有限公司升级改造项目	对已有生产线升级改造，并建设柳村南站二场防风网工程。	2012～2013	15000	15000	15000	100%	竣工
秦热发电技改项目	对已有项目升级改造，购置环保、节能新型设备。	2012～2013	29000	29000	29000	100%	竣工
秦皇岛发电有限责任公司技改升级项目	已有项目升级改造，购置环保、节能新型设备，建设一期二期锅炉脱销技术改造工程。	2012～2013	38300	20000	38300	192%	竣工
晶瑞玻璃联合升级改造项目	晶瑞玻璃联合德华、狮腾等中小企业，整合资源，购置先进设备，升级改造，增加竞争力。	2012～2012	13000	10000	13000	130%	竣工
尼特智能科技技改项目	对物联网智能社区产业化技术改造，实现企业生产智能化。	2012～2013	11000	11000	11000	100%	竣工
羿珩太阳能光伏封装设备产业化项目	占地面积6.67公顷，主要生产全自动焊接机、全自动铺设台、全自动装框机、自动化封装流水线等。	2012～2013	38000	10000	20000	200%	生产车间主体施工
西部生活垃圾焚烧发电厂项目	占地面积3.33公顷，建设西部片区生活垃圾焚烧系统及发电厂。	2012～2013	22102	22102	22102	100%	竣工
服务业项目：11项			1387031	214531	227031	106%	
360万吨钢材物流配送项目	由秦皇岛奥通贸易有限公司投资建设。总建筑面积6.82万平方米，主要建设仓库，钢材展示交易中心等。	2012～2013	30000	20000	15000	75%	施工建设

续表 2-2

项目名称	主要建设内容及规模	建设周期	总投资	当年计划投资	1-12 月		当前形象进度
					累计完成投资	占当年计划 %	
士伏配送中心项目	拟建设1个以货物仓储、流通加工、配送为主的综合性配送中心。	2012 ~ 2013	10000	9000	7000	78%	施工建设
秦皇岛北港物流服务有限公司物流中心项目	总投资5亿元，总建筑面积4万平方米，主要建设货运交易市场、综合服务中心等，从事货物运输分流、专业化仓储及第三方物流专业服务，年交易200万吨。	2012 ~ 2014	50000	20000	20000	100%	主体施工
秦皇岛成东物流仓储配送项目	建设现代化站台式库房、货物信息传递办公用房、司机服务站、汽配房等。	2012 ~ 2014	20000	10000	8000	80%	施工建设
紫悦食府项目	总建筑面积2430平方米，建设综合地方特色饮食项目。	2012 ~ 2013	3500	2000	3500	175%	竣工
秦皇岛益嘉物流有限公司仓储物流项目	主要建设粮食经营区、粮食仓储区和油料交易区3个专业区为一体的大型粮食物流交易中心。	2012 ~ 2014	25000	25000	25000	100%	竣工
秦皇岛永和盛绿色食品发展有限公司综合物流项目	拟建物流中心总建筑面积1.2万平方米，包括现代化库房及货运站建筑面积3000平方米，办公用房建筑面积1000平方米等。	2012 ~ 2013	10500	10500	10500	100%	竣工
燕达实业集团有限公司投资秦皇皓月城项目	主要建设高新产业研发、制造、办公、SOHO、商业、餐饮、金融、教育、物流、会展、会议、高档住宅等。总建设规模350万平方米，建设总部商业区、高端研发中心70万平方米，现代商务服务区140万平方米，商务会展中心、展厅及其他基础设施140万平方米。	2012 ~ 2015	1200000	80000	100000	125%	各项前期工作进展有序，项目进入实质性操作阶段
洋洋花卉迁建项目	占地面积1.67公顷，建筑面积1万平方米，建设大型花卉批发、零售基地。	2012 ~ 2013	16231	16231	16231	100%	竣工
裕龙连锁宾馆建设项目	建设8家全国连锁快捷酒店，总建筑面积6万平方米。	2012 ~ 2013	10800	10800	10800	100%	竣工
海阳批发市场扩建工程	对冷库、储存库房等蔬菜水果储运设备升级改造，扩大销售规模。	2012 ~ 2013	11000	11000	11000	100%	竣工
基础设施：18项			242778.8	198578.8	205995	104%	
北港大街西延伸	项目占地面积1.27公顷。拟修建南北两侧辅助桥，实现与城市主干路（秦青公路）平行交接。	2012 ~ 2012	5000	5000	5000	100%	竣工
北环路跨汤河桥工程	占地面积6.53公顷，道路全长1020米，其中桥长200米，城市主干道I级，设计车速60千米/小时。	2012 ~ 2012	13900	13900	11875	85%	竣工

续表 2-2

项目名称	主要建设内容及规模	建设周期	总投资	当年计划投资	1-12 月 累计完成投资	1-12 月 占当年计划 %	当前形象进度
西港路改造项目	南起北环路，北接西港路下穿铁路箱涵，长0.68公里。	2012	8300	8300	9880	119%	竣工
炮兵预备役旅项目	选址在大里营村，总占地面积5.67公顷，总投资约2亿元，拟建办公楼、宿舍及军需硬件设施工程等。	2012 ~ 2013	20000	10000	20000	200%	竣工
西港北路功能提升工程	西港北路（新102国道-市技校）改造路段长1566米，道路红线宽50米。北港大街（西港北路-丰业路）改造路段长299.89米，道路红线宽50米，道路横断面形式不变，对混行车道、人行道及其他附属设施等改造提升。	2012 ~ 2012	2538.78	2538.78	2600	102.41%	竣工
和美市场项目	占地面积3.73公顷，拟建设一个集购物、休闲、餐饮、娱乐为一体的现代大型零售业卖场。	2012 ~ 2012	15000	15000	15000	100.00%	竣工
海港区市民服务中心	占地面积1.76公顷，建筑面积3.82万平方米。	2012 ~ 2013	13000	10000	10000	100%	进入主体施工阶段
秦皇岛市质监局煤检中心	占地面积0.57公顷，新建办公楼及配套检测设施。	2012 ~ 2012	4000	4000	4000	100%	竣工
龙家营火车站（过渡）及站前广场建设	占地面积2.67公顷，进行硬化及配套设施建设。	2012 ~ 2012	9000	9000	9000	100%	竣工
龙家营火车站（过渡）进站路及疏解路建设	全长3400米，进站路宽36米，疏解路宽9米。	2012 ~ 2012	5000	5000	5000	100%	竣工
海阳绿道项目	选址大、小苇芝港村、温家洼村。总全长20公里，建设农家生活体验区、千亩林果采摘区、健身路径景观区、综合休闲娱乐区为一体的乡村旅游工程。	2012 ~ 2012	12000	12000	15000	125%	竣工
海阳清洁工程项目	对辖区河道、池塘等水域进行综合治理。对各村环卫工程进行升级改造。	2012 ~ 2012	10500	10500	12500	119%	竣工
北港镇生态景观林工程	对北港镇圆明山片区及民族路北延伸道路两侧，进行生态景观林绿化。	2012 ~ 2012	71000	71000	71000	100%	竣工
东港路电缆沟及北港1#开闭所工程	由龙港投资有限公司投资建设，修建东港路电缆沟及新建开闭所1座。	2012 ~ 2013	1500	1500	1500	100%	竣工
西浴场改造	硬质铺装，植物绿化，景观照明，声控、监控系统，给排水系统，小型服务性用房及其他辅助设施等。	2012 ~ 2014	35500	10000	2800	28%	一期工程A、B区主体基本完工

续表 2-2

项目名称	主要建设内容及规模	建设周期	总投资	当年计划投资	1-12 月		当前形象进度
					累计完成投资	占当年计划 %	
金梦海湾项目海岸线生态修复工程	增加沙滩宽50米、面积20公顷。	2012 ~ 2013	14000	9000	9000	100%	部分海岸线修复
徐庄大库办公楼	新建办公楼。	2012 ~ 2012	1540	1540	1540	100%	竣工
规划四路南段工程	路段长约800米，道路红线宽20米。	2012 ~ 2013	1000	300	300	100%	晒甲会村址以南部分基本完工
房地产:14项			2037981	441124	604134	137%	
生态谷	项目总占地面积26.33万平方米，总建筑面积54.36万平方米。	2001 ~ 2013	134901.2	100000	100000	100.00%	正在主体施工
万和郡（香邑溪谷）一期项目	占地面积9.8公顷，总建筑面积25.74万平方米。	2012 ~ 2013	125200	20000	28000	140%	主体施工
杨道庄保障性住房	为经济适用住房、廉租住房、公共租赁住房综合建设项目。	2012 ~ 2014	181250	50000	49465	99%	主体施工
东王岭旧城改造项目	对东王岭旧城进行改造。	2012 ~ 2013	44294	44294	22350	50%	主体施工
南四村（东港镇王家庄村、东向河寨村、西向河寨村、上营村）旧村改造工程	建设6+1安置房及高层商品房、绿地及配套设施等。	2012 ~ 2015	500000	20000	7000	35%	原村址面积107.4公顷完成土地征转，正在办理规划手续，近期土地招拍挂
徐庄、富家营联合开发项目	建设6+1安置房及高层商品房、绿地及配套设施等。	2012 ~ 2012	150000	20000	6000	30%	市规划部门同意联合进行开发并调整居住用地，完成统计汇总及项目拆迁安置成本测算工作;居住用地调规获市政府联审会批准，正在办理规划手续
南岭国际社区项目	占地面积93.33公顷，总建筑面积150万平方米。	2012 ~ 2013	300000	30000	23000	77%	基础施工
东升家园	项目规划用地面积2.36万平方米。地上建筑面积4.71万平方米，地下车库4623平方米。住宅套数为6套，房屋主要分为住宅、商用两类。	2012 ~ 2013	47000	28330	27185	96%	主体建设

续表 2-2

项目名称	主要建设内容及规模	建设周期	总投资	当年计划投资	1-12月 累计完成投资	1-12月 占当年计划 %	当前形象进度
秦皇皓月城西浴场展示中心	位于西浴场东侧，足球学校南门东侧。	2012～2013	15000	13500	13500	100%	主体建设
玉发水岸风情项目	总建筑面积29万平方米。拟建设20多栋6+1居民住宅、20多栋18层高层以及16栋12层小高层居民住宅，其中包含4公顷旧村改造范围，共计16栋6+1住宅及部分小高层。	2012～2013	100000	10000	5000	50%	主体建设
华润（秦皇岛）橡树湾一期	进行商品房开发，建设住宅小区及配套设施。	2012～2014	77000	30000	33500	112%	基础施工
盛秦福地、盛秦国际项目	进行商铺及写字楼开发，建设住宅小区及配套设施。	2012～2013	125636	50000	115295	231%	主体施工
达润时代逸城项目	总建筑面积39万平方米。拟建设25栋6+1居民住宅、30多栋18层高层以及16栋12层小高层居民住宅。	2012～2014	162700	50000	98839	198%	主体施工
海港第一城	总投资7.5亿元，建筑面积30万平方米，建设高层楼房20栋18、28层。	2012～2013	75000	75000	75000	100%	竣工
农业产业化：6项			33980	31380	31480	100%	
畜类（羊）养殖及屠宰加工项目	牧羊源食品有限公司投资建设。总建筑面积3650平方米，建设办公用房、厂房及附属设施等。	2012～2013	2800	2800	2900	104%	竣工
王庄沙河庄园	占地面积3.33公顷，种植养殖餐饮娱乐垂钓园。	2012～2012	2980	2980	2980	100%	竣工
禽长农业观光园项目	占地面积2公顷，种植养殖餐饮娱乐垂钓园，建设山野菜、大樱桃采摘园，吃农家饭、干农家活、住农家房等设施。	2012～2013	12000	12000	12000	100%	竣工
北港镇五村联建乡村旅游	对北港镇东陆庄、长桥岭村、东连峪村、西连峪村、木砟峪村，开发建设山野菜、大樱桃采摘园，吃农家饭、干农家活、住农家房、享农家乐的返璞归真田园生活，小流域综合治理风情一条街建设等。	2012～2013	8600	6000	6000	100%	基础设施建设及流域治理
西寨综合养殖基地	占地面积5.33公顷，开展综合养殖。	2012～2012	3500	3500	3500	100%	竣工
王庄植物园	占地面积2.67公顷，种植名贵苗木。	2012～2012	4100	4100	4100	100%	竣工

2012 年海港区千万元以上续建项目情况一览表

表 2-3

单位：万元

项目名称	土要建设内容及规模	建设周期	总投资	上年累计完成投资	当年计划投资	1–12 月 累计完成投资	1–12 月 占当年计划 %	形象进度及存在问题
总计：56项			6787059	2356558	1141673	1136331	100%	
工业项目：18项			758276	278750	49800	58800	118%	
中国耀华玻璃集团有限公司玻璃工业园	整体搬迁改造、电子玻璃及新能源、技术升级改造等（不含异地扩能），建于北部工业区，占地面积196.67公顷，涉及海港区146.67公顷，需新增土地面积63.33公顷。	2008 ~ 2012	505876	208350	7800	13000	166.67%	500t/d镀膜和600t/d节能颜色浮法生产线投产；600吨浮法玻璃线和600吨太阳能基板玻璃生产线点火，配套设施正调试。耀华机械等辅业项目开工
(500+600)t/d镀膜玻璃生产线	年产1100万重量箱镀膜玻璃。	2008 ~ 2010	56000	61800				竣工投产
(500+600)t/d在线Low–E玻璃生产线	年产583万重量箱浮法玻璃，其中Low–E玻璃165万重量箱。	2008 ~ 2010	65000	67560	3800	3700	97.37%	600t/dLow–E线配套设施正在调试阶段
（30+60）t/d硼硅板玻璃生产线	年产1.8万吨硼硅浮法玻璃生产线。	2008 ~ 2011	25126	20150				主体完工，正在安装设备，预计明年3月点火
600t/d太阳能基板生产线	年产290万重量箱太阳能基板玻璃。	2008 ~ 2012	35000	28000	4000	3800	95.00%	8月28日一条线点火，配套设施正在调试阶段
800t/d超厚浮法玻璃生产线	年产466万重量箱超厚浮法玻璃。	2008 ~ 2012	30000	11000				土地平整完毕
耀华北部厂区超薄生产线加装在线Low–E设备	年产210万重量箱浮法玻璃，其中Low–E玻璃50万重量箱。	2009 ~ 2012	9000	9000				竣工
耀华北部厂区镀膜生产线冷修改造	年产300万重量箱镀膜玻璃。	2010 ~ 2012	6000					
一期60兆瓦非晶硅薄膜太阳能电池生产线	建设年产60兆瓦非晶硅薄膜太阳能电池生产线。	2008 ~ 2012	45000					
其他配套投资			79750	10840		5500		机械制造项目竣工，工业技术玻璃、玻璃钢、耀辉熔炉热态、耀华实业主体施工

续表 2-3

项目名称	主要建设内容及规模	建设周期	总投资	上年累计完成投资	当年计划投资	1–12 月		形象进度及存在问题
						累计完成投资	占当年计划 %	
二期90兆瓦非晶硅薄膜太阳能电池生产线	建设年产90兆瓦非晶硅薄膜太阳能电池生产线。	2011～2012	55000					
TFT–LCD用玻璃基板生产线	年产TFT–LCD用玻璃基板100万平方米。	2010～2012	100000					
渤海渔业船舶修造基地项目	选址于卸粮口村沙河东岸，占地面积5.3公顷，建成渔业船舶制造、维修、船舶配件为一体的综合性企业。建成后可安排就业400人。	2011～2011	30000	20000	10000	10000	100%	竣工
启新水泥生产线收尘装置项目	拟新建厂房、其他建筑、道路及作业场地。	2010～2012	11000	15000	1000	1400	140%	竣工
大象轮胎翻新项目	占地面积1.47公顷，总建筑面积1.17万平方米，年产6万条新技术翻新轮胎。	2011～2013	5000	2000	3000	3400	113.33%	竣工
中信渤铝技改项目	对现有设备进行技术改造和更新。	2011～2012	23000	10000	15000	18000	120%	竣工
华润雪花二氧化碳回收系统节能技术改造	二氧化碳回收系统节能技术改造。	2011～2012	3400	3400	3000	3000	100%	竣工
益海嘉里环保资源开发有限公司生产线项目	总占地面积56.67公顷。其中，一期以废弃油脂回收进行精细加工，占地面积10公顷，投资5.2亿。二期以生物燃料和化学助剂加工为主，把废弃油脂做成生物能源，占地面积26.67公顷，投资8亿。三期以高级涂料、重度防腐漆、油墨为主，占地面积20公顷，投资4.8亿。	2011～2013	180000	20000	10000	10000	100.00%	一期部分厂房主体正在施工
服务业项目：13项			892649	262344	320000	342591	107%	
秦皇岛嘉恒物流投资有限公司投资物流中心项目	总建筑面积48万平方米，拟建成集“商务办公、展示洽谈、仓储配送、教育培训、信息服务、综合服务”为一体的集群化、智能化、生态化的具有国际水平的商务型现代物流企业集聚区。	2011～2012	150000	25000	100000	125000	125%	竣工

续表 2-3

项目名称	主要建设内容及规模	建设周期	总投资	上年累计完成投资	当年计划投资	1-12 月		形象进度及存在问题
						累计完成投资	占当年计划 %	
家乐福项目	占地面积7.8公顷，主要建设大型购物中心。	2011～2012	150000	54632	80000	92950	116%	正进行地上主体建设
秦皇岛中农物流储备有限公司投资物流储备中心	建设仓储区4个、交易区2座、农产品超市及展厅1座、办公楼1座。总建筑面积2.8万平方米，年吞吐货物183万吨。	2011～2013	50000	10000	10000	44000	440%	竣工
秦皇岛冀盛仓储物流项目	建设现代化库房、建设真空包装生产线及办公用房。	2010～2011	25000	29000	2000	1700	85%	竣工
开滦路历史街区改造	规划用地面积14.08公顷，建筑面积27.8万平方米，道路长约700米。对开滦路保留历史建筑的修缮、改造，并对区片进行开发改造。整体建筑运用希腊柱头、拱门、宝瓶式栏杆等欧式古典元素开发夜间可停留的休闲项目。将其打造成具有浓郁地方特色、集历史、观光、商贸、居住、休闲为一体的综合性街区。	2010～2011	100000	47012	10000	1500	15%	商业街主体完工，正在进行内外装修
文化路地下商场项目	建设大型地下商场。	2011～2012	64000	22000	32000	19200	60%	正进行地下工程阶段
广顺集团第一观酒店、公寓一期项目	总建筑面积9.23万平方米，其中住宅6万平方米，地下车库面积1.67万平方米，商用面积6600平方米。	2010～2011	39800	30000	20000	15000	75%	竣工
秦皇岛香格里拉酒店项目	总建筑面积6.6万平方米，建设五星级酒店1座及配套设施。	2011～2012	35000	5600	10000	10000	100%	主体施工
秦新大世界商场改造项目	占地面积1.67公顷，建设大型商场及配套设施。	2011～2012	21000	1000	20000	16841	84%	进入主体建设阶段
圆明山山野森林公园	占地面积1平方公里，主要建设森林公园，并对圆明寺进行复建。	2010～2012	20849	11100	5000	900	18%	修建园区内环山路、木栈道、车行道等道路
圆明寺	复建佛教大殿5座，钟楼鼓楼各1座，场地铺装面积5000平方米，僧侣佛教用房面积9000平方米。	2011～2013	7000	6000	1000	2000	200%	竣工

续表 2-3

项目名称	主要建设内容及规模	建设周期	总投资	上年累计完成投资	当年计划投资	1-12 月		形象进度及存在问题
						累计完成投资	占当年计划 %	
秦皇岛申氏石材有限公司投资建设石材交易中心项目	由秦皇岛申氏石材有限公司投资建设。总投资3亿元，占地面积6.67公顷。主要建设一个集石材、建材、玻璃钢制品于一体的销售、仓储、转运中心。	2011～2013	30000	13000	10000	8500	85%	施工建设
北京山渊金汇投资有限公司投资圆明山龙泉国际养老中心	占地面积100公顷，总建筑面积近60万平方米，拥有2万张床位。除建设家居式老年住宅、公寓外，还设有医疗保健养护中心、购物中心、餐饮中心、休闲活动中心、文体娱乐中心、教育培训中心、办公服务中心等。	2011～2013	200000	8000	20000	5000	25%	基础设施建设
农业产业化：1项			28000	12000	10000	16000	160%	
秦皇岛华昆食品有限公司华昆生态园区开发项目	占地面积3.33公顷，年繁育猪、羊、牛10万头；年产精、特、优蔬菜1万吨；年销售绿色肉及肉类制品1万吨；年销售豆制品2万吨。	2011～2012	28000	12000	10000	16000	160%	竣工
基础设施：10项			2066425	1213230	313284	277396	89%	
承秦高速秦皇岛段	修建承秦高速路及配套设施	2010～2011	1020000	1002427	50000	66300	133%	竣工
韩庄片区新民居项目	拟将韩庄村、田家沟村、小高庄村、小李庄村、石山村、大高庄村、柳村7个村进行集中安置。	2010～2013	500000	9000	10000			
大小汤河、大小马坊河综合治理工程	河道治理工程。		167890	52029	38000	49809	131%	河道改造
西龙道路建设发展有限公司	秦皇岛西部快速路工程。	2010～2012	144357	49174	88470	53445	60%	工程主体施工

续表 2-3

项目名称	主要建设内容及规模	建设周期	总投资	上年累计完成投资	当年计划投资	1-12 月		形象进度及存在问题
						累计完成投资	占当年计划 %	
津秦客运专线秦皇岛部周边片区改造项目一期工程	对津秦客运专线周边片区进行改造。	2011～2012	71189	19900	52180	47587	91%	主体施工
秦皇岛火车站改造项目	改造总用地面积5.38公顷，总建筑面积3.58万平方米。	2011～2012	71000	50000	30000	21000	70%	竣工
民族路北延伸二期工程（京沈高速以北段）	工程由京沈高速以北至陈庄，陈庄以东与秦承出海路相连，道路全长4.2公里。	2011～2012	32000	4500	10000	5300	53%	竣工
东山浴场片区改造工程	对东山浴场片区及附属设施进行改造。	2011～2012	30000	9000	21000	21000	100%	竣工
民族路北延伸二期工程(南段)	道路全长1900米，按城市主干路设计，规划红线宽50米，行车速度50千米/小时。配套实施雨污水、照明、绿化等工程。	2011～2012	22634	15200	8634	7600	88.02%	竣工
中小企业孵化基地项目	占地面积6.67公顷，建设标准厂房2万平方米。	2011～2012	7355	2000	5000	5355	107%	竣工
房地产：14项			3041709	590234	448589	441544	98%	
西部四村拆迁改造项目	总占地面积142.87公顷，总建筑面积420万平方米。	2010～2012	750000	70000	10000	35000	350%	返迁安置房主体施工
金梦海湾2号、3号地块项目	占地面积19.19公顷，总建筑面积44.2万平方米，进行商品房开发，建设住宅小区及配套设施。	2011～2016	330000	49000	10000	8000	80%	基础施工
金屋集团投资金海湾森林逸城四、五期	金屋集团投资包括商业、住宅房地产项目。	2010～2012	298130	137541	160589	158863	99%	竣工
金舍博贤院项目	总占地面积15.13公顷，总建筑面积51万平方米。	2011～2012	180000	30000	60000	40000	67%	返迁安置房已完工，商品房正在建设中

续表 2–3

项目名称	主要建设内容及规模	建设周期	总投资	上年累计完成投资	当年计划投资	1–12 月		形象进度及存在问题
						累计完成投资	占当年计划 %	
海洋香都	位于海阳三村（原四零零三厂厂址），总建筑面积约20万平方米（不含返迁安置房）。	2011～2012	110000	100000	10000	10000	100%	竣工
东李庄保障性住房	为经济适用住房、廉租住房、公共租赁住房综合建设项目，占地面积17.67公顷，建设保障性住房3512套。	2011～2012	83700	51172	60000	23278	39%	主体施工
和美社区二期工程项目	占地面积10公顷，总建筑面积17万平方米，主要建设6+1型住宅楼18栋、小高层住宅楼7栋。	2010～2011	34800	34800	10000	5800	58.00%	竣工
龙溪御园房地产开发项目	总建筑面积18.78万平方米，建设地上住宅面积16.82万平方米、地下车库及下房面积1.97万平方米。	2011～2013	42600	14000	20000	30600	153.00%	竣工
玉带湾二期	进行商品房开发，建设住宅小区及配套设施。	2011～2012	40320	6800	10000	18802	188%	主体施工
上城汤廷项目	总建筑面积12.74万平方米，其中住宅建筑面积9.26万平方米。	2011～2014	50000	17000	10000	38000	380%	竣工
环岛花园项目	占地面积1.8公顷，建筑面积7.52万平方米。	2011～2012	47000	19000	20000	27190	136%	主体建设
万科假日风景A区项目	进行商品房开发，建设住宅小区及配套设施。	2011～2012	48800	36400	8000	28932	361.65%	主体施工
归提寨片区改造项目	对南岭西路以东，长江道以南，横断山路以西，西部快速路两侧片区进行整体改造，占地面积202.8公顷。	2011～2020	1000000	18150	50000	6000	12%	森林花园返迁房82栋已全部动工已建设主体二层
昌德花园	进行商品房开发，建设住宅小区及配套设施。	2011～2012	26359	6371	10000	11079	111%	主体施工

（李晓峰）

物价管理

【概况】紧扣“稳增长、惠民生”主题，突出“稳价安民”主线，以“三个围绕三个做好”（围绕保增长稳物价，做好价格服务工作；围绕惠民生促发展，做好执法监管工作；围绕建机制强管理，做好队伍建设工作）为核心，以良好的精神状态、扎实的工作作风和一流的工作业绩，为全区建设沿海一流主城区目标做出积极贡献。

【价费管理】强化收费管理，稳定辖区收费秩序。严把政策关和收费准入关，防止出现搭车收费、分解项目、变相提高标准等违法行为的发生。新办收费许可证36个，变更89个，注销30个。开展2011年度收费许可证年审，对国家、省、市历次取消和降低的收费标准一一核实，对不符合文件要求的一律予以注销，确保收费项目和标准的准确无误。审验收费许可证465个。与区卫生局、财政局、人社局等相关单位一起召开专题座谈会，研究制定一般诊疗费（指医护人员为患者提供技术劳动的诊疗服务收费）收费标准，规范医疗服务价格。

【价格信息服务】强化价格监测，逐步健全价格信息服务网络。加强对市场居民生活必需品价格的监测，安排专人对全区主要集贸市场、超市及粮油批发市场进行巡视调查，及时掌握重点商品的市场供应和价格变动情况。8月初，区内连降暴雨，加大力度稳控市场秩序，启动价格监测预警机制，工作人员坚持24小时值守，多次到辖区各大超市、商场进行巡查暗访，密切关注价格异常波动。上报《30种城市重点商品价格监测表》150份，撰写价格监测分析8份，为政府决策、企业生产经营、群众消费提供参考。

【价格监督检查】注重执法效果，开展专项检查。开展节日市场专项检查。针对节日期间商家集中打折促销现象，对商品流通行业及超市商品价格和明码标价执行情况进行规范，查处价格欺诈行为。开展涉农收费专项检查。对区水务局、畜牧局、农业局、民政局等单位涉农收费执行情况进行检查，及时查处相关问题。开展教育收费专项检查。重点检查幼儿园收费，查处公立幼儿园10家，私立幼儿园2家，经济制裁6.3万元。开展医疗收费专项检查。重点检查区属基层卫生服务机构的医改政策落实情况，规范医疗服务行为。检查乡镇卫生院5家、社区服务中心3家。受理价格投诉举报，及时快速查处各种价格违法行为。受理各类价格咨询举报案件36件，规定时限办结率100%。优化发展环境，强化价格服务。开展旅游行业明码标价整顿规范活动。对旅游景区内所有涉价涉费单位的明码标价包括景点门票、餐饮业、住宿业进行整顿，走访企业100多家，发放宣传材料2000份，免费向商家赠送价签，督促商家自觉规范标价行为。加大旅游市场价格监督检查力度。联合海港公安分局、区工商局、旅游局等部门，对景区及周边市场进行检查，重点查处倒票行为，取得良好效果。查处外地游客价格投诉举报2件。

【价格服务】开展认证质量集中整顿教育活动，提升价格鉴证服务水平。开展为期3个月的认证质量集中整顿教育活动。健全规章制度，完善价格认证中心组织章程和工作程序，重新修订认证中心工作制度汇编，规范操作规程，做到依法办事，按规矩办事。理顺工作流程，规范办案程序，细化责任分工，逐步形成有针对性、灵活实用的办案程序。加强学习培训，建立每周学习日制度，制订详细的学习计划，针对重点案例、特色案例开展小组学习和讨论，提高中心工作人员业务水平。全年受理价格鉴证案件394件。其中，刑事案件306件，涉案金额740万元；经济案件88件，涉案金额2540万元。

（刘建国）

工商行政管理

【概况】2012年，海港区工商局以落实职能服务理念和改善“两个环境”活动为主线，在履行工作职责、优化经济环境、打造信用工商、推进监管效能整体提升等方面做大量工作，取得显著成效。注册登记规范运作，登记各类市场主体1.26

万户；支持各类市场主体健康发展，全面落实优惠政策，减免登记费用33.88万多元；加强农村市场监管，指导农资经营户开展守法诚信经营；完善“12315”工作机制，加强对食品经营者法律、法规知识培训，强化打击传销工作，取缔传销窝点14个。

【注册登记工作】 加强注册窗口建设，创新服务发展机制。以规范登记、支持发展为主线，坚持“统一、规范、便民、高效”的原则，落实窗口工作人员工作行为规范和准则，提高窗口工作人员素质，推行政务公开，强化服务监管，提高服务质量。对工商登记窗口的职能设置、硬件设施和便民设施进行规范，落实“首问负责制”，从接待咨询、审查、核准、打印、发照等实行“一条龙”服务。严格登记窗口人员行为规范。制定《注册登记窗口工作人员服务规范》，对人员着装、服务态度与用语等方面进行规范。落实“三个一次清”（即政策咨询一次讲清、表格资料一次发清、登记手续一次办清）、提供预约服务、延时服务、上门服务等。对各类登记事项提出当场办结和限时办结的工作要求；对特殊紧急登记事项，材料齐全、符合法定形式的，通过“绿色通道”当场办结发照。设立专线咨询电话，向社会公布，企业可通过咨询电话预约服务、询问办照。登记各类市场主体1.26万户。其中：公司制企业法人4246户，非公司制企业法人368户，私营企业318户，农民专业合作社27户。个体工商户1.77万户。公司制企业法人开业登记572户，变更登记721次，注销及备案登记311户；非公司制企业法人变更登记36次，注销登记16户；私营企业开业登记10户，变更登记29次，注销登记7户；农民专业合作社开业登记19户，变更登记5次。个体工商户开业登记3758户，变更登记1256户，注销登记765户。

【服务市场主体工作】 支持各类市场主体健康发展。通过加强与发改委等相关职能部门的横向协作，对重大招商引资项目，实行提前介入、全程跟踪服务，鼓励外来资金投向优势产业、支柱产业，先后为星光房地产开发集团、重点文化产业项目燕山大学出版社有限公司、海尔思蜂业农民专业合作社、万通房地产开发有限公司和中铁置业房地产开发有限公司等17家重点投资项目企业提供全方位的服务。关注民生，全面落实优惠政策。落实省政府“三零一优”政策，通过提供政策支持、放宽市场准入、实行收费减免等措施，减免登记费用33.88万多元。帮助企业解决融资难题。深入了解企业发展存在的问题，研究各类企业发展状况，开展股权质押登记，办理抵押登记17笔，金额1.58亿元，与劳动部门配合为200名个体经营业主申请小额贷款。

【市场监管工作】 完善联动机制，推进无照经营整治工作。制发《关于进一步加强查处取缔无证无照经营工作的通知》。加强监管信息互通。落实信息抄告制度，将971条无证无照经营户信息抄送给政府及相关行政部门。开展查处取缔无照经营专项行动，出动执法人员1629人次，检查经营主体2060户次，立案247起，罚款73.21万元，没收违法所得6.33万元。加强农村市场监管，开展红盾护农工作。对农资市场和农资经营户进行拉网式检查，出动车辆350台次，执法人员550人次，检查农资经营户70多家，与全部农资经营户签订责任状，指导农资经营户开展守法诚信经营。成立宣传小分队，到海阳大集、村庄发放宣传材料3000份，受理咨询300多人次。全年出动车辆200多台次，执法人员500多人次，印制进销货台账120本，农资信誉卡3000多张，质量承诺书2000张，检查经营户70家。搞好暑期市场监管。加强暑期食品巡查。组织食品科、市场维权科、经检大队联合对四季青批发市场进行专项检查，检查食品批发经营户5家，对经营不规范、索证索票制订不健全的经营户下达责令改正通知书2份。对经销的食品抽检150个批次，没收不合格食品300袋，罚没款3万元。加强旅游商品、纪念品的巡查。对辖区内销售的太阳镜抽检10批次，查处没收不合格产品2批次；对辖区20户旅行社进行检查，重点检查旅行社主体经营资格、合同履行情况、服务质量。取缔冒充康泰国际旅行有限公司从事旅游业务的无证无照经营1户。加强对专项市场检查。查处假冒好迪洗发液53瓶、美即面膜9箱共5000多贴，仿冒暴龙太阳镜54副、松下干电池1万多节。其中销售假冒美即面膜案件已移交公安机关立案调查，追究刑事责任4人。引入数字化监管手段，提升巡查效能。引入试行市场监管移动终端系统，通过现场采集经营者信息上传数据库，进行智能比对，即时分析市场主体经营行为的合法性，及时实施行政指导或立案查处的经营行为，做到工作人员巡查现场一次性完成检查、记录、分析、处罚的高效巡查模式。推进合同监管工作。开展《整治利用合同格式条款侵害消费者合法权益专项行动》，检查各类合同95份，约谈企业84次，发出行政建议书50份，下达责令整改通知书58份，查处利用合同格式条款侵害消费者合法权益案件6起，罚没款1.6万元。

【行政执法工作】 关注社会热点，开展专项整治工作。联合有关企业对打印耗材市场进行专项检查行动，查获假冒硒鼓98个，罚没款2.4万元。在打击假冒伪劣烟酒专项整治中，没收假中华、玉溪、小熊猫等香烟90多条，假茅台、国窖1573、剑南春、五粮液等品牌白酒30多瓶，查处案件15起，罚没款19万元。其中在某超市查获假烟74条，给予行政罚款5万元。没收劣质瓜子125袋（每袋内含250小包），并处罚款8万元。在对商业贿赂行为专项整治中，查处2个商贸公司以广告费、陈列费名义给付业务对象财物的商业贿赂行为，分别给予5万元和1万元的行政处罚。强化打击传销工作。对“中绿组织”传销活动实施及时、准确、严厉、有效打击，劳动教养传销人员24人，拘留28人。加强对网络传销等新兴传销违法行为的分析研究，逐步掌握传销特点，并在抓头目、毁网络上狠下工夫，有针对性地开展打击网络传销工作。其中重点开展对江西精彩生活“太平洋直购网”传销组织的查处工作，坚持快、准、狠。对太阳城的鸿祥大厦进行大规模的清理取缔行动，当场取缔传销窝点14个，遣散参与传销人员80多人。配合公安部门打击传销组织者、领导者、骨干分子，依法严惩传销头目，在打击江西精彩生活“太平洋直购网”传销专项行动中，刑事起诉传销犯罪嫌疑人8人。

【消费维权工作】 完善“12315”工作机制。把“12315”网络向社区、农村、商场、企业、学校、景区延伸，方便消费者就近咨询申诉，设立“12315”维权联络站46家。加大消费者申（投）诉的处置力度。受理申诉案件776起，举报207起，消费咨询1311次，罚款12万元，为消费者挽回经济损失25万元。5月，帮助菲律宾HALCHEM化学品公司成功解决合同纠纷，得到市政府领导的批示表扬。推进普法宣传教育。围绕“消费与安全年”主题，开展普法宣传活动。以3·15国际消费者权益纪念日为契机，开展巡回宣传，设立咨询服务台，制作宣传展板，编印消费维权宣传材料等。搞好春季红盾护农活动，在海阳大集和周边农村开展打假维权宣传，发放宣传资料1200多份，现场接受群众咨询90多人次。与北港分局和天洋新城社区居委会共同开展消费宣传教育活动，发放宣传资料1100多份，展示假冒伪劣商品30多种，现场接待咨询和投诉100多人次。

【食品安全工作】 加强对食品经营者法律、法规知识培训。组织流通环节食品经营者2119人参加食品安全知识培训6期。开展流通环节食品安全整治行动。出动1906人次、623车次，开展农村食品安全“春季飓风”行动、院校及周边、流动环节食用油、问题明胶、节日热销商品和暑期食品安全等专项检查，检查商场、超市、食品企业和各类市场1560户次，查处各类食品安全案件26件，罚没款15万多元。开展流通环节食品抽样检测和快速检测。制订流通环节食品抽样检测计划，严格按照规定程序，依法开展抽样检测和快速检测，筹建食品安全快速检测实验室。实施抽样检测食品502批次，合格率95.2%，对24个不合格的食品进行立案调查，收缴罚没款8万多元，不合格食品主要是干海产品、熟食、调味品。开展国庆、中秋、“两节”食品市场专项整治行动。重点围绕月饼的制作加工、销售环节，对辖区超市、集贸市场、商店等280家月饼经营者进行全面检查。对粮、油、肉、菜、禽蛋、水果、乳制品、糕点、糖果、饮料、儿童食品、保健食品、酒类等节日消费量大、消费者申诉举报多及与居民日常消费密切相关的节日食品进行彻底检查，预防“三无食品”进入节日市场。出动执法人员960人次，执法车辆240台次，检查业户805户。在食品批发企业安装运行食品安全监管软件。对食品业户履行进货台账制度及索证索票制度等方面加大监管力度。新安装食品安全监管软件48家，使用用户307家，录入食品进销货台账145万条，上传索证索票信息3000多条。建立食品安全短信平台，每月向辖区食品经营户发送食品安全宣传短信，累计发送8000多条。

（靳晓峰）

国家税务管理

【概况】 2012年，围绕“组织收入”工作中心，落实税源管理责任制，创新管理模式，建立信息化管税理念，开展优化税收征管试点工作，圆满完成全年税收管理各项工作任务。全年完成税收任务29.59亿元，同比增长12.41％，连续6年实现税收收入高速增长。

【组织收入】 党组成员深入分局一线抓收入。以管好现有税源为依托，以增资挖潜为突破口，深入税源户，开展税源摸底调查，掌握税源分布区域；深入分局，细化税收任务，督导落实各分局税源管理责任制，层层抓落实，件件有成效，随时掌握税款入库动向。定期召开月、季和半年收入工作调研会和分析会，加强对组织收入工作的考核，把握组织收入的主动权。强化预测和监控。坚持科学发展观的税收管理理念，加强税源预测预警分析和监控，准确判断税收收入走势，跟踪管理，按月均衡申报入库，做到有税尽收，不收过头税，确保足额入库。加大税源管理力度，确保任务计划进度。全力抓好重点税源企业分析预测及行业的税负测算，加强税源管理，把握收入进度、入库情况，指导日常组织收入工作。抓大、管中、控小，形成良性循环，确保任务进度与计划进度同步，全年完成税收任务29.59亿元。

【依法治税】 坚持经常性执法教育不放松。局党组把税务干部职工履行法律法规义务作为思想政治教育的重要内容，常抓不懈，正确引导干部职工执法守法。组织干部职工学习《百案说法》，牢固树立依法治税和执法为民思想觉悟，加强执法守法意识。树立规范税收执法意识。引导全局干部职工遵守法律、法规及各项规章制度，按照税法界定的权限和程序行使权力，履行职责。加强税收规范性文件的制定与管理，执行《行政强制法》，规范税务行政强制行为。加强税法执法教育，防范执法风险，牢固树立税收执法风险意识。严格规范税收执法秩序。打击和防范企业偷、逃、骗、虚开及相互接受虚开增值税专用发票事件；落实省地税局制定的《煤炭铁精粉经营行业税收管理办法》，打击煤炭铁精粉行业虚开增值税专用发票行为；核查与评估接受成品油销售、开具增值税专用发票企业。利用发票开具、查询及分析信息系统功能，核查发票联与存根联金额、开票收入与申报收入、发票票种核定与生产经营项目等是否一致问题。严把税务事项各环节关口，对一般纳税人资格认定、减免税企业备案、征收方式鉴定、注销、发票核定、增值税专用发票领购增量等实施执法检查与核实。规范为纳税人代开增值税专用发票事项，准确使用法律条款，规范资料归档，税收执法管理系统正常运行，确保各环节执法安全。对省、市下发疑点纳税户，由分局组织专人进行核查，谁核查谁负责，直至疑点消除，该处罚的处罚，该补税的补税，通过加大税务核查力度，整顿税收秩序，杜绝偷漏税现象发生。

【税收征管】 按照“收入第一，征管首位”的原则，探索以纳税人自主申报纳税为前提，在保持和稳定原有税收征管体系模式基础上，创新管理模式，建立信息化专业化管税理念，深化分行业分税种等专业化征管，实施科学、精细和信息化管理，提升征管质量和效益。做好征管优化试点工作。加强优化税源管理工作的岗位培训，提高税务干部对新征管模式的理解及操作流程的熟悉；强化风险管理意识，研究市局风险平台、风险指标分布处置办法，实现风险指标归口管理、专人监控、联动应对，对新操作流程遇到的问题进行汇总反馈。向市局反映问题及建议33项。

发挥信息化管税功能。把信息技术和专业化管理作为税务管理工作的主要抓手，组织干部职工学习微机处理系统和信息化管税技术，把税收管理工作纳入信息化管理。运用税收风险管理平台和CTS系统，随时掌握纳税人纳税情况，依据信息管税，确定税收关键信息节点及主要信息采集，及时发现疑点及时处理。跟踪监控纳税人发票领购、使用、开具、验票、保管、结存、进销货、行业、品种等情况。狠抓税收征管数据质量，严把数据采集关，依据信息数据和人工数据相比对，保证各项税收数据上报及时、完整、准确、无误，提高信息管税认知度。

推进专业化征管进程。实施新征管模式，废除纳税人与税务机关定点沟通联系渠道，实施团队管理，加快专业化管理进程。对税源管理职责在系统各体系岗位间进行分解和分类，实行分级分类管理。在属地管理基础上，将税源分为重点税源、一般税源和小规模税源；按照经营分为规模以上纳税人、重点行业、风险面、薄弱区域等；按照关注度将农产品、房地产、煤炭、铁精粉、成品油等纳入重点管理范围。按照专业化管理要求，按职责分组，按岗定责，不同职责分管不同的岗位，落实精细化管理，提高团队管理水平。

【加强所得税管理】 通过所得税贡献率、亏损面、零申报指标监控，强化所得税管理，加强对减免税和小型微利企业管理。有所得纳税人8359户，核定征收1272户，查账征收7087户；核定户数占所得税户数15.22%。对营业收入额超过500万元以上的企业，重点监控，引导查账征收。对营业收入额超过300万元以上的企业，将其应税所得率提高总局规定幅度中线之上。盈利企业4199户，同比增加837户，盈利面67.07%，同比增长2.63%。开展跨地区经营汇总纳税企业所得税款分配情况检查，检查涉及总机构3户，分支机构58户。

【加强纳税评估】 召开协调联席会议5期，部署完成新办商贸企业、专用发票预警户及市地税局下发评估任务。采取市局下发评估任务与区局直评任务结合，区局下发评估任务与分局自评任务结合，组织评估与企业自评自查结合。评估企业纳税户588户，有问题户385户，无问题企业196户。补缴增值税318.91万元，补缴消费税2.57万元，补缴企业所得税55.2万元，弥补亏损184.18万元，调增所得额318.19万元，调减亏损额（亏损企业）28.28万元，调减留抵税额998.22万元，加收滞纳金6.65万元，罚款0.25万元。移交稽查7户。

【普通发票的使用与管理】 开展对普通发票的稽核比对工作，专项检查治理发票1.17万户（次），涉及纳税人1527户，涉及疑点发票5850份，核查9528户（次）。核查有问题企业60户，有问题发票403份，补缴税款41.9万元，加收滞纳金4.5万元，罚款15.5万元；假发票暂不予列支金额3323万元。制定《代开发票管理办法》，严格代开发票管理。对销售农副产品、建筑产品的纳税人，要求强制办理税务登记，自行领购发票。对已办理税务登记，确需开具发票金额较大的纳税人，实行预缴税款。加强增值税专用发票管理，推行进销项数据分析监控系统。组织对一般纳税人进行集体培训，对877户一般纳税人纳入进销项数据分析监控系统（占一般纳税人总数24.6%）。开展增值税专用发票及其他抵扣凭证虚开、虚抵核查工作。对8户一般纳税人进行直评。

【纳税服务】 发挥现代信息技术服务功能。发挥办税服务厅电子大屏幕的宣传及小电子屏幕排队叫号功能，公开“一窗式”“一站式”和“一户式”办理。打造一流办税服务厅。调配和选拔综合业务素质高的税务人员到办税服务厅上岗；实行正规化、标准化管理，严肃工作纪律，规范工作行为，提倡礼仪服务；精简办税资料，简化办税环节，缩短办税时间，提高办税效率，理顺办税服务厅与机关业务科室、税务分局之间的文书传递流程关系，限时办结；坚持推行一窗通办、同城通办、网上办税、网上申报和免填单等快捷业务。开设25个业务窗口，其中4个主机共享窗口、4个代开发票窗口、1个防伪税控发行窗口和16个综合服务窗口。强化税法宣传与辅导。进行税法宣传与辅导，以电台、电视台、报刊媒介、门户网站、电子邮箱、短信平台为依托，优化纳税服务。完善纳税人咨询，解答纳税人日常遇到涉税问题。

【班子队伍建设】 加强领导班子建设。建设学习型领导班子，提高领导班子的科学决策能力，用班子的表率作用带动全局。加强队伍思想政治教育与业务培训。组织全局干部职工开展思想政治教育工作，以全系统开展作风纪律整顿为契机，加强职业道德、税收法纪、爱岗敬业教育，组织学习先进人物事迹，弘扬“爱祖国、爱家乡、爱事业、爱岗位”和“敬业、奉献、忠诚、守法、廉洁、创新”精神。思想教育工作与业务培训一起抓，以教代训，倡导岗位自学，采取教育与培训相结合，提高思想觉悟，提高业务素质，加强党建和精神文明创建工作。深入开展“创先争优”活动，发挥党组织的战斗堡垒作用和广大党员的先锋模范作用。培育先进典型，发挥先进典型的示范作用，以内强素质、外塑形象为目标，加强税务人员职业道德教育，增强干部的事业心和责任感。

【廉政建设】 落实廉政制度。成立廉政工作领导小组，召开党风廉政建设部署会，组织对《税务系统贯彻中共中央关于实行党风廉政建设责任制的规定实施办法》的学习培训班，对机关全体人员和各分局长进行培训。坚持党组统一领导，党政齐抓共管，主要领导负总责，分管领导分工负责，相关部门各负其责的工作机制，加强对党风廉政建设的组织领导，提高廉政意识和拒腐防变能力。强化“两权”监督。落实“一岗双责”、单位“一把手”签订《党风廉政建设责任状》，落实领导班子和领导干部监督管理办法。继续推行《廉政卡》制度，作为评价税务干部作风的直接依据。坚持“科技防腐”，完善税收执法廉情电子预警系统，推行税务纪检监察管理信息系统，实现对不同岗位人员的不同层面的全程监控。加强政风行风建设。落实“一案双查”和“一案三报告”制度。聘请行风建设监督员，向社会公开承诺并检查践诺情况，行风评比取得好成绩。

（高　红）

地方税务管理

【概况】 以组织优质税收、提供优质服务、打造优秀团队、促进经济科学发展、促进社会和谐稳定为核心，以政治强、能力强、活力强，作风好、形象好、业绩好为导向，以坚持组织收入为中心，以职责调整、绩效管理工作为契机，围绕“规范执法、降低风险”的工作思路，抓创新、促落实、转作风，推进各项税收工作有效开展。全年组织完成各项收入65.46亿元，同比增收8.11亿元，同比增长14.14%。其中，税收收入完成45.61亿元，同比增收6.06亿元，同比增长15.32%，超年任务征收36万元；社保费收入完成17.64亿元，同比增收1.79亿元，同比增长11.33%；其他代收费完成2.22亿元，同比增收2577万元，同比增长13.16%。在税收收入中，区本级收入完成11.5亿元，同比增收2.38亿元，同比增长26.03%，超年任务征收8008万元，超时间进度7.48个百分点。

【征管改革】 针对重点税源税额比重高、税收风险大的特点，局班子成员对年纳税100万元以上的重点企业进行走访，了解企业生产经营状况和税源情况，各管理分局的分局长对年纳税额10万元以上的重点企业实施全程管理和跟踪服务，采取地毯式的摸查，详细掌握税源底数。做好税源调查分析和税收预测工作，加强对政策的理解与掌握，准确把握收入形势，明晰税收增减影响因素，打破以往比较保守的预测分析方式，细化分析指标，提高税收预测的准确率和收入分析水平，提升税收收入质量。将税收分析报告以书面形式每月向区委、区政府主要领导汇报，为区委、区政府提供具有专业性和实用价值的重要信息参考与借鉴。采取“回头看”的方式，积极整改，巩固“全税种”数据比对成果；成立“全税种”复核小组，对纳税人应税信息进行复核，发现问题，追究相关管理人员责任。全年“地方三税”入库税款4.97亿元，同比增收1.82亿元，同比增长57.86%。加大稽查工作力度，规范重点税源大户纳税行为，抽调稽查精干力量集中时间对重点纳税人实施检查，组织“大口径”收入5324万元，同比增收830万元；“四环节”收入262万元，同比增收160万元；对16户纳税人进行土地增值税清算，组织土地增值税收入1655万元；查处举报和发票违法案件18件，涉及非法发票37份，涉及发票金额50万元，查补各项税费12万元。新组建5个管理分局和1个征收分局，从市局直属一、二分局调入税务干部35人，完成机构撤并后纳税户的接收。

【纳税服务】 强化办税服务厅建设，制订《征收分局工作人员定期交流办法》，提高办税服务厅人员待遇，调动工作积极性；推行局长带班制，帮助纳税人解决各类涉税问题100多次，办税服务厅投诉率大幅降低；将纳税服务端口前移，配备专职导税服务员，在纳税人领取排号单时先期介入，进行业务办理咨询辅导，缓解征纳矛盾；推行批量办理增量房契税的征收，简化办税流程，缓解窗口压力；采购2台自助办税终端机，推行网上办税服务厅服务方式，为纳税人提供便利。征收一分局荣获全省地税系统十佳纳税服务窗口称号。以“税收宣传月”为依托，开展税收宣传进企业、进校园活动，增进纳税人对地税工作职责和工作状态的理解与双向互动；在日常工作中，从税款征收、发票管理、文书审批、咨询解答、查前公告等各个方面对纳税人进行全方位服务，管理员下户辅导时，把税收政策特别是纳税人关注的减免税、营业税起征点政策贯彻到位，为纳税人提出合理化建议，扶持企业发展。

【行风建设】 落实《廉洁从政若干准则》和干部选拔任用“四项监督制度”，落实“一岗双责”责任制，签订廉政责任书，完善廉政谈话和诫勉谈话制度，开展预防职务犯罪教育，按照惩防体系工作规划，抓好教育、制度、监督、纠风和惩处等各项工作，健全监督制约机制，打牢廉政基础，从源头上预防和解决腐败问题，纠正各种不正之风。以“三强三好”（政治强、能力强、活力强；作风好、形象好、业绩好）为标准，开展评先奖优活动，加大对优秀团队和先进个人的奖励，1名工作人员被评为省级“十佳”服务标兵，2名工作人员被评为全市地税系统“好税官”，26名工作人员获得市局嘉奖，9名工作人员荣立三等功，3名工作人员获得长期贡献奖，4名工作人员被评为全市地税系统先进个人。实行逢会必讲廉政、逢事必保廉洁的做法，开展党组书记上廉政党课活动，举办预防职务犯罪讲座，邀请检察长为全员讲解预防职务犯罪专题，做到时时敲打，警钟长鸣。通过权力运行监控，规避执法风险，制约为税不廉的问题，全年接收市地税局预警3次，有问题并整改73户，入库税款及滞纳金、罚款8万元。每月两次对全局纪律作风进行明察暗访，结果通报全局。区地税局连年被评为行风评议优胜单位，2012年获行风评议第一名。

（常　宏）

食品安全管理

【概况】 辖区内有食品生产经营单位3752家，同比增加447家，同比增长13.5%。其中，农产品生产基地52家（蔬菜生产基地4家、果品生产基地7家、水产品养殖基地1家、畜禽生产基地37家、奶站3家）；食品生产企业31家（食用油企业4家、肉灌制品企业5家、糕点企业8家、白酒企业2家、其他企业12家）；畜禽定点屠宰厂4家（猪定点屠宰厂2家、羊定点屠宰厂1家、鸡定点屠宰厂1家）；食品流通企业2385家（食品批发企业538家、食品零售公司325家、小食杂店1522家）；食品添加剂经营企业9家、农产品批发市场4家、农贸市场29家；餐饮服务单位1248家。

【食品安全专项整治】 加强农产品基地监管，农林部门对全区23个农药、兽药、饲料经营单位拉网式排查18次，对农产品生产基地检查26次。畜牧部门加强对养殖场、饲料生产经营企业、兽药经营单位、屠宰场的监督管理，做好瘦肉精、三聚氰胺的检测工作，全年查处违法案件21起。没收销毁病害肉822.5公斤，抽检猪尿样80份，抽检鲜肉和鲜肉制品70份，全部合格。

加强加工和流通环节严格整治。开展流通环节食品安全整治行动，工商部门检查食品经营户3834户次，立案调查15起，为301家食品批发企业安装食品安全监管软件。质监部门对辖区32家食品生产企业进行全面巡查，及时消除安全隐患。商务部门开展清理整顿酒类市场，检查食品生产经营单位1235家次，查获假冒伪劣酒类产品500多瓶，立案13起，罚款3.32万元。粮食部门会同有关单位开展评定“放心粮油示范店”15家。对

“五小一大”的专项治理。区食品稽查大队、工商和质监部门对“五小”（小作坊、小餐饮、小摊贩、小饭桌、小食杂店）行业进行全面清理，建立“五小”行业台账，签订食品安全承诺书，采取以点带面的形式逐步引导“五小”行业健康规范经营。加强海阳农副产品批发市场的监管，建立月上站工作制度，在暑期和重要节假日加大检查力度和频次，从源头消灭食品安全隐患。全年出动检查人员150人次，检查品种500多批次。

加强热点难点问题专项整治。开展鲜肉和肉制品安全整治工作。检查食品生产经营单位1235家次，立案13起，罚款3.32万元，没收销毁病害肉822.5公斤，抽检猪尿样80份，抽检鲜肉和鲜肉制品70份。开展集中治理违法添加罗丹明B行动。工商部门下架封存问题花椒制品39袋和问题胡椒粉38袋；质监部门和食品稽查大队对辖区内调味料生产企业和473家餐饮服务单位进行专项检查，均未发现存放、使用罗丹明B的违法行为。全面清查非法生产经营工业明胶。检查食品生产经营单位1807家次，对销售过期食品添加剂的经营户立案2起；抽样检测食品32批次，全部合格。加大地沟油整治力度。对辖区内3家废旧油脂回收企业从证照、台账、原料来源、生产加工条件及产品销售渠道进行详细调查，赴石家庄和沧州，走访2009～2011年从光达、绿川、星浩收购地沟油的厂家20多家。区内3家废旧油脂回收企业的产品均用于化工产品加工，未发现回流餐桌现象。

加强院校及周边食品安全进行专项整治。开展为期1个月的专项整治活动，制订专项整治方案，组织各监管部门检查食品生产经营单位534家，质监部门取缔无证照生产加工糕点企业1家；工商部门立案调查7起，下达责令改正通知书17份；食品稽查大队责令无证餐饮单位停业整改28家，没收不合格食品添加剂3公斤，对违反餐饮食品安全管理法律法规的2家院校食堂进行行政处罚，罚款4000元。

严格食品安全违法犯罪行为的查处。责成质监部门调查处理秦皇岛硕果商贸有限公司未经许可生产松花蛋并非法使用工业火碱和工业硫酸铜行为，依法没收违法所得、违法生产的产品、生产工具、原料，罚款19.6万元；责成工商部门调查处理纤维里社区1处无照经营散装食用油案件，依法异地封存无正当来源食用油24桶，经营场所予以取缔。全年受理投诉举报案件25起，市转15起。直接组织相关部门受理案件3起。

【重要时段食品安全监管】 印发《海港区暑期食品安全保障暨暑期食品安全大检查实施方案》，开展为期1个月的食品安全大检查活动，检查1001家食品生产加工企业，对3家屠宰企业实行24小时驻厂监管，责令没有凉拌菜经营条件的超市停止销售，实现暑期工作零事件。印发《关于加强元旦、春节期间食品安全监管工作的通知》《关于加强中秋、国庆期间食品安全监管工作的通知》，组织各职能部门、镇（街道）、园区开展种养殖基地、食品生产小作坊、集贸市场、商店（超市）、餐饮业、学校（工地）食堂的检查，加大对节日消费较多的重点食品的检查力度，及时消除隐患。

【食品安全风险检测监测】 制订2012年全区食品安全风险检测计划，全年抽检1.2万批次（委托检测1298批次，快速检测1.08万批次），按时完成各时间节点的检测任务。其中，对海阳农副产品批发市场抽检的1批次不合格豆芽菜全部销毁。6月，对全区食品安全总体状况进行综合性评价抽检，抽检蔬菜、水果、熟食制品、奶粉、豆制品、鲜肉、餐饮具等13类产品、59个批次。扩大凉拌菜、干制海产品等高危品种的抽检范围，综合抽检合格率84.75%，同比降低5.57%。其中凉拌菜合格率同比降低50%，干制海产品抽检8个批次，4个批次检测结果不合格。建立食品安全风险监测和检测结果通报制度，每月汇总分析检测结果，形成内部通报，为领导决策提供参考。累计编发通报34期。

【食品安全宣教】 元旦、春节期间，举办第八届放心食品展示活动。6月初，开展以“共建诚信家园、同铸食品安全”为主题的食品安全宣传周活动。开展宣传活动8次，发放食品安全宣传资料2万多份，悬挂宣传条幅150多条。8月，在海阳农副产品批发市场开展宣传河北省“96321”举报奖励电话和《海港区食品安全投诉举报奖励办法》活动，展出展牌12块，发放宣传单2000多份。举办“科学饮食 健康生活”食品安全知识竞赛，营造人人关心食品安全知识的浓厚氛围。多次在电台、电视上公布投诉举报奖励电话和各监管部门举报电话，鼓励广大群众举报食品安全违法行为，宣传政府食品安全工作决策和专项整治工作措施及成效。全年在电台《港城事大家议》做食品安全专题2期。食品安全知识培训。组织各成员单位以及从事食品生产经营的从业人员、农村、社区居民开展食品安全有奖答题活动，收到答题卡1020份。9月，邀请市食安办、市工商局领导就有关政策、法规和工作方法为各镇、街、园区的240多名食品安全监督员、联络员进行培训。组织各监管部门开展食品安全培训47期，培训人数8249人。其中，工商部门举办6期，2119人；林业部门举办5期,410人;食品稽查大队举办33期，5600人；畜牧部门举办3期，120人。培树典型，发挥食品安全示范典型作用。培育食品安全示范村居110个，示范企业42个，示范镇街4个，示范学校16个。

【食品安全机制建设】 投诉举报奖励机制建设。印发《海港区食品安全投诉举报奖励办法》，鼓励市民共同参与食品安全监督，举报食品安全违法案件，形成全社会共同参与、共同监督的食品安全工作氛围。食品安全应急机制建设。印发《海港区食品安全事故应急预案》；举办食品安全事故应急演练；制作《海港区食品安全事故应急演练光盘》；编印《海港区食品安全事故应急救援操作指南》，组织成员单位加强学习，详细了解应急救援体系的操作流程，提高部门及镇、街的应急救援能力。从各职能部门、大学院校、医院等聘请27名专家组成食品安全专家委员会，加强食品安全应急处置，完善全区食品安全事故应急救援体系和运行机制。镇、街（园区）食品安全监管机制建设。组织召开镇（街道）、园区食品安全工作调度会，传达《国务院关于加强食品安全工作的决定》《河北省人民政府关于加强乡镇（街道）食品安全监管队伍建设的意见》等文件精神，织密食品安全社会监管网络，对镇（街道）、村（社区）食品安全工作机构、工作机制和职责、基层食品安全监管员和义务监督员配置和选聘进行理顺和加强。

（白雪梅）

【食品稽查大队】 2011年7月3日，组建海港区食品稽查大队，为区政府管理的财政性资金基本保证经费事业单位，机构规格相当科级。12月20日，海港区食品稽查大队正式挂牌。有工作人员36人，内设办公室、财务科、审批科、稽查一中队、稽查二中队、稽查三中队、稽查四中队、稽查五中队、稽查六中队等9个科室。主要负责辖区内餐饮服务单位卫生监督管理工作，依法查处其违法违规案件；配合有关部门开展餐饮领域突发事件的处置和应急救助工作。区食品稽查大队发挥餐饮服务环节食品安全监管职能，以餐饮服务环节食品安全“大事不出，小事也不出”为工作目标，开展食品安全专项整治，保障居民就餐安全，提升食品安全监管水平，创造安全放心的就餐环境。全年完成食品安全快速检测工作抽取样本3600批次。

【食品安全隐患排查】 制订实施方案，成立领导小组，加大监督检查力度。期间检查餐饮单位2217家次，出动执法人员6948人次，执法车辆581车次，立案32起，整改377家次。有效消除餐饮服务环节食品安全隐患，杜绝食物中毒等食品安全事故发生。鲜肉和肉制品隐患排查。对使用鲜肉和肉制品数量较大的学校食堂、建筑工地食堂等重点单位以及旅游景区等重点区域进行拉网式排查。检查餐饮单位4880家次，出动执法人员1.47万人次，执法车辆1380车次，未发现无检验合格证或检疫不合格的鲜肉和鲜肉制品。其他专项隐患排查。开展清查非法使用工业明胶、排查治理食品中违法添加罗丹明B行动、清查“山寨食品”、黄鱼中非法添加碱性橙Ⅱ隐患排查等专项整治工作。采取拉网式检查的方法，对全区餐饮单位逐一进行检查。检查餐饮单位2503家次，出动执法人员8557人次，执法车辆521车次。未发现辖区内餐饮单位存在以上食品安全违法行为。

【重要时段的食品安全保障】 世界女拳赛食品安全保障工作。制订实施方案和应急预案，成立领导小组，并对女拳赛周边餐饮单位进行拉网式排查。检查餐饮单位454家次，出动执法人员1534人次，执法车辆98车次，整改29家。对重点监管的奥凯莱酒店采取监督员入驻全程监管，保障餐次32次、9961人次，圆满完成女拳赛食品安全保障任务。做好秦皇求仙旅游文化节食品安全保障工作。组织执法人员对东山浴场周边餐饮单位进行监督检查指导。检查餐饮单位29家，出动执法人员392人次，执法车辆37车次，对发现的食品安全问题进行现场指导，督促整改，消除食品安全隐患。其他重大活动及节假日期间食品安全保障工作。稽查大队加班加点，加强从业人员健康证、餐饮具消毒、索证索票、台账登记等情况的检查，未发生食物中毒事故。

【食品安全培训】 制订食品安全培训计划，加强食品安全培训工作。制订2012年监管和从业人员培训年活动实施方案，举办餐饮服务从业人员食品安全培训班，重点讲解《食品安全法》等相关法律法规，执法人员的工作水平和业务能力显著提高。召开海港区暑期预防食物中毒工作动员大会，全区180多家餐饮单位负责人及厨师长，390多人参加会议。安排部署暑期预防食物中毒工作的重点及要点，详细讲解预防食物中毒的基本知识和发生食物中毒事件的应急预案，强调第一责任人意识和发生食物中毒的法律责任。

【食品安全示范典型】 开展亮证明示工程、健康上岗工程、制度建设工程，整治小餐饮的加工、就餐环境的卫生。年内创建4条示范街、100家示范店、5个示范村、4个示范学校。打造海港区的工作亮点——食品安全示范小吃城。对辖区内小吃城等进行规范化管理，按照统一亮证经营、统一亮证上岗、统一公示制度、统一设施设备、统一餐具消毒、统一采购验收的标准，小吃城的经营状况由脏、乱、差转变为洁、亮、齐，全区小餐饮行业的监督管理上升到新的高度。

【工地食堂监管】 设置专门科室，配备精干力量，保障建筑工地食堂和建筑工人的餐饮安全。对新开办工地食堂的审批验收坚持高标准、严要求，对设计布局不合理、设施设备不完善、食品安全管理制度不健全、食品安全管理人员配置不到位的食堂，一律不发“餐饮服务许可证”。在日常监管中加大监督检查频次和监督指导力度，在从业人员健康体检、食堂环境卫生、索证索票、食品原料采购台账登记、食品添加剂管理登记、大型餐具消毒等方面严格把关。

【量化分级管理工作】 制订实施方案，成立年度等级审核领导小组，开展餐饮单位量化分级管理工作。组织监管人员集中培训，确保监管人员正确理解工作目的，准确掌握评定标准、要求和工作方法，使餐饮服务单位熟悉监督量化分级管理工作要求并进行自查自纠。完成对全区所有持证餐饮单位的首个动态等级和年度等级评定工作。

（岂燕龙）

质量技术监督

【概况】 2012年，海港区质量技术监督分局突出食品和特种设备安全监管重点，扎实开展标准、质量、计量等综合管理工作。全年出动执法人员2300多人次，检查企业1500多家次；查处各类案件366起，其中现场处罚案件314起，立案案件52起；受理各类投诉举报案件18起。编发工作简报24期，在各级媒体发表稿件15篇。质监分局被省质监局表彰为优秀县级局领导班子，被市质监局表彰为质量技术监督工作先进单位，被区政府表彰为食品安全工作先进单位。

【质量工作】 制定《海港区大力实施质量兴区战略的意见》。开展质量竞争力指数测评分析，调查辖区企业23家。建立重点产品生产企业质量信用档案135份。开展产品质量风险排查整治活动，涉及辖区企业129家。组织辖区33家企业开展生产许可证年度自查工作，巡查获生产许可证企业60家次、强制性产品认证企业37家次，建立强制性产品认证企业质量信用档案52家。每季度对辖区产品质量安全状况进行1次综合分析，编制

1 ~ 4季度《海港区产品质量安全状况分析》。实施名牌战略，辖区10家企业获河北省各类质量奖，其中，五粮液大酒店有限公司第一分公司、艾欣商贸有限公司、交通运输局、龙腾长客运输有限公司、国际旅行社有限公司、金屋物业管理有限公司、方圆港湾工程监理有限公司等7家企业获河北省服务名牌；秦皇岛图书馆获河北省服务质量奖；美盛化肥（秦皇岛）有限公司生产的掺混肥料产品和秦皇岛华电测控设备有限公司生产的平衡容器产品获河北省优质产品。

【标准化工作】 推荐秦皇岛新澳海底世界生物科普有限公司和秦皇岛海上海国际大酒店有限公司申报第四批省级服务业标准化试点。组织申报省级地方标准工作目标7项，市级地方标准5项。日泰管业有限公司的PE-RT管材产品通过"双采"验收，允许使用采标标识。

【计量工作】 监督检查辖区广缘、金原等大中型超市12家，检查在用计量器具80台件，检查各类商品600件。指导4家医院和10家眼镜店健全计量管理体系。对辖区4家食品企业生产的8批次产品进行定量包装计量监督抽查，净含量标注和净含量均合格。帮扶指导2家企业开展计量保证能力合格确认工作。

【特种设备安全工作】 开展"打非治违"、暑期公共场所电梯和扶梯风险排查、气瓶等专项整治活动，检查特种设备使用单位600多家，检查各类设备1090多台，排查隐患62处，下达"特种设备安全监察指令书"62份，所有隐患均按时整改完毕，对各类违法行为进行行政处罚，保证特种设备安全、稳定运行。重大节日期间，对辖区游乐设施、电梯、锅炉、压力容器等特种设备及会议场所特种设备进行检查，确保安全。

暑期前，举办应急救援演练2次。6月27日，在秦发假日酒店进行电梯应急救援演练，辖区33家电梯维保单位的应急救援队伍观摩演练；7月5日，在市燃气总公司燃气充装站举办气体充装站应急救援演练，17家气体充装站的应急救援队伍观摩演练活动。区政府和市质监局领导观摩指导演练活动，秦皇岛电视台播发演练实况。7月上旬，召开电梯维保工作会议，强调电梯使用和维保单位的安全责任，部署电梯维保使用专项整治活动，质监分局与33家维保单位签订"电梯维保单位24小时安全服务承诺书"，要求电梯维保单位应急救援队伍必须时刻处于战备状态，遇到突发事件能够在规定时间内到达现场，完成救援任务，保证乘客安全，确保暑期电梯安全运行。

【食品质量安全工作】 开展鲜肉和肉制品安全整顿治理、院校及周边食品安全专项整治、食品添加剂生产加工环节专项检查、清查山寨食品专项工作等食品类专项整治活动。建立食品生产企业动态监管系统，将食品企业的从业人员、产品种类、各种台账等基本情况信息和日常监督检查信息全部录入微机，对企业实行动态监管，完善食品企业质量档案。对辖区内34家食品生产企业巡查240多家次，出动执法人员400多人次，车辆200多车次；注销13家企业食品生产许可证；责令4家食品生产企业停产整顿；取缔食品加工黑窝点2个。对糕点、食用植物油、调味品、蜂蜜、酒类等产品抽样187批次，合格178批次，合格率95%，不合格主要项目为食品标签。通过开展专项整治、日常巡查、生产许可证年审、风险排查、定期监督检验等环节，保证食品生产企业质量安全无事故。

（马居荣）

统计管理

【概况】 围绕统计"四大工程"的总体要求，发挥统计服务、咨询、监督的整体功能，提升统计服务质量和水平，为领导科学决策、经济宏观调控和社会公众提供优质服务。编辑出版《海港区统计年鉴(2011)》。编印海港区《统计信息与分析》专刊29期，撰写信息26篇，分析26篇，其中7篇分析被《海港调研》采用,26篇分析被市局采用；撰写的分析在市局开展的优秀统计分析评比中分获二等奖和三等奖。开展全国人口变动情况抽样调查、四季度劳动力调查。区统计局被省统计局、省人力资源和社会保障厅评为第六次全国人口普查先进集体，被省统计局评为统计系统先进集体。

【2012 年人口变动情况抽样调查】 按照国家普查制度的规定，2012 年开展人口变动情况抽样调查。调查标准时点为 2012 年 11 月 1 日零时，调查对象是在被抽中的调查小区内具有中华人民共和国国籍并符合下列 2 个条件之一的全部人口：2012 年 10 月 31 日晚居住在本户的人；户口在本户，2012 年 10 月 31 日晚未居住在本户的人。调查内容包括：户的基本情况、迁移流动情况、人口素质情况、婚姻生育状况等。经过国家、省级样本抽取，被抽中调查小区 22 个。其中，国家级样本点 7 个，省级样本点 15 个。涉及全区 5 个镇、6 个街道办事处、2 个园区，被抽中的村调查小区 7 个，社区调查小区 15 个。调查工作由区普查中心负责组织实施，各镇、园区、街道办事处负责辖区工作的组织协调，调查表由抽中的调查员实地入户调查填写。10 月 18 日，39 人参加业务培训；10 月 25 ~ 31 日，被抽中调查小区确定后绘制小区地图，进行清查摸底、编制户主姓名底册工作；11 月 1 ~ 10 日，完成调查入户登记工作；11 月 11 ~ 15 日，进行登记复查工作;11 月 16 ~ 23 日，进行质量抽查、调查表的审核、编码及数据录入、上报工作。历时近 2 个月，圆满完成各阶段工作任务。抽样调查结果：全区登记总户数 2382 户，总人数 6851 人。其中出生人口 82 人，死亡人口 24 个，数据质量符合省、市要求。

【2012 年四季度劳动力调查】 按照国家普查制度的规定，2012 年四季度开展劳动力抽样调查工作。调查标准时点为 11 月 10 日零时，调查对象以户为单位进行，既调查家庭户，也调查集体户。调查时点居住在本户已满 16 周岁的人；本户人口中，离开本乡、镇、街道不满半年且已满 16 周岁的人。调查内容包括：户的基本情况、迁移流动情况、人口素质情况、婚姻状况、就业、失业和社会保障状况等。被抽中国家级调查小区 2 个，涉及 2 个街道。10 月 25 日，5 人参加市统计局组织的业务培训。10 月 29 ~ 30 日，被抽中小区补充完整调查小区样本清单并上报。11 月 10 ~ 17 日，完成调查入户登记工作。11 月 18 ~ 30 日，进行 120 户调查表的审核、编码、数据录入工作，并上报市统计局。数据结果不反馈。

【统计信息自动化建设】 年内，统计专业陆续正式实施企业一套表统计制度管理，特别是农业一套表调查制度中，乡镇直接联网一套表系统。在市统计局的指导下，将乡镇网络通过 VPN 的方式成功接入统计网，对乡镇进行一套表联网直报培训。组建视频会议系统。按照省统计局关于建立视频会议室的文件要求和建设方案，年初开始配合协调市统计局计算站，筹划实施视频会议系统的组建。通过整体布局、设备采购，技术上协调，计算站反复调试，系统的装配和相关技术人员实施，视频会议系统建立完成，运转良好，多次收看国家、省、市统计视频会议。

（于斯斯）

审计管理

【概况】 区审计局内设办公室、经济责任审计股、行财社保审计股、固定资产投资审计股、专项资金审计股、法制监察股、基建投资审计中心及内部审计协会。有干部职工 34 人，其中研究生学历 2 人、本科学历 21 人、大专学历 9 人。2011 ~ 2012 年，新增熟悉审计业务及大学本、专科学历人员 5 人。区属内部审计协会在 35 个单位建立内审机构，安排专、兼职内审人员 50 多人。2012 年，区审计局坚持依法审计、服务大局、围绕中心、突出重点、求真务实的方针，全面整合审计资源，工作质量和效率进一步提高，全年计划审计项目 16 项，实际开展审计项目 46 项。获全市审计系统先进单位、内部审计工作先进单位、信息宣传工作先进单位、档案工作先进单位称号。

【预算执行审计】 围绕执行稳健的财政政策、构建公共财政体系的要求，加强对财政部门组织本级预算执行情况审计；加强对部门预算执行情况审计，促进规范部门预算管理、严格预算执行；加强对非税收入收缴管理情况审计，促进落实收支两条线管理；加强对财政转移支付资金审计，促进提高财政资金使用效益。全年实施预算执行及财务收支审计、地税税收征管审计等7个项目，延伸审计企业3家，并代政府向区人大作《2011年度财政预算执行和其他财政收支审计情况的报告》。

【经济责任审计】 贯彻“积极稳妥、量力而行、提高质量、防范风险”的审计工作方针，将经济责任审计与财政预算执行审计、财务收支审计、专项资金审计等紧密结合，各个审计项目间互用审计成果，提高审计成果利用率。将审计监督关口前移，加大任中经济责任审计比重。把离任审计的“一次性”监督，变任中审计的“经常性”监督，增强审计的实效性；在审计项目开展之前，明确审计目标，确定审计重点；在审计项目结束后，及时向相关部门反馈审计成果，促进审计成果运用，扩大审计综合效应。全年开展经济责任审计11项，涉及领导干部17人。

【固定资产投资审计】 关注财政资金使用效益，前移监督关口，探索建设项目全过程跟踪审计制度。以促进管好用好项目资金、提高投资效益为目标，对政府投资项目实施审计监督。利用自身及中介组织力量，对备案项目全面进行二审，为政府财政资金支出把好最后一关。年内报审34项，审结项目28项，审减资金近30万元，出具审计决定函25份。

【专项资金审计】 从资金源头抓起，按照资金走向，结合项目预算，审查是否有截留、挪用专项资金以及虚报冒领资金等问题，促进规范管理，提高使用效益。年内，配合市审计局开展海港区社保资金审计，代政府起草《关于建立专项资金管理长效机制的通知》；配合市审计局开展2012年城镇保障性安居工程跟踪审计。

（刘小倩）

安全生产监督与管理

【概况】 区安监局辖副科级监察大队，内设机构3个，分别为办公室、监察一股、监察二股，2012年挂牌增设应急救援办公室和职业危害股。人员编制：行政编制6人，事业编制3人。实有人员42人。区安监局牢固树立安全发展理念，坚持“安全第一、预防为主、综合治理”的方针，开展安全生产年、安全生产文化年、行政执法年、基层基础建设年、“双创、双打、双迎”（“双创”即创建安全发展示范镇、街、园区，创建安全文化示范企业；“双打”即打击生产经营领域非法违法违规行为，打击建筑施工领域非法违法违规行为；“双迎”即安全迎暑期，安全迎十八大）和“决战四十天，迎接十八大”安全生产执法专项整治特别行动等系列活动，强化基层基础，强化责任落实，强化专项整治，全面深化落实安全生产各项政策措施，保持全区安全生产总体形势的持续平稳发展。全区未发生安全生产事故及有恶劣影响的安全生产事件，安全生产形势良好。

【落实安全生产责任】 完善企业安全生产承诺制度。修订、充实和完善安全生产承诺内容，并延伸至企业管理层和生产班组，在企业中形成层层承诺、层层践诺的责任体系。推进企业安全生产标准化建设。推行以安全责任、管理体系、隐患排查、事故报告、职业健康、应急救援等为主要内容的安全生产标准化建设。组织开展多层次、多渠道、全覆盖的安全生产标准化培训，实现规范化、制度化、科学化的管理体系。年内危险化学品经营单位完成标准化达标工作7家，正在标准化达标过程中企业8家。开展安全生产应急预案评审、报备工作。制订《生产安全事故应急预案评审备案工作实施方案》，组织学习培训。对机械加工、玻璃加工、危险化学品等行业企业培训5次，培训人员300多人。完成应急预案评审、报备的企业324家，其中行业部门37家、危化行业94家、中小型企业137家。建立重大危险源监管体系。转发《国家安全生产监督管理总局关于危险化学品重大危险源监督管理暂行规定》，制定《海港区关于全面开展重大危险源评估、备案工作通知》。成立2个专家组深入开展重大危险源普查、辨识、登记工作，确定4家企业为重大危险源企业，4家企业负责人做出安全管理承诺，全区重大危险源时刻处于安全监控之下。构建网格化管理体系。按照全市安全生产网格化平台建设要求，对所有企业安全生产基本信息进行采集。已采集1137家企业的基础信息数据。

【基层基础工作】召开安全生产工作大会，区政府与镇、街、园区及安委会成员单位签订安全生产目标管理责任状，分解下达各项控制指标，增强考核的针对性和可操作性。及时修订安全生产目标管理考核标准和计分办法。各镇街、各部门完善各自的安全生产责任制度，将责任分解到岗，明确到人，增强干部职工的安全生产工作责任心和紧迫感。各镇、街、园区及各行业管理部门均配备不少于2人的监管人员，各村、社区确定专（兼）职安全员。举办基层安全生产监管人员培训班，聘请市安监局专家对全区所有行业部门单位的安全监管人员进行业务培训，对考试合格的103名基层安全员全部发证。依据《海港区人民政府关于进一步加强安全生产基层基础建设的实施意见》，配备基层安监站监管设备。

【安全生产联合行动】开展安全生产"双项行动"、"百日大会战"等6次全区性的安全生产执法行动。联合教育、质监、消防等部门开展联合大检查5次，成立执法检查组29个，对危险化学品、烟花爆竹、特种设备、交通运输、消防安全、建设施工等12个方面进行安全隐患排查。联合政府督查室，从各单位抽调专人，成立联合执法督导组10个，每组配备专家2人，对镇、园区、街道、安全生产监管部门及42家重点企业执法活动开展情况进行督导。

【安全生产宣传】与新闻媒体联系，在《今日海港区》开辟"安全生产执法专项行动"专栏，播报安全生产知识、执法检查动态，曝光非法违法生产经营行为。结合第11个"安全生产宣传月"活动，加大安全生产"打非治违""决战四十天，迎接十八大"安全执法的宣传力度，全区50家单位悬挂宣传条幅2000多条，张贴标语、宣传画2000多张，发放宣传单3万多份；开展安全生产"六进活动"（进企业、进家庭、进农村、进机关、进社区、进学校），走访企业、家庭、机关、社区、学校等85家。

【安全生产教育培训】采取集中培训与委托培训结合方式，聘请专家对全区450名安监执法人员进行培训。依托培训机构，加强企业培训力度。举办安全员培训3期，培训263人；架子工取证、换证培训班各1期，培训125人；焊工取证、换证培训班各3期，培训553人；电工取证、换证培训班9期，培训820人；累计发证1612人。

【安全生产监管执法】检查生产经营单位941家，查出安全隐患3710处，期限内整改3659项，及时整改率98.6%。对复查不合格的生产经营单位依法给予行政处罚，下达行政处罚14次，罚款6.7万元。对处罚责任单位和个人进行跟踪督办，消除安全隐患，促进企业的生产安全。开展"打非治违"专项行动和"奋战保暑期，迎接十八大"安全生产执法"护航"行动。全年出动执法队48个、执法人员及专家1650人次，检查企业2713家次，检查整改隐患3758处，保证全年特别是暑期、中共十八大等重点时间段的生产安全。

【重点行业监管】危险化学品行业，下发专项行动实施方案，开展危险化学品生产经营单位安全生产专项整治活动。全年检查危险化学品生产经营单位72家，出动执法人员412人次，填写现场检查记录72份，发现安全隐患552条，下达责令改正指令书72份，整改落实428条。在加油站推广HAN阻隔防爆技术安装工作，提高企业安全生产技术水平。人员密集场所监管，重点对"三合一""多合一"等人员密集场所进行专项整治，达不到消防安全条件的全部停改。查处场所232家。五大行业监管，完成标准化达标工作4家，正在落实的企业16家。对企业"三同时"落实情况、安全生产规章制度建设、安全生产责任制的制订、负责人及安全管理人员的培训、特种作业持证上岗、现场作业环境等进行安全检查。督促企业整改安全隐患，建立安全生产工作台账，促进安全生产整套规章制度的建立和完善。职业健康监管，检查涉及职业危害企业106家，提出整改意见315项，整改272项，完成职业危害申报与备案企业201家。树立4家职业卫生管理标杆企业，提高区企业职业安全健康管理水平。劳保用品备案，办理劳动防护用品备案10家，规范劳动防护用品安全。

（马 博）

民政管理

【概况】 履行“解决民生、维护民利、落实民权”的职责，按照“巩固、提高、创新、发展”的工作思路，夯实基础工作、强化民心工程、突出重点工作，民政事业在全市、全省乃至全国都取得令人瞩目的成绩。区婚姻登记处获民政部颁发的优质服务品牌荣誉，区民政局获市爱国拥军先进单位、民族宗教工作先进单位、扶贫开发工作先进集体、孝亲敬老模范单位等荣誉。

【低保工作】 开展低保提标工作。全区城市居民最低生活保障标准由原来的每人每月380元提高到420元，农村最低生活保障标准由原来的每人每年1600元提高到2200元，此标准在全市领先，城乡低保保障率提高到3.47%。全区有城市低保户7317户、1.41万人，发放保障金4038.5万元。农村低保户3016户、5731人，发放保障金908.4万元，新增城乡低保户3312户、6775人，发放春节生活补贴330.4万元，发放农村低保户冬季取暖补助35.7万元。完善制度建设。创新社会救助机制，制定《海港区城乡居民最低生活保障管理办法》。对低保对象的确认、收入的计算、申报审批程序等问题进行明确规定。成立海港区民政局低保审批小组，强化对低保审批把关力度。完善医疗救助体系建设。拟定《海港区城乡特困群众医疗救助管理办法》有关事项的补充说明，城乡低保对象医疗救助定点医院由年初的8家增加到10家，为791人发医疗救助金206.4万元，同比增加103人次。

【救灾工作】 8月，全区连续遭受暴雨袭击，受灾群众7.84万人，直接经济损失5.07亿元。争取上级救灾资金340多万元，下拨救灾补助资金190万元，发放冬荒春旱救灾粮8.86万公斤、食用油1.5万升、临时救灾款10万元，救济灾民3786户。加强“减灾、预灾、防灾”宣传。以5·12“防灾减灾日”宣传活动为契机，举办全国综合减灾示范社区授牌仪式，海港区被国家民政部授予全国综合减灾示范社区3个，发放防灾自救与互救知识手册1960本。

【扶贫开发工作】 成立海港区扶贫工作领导小组，制定《海港区“十二五”扶贫开发规划》，与青龙县4个定点扶贫村进行对接。以“造血”方式扶持农业产业化项目3个，农村基础设施项目1个，确定扶持单个项目资金15万元。选派干部到村，实现“一村一班子、一村一方案”。

【慈善工作】 开展“慈善一日捐”大型募捐活动，有84家机关单位参与活动，募集善款30多万元。开展慈善大拜访活动，深入辖区23家规模企业，宣传慈善理念，让更多企业投身慈善事业，提高慈善事业社会救助成效。

【基层政权和社区建设工作】 完成全区98个行政村的第九届村民委员会换届选举工作，全区登记选民7.27万人，参选率95%。全区72个社区用房均达到200平方米，38个社区用房达到300平方米，全年改扩建社区办公用房3处，总面积400平方米。申报国家资金扶持的老年人日间照料中心项目12个，总投资1344万元，争取国家补助资金630万元。启动社区老年人日间照料中心（站）12处，建成社区日间照料中心（站）9处，3处正在规划设计，获国家、省、市资金扶持800多万元。

【优抚工作】 启用海港区优抚医疗“一站式”结算服务，从根本上解决优抚对象看病报销环节复杂的问题。在优抚对象居住比较集中的2个镇的老年人服务中心配置检测仪器4台，为600多人次优抚对象提供健康监测服务，争取上级民政资金支持25万元。

【双拥安置工作】 开展以“军民联谊、共度春节”为主题的系列拥军优属活动。为驻区部队及重点优抚对象送去慰问金及慰问品共计42.9万元。完成2010年度266名退伍兵安置任务。

【社会事务管理工作】 全年审批成立民办非企业单位13家，社团5家。对185家民办非企业单位和45家社会团体进行年检，年检合格率均为100%。全年救助流浪乞讨人员109人次，安置海港区辖区流浪乞讨人员6人，办理收养4人，对符合条件的孤儿发放儿童福利证，为全区孤儿（每月600元）发放生活补助44万元。完成全国收养登记管理信息系统基本信息录入工作和孤儿录入全省儿童福利信息管理系统工作。

【社会福利工作】 完成10个农村幸福院目标任务，投入建设资金90万元。老年人服务中心公寓入住老人71人，光荣院优抚对象1人，五保户4人，年底全院有老人192人。全区有“五保”供养对象169人，其中分散供养138人，集中供养31人。通过完善基础设施、加强队伍建设、开展丰富多彩的业余文化活动，老年人服务中心影响力明显增强，集中供养率明显提高。

【老龄工作】 办理老年证2900个，发放老年人各类补贴189.47万元。重阳节对21户百岁老人和5户特困老人进行走访慰问，发放慰问物品。开展“5580”助老健康御险活动，投保1916人，参保金额5.75万元。

（李月涵）

民族宗教事务管理

【概况】 利用多种方式，向社会各界、各层面开展政策法规的宣传教育。少数民族政策落实到位，为少数民族群众解决生活困难问题，落实少数民族考生优惠政策，扶持少数民族教育事业。推进圆明寺建设、法云寺三期工程建设、清真寺改扩建工程，筹备佛学院建设；规范宗教活动的合法性，取缔非法宗教活动5起，解决民族矛盾、上访事件、突发事件20多件，保障宗教界和谐、稳定；顺利举行法云寺戒全长老圆寂追思法会、三坛大戒法会、水陆法会、圣清法师升座方丈暨琉璃宝塔开光法会庆典。

【民族工作】 解决少数民族困难群众的生活问题。春节前夕，开展少数民族困难户春节走访慰问活动。通过召开座谈会、与困难户群众亲切交谈等形式，了解他们生活情况和需要解决的问题，为40户少数民族困难群众送去2.2万元的慰问金及数十套棉被褥。开展少数民族贫困家庭及低保户普查工作，详细统计和梳理所有少数民族低保户及贫困家庭的详细情况。落实少数民族优惠政策，扶持少数民族教育事业。为海港区户籍的873名2012年中、高考的少数民族考生出具民族成分证明。开展民族团结月活动。利用广播、黑板报、宣传栏等多种形式，宣传民族团结进步创建活动，组织100多名工作人员集中培训，发放宣传教育手册100多册；维护清真寺及少数民族群众在生产生活中的合法权益，稳妥处理宗教场所管理建设问题，保持安定团结。确保清真寺开斋节、古尔邦节的顺利举行，推进少数民族团结和谐。8月20日，区内穆斯林群众1000人聚集到清真寺欢度自己节日—开斋节。10月26日，区内10个少数民族同胞欢度自己传统节日—古尔邦节（又称宰牲节）。

【宗教工作】 开展和谐寺观教堂创建工作。根据国家宗教局《关于开展创建和谐寺观教堂活动的意见》和省、市宗教部门要求，继续在全区民族宗教界开展平安宗教活动场所创建和和谐寺观教堂创建活动。以财务管理为平台，开展“和谐寺观教堂”创建活动。在加强财务管理的基础上，全面推行全区宗教场所财务托管制度。加大对《宗教事务条例》贯彻执行力度，制订行政审批事项细化内容。帮助各宗教活动场所搞好自身建设，建立健全管理规章制度，增强自我管理能力，确保天主教、基督教两教圣诞节、法云寺戒全长老圆寂追思法会、三坛大戒法会、水陆法会、圣清法师升座方丈暨琉璃宝塔开光法会庆典的顺利举行。围绕旅游立市，打造品牌工程。位于西港镇新店子村的法云寺是全区精心打造的一座标志性佛教建筑，2005年开始建设。已投资1.5亿元，资金总额达3亿元。年来往信众数万人。由区佛教协会申请并筹资建设的位于北港镇魏家沟村的圆明寺，预计2013年完工。大殿建设基本完成，投资近2000多万元。引导宗教界投身社会主义慈善事业，树立乐善好施的良好形象，法云寺方丈圣清大和尚被省民宗厅评为宗教界公益慈善事业先进个人。

【维稳工作】 确保女拳赛、暑期及中共十八大期间民族宗教领域安定团结。协调沟通，安抚穆斯林群众情绪，避免因美国电影和法国漫画侮辱伊斯兰教造成的恶劣影响，防止因穆斯林群众情绪激动而引发群体性事件。做好藏传佛教清理工作中五明佛学院“菩提协会”在市内非法传播的专项治理整顿二作，严防天主教骨干与梵蒂冈联系。清理整顿基督教私设聚会点，严防外地人员到秦非法宗教活动，严防基督教骨干与境外宗教组织联系和基督教自封传道人。全年处理非法宗教活动5起，处理解决民族矛盾、上访事件、突发事件16件。被市民宗局授予民族宗教工作先进单位。

（李月涵）

档案管理

【概况】 档案馆为全额拨款的事业单位，内设办公室、督导室、管理查阅室（含文档信息服务中心）。人员编制3人，在岗9人。其中研究生学历1人，大学学历5人，大专学历2人，中专学历1人。中级职称馆员1人，初级助理馆员2人。2012年，围绕区委、区政府的中心工作，立足服务经济、面向社会、资政惠民，认真做好各项工作，圆满完成目标任务。被区委、区政府评为2012年度“与文明同行、铸和谐港城”创建活动文明单位；被市档案局评为档案工作先进集体。

【馆藏工作】 协助整理政府办、农工委、计生局、科技局、残联、工商联、北港镇等单位的档案，接收区民政局2008年婚姻档案168卷，农工委档案1348件（其中永久394件，长期195件，短期453件）。为政府办提供1间库房存放档案。稳步开展数字化工作，扫描馆藏档案近90万页，包括全部区政府文书档案（1979 ~ 1995年）、全部区委文书档案（1951 ~ 2000年）、部分民政局婚姻档案（1982 ~ 2008年）、全部马坊乡档案（1971 ~ 1995年）。年内，扫描完成2008年民政局婚姻档案168卷、4.09万页。

【基层档案工作】 多种形式指导档案工作。随时把握各单位主要领导更换、档案员更换、单位搬家、办公用房紧张和档案整理情况，组织全区档案员参加业务培训，以电话咨询、实地指导、提供档案员轮值岗位等方式对档案员进行全面培训。对承担重点工作和中心工作的单位突出指导，勤问多跑，确保重点档案及时归档保存。对即将搬家的单位，提醒注意档案安全，争取档案库房房间和其他硬件设施。认真检查档案工作。集中2个多月时间，对全区90多家单位的档案进行检查，检查的内容包括各单位是否设立档案机构、各种门类档案是否及时整理归档、档案柜和档案库房是否符合国家标准、档案的检索目录和档案软件是否齐备、档案是否及时移交等5大项25小项。对不合格单位，限定整改时限，及时清理陈年档案。档案管理星级认定工作稳步开展，民政局、国税局、检察院、东港镇等4家单位全部被认定为AAA级。

【档案利用】 规范档案柜标签。重新印制标签，对所有档案柜原手写和铅印的标签进行更换。加强库房安全管理。粉刷办公区、重新梳理网线、修补楼顶、改装清理库房，安排所有在职人员每月做卫生轮值。投放防虫防霉药物500袋，更换灭火器27个，及时按需更换温湿度计和添置档案柜。热情接待档案查阅人员。全年接待档案查阅人员1500人次，查阅档案1800卷次，主要查阅婚姻档案、知青档案、土地延包和宅基地档案。

【《典读秦皇岛》编纂】《典读秦皇岛》是市档案局推出的系统梳理秦皇岛历史文脉的系列丛书和常设展览。区档案馆按要求将海港区的风土人情、地理概貌、城市发展、历史传说、取得成绩等进行编纂上报，如灯塔、海关、天桥、开滦路、俱乐部、电灯房、雨来散等。

（杨秋君）

政协海港区委员会

ZHENGXIEHAIGANGQUWEIYUANHUI

ZHENGXIEHAIGANGQUWEIYUANHUI

区政协全体委员会议

【区政协第八届委员会第一次会议】 2月14～17日，区政协八届一次会议在秦皇岛大酒店召开。主席团由马春元、马洪琪（女）、牛志刚（回族）、王玉东、王国光、王爱民（满族）、史建秋（满族，女）、叶永鹏、艾会荣（女）、刘中杰、刘晓军、孙贺（满族）、何占峰、吴桂娥（女）、张文东、张志强、张济荣（女）、张素珍（女）、张继成、张艳君（女）、张晶、李工、李方阁（满族）、李观、李国强、李思达、李满元（满族）、李福廷（满族）、杨永会、肖长祥、国铁英（女）、姜述玉（女）、徐晓民、董云鹏、蔺学光等35人组成。孙贺为大会秘书长。大会应出席政协委员214人，因事、因病请假3人，实际出席会议的政协委员211人。特邀区委、人大、政府、纪委、人武部的领导及离退休的原区政协主席、副主席和公安分局、检察院、法院的领导参加会议。各镇、街道、区直各部门的主要领导列席会议。

区委书记冯志永代表中共海港区委作重要讲话，对七届区政协的工作给予充分肯定，对八届区政协工作提出新的更高要求。

大会听取并审议通过杨永会代表区政协第七届委员会常务委员会所作的工作报告，张素珍代表区政协第七届委员会常务委员会所作的提案工作情况的报告。大会选举杨永会为政协海港区第八届委员会主席，选举张素珍、肖长祥、张继成、李国强为政协海港区第八届委员会副主席，选举孙贺为政协海港区第八届委员会秘书长，选举马春元、马洪淇等29人为政协海港区第八届委员会常务委员。列席区人大十四届一次会议，听取和讨论《海港区人民政府工作报告》《海港区2011年国民经济和社会发展计划执行情况和2012年国民经济和社会发展计划报告》《海港区2011年财政预算执行情况和2012年财政预算报告》及其他报告。

区政协常务委员会议

【区政协第七届委员会第十六次常务委员会会议】

2月3日，召开区政协七届十六次常委会议。研究通过政协海港区第八届委员会委员人选建议名单（草案）；研究通过区政协八届一次会议议程（草案）；研究通过区政协八届一次会议日程（草案）；研究通过区政协八届一次会议主席团、主席团会议主持人、秘书长建议名单（草案）；研究通过区政协八届一次会议副秘书长建议名单（草案）；研究通过区政协八届一次会议提案审查委员会建议名单（草案）；研究通过区政协七届委员会常务委员会工作报告（草案）；研究通过区政协七届委员会常务委员会提案工作情况的报告（草案）；研究通过人事任免事宜。

【区政协第八届委员会第一次常务委员会会议】

6月20日，召开区政协八届一次常委会议。研究通过人事任免事宜；研究通过《政协秦皇岛市海港区委员会全体会议工作规则》《政协秦皇岛市海港区委员会常务委员会议议事规则》《政协秦皇岛市海港区委员会主席会议议事规则》《政协秦皇岛市海港区委员会专门委员会通则》《政协秦皇岛市海港区委员会关于加强政协委员管理工作的实施意见》《政协秦皇岛市海港区委员会关于加强与区各民主党派、有关人民团体联系的实施意见》等6项政协规范性文件；学习《海港区政协2012年工作要点》。

【区政协第八届委员会第二次常务委员会会议】 12月11日，召开区政协八届二次常委会议。学习中共十八大会议精神；就促进全区经济发展与政府协商；听取区政府关于全区经济运行情况的通报。

区政协主要工作

【概况】 围绕区委、区政府的中心工作，开展各种形式的政治协商、民主监督、参政议政活动。紧扣区委“两主四化”战略定位，围绕调整产业结构、促进加速发展、强化城市管理等问题，精心选择课题，组织开展富有成效的调研视察，为促进全区经济社会发展协商献策。加强提案工作力度，提高提案质量，组织委员开展“走进社区、倾听民意、反映民忧”活动，利用政协提案、社情民意信息等形式把基层群众的所想、所困及时反映给区委、区政府，畅通政府与社会不同阶层、不同群体之间沟通联系。始终把关注民生、促进和谐作为政协工作的出发点和落脚点，把以人为本、履职为民贯穿于政协工作的各个方面，组织和引导广大政协委员为保障和改善民生、构建和谐港城做出积极贡献。发挥民主监督作用，重点组织政协各个界别和党派团体有关人员参加履职活动，积极参与全区各部门的政风行风监督评议活动，促进部门作风改进。加强机关自身建设。修订《政协秦皇岛市海港区委员会全体会议工作规则》《政协秦皇岛市海港区委员会常务委员会议议事规则》《政协秦皇岛市海港区委员会主席会议议事规则》等制度，通过建章立制，有效提高政协工作的制度化、规范化和程序化水平。强化政协委员管理。建立健全委员履职档案，从出席会议、撰写提案、参加活动、发挥作用、奉献社会等方面对委员进行全过程考评。加大信息宣传力度，全年编发《委员之声》12 期，《政协简报》13 期，在国家、省、市新闻媒体刊发稿件 20 多篇。

【提案工作】 领导重视，部门配合，把提案工作摆上重要位置。区委、区政府领导重视政协提案工作，亲自出面协调涉及部门多、难度大的提案办理，促进提案落实。区政协把提案工作作为全局性工作来抓，主席会议定期听取提案工作情况汇报，各专委会把提案工作与视察调研活动相结合，形成提案工作合力。承办单位把提案办理作为推动和改进工作的重要抓手，明确责任，细化措施，确保工作落到实处。主动引导，深入调研，努力提高提案质量。注重做好提案征集工作，为委员知情明政创造条件，通过举办培训班、组织座谈等形式，向委员通报全区重点工作，传达上级有关文件精神。印发提案参考题目，组织开展面向社会公开征集提案线索活动，引导委员紧紧围绕区委、区政府中心工作和群众关注的热点难点问题提出意见建议。突出重点，加强督办，全面提高办理实效。实行主席领办重点提案制度，对重点提案定期研究，跟踪进度，保证重点提案有效落实。对委员关注度较高的城管、教育等方面的提案，采取面对面交流的形式进行答复，增进理解，形成共识。对委员集中反映的食品安全、老旧小区改造等方面问题，结合专委会视察活动进行督办，力促问题解决。建立跟踪回访机制，搭建跟踪监督平台，对已经答复的重点提案和列入计划解决的提案，采取集中回访形式进行跟踪问效，增强提案办理透明度，确保提案成果转化。年内，围绕全区经济社会发展及群众普遍关心关注的热点难点问题，提出提案 156 件，审查立案 125 件，超范围未立案转市政协办理的提案 31 件。立案提案中，涉及经济发展的 37 件，占提案总数的 29.6%；涉及改善民生的 56 件，占提案总数的 44.8%；涉及城市建设和管理的 32 件，占提案总数的 25.6%。11 月底，立案提案全部办复。委员表示满意 121 件，占 97%;基本满意 4 件，占 3%。

【调研视察工作】 利用调研、视察活动等重要履职手段，围绕全区中心工作，服务发展大局，积极协商献策。专题协商促发展。组织经济界委员开展“解读当前经济形势、促进企业发展”企业家沙龙活动，邀请区直有关部门及银行、小额贷款公司等金融机构参加，为企业脱困共商对策，共解难题。开展“走百企、查实情、促发展”活动，由主席牵头，组织委员深入 50 多家企业进行走访，实地了解生产经营情况，探讨企业发展大计，形成《强化统筹，优化环境，促进我区经济持续健康科学发展》等调研报告 8 篇。深入调研促发展。组织委员开展工业经济发展情况调研，通过深入相关部门走访调研、发放企业调查问卷、组织企业家研讨等形式，多层面、多角度了解全区工业经济发展情况，形成《拓展空间、完善环境，大力扶持工业经济发展》的调研报告。对发展机遇、周边环境、全区经济基础和企业自身发展动力等进行分析。“细化主导产业定位，引导工业向产业集群化发展”“申请主城区北扩，推动城乡统筹发展”“做强生产性服务业，推进产业融合式发展”等建议，得到区委、区政府领导的高度重视。把握城市管理建设内涵，以城市精细化管理、提升城市承载能力、打造生态宜居环境等为重点，组织委员深入一线调研，完成《推进城市精细化管理》等调研报告。在加大老旧小区改造管理力度、完善城市绿化体系、加大公共服务设施建设方面也提出多项建设性意见，部分已被采纳实施。重点视察促发展。首次以主席视察团形式对生态环境建设工作进行视察，邀请区政府有关领导、职能部门参加。通过视察、座谈，积极推进工作深入开展，形成《关于我区环境综合整治工作的视察报告》，在建立健全长效管理机制、帮助被关停企业转型升级、提高全民环保意识等方面建言献策。安排委员对照全区旅游发展规划，开展经常性的调研，适时组织集中视察，形成《关于我区旅游基础设施建设情况的视察报告》，在加快重点旅游项目建设、积极发展乡村旅游、做强休闲旅游产业等方面，提出多项有价值的意见建议。

【民主监督工作】 发挥政协作为最广泛爱国统一战线组织和政治协商重要机构的作用，坚持把发扬民主、增进团结、协调关系、强化监督作为履行职能的重要着力点，促进各党派团体和各界人士的团结合作，推动民主政治建设。民主氛围更加浓厚。认真贯彻“长期共存、互相监督、肝胆相照、荣辱与共”方针，促进参加人民政协的各民主党派、工商联、有关人民团体和无党派人士的团结合作。坚持区政协领导联系民主党派、工商联制度，听取意见建议，切实帮助解决实际困难。在政协全会、常委会以及其他重要会议上，优先安排党派界别发言；重点调研视察、重点提案督办、重大议政活动邀请各党派界别参加，为党派界别的委员知情出力创造有利条件。民主监督更加有力。通过听政、调研、视察，加强对全区重大决策、重点项目、民心工程等工作的监督，有效推进工作落实；通过选派委员担任政府部门监督员，促进依法、高效行政；通过参与有关部门组织的信访案件调处听证、教师公开招聘、行风评议、社区医疗机构考评等活动，积极反映群众的意愿和要求，促进社会公平。团结联谊更加广泛。以“五个一”等活动为载体，深入不同群体、不同阶层，特别是私营企业主、自由职业者等社会新阶层以及困难群体，了解他们的需求，反映他们的利益诉求，协助党委、政府做好协调关系、化解矛盾、凝聚力量的工作。以党外人士学习中共十八大座谈会、各界人士新春联谊会等活动为平台，凝聚各方共识，融洽关系、促进团结。

【民生工作】 专题调研视察关注民生。组织委员多次深入村、居视察，全面掌握第一手材料，形成《关于海港区房屋土地征收拆迁引发信访稳定问题的调研报告 》。就规范拆迁行为，保护群众合法权益，推进社会管理创新等方面进行深入探讨，调研成果得到有关领导肯定。针对医疗卫生、社会保障、物业管理等群众关心的问题组织不同界别委员深入调研，与相关部门、群众座谈，倾听群众意见，反映群众诉求。推进市区医疗保险制度整合、加强基本公共卫生服务、整合食品安全检查力量等建议得到政府相关部门采纳。开展专项活动温暖民心。组织有专长、有资源的委员以及人民团体开展送文化、科技、卫生、法律下乡、进社区等活动。政法界委员代理特困家庭诉讼案件 15 起，免除代理费 10 万元；医疗界委员深入农村、社区开展大规模义诊 3 次，累计接诊群众近 400 人次，免费发放药品价值 6 万多元；经济、城建界委员筹资 8 万多元，开展捐资助学、后进村帮扶、环保宣传、敬老助残等社会服务活动；教育界委员长期开展对口帮扶农村弱校，送课下乡活动。

区政协机构

【政协海港区第七届委员会常务委员会】

主　席：何发江

副主席：张素珍（女）

肖长祥

张继成

秘书长：孙　贺（满族）

常务委员：（以姓氏笔划为序）

马春元　牛志刚　王玉东　王国光

史力方　叶永鹏　艾会荣（女）

刘晓军　许志雄　张志强　张济荣（女）

张　晶　李　工　李方阁　李光霞（女）

李成祥　李　观　李福廷　杨丽萍（女）

肖德江　周雪山　国铁英（女）

胡孝文　董云鹏

【政协海港区第八届委员会常务委员会】

主　席：杨永会

副主席：张素珍（女）
肖长祥
张继成
李国强
秘书长：孙　贺（满族，4月免）
常　委：（以姓氏笔划为序）
马春元　马洪琪（女）　牛志刚（回族）
王玉东　王国光　王爱民（满族）
史建秋（女，满族）　叶永鹏
艾会荣（女）　刘中杰　刘晓军
孙　贺（满族）　何占峰　吴桂娥（女）
张文东　张志强　张济荣（女）
张素珍（女）　张继成　张艳君（女）
张　晶　李　工　李方阁（满族）
李　观　李国强　李思达
李满元（满族）　李福廷（满族）
杨永会　肖长祥　国铁英（女）
姜述玉（女）　徐晓民　董云鹏
蔺学光

【政协海港区第八届委员会委员】（2012年2月3日区政协七届十七次常委会通过，共27个界别、214人，以姓氏笔划为序）

中共（18人）：
王家海　史莹洁（女）　刘环宇
孙　贺（满族）　吴桂娥（女）　张国辉
张济荣（女）　张素珍（女）　张继成
李连仲　杨永会　汪玉萍（女）
单志琴（女）　孟祥文　黄秀卓（女）
温长驰　蒋洪信　薛向华

民革（6人）：
牛志刚（回）　李　伟　李劲松
赵　刚　项　宁（女，满族）
魏晓兰（女）

民盟（6人）：
刘晓军　李为民　范文祥　徐　巍
韩艳萍（女）　阚俊华（女）

民建（12人）：
王　君　王宏利（女）　兰晓辉
刘中杰　朱　力（女）　张　斌
李　邯　邸树纲　单亚军　周　建
郎晓峰（满族）　高馨月（女）

民进（5人）：
王　松（满族）　公建芳（女）
张艳君（女）　李栩楠（满族）
杨树旺

农工党（3人）：
刘晶春（女）　国铁英（女）　赵延海

九三学社（6人）：
马忠锋　王国光　孙伟春　贺学英（女）
高　伟　崔文玲（女）

无党派人士（5人）：
马洪琪（女）　史建秋（女，满族）
伍保玖（满族）　李国强　肖长祥

工商联（13人）：
王　笑（女）　王爱民（满族）
代新武　叶永鹏　刘　洁（女）
张文东　张英华（女）　李建立（女）
李福廷（满族）　苏　涛　秦　峰
贾　静（女）　梁道喆

工会（8人）：
王金成　纪文颉（女）　张顺利
李宏光　苏南鹏　郑书良　姜志国
秦　忠

共青团、青联（7人）：
毛云鹏　刘　锐　刘宇腾　张　姣（女）
林崇爱　徐明辉　戴明宇

妇联（8人）：
张国丽（女）　陈　静（女）
宋海英（女）　李宏瑶（女）
杨英娜（女）　杨晓玲（女）
罗颖君（女）　程淑艳（女）

科学技术（9人）：
王晓东　田　奇　孙　瑜（女）
李学良　郭永生　郭美璇（女）
黄秀红（女）　曾胜文　蒋利国

科协（5人）：
史冠工　刘　飞　邢文华　李　观
黄岳强

医疗卫生（6人）：
丁宗强　冷冰霜（女）　张振娟（女）
李方阁（满族）　李思达　果卫东

农林水（6人）：

艾会荣（女） 刘俊安 张 超

张永江 李作彬 秦宝林

经济界（23人）：

马春元 王 娜（女） 王玉东

王春玉 刘来生 刘金志 孙晓琴（女）

孙海波 庄克永 朱立波 何继东

张向阳 杨会常 杨庆喜 汪长春

陈国平 单亚春 郑全军

姜述玉（女） 徐晓民 高宏颖

高忠敏 鞠尧魁

教育界（13人）：

王 平 石万年 刘 莉（女）

刘海臣 刘清文（女） 邢启明

张 荻（女） 张石国（满族）

张秋妮（女） 张晓翼（女）

同丹良（女） 秦纪祥 韩凤臣

体育界（3人）：

邓 浩 张俊红（女） 李 工

文化艺术（7人）：

马玉生 吉 极 张志强 张鹤云

李春生 杨佩君（女） 崔汉毅

新闻（4人）界：

邓 波（女） 刘玉僧 李成铭

骆 欣

少数民族（5人）：

丁润会（回族） 左 宁（女，回族）

那 钰（满族） 陆建银（满族）

姚长明（女，回族）

宗教界（4人）：

圣 清 许永昌 张 和

苏贺卿（回族）

台属侨眷（2人）：

宋昌春 李 伟（女）

社会保障（10人）：

王国芳（女） 齐金成 张 晶

张立起 张金忠 张金海 陈文博

林凡军 胡广设 郭立盘

社会科学（9人）：

卫 冰（女） 任德文 刘明祥

安 媛（女） 李晓红（女） 杨栋昌

徐 彤（回族） 贾晓军 翟竹博

特邀（11人）：

才汇强 王 宏 刘保平 何占峰

李所丰 李晓颖 李满元（满族）

赵立新（女） 赵荣福 董云鹏

蔺学光

【政协海港区委员会办公室及各专门委员会主要负责人】

办公室主任：孙 贺（4月免）
敬卫兴（4月任）

提案委员会主任：丁玉红（女，4月免）
黄秀卓（女，4月任）

经济科技委员会主任：吴桂娥（女）

社会事业委员会主任：黄秀卓（女，4月免）
马洪琪（女，4月任）

城乡建管委员会主任：刘慧清（女，4月免）
赵卫群（4月任）

老干部办公室主任：王家海

（李 兵）

军　事

JUNSHI

人民武装

【概况】 围绕“发扬传统、团结实干、开拓创新、争创一流”的工作思路和“强班子、带队伍，讲团结、树形象，保安全、求发展，创一流、当窗口”的总体奋斗目标，坚持全面建设，谋求整体提高，努力争先创优，实现创新发展，圆满完成各项工作任务。

【国防教育】 利用民兵整组、军事训练、学生军训、全民国防教育日和征兵宣传等有利时机开展国防教育。结合全民国防教育日宣传，组织开展丰富多彩的活动，在环岛公园开展国防知识宣传日活动，向全区3万多名干部群众发送国防教育短信，在110个居民区的电子公务屏上显示国防教育标语口号，组织辖区企事业单位、社区、学校9000多人参加网上国防知识答题活动。

【思想政治建设】 人武部党委坚持把思想政治建设放在各项建设的首位，保持大事大抓的态势。制订详细的理论学习计划，开展各项专题教育，定期组织集中学习，机关干部职工正确处理工学矛盾，利用业余时间搞好自学，认真撰写体会文章，机关经常性思想教育得到有效落实。坚持把学习贯彻中共十八大精神作为头等大事和首要政治任务，注重结合本单位特点和工作实际，在落实工作、推动发展上下工夫。抓好“理论学习六件事”落实，构建“六位一体”的教育模式。深入开展“五个到基层活动”，编印下发学习资料5000多份，到基层重点民兵分队宣讲20多场次，对3000多名民兵进行理论考核。

【军事工作】 树立“编为用、建为战”的思想，坚持实兵实编、实训实用，全区基干民兵齐装满编。在市再就业孵化基地调整组建民兵应急营抗震救灾连，并新组建区民兵应急连。4月，组织镇（街）专武部长参加军分区在人武学院组织的专武部长集训，参训率100%，提高专武干部队伍的军政素质。完成市征兵办赋予的男兵征集任务，其中征集大专以上高学历青年，占任务总数的49%。人武部机关坚持推行“精细化”管理模式，统一办公室设施的种类、数量，明确每件物品摆放的“点”和“线”，做到定点定位。制订《干部职工安全卫生和工作职责分工一览表》，将每项工作、每间库室、每件器材定人定物，责任到人。修订各类战备预案，补充战备物资器材，购置破胎器、电子脉冲探测器、红外线感应报警器等安全设施，使战备训练工作常态化、规范化。

【安全管理工作】 始终把安全管理工作当成党委工程、主官工程常抓不懈，确立“抓教育强观念、抓法规严纪律、抓排查除隐患、抓预防保安全”的工作思路，安全管理工作呈现稳定发展的良好势头。结合每月的条令学习日和重大节日，抓好经常性安全保密教育，强化机关全体人员安全防事故意识，做到“五个不失控”“两个不放松”。严格落实《人武部八个方面安全基本工作规范实施细则》，组织干部职工逐人逐条进行对照学习，科室进行对比，查找出具体问题并及时加以整改。开展安全隐患清理整治，部每季、科每月组织对所有办公室、器材库和物资库进行清整，彻底清除“三黑”（黑屋子、黑柜子、黑匣子）。研究制订《私有机动车辆管理规定》，单位公务用车严格车辆派遣审批制度，签订《军分区干部、职工私有机动车辆安全保证书》，加大对驾驶员的教育管理力度，确保车辆管理正规有序。调整安全保密工作领导小组，细化分工，对各科定任务、定标准、定责任。

【党管武装工作】 10月，结合民兵训练，开展区级领导过“军事日”活动，强化全区领导干部关心支持武装工作的责任感、使命感。坚持把党管武装工作列入党政领导班子年度工作实绩考核内容，抽调2名同志汇同组织部考核组对镇、街履行职责情况进行考核，把考核结果作为衡量党政领导班子和主要领导、分管领导工作实绩的重要内容。对成绩突出的予以表彰奖励，对工作不落实地进行批评教育。利用专武干部上站、会议等时机，开展业务培训，学习上级指示精神，年终对基层武装部进行考核，组织工作述职。制订《海港区关于专职人民武装干部任免、使用、交流的有关规定》，对思想业务素质强、工作成绩突出的专武干部提拔重用，对考核成绩差，工作不作为的调离武装工作岗位。

【参加军地大型活动】6月，参加北京军区、省军区组织的“铸盾——2012”演习，作为全市唯一一个实兵参演单位，出动民兵40人，圆满完成机关带民兵应急分队参演任务。8月，受台风影响辖区内发生特大洪水，人武部组织民兵，协调驻军参加救援行动，成功解救被困人员30多人，转移群众80多人。10月，出动民兵应急分队，参加省军区军事斗争准备检验评估实兵拉动。12月，组织民兵应急分队，圆满完成省军区考评军分区党委班子实兵集结拉动演练任务。组织民兵预备役人员参加地方经济建设，协调驻军部队参加春季植树、海滩清洁、冬季扫雪等活动。

【海港区人武部领导人】

部长：刘久军（5月免）

　　　周永鑫（5月任）

政委：黄　萍

（赵冬月）

人民防空

【指挥通信】机动指挥系统设施和功能日趋健全，卫星、网络、超短波通信保障体系全面建成。9月，参加秦皇岛市人防指挥通信拉动演练，完成3G图像传输、北斗系统、海事卫星电话、短波电台、超短波电台具体科目的实战演练，检验人员、装备遂行应急任务能力，保持良好的战备状态。组织开展全区警报普查活动，对警报设施进行全面维护保养，对每台警报器建立档案。维护保养固定警报器42台，其中具备语音和信号双重报警功能的警报器19台，移动警报器3台，警报中间控制设备1套，防空警报音响已覆盖整个市区。7月7日，在全市统一组织下，防空警报正式鸣响，在中煤社区组织100多名群众参加疏散应急演练，有序撤离至指定应急避难场所，演练现场图像由应急通讯车同时传输给省、市两级人防办。警报设置单位管理员参加防空通讯管理培训班，系统学习防空警报相关专业知识和法律法规。

【工程建设】做好人防工程标牌悬挂工作。竣工人防工程标牌全部悬挂完毕，为群众及时进行防空避难、防震避难、纳凉避暑提供有效指引和帮助。对4处人防工事及时进行排水和清淤工作，西港镇东白塔岭村一住宅厨房地基塌陷，第一时间探明人防工事情况，及时进行沙土、石块回添，清除重大安全隐患。

【宣传教育】树立燕山二社区为防空防灾知识学习和技能训练示范单位，组建人防知识巡回宣讲团，由点带面，推进人民防空宣传教育进机关、进学校、进企业、进社区工作的深入开展。3月，在天洋西厅广场举办“国际民防日”大型宣传活动，对《河北省结合民用建筑修建防空地下室管理规定》及《秦皇岛市人防工程产权和维护管理使用实施办法》进行重点宣传，发放宣传资料1000多份，活动纪实在“秦皇岛新闻”播出。5月，在防灾减灾日活动中，深入社区和街道，悬挂宣传条幅，向群众发放宣传资料1000多册。为第十中学300名学生讲解核武器、生化武器的基本防护方法，现场演示防化服、防毒面具穿戴步骤。9月，为迎接中共十八大召开，与燕山二社区联合举办“献礼十八大，携手创和谐”联欢晚会，发放宣传资料1000多册。完成东环路“人防宣传教育一条街”建设，20幅展牌宣传防空防灾相结合体制和机制。组织辖区19所初级中学人防授课老师，参加全市组织的人防业务知识培训。

【“准军事化”建设】组织全员开展“军事训练日”活动，包括紧急集合、列队、负重越野等，培养命令意识和作风养成，提高全体人员的军事素质。严格落实战备值班和警报定期鸣响制度。按规定建立战备值班室，严格落实24小时值班制度。通信警报、工程安全等方面细化措施，确保万无一失。

（赵雪静）

民主党派 工商联

MINZHUDANGPAIGONGSHANGLIAN

MINZHUDANGPAIGONGSHANGLIAN

民主党派

【概况】 2012年，全区有6个民主党派组织，即中国国民党革命委员会海港区总支、中国民主同盟海港区支部、中国民主建国会海港区委员会、中国民主促进会海港区工作委员会、中国农工民主党海港区支部和九三学社海港区支社。

【中国国民党革命委员会海港区总支部】 民革海港区总支有党员25人，平均年龄46岁。其中：女性9人，占党员总数36%；大专以上学历22人，占党员总数88%；具有中高级职称的15人，占党员总数60%；公务员4人，市政协委员1人，区人大代表1人，区政协委员4人、常委1人。新发展联系人1人。全年提交《关于加强城市区公厕建设的提案》《关于春节期间限放鞭炮的提案》《创新机制，多措并举，进一步做好全民义务植树的工作》《关于秦皇岛市建立居民电子健康档案的建议》等提案，党内政协委员提案率100%。开展以关注民生、关注公平、关注稳定为主要内容，以促进社会和谐为主要任务的各项社会服务工作。支部主委、区工商局东港分局局长牛志刚安排工作人员为辖区部分商户上门办理工商营业执照，对经营行为、食品安全、投诉举报、维权等知识进行细致讲解并逐一指导规范，得到商户赞誉。党员边振峰利用业余时间为身边的商贩及困难群体排忧解难，在棚亭整治行动中协调街道办事处，帮助残疾人低保户联系经营场所，保证经营户的日常生活收入。

民革海港总支主委：牛志刚

【中国民主同盟海港区支部】 民盟海港区支部有盟员35人，平均年龄48岁。具有研究生学历2人，大学学历9人；副教授1人，高级职称5人，中级职称21人。盟员中省政协委员1人，盟市委委员1人，市政协委员1人，区人大代表1人，区政协常委1人、委员6人，特约监督员6人次，新发展盟员1人。盟员以深入调查为突破口，以参政议政为动力，推进支部工作开展。盟员提案被盟市委采纳7篇为集体提案，委员提案6件被市党政领导阅批4件；区政协八届一次全会上，支部提交集体提案4件，盟员提案10件。

民盟海港区支部主委：胡孝文

【中国民主建国会海港区委员会】 民建海港区委辖4个支部，有会员56人，其中区十三届人大代表2人、政协海港区第七届委员12人。完成中国民主建国会秦皇岛市海港区委换届工作。履行参政党职能，建言献策，编辑上报社情民意、宣传信息40条，其中，被民建中央网站采用2条，民建省委采用15条，民建市委采用28条。参与完成民建市委、中共海港区委统战部调研课题，撰写调研报告4篇，其中《防控重金属汞污染——医疗系统汞设备替换典型单位调研报告》《公共服务社会化中社会组织的社区参与》获秦皇岛市社会科学成果奖一等奖。民建海港区委荣获民建市委2012年度先进区委称号。

民建海港区委主委：王自俭

【中国民主促进会海港区工作委员会】 民进海港区工委辖5个支部（第二中学支部、第四中学支部、第十八中学支部、教师进修学校支部、第十二中学支部）。有会员111人，其中：第二中学支部24人，在职9人；第四中学支部15人，在职8人；第十八中学支部15人，在职7人（部分会员转入新世纪中学支部）；进修学校联合支部38人（教师进修学校14人，小学24人），在职13人（教师进修学校8人，小学5人）；第十二中学支部19人，在职6人。组织、协调各支部完成换届工作。参加区委、区政府召开的各种协商会、通报会、座谈会及有关部门的研讨会，对全区经济、政治、文化和社会生活中的重大决策发表政见。民进海港区工委提交的提案《改进开发区房产过户中的不合理之处》被市政协采纳；《取消不合理的中考加分》《中小学评职称应取消论文》被民进市委采纳。会员李湘来撰写的统战理论研究课题《站在中华民族利益高度，完善社会主义民主政治》，在《河北民进》第二期发表。通过市红十字会向周边贫困学生捐赠图书523本，向青龙木头凳谢庄小学捐赠图书和体育器材多件。省级骨干教师齐春霞、市级骨干教师张娜、王松参加市教育局讲师团送课活动，受到师生好评。

民进海港区工委主委：张艳君

【中国农工民主党海港区支部】 农工党海港区支部有党员16人，其中：本科学历13人，大专学历3人；高级职称5人，副高级职称5人，中级职称6人；有区政协常委1人，政协委员3人，区人大代表1人。完成换届选举工作，支部认真履行职责，保证各项工作顺利开展。组织支部党员学习省委常委、统战部长田向利在秦皇岛调研讲话精神、贯彻改善“两个环境”动员大会精神、中共十八大精神，提高党员的自身思想素质和理论水平，为更好的履行参政党的职能提供思想和理论保证。提高参政议政和民主监督水平，发挥参政党的作用，撰写有价值的提案，提高提案数量和质量。撰写《太阳城商业区及周边卫生环境亟待改观》《关于对海港医院周边环境进行整治的建议》等提案。组织党员参加市统战部“同心服务”活动，到金龙花苑社区进行义诊，支部党员到东华里社区卫生服务站开展医疗服务，开展题为《急性腹痛的鉴别诊断》的讲座。定期到抚宁县榆关镇卫生院进行义诊、会诊，智力扶贫，方便百姓，服务社会，为创建和谐社会做贡献。向灾区捐款、捐物，支援灾区，奉献爱心。

农工民主党海港区支部主委：国铁英

【九三学社海港区支社】 九三学社海港区支社有社员49人。其中人大代表2人，政协委员5人。被九三学社秦皇岛市委评为2012年度优秀支社。海港区支社积极参政议政，民主监督，对全市民营医院发展现状进行客观调查。做好社会服务工作，支社主委王国光爱心救助大面积烫伤患儿张可涵，带领专家团队免费为患儿治疗，使年仅3岁的小女孩重返快乐的生活。开展“万家社会组织下基层进社区为民服务”活动，主委王国光带领友谊医院专家组，进社区为人民群众进行免费义诊，赠送基层卫生院医用仪器设备价值5.42万元，提升基层卫生院的医疗水平。为九三学社希望小学捐款0.2万元。孙伟春等社员为市社会福利院捐款3.87万元，被确定为秦皇岛市十大爱心人士33名候选人名单之一。

九三学社海港区支社主任委员：王国光

（张　丽）

海港区工商业联合会

【概况】 海港区工商业联合会有会员730人，其中：非公有制经济代表人士515人；有基层分会组织8个，镇分会5个、亚泰分会、北部工业区分会、太阳城分会；异地商会1个，海港区永年商会；行业商会3个，彩龙国际建材商会、钢铁商会、古玩商会。2012年，区工商联树立“服务立会、创新兴会”的办会理念，发挥桥梁纽带和助手作用，创新工作方法，做好对非公有制经济代表人士的团结、教育、引导、服务工作，为全区的经济建设和各项事业的发展做出积极贡献。工商联界别中人大代表、政协委员15人获得优秀代表和优秀委员称号，受到市、区人大、政协的表彰。

【会员思想政治工作】 教育引导会员爱国、敬业、诚信、守法、贡献。组织会员学习中共十七届七中会议精神、中共十八大会议精神、省市区关于非公经济发展文件精神、非公经济36条、《中共中央、国务院关于加强新时期工商联工作意见》等文件精神。组织会员参加市工商联举办的企业管理、企业营销讲座3次，参加法律法规、企业维权培训2次，参与会员160多人次，发放学习材料200份。11月，召开学习贯彻中共十八大精神的会员培训大会，机关全体及30多名骨干会员参加培训。聘请解放军防化兵指挥工程学院博士生导师、教授杨凤华授课。会员企业秦皇岛新谊工程有限公司董事长钟华、秦皇岛金谭建筑装饰工程有限公司董事长石云香、秦皇岛市求仙岛旅游休闲食品有限公司董事长李建立、红太阳餐饮娱乐有限公司总经理王笑、秦皇岛市文苑百鑫办公用品有限公司总经理李秋杰等5名企业负责人获海港区创业明星称号，获奖金3万元。

【换届工作】 1月，召开第七届会员代表大会。总结区工商联前5年的主要工作和基本经验，确定后5年的工作任务，审议通过区工商业联合会主席薛向华代表第六届执委会所作的《抓规范、重创新、求实效，全面开创工商联科学发展的新局面》的工作报告，选举薛向华为区工商联主席、区总商会会长，选举王新民、胡浩、马春元、崔洋、那威（女，满族）、梁道喆、王玉东、刘永波、孙海波、叶永鹏、邵清惠、李福廷（满族）、崔清林、孙晓芹（女）、张文东、王爱民（满族）、李建国、王春玉、曹国伟、杨潇、郑全军、王杰（女）等22人为副主席，选举总商会副会长11人，选举常委55人，执委111人。

【为会员服务】 深入会员企业开展走访活动，帮助企业解决生产生活中的困难和问题。到东丰实业有限公司、龙盛实业有限公司、萌奇工贸公司、雷鸣玻璃有限公司、中邦贸易有限公司、金池钢材有限公司、义乌古玩城等70多家会员企业走访，为其提供政策信息服务120条，解决困难70多件。为洪涝灾民筹措资金6万元，为受灾严重的企业购置必要的办公设备。为金池钢材有限公司因病致残职工捐款2000元并帮助申请办理低保等相关事宜。为雷鸣玻璃有限公司协调解决扩建用地、招工难等问题。

【光彩公益事业】 组织秦皇岛钢铁商会会长、秦皇岛荣创科技有限公司总经理等7名企业家与河东小学全体师生共庆“六一”儿童节，并为6名成绩优异的学生颁发奖学金300元，为学校捐款1.3万元。组织明日之星教育科技有限公司开展爱心助学活动，为全区10所学校捐赠数码学习机等器材价值15万元。开展百家民企进老区帮千户光彩示范行动，组织萌奇工贸公司等10家民营企业对青龙县干沟乡庞杖子村100户贫困户开展帮扶活动。为庞杖子村村民缴纳医疗保险费1万元，捐赠米面油等生活用品价值2万元。马春元、邵青惠、王玉东等企业家为港城平安献爱心，捐款近10万元，资助平安港城志愿者服务队建设。

【参政议政】 两会期间，组织会员中的人大代表和政协委员围绕全区社会、经济、民生等方面撰写提案20多件，多数提案得到政协的采纳和重视。工商联在区政协会议上作题为《大力发展总部经济，促进全区经济社会加速转型、加快发展》的大会发言。开展小型微型企业调研。5月，成立以主席薛向华为组长的调研活动领导小组，召开专题主席办公会议，研究制订实施方案，推进调研活动开展。2次深入区内10家小型微型企业走访，掌握企业经营动态，了解企业存在问题，发放调查问卷50份。召开小型微型企业保生存谋发展座谈会，邀请不同行业代表15家企业参会，听取企业负责人关于优化全区小型微型企业发展环境的意见和建议。通过对意见和建议进行梳理归纳，形成《海港区小型微型企业发展情况》的调研报告。

【组织建设】 9月，秦皇岛古玩商会正式成立挂牌，是继彩龙装饰建材商会和钢铁营销商会成立后的第三家行业商会组织，标志着秦皇岛古玩业走上有序规范的发展道路。11月，全市工商联基层组织建设观摩会在海港区召开，观摩全区的古玩商会和白塔岭办事处街道分会。做好新会员入会工作。坚持“成熟一个发展一个”的原则，严把会员发展质量关。发展吸收有影响、有实力、素质高并热心商会工作的非公经济人士入会，优化会员结构，壮大会员队伍。全年新发展企业会员134家，会员整体素质明显提高。

【对外经济联系】 加强友好商会建设。加强与外地商会交流合作，促进两地经济发展，与青海省西宁市城西区、河南省濮阳市清丰县、范县工商联缔结为友好商会。加强两地商会间的友好合作和信息交流，营造两地会员企业投资创业的氛围，为两地区域经济健康发展起到推动作用。加强商会间的交流和联系。先后走访秦皇岛境内的县区工商联，就开展会务工作交换意见，达到共同提高的目的。加强同温州商会、南安商会、鲁商商会、承德商会、市文化产业协会的联系和往来，提高会务工作水平，促进工作再上新台阶。

【加强“基层建设年”工作】 按照区委、区政府工作安排，抽调2名工作人员到北港镇闫庄村和东环路街道东华里社区开展帮扶工作。成立由书记王新民、主席薛向华为组长的领导小组，专门召开会议研究、部署、谋划具体工作。第一时间深入帮扶村居，深入走访调研，撰写社情报告。与村居干部座谈交流，帮助村居制订切合实际的发展规划。为帮扶村居解难题办实事。为北港镇闫庄村购置价值2万元的办公桌椅和文化娱乐设施；为东华里居委会购置价值6000元的空调2台，捐赠树苗60株。

区工商联主席：薛向华

（陈永波）

人民团体

RENMINTUANTI

RENMINTUANTI

海港区总工会

【概况】2012年，区总工会务实创新，竭诚履职，强化自身建设，全面提升工作水平。工会组织建设、厂务公开民主管理、工资集体协商、和谐企业创建、困难职工帮扶、职工文化建设、物业公司建会、群众工作室建设等多项工作及创新工作方法得到省、市工会肯定。在全省172个县、区工会规范化建设考核中，以总分第二名获工会工作优秀单位称号。在全省县级工会工作会议上作题为《抓班子带队伍、建机制强实力，全力打造全省一流县级工会》的经验介绍。

【工会基层组织建设】夯实组织结构，提供建会保障。发挥党组织的带动作用，将工会组建工作重心下移到小型企业，对暂不具备单独建立工会的企业，按照乡镇、街道、园区为单位分区划片，统一组建联合工会；提升能力素质，奠定建会基础。重视工会自身建设，提升工会干部能力素质，有针对性地开展学习培训；实施"双亮"（工会组织亮牌子、工会主席亮身份）工程，"面心实"（面对面、心贴心、实打实服务职工）走基层。制订实施方案，深入一线，心贴职工，为职工群众办实事、解难事、做好事，推动工会组织规范化建设，在全市"双亮、双树"（工会工作树品牌、工会干部树形象）暨职工后勤保障提升工作现场会上介绍经验；注重典型引领，实现普遍建会。培养选树各具特色的工会工作典型，以广播、展牌、会议等形式广泛宣传典型，督促指导建会，促进建会工作开展，提高辖区企业建会覆盖面。全区各级各类工会组织4527个，会员17.2万人，其中新建基层工会组织105个，新增会员2160人。94个单位被评为区级先进职工之家，其中有93个单位达到市级职工之家标准。

【群众工作室建设】依托企事业单位工会，建立群众工作室，作为工会参与社会管理、更好地协助党政大力发展和谐劳动关系、更好地协调解决职工群众关注的热点难点问题、更好地协助和配合单位党政做好矛盾纠纷排查化解和职工信访工作的载体，严格建设标准，成立组织领导机构，制订下发工作实施方案、操作手册、操作范本。印制办事指南、便民联系卡、在显著位置加挂标志标牌，为群众提供便捷、规范的服务。找准切入点，首先从教育、卫生、建管、交通等事业单位入手，建立一批高标准的工作室，推动全区群众工作室建设工作，提升工会组织社会认知度。

【职工民主管理】开展推进劳动关系和谐企业创建活动，建立区、镇（街道）、村（社区）、企业四级联动的工作网络，着重抓好企业、车间、班组"三级联创"工作，并把劳动合同、集体合同作为创建活动基本内容，深入推进劳动安全卫生协议、女职工特殊保护协议的签订落实；以"工资集体协商推进年"为主线，以工资集体协商"要约行动""百日行动"为抓手，通过舆论宣传、典型引路、强化培训、落实法律法规等形式深入宣传，在重点企业建立起工资集体协商机制；加强对企业劳动法律法规的监督，加大依法维权力度，做好企务公开、职代会和集体合同、劳动合同工作，依法保障职工民主权益和劳动权益。全区单独建立工资集体协商制度的私营企业997家，覆盖职工7.84万人；签订区域性工资集体合同15份，覆盖企业948家，职工2035人；签订行业性工资集体合同2份，覆盖企业106家，职工486人。

【经济技术创新】开展职工建功立业活动，在优势企业和拥有省级以上名牌产品的单位开展"助推工业提升"劳动竞赛，在重点民生项目、重要基础设施项目和关系全区发展的新经济增长点项目中，开展"六比一创"（比工程质量、比工程进度、比安全生产、比技术创新、比文明施工、比科学管理、创优质工程）劳动竞赛，在全区服务行业开展"五争一创"（争当学习勤奋带头人、争当创业技能标兵、争当创新创效能手、争当企业发展排头兵、争当服务群众模范、创工人先锋号集体）劳动竞赛，在全区企业开展"我为节能减排做贡献"劳动竞赛。全区劳动竞赛参赛企业708个，其中非公企业17个，技能比赛参赛职工8000多人；深入开展群众性经济技术创新活动，围绕创优质量、创高效益、创低能耗、创新技术，组织动员职工开展技术革新、发明创造、提合理化建议等活动，推动企业在生产经营过程中实现降本增效、节能减排。全年征集各类合理化建议1260多条，职工创新成果100多项；扩大“安康杯”参赛范围，向非公有制企业、民营企业、中小企业、人员密集场所扩展，通过宣传和引导鼓励企业和职工广泛参加，全年“安康杯竞赛”参赛企业170个；开展争做能工巧匠、金牌工人等活动，培养出大批专业人才和拔尖创新人才，为企业发展、社会繁荣做出积极贡献。劳模选树、培养和管理工作进一步规范化，劳模待遇得到实质性落实，推荐评选2009年~2012年度市级劳动模范7人，组织劳模座谈会、劳模考察团等多种活动，对市以上劳模全部进行健康检查，加强劳模管理和服务工作，弘扬劳模时代领跑精神，在全社会营造学习劳模、关爱劳模、争做劳模的良好氛围。

【帮扶保障】 将8名特困职工确定为常年救助对象，保证每月米、面、油等生活必需品供给，对14名脱困无望的困难职工提供每月200元的“爱心卡”，保障其基本生活；开展节假日帮扶，春节期间为困难职工、特困职工、困难劳模集中发放米、面、油、羽绒服等过冬物资1700多份，“五一”“十一”期间走访慰问特困职工203户，发放总值6.09万元的慰问金和慰问品；端午节、中秋节期间组成多个慰问组，对全区449户困难职工进行分层次、分批次的走访慰问，送去爱心粽子、爱心月饼、米、面、油等物品。开展大病帮扶，为在档459名困难职工安排免费健康体检，并与职工互助捐款结合，被查出患癌症、尿毒症等10种大病的困难职工，可享受区工会“职工互助捐款”活动救助。救助大病职工9人，投入资金2.4万元。开展关爱女职工活动，为14名丧偶大病的困难女职工发放每人1000元的生活救助金。做好“白内障光明项目”的统计和医疗补助发放工作，为34名白内障患者申报专项医疗补贴金，为符合补贴条件的8名职工患者发放7000多元的医疗补贴。开展特色帮扶，开展暑期送清凉、送法律、送服务活动，为一线职工送西瓜价值6000多元、矿泉水等防暑降温物资。多渠道筹措资金，开展“金秋助学”活动，为22名困难职工子女发放助学金4.6万元。

【宣教文体工作】 开展职工文体活动。通过迎“三八”女职工跳绳比赛、迎“五一”职工长跳绳比赛、“喜迎十八大、党工知识答题”等活动的开展，丰富职工业余生活。加强工会新闻宣传，扩大舆论影响，全年上报各级各类信息30多篇，其中，国家级报刊《工人日报》发表5篇，省级以上报刊发表7篇，市级以上报刊发表8篇，区级以上报刊发表7篇，获中华全国总工会研究室2012年度《中国工运》宣传通讯工作先进集体优秀奖。向省总工会文化人才库推荐文化人才10人，职工优秀文化团队1人，荣获市总工会职工文化工作先进单位及先进个人奖，推荐国家级“职工书屋”1家，并争取价值3万元的配套书籍。做好志愿服务工作，并对职工志愿者进行网上注册，200多名职工志愿者进行网上注册。抓好工会新闻宣传阵地建设，加大《工人日报》《河北工人报》《中国工运》等报刊征订发行力度，超额完成市总工会下达的任务。

【工会自身建设】 加强理论学习，提高领导干部的政治理论水平，坚持和完善班子学习制度和每周四学习日制度，注重学习实效，提高工会干部的政治素质、理论水平和业务能力。深入研究区级工会面临的形势任务及对策，提升区级工会工作水平和创新发展能力，撰写的《做好新时期区级工会工作的思考》荣获省总工会举办的县级工会研讨征文三等奖。加强班子建设，发挥领导班子集体领导作用，发挥领导干部的表率作用，坚持定期召开党组会、主席办公会，凡涉及重大问题决策、重要干部任免、大额资金使用等重大问题均经过集体讨论决定，在班子内部形成想大局、谋大事的良好工作氛围。加强作风建设，落实党风廉政建设责任制，领导班子成员签订党风廉政建设责任书，对区总工会党风廉政建设和反腐倡廉工作责任任务进行细化分解，明确工作内容、考核细则和责任追究。

区总工会主席：陈永山（兼）

（贾丽莉）

共青团海港区委员会

【概况】 共青团海港区委员会（简称团区委）有直属团组织24个、基层团支部559个。全区有青年5.65万人，团员1.05万人，其中学生团员0.59万人、农村团员 0.18 万人、其他团员 0.38 万人。少工委直属少先队组织 69 个，少先队员 3.85 万人。2012 年，积极参与社会管理创新，突出工作重点，深化工作品牌，以项目化管理推动海港区共青团事业科学发展。年度获河北省十佳团县（市、区）委、河北省“五四”红旗团委、河北省志愿服务工作先进集体、秦皇岛市共青团系统工作信息先进集体称号。

【服务党政中心工作】 深化“基层建设年”暨“一联六促、访解帮带”活动，制发《活动实施意见》，助力党委中心工作。严格落实干部包村居工作制度，整合资源为村居改造煤气管道，改善居住环境，组织青年志愿者开展免费医疗、绿化环保等志愿服务活动，为和谐村居建设做出积极贡献。搭建平台，青年就业创业扎实推进。发挥“海青网”作用，完善就业信息发布平台，通过“信息发布牌、青年信箱”等载体及时发布就业信息，助推青年就业创业。联合区人劳局、农行、农村信用社金融机构等部门为 140 名港城青年办理小额贷款，累计资金 800 多万元，带动就业 700 多人，组织开展青年就业创业见习 140 人次，进城务工青年技能培训 450 人次。

【青年志愿者工作】 成立爱心、平安、环保、医疗、家政、义教等 6 支港城品牌志愿者服务队。启动海港区“益暖港城”大型青年公益活动，助力改善“两个环境”。深化志愿者暑期服务工作，在车站、金原商城、东山浴场、新澳海底世界等地建立志愿者暑期服务站 10 处，为游客、市民开展历时 35 天的信息咨询、饮用水、医疗救助等便民服务，服务群众 10 多万人。召开志愿者理事会和表彰年会，启动青年志愿者网上注册管理系统，规范招募注册、星级评定、先进表彰等制度。港城志愿者 QQ 群组织开展慰问老年公寓的老人、关爱福利院儿童、高考志愿者活动、义诊、暑期服务等志愿者活动 60 多场，参与志愿服务的爱心青年 5000 多人。

【基层组织建设】 启动乡镇大团委建设，完成 100 个大团委建设任务。突出加大“两新”（新经济组织、新社会组织）组织、非公有制企业的建团力度，全年新建非公企业团组织 120 个。推进村级团组织集中换届选举工作，全区选举产生编制内外团干部 380 人。全面开展团干部集中培训工作，全年举办各级各类培训会 180 多场，培训团干部 900 多人次。采取多种形式，开展“学党史、知党情、跟党走”主题教育活动，宣传中共十八大精神。表彰优秀团组织、优秀团干部和优秀团员，树立先进集体和先进个人典型 128 个。

【互联网团建工作】 对海港区共青团网站进行改版和完善，通过网络平台进行团情发布，实现团内信息共享，开展互动交流，实现工作型网站与服务型网站的统一。推出青春“微”我互动平台，建立海港区青年微博圈。陆续开展“李博亚送祝福”“十八大我来说”“青春创和谐，文化我引领”拍客行动、“青春映像季”微电影等多项活动。

【少先队工作】 将少先队和社区教育有效衔接，提升小虎子活动教育实效和品牌档次，全年发放小虎子手册 7 万多册，以“快乐假期，红心向党”“小虎子学习十八大，红领巾助力美丽中国”为主题，开展各类小虎子活动 400 多场，参与队员 2 万人次。“六一”期间，在全区 27 所小学启动开展“喜迎十八大，争当好少年”少儿微美文、微建议、微视图网上展评活动，收集作品 1000 多件，1000 多名网友参与投票，社会反响强烈。

【希望工程】 建立“希望工程”电子档案，成立爱心 QQ 群，联合非公企业开展“传递爱心，书送希望”“牵手约定爱在春天”、少儿作品义卖等爱心助学活动 10 多场。全年“希望工程”累计筹集善款 34.6 万元，资助学生 94 人。

团区委书记：张　鹏

（赵心怡）

海港区妇女联合会

【概况】 2012 年，全区有镇级妇联组织 5 个，街道妇联组织 10 个，园区妇联组织 2 个，区直各委办局妇委会 7 个，村（居）妇代会 178 个。区妇联以科学发展观为指导，以统筹推进城乡妇女发展、切实维护妇女儿童合法权益、全面提高妇女整体素质为重点，彰显组织优势，整合社会资源，创新活动载体，圆满完成各项指标任务。被授予全国妇联系统先进集体、省级岗位建功先进集体、省级优秀志愿服务组织、市级“三八”红旗集体、市级“巾帼建功”活动先进单位、市妇联系统“五五”普法先进集体、市区级文明单位等称号。

【“双学双比”活动】 依托农村女校和专业合作社，对农村妇女进行培训，提高农业科技文化素质和科技致富能力。培树科技致富示范园区——秦皇岛宝润生态园有限公司。公司被授予全国巾帼现代农业科技示范基地，并获得5万元资金支持，是全市唯一一家获此殊荣的企业。7月，省妇联副主席郭俊苓到巾帼农业示范园建设进行专题调研，对“双学双比”工作以及全区妇女参与新农村建设所取得的成果给予肯定。

【“巾帼志愿”活动】 深化“巾帼文明创建行动”，围绕迎庆春节、“三八”活动、巾帼建功活动、服务暑期稳定、迎庆中共十八大五个结合点，开展巾帼志愿服务活动。通过“迎春节、传递爱”巾帼志愿者帮扶、“送温暖、献爱心、睦邻里”“结对帮扶、岗村共建”“服务暑期、巾帼志愿者在行动”“喜迎十八大、展巾帼风采”等多个主题巾帼志愿服务活动。将志愿服务向弱势群体倾斜，打造服务品牌。推进“爱心敲门”活动，招募组织“爱心代理妈妈”“爱心代理儿女”志愿者为空巢老人、受困儿童提供日常生活照料、精神抚慰、爱心家教、生活资助等服务，使其感受社会温暖与关爱。在省妇联召开的全省巾帼志愿服务活动推进会上，以“爱心敲门、诚心交流、真心帮扶——全力打造关爱空巢老人巾帼志愿服务品牌”为题作经验发言。注重将服务对象从弱势群体向普通群体延伸，实现全民参与。带动巾帼文明岗、“三八”红旗手、女企业家等各界优秀妇女代表参与巾帼志愿服务活动，形成良好的社会氛围。在“六个一”（敲一扇门、扫一楼道、栽一片绿、聊一会天、帮一个人、解一份忧）便民利民志愿服务中，家家参与，形成全民互助服务热潮。

【维权工作】 深化“妇女维权解困行动”，保护妇女儿童合法权益。举办“三八”妇女维权周、开展“维权妈妈”志愿服务团关爱行动、举办法律知识讲座、印发宣传资料、开展法律知识巡讲，采取现场法律咨询、心理指导服务等方式，把法律宣传和维权服务送到基层，促进妇女维权意识和能力的提升。以《消除家庭暴力，创建和谐家庭》为题制作反家暴宣传片，增强广大妇女的自我保护意识和能力，提高全社会对家庭暴力事件的重视。推进妇女信访代理工作，建立区、镇(街)、村（居）三级妇女信访代理工作站，全面推行亲情信访接待。通过细致入微的工作，把矛盾纠纷化解在基层、解决在源头，减少妇女群众越级访、重复访和无序访。创新工作方式，推进平安家庭建设。开展“走近妇女，倾听心声”妇女维权现状走访调研活动，深入维权岗、镇（街、园区）、村（居）走访妇女维权工作者及妇女群众，详细了解基层维权工作开展情况及妇女群众对维权服务的需求。开展妇女家庭矛盾隐患排查、和谐家庭创建座谈会及维护妇女权益建议征集等活动，提升调研活动效果。以家庭为单位开展“心理健康进家庭，源头维稳保平安”主题活动。普及心理健康知识，实现家庭成员心理健康水平、家庭成员之间沟通能力及家长心理健康教育水平的提升。

【星级文明家庭创建活动】 以“传播文明意识，倡扬生态文明”为主旨，深入开展“低碳环保 美化新家园 ”活动。组织带领环保志愿者深入景区、社区、村户整治环境，开展环境宣传教育，发放环保倡议书，开展以“节约一滴水、节约一度电、节约一张纸”为主要内容的资源节约主题实践活动和“点滴小事见环保”宣传活动，营造绿色、文明、和谐的社会环境。提高广大家庭的环保意识，倡导生态文明的生活方式，开展“弘扬生态文明，践行环保行动”主题活动。在“4·22世界地球日”及“6·5世界环境日”期间，通过发放倡议书、制作板报、张贴宣传画、悬挂标语口号、举办文艺演出和趣味活动等宣传方式，宣传生态文明知识。定期组织开展生态文明讲座，设立环境问题受理台，接受群众的咨询和投诉，强化居民生态文明意识。

【儿少工作】 深化家庭教育指导行动，以学习践行雷锋精神为重点，集中开展未成年人参与的各类实践和主题教育活动，加强和改进未成年人思想道德建设工作。开展爱国主义教育，举办“少年强则国强”演讲比赛、“祖国好·家乡美”主题征文和绘画等活动，引导激励广大中小学生牢记使命，热爱家乡，奋发图强，报效祖国。开展“孝敬父母、体验亲情”系列活动，引导未成年人学会感恩，树立责任意识。组织未成年人走进老年公寓和空巢老人身边，为老年人提供爱心服务，弘扬孝老敬亲的传统美德。动员未成年人积极参与社区公益活动，做“文明小使者”。开展亲子阅读活动，倡导家庭爱读书、多读书、读好书，培养亲子阅读习惯。

【妇儿工委工作】 以关注弱势群体、关注民生为着力点，深化妇儿工作。开展弱势群体关爱行动。关注危难困境儿童及贫困母亲，依托春节、母亲节等节点开展主题活动，对贫困单亲母亲及特困儿童进行走访慰问。向省儿基会申请救助，为6名孩子争取救助资金2.8万元。开展母亲邮包慈善捐助活动，全区机关、辖区企事业单位、社会各界爱心人士捐款1.2万元。开展暖冬行动，从物质到心灵全方位帮扶困境儿童。率先开展恒爱行动，面向社会公开招募富有爱心、关爱儿童的志愿者为部分孤残特困儿童编织毛衣。有55名志愿者成为爱心妈妈，为困境儿童纺织毛衣40件。制发《海港区妇女发展规划(2011年~2020年)》和《海港区儿童发展规划(2011年~2020年)》。拓展妇儿工委工作覆盖面，做好预防出生缺陷知识的宣传推动工作，定期对基层妇联干部进行培训，提高其对出生缺陷预防工作的认识程度，提升业务工作水平。借助宣传栏、媒体、网络等阵地加大宣传力度，印制预防出生缺陷宣传册和挂图2万多套，扩大社会知晓率。

【组织建设】 实施强基固本工程，加强妇联基层组织建设。坚持党建带妇建、妇建服务党建的原则，全面建设优化创新的妇联组织网络，深化妇联组织“创先争优”活动，实现“五个好”（好班子、好队伍、好阵地、好活动、好制度）目标。以提升妇女参政能力为重点，全面做好女性进村“两委”工作。通过推动落实相关政策、与各级党委沟通协调、营造舆论氛围、抓好督导落实等手段，完成各项任务指标，全区98个行政村，妇女进村“两委”的村占完成“两委”换届村数的100%。加强妇联干部队伍建设。深入开展争做学习型、创新型、群众型妇联干部活动，提升妇联干部学习能力、服务能力和创新能力。结合“基层建设年”活动，推进走近基层、走近妇女——妇联干部“一联五”（1名妇联干部联系5名妇女群众）贴心扎根工程，全区妇联干部联系妇女群众1120人，通过走访、电话、QQ群等方式建立联系，收集信息，开展调研，为工作的决策和推进起到积极的促进作用。全面深化妇女之家建设。把“妇女之家”建设融入到村级活动场所建设和全区村级公共服务中心建设中，在全面普及的基础上抓提高，使妇联组织真正成为广大妇女的坚强阵地和温暖之家。全区6个基层妇联获得省级基层示范组织。

区妇联主席：杨艳莉

（李　菡）

海港区科学技术协会

【概况】 全区有基层科协17个、专业学（协）会14个、大中专院校联合会1个、民营企业科协2个、老科学技术工作者协会1个、大学生村官志愿者协会1个。2012年，区科协牢牢把握“三服务一加强”（为经济社会发展服务、为提高全民科学素质服务、为科技工作者服务；加强自身建设）职能定位，以贯彻《全民科学素质行动计划纲要》为主线，以科普惠农、科普益民、会企协作三大主体活动为载体，采取大联合、大协作的工作方式，深化全国科普示范区创建活动成果，加强全民科学素质建设和主题科普活动，为全区经济社会发展做出积极贡献。成立海港区保君健康生活研究会，为全区基层科普工作注入新的社会力量。区科协获中国科协授予的科普日活动优秀组织单位、市科协授予的先进县区科协称号。

【基础设施建设工作】 以项目建设为抓手，筹集科普基础设施建设资金50万元。其中：争取中国科协科普益民资金20万元，在东环路街道燕海里社区建立全市首个社区科普馆；争取省科普益民资金5万元，帮助海滨路街道滨海城社区购置照相机、录像机等科普活动器材，建立科普宣传栏。争取“小小科技馆”项目资金8万元，为东港镇西向河寨村和王庄村、西港路街道桥东里社区和河涧里社区等

4个村（居）建立"小小科技馆"；投资10万元，在北环路街道办公楼前和军工里社区建立大型科普画廊，投资3万多元建立天洋新城科普长廊。

【巩固全国科普示范区创建成果】 通过建立健全科普组织网络，强化科普宣传栏、活动室的功能建设，规范区、镇（街）、村（社区）三级科普档案等举措，在全区再次掀起科普示范创建活动新高潮。创建活动中，表彰科普示范村（居）19个、科普示范楼院8个、示范型科普学校5个、科普示范家庭17个。

【全民科学素质建设工作】 制订"十二五"期间公民科学素质建设实施方案，明确后五年公民科学素质建设的指导思想、任务目标、工作重点和主要措施。完善出台《海港区全民科学素质工作考核办法》，明确各牵头单位、责任单位的目标任务和检查考评办法，为科学素质建设工作开展提供组织和制度保障。

【培树科普典型】 从抓特色科普项目入手，在提高水平、打造品牌、培树典型上下工夫。组织科普惠农兴村计划，提高为农服务能力。联合区农口部门，开展农技培训和农业试验示范项目，举办各类农技培训班5期，现场咨询15次，受益群众600多人次。选树农业科普示范典型5个，丰富科普惠农项目库。实施社区科普益民计划，提高城区科普工作水平。打造燕海里、河涧里、滨海城等3个省级科普型示范社区，促进城区科普工作水平的提高。累计申报各类项目22个，其中全国科普教育基地1个、科普惠农兴村计划项目4个、社区科普益民行动计划项目6个、全民科学素质建设工作项目9个、省青少年科普活动示范室项目1个、省科协2012年科普资源开发和共建共享项目1个。区青少年活动中心被国家科协评为科普教育基地，东环路街道燕海里社区被评为全国社区科普益民行动计划先进单位，海滨路街道滨海城社区被评为省级社区科普益民行动计划先进单位，区心理卫生协会被评为省级全民科学素质建设工作典型案例先进单位，东环路街道燕海里社区被评为省级社区青少年科普活动示范室，区党员干部现代远程教育管理中心、文化路街道河涧里社区、区中科为明青少年健康研究中心、区心理卫生协会被评为市级公民科学素质教育示范单位。

【主题科普活动】 全国科普日活动。以全国科普日活动为契机，精心组织"科普促进月"活动，组织开展全国食品安全科普知识竞赛、科普惠农金秋行动、港城科普大讲堂、科普体验及科普游、健康专家社区行、科普展牌巡展及科普专场晚会等10项重点活动，组队参加省科协主办的"北片科普文艺汇演"活动，区科普艺术团海港分团表演的戏曲小品《科技兴家》获二等奖，评剧《夸儿媳》获三等奖。《科技兴家》作为优秀节目参加9月在省会石家庄举办的第十四届中国科协年会文艺汇演。

科技周活动。5月19～25日科技周活动期间，组织开展"科技与文化融合，科技与生活同行"特色科普宣传活动，制作与群众生活相关的科普知识展牌3套、55块，宣传条幅5个，在各街道社区巡展5场次，发放宣传资料3000多份，参与群众1000多人次。

科普进军营活动。建军节，在秦皇岛边防检查站东港分站举办"科普进军营，关爱子弟兵"之心理健康知识进军营科普沙龙活动，心理咨询师讲解心理健康基本知识，简要分析军人心理行为特点，介绍阳光心态培养、常见心理问题及疏导解决办法等实用技能。

科普宣传日活动。分别在清明节、防震减灾日、世界无烟日、世界地球日、环境日、第21个世界精神卫生日等重要节日，开展主题科普宣传活动，累计制作主题宣传展牌5套、60块，发放科普图书500册，科普资料2000多份。

各类科普志愿活动。组织科普志愿者参加全市学雷锋志愿者服务活动和全市统一战线下基层进社区志愿服务活动；组织开展"弘扬生态文明，践行环保理念"活动；邀请国家级公共营养师到燕海里社区开展"放心食品，给力成长"食品安全知识讲座；组建家庭心理健康大使、心理健康疏导员及知心大嫂等3支队伍，开展"心理健康进家庭，源头维稳促平安"活动，开展知识竞赛2次、心理健康知识讲座20多场，印发《未成年人心理发展特点》和《家庭教育——从心开始》科普读物2000册。

区科协主席：李　观

（牛艳玲）

海港区文学艺术界联合会

【概况】2012年，区文联坚持为人民服务、为社会主义服务的方向，贯彻百花齐放、百家争鸣方针，认真履行联络、协调、指导、服务的职能，一手搭平台，一手抓创作，努力调动一切积极因素，各方面的工作取得新进展、新成效。全年编辑《海港区文艺》4期；出版诗歌、小说等书籍2本；在省级以上比赛、展览中获奖的书法、绘画作品6件，在市级比赛、展览中获奖的作品11件；在各级刊物发表并获奖的散文、小说、歌谣13篇。

【文化活动】举办两岸诗歌高端论坛暨首届海子诗歌艺术节。30多位海峡两岸的知名诗人、诗歌评论家在海港区就新世纪两岸诗歌的发展现状、整体风貌、发展前景等问题和诗人海子的诗歌进行学术研讨，并举行专场诗歌朗诵会、海子纪念活动、北大教授演讲等多项活动。国务院新闻办公室、《人民日报》《中国文化报》《文艺报》《中国教育报》、新浪网、凤凰网、搜狐网、网易、作家网、影响力中国网等120多家媒体和中国台湾、你好台湾、台湾海峡等多个台湾网站从不同角度对活动进行报道。春节前夕，深入西港镇送春联，邀请王曦吾和徐向军等多位书法家到西港镇新店子村，为村民书写几百幅春联和福字。举办一年一度的迎新春书画展，展出近百幅书法美术作品，向全社会展示海港区的书画艺术成果；策划书法笔会，邀请市书协副主席乔海光和青年书法家李杰、赵亮等20位书法家挥毫泼墨，气氛热烈，反响良好。举办全区“学雷锋、树新风”少儿绘画大赛，70多所中小学的400多名小选手参加，表达爱党、爱国、爱家乡和热爱生命、热爱生活的美好情感。参加全省“十佳”隶书展以及水彩画展，取得好成绩。在全国各级展览和大赛中摘金夺银。李皓、马春兴入选北京国际双年展，武立军入选上海朱家角国际双年展，徐春丽获全省第四届艺术联展二等奖，井庆昂获秦皇岛首届青年美展金奖，张文惠获秦皇岛首届青年美展金奖，张洪涛、宋聪、张艳、徐春丽获秦皇岛首届青年美展铜奖，沈相莉、王智慧、范勇、孙琰、陈学柱获秦皇岛首届青年美展优秀奖，卢颖、张宏涛入选中国华侨绘画作品展。王曦吾入选河北“十佳”隶书展。

【文艺创作】李长军的《姥姥说的那只鬼》由江苏人民出版社出版，并在天津人民广播电台播出；张秋实的《雷锋谣》（上、下）由中国文联出版社出版；张秋实的歌谣《情铸脊梁》《十三义士》在省文明办、省文联《河北日报》《燕赵都市报》、长城网、河北新闻网联合举办的“道德赞语”征集活动中分别获二等奖和优秀奖；杨宏玲的散文《花非花》《背负翅膀的鸟儿》刊登在《散文百家》第1期；曲湘春的作品《幸福路二十六号》《贞操保险》《老藤》《河水悠悠》《故乡的风》《南戴河海滨掠影》《梨花开了》《花魂》、散文诗组章《古调新弹》分别发表在《当代小说》2012年第3期、《椰城》2012年第5期、《春风文艺》2012年第2期、《文坛风景线》2012年特刊、《散文诗世界》2012年3～4期合刊号、《贡嘎山》2012年第2期、《世界汉语文学》2012年第2期、《辽河》2012年第12期等文学杂志。

区文联主席：张鹤云

（赵永红）

海港区残疾人联合会

【概况】全区有残疾人6878人，其中智力残疾774人、视力残疾680人、听力残疾330人、言语残疾34人、肢体残疾4006人、精神残疾602人、多重残疾452人。区残联坚持以人为本的科学发展观，站位全局谋划工作，着力解决残疾人切身利益问题，推动全区残疾人事业在新的起点上加快发展。全年组织新闻单位集中采访9次，向市残联、省残联及中残联上报信息70条，中残联、省残联采用信息23条，在《秦皇岛日报》《秦皇岛晚报》发表文章8篇，电台、电视台采用24篇。被评为全省农村残疾人扶贫开发工作先进单位。

【残疾人就业】采取以技能促就业的工作方针，组织开展电脑、自主创业等技能培训，培训残疾人430人次。举办残疾人定向就业系列培训，与鑫嘉TOP洗衣等企业合作，采取定单式培养、定向就业模式，开展洗衣连锁加盟、面点制作、手工编织等培训，为企业量身定制与岗位要求零距离的优秀残疾人，全年新增就业12人。抓住残保金地税代征的有利时机，做到征期前上门服务，征期时严格年审，征期后依法补缴，全年征收残保金586万元。对残疾人就业指导员进行系统的就业政策知识培训，优秀残疾人就业指导员周小林在全国首届社区残疾人就业指导员服务竞赛中荣获社区残疾人就业指导员服务骨干奖。

【康复工作】 将贫困残疾人复听、助视工作纳入年度民心工程，100名贫困听力残疾人和170名贫困低视力残疾人得到康复。为贫困精神病患者发放贫困精神病患者医疗救助卡84张，组织到市慈善医院进行康复训练的脑瘫儿童10人，组织到市康复教育中心完成抢救性康复的孤独症儿童2人，依托蓝翔融合幼教园为3～6岁孤独症儿童提供行为训练13人，为贫困聋儿发放助听器3个，为脑瘫儿童配发儿童轮椅3台，完成免费白内障手术20例；假肢装配6人，发放其他辅助器具20套件。为东环路街道东环里社区和港城大街街道服务里社区配备康复器材22套件。

【残疾人维权信访】 开展残疾人维权信访工作，为残疾人开展法律咨询、调解、代书等服务。搭建残疾人征婚交友平台，营造关心帮助残疾人的良好社会氛围。实行领导现场接访制度，处理各类问题26件，在暑期及中共十八大期间，抽调工作人员深入村、居进行现场接访，落实24小值班制度，消除不稳定因素。开展残疾人机动轮椅车燃油补贴发放工作，发放2011～2012年燃油补贴15.5万元。为42户贫困残疾人家庭修建、改造无障碍浴室、改建坡道、配备轮椅等。

【残疾人活动】 以全国助残日为契机，举办"绽放生命光彩，共享和谐阳光"海港区第22次"全国助残日"庆祝活动。组织有才艺的残疾人参加全省第七届残疾人艺术汇演，肢体残疾人陈达的小品《父爱如山》获一等奖、萨克斯独奏《我心永恒》获二等奖，智力残疾人李儒贤的钢琴独奏《小放牛》获二等奖。开展"关爱残疾人志愿服务"专项行动，13名青年助残志愿者与24名特教学校聋哑学生到乐亭县开展"缅怀革命先烈、建设美好家园"活动。港城大街、河东街道卫生服务站的志愿者为辖区30户残疾人家庭开展义诊服务，燕山一社区的志愿者为贫困残疾人送去米、面、油等慰问品，北环路和文化路街道青年志愿者紧抓文化助残的主题，为残疾儿童捐赠图书，组织残疾人到秦皇求仙入海处免费游园并观看4D电影，东环路和海滨路街道的志愿者与武警官兵到残疾人家中开展家政服务，组织法律志愿者为残疾人提供法律服务683人次。

【扶贫解困】 构建以"四助"（助困、助学、助农、助养）为内容的多元化帮扶机制，成为相互补充、相互促进的扶贫方式，通过各种渠道筹集扶贫资金27.7万元，惠及贫困残疾269人。助困：春节前夕，筹集资金6.5万元，为136户贫困残疾人送去米、面、油等年货和慰问金，通过"一联六促、访解帮带"活动，助残日、端午节、中秋节等重要节日，对全区贫困残疾人开展救助。助学：实施高中以上阶段贫困残疾学生及残疾人子女资助行动，建立海港区残疾学生及残疾人子女数据库，做到不漏一人，不错一人，全区有残疾学生86人，残疾人子女351人。联络爱心企业家资助7.6万元，帮助33名贫困残疾人子女完成学业。助农：经过镇、村逐级审查，确定农村特困扶持户216户、种养殖扶持户24户，市财政出资5.85万元，区财政配套资金7.15万元，扶持农村特困残疾人脱贫。助养：依托海港区残疾人托养中心（海港区敬老院），开展重度智力、精神残疾人托养服务，通过入户反复筛查，为符合条件残疾人实行托养服务。

【基层组织建设】 坚持以能力建设为核心，举办全区残疾人工作者及基层专职委员培训班，开展办理残疾人证、实用手语及残疾人法律法规知识的培训，全年培训残疾人工作者649人次。对全区残疾人专职委员进行全面考核后，聘任189人，及时发放津贴。开展加强组织建设、提高服务能力专题讲座，填报《残疾人基本情况调查表》《残疾人就业情况登记表》《走访残疾人记录表》，详细掌握每户残疾人家庭的信息。

区残联理事长：费玉琴

（尹　路）

法 治

FAZHI

FAZHI

审 判

【概况】 2012年，海港区人民法院坚持以“三个至上”（党的事业至上、人民利益至上、宪法法律至上）重要思想为指导，努力践行“为大局服务、为人民司法”工作主题，为全区“五大工程”、暑期工作、“三年上水平”等重点工作和中共十八大维稳工作提供有力的司法保障。全年受理各类案件10058件，审结9555件，结案率94.74%，其中受理诉讼收案8652件，结案8274件，结案率95.63%；受理执行收案1406件，执结1281件，执结率91.11%。被省高院评为法院信息工作优胜单位、文化建设示范单位。长城法庭庭长杜艳文被评为全国“三八”红旗手、全国妇女“创先争优”工作先进个人、全省“十佳”亲民法官。

【刑事审判】 坚持从重从快打击严重、暴力、多发性刑事犯罪，依法严惩海上团伙敲诈、公共娱乐场所聚众组织卖淫等系列严重犯罪行为。推进刑事附带民事调解工作，维护被害人的合法权益，故意伤害、交通肇事等刑事附带民事案件调解率97.13%。加大对未成年人帮教、判后答疑及跟踪矫治等工作力度，有效预防犯罪，减少社会对抗。受理刑事案件792件，审结679件，结案率85.73%。

【民事审判】 强化立案阶段的调解职能，经立案调解达成协议或撤诉6753件。加大审理阶段的调解力度，实行全程、全员调解模式，反复寻找当事人利益平衡点，经审理阶段调解达成协议或撤诉6899件。与市保险行业协会建立涉保纠纷联动化解机制，完善劳动争议联调组织，推进司法调解工作向纵深发展，化解人民广场业主集团诉讼等系列重大民事案件。受理民商事案件7759件，审结6899件，结案率88.92%，调解撤诉率92%。

【行政审判】 坚持保护公民权利与促进依法行政相结合的原则，加大行政纠纷协调力度，诉前协调案件45件，行政相对人与行政机关和解后撤诉案件56件，占全部行政案件的55%。强化对行政执法行为的跟进指导和提示，就城市拆迁改造、重点项目审批、加强物业管理等多项敏感性问题提出工作建议，对于帮助行政机关不断提升依法行政的能力和水平发挥积极促进作用。受理行政案件101件，审结96件，结案率95%。

【立案、信访工作】 加强对立案工作人员职业道德教育，强化为群众服务意识，热情接待当事人，完善案件的流转管理，制订相应的管理制度，加强对疑难案件的研讨，利用每周五的学习日，组织全庭人员讨论案件，使立案质量得以提升。加强与社会相关部门沟通情况，力争在诉前化解矛盾。针对拆迁、征地补偿、房屋买卖等案件，及时反映情况，化解矛盾。参与保险合同纠纷诉前调解机制的建设和运作，对经济困难的当事人减、免、缓诉讼费用。全年办理减、免、缓诉讼费32件，救助金额17.48万元。立案庭被评为海港区精神文明窗口单位。暑期和中共十八大期间，深入开展不稳定因素排查，做到集中排查与每日排查相结合，普遍排查与重点排查相结合，涉案隐患排查与安全隐患排查相结合。对排查确定的重点案件，落实院长第一责任、常务副院长主要责任、分管副院长直接责任、业务庭长和办案人具体责任制度，实行重点案件逐案会诊，一般案件逐案攻坚的具体工作措施，并将重点信访案件及时上报，确保涉诉信访工作机制不断完善。

【审判管理工作】 以执法检查和“两评查”（庭审和裁判文书的评查）活动为抓手，实现审判管理工作的良性循环。规范立案审查，修订完善《立案操作规程》，从案件受理、诉前调解、审查、收费、登记、分案等环节进行全方位拓展和精细化规范，准确、及时立案，方便群众诉讼，增强当事人对法律权威性的信心。规范流程操作，制订《审判流程管理操作规程》，明确从立案、收费、送达、审理、审限监督、结案、归档等各个环节的工作程序，实现诉讼环节上下节点之间的监控制约，防止案件久拖不决、久拖不执，确保审理工作的公正高效运转。规范运行程序，相继制订《刑事（民商事、行政）案件审判操作规程》《执行案件操作规程》，从收案、审理、评议、结案、报结等环节进行规范，每一步操作都有明确、具体的标准，有效克服执法行为的随意性。规范审判权限，在审判委员会下设立刑事、民商事、行政、执行、立案、申诉、再审等7个案件指导小组，制订《关于明确审判权限，强化案件指导的规范意见》，有效解决司法实践中存在的职责不清、把关不严等突出问题。

【执行工作】 以解决形成执行难的本源性、基础性、机制性问题为着力点，探索执行方法，通过完善信息管理系统，采取公开曝光、强制审计财产、司法拘留等措施，加大财产追查力度，敦促被执行人履行义务。坚持从源头抓起，完善财产保全制度和诉讼调解制度，降低执行压力。建立健全联动、威慑、考核等执行工作长效机制，依法执行电工里、西王岭等多起阻碍城市建设的敏感性案件，为全区经济社会的良性发展提供较好的司法服务和法治保障。全年收执行案件1406件，执结1281件，执结率91.11%。

【调研、信息、宣传工作】 全面加强调研信息宣传队伍建设，健全完善激励机制，调研、信息、宣传工作取得突破性进展。全年上报调研文章54篇，上报中院或其他部门28篇，市政法委采发3篇，市中院采发1篇。上报信息120条，省高院采发22条，市中院采发25条。向各级媒介报送宣传稿件295篇，被采用213篇，其中国家级采用4篇，省级采用92篇，市级采用103篇，区级采用14篇。

【队伍建设】 突出政治建警，明确政治方向，提高政治素质。以社会主义法治理念、政法干警核心价值观和司法核心价值观等教育实践活动为载体，开展各项主题教育活动，切实提高干警的群众工作能力。加强职业道德、职业纪律教育。始终坚持抓管理先抓队伍、抓案子先抓脑子、强院先强人、强人先强魂的工作思路，组织干警经常学习职业道德规范和职业纪律规范，教育干警时刻牢记权力风光与风险并存，警示干警正确慎重地行使手中的权力，鼓励干警多办案、快办案、办好案。注重发挥正面典型的示范带头作用，把模范法官的先进事迹作为学习重点，培树院内先进典型，强化干警“创先争优”意识。加强党支部建设，将支部建在庭上，把思想政治工作落到实处。突出业务强警，强化专业素质，提高司法能力。强化高学历教育和司法资格考试工作。鼓励干警参加研究生教育，取得研究生学历干警27人。开展分层次教育培训，强化对干警的思想教育，坚定干警的理想信念和宗旨意识。强化岗位练兵。开展“三优两能手”（优秀庭审、优秀裁判文书、优秀调研文章、调解能手、业务能手）评比活动，调动全院干警学业务、比技能的积极性、主动性和创造性。突出从严治警，抓好制度建设，提高管理水平。以深化法院队伍职业化建设为契机，细化《机关一日工作秩序行为规范》《干警业外管理规范》等多项规定，重点检查干警仪容仪表、8小时以外行为规范，完善考勤、庭审纪律、会风会纪、内务管理、车辆管理等制度，做到日常督查与不定期检查相结合。健全完善法院内部监督、社会监督和家庭监督“三位一体”的监督机制，通过定期不定期检查使督导工作形成常态化。落实《从优待警规定》，建立院领导、中层干部和普通干警的无障碍沟通机制。结合形势任务要求，制订下发《关于严格执行暑期及十八大期间十项纪律规定》《执法检查工作方案》，以及做好暑期工作、安保工作和规范工作人员上网行为等规定，促进全院干警工作作风的改善，营造靠制度管人、管事、管案的良好氛围。

区法院院长：董宝军

（董肖潇）

检　察

【概况】 2012年，海港区人民检察院认真贯彻落实全国、省、市检察工作会议精神和区委九届二次、三次全会精神，以政法干警核心价值观主题实践活动为契机，以职业化建设和规范化建设为方向，以检察文化建设为抓手，深入推进三项重点工作，全面履行检察职能，各项工作呈现良好发展态势。

【服务经济社会发展】 不断探索检察工作服务经济社会大局的方式方法，充分发挥打击、预防、监督、教育、保护等职能作用。参与整顿和规范市场经济秩序，依法开展打击制售假冒伪劣商品、非法集资、侵犯知识产权等专项治理活动，批捕、起诉金融诈骗、非法集资等破坏市场经济秩序犯罪案件70件、88人。保障政府企业投资安全。对区市民中心等8个国有投资亿元以上的在建项目进行全程跟踪预防，实现创工程优质、干部优秀的预防目标。完善行贿犯罪档案查询系统，对区财政资金的采购项目试行供应商行贿犯罪档案查询198次，涉及投标单位594家。主动延伸服务触角，服务社会主义新农村建设，开展农村水利建设、种植养殖补贴、农村土地征收资金管理专项调查，受到农民群众的肯定和支持。

【打击刑事犯罪】 全力推进平安港城、和谐港城建设，依法履行批捕、起诉职能，与公安、法院密切配合，开展打击黑恶势力、两抢一盗、寻衅滋事等严重破坏社会稳定和侵害群众切身利益的专项行动。全年受理审查逮捕案件484件、686人，批准逮捕405件、567人；受理审查起诉案件675件、1020人，提起公诉632件、998人。办理李建国等41人特大海上敲诈勒索、马海龙故意伤害等一批有重大社会影响的案件。落实宽严相济刑事政策，科学规范轻伤害、交通肇事等轻微犯罪案件快速办理机制，完善适合未成年人身心特点的办案方式，推进刑事和解、检调对接机制建设，有效化解、修复社会矛盾。全年依法不批捕79件、119人，不起诉5件、7人，促成当事人和解43件。

【查办职务犯罪】 将工程建设、房地产开发、土地管理和矿产资源开发、国有资产管理、金融、司法等群众反映强烈、党委政府关心、社会舆论关注领域的职务犯罪作为查办重点，集中开展房产、林业、税务领域滥用行政执法权、行政审批权失职渎职专项整治。全年初查各类贪污贿赂犯罪案件线索22件，立案侦查14件、14人，大要案5件、5人。初查各类渎职侵权犯罪案件线索13件，立案侦查3件、8人，其中大要案1件、4人。严肃查处燕山大学后勤集团总经理贾某涉嫌受贿案、开发区公安局户籍科科长陈某受贿案等一批有社会影响的案件，为国家挽回经济损失150多万元。选拔优秀干警组建预防职务犯罪讲师团，授课12场次，受教育人数1400多人。编发预防职务犯罪手机报12期，使警示教育常规化。

【创新社会管理】 主动推进社会治安防控体系建设，加强对校园、城区、城乡结合部等区域的重点整治，向有关部门提出检察建议26次，帮助其清除隐患。深入开展“基层建设年”活动，以派出检察室和检察官法律服务站为依托，组织干警深入农村、街居开展法律宣传、咨询30多次，促进村居依法治理。对4个村居开展帮扶工作，重点帮助小乐安寨村解决村民中心建设、村委会办公设施、村民安全饮水等实际困难，2名驻村工作队员被评为市级先进个人。创新对涉罪未成年人保护，结合“青少年维权岗”创建工作，开展“五帮、五创、五访”（“五帮”即帮助完成学业、帮助解决生活困难、帮助体验家庭抚慰、帮助树立阳光心态，帮助特殊青少年积极融入社会；“五创”即创新工作理念、创新工作载体、创新工作内涵、创新工作机制、创新工作模式；“五访”即走访闲散青少年、走访流浪儿童、走访农村留守儿童、走访不良行为青少年、走访服刑人员未成年子女）活动，完善对涉罪未成年人的社会调查、心理评估机制，工作经验在全市推广。

【法律监督】 坚持惩罚犯罪与保障人权并重，监督违法与维护司法权威并举，加大诉讼监督力度，提高监督能力，增强监督实效。加强刑事立案侦查监督，监督立案36件，纠正漏捕24人，追诉漏犯19人，纠正违法37件次，监督的数量和质量明显提高。加强刑事审判监督，提起刑事抗诉4件、17人，法院已全部重审，改判1件、3人。规范非监禁刑执行，针对因管理制度漏洞造成的脱漏管问题，提出口头建议50多次，发出检察建议4份，纠正违法通知书52份，对相关人员进行帮教谈话30多人次，成功追逃脱管多年的监外执行犯连某。加强民事审判、行政诉讼监督，受理民事行政申诉案件47件，提请抗诉2件，督促起诉9件，检察建议再审6件，法院再审4件，已改判3件。对人民法院正确的裁判，做好当事人服判息诉工作。

【队伍建设】 开展忠诚、为民、公正、廉洁政法干警核心价值观主题教育实践活动，通过聆听专题讲座、学习先进模范事迹，组织军营集训，干警的规范意识和纪律意识得到增强。以贯彻落实检察机关执法规范、新刑事民事诉讼法为契机，组织开展学习调研、知识竞赛、司法考试网络培训、法律文书制作等评比竞赛活动，促进队伍职业化水平的提升。加强检察文化建设，建成具有海港检察特色的院史馆、文化墙等楼宇文化设施，打造海港特色检察文化。推进“建优美环境、树优雅形象、创优质服务、争优先业绩”活动，树立检察干警良好形象。被最高人民检察院授予检察宣传先进单位，涌现出陈瑞锋等受上级表彰的先进个人。

【检务保障】 深入实施科技强检战略，加大办案科技投入。全面加强侦查指挥、电子笔录、交通通讯、安全防范、检验鉴定等装备建设。完善警务区技术装备、检察局域网络、监控报警系统建设，保障办案和办公安全。坚持从优待警，解除干警的后顾之忧。

区检察院检察长：陈　巍

（谷佳佳）

公　安

【概况】 2012年，海港公安分局以做好中共十八大安保工作为主线，以构建“平安港城”为目标，立足优先预警、积极防御、协调联动、精确打击，牢牢把握公安工作面临的新情况、新问题，开足改革创新和“创先争优”两大动力，求真务实，锐意进取，奋力攻坚，全力维护国家安全和社会稳定，刑事发案连年持续下降，社会治安秩序稳定和谐，人民群众安全感和满意度不断增强，公安工作和队伍建设在不断经受锻炼和考验中取得新的进步和发展。

【人口管理】 全区总户数20.08万户，总人口57.54万人，其中男性28.74万人、女性28.8万人，全年出生0.61万人，死亡0.29万人。落实公安部户政管理便民利民措施的工作规定，全局的户籍窗口实行双岗，确保户籍窗口在工作日和节假日正常办公，节假日提供户籍、身份证受理服务。为未携带居民身份证、户口簿等有效身份证件，需入住旅馆的中国大陆公民提供身份证明服务，为新生儿取名免费提供市、县范围内重姓名人数查询等便民措施。居民身份证管理，全年办理居民身份证3.97万笔，办理临时二代居民身份证0.8万笔，办理军人身份证175笔。组织开展为残疾、行动不便、孤寡老人等特殊群体上门采集人像、送证上门等服务活动，群众反响良好。强化人口信息系统数据维护，做好户口登记项目的变更更正，为确保人口信息系统的准确，全年补录文化程度836人，补录职业、服务处所3681人，采集相片1267人，纠正数据录入错误326条。重点进行人像比对，身份核查，对省厅下发的1708对相片相似的户籍信息进行逐人见面核查，通过比对发现重复户口197人，错误户口进行删除注销。为配合指纹纳入户籍管理，对全区19个派出所进行窗口办公设备的更新，为派出所更新电脑36台，扫描仪2台，打印机3台，指导派出所户籍室改造5个，更新派出所人像采集系统8套，准备指纹采集系统资金6万元。

【流动人口管理】 全年登记流动人口8.09万人，办理居住证7.02万个，办理出租房屋备案1.28万个，收取备案手续费71.51万元，代征租赁房屋税款336.86万元。根据海港区2012年平安工程及区综管办全面推行流动人口居住证“一证通”制度的目标任务，全面开展出租房屋普查登记和暂住人口信息采集会战，真正做到底数清、情况明。做好流动人口服务管理实行居住登记和居住证制度。充分利用派出所综合信息系统，对流动人口和出租房屋特别是重点部位、重点地区、重点人员及时网上录入并对重点人和可疑人员及时进行比对工作，从中发现和抓获各类违法犯罪嫌疑人，真正做到辖区流动人口和出租房屋的动态管理。按照省厅入户访查要求，开展对辖区流动人口和出租房屋入户访查工作，加大流管信息采集录入工作，严格按照省厅数据质量标准及时对辖区新增流动人口和出租房屋进行数据采集、录入。加大对流动人口和出租房屋分层次管理力度。根据流动人口的职业、年龄、收入、原籍、居住、现实表现及出租房屋等情况对辖区流动人口和出租房屋进行分类，并按照管理规定实施意见具体要求严格落实民警和专管员责任，对各个层次的流动人口和出租房屋实行周见面、定期走访、核查等相关管控措施，使社区民警及专管员工作重点突出，管理有针对性，逐步实现流动人口和出租房屋管理工作规范化。结合全区流动人口和出租房屋的工作实际，根据不同时期、不同情况，制订有针对性的工作措施狠抓落实，开展涉赛重点地区重点人员和出租房屋专项整治、加强流动人口和出租房屋整治及危险等级人员管控及大力培育“优秀新居民”群体，进一步加强流动人口服务管理工作、实有人口和实有房屋“清源”行动等专项行动，确定各所所长为本辖区流动人口和出租房屋管理工作第一责任人，社区民警和专管员为流动人口和出租房屋管理直接责任人，对辖区流动人口犯罪以及威胁重大比赛、暑期、中共十八大安全人员落脚藏身的实行责任倒查，并追究直接责任人和领导责任。全年通过专项行动排查出租房屋6.67万户、排查流动人口93.08万人、新登记出租房屋8894户、新登记流动人口2.36万人、查处治安案件617起、抓获违法犯罪嫌疑人171人、抓获逃犯28人、处罚房主39人。

【社会政治稳定】 全年搜集整理各类情报信息1842条，消除群体性事件隐患36起，稳控120名重点信访人员。培养一支20名巡特警组成的维稳处突专业力量，探索总结出处置群体性事件“三段论”（事前：战略前瞻，未雨绸缪；事发：果敢出击，依法处置；事后：巩固战果，积极“善后”），在战略上更加注重运用谋略、依法处置，在战术上做到刚柔并济、机动灵活。在处置过程中牢牢把握住“事前、事中、事后”三个环节。准确掌握情报，积极进行化解，摸排掌握挑头闹事人员和幕后组织者，搜集固定证据；按照“七步工作法”（第一步：警力集结；第二步：现场警戒；第三步：法制宣传；第四步：穿插分割；第五步：强行带离；第六步：调查取证；第七步：打击处理）果断进行处置，打击处理违法闹事人员；辖区派出所联合镇街干部上门开展稳控工作，协调政府有关部门积极解决问题。全年成功处置回民拉面馆纠纷、文博城堵路等群体性事件96起。在涉日维稳工作中，强化互联网和手机短信监控、落地核查，提前化解200多名轮滑爱好者集会游行事件，确保全区未出现大规模非法聚集行为。全年打击非法宗教活动6起，执行宗教场所信教群众活动现场保卫8次。坚持大事牵动、整体提升，坚持以面保点、整体防控，坚持全警动员，圆满完成中共十八大、女拳世锦赛等安保任务。

【暑期保卫】 加强暑期警卫和大型活动安全保卫，做好警卫路线、现场实地踏查等相关工作，按照工作要求修订警卫工作方案，制订配套应急预案和疏散预案，绘制科学、准确、规范、详尽、实用的警卫方案示意图，圆满完成暑期警卫任务和大型活动安全保卫。全年执行各类警卫任务35次，出动35个部门，警力2820人次，其中一级加强5次、一级16次、二级11次、三级3次，圆满完成中央高层领导深入社区、途径辖区公路主线等重大警卫任务。对大型活动科学组织、周密部署，圆满完成春节文化庙会、国际女拳赛住地和赛场安保、秦皇望海祈福文化节发展论坛、首届龙舟大赛、彩色周末、十八大图片展等系列大型活动的安全保卫任务75次。全年出动警力8900人次，未发生任何事故。

【严打整治】 全年立刑事案件4821起，同比下降32.7%，破获案件1870起，同比增加30%。其中杀人、抢劫、强奸、绑架等八类主要案件发案557起，破案481起，抓获各类作案成员1126人，打掉犯罪团伙60个，抓获团伙犯罪成员237人，破获团伙案件100起。打击处理870人（起诉736人，劳教57人）；抓获网上逃犯255人。坚持“命案必破”的方向不动摇，落实一长双责制，提高疑难命案的攻坚能力；发挥刑侦部门的职能优势，加强与各警种的协作配合，强化命案等恶性案件的日常侦破和防控工作。全年破获命案29起，破获现行命案21起，破获积案3起，协外破获命案5起，破案率100%，破获2011年“12·28”东李庄村故意杀人案、“3·27”金屋雅园故意杀人故意杀人案、“4·25”金梦海湾南侧沙滩故意杀人案、“5·22”海政里南旺家常菜饭店故意杀人案、“8·26”铁新里故意杀人案、“9·18”铁路里大院伤害致死案、“11·25”燕山家园伤害致死案等一批大要案件。开展打击、整治“两抢”犯罪，拓展“跨区域办案协作平台”的协作内容，探索侦查线索的跨区域联系人，不断完善提高发展打击犯罪新机制；深入组织开展打黑除恶专项斗争，加强打黑专业队伍和情报信息系统建设，建立侦办黑社会性质组织犯罪案件工作机制。全面开展打击电信诈骗专项行动，建立打击电信诈骗快速反应机制，突出打源头、打窝点、打技术平台、打地下钱庄，提升打击实效，并以形势分析会、研判串并会和专案部署会等形式，加大对电信诈骗犯罪的打击力度。加强现场勘查和检验鉴定工作，勘验各类刑事案件现场1010起，录入勘验现场1010起、录入率100%；提取指纹460枚，提取率45.6%；提取足迹800枚，提取率79.3%；生物检材提取率25.6%；窜并案件63窜、253起；尸体检测190具，活体鉴定1260起，收集违法犯罪嫌疑人DNA样本3337份（全部上传省厅信息库），通过指纹破案55起；通过现场勘察侦破“3·27”金屋雅园赵一鸣被杀案、“5·6”涂庄北侧杀人焚尸案件、“8·26”铁新里张凤琴被杀焚烧案、系列租房抢劫案等刑事案件。

【队伍建设】 坚持正面教育激励，弘扬“忠诚、为民、公正、廉洁”的人民警察核心价值观，涌现出勇斗持刀歹徒光荣负伤的红旗路派出所教导员杨杰、民警张国庆、海港派出所所长单文博等先进典型。开展实战训练年活动，组织开展新刑诉法、手枪射击、庭审旁听、业务讲座、警械使用等培训活动70多次，培训民警800多人次，民警的业务水平、体能素质和实战能力得到全面加强，海港公安分局被评为河北省公安机关实战训练年先进单位。实施精细化管理，落实“日清”考核，狠抓五条禁令、约法三章等条规禁令的执行，队伍违纪率始终控制在千分之一以内，行风评议工作在全区名列前茅，队伍的执行力、战斗力和凝聚力明显提升。成立和平大街派出所、网安大队、食安大队、警卫大队、车管处，加强和改进基层基础工作，加大对网络安全、食品药品安全的执法力度。对外宣传工作中，与秦皇岛市电台合作开办的每周一期的“平安港城”栏目。全年在电台做直播节目50期，接听群众热线电话330人（次），解答群众疑难问题500多个，收到群众建议意见140条。在各级各类新闻媒体刊稿452篇，国家级6篇（央视网、人民网、中国新闻网各1篇，《人民公安报》3篇），省级129篇（《河北法制报》21篇，河北电视台《新闻联播》《警方报道》《警方新闻》《今日资讯》等栏目18篇），市级317篇。

【治安管理】 全年受理治安案件2.74万起，查处2.16万起，查处率78.83%，行政处罚治安违法人员2.19万人，其中行政拘留855人、罚款7720人、警告148人，其他处理1.31万人。实施全警打击战略，落实控发案指标，开展打击“两抢一盗”等专项行动，对违法犯罪形成有力震慑。全区治安志愿者队员有2000多人。新增视频监控头1万多个，“天网工程”覆盖面进一步扩展。警务工作站发挥“查缉岗、服务岗、阵地岗、形象岗”作用，抓获各类违法犯罪人员605人，破案545起，缴获冰毒765克，收缴管制刀具、仿真枪、弓弩等危险物品623把（支）。加强不安定因素排摸和社会矛盾的化解，对征地拆迁、赔偿等涉及群众利益，易引发群体性事件的工程及时开展专案经营，全年受理32起，消除群体事件32起，行政拘留23人。加强旅馆业的治安管理。对违规经营的32家旅馆和个人进行处罚，查处擅自经营旅馆业1家、停业整顿6家，通过旅馆业系统抓获网上逃犯26人。加大废旧金属收购业的整治力度。对废旧金属收购业进行底数排摸、发放废旧金属收购业治安管理告知书，签订责任书，落实交易信息登记责任制，加大对废旧金属收购业的管理。取缔无照经营站点2家，规范经营秩序。深化社会治安乱点整治。根据辖区实际治安状况，排查重点区域20个，将东李庄村及新宝街作为市级重点整治区域，集中进行整治。根据整治区域的特点分别制订整治方案，科学合理布置警力，组织集中整治行动52次，出动警力5200多人次，动用警车200多台次，出动宣传车辆80多台次，悬挂宣传标语32条，发放宣传单3万多份。治安混乱区域突出治安问题整好率95%以上，群众对社会治安满意率85%以上，群众安全感明显提高。严格危险物品的管理，开展公务用枪大检查，与督察部门联合检查单位内部枪支弹药在使用、交接、储存过程中的软、硬件安全措施落实情况，明确枪弹底数和使用人持枪资格。开展缉枪治爆工作。对容易生产、销售、储存、使用爆炸物品的单位及其周围村庄、工厂、养殖场、出租房屋、废弃窑洞、闲置厂房（院落）、物流企业，关（毁）闭矿点、停产整合矿点和非法矿点以及周边部位逐一进行排查，检查集贸市场12次、小商品城批发商场20次，销售农产品的商店4个、各类小加工厂6个、养殖场5个、出租房屋230多间、废弃窑洞、闲置厂房（院落）6个、物流寄递企业4个。与涉危企业重新签订《危险物品安全管理使用责任状》25份。查处涉枪、涉刀、涉爆案件380起，查处违法人员390人，其中非法制造、贩卖枪支案件2起，非法携带枪支2起，私藏枪支弹药案1起，非法买卖运输爆炸物品案1起。打击处理违法犯罪嫌疑人390人，收缴气枪1支、自制手枪4支、钢珠枪7支、仿真枪35支、管制刀具490把、弩4把、各类子弹7146发，各类炮弹4枚。对烟花爆竹营销点进行统购统销管理，将零散销售点的烟花爆竹统一集中到所属镇区批发部集中统一仓储销售，对各仓储点实地踏勘，加强防火防盗等安全措施，限制仓储量。

【执法规范化建设】 建成集中执法办案中心和涉案财物保管中心，至此全区19个基层派出所的执法场所全部建成。对执法场所使用情况，法制大队每月对各单位的视频监控情况进行不定期抽查，以确保执法场所的规范使用。为抓好信访风险评估机制和信访案件评查长效机制的落实，制订《信访风险评估工作机制》和《信访案件评查长效工作机制》，确立事前评估、全面审查、分级预警、防患未然、责权统一等五个原则，将引发信访的风险划分为A、B、C、D四级。对确定为A级风险的，应停止该行为的实施，并重新研究确定新的履职行为；对确定为B级风险的，应暂缓该行为的实施，针对有可能引发信访的问题拿出整改、完善的措施，并付诸实施；对确定为C级风险的，应在完善应对特殊情况的对策后实施；对确定为D级风险的，应谨慎实施履职行为。通过相关信访工作机制的建立，进行信访案件评查1起，提高分局预防和化解信访案件的能力，创新公安信访工作。全年办理行政复议案件6起，行政诉讼案件13起。

【社区警务工作】 推进基层基础建设，完善社区警务工作机制。着眼社区警务的重点和难点，改进社区警务工作的考核，对社区（驻村）民警的工作情况每月进行一次通报，促进基层基础工作水平和社区（驻村）民警工作积极性有效提高。拓宽社区警务工作平台，完善社区警务网上平台的建设。深化派出所警务机制改革。通过整合办案队、社区民警队、巡警队警力，有效发挥各警种的职能作用，各派出所确定各警种岗位，明确责任，建立各警种间的配合机制，做到既分工又合作。建立警务区间的联勤机制，各警务区民警间相互配合，相互联系，做到既分散又整合。强化一警多能，社区民警参与办案、立足本责任区参与巡逻蹲守，查处在治安管理、人口管理中发现的行政案件、民间纠纷等；办案民警参与社区管理、巡逻打现；巡逻民警参与到基础信息采集、办案当中。发挥警力资源的最大化，提高民警的管事率，巡逻民警提高现场调解率，办案民警提高案件查结率，社区民警提高管控率。与原有的基础队共同担负防范管理职能，提升基层派出所综合战斗实力。打造“天网覆盖工程”。提高视频监控利用效能。推进街面治安视频监控系统建设，新增监控点42个，形成覆盖全区所有主要道路和中心村、治安复杂地段的监控网络，提升街面治安视频监控系统的网络效应。促升治安防控科技含量，针对老旧小区防范工作科技含量低，技防工作薄弱等情况，提高群众防盗能力。

（王 颖）

司 法

【概况】 2012年，区司法局认真开展“一联六促”、民主评议及政法队伍核心价值观教育等主题活动，促进职能作用的发挥，提升司法行政干警形象。坚持与时俱进，开拓创新，认真履行职责，扎实开展工作，法律宣传、民间矛盾纠纷调解、两劳释解人员安置帮教、社区矫正、法律援助、法律服务管理、公证等各方面工作均取得明显成效。

【普法宣传】 加强法制宣传教育工作的基础和保障。调整法制宣传教育领导小组，完善工作制度，落实经费保障。围绕重点时期，开展宣传教育工作。制作居民遵纪守法手册2万册、《学法知法守法用法》彩色宣传海报5000套，定期为居民发放。为全区群众发放宪法宣传单2万张、便民学法用法手提袋3000个。借助海港区普法网站开展干部普法考试，并将考试成绩建立电子档案。做好“六五”普法统编教材征订工作，确保普法对象学习有教材。加强青少年法制宣传教育工作。全区71所中、小学及幼儿园全部配备法制副校长，设立法制宣传展牌，开辟第二课堂，对学生进行法制教育。组织开展海港区普法夏令营，《河北法制报》专题报道。深化“法律八进”（进机关、进乡村、进社区、进学校、进家庭、进企业、进单位、进市场），创建“法治八建”（依法行政示范机关创建、民主法治示范村创建、民主法治示范社区创建、依法治校示范校创建、学法守法示范家庭创建、诚信守法示范企业创建、依法管理示范单位创建、公平守信示范市场创建）。将普法宣传责任按区域和职责落实到相应执法单位。执法单位结合自身情况和职责，进行普法宣传，推动普法工作的齐抓共管。创新机制、加强探索，逐步深化全区普法依法治理工作。建立海港区普法网，实现干部普法考试网上在线答题。建立基层法律宣传人才库、制订《海港区法制宣传教育联络员工作制度》，为打造协调有序、快捷高效、齐抓共管的大普法工作格局提供人才组织保障。

【人民调解、安置帮教工作】 抓基础工作，预防与调处并举，完善矛盾纠纷大调解体系建设，确保社会稳定。多方筹措资金，为各司法所配备26辆电动车及4辆长安面包车，为基层工作的开展创造便利条件。完善人民调解网络和工作机制，构建横向到边、纵向到底、全面覆盖的人民调解组织网络体系。全区有各级各类人民调解组织254个，人民调解员2047人。各级人民调解组织排查调处各类民间矛盾纠纷1367件，调解成功1366件，调解成功率99.9%。抓重点人群，监管与教育并举，完善不良行为矫正转化体系建设。坚持“帮教社会化、就业市场化、管理信息化、工作职责规范化”工作思路，加大对刑释解教人员的排查和帮教力度。全区有刑释解教人员480人，帮教率95%，就业安置率85%以上。

【社区矫正工作】 全区累计接收社区服刑人员631人，累计解除251人，在册380人。在管理模式上，发挥镇（街）、村（居）两级管理网络的作用，明确各自的工作地位和工作任务。对每名矫正对象实行一人一档，形成一套完整、规范的基础性台账。在日常监管中，严格按照制度规定，要求服刑人员每月书面汇报1次，每周电话汇报1次，随时掌握服刑人员的行为动态。宽严相济，及时了解他们的家庭状况和思想表现，做到思想教育从严、生活关心到位，从而调动矫正对象悔过自新、回归社会的勇气和信心。组织社区矫正对象到市劳动教养管理所实地参观，提高社区服刑人员接受矫正教育改造的自觉性。全面开通司法E通系统，通过手机定位系统，对每一名入矫人员及时录入个人情况信息、划定区域围栏，准确掌控社区服刑人员活动范围，防止脱管、漏管。

【法律服务】 加大监管力度，法律服务工作健康发展。加强法律服务市场监督管理，提升执业人员服务意识，建立例会制度、普查制度、成立法律服务工作者QQ群，搭建交流平台，保障法律服务工作的有序开展，当事人投诉率大大降低。拓展援助渠道，打造司法行政窗口形象。法律援助工作注重发挥法律援助扶贫助弱、伸张正义、维护稳定的功能，切实解决困难群众，杜绝困难群众因未得到法律援助而寻求上访或实施过激行为的现象，切实维护弱势群体合法权益。全年承办各类法律援助案件460件，同比增长30%。

【公证工作】 秉承“维护公证，恪守诚信”的原则，引导当事人，借助公证手段，调整民事关系，保障交易安全，有效预防矛盾纠纷。全年办理各类公证事项1.03万件。

（李艳红）

农业和农村经济

NONGYEHENONGCUNJINGJI

NONGYEHENONGCUNJINGJI

种植业

【概况】以科学发展观为指导，以“创先争优”活动为契机，以农业增效、农民增收为目标，以项目建设、园区建设、特色农业为抓手，突出工作重点，狠抓农业产业结构调整，积极推进全区农业和农村经济平稳发展。全区落实粮油总播种面积3184.33公顷。粮食种植面积2046公顷，单产4334公斤，总产8868吨。其中：油料播种面积730公顷，总产1918吨；蔬菜种植面积1185公顷，其中温室、大棚种植面积653.33公顷。新建、在建温室、大棚面积33.33公顷。

【项目建设】坚持把抓农业项目作为增加农民收入的抓手和根本途径，抓好近岸海域环境综合整治清洁工程、清洁种植工程、新品种新技术品比试验项目、蔬菜流通领域建设项目、海参工厂化养殖技术试验项目等建设项目。近岸海域环境综合整治清洁工程、清洁种植工程项目。将任务细化到每个乡镇、项目村。全年投资2828万元，清除垃圾10.31万立方米；新建街道垃圾收集池421个、垃圾集中分拣池510平方米、有机垃圾堆沤池（场）5200立方米;配发垃圾清运三轮车25辆、垃圾清运人力车25辆,发放户用垃圾桶1.94万个;粉刷墙壁、标语3.66万延长米；开展农村卫生用药集中专项整治，下发专项整治文件130份，印发宣传材料5000份，制作并发放农村清洁工程相关牌匾454个。发放防虫网1万延长米、诱虫黄板2.44万张、杀虫灯45台、喷雾机95台，发放有机肥25吨；完成蔬菜秸秆堆肥400公顷、反应堆33.33公顷，推广配方施肥2866.67公顷，有机质提升666.67公顷，沼液沼渣综合利用66.67公顷，病虫害综合防治533.34公顷，绿色防控技术示范133.34公顷，农机化肥深施技术266.67公顷；建大田有害垃圾回收池和蔬菜生产废弃物田间处理池400个，修建旱田生物拦截沟4000延长米；建病虫害监测预警防控网络1个，病虫害专业防治队3个；制作并发放清洁种植工程技术规程公示牌及综合展示牌60个，绿色防控示范区展牌4个。新品种新技术品比试验项目。引进农作物新品种25个，优质高产抗病蔬菜新品种20个，推介优种35个，下发品种推介宣传手册400份。落实试验示范项目11个，其中示范项目7个、试验项目4个，占地面积12.13公顷，涉及品种80多个。蔬菜流通领域建设项目。建设海阳农副产品批发市场交易大厅和冷库，蔬菜交易大厅投资1200万元、建成面积3449.7平方米；建成冷库1075平方米,已开始试营业。海参工厂化养殖技术试验项目。由秦海养殖场承担实施，项目单位基础设施完善，交通便利，水、电供给条件良好，生产技术成熟，海参长势良好，达到成品规格的陆续上架销售。

【农业生产】春耕备耕工作。下发《关于做好春耕备播知识宣传工作的通知》，印发耕种注意事项等宣传资料。组织各镇、园区提前做好春播准备，确保春耕生产顺利进行。搞好优种推介，引导农民选择优种。根据2011年全区农作物品种试验示范结果及大田生产表现，筛选出丰产性、抗逆性、品质等综合性表现好，且品种通过国审或省审、有效种植区域在河北的品种,作为全区玉米、水稻、花生、大豆等作物主导品种，及时将优种信息发布到各镇、园区。全年推介优种35个，下发品种推介宣传手册400份。深入农资门市部,了解种子、化肥等农用物资购进及市场行情，确保农民用上放心农资。做好种子执法检查。全年购进种子5.02万公斤,其中玉米种子3.27万公斤、花生种子1.47万公斤、大豆种子0.25万公斤、水稻种子0.03万公斤，肥料3000吨。继续实施优种工程。引进作物新品种25个，落实试验项目4项（玉米品种展示、玉米田间风险评估、豌豆选种、春玉米测土配方施肥试验），试验示范项目11项，其中示范项目7项（玉米高产、黑花生、紫甘薯、黑豆、黄豆中黄30、高油花生、青食玉米示范），占地面积12.13公顷，涉及品种80多个。做好测土配方施肥项目相关工作。试验占地面积0.27公顷，分田间肥效试验和肥效校正试验，试验设35个处理，完成试验方案的编写、肥料的配比、取肥样、试验田小区播前土样和有机肥样的采集、试验播种、追肥工作、玉米田间样品采集、收后土样采集、室内考种、数据整理、试验报告的编写，圆满完成全年工作任务。

【农村灭鼠工作】 做好宣传工作。每次灭鼠前利用广播、黑板报、下发宣传资料及标语等形式搞好灭鼠知识宣传，全年发放《农村灭鼠技术问答》等宣传资料4.5万份，印发宣传标语1000条。统一购投药。统一购进低毒杀鼠剂——溴鼠灵饵料以及粘鼠板、毒饵盒等灭鼠工具下发到各乡镇，要求各镇、村按照“三统一”（统一时间、统一用药、统一投药）“五不漏”（不漏村、不漏户、不漏单位、不漏房间、不漏死角）原则集中投放鼠药，确保灭鼠效果。全年下发鼠药4.4万袋，毒饵盒3000个、粘鼠板5000张，保证农村灭鼠需求。灭鼠技术指导。技术人员多次深入灭鼠示范村——东港镇王庄村，对农户现场进行技术指导，详细讲解毒饵盒、鼠药、粘鼠板的使用方法及注意事项，亲自进行鼠药投放演示，确保农户掌握科学灭鼠方法。搞好鼠情监测。在东港镇王庄村设立农舍鼠情监测点，每月15日和灭鼠当月投药前3天、投药1周后连续3天采用鼠夹法进行鼠情监测。通过灭鼠前后鼠情监测结果对比，全区春秋两季灭鼠效果均达90%以上，月均鼠密度1.8%，达到鼠密度控制在2%以下的国家标准。督导工作到位。季末科技术人员深入镇、村、户，对灭鼠工作开展情况进行督导。

【新能源工作】 召开生态家园富民工程工作会。确定生态家园富民工程、建池数量、沼气服务站、服务网点及沼液利用示范点等。将任务进行分解，各镇从沼气池建设、宣传培训、安全生产、档案管理等方面加强监管。出台优惠政策。按照标准建池，验收合格的建池户享受优惠政策，即每个10立方米沼气池补助500元。宣传培训。组织区镇两级技术人员和建池户参加全市农村沼气池建设培训班。组织海阳镇农办和拟建采暖房户参加市新能源办举办的太阳能多能互补采暖房现场参观会及培训班。做好沼气池建设督导与技术指导。深入镇村养殖户、蔬菜种植户搞好建池技术及沼液利用等知识宣传，现场解答农户咨询的问题，多次深入建池户进行建池技术指导。做好沼气池安全排查。春夏冬三季分别下发《关于开展沼气池运行排查工作的通知》《关于做好夏季沼气池安全管理的通知》和《关于做好入冬前沼气工程管护工作的通知》，各镇对辖区已建沼气池进行全面调查，填写沼气池安全排查表，建立沼气池安全管理档案，发现安全隐患及时上报。下发《沼气池安全使用及养护常识》《沼气灶具常见故障及排除的有关技术》《大中型沼气工程管理应注意问题》《夏季沼气池养护注意事项》等宣传资料600多份。深入池容100立方米以上沼气池用户，了解运行情况，帮助解决存在问题。增强大中型沼气工程企业业主安全意识，将企业法人安全生产职责、企业主管安全生产负责人职责、企业安全技术人员职责、安全生产管理制度、大中型沼气工程操作规程等下发企业。结合建池做好沼气池施工及应用中清料维修等注意问题宣传，树立建池户的安全防范意识，确保建池户安全。做好沼液利用技术示范。加大沼液沼渣的推广应用，推动生态循环农业发展，促进农业增效、农民增收，选定海港区宝洪果菜专业合作社蔬菜棚为沼液利用示范点，西红柿、豆角、黄瓜、杭椒等果菜类蔬菜为示范作物，整个生长期浇灌沼液4次，间隔15～20天。

【无公害农产品产地复查换证工作】 全区有无公害农产品基地3个，总面积1346.67公顷，涉及77个村。12月31日，无公害农产品产地证到期，需重新进行复查换证。按照省市相关要求向市农业局递交复审申请，完成3个基地的无公害农产品产地认定复查换证申请书、三年工作总结、产地基本情况和环境状况说明、后三年无公害农产品生产计划、无公害农产品质量控制措施等基础材料的准备和上报。

【阳光工程培训工作】 做好农村劳动力阳光工程培训工作。按照政府推动、学校主办、部门监管、农民受益的原则，工作人员严把“六关”（培训计划、开班申请、班主任管理、公示、信息报送、台账登记），监督全区2011年阳光工程培训基地——夏娃职业技术培训学校，严格按照培训规范要求，圆满完成农村劳动力阳光工程培训任务，举办培训班4期，培训学员300人，其中乡村旅游人员150人，农机操作人员150人。农村劳动力阳光工程培训工作。做好阳光工程培训基地申报，按照《河北省农业厅关于择优认定2012年农村劳动力培训阳光工程培训基地的通知》的要求，确定海港区龙云林果种植农民专业合作社为阳光工程培训基地，并完成申报工作，同时申报海港区2012年农村劳动力培训阳光工程培训任务。批复结果，确定海港区农村劳动力培训阳光工程培训基地为海港区龙云林果种植农民专业合作社，培训任务为技能培训200人，其中果树园艺工50人，村级动物防疫员50人，病虫草害防治人员100人。

【农作物良种补贴工作】 严格落实全区玉米、水稻种植面积，并按要求及时上报上级主管部门。全区落实农作物良种补贴面积3482.55公顷，农民获补贴金额54.12万元。其中：玉米补贴面积3231.11公顷，补贴金额48.47万元；水稻补贴面积251.44公顷，补贴金额5.65万元，补贴款全部发放到农户。

【蔬菜生产】 引进国内外优质高产抗病蔬菜新品种20个，完成温家洼蔬菜新优品种示范区建设，推广叶菜类病虫害综合防控技术和30项蔬菜标准化生产技术，印发技术资料5000多份，技术普及率100%，应用比率保持在85%以上。加强合作社建设。从蔬菜合作社入手，加大品牌包装宣传推广力度，推介蔬菜贴标入市，提高全区蔬菜食用安全的信誉度。做好蔬菜质量安全技术监管，确保蔬菜基地生产安全。推广国家和地方制订的各类蔬菜技术标准和操作规程，完成《无公害食品错季大白菜生产技术规程》等标准的复审确认。以无公害标准化生产达标村为依托，全面普及杀虫灯、防虫网等生物物理防控蔬菜病虫害技术。以达标村、标准园、科技园区为抓手，加强蔬菜科技示范区和蔬菜生产示范村建设。春节、暑期等关键时期重点开展蔬菜安全生产技术监管，确保蔬菜产品质量安全。

【农机监理】 全年检验农业机械52台，换驾驶证1个，审验农机驾驶员104人次，联合检验29台、上牌照9台。发布通告100张、安全生产传单200张。完成全区机耕面积1933.33公顷，其中机播面积333.33公顷，化肥深施面积1666.67公顷；出动各种农业机械51台套；累计完成机械灌溉面积800公顷次。农户购买各类机械42台，总计93万多元，通过购置补贴为农民补助43万多元。开展“打非治违”行动，查处隐患农机修理站2家，整改完毕。开展春季和秋季“会战”。在重点村、砖厂、修理厂等车辆密集的地方进行检查，抽查机械10多台，未发现安全隐患，确保农机户行车安全。利用互联网与各村连接，建立农业信息服务中心，创建网站，为各村建立域名，把致富信息、产品信息传到网上，带动农民致富。举办花生摘果机现场演示会。

【农业执法】 加强农业综合执法，依法护农保安全。开展做好农资监管、促进诚信经营活动。全区23个农资经营单位严格遵守有关法律法规，保证经营合法、安全有效的农业投入品。开展放心农资下乡进村宣传周活动，发放宣传材料600份，接待咨询群众300多人次。加大执法力度，净化全区农资市场。全年农业投入品检查共出动人员381人次，出动车辆131台次，检查农资经营单位99个次，检查农资标签661个，其中种子标签156个，农药标签421个，肥料标签84个。下达《限期整改通知书》24份，对无引种手续、种植范围超标的17个玉米品种通报辖区内种子经营单位。下发《执法简报》3期，对阿维菌素、吡虫啉、甲氨基阿维菌素苯甲酸盐等5种农药进行质量抽检，经省农药质量监督检验所检验，1种20%高氯马农药质量不合格，已立案查处。开展卫生用农药专项整治，确保百姓用上放心卫生类农药。向大型超市、居委会、集贸市场、卫生用农药批发部下发《关于开展卫生用农药专项整治行动的通知》，发放悬挂条幅80条，宣传材料1300份。对四季青内的批发门市进行检查。检查卫生用农药标签品种66种，杀鼠剂标签1种。检查中发现农药标签不合格的卫生用农药10种，查出禁用鼠药闻到死（甘氟）500克，对违法行为进行处理。

【农产品质量监管】 3月，农产品质量检测中心建成并投入使用。开展农产品农残检测工作。制订蔬菜检测计划，从港城市场、海阳农副产品批发市场等大型农贸市场抽取西红柿、洋白菜、豆芽菜等206个蔬菜样品，经检测，不合格产品4个，抽检合格率98%以上。针对豆芽菜亚硫酸盐、亚硝酸盐超标事件，及时对违法行为进行立案处理。

加强海阳农副产品批发市场监管。对市场内7756个蔬菜抽样结果进行抽查，7755个检测结果合格，1个豆芽样品二氧化硫超标，及时将超标产品退市。开展食品安全周宣传活动。发放宣传材料300份，接受群众咨询150多人次。

【病虫害防治】 落实"预防为主、综合治理"的植保方针，提高农业生产能力。适时深入镇村，随时监测玉米、花生等病虫害发生情况，开展农作物病虫综合防治培训3期，培训农技人员110人次，农户200多人次，发放技术资料1000多份。全区病、虫、草害发生面积7900公顷次，防治面积7620公顷次，防治面积占发生面积96%以上，挽回粮食、油料、蔬菜损失2070.73吨，其中粮食755.16吨、油料150.19吨、蔬菜1165.38吨；病虫害防治面积4066.67公顷次，挽回损失1518.98吨，其中粮食254.78吨、油料98.82吨、蔬菜1165.38吨；草害防治面积2553.33公顷次，挽回损失2759.56吨，其中粮食333.43吨、油料51.37吨、蔬菜2374.76吨。建立病虫预测预报病虫测报点。下发病虫情报，及时解决农业生产中存在的难题。解决水稻细菌性条斑病、玉米金针虫等防治技术难题4起，发放宣传材料1500份，以网络形式向各镇农办发病虫简报14期。

【无公害农产品标志使用专项检查】 对乐购、金源、广源等各大超市进行执法检查，实行各大超市无公害农产品标志使用情况月报制度。发放无公害农产品标志使用定义、图案、真伪辨别等宣传材料200份。超市内均无无公害农产品。

表3-1

2012年海港区农业主要产品生产情况一览表

项　目	海港区			东港镇			海港镇
	播种面积（公顷）	单产（公斤/公顷）	产量（吨）	播种面积（亩）	单产（公斤/亩）	产量（吨）	面积（亩）
粮食作物	2046	4334	8868	2510	475	1192	0
夏收粮食	42	6810	286	260	300	78	0
秋收粮食	2004	4282	8582	2250	495	1114	0
一、谷物	1394	4012	5593	1300	238	310	0
1. 稻谷	42	5952	250	600	400	240	0
2. 小麦	0	0	0	0	0	0	0
（1）冬小麦	0	0	0	0	0	0	0
（2）春小麦	0	0	0	0	0	0	0
3. 玉米	1220	4079	4976	700	100	70	0
4. 谷子	61	2738	167	0	0	0	0
5. 高粱	71	2817	200	0	0	0	0
6. 其他谷物	0	0	0	0	0	0	0
其中：大麦	0	0	0	0	0	0	0
燕麦（莜麦）	0	0	0	0	0	0	0
荞麦	0	0	0	0	0	0	0
秋收小麦	0	0	0	0	0	0	0
二、豆类	373	2912	1086	450	120	54	0
其中：大豆	340	2950	1003	450	120	54	0
绿豆	7	1000	7	0	0	0	0
红小豆	22	1227	27	0	0	0	0
三、薯类播种面积	279	7846	2189	760	1089	828	0
1. 马铃薯	42	11571	486	260	300	78	0
2. 甘薯	237	7186	1703	500	1500	750	0

续表 3-1

项目	海港镇			西港镇			海阳镇
	单产（公斤/亩）	产量（吨）	播种面积（亩）	单产（公斤/亩）	产量（吨）	播种面积（亩）	单产（公斤/亩）
粮食作物	0	0	5532	224	1237	6460	222
夏收粮食	0	0	0	0	0	0	0
秋收粮食	0	0	5532	224	1237	6460	222
一、谷物	0	0	4491	221	993	5260	232
1. 稻谷	0	0	25	400	10	0	0
2. 小麦	0	0	0	0	0	0	0
（1）冬小麦	0	0	0	0	0	0	0
（2）春小麦	0	0	0	0	0	0	0
3. 玉米	0	0	4446	220	979	4575	241
4. 谷子	0	0	10	200	2	295	169
5. 高粱	0	0	10	200	2	390	169
6. 其他谷物	0	0	0	0	0	0	0
其中：大麦	0	0	0	0	0	0	0
燕麦	0	0	0	0	0	0	0
荞麦	0	0	0	0	0	0	0
秋收小麦	0	0	0	0	0	0	0
二、豆类	0	0	703	131	92	1200	177
其中：大豆	0	0	522	140	73	1200	177
绿豆	0	0	3	333	1	0	0
红小豆	0	0	178	101	18	0	0
三、薯类播种面积	0	0	338	450	152	0	0
1. 马铃薯	0	0	0	0	0	0	0
2. 甘薯	0	0	338	450	152	0	0

续表 3-1

项目	海阳镇	北港镇			工业区		
	产量（吨）	播种面积（亩）	单产（公斤/亩）	产量（吨）	播种面积（亩）	单产（公斤/亩）	产量（吨）
粮食作物	1431	12212	213	2597	950	714	678
夏收粮食	0	80	250	20	100	1000	100
秋收粮食	1431	12132	212	2577	850	680	578
一、谷物	1219	6837	244	1668	850	680	578
1. 稻谷	0	0	0	0	0	0	0
2. 小麦	0	0	0	0	0	0	0
（1）冬小麦	0	0	0	0	0	0	0
（2）春小麦	0	0	0	0	0	0	0
3. 玉米	1103	5563	255	1421	850	680	578
4. 谷子	50	613	188	115	0	0	0
5. 高粱	66	661	200	132	0	0	0
6. 其他谷物	0	0	0	0	0	0	0
其中：大麦	0	0	0	0	0	0	0
燕麦	0	0	0	0	0	0	0
荞麦	0	0	0	0	0	0	0
秋收小麦	0	0	0	0	0	0	0
二、豆类	212	2694	96	259	0	0	0
其中：大豆	212	2432	100	243	0	0	0
绿豆	0	108	65	7	0	0	0
红小豆	0	154	58	9	0	0	0
三、薯类播种面积	0	2681	250	670	100	1000	100
1. 马铃薯	0	80	875	70	100	1000	100
2. 甘薯	0	2601	231	600	0	0	0

续表 3-1

项目	开发区西区			临港物流园区		
	播种面积（亩）	单产（公斤 / 亩）	产量（吨）	播种面积（亩）	单产（公斤 / 亩）	产量（吨）
粮食作物	0	0	0	3026	573	1733
夏收粮食	0	0	0	192	458	88
秋收粮食	0	0	0	2834	580	1645
一、谷物	0	0	0	2171	380	825
1. 稻谷	0	0	0	0	0	0
2. 小麦	0	0	0	0	0	0
（1）冬小麦	0	0	0	0	0	0
（2）春小麦	0	0	0	0	0	0
3. 玉米	0	0	0	2171	380	825
4. 谷子	0	0	0	0	0	0
5. 高粱	0	0	0	0	0	0
6. 其他谷物	0	0	0	0	0	0
其中：大麦	0	0	0	0	0	0
燕麦（莜麦）	0	0	0	0	0	0
荞麦	0	0	0	0	0	0
秋收小麦	0	0	0	0	0	0
二、豆类	0	0	0	552	850	469
其中：大豆	0	0	0	495	848	420
绿豆	0	0	0	0	0	0
红小豆	0	0	0	0	0	0
三、薯类播种面积	0	0	0	303	1449	439
1. 马铃薯	0	0	0	192	1500	288
2. 甘薯	0	0	0	111	1360	151

（郭　杰）

畜牧业

【概况】 2012 年，全区畜牧业继续保持健康、平稳发展的势头，圆满完成各项任务指标。牧业产值 1.53 亿元（按现价计算），同比下降 0.6%。肉、蛋、奶产量分别为 4515 吨、3109 吨、5653 吨；生猪存栏 2.88 万头，出栏 4.85 万头；禽存栏 36.78 万只，出栏 67.6 万只；大牲畜存栏 2973 头，出栏 2097 头，其中奶牛存栏 1824 头，肉牛存栏 443 头；羊存栏 5920 只，出栏 6130 只。

【技术推广】 举办生态养猪技术、疫病防治、清洁养殖、村级动物防疫员等各类培训班 8 期，培训 500 多人。全年引进优质冻精 1600 剂，改良奶牛 720 头。全区畜禽优良品种普及率 85% 以上，大牲畜死亡率控制在 1% 以下，猪死亡率控制在 5% 以下，家禽死亡率控制在 10% 以下。指导旭兴和鸿腾养殖场创建省级标准化示范场；指导合穆祥和旭兴养殖场开展无公害产品和产地认证工作。

【项目建设】 争取市级以上财政资金 392.2 万元。完成引进内资 500 万元的任务，在东港镇东向河寨村建设存栏蛋鸡 3 万只的高标准规模养殖场，整个场区环境整洁，粪污处理符合环保要求，实现生态型环保养殖，成为全区乃至全市发展生态畜牧业的典范。完成总投资 500 多万元的北戴河近岸海域环境综合治理工程中的 15 家规模养殖场的清洁养殖工程和入海河流两岸 90 家小型养殖场户粪污的治理工作。建污水沉淀池 2304 立方米、储粪池 2732 立方米、化尸池 260 立方米、沼气池 200 立方米、简易沉淀池 2248 立方米、简易储粪池 150 立方米，铺设污水管道 1275 米，硬化路面

620 米，改造牛舍 660 平方米，以金牧种鸡场为代表的养殖企业实现污水污物的达标排放。

【重大动物疫病防控】 开展宣传培训行动、集中强制免疫行动、疫情及免疫效果监测行动、规模养殖场防疫条件审核行动、动物卫生监督行动和督导检查行动，对 5 种强制免疫的病种按照程序免疫和集中强制免疫以及平时补免相结合的办法，完成强制免疫禽流感 65.6 万只，猪牛羊口蹄疫 6.27 万头，猪蓝耳病 4.6 万头，猪瘟 4.6 万头，鸡新城疫 64 万只，免疫率、耳标佩戴率、免疫证明发放率、免疫档案建档率均达到 100%。水灾发生后，将 800 多件消毒药品在短时间内发放到位，开展为期 10 天的紧急大消毒行动和灾后炭疽、猪 II 型链球菌病等 9 种主要动物疫病的监测行动，发放灾后救助技术手册 300 册。全年无重大动物疫病发生。

【动物产品质量安全监管】 完善以动物产地检疫、屠宰检疫、运输检疫和市场督查为主要内容的“三检一监督”工作机制。根据女拳世锦赛、暑期和重要节日期间的不同特点，明确监管重点，实现责任到人，落实点对点无缝隙监管体系。开展执业兽医，执业助理兽医师，乡村兽医注册、备案、登记的前期准备工作。集中开展无公害畜产品标识使用专项检查、生鲜乳质量安全检查、动物卫生监督执法、瘦肉精整治、饲料执法大检查、兽药经营单位 GSP 认证、肉品质量安全检查行动 10 多次，发放张贴有关畜禽产品安全方面的各类资料 1.5 万多份，查处违法案件 33 起，结案 33 起。加大对瘦肉精、抗生素、三聚氰胺等药物残留和违禁添加物的重点检测，采集各类样品 4000 多批次，完成省级以上抽样 168 批次，结果全部合格。健全和落实养殖场户、企业责任承诺制度，由饲料生产经营单位、兽药经营单位、养殖场户、屠宰场签订责任承诺书，实现畜禽产品质量源头治理和过程控制，未发生畜产品质量安全事件。

表 3-2

2012 年海港区畜牧业生产情况一览表

项目	计量单位	海港区	东港镇	海港镇	西港镇	海阳镇
一、畜禽存栏						
（一）猪存栏	百头	212	4000	0	4600	4950
其中：能繁殖的母猪	百头	42	520	0	943	710
（二）牛存栏	百头	35	700	0	408	725
1. 肉牛	百头	12	400	0	0	200
2. 奶牛	百头	23	300	0	408	525
3. 役用牛	百头	0	0	0	0	0
（三）羊存栏	百只	54	200	0	57	560
1. 山羊	百只	49	0	0	0	540
2. 绵羊	百只	5	200	0	57	20
（四）家禽存栏	百只	17129	700	0	825	112
其中：鸡	百只	17101	1700	0	813	112
鸭	百只	22	0	0	12	0
二、畜禽出栏						
（一）猪出栏	百头	378	12000	0	5690	5210
（二）牛出栏	百头	17	450	0	0	275
（三）羊出栏	百只	74	850	0	135	1765
1. 山羊	百只	59	0	0	0	1240
2. 绵羊	百只	15	850	0	135	525
（四）家禽出栏	百只	14709	3700	0	1270	651
其中：鸡	百只	14700	3700	0	1270	651
鸭	百只	9	0	0	0	0

注：各镇、园区计量单位为头、只。

续表 3-2

项目	计量单位	海港区	东港镇	海港镇	西港镇	海阳镇
三、畜产品产量						
（一）猪肉	吨	3013	900000	0	427000	401000
（二）牛肉	吨	328	72000	0	0	48000
（三）羊肉	吨	104	12000	0	2000	29000
1. 山羊肉	吨	83	0	0	0	23000
2. 绵羊肉	吨	21	12000	0	2000	6000
（四）禽肉	吨	1070	550000	0	191000	97000
其中：鸡肉	吨	1069	550000	0	191000	97000
鸭肉	吨	1	0	0	0	0
（五）禽蛋	吨	3109	1280000	0	696000	58000
其中：鸡蛋	吨	3051	1280000	0	696000	0
鸭蛋	吨	0	0	0	0	0
（六）牛奶	吨	5653	620000	0	1224000	1425000
附：1. 肉类总产量	吨	4515	1534000	0	620000	575000
2. 蛋类总产量	吨	3109	1280000	0	696000	58000
3. 奶类总产量	吨	5653	620000	0	1224000	1425000
4. 家禽规模户	个	0	0	0	1	0
家禽规模户（单位）存栏	百只	0	0	0	215	0
家禽规模户（单位）出栏	百只	0	0	0	50	0
家禽规模户禽蛋产量	吨	0	0	0	251000	0

注：各镇、园区计量单位为头、只。

续表 3-2

项目	计量单位	北港镇	工业区	开发区西区	临港物流园区
一、畜禽存栏					
（一）猪存栏	百头	2600	4300	0	3635
其中：能繁殖的母猪	百头	630	500	0	984
（二）牛存栏	百头	1400	0	0	478
1. 肉牛	百头	400	0	0	315
2. 奶牛	百头	1000	0	0	163
3. 役用牛	百头	0	0	0	0
（三）羊存栏	百只	5000	0	0	109
1. 山羊	百只	4800	0	0	0
2. 绵羊	百只	200	0	0	109
（四）家禽存栏	百只	600	40	0	15000
其中：鸡	百只	598	30	0	15000
鸭	百只	2	10	0	0
二、畜禽出栏					
（一）猪出栏	百头	8500	3600	0	6780
（二）牛出栏	百头	800	0	0	283
（三）羊出栏	百只	5200	0	0	0
1. 山羊	百只	5100	0	0	0
2. 绵羊	百只	100	0	0	0
（四）家禽出栏	百只	2000	37	0	7860
其中：鸡	百只	1998	29	0	7860
鸭	百只	2	8	0	0

注：各镇、园区计量单位为头、只。

续表 3-2

项目	计量单位	北港镇	工业区	开发区西区	临港物流园区
三、畜产品产量					
（一）猪肉	吨	637500	288000	0	569000
（二）牛肉	吨	128000	0	0	92000
（三）羊肉	吨	67600	0	0	0
1. 山羊肉	吨	66300	0	0	0
2. 绵羊肉	吨	1300	0	0	0
（四）禽肉	吨	300000	5000	0	21000
其中：鸡肉	吨	300000	4000	0	21000
鸭肉	吨	0	1000	0	0
（五）禽蛋	吨	480000	0	0	595000
其中：鸡蛋	吨	480000	0	0	595000
鸭蛋	吨	0	0	0	0
（六）牛奶	吨	2500000	0	0	540000
1. 肉类总产量	吨	1133100	293000	0	682000
2. 蛋类总产量	吨	480000	0	0	595000
3. 奶类总产量	吨	2500000	0	0	540000
4. 生猪规模户（单位）个数	个	0	0	0	1
生猪规模户（单位）存栏	百头	0	0	0	625
生猪规模户（单位）出栏	百头	0	0	0	600
5. 牛规模户（单位）个数	个	0	0	0	0
牛规模户（单位）存栏	百头	0	0	0	0
牛规模户（单位）出栏	百头	0	0	0	0
牛规模户（单位）牛奶产量	吨	0	0	0	0
6. 羊规模户（单位）个数	个	0	0	0	0
羊规模户（单位）存栏	百只	0	0	0	0
羊规模户（单位）出栏	百只	0	0	0	0
7. 家禽规模户（单位）个数	个	1	0	0	0
家禽规模户（单位）存栏	百只	483	0	0	0
家禽规模户（单位）出栏	百只	46	0	0	0
家禽规模户（单位）禽蛋产量	吨	134000	0	0	0

注：各镇、园区计量单位为头、只。

（马文军）

林果业

【概况】 围绕“加速转型、加快发展、奋力打造沿海一流主城区”的总体目标，以北戴河近岸海域环境综合整治工作为重点，完成造林 333.33 公顷，栽植苗木 41 万株。结合果树生产实际，推广无公害标准化生产技术，做好示范园区建设，全年新植果树面积 20.37 公顷，超额完成任务，全区果树标准化生产覆盖率 92% 以上，果品速检合格率 100%。区林业局被评为省级国土绿化贡献突出单位。

【“基层建设年”活动】 为帮扶村刘家沟村提供大樱桃苗木 3500 株和蓝莓苗木 400 株；完成村委会基础设施建设、粉刷墙体，硬化村街道路 7173.1 平方米，新建硬化村文化广场、停车场 1160 平方米，提供帮扶资金 3 万元；开展林果科技培训 10 多次。暑期受连续降雨影响，林木果树受灾严重，及时组成 3 支巡查队伍对受灾地块进行巡查，对受损林地进行洼地抽水、裸根填埋、倾斜树木扶正，减少砍伐林木，及时清理损毁的林木。

【沿海防护林体系工程】 完成造林绿化总面积333.33公顷，栽植苗木41万株。以改善生态环境为根本出发点，在连峪山庄实施以“山顶松树戴帽，山间核桃缠腰，山底樱桃抱脚”为绿化布局的精品工程，建设面积120公顷，栽植黑松、侧柏、大樱桃、毛白杨等树种18万多株；在民族路建设具有视觉冲击力和富于韵律变化、多树种、多景观层次，具备生态防护、休闲游憩和环境美化功能的乔灌草复合生态景观林带，建设面积60公顷，栽植元宝松、黄栌等树种7万多株；环镇村群众造林面积153.33公顷，栽植大樱桃、蓝莓、毛白杨等树种16万多株。

【林果产业建设】 强化产业结构调整，做好示范园区建设、果品生产安全监管、果农培训等工作。发展以大樱桃、蓝莓等树种为主的特色果树，新植果树面积20.37公顷，其中大樱桃树面积16.87公顷、蓝莓树面积2.83公顷、苹果树面积0.67公顷，果树标准化生产覆盖率92%以上。做好果品生产基地摸底调查和果品质量抽样检测工作，重点检查果园生产记录和农药使用情况，经检查，未发现使用国家明令禁止的农药和违规使用农药的现象；抽取果品样品13批次、120个，合格率100%。举办各类果树培训班10多次，参加人员1000多人次，发放各类宣传材料1万多份、悬挂展牌2块、无公害果品警示牌20块，逐步解决果农在生产中的实际问题，促进果农增收。

【森林防火】 加强森林防火基础设施建设，建立群策群力、群防群治、齐抓共管的工作机制，落实森林防火防范措施。做好森林防火专业人员的培训工作，提高防火队伍扑救能力和应急能力。狠抓野外火源管理，制订合理防火方案、扑救预案等各项防火措施，做到山火常防，从根本上消除火灾隐患。设立24小时火警值班电话，确保信息畅通。采取多种方式全方面宣传。印发《秦皇岛市人民政府关于2012年春季森林草原封山公告》200份，发放防火宣传单1万份，悬挂森林防火宣传牌30块、宣传标语30条、宣传条幅300条，出动宣传车辆500台次。

【义务植树】 4月1日，在民族路北万亩生态景观区域组织以“关爱自然、义务植树”为主题的全民义务植树活动，市直机关、武警部队、大中专院校等部门6000多人参加，栽植黄栌、元宝枫等树种2万株，栽植面积20公顷。

【森林病虫害防治】 认真做好以美国白蛾为主的森林病虫害防控工作，采取飞防、地面防治、摘除网幕等相结合的方法，实现对美国白蛾发生时期防治工作的全覆盖。全区实施地面喷药防治面积1333.33公顷，其中：飞机防治面积1000公顷，飞行30架次；地面防治面积333.33公顷，出动喷药车辆180多台，人工剪除网幕80个。发放飞防通告70份、《海港区查访美国白蛾指挥部关于认真做好查访第一、二代美国白蛾的通知》120份。全区美国白蛾得到有效控制，有虫株率0.8%，叶片保存率93%。

【林政执法】 打击破坏森林资源违法活动。以打击盗伐、滥伐林木，非法收购、运输木材和非法征占用林地等行为为重点，以服务执法、文明执法、依法执法为宗旨，加大管林、护林力度，坚持实行全天24小时备勤，采取日常执法和联合执法、执法监督和专项整治结合的办法，开展林业严打专项行动。全年查处林政案件10起，开展野生动物保护行动16次，收缴捕鸟网具275套、鸟笼9起个放生鸟类110多只，出动车辆7台次，出动人员34人次，保护林业资源和林业建设成果。林业许可工作有序开展。对林木采伐证、木材经营加工许可证、木材运输证等证件办理实行公开承诺和限时办结制，优化办事程序，提高办事效率，提升服务水平，全年办理林木采伐许可证160份，消耗活立木蓄积714.31立方米，征收育林基金1.44万元；植物检疫证35份，检疫要求书18份，种苗生产经营许可证19份，实现便民利民宗旨。

2012年海港区水果生产情况一览表

表3-3

项 目	计量单位	海港区
一、园林水果	吨	2605
1.苹果	吨	196
其中：红富士苹果	吨	0
国光苹果	吨	0
2.梨	吨	1361
其中：雪花梨	吨	0
鸭梨	吨	0
3.桃	吨	876
4.猕猴桃	吨	0
5.葡萄	吨	66
6.红枣（干枣应折成鲜枣）	吨	0
7.柿子（柿饼应折成鲜柿）	吨	0
8.杏	吨	18
9.红果	吨	0
10.其他	吨	88
二、食用坚果产量	吨	28
其中：核桃	吨	12
板栗	吨	15
松子	吨	0
杏扁	吨	0
三、年末果园面积	公顷	886
其中：苹果园	公顷	122
梨园	公顷	201
桃园	公顷	207
猕猴桃园	公顷	0
葡萄园	公顷	19

2012年海港区林业生产情况一览表

表3-4

项 目	计量单位	海港区
一、荒山荒（沙）地造林面积	公顷	333
（一）按造林方式分		
1.人工造林面积	公顷	333
其中：竹林面积	公顷	0
灌木林面积	公顷	0
2.飞播造林	公顷	0
3.无林地和疏林地新封	公顷	0
（二）按经济成分分		
（1）公有经济造林	公顷	0
国有经济造林	公顷	0
集体经济造林	公顷	0
（2）非公有经济造林	公顷	333
（三）按林种用途分：		

续表 3–4

项　目	计量单位	海港区
（1）用材林	公顷	0
其中：速生丰产林	公顷	0
（2）经济林	公顷	0
（3）防护林	公顷	333
（4）薪炭林	公顷	0
（5）特种用途林	公顷	0
二、有林地造林面积	公顷	0
1. 林冠下造林	公顷	0
2. 飞播营林	公顷	0
3. 有林地和灌木林地新封	公顷	0
三、迹地更新造林	公顷	0
四、低产低效林改造面积	公顷	0
五、当年四旁（零星）植树	株	1100000
六、年末实有封山（沙）育林面积	公顷	0
七、幼林抚育作业面积	公顷	0
八、幼林抚育实际面积	公顷	0
九、成林抚育面积	公顷	10
其中：中、幼龄林抚育面积	公顷	10
十、抚育改造出材量	立方米	0
其中：中、幼龄林抚育出材量	立方米	0
十一、林木种子采集量	吨	0
十二、当年苗木产量	株	2080000
十三、育苗面积	公顷	45
其中：当年新增育苗面积	公顷	20
十四、年末实有母树林面积	公顷	0
十五、年末实有种子园面积	公顷	0
十六、主要林产品产量		
1. 生漆	吨	0
2. 山杏仁	吨	0
十七、木材采伐	立方米	715
其中：村及村以下木材采伐	立方米	715

（王　晨）

水产业

【概况】 全区水产品总产量 2650 吨。根据省市主管部门的统一部署，完成全区渔船的 2011 年国家成品油财政补贴审核上报工作，及时将渔船补贴资金发放到渔民手中。完成蓬莱 19–3 油田溢油补偿工作，发放 6 批无争议的补偿金，涉及渔民 66 户，金额 806.24 万元。落实秦海养殖场承担的海参工厂化养殖技术试验项目。按照《海港区退出筏式海水养殖及养殖用船补偿办法》的安排，对辖区西部沿海养殖渔船进行回收拆解工作。西部沿海有养殖渔船 106 条，已有 102 条养殖渔船签署回收养殖用船协议书并对渔船回收拆解。

【水产品质量安全监管】 对全区市场、超市经销的水产品和海水养殖基地的贝类产品质量安全进行检查 8 次，并进行样品抽样，先后抽取 66 个样品、17 个品种，分别送北京水产品质检中心、省局水产品质量检测中心检验。检测结果显示各检测项目指标合格。向水产养殖户、养殖基地发放30多份材料宣传水产养殖安全生产知识，先后6次检查工厂化养殖场的库房和生产记录、用药记录、销售记录。

【渔政监督管理】 加强鲈鱼苗、鲅鱼资源日常沿海非法捕捞管理，参加市渔政组织的专项整治活动，未发现偷捕幼鱼、鱼苗现象。落实伏季休渔制度，在沿海各村、港口、码头和渔船停靠点张贴关于伏季休渔的通知90多份，发放宣传资料500多份，向渔民讲解国家的海洋伏季休渔新制度的有关规定。渔政检查人员坚持每天对卸粮口港、新开河港、山东堡、归提寨等沿岸渔船停泊点进行检查，3个月出动检查500多人次，200多车次，规范船名号530艘，检查渔船450艘次，向上级渔政部门及时上报伏季休渔信息90多条，保证全区伏季休渔秩序良好。

【渔业安全生产工作】 加强日常安全监管。加强辖区渔船安全管理，切实做好防灾减灾工作，预防渔业船舶水上事故。向渔民宣传科学编队生产模式，提高渔民生产自救能力，以此减少伤亡和财产损失。落实渔业应急值班制度。坚持24小时不断岗，值班人员做好海洋气象预报和军事演习预警通知的转发工作，督促渔民及时收听气象预报，保证渔船出海生产作业的安全。全区渔船生产未发生安全事故。落实渔业船舶航行签证制度。对全区556艘渔业船舶航行签证簿进行签关，并对渔船船主进行法律法规的宣传教育。

【渔船年度检验工作】 6月11日，开始对全区渔船进行年度检验。根据省船检局统一部署，严格按照检验要求逐船登船检验，每船照相，凡是没有船名号、船体机械设备不合格、消防通讯救生设备不齐的不予检验。共检验捕捞渔船450艘，养殖渔船106艘。

表3-5

2012年海港区水产业生产情况一览表

项　目	计量单位	海港区
一、水产品总产量	吨	2650
（一）海水产品产量	吨	2568
1. 海洋捕捞	吨	1014
（1）鱼类	吨	395
（2）虾蟹类	吨	370
（3）贝类	吨	167
（4）藻类	吨	0
（5）其他类	吨	82
2. 海水养殖	吨	1554
（1）鱼类	吨	52
（2）虾蟹类	吨	0
（3）贝类	吨	1500
（4）藻类	吨	0
（5）其他类	吨	2
（二）淡水水域水产品	吨	82
1. 淡水水域捕捞	吨	0
（1）鱼类	吨	0
（2）虾蟹类	吨	0
（3）贝类	吨	0
（4）其他类	吨	0
2. 淡水水域养殖	吨	82
（1）鱼类	吨	82

续表 3-5

项　目	计量单位	海港区
（2）虾蟹类	吨	0
（3）贝类	吨	0
（4）其他类	吨	0
二、水产养殖面积	公顷	1123
（一）海水养殖面积	公顷	1086
1. 海上养殖	公顷	1086
2. 滩涂养殖	公顷	0
3. 陆基养殖	公顷	0
（二）淡水水域养殖面积	公顷	37
1. 池塘养殖	公顷	37
2. 湖泊养殖	公顷	0
3. 河沟养殖	公顷	0
4. 水库养殖	公顷	0
5. 其他养殖	公顷	0

（郭　杰）

水务管理

【概况】 紧紧围绕全区“五大工程”和水利工程建设任务，以民心工程和生态工程为重点，按照上水平、出品位、生财富、惠民生的工作要求，开展水利工程建设，规范水资源管理，开展党员“创先争优”等活动，圆满完成全年工作任务。被评为全市城市防汛工作先进集体。

【水务行政监察大队成立】 5月16日，由区编委会批复，成立水务行政监察大队。主要职责是：宣传贯彻水务各项法律法规、依法保护水资源、防止水土流失，保护水域、河道水务工程和水利设施，对水务活动进行监督检查，组织协调水务案件的查处和水务纠纷的调处等水务行政执法工作。

【水利工程】 以水库除险加固、小型基建为重点，加大水利建设力度，推进农村水利可持续发展。实施并完成青石山村、街里村、小乐安寨村、王庄村、姚周寨村、闫庄村、芽子山东村、小张庄村、公富庄村9座水库的扩容加固工程。实施并完成西连峪水土保持综合工程项目，项目位于北港镇西连峪村，总投资73万元，项目区规划治理面积340公顷，修建水保梯田20公顷，营造灌木林70公顷，乔木林65公顷，封禁治理149公顷，修建扬水站1座、引水上山管道750米。

【防汛抗旱工作】 严格落实区、镇、村三级防汛责任制，明确水库重点防洪工程行政责任，完善防汛抢险体系。修订和编制辖区18座水库防洪应急预案，开展汛前安全大检查。备足物资，抢险队伍落实到位。编制全区防汛物资储备网，筹备锹镐4966把、编织袋10万条、铅丝2216公斤、水泵8台、雨衣102套，汛期可调集车辆64台。组建抢险队伍8个，抢险人员715人。落实防汛责任。坚持24小时值班制度，双人双岗，分成2个检查督导小组到全区各个地段检查汛情。做好抢大险、救大灾工作，调用编织袋5.4万条、砂石料5070吨、铁丝2000公斤、铁锹1500把、尖镐300把、塑料膜1000平方米、无纺布800平方米，投入抢险2049人次。

【河道综合治理】 小汤河河道治理一期工程。从海阳镇温家洼村到开发区松花江道1.7万米，清理小汤河102国道北至温家洼村河道内生活垃圾1.1万立方米，拓宽小汤河102国道南至开发区松花江道1102米。第一期工程对松花江道桥上游以北长665

米的河道进行清淤疏浚治理。完成征地拆迁补偿、电缆改造迁移、地面青苗补偿、临时占地、树木砍伐、开发区孙主坟地迁移补偿等工作,征地面积2.68公顷,临时用地面积2.27公顷,征地费1260万元,调动8台挖掘机、8台装载机、10台运输车,挖掘土方5.9万立方米,6月30日完工。近岸海域环境综合治理工作。整治的河流有沙河、大汤河等15条河流。严格落实以区领导为河长、各相关单位负责人为副河长、各属地党政一把手为段长的负责制,将责任层层分解,各部门、各单位协调联动,对排污企业、养殖场进行整改,责令对污染河水、侵占河道等行为进行治理。清理侵占河道建筑垃圾24.8万立方米,清理生活垃圾8.4万立方米,取缔直排厕所261座,清理非法排污口92处,关停排污企业20家,关停违规小作坊31家,整改、关停养殖场31家。汤河口海堤加固工程。堤坝建设长度890米,两侧堤坝海拔高度3.1米,坝顶宽度10米,主要以钢筋混凝土、PE网笼块石为主要原料建成阶梯式堤坝。修建临时道路3条,完成工程量1.49万立方米,总工日25万工时。

【水政水资源工作】 加大政策法规宣传力度。利用"世界水日""中国水周"重要契机,举办大型宣传活动,宣传《中华人民共和国水法》等水政水资源法律法规。加强行政审批大厅的窗口的服务工作,完成行政审批事项20项。规范水资源管理,对全区所有水资源进行排查摸底,规范水资源档案管理,规范非法取水户管理。

【河道划界确权登记】 对海港区河道堤防管理范围的土地、建(构)筑物等进行勘测调查、核实、确权划界、竖立界桩、造册登记,对河道堤防管理范围内的土地、建(构)筑物等进行详细的测量、上图,标明管理范围蓝线图,创建、规范管理档案,依法进行管理。编制河道现状图,完成图纸上的确权划界工作。做好实地测量工作,对河道进行徒步勘测、指认边界。使用专业工具毫米级GPRS定位仪进行精确定位。

【移民工作】 做到有访必接,有案必处,全年接待移民上访31人次,解决长期顽固性、个性问题5个,全部通过行政调解手段给予妥善解决,接案率、结案率均达100%;建立移民矛盾安全隐患排查台账,对全区移民进行隐患排查,将排查出的隐患问题逐一登记,在两节、两会、暑期、中共十八大等重要节日、敏感时期做好稳控工作,采取一对一疏导服务,坚持做好日报告、零报告制度,全年未出现移民上访事件。完成水库移民后期扶持资金的发放工作,发放资金170.25万元,生活困难补助资金5.4万元。慰问困难移民,送去米、面、油等生活必需品。

(杜明旭)

工　业

GONGYE

GONGYE

综 述

【概况】 2012年，全区有规模以上工业企业42家，实现总产值139.69亿元，同比增长10.7%，累计实现工业增加值28.6亿元，同比增长5.8%（实际完成28.6亿元，同比增长6.3%）；累计实现利润-8.2亿元，同比增亏7亿元；累计实现税金2.5亿元，同比下降17.7%。全年累计协调信用担保机构帮助企业贷款融资4.92亿元。举办4次中小企业免费培训班，培训学员2300多人次。在市2011年度民营经济发展考核工作中获民营经济发展先进县区一等奖。成功向市工信局推荐2家市级工业对标示范企业。

【工业经济运行工作】 深入辖区规模以上工业企业实地走访，全面掌握企业发展总体情况。增强与区统计局、发改局、重点项目办等单位联系，随时掌握全区工业经济发展的最新数据及项目建设情况。建立健全工业经济运行月调度制度，随时对辖区10家重点监测企业、45家重点规模以上工业企业生产经营情况进行动态监测分析，确保工业经济平稳健康发展。对重点企业的基本情况和服务需求进行调查、摸底，为领导帮扶工作提供参考。对9家国内500强企业生产经营情况进行调查。开展工业新产品开发项目组织推荐工作，组织辖区6家有新产品开发项目的企业申报。全年60家工业企业因暴雨受灾，造成经济损失4078万元。

【工业企业技术改造】 向规模以上工业企业下发技改项目进展工作通知，调整、充实技改项目库，深入企业挖掘工业技改项目，新备案工业企业技改项目3项。完成全市工业企业技术改造专项资金申报工作，成功为傲森尔装具、环亚设备、中信渤铝等3家企业技术改造项目争取省级技改扶持资金265万元。为傲森尔装具、环亚设备、海东青食品、尼特智能科技等4家企业争取市级技改扶持资金170万元。5家企业获区级技改扶持资金50万元。

2012年海港区规模以上工业企业办科技机构情况一览表

表4-1

	机构数（个）	机构人员（人）				机构经费支出（万元）	仪器和设备原价（万元）
		合计	博士毕业	硕士毕业	本科毕业		
总计	6	662	8	35	298	6389	6752.9
一、按企业规模分组							
大型	1	24		9	15	2.5	5
中型	2	503	1	10	195	4072.6	6563.5
小型	3	135	7	16	88	2313.9	184.4
二、按隶属关系分组							
中央	1	24		9	15	2.5	5
地（区、市、州、盟）	2	503	1	10	195	4072.6	6563.5
其他	3	135	7	16	88	2313.9	184.4
三、按登记注册类型分组							
内资企业	4	186	7	20	124	1818.4	207.6
有限责任公司	1	24		9	15	2.5	5
其他有限责任公司	1	24		9	15	2.5	5
股份有限公司	2	103	6	10	68	1055.9	127
私营企业	1	59	1	1	41	760	75.6
私营有限责任公司	1	59	1	1	41	760	75.6
港、澳、台商投资企业	2	476	1	15	174	4570.6	6545.3
合资经营企业（港或澳、台资）	1	464	1	10	167	4070.6	6535
港、澳、台商投资股份有限公司	1	12		5	7	500	10.3
四、按国民经济行业大类分组							
制造业	5	638	8	26	283	6386.5	6747.9

续表 4-1

	机构数（个）	机构人员（人）				机构经费支出（万元）	仪器和设备原价（万元）
		合计	博士毕业	硕士毕业	本科毕业		
非金属矿物制品业	2	503	1	10	195	4072.6	6563.5
专用设备制造业	3	135	7	16	88	2313.9	184.4
电力、热力、燃气及水生产和供应业	1	24		9	15	2.5	5
电力、热力生产和供应业	1	24		9	15	2.5	5
五、按企业控股情况分组							
国有控股	1	24		9	15	2.5	5
私人控股	3	162	7	11	109	1815.9	202.6
港澳台商控股	2	476	1	15	174	4570.6	6545.3

2012 年海港区规模以上工业企业技术获取和技术改造情况一览表

表 4-2

	技术改造经费支出（万元）
总计	7990.9
一、按企业规模分组	
中型	7990.9
二、按隶属关系分组	
地（区、市、州、盟）	7990.9
三、按登记注册类型分组	
内资企业	3755.8
股份有限公司	3755.8
港、澳、台商投资企业	4235.1
合资经营企业（港或澳、台资）	4235.1
四、按国民经济行业大类分组	
制造业	7990.9
非金属矿物制品业	7990.9
五、按企业控股情况分组	
私人控股	3755.8
港澳台商控股	4235.1

2012 年海港区规模以上工业企业新产品开发、生产及销售情况一览表

表 4-3

指标名称	新产品开发项目数（项）	新产品开发经费（万元）	新产品产值（万元）	新产品销售收入（万元）	
					出口
总计	37	5046.1	48465.4	44363	15235
一、按企业规模分组					
大型	2	87.2			
中型	17	2728.1	40713	43247	15235
小型	18	2230.8	7752.4	1116	
二、按隶属关系分组					
中央	3	99	174	242	
地（区、市、州、盟）	16	2716.3	40539	43005	15235
其他	18	2230.8	7752.4	1116	
三、按登记注册类型分组					
内资企业	28	2000.2	15807.4	9239	
国有企业	2	88.8	174	242	

续表 4-3

指标名称	新产品开发项目数（项）	新产品开发经费（万元）	新产品产值（万元）	新产品销售收入（万元）	
					出口
有限责任公司	1	10.2			
其他有限责任公司	1	10.2			
股份有限公司	23	1567.1	14544.4	7923.9	
私营企业	2	334.1	1089	1073.1	
私营有限责任公司	2	334.1	1089	1073.1	
港、澳、台商投资企业	9	3045.9	32658	35124	15235
合资经营企业（港或澳、台资）	8	1995.3	32658	35124	15235
港、澳、台商投资股份有限公司	1	1050.6			
四、按国民经济行业大类分组					
制造业	35	4958.9	48465.4	44363	15235
皮革、毛皮、羽毛及其制品和制鞋业	1	11.8	174	242	
非金属矿物制品业	16	2716.3	40539	43005	15235
专用设备制造业	18	2230.8	7752.4	1116	
电力、热力、燃气及水生产和供应业	2	87.2			
电力、热力生产和供应业	2	87.2			
五、按企业控股情况分组					
国有控股	3	99	174	242	
私人控股	25	1901.2	15633.4	8997	
港澳台商控股	9	3045.9	32658	35124	15235

【全民创业】 推进创业辅导基地建设进程，指导港城创业中心申报国家中小企业公共服务示范平台，中心有各类企业 70 多家。协助东港镇中小企业孵化基地完善软件服务建设，指导东部临港工业建设投资公司建设中小企业孵化基地，并完成挂牌工作。加强与社会创业人士交流联系，指导成立海港区青年创业者协会，发展企业 30 多家，定期开展培训、创业经验交流等活动。按照 2011 年创业明星奖励办法要求，选定 8 大创业类型创业明星 20 人，发放奖励资金 60 万元，并在市级新闻媒体上宣传报道。向省工经厅推荐创业功臣 1 人、省百强民营企业 2 家、优秀民营企业家 2 人。向市工信局申报秦皇岛创业先锋候选人 2 人，申报市级公共服务平台认定机构 2 家，新创建中小企业辅导基地 1 家。

【中小企业和民营经济发展】 指导玻璃及深加工产业集群技术服务中心申报省中小企业公共技术服务平台。开展人才培训活动，组织辖区企业家参加省中小企业局举办的第 2 期品牌建设人才培训班；与秦皇岛企智企业管理咨询有限公司合作建设海港区中小企业培训基地；组织全区企业家参加市工信局举办的高级工商管理研修班；实施中小企业银河培训工程，组织辖区企业参加省中小企业局主办的第六届中小企业高校毕业生人才招聘会。全年培训企业管理人员 800 多人次、企业技术骨干 1500 多人次。组织辖区企业参加 2012 年中国东北环渤海地区中小企业“专、精、特、新”产品技术展览洽谈会，组织德邦玻璃钢申报省级中小微型企业专项资金 10 万元；为港城创业中心、中国建材检验认证集团秦皇岛有限公司、德邦玻璃钢争取省级中小企业扶持资金 55 万元；为耀新玻璃、科力汽车零部件、视听机械研究所、亿维玻纤、中小企业孵化基地项目、海港区中小企业培训基地项目、玻璃及其深加工产业集群平台建设项目、秦皇岛银通担保有限公司等单位争取市级中小企业扶持资金 110 万元。接待省工信厅对口帮扶企业工作组到辖区 2 家代表性企业走访、调研。完成省中小微企业生存状况和政策落实情况调查问卷工作，整理分析调查问卷30份。

【贷款融资】 开展银企对接工作，建立银企对接机制，加强银、企、保之间的沟通联系，推动三方深化认识、紧密对接、扩大合作。调研有资金缺口的大型企业，谋划与河北省渤海银行联合为企业解决融资难题。全年有9家担保公司为辖区企业担保融资4.92亿元。对辖区担保公司月度、季度报表情况进行跟踪监管，并对有关数据进行审核汇总上报。对8家区属融资性担保公司进行合法合规经营和风险因素检查。完成百佳和瑞银小额贷款公司的联审和公示工作，完成金融办文件资料移交、部分担保公司更名和高管人员材料审核工作。

【工业企业对标工作】 组织召开全区工业企业对标行动动员大会，制订《2012年工业企业对标行动工作要点》。组织辖区25家企业负责人参加市工信局组织召开的工业企业对标活动质量管理培训班。推荐市级工业对标示范企业2家。

重点企业

【秦皇岛耀优工程玻璃有限公司】 2001年成立，位于海港区北部工业区环月街15号。是持有自营进出口权的私营玻璃深加工企业，公司总投资1亿多元，占地面积3万多平方米，有员工200人，其中高级技术人员15人，行政管理人员80%具有大学学历。公司引进国际、国内先进技术和装备，包括离线Low-E镀膜生产线、BOTTERO全自动切割机、TAMGLASS钢化炉生产线，韩江中空玻璃生产线和汉东预处理设备等，产品结构齐全，覆盖Low-E镀膜、钢化、中空、夹层、防火、防弹等多种产品，其中离线Low-E种玻璃产能达200万平方米，其他各类加工产品产能达150万平方米。公司同时经销和代理全国各大玻璃生产企业的浮法玻璃、超白玻璃、银镜玻璃、在线低辐射Low-E玻璃等，包括AGC、旭硝子、深南玻、耀华玻璃、山东金晶等知名玻璃企业产品。公司产品远销美国、加拿大、阿联酋、俄罗斯、伊朗、津巴布韦等30多个国家以及国内各大城市，市场占有率逐年提高。年内实现总产值2618万元，同比增长7%。

【秦皇岛鸿德天鼎铸造机械有限公司】 2007年从宁波迁至开发区，在开发区注册，2010年在北部工业区开工建设，位于海港区西港北路62号。租用华叶电机院内1600平方米厂房，是专业生产铝合金低压铸造机、重力铸造机、自动浇铸线以及铸造附属设备的企业。拥有多名从事铝合金铸造设备研制、开发和生产的高级技术人员，尤其主要工程技术人员属于国内最早一批专业从事汽车铝轮毂铸造工艺及设备研究的人员。具备铝合金铸造设备的开发、制造、改造工程、技术输出、模具制造、设备安装、维修维护等服务的综合能力。深入剖析英国PULUM、意大利LPM、美国EMPER、德国GIMA、中国台湾等国家和地区的多种低压、重力铸造设备，通过对设备的优化改造和改进，成功开发研制出国内最早的以德国GIMA机型为蓝本的高性能低压铸造机。年内实现总产值3123万元。

【秦皇岛华科煤矿机械有限责任公司】 位于海港区东港北路99号。是专业生产煤矿机械产品企业，有近30年的煤机生产历史。内设有技术研发部、销售经营部、生产部、质量检验部等部门，设机械加工、铆焊、装配、金属热处理等车间，公司集产品研发、制造、销售为一体，是原煤炭工业部的定点企业，具有雄厚的产品制造和机械加工能力，产品遍布全国各地，并远销俄罗斯。主要产品有刮板输送机、刮板给料机、重型刮板机、铸石刮板机、斗式提升机、矿车、煤泥搓和机、给煤机、推车机、阻车器、摇台、闸门、跳汰机、浮选机、矿浆准备器、悬臂桥式起重机。公司品牌“秦煤机”是国内知名品牌。产品广泛应用于煤炭、选煤、冶金矿山、电力、化工等行业，配套到许多国家重点工程项目。刮板输送机是公司的主导产品，占公司销售额的90%以上，产品市场占有率在国内同类产品中名列第一。年内实现总产值1.07亿元，同比增长8.6%。

2012 年海港区工业企业主要经济指标（区属）情况一览表

表 4-4

单位：千元

	企业单位数（个）	亏损企业	工业总产值（当年价格）	工业销售产值（当年价格）	资产总计	负债合计	营业收入	营业税金及附加	利润总额	利税总额	全部从业人员年平均人数（万人）
总　计	42	14	13969097	13853947	19885920	##########	##########	59596	##########	##########	18701
一、按登记注册类型分组：											
内资企业	31	9	10828297	10747583	12611606	7382499	11058832	33543	-38668	240003	13134
国有企业	7	1	8465567	8388558	8993730	5412877	8647443	20228	33174	249543	7390
中央企业	3	1	7407049	7398451	6591025	4166616	7447640	17319	-3962	185729	4392
地方企业	4	0	1058518	990107	2402705	1246261	1199803	2909	37136	63814	2998
集体企业	0	0	0	0	0	0	0	0	0	0	0
股份合作企业	0	0	0	0	0	0	0	0	0	0	0
联营企业	0	0	0	0	0	0	0	0	0	0	0
国有联营企业	0	0	0	0	0	0	0	0	0	0	0
集体联营企业	0	0	0	0	0	0	0	0	0	0	0
国有与集体联营企业	0	0	0	0	0	0	0	0	0	0	0
其他联营企业	0	0	0	0	0	0	0	0	0	0	0
有限责任公司	7	3	910986	911951	1968002	1083095	1042528	9856	-26354	9813	3100
国有独资公司	1	1	431450	415735	1014496	456138	514431	5875	-30702	-15930	1054
其他有限责任公司	6	2	479536	496216	953506	626957	528097	3981	4348	25743	2046
股份有限公司	2	1	206692	219294	437731	186768	212729	847	-18010	-9403	750
私营企业	15	4	1245052	1227780	1212143	699759	1156132	2612	-27478	-9950	1894
私营独资企业	2	0	64205	69496	84778	59945	69595	243	2839	5103	296
私营合伙企业	0	0	0	0	0	0	0	0	0	0	0
私营有限责任公司	12	3	1005588	983025	726032	490306	897433	2286	28343	43231	1384
私营股份有限公司	1	1	175259	175259	401333	149508	189104	83	-58660	-58284	214
其他企业	0	0	0	0	0	0	0	0	0	0	0

续表 4-4

单位：千元

	企业单位数（个）	亏损企业	工业总产值（当年价格）	工业销售产值（当年价格）	资产总计	负债合计	营业收入	营业税金及附加	利润总额	利税总额	全部从业人员年平均人数（万人）
港、澳、台商投资企业	4	2	1033030	985045	4027374	3179205	1219395	3710	−144998	−126711	3091
合资经营企业（港或澳、台资）	2	2	530714	488749	3436644	3026349	706798	1465	−193643	−189834	2581
合作经营企业（港或澳、台资）	0	0	0	0	0	0	0	0	0	0	0
港澳台商独资经营企业	1	0	353558	347538	85974	89612	360906	65	27499	27801	110
港澳台商投资股份有限公司	1	0	148758	148758	504756	63244	151691	2180	21146	35322	400
其他港澳台商投资企业	0	0	0	0	0	0	0	0	0	0	0
外商投资企业	7	3	2107770	2121319	3246940	2116549	2224285	22343	−625244	−587697	2476
中外合资经营企业	2	0	180636	175193	397481	301108	181113	22140	19026	54706	426
中外合作经营企业	0	0	0	0	0	0	0	0	0	0	0
外资企业	5	3	1927134	1946126	2849459	1815441	2043172	203	−644270	−642403	2050
外商投资股份有限公司	0	0	0	0	0	0	0	0	0	0	0
其他外商投资企业	0	0	0	0	0	0	0	0	0	0	0
二、按经济组织类型分组											
独资企业	15	4	10810464	10751718	12013941	7377875	11121116	20739	−580758	−359956	9846
国有企业	7	1	8465567	8388558	8993730	5412877	8647443	20228	33174	249543	7390
集体企业	0	0	0	0	0	0	0	0	0	0	0
私营独资企业	2	0	64205	69496	84778	59945	69595	243	2839	5103	296
港澳台商独资经营企业	1	0	353558	347538	85974	89612	360906	65	27499	27801	110
外资企业	5	3	1927134	1946126	2849459	1815441	2043172	203	−644270	−642403	2050
合作、合伙企业	0	0	0	0	0	0	0	0	0	0	0
股份合作企业	0	0	0	0	0	0	0	0	0	0	0
国有联营企业	0	0	0	0	0	0	0	0	0	0	0
集体联营企业	0	0	0	0	0	0	0	0	0	0	0
国有与集体联营企业	0	0	0	0	0	0	0	0	0	0	0
其他联营企业	0	0	0	0	0	0	0	0	0	0	0

续表 4-4

单位：千元

	企业单位数（个）	亏损企业	工业总产值（当年价格）	工业销售产值（当年价格）	资产总计	负债合计	营业收入	营业税金及附加	利润总额	利税总额	全部从业人员年平均人数（万人）
私营合伙企业	0	0	0	0	0	0	0	0	0	0	0
合作经营企业（港或澳、台资）	0	0	0	0	0	0	0	0	0	0	0
中外合作经营企业	0	0	0	0	0	0	0	0	0	0	0
其他企业（内资）	0	0	0	0	0	0	0	0	0	0	0
其他港澳台商投资企业	0	0	0	0	0	0	0	0	0	0	0
其他外商投资企业	0	0	0	0	0	0	0	0	0	0	0
股份有限公司	4	2	530709	543311	1343820	399520	553524	3110	-55524	-32365	1364
股份有限公司（内资）	2	1	206692	219294	437731	186768	212729	847	-18010	-9403	750
私营股份有限公司	1	1	175259	175259	401333	149508	189104	83	-58660	-58284	214
港澳台商投资股份有限公司	1	0	148758	148758	504756	63244	151691	2180	21146	35322	400
外商投资股份有限公司	0	0	0	0	0	0	0	0	0	0	0
有限责任公司	23	8	2627924	2558918	6528159	4900858	2827872	35747	-172628	-82084	7491
国有独资公司	1	1	431450	415735	1014496	456138	514431	5875	-30702	-15930	1054
私营有限责任公司	12	3	1005588	983025	726032	490306	897433	2286	28343	43231	1384
合资经营企业（港或澳、台资）	2	2	530714	488749	3436644	3026349	706798	1465	-193643	-189834	2581
中外合资经营企业	2	0	180636	175193	397481	301108	181113	22140	19026	54706	426
其他有限责任公司	6	2	479536	496216	953506	626957	528097	3981	4348	25743	2046
三、在总计中：亏损企业	14	14	3279318	3215593	8448957	5887829	3475228	8826	-994258	-962516	6912
在总计中：国有控股企业	9	2	9166107	9073383	10644388	6298403	9430964	29526	4416	251777	9732
在总计中：农村工业	0	0	0	0	0	0	0	0	0	0	0
在总计中：轻工业	0	0	0	0	0	0	0	0	0	0	0
重工业	0	0	0	0	0	0	0	0	0	0	0
在总计中：大型企业	2	0	7536658	7469953	7271436	4057967	7593354	18833	40482	246894	3904
中型企业	13	6	3923361	3844952	9999274	7353515	4294275	34436	-854204	-773478	10993
小型企业	27	8	2509078	2539042	2615210	1266771	2614883	6327	4812	52179	3804
微型企业	0	0	0	0	0	0	0	0	0	0	0

表 4-5

2012 年海港区区属规模以上工业企业主要产品产量情况一览表

产品名称	计量单位	本年累计生产量
饲料	万吨	8349
其中：配合饲料	万吨	8349
精制食用植物油	万吨	39590.4
罐头	万吨	481.5
饮料酒	万千升	83362.4
啤酒	万千升	83362.4
服装	万件	149.9
梭织服装	万件	149.9
衬衫	万件	149.9
单色印刷品	万令	109618.5
多色印刷品	万对开色令	121011.7
初级形态的塑料	万吨	9283
塑料制品	万吨	1283
泡沫塑料	万吨	1283
商品混凝土	万立方米	101081.5
平板玻璃	万重量箱	5879818
钢化玻璃	万平方米	210807.6
夹层玻璃	万平方米	98993.4
中空玻璃	万平方米	322296.7
纤维增强塑料制品	万吨	2895
铸钢件	万吨	607.3
钢材	万吨	74003
中板	万吨	18055
其他钢材	万吨	55948
用外购国产钢材再加工生产的钢材	万吨	74003
铝材	万吨	91583.5
民用钢质船舶	万载重吨	5808
自来水生产量	亿立方米	5523

表 4-6

2012 年海港区在地规模以上工业企业主要产品产量情况一览表

产品名称	计量单位	本年累计生产量
饲料	万吨	8349
其中：配合饲料	万吨	8349
精制食用植物油	万吨	237153.4
罐头	万吨	481.5
食品添加剂	万吨	164682.7
饮料酒	万千升	83362.4
啤酒	万千升	83362.4
服装	万件	187.9
梭织服装	万件	187.9
西服套装	万件	38
衬衫	万件	149.9
皮革服装	万件	45472
天然毛皮服装	万件	4103
单色印刷品	万令	109618.5
多色印刷品	万对开色令	121011.7

续表 4-6

产品名称	计量单位	本年累计生产量
石油沥青	万吨	580575
涂料	万吨	1822
初级形态的塑料	万吨	9283
化学药品原药	万吨	2.8
塑料制品	万吨	35977
泡沫塑料	万吨	1283
商品混凝土	万立方米	101081.5
石膏板	万平方米	2585
平板玻璃	万重量箱	10312045
钢化玻璃	万平方米	6194583.5
夹层玻璃	万平方米	2571800.4
中空玻璃	万平方米	322296.7
日用玻璃制品	万吨	188
纤维增强塑料制品	万吨	2895
耐火材料制品	万吨	11479
铸铁件	万吨	50716.5
铸钢件	万吨	607.3
钢材	万吨	662974
特厚板	万吨	10212
厚钢板	万吨	260317
中板	万吨	332673
冷轧窄钢带	万吨	3824
其他钢材	万吨	55948
用外购国产钢材再加工生产的钢材	万吨	77827
铝合金	万吨	138861.6
铝材	万吨	94766.5
钢丝	万吨	8537
钢丝绳	万吨	1420.9
钢绞线	万吨	18468.3
铸造机械	万台	26
滚动轴承	亿套	579
包装专用设备	台	11
金属冶炼设备	吨	35274.3
模具	万套	535
改装汽车	万辆	1949
民用钢质船舶	万载重吨	5808
交流电动机	万千瓦	369705.3
变压器	万千伏安	67071
高压开关设备（11 万伏以上）	万台	1469
电力电缆	万千米	3517
电光源	万只	86
发电量	亿千瓦小时	958741.2
其中：火力发电量	亿千瓦小时	958741.2
自来水生产量	亿立方米	5523

（杨继明）

邮政通信业

YOUZHENGTONGXINYE

YOUZHENGTONGXINYE

邮政业

【概况】 2012年，邮政业务收入2.75亿元，同比增长12.4%。全年发送函件1108.8万件，同比增长1倍。发送报刊4885万份，同比增长21.1%。完成省公司下达的收支差额预算目标和各项通信质量指标。全员劳动生产率达13.75万元，同比增长11%，在岗职工人均收入同比增长13.93%。年内，市邮政局获市级民主评议优秀单位，市、县两级全部建成AAA劳动关系和谐企业。市局工会被省总工会授予职工文化工作先进单位。

【企业运营管理】 强化网路运行组织，全年分拣封发邮件1739万件，转运邮件230万袋捆，网上信息分拣及时率达到100%，实现邮件丢失损毁率为零、机要邮件总包失密丢损率为零的工作目标。加大安全技防投入，全年投入资金104.36万元，完成金融网点监控联网，加装入侵报警器30台（套），加装护栏、防弹玻璃272平方米，维修防尾随门32处。

【企业改革】 推进管理体制机制建设，落实省公司精简机构要求，撤销信息技术局、车辆管理中心、后勤服务中心，其管理职能分别并入市场经营部、综合办公室。完善营销员及营销体系相关管理办法，扩充营销队伍，加大营销员奖励力度，实施函件专业营销员竞聘，建立营销精英联谊会制度，畅通营销员奖励和晋升渠道。出台《员工年度绩效按季营销积分考核办法》。有营销团队15个，营销人员150人，占全部从业人员的10.8%，实现营销业绩2472万元，占全市邮政业务收入（不含金融）的32.33%。全市用邮万元以上协议大客户588户，全年用邮4094万元，占全市邮政业务收入（不含金融）的53.54%。

【综合能力建设】 增强营投平台综合服务能力。6月，推进营投平台星级服务窗口创建工作，全区评出一星级窗口41个。增加车辆，提高大户段车辆化水平，理顺商包投递作业组织；组建函件精品投递队伍，探索商业化、个性化投递新模式。提升渠道能力建设。推进分销渠道建设，完成农邮乐渠道网点改造60处，其中直营店18处、加盟店42处。推进全民服务站建设，建成A类便民服务站26处、B类便民服务站1004处。装修建设市局集邮专卖店，年内实现收入130万元；布设助农取款设备1台，建设酒水直营店1处。强化信息技术支撑能力。以技术手段搭建经营管理信息平台，开发金融业务竞赛、员工营销积分、储蓄安全运行等统计查询管理系统。完成营业信息管理系统、邮政金融会计处理系统、全省信息联播网工程等6个系统的上线和建设工作。

（秦　志）

通信业

【中国移动通信集团河北有限公司秦皇岛分公司】 位于海港区建设大街247号，下设市场经营部、集团客户部、网络部、人力资源部、财务部、综合部、党群工作部、企业管理部等8个部门，采购供应中心、业务支撑中心等2个直属中心，海港区、开发区等2个市内营销中心，以及山海关、北戴河、昌黎、抚宁、卢龙、青龙等6个县级分公司。公司主要从事移动话音、数据、IP电话、多媒体及互联网接入业务，拥有全球通、神州行、动感地带等客户品牌。有员工1204人，大专以上学历占81.89%。2G网络容量达360多万户，TD网络容量达30多万户，客户数达203万户，连续多年保持全市“纳税大户”与纳税信用等级A级荣誉。向用户推出畅享移动福生活、千与千寻、再迎巅峰等系列活动。推出移动微博、手机导航、移动MM等新业务；拓展服务渠道，全市营业网点达2900多个，城市居民1000米内可方便办理移动业务，98%的农村居民不出村可享受移动服务；电子服务渠道功能日益强大，85%的业务均可通过网上营业厅、10086、短信营业厅等电子渠道办理。丰富无线政务、无线产业、无线生活等多领域移动信息化产品内容，为建设智慧旅游岛做贡献。年内，公司累计投资4.62亿元，完成GSM、TD、网优、传输、数据、WLAN等各类工程项目30多个，其中重点对GSM和WLAN网络加大投资力度，加强对城区和高校区域的网络覆盖，持续关注偏远农村网络通信问题，有效提升客户网络通话感知。圆满完成女拳世锦赛、汛情保障、集团会议、高校迎新、中共十八大、现代杯国际足球邀请赛等保障任务，为其他各类重要节日群体活动提供通信保障，高标准完成涉暑工作任务。

【中国电信集团公司秦皇岛市分公司】 位于秦皇西大街 102 号，成立于 2003 年 2 月 18 日，隶属于中国电信集团河北省分公司，注册资本 2000 万元。公司主要经营电话业务、互联网接入及应用、数据通信、视讯服务、国际及港澳台通信等多种类综合信息服务，满足国际、国内客户的各种通信及信息服务的需求。2012 年，秦皇岛电信资产总额 5.24 亿元，有员工 201 人，下设中港营销中心、开发区营销中心、北戴河分公司等 11 个分支机构。推进“光网城市”的建设，在建及新建小区全部实现光纤入户。固网累计完成投资近 1 亿元，新增布线 20 万户，其中农村就新增布线 10 万户，完成 AD 小区光改 2.7 万户。3G 网络投资完成 4000 多万元，其中宏基站投资 2600 多万元，室内分布投资 1400 万元。全年新增基站 50 多套，基站总数达 700 多个，3G 移动网络覆盖进一步加强，移动网络质量在全省名列前茅。围绕旅游立市战略，深化战略转型，推动规模发展，强化管理、改善服务，公司整体运行稳中有升，各项业务发展平稳向好，特别是行业应用发展中，公司通过建立市场化的创新机制，打造行业应用的自有核心能力，数字医院、司法 E 通、智慧工商等项目落地生根。为提升市民的信息意识，举办多期面向百姓的秦皇岛 3G 辅导周末大讲堂活动，听课人数不断增加，逐步成为智能机用户学习 3G 业务交流使用心得的好助手。承办“天翼助力工业信息化发展——中国电信信息化应用论坛”。

（秦　志）

商贸　旅游业

SHANGMAOLVYOUYE

SHANGMAOLVYOUYE

商贸综述

【概况】落实"促消费、保增长"的政策，强化市场监管、改善消费环境、完善流通体系，拓展工作职责，较好完成全年工作任务。实现在地口径社会消费品零售总额214.82亿元，同比增长15.1%；实现区属社会消费品零售总额190.4亿元，同比增长15.1%。市场建设稳步有序发展，成交额超亿元的市场有7个，成交额59.18亿元，同比增长1.1%。定点屠宰企业日常监管逐渐规范，私屠滥宰行为得到有效控制；酒类流通市场的监管力度不断加大，违法销售酒类行为得到有力打击；"万村千乡市场工程"建设有序发展，形成以家惠、艾欣为配送中心、76家农家店为基础的城乡一体化流通网络。早餐工程形成以红太阳餐饮公司为主办企业，以达标店、特色门店等基础门店和社区食堂为基础，以电力流动早餐车为补充的早餐工程格局。

【国内贸易】全年实现在地口径社会消费品零售总额214.82亿元，同比增长15.1%。从行业分类上看，批发业实现零售额29.23亿元，同比增长19.3%；零售业实现零售额162.07亿元，同比增长14.5%；住宿业实现零售额3.8亿元，同比增长9%；餐饮业实现零售额16.83亿元，同比增长15.2%。市场建设稳步有序发展，成交额超亿元的市场有7个，成交额共计59.18亿元，同比增长1.1%。全年实现区属社会消费品零售总额190.4亿元，同比增长15.1%。从行业分类上看，批发业实现零售额27.92亿元，同比增长15.9%，其中限额以上企业实现零售额14.8亿元，同比增长6.8%。零售业实现零售额142.13亿元，同比增长14.9%，其中：限额以上企业实现零售额60.05亿元，同比增长0.8%。住宿业实现零售额2.9亿元，同比增长14.9%，其中：限额以上企业实现零售额1.45亿元，同比增长6.8%。餐饮业实现零售额17.44亿元，同比增长15.3%，其中限额以上企业实现零售额2.5亿元，同比下降0.7%。

【对外贸易】全年区属出口总额6202万美元，同

2012年海港区社会消费品零售总额情况一览表

表5-1　　单位：万元

项　目	金　额		
	2012年	2011年	2012年比2011年+-%
社会消费品零售总额	1904007	1654220	15.1
一、按销售单位所在地分	1900391	1635924	16.2
1、城镇	1900391	1635924	16.2
其中：城区	3616	18296	-80.2
乡村			
二、按行业分	279215	240942	15.9
1、批发业	148039	138583	6.8
限额以上	131176	102359	28.2
限额以下	1421312	1236663	14.9
2、零售业	600533	595917	0.8
限额以上	820779	640746	28.1
限额以下	29053	25280	14.9
3、住宿业	14530	13610	6.8
限额以上	14523	11670	24.4
限额以下	174427	151335	15.3
4、餐饮业	24925	25102	-0.7
限额以上	149502	126233	18.4
限额以下			

比增长 30.1%；区属直接利用外资 2.17 亿美元，同比增长 37.5%；新批利用合同外资项目 3 个。

市场建设与管理

【概况】 坚持“一手抓建设，一手抓管理”，通过新建高标准市场、改造老旧市场、规范管理行为、完善服务功能，推动管理向服务转变，各项工作扎实有序开展，全年交易额再创新高，实现交易额 17.19 亿元，同比增长 13%。

【市场建设】 围绕“建好市场、服务百姓”的工作目标，制订海港区《2012 年市场建设规划方案》及《2012 ~ 2014 年市场建设规划方案》。全年完成市场建设项目 2 个，分别是张庄便民市场、啤酒消夏广场；完成市场主体建设项目 3 个，分别是森林逸城市场、南李庄市场、燕山小市场。推进社区便民市场建设项目。完成河涧里、军工里等 23 个社区便民市场建设。对马坊市场、天开市场、港北市场等 14 个老旧市场进行改造升级，改造市场门头、粉刷墙体、统一台案等，改善原有市场经营环境，提升市场整体形象。落实标准化菜市场的市场建设扶持工作，争取上级市场建设改造资金 530 万元；实际利用内资 560 万元，完成全年目标任务的 120%。

【市场管理】 围绕市场管理的重点工作，强化制度建设，提升人员素质，构建和谐、安全、整洁、有序的农贸市场环境。出台《市场管理人员行为规范》，规范市场管理人员行为；完善管理体系，推行目标管理责任制，定期进行考核，推动管理工作逐步向理性、科学、精细和规范的方向发展;优化市场环境，严格市场内的卫生管理，规范市场内部摆放，整顿市场周边秩序，规范经营户的经营行为；推行先行赔付制度，重点打击欺行霸市、打骂顾客、强买强卖等现象，维护消费者权益；推进取缔马路市场工作，取缔搬迁西大坑早市等马路市场。

【食品安全】 加强日常监管工作，建立完善安全监管责任网络，食品安全监管工作实现监管网络和综合监管能力新突破。严格内部管理，做好专项治理和日常检查。在基层市场所建立健全索证索票和购销台账制度，加强各市场之间的配合、协作、衔接，发现情况及时沟通、解决，做到食品安全运行机制上下畅通，形成食品安全监管责任网络，使不合格食品无处藏身。全年组织开展食品安全专项检查工作 17 次，专项整治活动 7 次，食品安全宣传活动 4 次，辖区内封闭、半封闭市场全部达到食品安全基本要求，蔬菜残留农药抽检合格率 98%，28 类食品的 QS 标识率 100%，全年无食品安全事件发生。

2012 年海港区亿元以上商品交易市场成交情况一览表

表 5-2　　单位：万元

单位名称	金额
海阳农副产品批发市场	410000
秦皇岛市旧机动车交易市场	72322
秦皇岛市北方机动车配件交易城	13100
秦皇岛市华运建筑装饰材料城	26700
秦皇岛市果菜批发市场	37200
马坊市场	15441
天桥市场	16991
合计	591754

（张　洋）

商贸行业管理

【概况】 围绕区委、区政府中心工作，紧扣商务职能，落实促消费、保增长政策，从强化市场监管、改善消费环境、完善流通体系入手，拓展工作职责，提升商务工作整体水平。全年实现社会消费品零售总额同比增长 14.8% 。家电下乡工作稳步开展，特色商业街区建设呈现良好发展局面，早餐工程进社区取得良好成效，商务执法深入推进，较好地树立主城区商务执法地位和形象。

【家电下乡】 全区有开通家电下乡销售资格网点38家，全年销售家电下乡产品2.28万台，销售金额5806.2万元，补贴台数6907台，补贴金额219.7万元。下发《海港区商务局关于加强家电下乡后期收尾工作的通知》，要求各企业高度重视，高度警觉，采取有效措施加强家电下乡后期收尾工作，杜绝违规行为发生，切实维护农民利益。对辖区内各家电下乡销售网点进行走访调查，在天洋电器壹号店录制家电下乡宣传片。对1户购买2台相同机型和1户购买多台家电下乡产品的农户进行电话回访和进村入户核查，电话回访率80%，进村入户率35%，未发现骗补现象。

【市场运行监测分析】 全区有生活必需品和重点流通监测企业27家，销售额90.13亿元，同比增长4.4%。对两项监测企业分别实行周、月监测。在8月7～31日和9月30日～10月7日（中秋、十一）双节期间，启动生活必需品和重点流通企业日监测、日报告制度。全年撰写各类监测分析报告64篇，其中被市商务预报网站采纳48篇，被省生活必需品监测网站采纳5篇；工作信息2篇，被省商务网站采纳2篇。“十一”黄金周前期，对全区各大超市粮食、食用油、肉禽蛋、蔬菜等生活必需品的日常储备量进行摸底、调查、汇总，指导企业适当增加耐储存食品的库存量，有序增加商品投放量，保障节日市场的正常供应。9月30日～10月7日，全区27家大型商场、超市实现商品销售额和营业收入6.13亿元，同比增长15.1%。11月11日（光棍节），渤海物流、乐都汇、苏宁电器、国美电器、乐购超市等5家大型重点流通监测企业实现销售额5069.02万元。发展会展经济，助力企业发展。组织广缘超市、家惠超市、家乐福、乐购、求仙岛、海东青、牧羊源、远东礼品、义乌小商品城等30家企业参加第18届中国义乌国际小商品博览会和第21届武汉食品博览会，以广缘超市为代表的企业取得较好的经济效益。在第6届中国山海关国际长城节，组织君鼎、远东、求仙岛、海东青等4家企业充分展示自己的小商品，宣传自己的企业。打造具有区域特色的名优产品，设计并制作《海港区特色文化产品手册》，收录秦皇岛求仙琉璃艺术品、老二位烧饼、天宝斋叉烧肉等地方小吃、特色礼品等商品60多种，设计单位10多个。

【万村千乡市场建设工程】 在农村逐步推行连锁经营，用现代流通方式改造基层商业网点，构建农村消费经营网络。推进万村千乡市场建设工程。原有配送中心2家（家惠、艾欣）、农家店76家，新建高标准农家店2家，其中包括省级重点帮扶的北港镇拦马庄村的农家店。协助建立义乌小商品城商会，健全组织自律机制，明确会员职业道德准则，规范商会自我管理行为，维护行业公平竞争。组织农家店进驻义乌小商品城，开展农产品进城，工业品下乡等活动。通过监督管理，缩短城乡商品流通时间，降低商品零售成本，改善农村市场消费环境，保证农村食品安全。

【稳定市场秩序】 对全区商场、超市等大型零售企业进行检查，各企业对自身存在的各种违规收费问题进行系统的自查自纠，并上报自查自纠结果。下发“零售商自查自纠表”“重点供应商一览表”“零售商收取供应商费用项目一览表”等20多份。组织召开零售商座谈会和供应商协调会，了解零售商与供应商之间的问题，听取供应商对零售商合同签订、收费项目、方法，执行明码标价，以及清理整顿后零售商对修订合同、停止（变更）收费项目、退还（承诺退还）资金等情况的反映，结合有关举报投诉问题，梳理零售商在违规收费方面存在的问题。通过集中检查，各大型零售企业均存在不同程度的违规收取排面费、堆头或端头费、促销管理费、合同续签费等问题，严令各大型商超限期整改，并上报详细整改报告、附单品合同、收费单据等。

【夜经济工作】 加快夜经济发展，改善夜消费环境。斥资对太阳城商圈、东西海岸（浴场）、金街特色商业街、新宝街特色街、银谷商圈、乐都汇等进行亮化整改。太阳城商业区，投资近600万元亮化江东路道德街夜市，并在道德街东口设置户外全彩显示屏；制订强制单向环线行车方案，解决太阳城周边交通秩序混乱、车辆随意停放问题。东、西浴场，实施基础设施完善和安全设施提升工程，规范浴场管理，增配巡逻人员、救生设施等；清理浴场沙滩，对浴场排水设施进行维修养护，增加浴场沙滩休闲娱乐项目和游乐设施。金街，投资700多万元进行商业街整改、亮化，每日客流量8000人次；与金龙地产合作开发中央胜境北部、迎宾路小学南部地段，预计投资1亿元，项目在建。新宝街，着力完善街区业态管理，推进亮化工程，打造精品特色风情街。银谷商圈，进行内部装修整改（包括影院、室内亮化），扩充100多个铺位近3000平方米，整体面积达1万多平方米，每晚客流量达2万人次，将闲置的东西两侧列入整体规划，东侧规划为运动体育区、西侧为娱乐区、中间为休闲购物区、楼梯东西两侧为餐饮区，为广大市民和游客提供吃、购、玩一站式服务。乐都汇（包括Tesco乐购、金逸影城和乐食汇）是集购物、餐饮、休闲、娱乐为一体大型购物中心，每日客流量3万人次，高峰期日客流量近5万人次。Tesco乐购超市营业时间为早8:30到晚9:30，每年平均投入340多万元设置10条免费公交线路方便消费者出行购物；为方便外国游客，专设休息区、双语导购、广播等人性化设施，超市每天日销售上万种商品，日营业额近60万元。金逸影城夜场营业时间到凌晨2:40，设有专业影音系统、软包座椅，并专设观影通道，定期赠送电影主题玩具、水杯等活动吸引消费者。渤海物流旗下商城、华联、茂业、现代等商场进行局部内部装修、改造，并开展化妆品买赠、品牌打折促销、端午节送粽子夜场等系列活动，拉动市民夜消费。

【对标先进地市管理模式】 因地制宜，打造港城夜经济发展风格。新宝街特色街对标北戴河保二路街区风格和管理模式，进行新建和管理。三大“夜市”对标先进省、市管理模式，实行统一亮化、规范管理，在小吃摊群实行“三白两防一化”（即白帽子、白大褂、白套袖，防蝇罩、防尘罩，垃圾袋装化）。管理人员每天对市场治安、经营秩序进行巡查，确保安全。对下岗职工、近郊农户、残疾、特困人员落实系列减、免优惠政策。

【早餐工程】 推进早餐工程的开展，多次走访街道、社区，听取意见，改进办法，调动多方力量投入早餐工程建设。以早餐工程为标杆带动整个行业的跨越式发展，早餐门店数量显著增加，以电动早餐车为补充的模式得以延续发展。建成燕山一社区食堂、建安里社区食堂、在水一方社区食堂、西港路社区食堂、港城大街古城包子、东华北里社区食堂、红太阳面馆和平店、红太阳面馆广场店、盛秦福地早餐店等社区食堂10个。

【畜禽定点屠宰】 建立长效机制，推进市场监管。加强定点屠宰企业日常监管，重要节日和暑期安排专人驻厂，全程监管屠宰流程，保障出厂肉品安全。指定专人负责市场监测，对所有生猪屠宰启用日报表、月报表、定期报表、专项报表等制度，全面了解、掌握猪源和屠宰情况。打击私屠滥宰行为，查处私屠病猪案件4起，罚款金额5.03万元，无害化处理猪肉400公斤。

【酒类监管】 推进酒类流通市场监管。分片对辖区内酒类市场进行监管，查处无证、无随附单和销售假酒的违法行为，联合相关单位对酒类市场进行联合检查。调查走访酒类零售企业4000多家，颁发酒类零售许可证500份。开展高、低端市场的整治，全年查处假酒案30起，无证经营39起，使用他人商标1起，案值18.48万元，没收假冒洋河蓝色经典系列、五粮液酒厂、茅台酒厂、泸州酒厂出厂的个别系列酒和部分侵权酒500多瓶。

【再生资源】 承接再生资源回收管理工作。以节约资源、保护环境为目的，发挥市场机制作用，多次组织辖区内再生资源企业网点负责人座谈，并实地考查，了解再生资源回收企业及个人注册情况，并逐家通知办证、换证相关事宜。伟耀废旧金属回收有限公司、环盛废旧物资回收有限公司、鑫田废旧物资回收有限公司等大型企业已初具规模。全年办理、下发再生资源回收经营备案登记证书104份，确保再生资源回收企业经营合理、合法化。

（杨常凯）

粮油流通

【概况】 区粮食局有职工25人；局属企业1个，即秦皇岛茂泽省级粮食储备有限公司。2012年，加强粮食宏观调控基础工作，依法推进管粮进程，开创新形势下粮食工作的新局面。抓好粮食清仓查库工作，保证国家粮食安全。4月，完成粮食清仓查库工作并通过省级复查，全面掌握国有及国有控股粮食企业粮食库存情况。

【粮情调查】 认真进行社会粮情调查，掌握全区粮食供需状况，引导企业加大购销。建立价格监测长效机制，跟踪粮油价格波动情况，做好日常粮食市场行情监测工作。开展社会粮食供需平衡调查工作，采取抽样调查方式抽取46户、166人进行调查。推算结果，全区常住人口为57.58万人，共计消费口粮6.22万吨，其中大中专院校学生6.7万人，按在秦皇岛10个月推算消费口粮7908吨；流动人口8.6万人，消费口粮1.2万吨，其中务工人员4.35万人，消费口粮5696吨。2011年度全区城镇居民共消费口粮8.78万吨。粮食供给以省内、外调入为主，非国有粮食经营企业在粮食购销业务中占据主导地位。完成辖区内涉粮企业的最高、最低库存量核定工作。对获得国家、省、市的粮食产业化龙头企业进行摸底调查，认真审核上报数据。

【粮食执法】 全年出动执法人员60多人次，开展日常检查和秋粮收购等专项检查30次，口头警告单位6家。加强放心粮油示范企业、示范店监管。对14家放心粮油示范店的台账、进货索票索证、经营环境及经营面积等情况进行核查，保障消费者食用油消费安全。发展粮食产业化经营，加快粮食现代流通产业发展。以省级粮食储备库为依托，以建立区级储备粮为基础，培育专业粮油批发市场。吸引进场经营的规模粮油经营企业8家。扩大农村内需增长空间，发挥粮食部门自身优势，加强农村粮油服务组织建设，引导和规范粮食企业开展放心粮油进农村、进社区活动，为城乡居民提供安全粮油食品。引导企业加大购销。全年规模粮食经营企业购进成品粮10万多吨。

（张元虹）

供销合作

【概况】 区供销合作社有干部职工22人，辖农业生产资料行业协会、柳春商场、海阳供销社等3个独立核算单位。有农资配送龙头企业1家、农资综合服务站30家、日用消费品连锁网点60个、村级综合服务中心8家、专业合作社9家、行业协会9家。2012年，全区供销工作以服务“三农”为宗旨，攻坚克难，扎实工作，全力推进供销社为农服务工作，圆满完成各项工作任务。实现销售收入7100万元，实现利润16万元。被市供销合作社评为综合业绩考核先进单位。

【企业管理】 区“农合联”发展专业合作社9家、行业协会9家，入社农户1000多户。举办“农合联”培训班3期，培训人员2000人次。做好测土配方施肥工作，深入各协会采集土样，进行测土实验，帮助农民科学施肥用肥，提高农民科学施肥意识。完善提高《海港区农民合作经济组织联合会会刊》，向农民宣传党在农村的相关政策，发布病虫害防治、田间管理、技术咨询等方面的信息。

【农资供应】 农业生产资料公司是海港区供销合作社为农服务的龙头企业，有会员52个、农村综合服务站30家。与各大生产厂家建立稳定的货源支撑体系，减少流通环节，最大限度降低农资流通成本。农技人员深入农资供应第一线，了解检查农资货源到位和供应情况，解决农资组织供应中存在的困难和问题。开展便民服务，采取增加经营服务人员、延长营业时间、开展电话预约、送货进村入户、送货到田间地头、商品拆整卖零等便民措施，方便农民购买，保证随到随购。举办玉米新品种推广展示会。推广会以新品展示、品种筛选和高产攻关为主要内容，通过试验和示范，筛选出适宜海港区栽培的优良玉米新品种。

年内，和玉1、郝玉723等4个玉米新品被列为重点推广对象，深受会员及种子经销商的关注。不定期开展农资打假专项整治行动，杜绝假冒伪劣农资商品流入市场，在农资供应网点检查中，未发现“三证”不全、假冒伪劣以及国家禁用产品。全年销售各种化肥2100吨、农膜23吨、农药5吨、种子200吨、农机具3000件。

【项目建设】 组建新型基层供销合作社。在海阳镇、东港镇、西港镇、北港镇和海港镇建立5个新型基层供销合作社。各新型基层供销合作社以直接吸收农民和农民专业合作社及其他经济实体入社入股或利用原基层供销社的固定资产和资金向已经形成规模的农民专业合作社参股的形式结成的新的合作联合体。举办经营管理技能培训会，培训50多人次。

【防汛抢险物资储备】 租用防汛物资储备库1座，面积360平方米，不断增添物资储备种类，建立汛期对物资储备责任单位的半月检查制度。汛期，全区连降大到暴雨，区内多数地区和道路水淹严重。区供销社迅速启动防汛物资储备应急预案，保证24小时通讯畅通，确保防汛物资随时调运，保障抢险需要。向北港镇、东港镇、西港镇、海阳镇、海港镇、城管局、北部工业区、临港物流园区、区委驻南王庄工作组、区防汛办、市政处等11家单位调运防汛物资塑料薄膜250公斤、铅丝550公斤、铁锹360把、尖镐85把、编织袋5.61万条、无纺布4000平方米、棕绳50公斤、断线钳2把，总计13.49万元。

（张　楠）

太阳城商业区

【概况】 2012年，太阳城管委会以理念和思路创新为先导，以太阳城升级改造项目为抓手，高点定位，统筹谋划，着力实施太阳城整体形象提升工程，深入推进重点项目建设，圆满完成各项工作任务。

【升级改造】 实施太阳城升级改造工程。聘请国内一流设计单位对太阳城整体形象进行规划包装设计，全面提升商业区功能品位。全年完成重点项目投资700万元，对商业区污（雨）水管网、城区道路路面、楼体亮化设施进行升级改造。铺设雨水管道300米、污水管道400米，新增收水井26个，更换井盖176个，修复路面355米，15个通道口安装折返点250延长米，提升12栋临街楼房的亮化景观设施，发展环境得到显著提升。

【招商引资】 强化招商引资力度，优化创业发展环境，吸引商家企业落户太阳城，完成引进内资任务600万元。太阳城新天地购物广场有限公司商务楼入驻太阳城，新增企业50家；太阳城茂业百货与秦皇岛渤海物流控股股份有限公司完成资产重组，并在中国证监会核准批复后完成相关资产过户、股份发行登记上市等工作。太阳城商气人气逐年攀升，呈现出消费“火”、城区“旺”的良好发展态势。

【城区监管】 创新城区管理，深化信访稳定风险评估机制，全面构建平安城区防控体系。以情报信息为先导，做到知情在先、料变在先、预防在先、底数清、情况明，深入开展矛盾纠纷排查化解活动，一对一落实责任，面对面解难释疑，心贴心化解矛盾，实打实解决问题。加强暑期和中共十八大期间的信访维稳工作，启动奥运级别安保模式，维护辖区安全稳定。

【城区治理】 实施城区精细化管理，推行划街包片责任制，明确目标任务、细化分解责任、层层签订优化环境责任书。实施以“治脏、治乱、治堵、提升城区管理水平”为主要内容的“三治一提”专项整治工程，对城区违规占道经营、户外广告、店外促销、卫生死角、建筑垃圾、小广告等进行集中整治，取缔违规占道经营80多起，整治户外广告牌匾104处，查处各类噪音扰民事件20多起，更换垃圾箱33个，清理辖区杂草11车，清除冰雪垃圾22车；实施绿色环保工程，推行环境卫生门前“五包”责任制，与辖区520家店铺签订责任书；加大保洁设施的资金投入，引进袋装垃圾清运车4辆、拉臂箱3个，更换垃圾箱33个；实施城区商贩固化式管理，增建固定式特色经营棚亭137个，对取缔流动商贩进行妥善安置，全面规范经营秩序。

【安全生产】制订安全生产和消防安全应急预案，组织开展安全生产百日大会战、打非治违、食品安全大检查专项活动。督导商家企业开展消防演练20多次，排查整改安全隐患253项。深化法人代表安全承诺制度，与53家企业签订安全生产目标管理责任书、消防安全责任状。

【宣传工作】落实“旅游立市”战略，突出区位优势，整合宣传资源，强化特色品牌宣传，构建以太阳城中心广场、天洋西厅广场为支撑的宣传平台体系。加强太阳城升级改造、商业区夜经济、暑期工作上水平、干部下基层活动的宣传报道，全年上报信息102篇，报送简报18期。联手商家企业，围绕节庆主题，推出婚纱摄影、汽车展、公益活动等商业文化活动，太阳城整体形象提升。

（范红超）

旅　游

【概况】2012年，全区接待游客478万人，同比增长29%，实现社会旅游总收入39.3亿元，同比增长34%；景区接待142.6万人，同比增长43%，门票收入2558万元，其中秦皇求仙入海处景区实现经营收入660万元，同比增长50%，被评选为秦皇岛市优秀景区、秦皇岛十大景观之一；推荐连峪山庄成功入选秦皇岛十大乡村旅游目的地。全年完成固定资产投资4121万元，利用内资2210万元，完成既定任务；争取省级旅游发展专项资金130万元、市级旅游专项资金183万元，为全区旅游项目开发、基础设施建设提供资金支持。

【项目建设】完工项目。秦皇求仙入海处景区完成建筑外墙粉刷、吊桥维修、旅游厕所改造等基础设施建设；圆明寺、开滦路历史街区完成外装修。开工项目。圆明山森林公园项目，总投资1.53亿元，规划面积100公顷，实施环山道路、石磴道路等基础建设工程，栽植油松、杨树、梨树等乔木2万多株，播种野花组合2万多平方米；连峪山庄项目，总投资3000万元，占地面积133.33公顷，建筑面积3000平方米的游客活动中心主体封顶，总长4000米的连峪河治理工程完成护坡、堤级坝、清淤等工程，长城路、石阶路、山腰停车场等基础工程全部竣工；民族路北延伸二期工程，总投资5.6亿元，总长6.1公里，南段高速立交桥、跨新102国道桥主体完工，北段进行沥青摊铺前基础施工；西浴场综合改造工程，总投资3.55亿元，改造面积66万平方米。世纪港湾购物中心、西部四村开发、秦新大世界重建项目稳步推进，温家洼果园带状绿道、连峪山庄沿河绿道、宝润生态园自行车绿道、汤河带状公园绿道完成道路主体建设。拟开工项目。秦皇皓月城、金三角鑫园片区特色商业街改造、茂业城市综合体、圆明山龙泉国际养老中心、文化路和迎宾路街道景观整治项目正办理有关手续，做好开工前准备工作。

【基础设施建设】海港区旅游咨询服务中心，投资160万，建筑面积200平方米，外立面采取秦汉风格，使用秦皇岛旅游咨询服务体系统一标识，内部进行特色装修装饰，配备电脑、电视、大屏幕、手机加油站、宣传展示台、休闲座椅等服务设施，暑期正式接待游客。东山浴场基础设施提升工程，总投资900万元，对东山浴场旅游综合服务中心进行整体装修改造，更换旅游标识及垃圾筒，对木栈道进行维护检修。海东青旅游购物中心，投资200万元，建设以特色商品加工、展示为主的旅游购物中心。建设生态旅游停车场并完成景观绿化，建旅游餐厅和鲜活产品展售厅并配备相关养殖设施；游客参观通道已完工，具备接待能力。宝润生态园，投资550万元，完善乡村酒店及农家乐体验区，增加停车场2个，制做安装旅游标识20块，建二星级旅游厕所2座、垂钓中心1个，硬化园区外通路3.5公里、园区内步游路2公里。紫云山滑雪场，投资600万元，对游客接待大厅进行升级改造，增建游客休闲厅，建筑面积1000平方米；增加滑雪板等高档滑雪器材400套；建山顶休闲木屋1座、荷兰大风车2个。

【整顿旅游市场】强化安全生产。实施旅游安全生产网格化监督管理，纳入监管体系的景区、星级宾馆和旅行社115家，与辖区管理范围内所有旅游企业签订“2012年度旅游安全生产目标管理责任书”。加强应急预案管理，强化学习、培训、演练，提高对突发事件的快速反应和应急处置能力。严格浴场及周边环境监察，严密关注入海河流水质，推进近岸海域环境综合治理工作。规范市场秩序。落实《秦皇岛市“讲诚信、讲文明”优化旅游市场环境活动实施方案》，组织召开全区优化旅游市场环境暨安全生产工作会议，加大综合整治力度。开展优化旅游市场秩序专项活动，出动检查人员320多人次，检查旅游经营单位128家、旅游团队140个，规范指导辖区旅行社经营17家、限期整改2家、停业整顿1家，查处异地旅行社违规跨地域经营1例，关闭黑社1家，遏制各种非法经营和扰乱市场秩序行为，保护旅游者和旅游经营者合法权益。完善投诉机制。通过公开平台向游客和市场介绍旅游投诉方式和程序，保证旅游投诉电话24小时值班受理，实行首问责任制和限时办结制，确保旅游投诉按时限办结。全年按时办结旅游投诉25起，为游客挽回经济损失5000多元，实现旅游投诉办结率100%，游客满意率100%。

【行业管理】 开展旅游景区质量等级创建、旅游饭店星级标准宣传贯彻等工作，组织培训讲座5次。督导求仙入海处、新澳海底世界等景区对照国家标准完善公共服务设施、提升管理服务质量。指导星级饭店对照标准，改造升级，节能降耗，对二星级饭店硬件设施老化、服务质量下降等问题进行集中整顿，确保二星级饭店全面达标。帮助秦皇国际酒店申报5星并通过验收。在交通集散地、旅游景区、公厕等公共场所设置公共信息标识，在宾馆饭店放置导游图、旅游指南等。在全区旅游行业开展“创先争优”行业评选活动，评选出标兵单位15家和旅游行业先进工作者25人，发挥优秀旅游企业和旅游从业者示范作用，加快旅游业发展，提升整体竞争力。开展民主评议旅游景区活动，发放问卷调查表1500份，按期完成回收、汇总、计算、排名工作，引导、督促涉旅部门围绕游客意见采取措施，加强管理，改进服务，优化旅游发展环境。

【旅游宣传】 组织秦皇求仙入海处开园庆典暨年票启动仪式，开展多种回馈游客及市民活动，借助报纸、电视等媒体加大宣传，持续为旅游市场增温。筹划第九届秦皇望海祈福文化旅游节。乡村旅游点纷纷推出旅游节庆活动，紫云山滑雪场举办紫云山滑雪节；宝润生态园举办春季赏花节，并承接河北省青少年自行车越野赛，为宣传秦皇岛旅游城市形象搭建良好平台。制作旅游项目招商册、景观折页、宣传册等旅游宣传品，编制海港区旅游地图，发放到市区星级酒店。设计制作小版始皇拜海铜像等旅游纪念品，打造旅游文化名片。通过秦皇岛电视台、绿洲酒店大屏幕滚动播放海港区旅游宣传广告，提高产品知名度。利用海港区旅游网站，为大众提供旅游资讯、资源介绍、产品宣传、项目招商等信息，打造海港区旅游宣介服务网上平台，提高旅游服务效率。到北京市、山西省、内蒙古自治区、天津市、辽宁省、黑龙江省和吉林省的有关地区组织开展10多次大型集中宣介活动，强力推销旅游产品；邀请外地旅行社经理600多人到区内参观考察，结成友好合作关系；推广景区年票、套票，落实旅游景区对老年人和学生等特殊人群门票优惠政策，开发网络团购营销产品，全区旅游综合收入实现大跨越。

（段丽颖）

交通运输业

JIAOTONGYUNSHUYE

JIAOTONGYUNSHUYE

公路运营

【概况】 2012年，区交通运输局有职工346人，下设党委办公室、行政办公室、财务科、法规安全办公室、交通战备办公室、武装部、违章处罚办公室、综合信息科等8个科室；有公路管理站、路政管理站、地方道路管理站、客运管理站、运输管理站、机务维修管理站、运政稽查大队、治超检测站等8个站、队；海港联运服务公司、海通修理厂等2个企业。

【公路养护】 辖区内国省干线总里程54.42公里，其中国道25.92公里，省道28.5公里。有农村公路总里程262.23公里，其中乡道88.56公里，村道173.67公里。推进日常养护工作标准化、规范化进程，明确职责分工，强化养护力度，加强检查考核，规范并完善桥梁技术档案，推进特色公路美化绿化等方法，国省干线养护基本达到全天候保洁，路面全天候保洁、路拱适度、排水通畅、路面与路肩分界顺直、醒目，边沟顺畅，桥涵下无淤泥。全年清扫路面1.71万公里；清运垃圾2951立方米；清理、疏通边沟27.2公里；整修内外边坡、平台80.9公里；修补三桩357根；绿化管护111.73公里；修补路面坑槽1789平方米；路面灌缝4500米；维修桥梁2座、567.2米；维修涵洞1道、9.1米；公路粉刷39公里；标线粉刷35.17公里；清理塌方1165立方米。暑期，抢修、抢通因暴雨造成严重破坏的公路，在出海路复线，水毁碎落挡墙600米，挖方744米，回填744米，浆砌片石基础447.48平方米。清理边坡50米，浆砌片石基础279立方米，抹面300平方米，浆砌片石梯形边沟80米，边沟急流槽90米，边坡急流槽3道；在沿海路，水毁恢复746平方米，铺设下水管230米；在出海路中间隔离带硬化2760平方米，保障国省干线安全畅通。

【超限超载治理】 路面执法。加强路面联合执法，依托东港路治超检测站，确保24小时稽查；加强主要路段、路口、出入港口等重要通道及重要桥梁的监控，打击绕行、闯卡、打时间差等违法行为，严格落实80吨以上及超限超载100%以上车辆倒查制度。全年处理双超车辆5031台，卸载货物1.34万吨。将治超检测站改建工程列为年度重点工作，按照全省治超检测点建设要求，谋划新治超检测站点改建方案。5月，新治超检测站改建工程全面开工，8月初完工并投入使用，同时在高速公路东、西两个出口增设2个占地面积6.67公顷和2.67公顷的治超停车卸载场地。按照全市治超工作“春季攻势”行动要求，开展专项整治活动，加大查处力度，组织专人到治超检测站点和源头治超企业开展调研，逐项对照活动要求部署工作，制订工作方案、安排、活动简讯，全力抓好落实，保障活动有效开展，期间处理超限超载车辆1205台次，卸载货物4000多吨。

源头监管。建立全区重点源头治超企业例会制度，加强与各源头治超企业的沟通协调，随时与各企业研究解决工作中存在的问题和困难。组织区交通、公安等部门对辖区内监管的货运企业、场（厂）站等进行拉网式排查，将秦皇岛市新开河港务总公司、秦皇岛兴帮货物仓储有限公司列入第4批重点源头企业，并向社会公示，全区重点源头治超企业扩增至14家。坚持每月对各企业巡查不少于8次，对发现的违规装载行为和不规范经营行为及时进行抄告，下达限期整改通知书。建立源头治超企业黑名单制度，各重点治超源头企业建立健全源头治超组织机构及相关制度，在厂区进出口、磅房等重点地区设立警示牌和告知牌，全部安装出厂（场）计量设备，并建立出场称重装载记录等，超限超载车辆出场（厂）上路行驶现象杜绝，确保源头治超工作落实到位。落实“无双超”示范县工作，公示的14家源头治超企业，“无双超”企业达50%。全区货运车辆超限超载率控制在3%以下，在全省治超落后县整改工作检查中通过省交通运输厅检查组验收。

【农村公路】 开展农村公路管养年活动和“七公开”（年度建设计划公开、建设资金来源公开、招标过程公开、施工过程管理公开、质量监督公开、建设资金使用公开、竣工验收公开）建设工作，向各镇相关负责人介绍“七公开”活动的内容、方式、模式和政策。各镇建立专项档案，将管养工作与地域特点、乡镇规划相结合，做出亮点、树立典型，在资金使用上避免重复浪费。对全区10个帮扶村的道路进行硬化，组织技术人员多次到村内实地勘察和测量，编制硬化道路施工手册，提供技术支持。10月30日，对10个帮扶村主街道硬化工程进行竣工验收，验收委员会实地走访各村主街道，听取审议区交通运输局项目建设执行情况、工程质量检验鉴定情况的报告和驻村工作组、村两委意见的汇报，并对帮扶村街道硬化的主体工程质量、排水和安全等服务设施、建设管理、竣工图表等情况进行严格审查。通过检查验收评分，10个帮扶村的主街道硬化建设顺利通过验收，其中卸粮口村和刘家沟村主街道硬化建设达到优秀标准。

【客、货运输行业管理】 货运：辖区拥有道路运输经营业户9523户；货运挂靠车队22家；道路危险品货物运输业户21家。营运货车1.58万辆，其中1吨以下523辆，1～2吨7041辆，2～5吨3518辆，5～10吨533辆，10吨以上4002辆，30吨以上183辆。

客运：辖区拥有长途客运站点2个，即长途客运车站、海阳路汽车站。营运班车307台，班线132条，全年营运里程3006万公里，运量628万人次，周转量每公里6.18亿人，分别同比增长-16%和6.6%；辖区有出租车挂靠公司4个，出租车2840台。

【机动车维修市场监管】 辖区有机动车维修企业203家，其中，一类企业17家、二类企业65家、三类企业121家。严格落实各项客、货运行业和机动车维修市场的检查、考核等制度，推行新的管理模式，实行专项整治，提高管理水平和监管力度。通过开展“安全生产月”“五比五看”（比学习，看谁学习进步快;比素养，看谁职业公德好;比服务，看谁岗位形象优；比纪律，看谁遵章守纪佳；比贡献，看谁业务技能强）等活动，有效促进客、货运输市场的健康、规范、有序发展。

严查违规运营车辆，维护良好运输市场秩序。结合全区开展的“打非治违”专项行动，抓好道路旅客运输、道路危险品运输、物流场站、汽车修理等重点行业违规车辆的管理和稽查，严打私拉偷运、钻管理空子行为，加大对长途班线车辆站外违规运营的查处力度，全力规范运输企业经营行为。全年处理违规运输车辆1380多台次，其中黑车124台次，班线车辆528台次、改型和未采取安全措施危险品运输车辆728辆。

【出租车管理】 加大出租车行业监管力度，完善监管手段，重点加强火车站等重点区域和路段的巡查和管理，严肃查处出租车不文明、不规范经营行为，出租车行业健康发展；开展“爱心送考”活动，协调280多台出租车，组成4支“爱心送考”车队，分别在第一中学、第三中学、第五中学、实验中学、新世纪中学宏志班5个考点免费接送高考考生；完成辖区出租车“道路运输证”年审2811辆；对辖区出租车驾驶员从业资格注册6037人；按标准更新出租车292辆；受理各类投诉举报及求助事件1500多起，对被投诉司机当面批评教育50多次；帮失主联系找回失物150多起，解决乘客与司机纠纷100多次。

【货运车辆监管】 完善货运车辆监管手段，保障货物运输无事故。坚持既严格检查督导又帮助扶持的办法，促进货运行业的规范、健康发展；定期对货运站场、危货企业、驾培学校等企业和业户的场地条件、车辆状况、安全设施等进行检查，要求规章制度、例会记录、考核材料健全整齐，人员证件齐全，严格按照安全条例操作；落实危险品运输企业月例会制度，通过定期检查，上路稽查、严格GPS监控等办法，加强管理，确保辖区内危险品运输安全无事故；组织执法人员对辖区驾校进行专项检查，对不达标企业责令限期整改；组建货运应急车队，汛期协调35辆大货车到抚宁县和卢龙县运送防汛应急物资，保障全市防汛物资及时运送调集。全年安全检查42次，查处非法货运场站2个、违规驾校报名点1个，处理违规经营业户12户。

【机动车检测】 严把机动车检测关，确保营运车辆的技术状况完好。开展以经营能力、管理水平、质量管理、经营服务和不良记录为内容的维修企业年度质量信誉考核活动，严把机动车检测关；定期召开站长调度会，及时掌握检测信息，了解运输市场车辆技术动态，发现问题及时研究解决；坚持营运车辆二级维护检测线月例检制度，指派专人驻站，现场监控车辆上线检测情况，为营运车辆提供安全保障。全年检测各类营运车辆 2.68 万台次，其中旅游客车 931 台次，危险货车运输车 777 台次，出租车 7942 台次，营运货车 1.71 万台次；技术等级检测 5198 台次，确保全区营运道路运输车辆技术状况良好。严厉打击机动车维修企业违法经营行为，动态入户检查 647 次，解决问题 63 起。

【"基层建设年"活动】 深入东付店村、海阳三村等村走访调研，与驻村工作组和村领导进行沟通协调，对存在问题和困难研究解决办法，全力帮扶，共同推进全区加强"基层建设年"活动深入开展；落实帮扶村主街道硬化建设项目，召开 10 个重点帮扶村工作组人员和村两委负责人参加的帮扶工作协调会，对如何做好村内道路硬化进行沟通协调，在技术方面提供支持，促进各村道路硬化按时完成。向各村发放《河北省开展"基层建设年"活动帮扶村街道路硬化建设实施方案》和《施工技术手册》，深入各村现场勘查，实地测绘，对道路硬化建设提供技术指导，得到村民认可和好评。

（张　涛）

铁路运营

【秦皇岛车务段】 按照京铁劳〔2012〕210 号《路局、路局党委关于理顺房建系统管理的通知》精神，将原车务段的房建业务划归天津建筑段管理，人员、资产相应划转。秦皇岛车务段年末职工总数 2166 人。秦皇岛车务段为非独立中间站客、货运运输的组织管理单位，管辖京哈线 215 公里至 312.498 公里，津山线 325 公里至 433.950 公里，龙山联络线 424.332（424.315）公里至 432.391 公里，进出港线上下行各（南大寺—秦皇岛南站）13.9 公里，龙联线（龙家营—秦皇岛东站）1.28 公里，哈港联线（北戴河 – 南大寺）上行 277.485 公里至 284.953 公里、下行 277.601 公里至 284.953 公里，共 21 个车站，其中一等站 2 个、二等站 1 个、三等站 6 个、四等站 12 个，有货场 12 个，总面积 32.73 万平方米，装卸线 29 条，专用线 22 条，专用铁道 2 条，地方铁路 1 条。配属调车机 3 台、区域调车机 2 台，大型装卸机械 43 台，小型装卸机械 7 台，最大起重量 36 吨。担负管内经济吸引区的煤炭、矿石、建材等物资和旅客运输任务。固定资产原值 1.56 亿元。年内，秦皇岛车务段运输收入 7.4 亿元，运输总支出 2.59 亿元，旅客发送量 516.2 万人，货物发送量 522.6 万吨，日均装车 224.9 车，日均卸车 487.1 车，中转时间 15.9 小时，停站时间 24.8 小时，静载重 63.5 吨，装卸收入 5525.5 万元，实现利润 126.7 万元，多经收入 1.4 亿元，实现利润 120 万元。车务段被路局评为建功立业先进单位及"安康杯"竞赛先进单位，截至 12 月 31 日，实现连续安全生产 542 天。

6 月 30 日零时，秦皇岛站普速场正式开通运营。

【秦皇岛工务段】 秦皇岛工务段下设龙家营、秦皇岛、抚宁、卢龙、迁安、唐山东、唐山、唐山南、古冶、汉沽和南堡 11 个线路车间，秦皇岛、汉沽 2 个桥梁车间，津秦客专车间以及唐山重点维修车间、综合机修车间、检查监控车间及秦皇岛工程车间，共 18 个车间，97 个班组。年末职工 2166 人。管辖线路总延展长度 1204.19 公里，其中，正线 715.49 公里，站、特、岔线 488.71 公里；专用线 189.83 公里；桥梁 340 座、3.45 万延长米，特大桥 15 座、2.05 万延长米；涵渠 737 座、2.46 万延长米；隧道 1 座、1349 延长米；道岔 1505 组，代维修道岔 219 组；道口 92 个，有人看守道口 16 处，地方监护道口 11 处。机械动力设备 2595 台，其中轨道车机车 8 辆、收轨平车 4 辆、运输车辆 49 辆。承担线路大修换轨、换枕、换岔、线路中修清筛、桥梁平改立、换梁等施工任务。担负京哈线上下行 289 公里至 312.5 公里、津山线上下行 192.7 公里至 433.95 公里、南堡线 0 公里至 33.68 公里等线路、桥梁设备大中维修任务及防洪工作。全年运输总支出 2.4 亿元，劳动生产率 0.83 人 / 公里，其他业务利润 21.91 万元。全年完成正线综合维修 114.4 公里；到发线综合维修 58.1 公里；站线综合维修 27.9 公里；正线道岔综合维修 245 组；到发线道岔综合维修 120 组；站线道岔综合维修 124 组；桥梁维修 214.3 座、2.75 万米，其中钢桥维修 21 座、6552 米，涵渠维修 366 座、1.22 万米；护轨改造 15 座桥、1.25 万米；更换人行道板 4 座、3202 平方米；安装公铁并行防护桩 5420 米。配合完成大机捣固线路 244.7 公里，捣固道岔 50 组；线路大机打磨 283.5 公里；成组更换津山线唐山东站道岔 26 组、芦台站道岔 11 组；配合大修换轨 45.64 公里；人工破底清筛道岔 29 组；津山下行大修换枕 3.54 万根；工电联合整治道岔 192 组；完成更换再用轨 18.06 公里；更换贝尔辙叉 40 个。年内，完成路局下达防洪预抢工程 10 项，水害复旧工程 93 处，投入资金 3756 万元。轨检车检测合格率保持 100%。12 月 31 日，实现连续安全生产 542 天。被路局命名为安全优质达标段。

【京哈南龙改造】 对既有京哈线北戴河至秦皇岛站间线路进行技术改造，北戴河站出站后线路向北改移，直接连通至秦皇岛站（原京哈线线位靠南经南大寺站至秦皇岛站），即京哈线南龙改工程。新建线路起点北戴河站 102 号道岔（277.6 公里），终点至秦皇岛站 297.64 公里，建设标准为国家一级干线，2011 年开工建设，2012 年 5 月 31 日开通。

【秦皇岛站普速场改造】 对原秦皇岛站普速场进行技术改造，拆除原站场内所有线、岔设备，在既有秦皇岛站原位新建秦皇岛站普速场，新建普速场站中心里程为 K298+870，有到发线 4 条，存车场 4 股道，道岔 41 组。

【大秦车务段】 大秦车务段有干部职工 1812 人。大秦车务段管辖主要干线有大秦线、迁曹线，贯穿河北、北京、天津等“一省两市”，营运里程 817.89 公里。管辖大秦线车站 22 个，其中一等站 2 个、二等站 3 个、三等站 4 个、四等站 11 个、线路所 1 个、临时车站 1 个，587.08 正线公里；管辖迁曹线车站 11 个，其中一等站 3 个、二等站 3 个、三等站 3 个、四等站 2 个，230.81 正线公里。按连锁设备分为 TDCS 车站 12 个、CTC 区段车务有人集控站 7 个（大秦 5 个、迁曹 2 个）、无人集控站 15 个（大秦 13 个、迁曹 2 个）。年内，完成卸车 516.46 万车，日均卸 1.41 万车，两次刷新卸车记录，日最高卸车 1.83 万车，202 次受到路局通令表扬。新增京唐港防冻抑尘、迁西矿粉运输等项目创收 165 万元。全年完成运输总收入 3.96 亿元；完成非运输业收入 1.52 亿元、利润 310 万元，超额完成计划指标。健全完善安全风险管理制度 22 项，研判确定全段 42 项、81 个静态安全风险点及 368 条控制措施，明确干部风险管理责任制 244 个、作业岗位风险控制卡 207 个，建立超前防范、过程控制、追踪落实、应急有备的风险闭环管理机制。车务段被铁道部授予 2012 年度全路“创优争先”先进基层党组织，被路局授予 2012 年度先进单位、安全生产标准化车务段、年度计划生育红旗单位等称号。12 月 20 日，车务段实现连续安全生产 2600 天；12 月 31 日，实现第 7 个安全年。

（秦　志）

秦皇岛港

【概况】 2012 年，河北港口集团有限公司以加快转变经济发展方式为主线，牢牢把握主业发展快中求强、转型发展稳中求进的总基调，开拓市场，深化改革，加快调整，强化管理，全面完成省国资委下达的各项考核指标。完成吞吐量 3.5 亿吨，其中秦皇岛港完成 2.63 亿吨，煤炭、石油、杂货分别完成 2.37 亿吨、969 万吨、1704 万吨（含集装箱 34.4 万 TEU）。实现利润总额 14.16 亿元，净资产收益率 5.34%，经济增加值 8.6 亿元，万元增加值综合能耗 124 千克标准煤，流动资产周转率 2.05 次。实现总收入 107.26 亿元，首次突破 100 亿元大关。杂货吞吐量首次超亿吨。

【改革创新】 改革创新得到新加强，激发集团发展活力。撤销服务管理公司，完成机关部室及所属各单位组织机构设置和定岗定编，集团管理架构得到调整和优化，责权界面进一步清晰，管控效率不断提高。稳步推进薪酬体制改革，出台集团员工竞聘上岗、职位体系管理、薪酬分配等系列管理办法。实施劳务用工、维修体制改革，全年节省劳务费、维修费近亿元。建立企业年金业绩考核评价体系，激发投资管理机构的动力，年金投资扭亏为盈，全年实现投资净收益3176万元，同比增加4852万元，平均投资净收益率5.59%。深入开展后勤板块改革研究，后勤业务改革与发展框架方案编制完成。

【生产运营】 煤炭运输。发挥调度指挥中心作用，通过一体化办公和零距离对接，推进港前待泊常态化，论证雾天通航方案，开展船舶走靠写实，压缩辅助作业时间。发挥装车、调进、卸车、堆存、装船、船舶走靠一条龙优势，实现无缝对接。加强与国家部委、铁路、海事和重点客户沟通，主动开展走访调研，召开重点客户洽谈会和煤炭业务座谈会，营造良好外部环境。及时掌握矿、路、港、航、电的运营状况，预判供需格局变化，保证港口生产正常运行。优化货源结构，建立滞港煤种预警机制，加大畅销煤种资源调进，提升场地周转率。强化与大客户战略合作，开通神华、山煤专用场地和江苏利港电、上海申能准班轮，促进车船货紧密衔接。

杂货运输。紧跟市场变化，调整揽货策略，加强与重点客户合作，召开承德、张家口地区推介会，拓展货源腹地，新增水渣、焦煤、内贸玉米等货源。吸引唐钢、津西等冀东方向货源回流，争取到新开河港、秦山化工码头部分货源。实施化肥装卸网络成组工艺改革，提高装卸效率，降低作业成本，化肥吞吐量创历史新高。

油品运输。抓住中石油调整大庆油排产计划契机，克服101、102泊位改造的影响，发挥103、107泊位能力。交通部召开秦皇岛港原油运输组织衔接会，确定严密的运输计划，保证秦皇岛港原油运输畅通，吞吐量稳定在900万吨以上，全面完成年度任务，连续6年实现盈利。

集装箱运输。推进内陆场站建设，制订布局规划和建设方案，设立银川、乌海、石家庄等办事处和场站，市场开发初现成效。参加省市政府关于支持集装箱运输发展政策研讨，及时反馈秦皇岛港意见建议，争取更加有利的政策环境。

【结构调整】 煤炭作业收入占集团总收入比例由2011年的77.49%下降为2012年的50.98%。稳步推进物流战略与规划拓展，秦唐沧三港统筹发展，优势互补，竞争力不断提高。睿港煤炭物流公司创新探索煤炭专业物流发展模式，运行实现收入30.55亿元。煤炭交易市场快速发展，全年实现交易量4016万吨，实现交易额259亿元，动力煤炭价格指数影响扩大，新推出煤炭现货交易、产运需衔接、网络融资和海运煤炭运价指数，研究论证环渤海煤炭交易中心组建方案。邯郸国际陆港物流园区项目顺利奠基，起步区工程稳步推进。对外投资取得较好发展，实现合并口径投资收益4.66亿元，占集团利润总额的32.91%；出资6.5亿元参股浙能电力并发起公司上市。港口工程公司实现收入9.65亿元，同比增长123.4%，外部市场承揽项目突破亿元大关。机械公司加强设备维修和运行服务，开展门机、皮带机、集装箱场桥等设备制造业务；实现收入2.11亿元，同比增长26.5%；实现利润329万元，同比增长81.76%。

【企业上市工作】 股份公司上市取得新进展，一批历史遗留问题得到较好解决。黄骅港公共基础设施移交款52.18亿元、税金返还2.94亿元已经全部收回，期间利息2.18亿元将立即收回；秦皇岛开发区国资公司出具偿还股权转让欠款承诺书，并还款4000万元，基本解除制约股份公司上市的最大障碍；山海关港股权转让款1.2亿元已经收回6400万元。6月25日，秦港股份“招股说明书”在中国证监会网站上预披露；9月6日，进行补充预披露，上市工作进入审核阶段。协调媒体关系，妥善处理媒体关注，营造较好的舆论氛围。

【重点项目建设】 重点项目建设取得新成绩，为集团持续发展积聚后劲。秦皇岛港20万吨级航道工程前期工作进展顺利，已列为省交通行业重点建设项目。曹妃甸煤二期项目主体设备完成安装，码头工程已具备竣工验收条件，铁路、供电、辅建区等外部配套建设取得可喜进展。黄骅港20万吨级矿石码头开工建设，煤炭、油品码头项目工程可研报告编制完成。水曹铁路项目与首钢集团达成共识，审批材料已呈报省国资委。香港公司组建取得省国资委批复和省商务厅的境外投资许可，正在办理公司注册手续。云南普洱矿产项目顺利推进，已着手开展资源勘查前期工作。

【企业管理】 强化人力资源管理，坚持开办领导干部大讲堂，组织物流业务短期脱产学习，注重技能人才队伍建设，以杂货公司张海波命名的国家级技能大师工作室获批，安全教育培训资质由国家三级升为国家二级。加强财务和资金管理，启动财务公司筹建和20亿元中期票据发行，统一实施企业会计准则，集团化财务软件上线运行。强化风险防范和控制，开展审计项目24项，提出审计意见、管理建议20条；落实“三重一大”集体决策制度和权力运行监控措施，提出规范管理建议108项；开展效能监察32项，整改问题165个，建立完善制度202项。强化设备资产管理，制发固定资产、公务用车管理办法，保证设备更新、改造和维修资金投入。加大安全检查和事故隐患排查整改力度，推进安全生产标准化和安全文化建设。加强信息化建设和科技创新成果转化，16项科技成果获中国港口和省市科技进步奖、专利授权和计算机软件著作权；完成港口煤炭运输标准编制、皮带输煤机节电技术研究应用等16项科研项目。优化节能减排和环境保护，万元收入单耗标准煤0.113吨，同比下降11.5%，比省“双三十”考核指标低15.5%，二氧化硫和粉尘减排等指标均优于目标值，用水量低于年度指标。

【拓展冀蒙在环渤海区域战略合作】 1月11日，集团公司与内蒙古自治区港口办签署合作备忘录，拓展在环渤海区域内的战略合作。集团公司发挥在港口开发、建设、运营、管理和人才方面的优势，加大在内蒙古自治区的投资力度，支持内蒙古自治区在曹妃甸地区建设临港产业园区和物流基地，参与内蒙古自治区内陆港项目建设，促进港口物流向内地转移。共同开发煤炭资源，打造矿、路、港一体化的产业模式，谋划蒙西及蒙中地区口岸开发项目，促进河北省和内蒙古自治区的经济社会发展。

【7项科技成果通过省级鉴定】 5月13日，秦港股份公司申报的涉及港口装卸关键设备优化、节能降耗、信息化管理等方面的7个项目通过省级科技成果鉴定。燕山大学、东北大学秦皇岛分校、交通部水运科学研究院等相关领域专家一致认为秦港股份公司申报项目技术含量高，经济效益和社会效益显著，具有推广价值和应用前景。其中，运煤敞车反位智能识别系统项目达到国际领先水平，港口装卸系统优化与节能对策研究、港口煤炭生产管理可视化集成平台等3项成果达到国际先进水平，面向EAM和WMS的数据协同管理系统等3项成果达到国内领先水平。

【江海联运打造华中煤炭运输新通道】 5月18日，在武汉举行的华中地区（海进江煤炭）组煤保供恳谈会上，河北港口集团与华中航运集团签署“战略合作协议”，双方将联手发挥各自优势，通过北煤南运“海进江”，联手打造一条海江多式联运的煤运通道。电煤“海进江”指煤炭从大秦铁路线（大同至秦皇岛）运抵秦皇岛港后，经海运到长江沿线港口换装后，再逆长江而上，辗转运到华中等地的各大火电厂。

【秦港至上海煤炭准班轮航线开通】 5月28日，秦皇岛港股份公司、大同煤矿集团煤炭运销朔州矿业公司、上海嘉禾航运公司、上海申能燃料公司在上海签署“秦皇岛港煤炭准班轮运输协议”，标志着秦皇岛港至上海煤炭运输准班轮航线正式开通。

【秦皇岛第一条海峡两岸直航船舶首发秦港】 6月5日11点，“五兴6”轮装载着3.6万吨煤炭缓缓驶离秦港301泊位。“五兴6”轮隶属于秦皇岛市五兴船务公司，是秦皇岛市首条海峡两岸直航船舶，从秦港发往台湾也是该轮首航。该轮在301泊位装载煤炭用时8小时。

（秦　志）

秦皇岛新港

秦皇岛新港港务总公司是隶属于秦皇岛市国资委的港口服务企业，1994年开港营运，年吞吐能力300万吨。新港有泊位4个，其中杂货泊位3个和散货泊位1个，港池常年不冻、不淤，港口航道水深为 –9 米。其中：1号、2号泊位为5000吨级，水深 –7.5 米；3号、4号泊位为万吨级，水深 –9 米。

新港有4台10吨和1台40吨门座式起重机及1台40吨电动吊车、1台50吨履带吊车，日装卸能力1万吨。港口货物堆存场地3万平方米，可同时堆存8万吨钢材（钢坯、带钢等）及其他货种。新港所处地理位置优越，交通便利。唐山、辽宁等地集港车辆可沿京沈高速公路直达秦皇岛东出口，下高速后直行约4公里即可到达新港。

秦皇岛新港秉承“亲情化、差异化、专业化、延伸化”的特色服务得到货主的高度信任。新港一直恪守“求真务实，客户至上”的宗旨，秉承“最大诚信”的经营理念，竭诚为广大货主服务。树立窗口形象，提升服务质量。公司为货主和客户创造最优的物流环境。从货物报港、集港、装船到办理交接手续都提供“全天候、全方位、全过程”的服务。坚持诚信经营，主动走访货主和客户，广泛征求货主和客户意见，全面提升货运质量。较好完成年度目标任务，吞吐量创历史新高。全年装卸船只456艘（其中杂货船365艘），完成货物吞吐量251.7万吨，占年计划的126%，同比增长3.3%。

（秦　志）

金融保险业

JINRONGBAOXIANYE

JINRONGBAOXIANYE

银行业

【中国工商银行秦皇岛分行】 位于河北大街129号。2012年，分行围绕转型发展中心，真抓实干，奋勇拼搏，各项主营业务指标屡创佳绩，全行经营管理呈现平稳健康发展态势。全年实现拨备前利润9.58亿元，同比增加0.71亿元，增长7.95%；实现拨备后利润9.43亿元，同比增加1.31亿元，增长16.13%；各项贷款新增36.62亿元，同比多增11.79亿元，增长8.83%，高于全省系统水平0.18个百分点，增量排名全省第五；同业占比44.96%，居第一位。各项存款新增33.06亿元，同比多增40.96亿元，增长10.38%；同业占比27.1%，增量排名全省第四。其中储蓄存款新增19.87亿元，增长12.64%。对公存款新增11.13亿元，同比多增26.62亿元；增长7.85%，高于全省10.76个百分点；同业占比29.97%，位居第二。实现中间业务收入2.32亿元，同业占比33.02%，居第二位。在全省二级分行绩效考评中，居第二位。保持连续14年无案件无事故安全运营，保持内控评价一级，在省行两个责任制考核评比中名列第一，被省行评为2012年度综合经营绩效先进单位和党风廉政及案件防范先进单位。

【中国农业银行股份有限公司秦皇岛分行】 位于迎宾路75号。2012年，分行以机制建设为先导，以客户营销为主线，培植优质客户群体，推进经营转型，持续加强基础管理，市场竞争力和风险控制能力显著提升，各项工作取得明显成效。年末本外币各项存款余额达到283.47亿元，比年初增加32.11亿元，其中对公存款余额90.63亿元，比年初增加12.35亿元；个人存款余额180.53亿元，比年初增加19.68亿元。本外币各项贷款余额达到114.98亿元，比年初增加27.28亿元。全年实现中间业务收入1.58亿元，同比多增2672万元。实现拨备前利润4.27亿元、拨备后利润4.02亿元。新增惠农卡9.88万张、新增农户小额贷款325万元。新布放助农取款服务点1040个，累计达到1191个，覆盖4个县、70个乡镇、999个行政村。不良贷款余额3763万元，比年初减少4214万元，占比0.33%，较年初下降0.58个百分点。清收不良贷款1976万元，法人贷款首次实现“零不良”。全年未发生经济、刑事案件和重大责任事故，风险水平评价和内控评价均排名全省农行首位。

【中国建设银行秦皇岛分行】 位于光明路56号。2012年，分行围绕一切工作以“提升市场份额”为中心，以省分行的“一行一策”和“弯道超车”为工作主线，凝心聚力，拼搏进取，以改革创新为动力，以结构调整为依托，以业务转型为突破，以精细管理为抓手，以优质服务塑品牌，各项工作实现争先进位、跨越发展。截至12月31日，全口径存款余额282亿元，新增42亿元；一般性存款余额265亿元，新增38.8亿元；个人存款余额146亿元，新增17.5亿元；对公存款余额119亿元，新增21.4亿元。各项贷款余额214亿元，新增34亿元；非贴现公司类贷款新增25.91亿元，个人贷款新增8.96亿元。中间业务收入2.68亿元，计划完成率100%，实现同比正增长和份额不下降的总体目标；中间业务收入计划完成率全省第一、市场占比全省第一。实现账面利润6.43亿元，同比增加1.29亿元，计划完成率102%；实现经济增加值2.9亿元，计划完成率101%。KPI及战略业务指标全面完成省行计划，创历史最好水平。不良贷款额11473万元，比年初下降6853万元；不良贷款率0.54%，比年初下降0.48个百分点。

【中国交通银行股份有限公司秦皇岛分行】 位于文化路174号。有营业机构21个，其中营业部1个、支行20个。员工484人。人民币各项存款余额132.26亿元，比年初增加5.25亿元，增长4.13%；外汇存款余额3404万美元。人民币对公存款余额72.26亿元；外币对公存款余额2121万美元；人民币对公贷款余额82.16亿元，比年初增加3.81亿元，增长4.86%。人民币储蓄存款余额60.01亿元，比年初增加6.39亿元，增长11.93%；外币储蓄存款余额1283万美元，比年初增长30万美元，增长2.39%。人民币各项贷款余额82.16亿元，比年初增加3.81亿元，增长4.86%；外汇贷款余额1.07亿美元，比年初增加2493万美元，增长30.42%；不良贷款余额2097万元，比年初减少882万元；

不良贷款占0.24％，比年初下降0.12个百分点；外币对公贷款余额1.07亿美元，比年初增加2492万美元，增长30.41%。实现经营利润2.69亿元，同比增加1023万元，增长3.95%。

【秦皇岛市商业银行股份有限公司】 位于燕山大街209号。市商行秉承服务地方经济、服务中小企业、服务城乡居民的市场定位和为客户创造价值、为股东创造收益、为员工创造未来、为社会创造财富的经营宗旨，改革创新，锐意进取，公司治理日臻完善，资本实力不断壮大，盈利能力持续增强，综合竞争力显著提升，取得良好的经济效益和社会效益。年末，资产总额230.34亿元，负债总额218.76亿元，各项存款余额205.59亿元，各项贷款余额105.88亿元,所有者权益11.58亿元。在全市10家金融机构中，对公存款市场份额排名第二位。被评为2012年度全国支持中小企业发展“十佳”商业银行;全省“创先争优”先进党组织;营业部、森林逸城、海阳路被授予省银行业文明规范服务百佳示范单位称号。董事长俞德仁被评为第九届中国经济百名优秀人物。

【河北省农村信用社联合社秦皇岛办事处】 位于燕山大街118号。内设3个职能部门，辖市区、抚宁、昌黎、卢龙和青龙5家县级联社（营业部），123个信用社，34个信用分社，1个储蓄所。有员工1913人。各项存款快速增长。年末，全市农村信用社各项存款余额297.53亿元，比年初增加48.28亿元，同比多增6.98亿元，完成全年任务49亿元的98.53%，其中对公存款余额25.87亿元，比年初增加3.61亿元。年末全辖人均存款余额1568万元，比年初增加278万元，存款市场占有率15.84%,比年初增加0.86个百分点。贷款规模有效扩充。各项贷款余额149.19亿元，比年初增加12.41亿元，其中涉农贷款余额130.22亿元，比年初增加13.4亿元，增长11.47%；新增涉农贷款占新增各项贷款的108%。经营效益创新高。全辖实现总收入20.98亿元，同比增收3.81亿元，其中贷款利息收入14.07亿元，同比增加3.25亿元;百元贷款收息率9.8%,同比增加1.4个百分点;往来收入3.24亿元，同比增加0.32亿元；实现中间业务收入0.47亿元，完成全年0.44亿元任务的106.82%。收支相抵后，实现拨备前利润7.4亿元，完成省联社核定任务的119.1%。

【中国邮政储蓄银行股份有限公司秦皇岛市分行】 位于建设大街191号。全行有员工471人。新增昌黎县碣石支行，年末全行有营业网点70个，其中一类网点14个、二类网点26个、代理网点30个。实现利润6328.54万元，是上年度的3.69倍；实现收入1.7亿元，年增长34.86%；全行劳动生产率38.54万元/年人，年增长26.61%。7月16日，中国邮政储蓄银行工会秦皇岛市分行委员会成立。个金业务。年末人民币储蓄存款余额95.67亿元，外币储蓄存款余额94.83万美元。自营网点新增信用卡5884张，新增网上银行2.11万户，新增电话银行2.59万户。3月，开办手机银行业务，全年新增客户1.27万户。全年基金、国债、人民币理财等中间业务产品销量3.45亿元，代理贵金属交易量10.77亿元。公司业务。年末公司业务存款余额21.42亿元，累计净增3.57亿元。中小企业贷款业务年内累计授信2.49亿元，同比增长23.57%，年内累计放款5.32亿元，同比增长53.37%,贷款结余4.27亿元。5月,票据业务开办,至年末办理贴现581张，金额26.27亿元，余额1.76亿元，实现收入592.41万元。信贷业务。累计放款12.52亿元，同比增长3.72%，结余17.47亿元，同比增长43.9%。其中：存单质押贷款放款1388.69万元，结余723.79万元；小额信用贷款放款5.13亿元，结余3.39亿元；个人商务贷款放款1.64亿元，结余2.01亿元；个人房屋按揭贷款放款4.61亿元，结余10.88亿元；个人综合消费抵押贷款放款1亿元，结余1.12亿元。逾期贷款749.91万元，较年初增长242.06万元，个人贷款逾期率0.42%。

（秦　志）

保险业

【概况】 2012年，秦皇岛有市级保险机构41家。其中产险公司18家，寿险公司17家，代理公司6家。从业人员1.3万人。全年保险行业完成保费

42.81亿元，同比增长7.33%。其中：财险保费收入13.78亿元，同比增长17.38%；寿险公司保费收入29.03亿元，同比增长2.91%。保险赔款及综合给付共计15.53亿元。其中财险赔款8.95亿元，赔付率64.93%；寿险赔款（给付）6.58亿元。

【**中国人民财产保险股份有限公司秦皇岛市分公司**】 位于八一街60号。机关设置12个部门，全辖分支机构16个，有员工518人。开办机动车辆保险及其附加险产品30种；各类财产保险产品102种；责任信用保险123种；意外伤害保险45种；船舶货运险20种；各类农业保险10种；代理其他保险公司办理有关保险产品。全市系统累计承担风险保额1598.44亿元，实现保费收入5.18亿元，同比增长12.14%，完成省分公司下达年度计划的100.57%，保费规模历史性突破5亿元大关，实现新的更高的跨越式发展。受大灾等因素影响，全年处理赔案4.99万件，支付赔款3.75亿元，同比增长42.94%，高于已赚净保费增幅31.28个百分点。向地方政府缴纳各类税金6260万元，同比增长11%，其中代收车船使用税3560万元。未决赔款准备金净额1.73亿元，占自留保费的39.87%，未决赔款准备金充足，充分发挥保险行业的“社会稳定器”和“经济助推器”作用，较好的履行社会责任。先后参加抗洪、抢险救援700多次，出动查勘人员1200人次，车辆800多台次，抢救疏散遇险人员4000多人，保护和抢救财产价值近亿元，被市委、市政府授予2012年抗洪抢险救灾先进集体称号。农险实现保费收入4348万元，同比增长52.71%。

【**中国平安财产保险有限公司秦皇岛中心支公司**】 位于河北大街中段9号。内设6个部门，全辖分支机构6个，在岗员工129人。经营业务涵盖车险、财产险、工程险、货运险、责任险及意外健康险等法定产险业务。全年实现保费收入2.61亿元，同比增长17.1%，市场占有率19.8%，在当地财产保险主体中名列第二。其中车险承保标的13万辆，承保保额302亿元，实现保费2.1亿元元，同比增长16.1%；财产险承保保额399亿元，实现保费3865万元，同比增长29.6%。意健险承保保额235亿元，实现保费1260万元，同比增长0.4%。为秦皇岛首秦金属材料有限公司、京秦高速管理处、秦皇岛烟草机械有限责任公司、中粤浦项（秦皇岛）马口铁工业有限公司等重要企业和重大客户提供车辆保险、财产险、责任险、货运险、意健险等保险保障。全年赔款支出1.4亿元，其中车险赔款支出1.16亿元，财产险赔款支出1490万元，意健险赔款支出851万元。

【**中国太平洋财产保险股份有限公司秦皇岛中心支公司**】 位于河北大街269号。内设4个职能部室，2个销售团队，辖海港、山海关、北戴河、昌黎、抚宁、卢龙、青龙等7个支公司，有员工139人。开办保险业务险种322个，其中机动车及其附加险种27个，各类财产险业务险种96个，责任信用险种118个，意外险44个，其他险种37个。年内，全市实现保费收入1.89亿元，同比增长12.84%。车险完成保费收入1668.33万元，同比增长11.74%，企财险保费收入791.55万元，意健险保费收入320.16万元，责任险保费收入110.29万元。为秦皇岛港务集团、山海关船舶重工有限公司、中国石化等重要企业和重大客户提供车辆保险、财产险、责任险、工程险、意外险等保险保障。同时，承保校园方责任险，提高理赔质量，得到客户的信赖。全年为各类财产提供风险保障1.12亿元。

【**中国人寿财产保险股份有限公司秦皇岛市中心支公司**】 位于海阳路51号运通大厦。公司设6个管理部门，20个销售团队，拥有正式员工71人，保险营销员近40人。经营10大类近50多项业务，包括：机动车保险类、企业财产保险类、家庭财产保险类、工程保险类、责任保险、保证保险类、货物运输保险类、船舶保险类、人身意外伤害保险类、综合保险类以及经中国保监会批准的其他业务。2012年，是中国人寿财险秦皇岛市中心支公司第一个完整经营年，实现保费收入7540万元，完成年度预算目标的115.6%，发展速度位居全省系统第一位，公司市场份额升至5.47%，市场排名由2011年底的第11位上升到第5位。全年处理各类赔案5651件，支付赔款1850.77万元，提取未决赔款准备金1731.89万元，缴纳各项税费460万元，代扣代缴税款643万元。获中国人寿财产保险股份有限公司授予的全国三级机构综合实力50强称号，获全省“AA公司”荣誉称号。为秦皇岛市金海粮油、金海食品、戴卡轮毂、中信渤铝、海景假日、承秦高速、北戴河机场等重点企业和项目提供保险保障。

【中国大地财产保险股份有限公司秦皇岛中心支公司】 位于河北大街金原国际商务大厦15层。设3个职能部门，4个专业渠道团队，下设昌黎支公司、抚宁支公司和青龙营销服务部。有员工41人。经营范围涵盖企业财产保险类、机动车辆保险类、工程险类、责任险类、家庭财产保险类、货物运输保险类、船舶险类以及短期健康保险和意外伤害保险类等。年内实现保费收入3152万元，同比增长6.34个百分点，市场份额占比2.34%。其中，完成车险保费2740万元，同比增长8.69个百分点，市场份额占比2.45%；完成财产险保费358万元，市场份额占比1.89%；完成意健险保费54万元，市场份额占比2.66%。

【中华联合财产保险股份有限公司秦皇岛中心支公司】 位于文化路295号。年内，完成保费收入9308.38万元，同比增长31.24%，排在秦皇岛14家保险主体的第4位。其中，车险保费收入7422.24万元，同比增长22.91%；农险业务保费收入1184.59万元，同比增加746.29万元，增长170%。涌现3个1500万元以上的公司，1个千万元以上的公司；非车险（不含农险）业务保费收入701.91万元，同比减少319.97万元。已决赔案9123件，赔款5653.5万元；未决赔案837件，未决赔款3195.58万元；简单赔付率62.21%；综合赔付率73.74%；承保年制满期赔付率83.59%，同比上升27.66个百分点；历年制满期赔付率78.64%，同比上升17.69%；全险种报案结案率91.6%；结案周期32天，同比减少26天。

【阳光财产保险股份有限公司秦皇岛中心支公司】 位于河北大街中段商业银行海城支行楼上。辖秦皇岛、昌黎、抚宁、青龙等4个营销服务部，机关设有总经理室、财务部、人事行政部、销售管理部、理赔服务部、客户服务部等6个部门，经营财产损失保险、责任保险、信用保险和保证保险、短期健康保险及经中国保监会批准的其他业务。年内公司累计结案7847件，赔付赔款2261.05万元。

【太平财产保险有限公司秦皇岛中心支公司】 位于河北大街269号。公司设有总经理室、运营支持部、综合财务部等，在编内勤员工15人。经营财产损失保险、责任保险、信用保险和保证保险、短期健康险和意外伤害保险，上述业务的再保险业务，经中国保监会批准的其他业务。年内，公司保费收入3186.07万元，承保利润489万元。

【安邦财产保险股份有限公司秦皇岛中心支公司】 辖昌黎、卢龙两家营销服务部。经营机动车辆保险、企业财产险、家庭财产险、责任险、信用保险、意外伤害保险、船舶货运险等。年内，保费收入563.69万元，其中，交强险保费174.83万元。

【渤海财产保险股份有限公司秦皇岛中心支公司】 位于河北大街中段320号。设综合管理部、计划财务部、业务管理部、客户服务部等4个部门，辖青龙支公司、昌黎营销服务部2个县级机构，有编制员工15人。经营人民币、外币的各种财产保险、工程保险、运输保险、交通工具保险、责任保险、信用保证保险、意外伤害保险、短期健康保险及上述保险的再保险业务，及国家法律法规允许的各类保险业务和资金运用业务。年内，实现保费收入613.1万元。其中，车险保费收入572.99万元，财产险25.54万元，意健险14.57万元。电销实现签单保费122.52万元，目标达成率128.97%。承保利润62.06万元，净利润24.45万元。受理出险报案1113件，其中，注销302件，撤案41件，已决案件735件，支出赔款480万元，未决案件35件。

【民安财产保险有限公司秦皇岛中心支公司】 位于迎宾路92号。承保机动车交通强制保险、机动车商业保险、个人意外伤害保险、民安住家综合保险、财产险、雇主责任险、产品责任险、货物运输险等。

年内，实现保费收入2418万元，赔款支出3242万元，累计承保8692笔，客户人数5000人。

【都邦财产保险股份有限公司秦皇岛中心支公司】位于秦皇大街西段187号。设总经理室、承保、理赔、财务等部门，有员工15人。经营机动车辆保险、财产损失保险、责任保险、信用保险和保证保险、短期健康保险和意外伤害保险以及再保险业务；国家法律、法规允许的保险资金运用业务，经保监会批准的其他业务。年内，实现保费收入988万元，同比2011年保费收入增长17%。年度纳税额58万元，同比增长9%。

【天安保险股份有限公司秦皇岛中心支公司】位于海阳路51号运通大厦。内设6个部门，全辖分支机构6个，在岗员工152人。经营车险、财产险、工程险、货运险、责任险及意外健康险等一切法定产险业务及电话营销专用车险、环境污染责任险、国内贸易信用保险、理财宝家庭投资型保险、境外旅行意外伤害保险、甲型H1N1流感保险等符合市场需求的险种。年内，实现保费收入619.18万元，同比增长6.5%。

【永安财产保险股份有限公司秦皇岛中心支公司】位于红旗路189号。内设总经理室、综合管理部、业务管理部、理赔服务中心、市场部、业务部。在职员工46人。经营企业财产损失保险、家庭财产损失保险、短期健康保险、意外伤害保险、建筑工程保险、安装工程保险、货物运输保险、机动车保险、船舶保险、能源保险、一般责任保险、保证保险、信用保险（出口信用险除外），经中国保监会批准的其他财产保险业务。年内，实现保费收入1651.16万元，支付赔款1306.45万元，营业税金及附加273.38万元（其中车船税178.93万元）。

【中银保险有限公司秦皇岛中心支公司】位于峨眉山北路5号。2012年，实现保费收入1831.36万元，其中银保业务1096.68万元，占总体保费收入的66.99%，同比上升87.11%。支付赔款1404.57万元，案件及时处理率99.52%，车险件数结案率92.18%，车险金额结案率74.41%。缴纳税金179.55万元，其中代扣代缴车船税65.63万元。

【华泰财产保险有限公司秦皇岛中心支公司】位于文化北路中20号。内设业务、承保、理赔、办公室等部门，有员工12人。经营财产损失保险、责任保险、短期健康保险、意外伤害保险、汽车保险、信用保险及其他各项强制保险的人民币和外汇保险业务及附加保险业务；国内外分入、分出的再保险业务；中外保险机构的各类业务带理；保险资金运用业务。年内，实现保费收入1330万元，同比增长23%。为市民提供承保服务9万多单，处理赔案2934件，赔款金额752万多元。

【中国人寿保险股份有限公司秦皇岛分公司】位于燕山大街115号。内设9个部门，辖分支机构84个，有员工277人、各类销售人员3241人。开办险种203个。年内，保费收入12.46亿元，占市场份额的43.34%。个险长险首年期交保费1.26亿元，10年及以上期交保费7528万元；短期险保费2383万元；财险互动业务保费2765万元。银保长险首年保费4.18亿元，银保期交保费7317万元。团险短期险保费1487万元。续期保费6.59亿元。向地方政府缴纳各类税金3447.14万元，同比增长32.93%。各类赔给付支出3.66亿元。其中，受理满期件数3.67万件，满期给付3.11亿元；受理长险赔案1090件，赔付支出3519.54万元，仅受理康宁系列重大疾病保险案件达到612件，赔付金额1686.52万元；受理短险赔案9290件，赔款支出1940.48万元。

【中国平安人寿保险股份有限公司秦皇岛中心支公司】位于河北大街新天地B座14层。辖支公司本部、山海关营销服务部、青龙营销服务部、卢龙营销服务部、抚宁营销服务部、昌黎营销服务部、大蒲河营销服务部和龙家店营销服务部等8大服务网点。有外勤业务员1282人。承保人民币和外币的各种人身保险业务，包括各类人寿保险、健康保险、意外伤害保险等保险业务；办理各种法定人身保险业务；代理国内外保险机构检验、理赔及其委托的其他有关事宜；经中国保监会批准的其他业务。个险首期规模保费超过5518万元。

【中国太平洋人寿保险股份有限公司秦皇岛中心支公司】 位于和平大街22号。设行政人事部、财务会计部、营运部、银行保险部、团体业务部、个人业务部、营销培训部、服务营销部、顾问营销部等9个部室。辖山海关、北戴河、抚宁、昌黎、青龙、卢龙、海港7家支公司；抚宁石门寨、昌黎刘台庄、青龙八道河、青龙祖山、青龙大巫岚、青龙木头凳、卢龙木井、海港8家营销服务部；有员工2000多人。开办险种100多个，包括人寿保险、健康保险、意外伤害保险等保险业务；特别是承保城镇职工大额补充医疗保险，城镇职工补充意外伤害保险，是全市唯一涵盖各种寿险业务的综合性保险公司。年内，全辖累计实现规模保费收入4.12亿元；理赔件数3520件，赔付总金额3493.9万元。给付总件数2.15万件，给付金额2121万元。

【中国人民人寿保险股份有限公司秦皇岛中心支公司】 位于秦皇大街70号。辖昌黎、抚宁、青龙和卢龙等4个支公司及直属一部、直属二部、直属五部等3个互动业务部。有员工56人，营销员1000多人。农网体系建设覆盖率50%，乡镇农网团队32个，营业部5个，在册995人。经营人寿保险、健康保险和意外伤害保险业务；代理货物运输保险、机动车辆保险、家庭财产保险、建筑工程保险、企业财产保险、人身意外伤害保险、责任保险；经中国保监会批准的其他业务。年度保费达到3.55亿元。其中，个险新单保费收入9429万元，互动业务保费收入128万元，团体业务保费收入639万元，短期险业务收入293万元，银保渠道累计完成规模保费2.4亿元，续期保费收入133万元。缴纳各种税费42.29万元，为6.56万人提供36.72亿元基本保障。办结赔案583件，赔款及综合给付398万元。

【泰康人寿保险股份有限公司秦皇岛中心支公司】位于秦皇大街176号八达大厦。辖海港区、抚宁、昌黎、卢龙、青龙等5家支公司，山海关营销服务部及13家县域营销服务部。有内勤员工49人、保险代理人644人。经营个人意外伤害保险、个人定期死亡保险、个人两全寿险、个人终身寿险、个人年金保险、个人短期健康保险、个人长期健康保险、团体意外伤害保险、团体定期寿险、团体终身保险、团体年金保险、团体短期健康保险、团体长期健康保险。年内，实现保费收入1.8亿元。其中，个险新契约保费收入1694万元，续收保费7462万元，银行保险保费收入8802万元，团体保险保费收入404万元。个险、银保、团险理赔案件总计结案858件，共赔付802件，赔付金额230万元。获省2012年度优秀中心支公司称号。

【新华人寿保险股份有限公司秦皇岛中心支公司】位于河北大街中段292号。内设7个部门，下设抚宁、昌黎、青龙、卢龙等4个营销服务部，有内勤员工49人。经营个人和团体意外伤害保险、定期死亡保险、两全寿险、终身寿险、年金保险等；安装工程保险、保证保险、船舶保险、飞机保险、航天保险、货物运输保险、机动车辆保险、建筑工程保险、能源保险等多类险种。实现保费收入1.65亿元，同比增长9.5%；其中：个人业务保费收入2109.35万元，同比增长23%；续期保费收入1.34亿元，同比增长8.5%；银行代理保费收入766.8万元，同比下降5.5%；法人业务保费收入190.4万元，同比增长22.71%。受理理赔案件464件，给付金额463.7万元。被河北分公司授予2012年度优秀中心支公司称号。

【信泰人寿保险股份有限公司秦皇岛中心支公司】位于迎宾路92号民政大厦3～6层。推出主打产品“富贵人生”。由“信泰富贵人生两全保险（分红型）A款”和“信泰附加金易通两全保险（万能型）”组合。集保障、养老、理财于一体，具有快速返还、收益稳定、高额保障等诸多优势。获第八届中国大众理财年会2012年度保险产品金理财奖。年内，实现规模保费收入7248.11万元，其中个险257.97万元，银保6990.14万元。上缴税款61万元，其中营业税及附加费58.19万元，个人所得税2.81万元。理赔案件66件，理赔金额24.75万元，其中：医疗案件60件，理赔金额11.5万元；死亡案件4件，理赔金额13.25万元；拒付案件2件，拒付金额5517元。

【中国人民健康保险股份有限公司秦皇岛中心支公司】 位于文博城润扬宾馆4层。内设5个部门，有员工100人，营销人员68人。经营与国家医疗保障政策配套、受政府委托的健康保险，各种人民币和外币的健康保险、意外伤害保险、与健康保险有关的咨询服务业务及代理业务等。全年实现保费收入8751.13万元，其中：团险渠道保费6123.15万元，同比增长13.29%；个险渠道保费210.68万元，同比下降70.97%；银保渠道保费2415.3万元，同比增长555.62%。受理理赔案件7136件，支付赔款6015.41万元，缴纳税金25.96万元。

【民生人寿保险股份有限公司秦皇岛中心支公司】 位于文化路310号金街购物广场对面。内设总经理室、综合室、客服部、营销室、续期保费室、团险室、市区本部和4个县域服务部。有内勤37人，外勤325人。全年承保标准保费958.35万元，达成率95%，同比增长5%；续期新契约保费计划达成率99.5%，同比下降6%；团体保险全年累计达成率86.1%，同比下降13%。

【合众人寿保险股份有限公司秦皇岛中心支公司】 位于太阳城金辉国贸大厦7楼。内设7个营业部，个险营销337人。全年个险总保费1823万元，银行代理业务1886万元。理赔案件190起，总赔付金额1203.67万元。

【百年人寿保险股份有限公司秦皇岛中心支公司】 位于西港路345号文景商务大厦4层。内设个险营业部5个，销售人员101人。年内，总保费2135万元。其中，个险标准保费450万元，银代保费910万元，团险保费775万元，赔款总支出171万元。

【长城人寿保险股份有限公司秦皇岛中心支公司】 位于红旗路229号金龙源酒店4层。内设4个部门、5个岗位，有内勤员工5人、外勤员工3人、营销人员27人。经营人寿保险、健康保险、意外伤害保险等各类人身保险业务及经中国保监会批准的其他业务。其中，人寿保险18种、健康保险9种、意外伤害保险6种。年内，新单保费收入232.24万元。其中，个人保险保费收入49.57万元，中介代理保费收入162.27万元，银行保险业务保费20.40万元。赔付支出8.26万元，退保保费15.24万元。

【华夏人寿保险股份有限公司秦皇岛中心支公司】 位于迎宾路99号。10月11日，公司正式揭牌。年内，完成保费181万元，人力平台184人。

【生命人寿保险股份有限公司秦皇岛中心支公司】 位于建设大街292号。内设总经理室、人事行政部、营运部、财务部、营销部、培训部、银代部、团险部、续期部、经贷部；设青龙、抚宁、卢龙、昌黎4个支公司。经营个人意外伤害保险、个人定期死亡保险、个人两人全寿险、个人终身寿险、个人年金保险、个人短期健康保险、个人长期健康保险、团体意外伤害保险、团体定期寿险、团体终身寿险、团体年金保险、团体短期健康保险、团体长期健康保险业务。年内，完成保费收入1590万元。

【阳光人寿保险股份有限公司秦皇岛中心支公司】 位于迎宾路1号。内设综合管理部、运营管理部和营销培训部；内勤21人，外聘223人。经营阳光人寿金泰福终身寿险（万能型）、阳光人寿好兆投成人年金保险（分红型）、阳光人寿传家保少儿年金保险（分红型）、阳光人寿财富双账户少儿两全保险（万能型）、阳光人寿财富宝两全保险（分红型）。

【太平人寿保险有限公司秦皇岛中心支公司】 位于太阳城正阳街36号。内设个人业务部、银行保险部、保费部、运营服务部、财务部、人事行政部等6个部门及昌黎、抚宁等2个县级支公司。有内勤员工31人、续收专员4人、银保理财经理31人、代理人160人。经营金悦人生两全保险（分红型）、盛世金享－南水一号全能保险、康颐金生终身寿险（分红型）等。银行保险产品有财富系列、财富连赢等期缴险种，红赢系列、如意系列等趸缴险种。年内，总保费收入8070.9万元，同比增长26.71%。其中，长险新单规模保费3741.95万元，同比增长4.58%。总保费中，个险保费2130.6万元，银行代理保费收入5940.29万元。支付理赔款107.6万元。获河北省保险业服务质量达标先进单位称号。

【光大永明人寿保险有限公司秦皇岛中心支公司】 位于新华街9号新天地购物广场1号楼25层。2月成立。内设总经理室、综合室、运营部、团险部、银代部、经代部。有内勤9人，外勤10人。经营个人意外伤害保险、个人两全保险、个人终身寿险、个人年金保险、个人短期健康保险、团体意外伤害保险、团体定期寿险、团体终身寿险、团体年金保险、团体短期健康保险、团体长期健康保险、保险咨询等业务。全年承保标准保费185.46万元。

（秦　志）

口岸管理

KOUANGUANLI

KOUANGUANLI

秦皇岛海关

【概况】 位于河北大街西段1号。2012年，秦皇岛海关认真落实依法行政，为国把关、服务经济、促进发展的方针，以把好国门为首责、做好服务为本职、防范风险为底线，带好队伍为重任，着力在固本强基下工夫，科学管理见成效，内涵发展求突破，合理把握角色定位，把工作做实做细，优化监管和服务，稳中求进，务实高效，全面履职，完成全年工作任务。

【海关监管】 以紧固链条提高效能为着力点，加强规范申报，应用海运进口舱单管理体系和海运进出境运输工具管理系统，实行舱单管理改革和数据分析应用，发挥港区监控中心和H986大型机检设备的作用，使货物进出管得住、通得快。全年监管进出口货物1103.3万吨、运输工具1914辆（艘），监管集装箱61123箱次，查验报关单2501票，查获报关单272票，监管进出境人员6.6万人次，查获散发性宗教宣传品22件。

【海关征税】 研究税收形势，提高税收征管质量。做好数据分析，搞好税收调研，强化制度落实，做到应收尽收；严格落实税收政策，把握税源动态及应税风险，对调整税率商品进行风险分析，全面加强估价、归类、原产地、减免税等各项基础性工作，实施依法治税；强化规范申报，利用电子审单辅助系统和《中国海关进出口商品申报目录》，提高和规范申报水平；严密进出口分类通关管理，做好分类通关报关单现场抽核工作。全年完成税收净入库23.85亿元，其中，审价补税2003.14万元，归类补税46.22万元，溢装补税172.51万元，其他补税524.46万元。

【海关缉私】 以“国门之盾”行动为总抓手，牢固树立“全员打私”理念，将打私工作纳入各项基础业务和各个监管环节整体部署，强化协调联动，制订关警执法联动方案，开展秦仁航线监管联合执法，就重点行业、企业、商品实现关警信息共享；强化案件线索移交反馈，物流监控部门开展登轮检查、视频巡查、码头人工巡查，查获海参46公斤，各业务科室移交分局案件线索39条，成案26条；研究确定辖区查缉重点，整合情报资源，提高打击精准度，集中查办案件，结合“天网”“清水”等专项行动，查处伪报品名、低报价格、瞒报数量和利用国家减免税政策谋取暴利等违法活动，严打现行走私；综合治理，完善协作机制，加强与边防、外事办、外汇管理和公安禁毒、网侦、外管等执法部门的协作配合，营造良好的外部执法环境。年内，立案侦查并移诉刑事案件3起，案值912万元，涉税519万元，现场查扣涉案走私成品油177吨，香烟62.74万支；行政受案30起，立案29起，案值371.67万元，涉税35.24万元。

【服务经济】 落实改革措施，促进贸易便利。停止收取海关监管手续费等“五项收费”，降低企业通关成本；推广税费电子支付系统，便利企业资金流转；在关区率先进行本港进口货物分类通关试点改革，实现分类通关全覆盖；拓宽属地申报、口岸验放通关模式的适用范围，拓宽区域通关货运量2.52万吨，货值6970.43万美元；放宽企业升降级标准，对A类生产型企业适用较低查验、实施便捷通关待遇。上调企业类别9家。优化通关环境，提高服务质量。完善7×24小时全天候、无假日预约通关、提前报关、担保验放等便捷通关措施，对鲜活物品等实行上门查验、上门监管，落实首问负责制、限时办结制、服务承诺制，及时、有效解答和解决企业在通关过程中的紧急、疑难问题。对地方重点项目企业，在通关、减免税等环节，坚持提前介入，跟踪服务，实行专家贴身服务制度，帮助企业用好、用足国家优惠政策，高效通关。全年，办理减免税备案14份，是2011年的2.8倍；办理征免税证明244份，同比下降32.2%；实际审批货值2.67亿美元，同比上升15.1%；减免关税7101万元，同比上升73.4%；减免增值税1.33亿元，同比上升15.3%。发挥特殊区域优势，助推转型升级。发挥出口加工区功能优势和政策优势，拓展集维修、仓储、配送一体的保税物流功能，深化分送集报、直通式运输一体化放地、分类通关等报关模式，预约加班、卡口一体化验放等相关便利措施；实行区内企业专人对口联系制度，为区内企业提供一对一服务。创新管理手段，简化审批环节和手续，鼓励企业开展外发加工、深加工结转、精加工，延伸加工贸易产业链；引导企业提高国内货物采购率，采用分批入区、集中报关的监管方式降低通关经营成本，促进区内企业良性转型。加强政策宣传，营造良好氛围。突出主动融入，加强与地方党政机关的联系，定期走访，发挥海关优势，定期向市政府提供贸易统计分析、海关信息等，及时跟踪分析全市外贸发展形势，对外贸发展中的一些问题向地方部门建言献策。关领导深入40多家企业走访调研，摸清、摸准、摸透企业的困难和障碍，为企业出谋划策。

（秦　志）

出入境检验检疫

【概况】 秦皇岛出入境检验检疫局位于海滨路61号。2012年，秦皇岛口岸检验检疫工作执行抓质量、保安全、促发展、强质检的方针，确保出入境商品质量和口岸公共卫生安全。全年，秦皇岛口岸检验检疫出入境货物1.12万批，货值31.57亿美元，同比批次增长14.12%、货值减少0.78%。其中：出境货物9442批、11.11亿美元；入境货物1750批、20.46亿美元。查出不合格货物94批、7.24亿美元，批次、货值不合格率分别为0.84%、22.93%。出入境人员检查3.07万人次，健康检查4324人次，预防接种5884人次，艾滋病监测4023人次，发放国际旅行健康证3428份。卫生检疫船舶1090艘、飞机32架。查验入境海运集装箱重箱1.25万个，空箱1.15万个。

【检验检疫工作】 深入开展业务督察；做好《法检目录》调整工作，保证调整内容准确执行；强化质量控制和风险管理，推进“检企信息服务平台”的应用；加强质量分析管理，运用分析结果提高工作的针对性；加强证书及通关管理，强化签证沟通，确保检验检疫证书严谨；加强口岸查验，对重点核查企业、敏感货物加强查验审核，提高核查货证的比例；加强出境货物分批管理，实现产地与口岸无缝衔接；严格审核检验检疫许可证书；加强签证管理，严格执行不合格货物和进口退运货物会签制度。秦皇岛出入境检验检疫局所属煤检中心顺利组建煤炭检测实验室联盟，联合全国18个检验检疫机构开展煤炭检测技术合作；技术中心获国家认监委食品检验机构资质认定证书，成为国内首批、省内首家获此资质的机构，国家农药兽药残留检测重点实验室（秦皇岛）通过质检总局核查验收。

【出入境商品质量管理工作】 推行企业首席质量官管理制度，在骊骅淀粉、中铁山桥、正大、金海食品实施首席质量官制度；开展代理报检企业例行审核工作和信用等级评定；深入推进分类管理，提升工业品分类管理水平，通过分类管理检验出口货物1574批，验证放行出口货物1139批，指导中铁山桥集团通过一类企业评定；探索进出口食品分类管理和金属材料检验监管模式，合理处置抽采样和查验方式，突出监管重点，降低企业损失。

【认证认可工作】 完成出口食品生产企业备案（换证复查）17家；对获自愿性认证企业开展认证监督检查23家；完成定期监管85次；对4家出口饲料生产企业进行注册登记年度审核工作；对1家危包企业进行出口质量许可证考核；注销企业的出口食品生产企业备案证书2家；办理3C免办业务21批次。

【执法监管工作】 加强进口大宗商品散装矿产品的检验监管，检出铁矿、锌精矿干吨短重8.19万吨，加上品质不合格减价条款，挽回经济损失1300万美元；通过检验鉴定货物短重或残损，挽回经济损失548万美元。

【质量安全专项执法整治工作】 集中对进出口食品、食品添加剂、日用消费品等进行排查整治。开展进出口食品安全领域“潜规则”排查工作和出口非洲假冒伪劣和侵犯知识产权商品专项治理行动，开展认证市场和获证企业检查，促进和规范认证市场。

【口岸卫生工作】 加强口岸传染病防控，严防拉沙热、沙门氏菌等疫病传入，妥善处置艾滋病、梅毒病例，确保口岸卫生安全；加强口岸卫生监督，对供船食品企业、口岸服务单位严格管理；加强口岸反恐，做好“两会”、女拳世锦赛和中共十八大期间管理工作，确保口岸安全畅通；加强输入性医学媒介生物监测防控工作。

【动植物疫情监测与监管】 创建植物疫情安全港区，联合港口和加工企业共同签署共建植物检疫安全港区活动协议，对进境粮谷携带有害生物进行监测清除。加强进口粮谷的疫情监管，在进口大豆中检出豚草、苍耳、刺萼龙葵等检疫性杂草；在进口大麦中检出法国野燕麦、硬雀麦等检疫性杂草。严格开展入境动物检疫工作，隔离检疫进口澳大利亚种牛3批、6599头，检疫合格6573头。

【进出口食品安全】 对进口食品实施进口商和代理商备案管理；以“基地备案+风险管理+监督检验”为出口食品检验监管模式，确定葡萄酒、玉米深加工产品、速冻菜等产品为重点监管产品，防腐剂、色素、塑化剂、三聚氰胺等敏感项目为重点监控项目，实施批批检测。检出标签整改食品4批，棕榈油不合格3批次，乳清粉不合格1批，货值381.5万美元。

【口岸服务环境】 通过简化审批环节、开辟绿色通道、企业免验、24小时预约报检等方式打造高效便捷的检验检疫通关环境；做好辖区企业直通放行。协助骊骅淀粉等企业享受天津口岸“直通放行”政策；加快秦皇岛口岸转型，推进秦皇岛口岸争取进口粮谷指定口岸资格。

【支持外贸企业发展】 协助企业破解国外技术壁垒，率先开展葡萄酒中硫酸盐检验监测工作，为辖区葡萄酒出口欧盟提供技术保障；发挥信息政策优势，提供国外技术性贸易壁垒信息，有针对性地给予技术服务；落实检验检疫优惠政策，开展小微企业认定，免征一般原产地证签证费及工本费；帮助企业落实产地证政策，为出口企业减免关税1342万美元；第四季度免收检验检疫费用724万元，惠及辖区企业数200多家、出入境人员3000多人。

（秦　志）

海上安全监督

【概况】 秦皇岛海事局位于海滨路75号。2012年，围绕水上交通安全监督管理中心任务，以建设“四型海事”为抓手，以打造“活力秦皇岛海事”为目标，有效监管，优质服务，为维护辖区水上交通安全形势稳定、保护海洋环境清洁和促进区域经济社会发展做出积极贡献。全年，保障货物运输2.72亿吨，其中，保障电煤运输2.37亿吨；监管船舶进出港2.53万艘次，其中监管电煤运输船舶进出港1.53万艘次；监管旅游船艇安全载客出航16.5万多艘次，监管旅游船艇安全载运游客123.8万多人次。

【电煤运输】 开展港前待泊课题专项研究，降低船舶停泊时间，提高泊位周转率。完善《秦皇岛海事局辖区海域防冻抗冰应急预案》，组织召开各港航企业、施工单位等参加的安全工作部署会，督促防抗海冰措施的落实。主动召集经常来往辖区的20多家电煤运输航运企业代表，就电煤船舶安全生产进行座谈交流，解释现场监督检查重点，沟通存在问题，促进航运企业的管理。深化秦皇岛港电煤保障合作机制，成功接入秦港股份公司气象采集数据，扩展气象监测系统信息采集点。

【海上安全】 利用VTS、AIS、CCTV等平台，向船舶提供信息服务和助航服务，合理安排船舶锚位，保证安全距离，防止恶劣天气条件下因船舶走锚引起的碰撞险情。抓住大风、大雾天气期间天气好转时段，见缝插针地疏导船舶，圆满完成对台风“达维”的防抗工作，秦皇岛电视台、中新网等多家媒体先后进行报道。成功组织秦皇岛市海上人员遇险与船舶溢油应急处置能力演习，结合旅游船艇“四方联动”机制，协调各方力量，对遇险人员救助进行演练。重新修订《秦皇岛市海上搜救应急预案》，将搜救成员单位调整至48家。推进海上搜救青年志愿者协会队伍建设，挂牌成立秦皇岛市志愿者协会海上搜救分会东、西浴场服务站。编制搜救记录手册，实施记录表格化，保证搜救应急记录的准确规范。完善搜救后评估制度，召开“淮南货1336”轮险情救助行动评估会。建立防冻抗冰联动机制，中央电视台两次现场直播报道秦皇岛海事局防抗海冰工作。全年，启动应对大风、大浪、大雾、大寒等灾害性天气应急反应行动53次，组织协调搜救行动22次，救助船舶16艘，人员194人，人员救助成功率95.1%，协调救助船艇123艘次，飞机4架次。

【海上污染防治】 组织召开2012年秦皇岛海域防治船舶污染工作会议，启动秦皇岛碧海行动计划Ⅱ，对不明油污巡查实行“零报告”制度。建立船载液体危险货物预控体系，实现危险品和固体散装货物的远程申报。建立秦皇岛市船舶污染应急指挥中心，协助市政府编制完成《秦皇岛市船舶污染事故应急预案》，制订船舶污染应急指挥中心管理制度，建设完成包括现场视频传输、协调指挥、辅助决策3项功能的船舶污染应急指挥信息平台。监管载运危险货物船舶1452艘次，监管进出港危险货物1331万吨，实施船舶防污染检查1496艘次。

【优化通航环境】 服务沿海港航工程建设，开展沿海涉水工程安全大联查活动，组织对在建、拟建的8个港航工程施工现场进行考察，成功解决葡萄岛综合项目和金梦海湾海岸线生态修复项目审核环节缺失的难题。及时发布航行警（通）告，划定安全作业区，确保人工岛、码头、防波堤建设、大型拖带、地质勘探、水深测量等32件次水上水下项目作业安全。开展局领导班子随船督导检查工作，坚持以督促改，着力解决有碍通航环境秩序的问题。

【旅游船艇安全监管】 深化“四方联动机制”，实现地方政府、海事部门、游艇业主、景区景点的齐抓共管，严厉打击渔船非法载客等行为。对景区游艇管理部门进行走访，召开旅游船艇安全管理座谈会，成立沿海船艇安全执法联合检查工作组，对辖区进行拉网式的联合检查。完成310名全国劳动模范海上游览护航工作。对辖区281名旅游船艇驾驶员进行年审暨知识更新培训。增强服务意识，开展预约海事法规讲堂、特色课堂，发放自制的“海事法规礼包”、游客乘船温馨提示等形式，进行海事法规宣传普及。成立青年先锋队，深入到旅游船艇码头、景点等区域，开展暑期志愿宣传咨询服务活动，连续7年实现旅游船艇安全监管无事故。

【港口建设费征收】 在创新推出预交款服务的基础上，制发《预交款业务征收、退费、账户管理工作程序》等7项港建费征收管理基础文件纳入综合管理体系。建立港口控制、各征收站点控制和签证窗口控制的“三级防控”机制，严格征收流程。全年征收港口建设费10.32亿元，未发生错收漏收现象。

（秦　志）

边防检查

【概况】 秦皇岛边防检查站位于海滨路35号。2012年，围绕“三项建设”和爱民固边战略总要求，以部队正规化为突破口，以执法规范化为抓手，以警务信息化建设为保障，立足北戴河暑期警卫、中共十八大安保两个重点，依法严厉打击各类违法犯罪活动，完成各项公安边防工作任务，确保边防辖区和部队内部安全稳定。

【爱民固边】 以化解社会矛盾为主线，以加强和创新社会管理为着力点，全面深化爱民固边战略。全面开展“三访三评”深化大走访活动，确定“温暖、平安、导向、形象”八字主题，通过创新“十式”走访法，推出警民连连看、民警村官说事拉理、警务超市进社区等系列特色访评活动和“脚板+网评”“预约+错时”等多种工作机制，打好“维稳、民心、援助、网络、创新”五副牌，推举一批群众拥护爱戴的群众工作先进个人。累计走访各界群众9.1万多人次，渔船民9000多人次，走访党委、政府、政法机关42次，接受人大代表、行风评议监督员、法制监督员集中评议7次，组织召开群众座谈会、警民相约活动23次，梳理群众各类意见建议134条，制订整改措施28条，为困难群众捐款捐物14.7万元。

【社会管理创新】 探索建立“武装巡逻+便衣打现”“静态盯守+科技巡防”“内部自防+治安联防”“定点接访+区域联防”警务机制，广泛联系政府、海事、海警、港监、卫生、共青团、妇联、刑侦、国保等多部门，开展治爆缉枪、打击“两抢一盗”、海上治安专项整治等联合执法行动，搭建“政府统领、边防搭台、部门合作、多方联合”的工作平台，边防职能作用发挥明显。边防辖区治安案件和刑事案件发案分别同比降低18%和11.5%，29%的行政村实现“零发案”，45%的行政村实现矛盾纠纷“零激化”，96%的行政村实现涉法涉诉“零上访”。

【民警任村官】 发挥民警村官“八大员”（信息员、宣传员、治安员、助理员、模范员、示范员、勤务员、传播员）优势，协调地方党委政府、公安机关全面推广民警兼任村官做法，将民警村官考核纳入基层组织年终考核表彰范围。在全面推进新农村建设和抗洪抢险行动中，民警村官发挥重要作用。

【重大工作任务】 做好2012年女子拳击锦标赛暨伦敦奥运会资格赛安全保卫工作，支队精心组织，周密部署，连续奋战50天，集结执勤船艇在赛事核心区巡航175海里，以社会面严打、沿海清港整治为保障，破获各类案件36起，妥善处置危爆品2个，消除治安隐患60多处，排查化解矛盾纠纷45起，化解群体性事件苗头2起，圆满完成2012年女子拳击锦标赛暨伦敦奥运会资格赛安全保卫工作。暑期，完成各级警卫任务221次，执行各项勤务任务1866次，警卫全程万无一失。坚持把中共十八大安保与暑期工作并轨，按照“标准不降、力度不减”的原则，发挥群众工作优势，联动地方职能部门和群防群治力量，配合地方党委、政府全力投入中共十八大安保，党委常委驻片督导，靠前指挥，召开专题党委会、支部会41次，动员及阶段部署会38次，开展督导检查37次，加强社会面巡逻、清港查船、矛盾纠纷排查化解、重点部位稳控、破案追逃等工作，配合地方党委政府消除上访及群体性事件苗头3起，抓获网上逃犯4人。

【执法执勤】 先后查获非法购买易制毒化学品2起、非法运输2起，依法收缴易制毒化学品盐酸3470公斤，查获冰毒36.57克，有效遏制毒品犯罪活动蔓延。组织开展“破案追逃”“打黑除恶”、打击“两抢一盗”等专项行动和校园安全保卫、“缉枪治爆”“净土”、打击“黄赌毒”等治安专项治理，抓获网上在逃人员12人，打掉盗窃、倒票等团伙3个，抓获团伙犯罪成员14人。加强对作业船舶、异地港籍船舶日常检查管理，开展联勤净海、“蓝盾”行动、海上治安专项整治等系列清港查船行动，将公安部边防局部署的“海上治安专项整治”上升为全市综治重点工程，明确全市10个市直部门和沿海各县区海防委工作职责，围绕中共十八大保卫、暑期工作开展为期5个月的沿海综合治理。累计检查各类船舶1.49多万艘次，渔船民2.16多万人次，与涉海职能部门联动联勤37次，出动船艇121艘次，清查采砂船舶188艘次。

【参加抢险救灾】 8月，在“达维”强台风和持续强降雨过后，支队官兵连续奋战70多小时，最大限度排除汛情险情，转移群众9301人，解救受困群众1594人，帮助群众转移财产物品2616件，挽回经济损失660多万元，受到省委省政府、市委市政府的表彰和广大群众的赞誉。

【执法规范化建设】 组织开展为期1个月的“执法零过错、群众零投诉、民警零违纪”活动。开展处置渔事纠纷引发案件执法问题专项治理，全年检查审核案件192起，其中行政案件149起，刑事案件43起，发现纠正执法问题42处，有效封堵执法漏洞。建立健全执法突出问题监督机制，从执法办案民警日常执法最急需、最容易发生问题的执法事项、执法环节入手，对刑拘、取保候审、涉案财物管理等执法关键环节和敏感环节进行重点监督，通过严格的监督机制，确保民警能够严格、公正、文明、规范开展执法工作。

（秦　志）

城市建设

CHENGSHIJIANSHE

CHENGSHIJIANSHE

城乡规划

【概况】 2012年，以“奋力打造沿海一流主城区”为目标，以贯彻落实“一法一条例”为抓手，求真务实，开拓进取，编制城乡规划，开展专项整治行动，起草出台规范性文件，深化完善城乡规划工作，开展队伍建设等专项活动，使城乡规划管理水平得到进一步提升。

【圆明山文化旅游产业聚集区总体发展规划】 圆明山文化旅游产业聚集区位于海港区东北部，京沈高速以北，毗邻抚宁县、山海关区，占地面积34.2平方千米。在2010年完成的圆明山片区概念规划的基础上，开展圆明山文化旅游产业聚集区总体发展规划的编制工作，规划以科学发展观为先导，生态环境保护为前提，基础设施建设为支撑，重点项目带动为载体，文化内涵延续为内核，发展战略创新为动力，发挥片区的区位、交通、土地、环境及文化资源优势，通过对历史、民俗文化和自然资源的再发掘，打造以立足京津冀的“秦皇后花园”和面向全国的“文化养生地”为发展目标，集休闲度假疗养、山地运动康体、田园文化体验等功能于一体的河北省文化旅游产业聚集区；突出以文化旅游为主导的景观风貌特色，借助田园体验、运动休闲、疗养度假、宜居养生等核心产业的培育，形成以休闲、旅游、养生等为主导的健康产业体系；注重规划实施与操作，明确项目选择和布局，完善道路及市政设施配套，统一规划，分期实施。12月10日，原则通过2012年市规委会第三次主任会议审定，市长朱浩文对规划方案给予充分肯定。

【秦皇皓月城控制性详细规划调整方案】 秦皇皓月城位于海阳镇，高速公路以南，汤河以西，北环路以北，总规划面积718公顷。此次规划旨在通过对海阳镇现状发展条件的梳理和发展潜力的判断，承接上位规划及政策对海阳片区未来发展的总体要求，以科学规划指导为先导，基础设施建设为支撑，生态环境保护为前提，重点项目带动为载体，文化内涵延续为内核，发展战略创新为动力，将海阳片区建设成为“秦皇岛北部的休闲宜居家园，绿色健康的魅力新区”。与市城乡规划局沟通，并列席市城乡规划局业务例会，参与规划审查。9月19日，调整方案原则通过市规委会审定，为重点项目建设提供规划前提和依据。

【西部文化休闲区规划】 西部生态文化休闲区规划范围东起南岭西路，北至京秦客运专线，南至京山铁路，西至北戴河经济技术开发区国防路，规划范围总用地面积17.69平方千米。规划遵循旅游立市的发展战略，着眼于推动秦皇岛经济、政治、文化、社会建设一体发展，加强海港区生态旅游、绿色经济和社会发展规划。以特色产业园塑造景区形象，构建海港区现代城区和新农村和谐相融、历史文化与现代文明交相辉映的新型城乡形态。听取设计单位对规划方案初步成果的汇报，提出具体的修改意见，与市城乡规划局相关科室对规划方案进行沟通完善。

【大北部片区总体发展规划】 在编制完成的北部片区规划研究的基础上，对高速公路以北，圆明山片区以西城市建设用地范围以外的区域进行规划，从片区发展模式、空间结构、交通系统、景观生态等方面入手，结合《海港区新民居布局规划》对规划区域内村庄进行整合，统筹发展，打造功能完整、产业和城乡协调发展的产业新区。完成大北部片区总体发展规划初步成果，包括用地布局、交通规划、市政设施布局规划、控制性总图图则等规划内容，提出相应的控制指标要求，指导项目建设。规划方案已经区规划审查会议审查，报区政府和市城乡规划局。

【韩庄片区规划】 做好韩庄片区新民居规划深化工作，深化“八村联建”方案，待区政府与市城乡规划局沟通后，由市城乡规划局对北港大街北侧民族路东侧两个地块提出规划设计条件。

【秦皇岛临港物流园区总体规划】 从区域发展的角度论证园区发展条件，研究总结临港物流园区的发展定位。预测产业发展趋势，选择用地发展方向，建立临港物流园区新的空间形态，合理确定用地布局。优化调整产业结构，合理布置工业与仓储用地，为产业之间的有效合作和产业链条的形成创造条件。完善基础设施的建设，提高物流园区的适应能力和现代化水平，创造招商引资的优质硬件条件。全面把握自然环境要素，建设完善的景观绿化系统，提高环境质量，打造绿色物流园区。按照区政府规划审查会议要求，对临港物流园区总体规划方案进行完善，并上报市城乡规划局审查，正按照审查意见对规划方案进行深化完善。

【湾海仙岛城市设计规划编制前期工作】 湾海仙岛城市设计规划旨在整体提升海港区沿海空间发展，系统规划布局海岸线资源，在完善海岸线规划的基础上，着力打造以环保节能为依托，历史文化为底蕴，城市经济为代表的港城一流滨海（河）岸线。8月，与天津中怡设计院进行沟通联系，就湾海仙岛（东山片区）城市设计规划编制的规划范围、功能定位及分区建筑风格等方面问题进行深入研究。9月，完成规划编制实施方案，并上报区委。

【太阳城景观整治规划】 改变太阳城综合商业区整体现状，提升综合景观品质，根据区政府工作安排，开展太阳城综合商业区整治提升规划方案编制工作，2011年年底确定设计单位，并着手开展规划方案的编制工作。方案以太阳城北部为重点，主要对广告牌匾、建筑外立面等进行改造，全面提升太阳城整体形象。6月，完成最终方案，通过审查后移交太阳城管委会实施。

【迎宾路、文化路道路景观整治规划】 提升城市道路立体观瞻效果，改善城市环境，打造城市道路新景观，对迎宾路、文化路街景整治进行规划方案的编制工作。文化路道路景观整治规划设计工作，主要对功能业态规划、城市交通、建筑立面和街道景观等方面进行深层次分析，提出可行性建议和改造方案，4月完成规划设计工作。

【东部片区控制性详细规划调整】 根据区政府工作安排，专题研究东部片区村庄改造，保持片区总体定位不变，严格控制产业用地总量，处理好产业用地与村庄改造建设用地的关系，合理调整规划方案。年初，完成方案调整工作，并由市城乡规划局按法定程序进行公示。

【东西连峪规划方案调整】 东西连峪项目总体策划及修建性详细规划秉承因地制宜的原则，发挥优势，规避劣势，深度挖掘资源，打造旅游产品丰富化、娱乐活动多样化、旅游体验深入化的东西连峪乡土生态游项目。开发旅游资源，对道路、水电等基础设施及相关服务设施进行规划补充，建设生态文明、资源能源节约、生态环境和谐的产业结构及增长方式，引导东西连峪沟域产业经济发展。按照区政府规划审查会议要求，对东西连峪乡土生态游方案进行深化修改，对方案总平面进行调整。5月，完成规划方案调整工作。

【东西连峪村庄规划】 完成西连峪村村民活动中心设计方案及施工图（协调市规划院免费帮扶），并移交西连峪村委会，景区建设如期进行。帮助西连峪村联系北京本土设计院编制跑马场效果图及施工图、驿站方案、探险路及茅草亭施工图、沿河道路施工图、沿河绿化方案、山体挡墙方案图、村容村貌改造方案，并对上述方案及图纸进行审查。对东西连峪多次进行现场走访，与村镇相关部门进行沟通，完成东西连峪村庄环境整治规划及村庄建设规划。

【编制帮扶村村庄规划】 4月底，根据《河北省开展加强“基层建设年”活动项目帮扶工作指导意见》，组织编制南王庄村、拦马庄村等10个帮扶村的村庄环境综合整治规划和村庄规划，美化村庄环境，建设宜居宜游的社会主义新农村。9月上旬，完成10个村的村庄环境整治规划和村庄建设规划编制工作，并下发到各村及驻村工作组。按照市城乡规划局和区“基层建设年”活动领导小组办公室要求，起草规划验收办法，9月底，市城乡规划局验收。

【城建大厦规划设计方案】 按照区政府工作安排，委托天津大学建筑设计院编制区城建大厦规划设计方案。城建大厦项目地处汤河公园北侧，西港路西侧，滨河西里南侧，占地面积2.13公顷，现状为区园林局苗圃。方案经两次修改完善，报请市城乡规划局审查。12月7日，对规划项目进行公示。

【规划执法监察】 加强巡查、跟踪、上报等工作，对执法案卷进行综合梳理，严格履行执法程序。建立执法监察每日一报、每周汇总制度，设立执法监察专刊。接待群众电话访330多次，接待到访群众50人次，立案查处违法建设行为83处。开展拆除集中行动4次，拆除各类违法建筑3000多平方米。查处擅自改变外立面案件19起，未批先建经济处罚案件4起，摸查改变房屋使用性质、用途的案件33起。工农里26栋8单元西侧加建电梯的违法建设现场进行依法查封。

【市政规划管理】 加大市政项目未批先建的查处及审批项目的批后跟踪监管工作力度。巡查发现未批先建市政项目35处，下达"停工通知书"22份，函达7家管线施工单位，到市城乡规划局办理相关审批手续。对已下达"停工通知书"的市政项目进行跟踪管理，督促按相关法律法规办理审批手续。

【规划审查工作】 加快项目运转，做好项目规划服务，提高项目规划审核工作效率和工作质量，制发《关于进一步做好项目规划审核工作的通知》。做好农村建房审批管理，规范村民建房及院内建房审批程序。对海阳镇小苇芝港村、鲤泮庄村、田家沟村宅基地进行选址。配合相关单位对拟建的20多个市场进行勘查，对78个村、30多家养殖场、128个垃圾点进行联合选址。

【规划宣传工作】 邀请各镇、各街道的相关领导和干部群众分期分批前往规划展馆参观。举办村镇《中华人民共和国城乡规划法》法律法规培训班，讲解城乡规划管理相关的法律法规知识。开展"送法下乡"活动，向群众赠送办事明白卡和城乡规划法律法规宣传资料。利用各级各类宣传媒体，及时报送规划编制进展和城乡规划管理工作的最新情况。

【"基层建设年"活动】 开展基层基础建设工作，派驻班子成员深入所联系村、居。坚持与基层干部多沟通，了解情况，在海阳镇鲤泮庄村深入调研并征求群众意见，分析发展优势，组织免费为其编制村庄规划，为帮扶村节省资金1万元，帮助理清发展路子。针对河东街道东港里社区活动用房不足等困难，与市城乡规划局沟通，跑办相关手续，协助解决选址和规划设计等，为社区送去电脑，缓解办公设备紧张状况。

（池泉伟）

国土资源管理

【概况】 2012年，以优质服务、保障发展为主线，以保护资源、合理利用为目标，以强化职能、依法行政为准则，坚持利用与保护并重、管理与服务并举，全面推进依法行政和队伍建设，干部职工的服务意识和业务素质明显提高，国土资源管理工作得到加强，特别是项目用地、征地拆迁、农宅换证等重点工作取得较好成绩。

【建设用地管理】 全年使用地指标面积80.6公顷，其中农用地面积76.87公顷（耕地面积34.93公顷），未利用地面积3.73公顷，保证保障房、人民医院等26个项目建设，所有指标都合理利用。增减挂钩节余指标地面积169.13公顷，确保南大寺片区、西王岭旧村改造、杨道庄经济房等项目用地指标，为南四村改造争取用地指标面积15.99公顷，韩庄片区改造面积18.27公顷。报批征转用7个批次、30个项目，征转各类项目建设用地面积313.8公顷，秦皇皓月城、秦皇岛中农物流、冀盛物流等省、市重点项目用地得到批准。土地卫片执法检查中发现的违法用地补办手续项目在6月30日前落实到位。完成划拨供地3宗，面积2.4公顷；协议出让项目1宗，面积5.35公顷，收取出让金1933.23万元；工业用地拟招拍挂项目6宗，用地面积6.37公顷，上缴出让金2792.12万元。推进津秦客专、建材学院搬迁新址等重点项目征地拆迁。

【耕地保护】 落实基本农田"五个不准"（即不准除法律规定的国家重点建设项目之外的非农业

建设占用基本农田；不准以退耕还林为名，将平原地区耕作条件良好的基本农田纳入退耕范围，违反土地利用总体规划随意减少基本农田面积；不准占用基本农田进行植树造林，发展林果业；不准以农业结构调整为名，在基本农田内挖塘养鱼和进行畜禽养殖，以及其他严重破坏耕作层的生产经营活动；不准占用基本农田进行绿色通道和绿化隔离带建设）要求，全面落实基本农田保护政策，与各镇、村层层签订责任状，完善基本农田保护台账、图件，确保全区耕地保有量、基本农田保护面积不减少，用途不改变。新一轮基本农田划定全面展开，村庄外业调查基本完成，划定面积2488.4公顷。基本农田数据库建设正在实施。

【地质矿产与海洋资源管理】 对辖区内地质灾害易发区和危险地段进行调查、摸底，及时掌握灾情动态。完善地质灾害群测群防网络体系，及时通过预警系统向重点区域发出预警信息，做好地质灾害预防工作，汛期未发生因地质灾害产生的人员伤亡事故。为莲花岛旅游综合项目、海螺岛项目等重点建设项目用海搞好服务，为项目实施做好保障。全年岸线巡查104次，海上巡查22次，送交海水水样检验15次。按照省海洋局《关于做好全省沿海县（市、区）涉海企业核查工作的通知》要求，准确上报辖区436家涉海企业名称、固定资产等基本信息，实现海洋信息的网络化和信息化。

【土地执法监察】 围绕“地球日”“土地日”“海洋日”宣传主题，采用广播、新闻媒体、标语、横幅、简报等方式全方位宣传国土资源管理法律法规政策。全年出动宣传车辆15台次，在全区主干道安装固定宣传牌29块，发放各种宣传资料1万份。卫片执法检查涉及违法用地图斑32个、地51宗，总面积16.27公顷，对核查发现的32宗违法用地及时立案查处。出动巡查车辆600多台次，下达停工通知书137份，有效制止违法施工17次。落实领导接待日、领导下访、包案调处、责任追究、限时结案等信访工作制度，发挥国土所快速反应能力，及时发现矛盾纠纷，把矛盾纠纷化解在基层。全年未发生群众赴京赴省访群体访事件，接待信访案件16件次，办结率100%。

【基层基础工作】 第二次土地调查和土地利用总体规划修编全面完成。第二次土地调查成果通过省专家组验收；海港区土地利用总体规划（2011～2020年）通过省政府批准；针对2012年城市基准地价上调，6～10月，为群众集中办理房改房、经济适用房以及其他划拨土地上的住宅补缴土地出让金和登记发证。全年受理国有土地使用权登记业务3.75万宗；换发集体土地使用证402宗，完成任务总量的96%。对不符合国家产业政策、不符合国家供地政策、不符合土地利用总体规划的建设项目坚决不予通过。为海港区行政服务中心等11个项目出具用地预审意见。落实省、市农村集体土地确权登记发证工作部署，制订实施方案，成立领导小组，明确专人负责，确保农村集体土地所有权确权登记发证工作顺利开展。

（刘　彬）

城乡建设管理

【概况】 围绕奋力打造沿海一流主城区的奋斗目标，发挥对全区市政基础设施建设和建筑业管理的综合协调职能，加大组织推动力度，将各项任务细化分解、落实责任，引导各相关单位密切配合、分工协作，形成合力，推进全区各项城建工作。全年完成固定资产投资3.02亿元。

【城市重点城建项目】 在建工程和完工项目7项。

民族路北延伸一期工程。南起民族路检察院，上跨外环路、京山铁路，北至新102国道，全长2.8公里，规划红线50米，工程预算投资2.06亿元。工程主路基本竣工，绿化等配套工程建设基本收尾，待上跨铁路桥施工结束，完成最后面层沥青摊铺工作。

民族路北延伸二期工程（京沈高速以北段）。南起京沈高速北端，北经陈庄村向东与秦承出海路相连，全长4.5公里，规划红线50米，双向6车道，预算投资3.7亿元。工程BT合同已签订，圆明山大街段方案设计修改工作完成，可研报告已批复。基本完成电缆沟、雨水管道、雨水井、边沟的施工，完成过路涵洞 2 个，完成主、辅路路缘石的施工，完成网格护坡 60%，完成人行道道砖铺设 3800 米；完成主、辅路水稳、主路沥青两层摊铺、辅路底层沥青摊铺。大旺庄村、小旺庄村、太平寨村段达到使用条件。

金三角鑫园片区改造工程。位于河北大街以南，海阳路以西，西沙滩路以北，规划土地面积 3.66 公顷，工程投资 8 亿元。鑫园片区土地收归国有公告已发表；新成本核算通过区财政局评审；土地挂牌相关资料上报市国土局。

东山片区改造工程。总面积 0.71 公顷，工程投资 2.14 亿元。东山小学新建及港务局职教中心综合楼建设工程竣工，移交手续办理完毕；返迁房建设，中标单位抓紧办理开工前各项手续，待市规划部门出具规划条件后进场施工。

卸粮口小康村环境综合整治工程。工程投资 170 万元。新建混凝土道路面积 3200 平方米，配套排水沟等设施；安装路缘石 5825 延长米，铺设地砖 8180 平方米；安装太阳能路灯 41 盏，9 月 15 日全部完工。

农村危房改造工程。对海阳镇新周庄村、北港镇张桥庄村等 10 个村的首批 35 户农村危房实施维修支固结构、原址返建等改造，工程投资 42 万元，已竣工。

长江道西延伸谋划工程。东起横断山路，西至南岭西路，全长 1.6 公里，设计速度每小时 60 公里。工程分两期实施，一期工程按半段面实施，完成主路 25 米施工，投资估算 4000 万元（不含征地拆迁费用）。已完成地形测绘及现场踏勘，初步设计方案基本完成。

【建筑行业管理】 结合“打非治违”专项整治工作，组织综合性安全检查 18 次，涉及全区 16 家建筑企业工地 28 个，总面积 136 万平方米，下发隐患整改通知单 12 份，对发现的安全隐患进行复查，做到安全检查全覆盖。对检查中发现的问题逐一纠正，限期整改，对整改情况进行复查，确保全区安全生产万无一失。在秦皇岛建设网上公布建筑企业拖欠记录的方式开展清理“两个拖欠”工作。每月定期对在建工程项目进行实地走访检查，针对清欠工作及建筑外墙保温材料制品的使用情况，对区属建筑企业的 32 个在建工程进行专项检查，未发现清欠隐患和违规使用建筑外墙保温材料的问题。完成建筑企业专业管理人员岗位证书验证等项工作。

【村镇建设管理】 加大村镇建筑管理力度，强化管理效能，专门成立村镇科和稽查大队。3 月，组织召开由所属各镇、园区及 47 个行政村负责人参加海港区农村建筑工程管理工作会议，传达《海港区村镇建筑工程建设管理暂行办法》及市、区两级关于村镇建设管理的有关政策、文件精神；与各镇、园区分别建立农村建筑工程管理月报制度，加强工程建设的监督管理。对辖村建筑情况实施全面联查 10 次，出动专业工程执法人员 36 人次，查处违法改造项目 1 起。

【防汛工作】 做好城区防汛工作，快速处理各种突发事件，编制下发《2012 年海港区城乡建设局防汛预案》《2012 年海港区城建系统防汛预案》。建立健全以各企、事业单位党政一把手负总责、行政一把手为指挥长的防汛组织和汛期 24 小时值班通信网络，实行领导包重点部位的防汛岗位责任制度。6 月初，对全系统防汛情况进行集中检查，对防汛物资种类、数量、车辆、应急分队等情况进行统计造册。在汛期前，联系各街道办事处及城建系统防汛各成员单位，及时传达防汛预警信息，收集各单位的汛情信息及时上报区政府，编制《强降雨灾害注意事项及自救方法》，发送到各街道办事处及城建系统成员单位。8 月初，全市普降暴雨，及时完成解放里居民紧急疏散安置和东华北里抢险修复等防汛抢险任务。对全区各村镇房屋受灾情况，包括损坏情况、面积、价格等进行详细统计，制作专门台账上报市建设局。

【火车站临时停车场管理工作】 确保 6 月 30 日秦皇岛火车站正式接待旅客，保证站前广场整体改造期间国内外旅客正常出行，启用火车站广场周边 4 个临时停车场，供私家车、出租车、旅游大巴车使用。制订《秦皇岛火车站临时停车场“落客 6·30”管理实施方案》，协调各相关部门，抓紧具体工作落实。6月30日，4个临时停车场正式启用。

【"创先争优"活动】 以"创先争优"活动中提出的基层党组织"五个好"（领导班子好、党员队伍好、工作机制好、工作业绩好、群众反映好）和党员"5+1"（在争当自觉学习、政策、服务、爱岗敬业、遵纪守法模范的同时，争当党性的模范，自觉抵制诱惑，遵守社会道德规范，勇于批评和自我批评，坚决同违纪作斗争）模范为标准，通过合理设星、创新基层党组织建设和党员管理方式，全面推进"星级管理、千分考核"工作机制。向全系统党员下发"工作明白卡"100多份，电子工作提示9次，深化拓展"四项机制"，为系统企业服务对象提供各类工作指导及军转人员帮扶27人次；组织新党员到革命圣地宣誓、班子成员讲党课、点评"创先争优"活动及恳淡会等系列主题教育活动4期。开展各项主题实践活动6次。

【基层党建工作】 坚持用发展的观点加强党的建设，用创新的思路推进党的建设，注重从一线工作人员中发现和培养党的骨干力量。举办入党积极分子培训班1期，培训积极分子72人，发展预备党员59人，严格考察预备党员60多人，合格者如期转为正式党员。收缴系统党费4.5万元。组织系统企业参与"七权七责"（七项权利：方针政策知情权、党内活动参与权、评先选优提名权、积极分子推荐权、意见建议表达权、村级大事审议权、党务村务监督权；七项责任：政策法规宣传责任、组织决定执行责任、村民致富帮带责任、社情民意反馈责任、矛盾纠纷化解责任、遵纪守法自律责任、党内团结维护责任）试点工作、大学生村官挂职企业等多项大型综合党建活动。

【精神文明创建工作】 开展国学进机关、参加"港城大讲堂"等项活动，提升职工爱岗敬业的精神面貌。在文明生态村帮扶工作中，对北港镇长桥岭村进行调研走访，提供帮扶资金2万元，用于村内基础设施建设；投资40万元，为西连峪村修建停车场3600平方米；向区文明办选报城市文明志愿者12人。

2012年海港区市政基本情况一览表

表6-1

	单位	2012年
道路长度	公里	273.8
道路面积	万平方米	515.4
人行道面积	万平方米	116.6
桥梁	座	71（实际接收）
其中：立交桥	座	15

（李大维）

建筑业管理

【概况】 2012年，有区属建筑业企业32家，其中，施工总承包企业18家（一级资质企业3家、二级资质企业2家、三级资质企业13家），专业承包企业8家，劳务分包企业5家，建筑设计企业1家。完成产值20.8亿元，完成增加值6.5亿元，实现利税2亿元。全年接待信访案件14宗，工作重点为东山返迁房上访问题及市二建光华路拆迁涉访等问题，直接到访40多人次，未发生进京、去北戴河等越级上访事件，圆满完成信访工作目标。获得省级以上奖励12项，分别为：海三建设工程发展股份有限公司被省建筑业协会评为省创国家精品工程特别荣誉企业、省建筑业先进企业、省建筑业诚信企业、省工程建设质量管理先进企业，公司承建的金海湾森林逸城小区一、二、三期工程被中国施工企业协会评为国家优质工程奖，金海湾逸城学校A、B、C区及幼儿园工程、北戴河文化创意产业研发基地及市档案馆工程被省建筑业协会评为省建筑工程安济杯。海一建筑工程股份有限公司被省建设会计学会评为省工程建设系统财务管理先进单位、被省建筑业协会评为省建筑业先进企业、省建筑业诚信企业、省建筑质量管理优秀企业。

【行业管理】 从安全法规的宣传普及工作入手，结合全国、市级“安全生产月”活动，重点普及《中华人民共和国安全生产法》《河北省安全生产条例》等法律法规，增强企业安全主体责任意识。组织上街义务宣传活动3次，制作展牌8块，在建工程悬挂宣传条幅15个，发放宣传材料1000多份。与全区各建筑施工企业签订安全生产责任书31份，签订期限3年。采取日常拉网式巡查和重点部位突击检查相结合的方式，强化施工企业的安全生产意识，发现问题及时解决，将各类隐患消灭在萌芽状态。组织安全联查6次，对16家企业28个施工现场进行安全检查，检查面积128万平方米，排查安全隐患15项，安全监督覆盖率100%。对检查中发现问题，检查小组下达整改通知书，责令其限期整改，对整改情况进行复查，建立健全安全事故预防监控及处理预案，确保安全生产万无一失。

【文明施工管理】 以打造沿海一流主城区为目标，加大对文明施工的监督管理力度。在日常检查中对施工现场围挡作业、建筑材料码放、工地出入口、食堂、宿舍、厕所卫生情况、消防设施等情况进行重点检查。年内，申报省级文明工地6项，市级文明工地5项，推荐文明城区备查工地4个。

【技术培训】 在全国“安全生产月”期间，对16家区属建筑企业的180名项目经理和安全管理人员进行安全生产知识考试，根据情况进行管理提示，推动企业提高安全意识，提升安全管理水平。督导区属建筑企业利用冬闲时间进行业务培训，增强从业人员的安全责任意识，防止重特大事故发生。

【清理拖欠工作】 取消“两个拖欠”招标证明手续，实行在秦皇岛建设网公布建筑企业拖欠记录的工作模式。每月定期对在建工程项目进行实地走访检查，针对清欠工作及建筑外墙保温材料制品使用情况，对区属建筑企业的32个在建工程进行专项检查，未发现重大清欠隐患和违规使用建筑外墙保温材料的行为。

（李大维）

城市管理

【概况】 以“旅游立市”“城市管理三年上水平”为主线，发扬求真务实、团结协作、负重奋进、勇于创新的工作作风，强化城市管理作为树立城市形象、打造城管品牌、促进全区经济发展的战略举措，从改革城管体制入手，趋利除弊，以创新的思路破解城市管理难题，以务实的作风促进工作落实，坚持精细化管理、市场化运作、法制化规范、长效化巩固原则，营造干净整洁、和谐有序、安全通畅、文明和谐、宜居宜业宜游的城市环境，为打造沿海一流主城区做出贡献。

【市容综合整治】 加大对各类摊点棚亭、露天烧烤、马路市场等占道经营现象的整治力度，拆除各类占道棚亭8座，拆除面积92平方米，取缔和平桥头、港峰路、商城北街、张庄、滨河路等5处马路市场，取缔占道摊点3069个，规范露天烧烤172家、露天烧烤摊点47个，教育处罚违章商贩6820人次，严格管理金三角、华联、商城等重点部位及校园周边，有效遏制随意占道行为。整治规范各主次干道临街门店、各类促销活动，清理乱堆乱放2109处、拆除私搭乱建10多处、查处店外经营3050家、清理陈旧破损宣传条幅482条、查处违规促销活动商家100多家。对各辖区进行不间断治理，出台《海港区街、巷、路的整治标准》，规范摊点412个。规范提高门牌字匾及LED显示屏的设置标准，对未经审批擅自设置门牌字匾及LED显示屏的单位、门店开具限期拆除整改通知书620份。规范施工围挡1.5万延长米。

【重点工程创建工作】 新建压缩式生活垃圾转运站1座，改建压缩式生活垃圾转运站3座，共有生活垃圾转运站33座。制订《建筑垃圾和工程渣土运输规范管理的实施方案》。建立渣土指挥中心，重点路段设置监控点2个，为渣土作业车辆加装GPS，对渣土运输车辆进行24小时监控。加大执法力度，强化途中监管，对重点区域、重点路段和重点时段进行24小时监控，加强对渣土运输处置全程监督管理。

【道路清扫】 负责六河水系统改造后的环境卫生管理工作，道路清扫面积11.45万平方米，主、次干道及街巷道路清扫保洁面积645万平方米。加强绿化带垃圾杂物清理和果皮箱维护清洗工作。春季，清理出枯枝落叶纸屑等越冬垃圾5吨，每周3次清洗主干道果皮箱300多个，投入机械洗扫车2辆、电瓶扫道车2辆。加大对夜间垃圾乱倒和马路遗撒现象巡回检查力度，查获乱倒垃圾80多起，马路遗撒90多起，处理违章人员100多人次。新添置机械化清扫车辆，电瓶式清扫车2台，干式清扫车2台，洗扫车2台，人力清扫车80台。实施垃圾袋装化收集。成立生活垃圾袋装化管理处，对沿街门店产生的生活垃圾进行上门袋装化收集，杜绝生活垃圾的无序排放，减少生活垃圾二次污染，对河北大街、迎宾路、文化路等10条道路生活垃圾实行袋装化收集，投入车辆10台。

【社区卫生管理】 负责98个居民小区清扫保洁，管理城中（郊）村14个，涉及居民8.6万户。定时完成普扫和清掏作业，实行全天保洁制，做到无积存垃圾，及时消杀。清除玉峰里小区、临河里小区、文化里小区、工人南里小区等老旧小区的积存垃圾，出动各种车辆800多台次，人员5000多人次，清除各种垃圾3万多吨。按照《环卫业务工作管理考核实施细则》和《日常化管理考核评分办法》，加强环卫业务考核管理，推动清扫保洁质量的提升。对非直管作业小区，加强对其监管和督导，促进小区卫生质量全面提升。

【城市管理市场化】 渣土清运市场化。通过公开竞标，确定由3家运输企业进行规范化运输；各工程渣土产生单位到区城管局办理“渣土运输处置许可证”后方可到规划、建设部门办理其他相关开工手续，对建设单位、运输单位作出渣土运输管理相关规定，要求加盖密闭，安装GPS导航等，明确运输标准和相关细则；制订《建筑垃圾和工程渣土运输规范管理的实施方案》，要求建设单位在开工运输落实“六个一”（即一条硬化路、一组管理保洁人员、一个清洗站或点、一本车辆登记簿、一份双向签单、一块车辆标识牌）和“四不开工、四不出门”（即建设、施工、运输单位未落实建筑渣土倾倒场点不得开工，未使用核准运输单位及车辆不得开工，未签订建筑渣土规范处置承诺书并交纳保证金不得开工，现场管理人员不到位不得开工；未落实现场保洁人员的不能出门，车辆密闭不严的不能出门，车体不整洁带泥上路的不能出门，手续不齐全的不能出门）建筑渣土处置规范标准。把文化路以西管理的52个小区及部分街巷道路的环卫作业权向社会公开招标，秦皇岛宏添源物业服务有限公司中标并进行正式交接。户外广告市场化。户外广告设置位使用权拍卖15处，广告效能作用向经营佳、信誉高的广告公司或企业倾斜，更好地为城市建设服务，避免广告设置“杂、乱、滥”的现象。执行清雪“门前五包”工作，主次干道清雪工作实行市场化运作模式，与中远物流等2家企业签订有偿清雪协议，明确清雪工作标准和检查标准，保证冬季清雪工作顺利进行。在经营秩序、户外广告、工地围挡等18个方面加强管理，解决城市管理问题。完善数字化指挥中心设备，多个重点地段加装监控摄像头，执法车辆上全部加装GPS导航系统。

【环卫设施】 借鉴外地城市先进管理经验，利用城市空间资源，走市场化运作的道路，选择两家公司承担广告位式果皮箱制作、安装和后续维护、保养和更换的费用。果皮箱上的广告位供投资方无偿使用，负责果皮箱的清掏，完成325个广告位式果皮箱的设置。新建高标准水冲式公厕两座。对张桥庄生活垃圾填埋场产生的沼气排放孔进行重新排布，增加沼气排放孔59个，确保沼气顺利排放。全年投资607.5万元，用于购置设施及工程投资。

表 6-2　2012 年海港区购置环卫设施情况一览表

项　目	数量（台）	投资金额（万元）
电瓶式清扫车	2	64
中型干式清扫车	7	308
大型干式清扫车	1	61.5
洗扫车	2	109
人力清扫车	80	65
合　计		607.5

（徐　杨）

城市绿化

【概况】 围绕改善生态环境中心谋划工作，制订举措。确定绿化加文化、大气加精细、园林向园艺转变工作理念，明确特色生态、可看可用、精细管养、全民共建的工作思路，加大项目建设力度，开展全民植绿护绿、认种认养、节日花展等群众绿化活动，构建层次多样、布局合理、结构完整、特色鲜明的绿色主城区。全区栽植乔灌木 5.6 万株、小灌木 18.05 万株、各色花卉 273.89 万株、野花组合 5.6 万平方米，新增公共绿地面积 27.41 万平方米。城市建成区绿化覆盖率 30.2%、绿地率 28.06%，人均公共绿地 9.6 平方米。

【西浴场综合改造项目】 东起游艇俱乐部大坝，西至山东堡立交桥，海岸线全长 3.6 公里，改造面积 62 万平方米。主要建设项目包括海岸线修复、基础设施改造、服务设施完善、滨海景观公园建设等沙滩环境的综合整治，从东到西分设海洋公园区、中央核心区、城市休闲区等 3 个景观区。整体项目分 3 期实施，年内重点实施西浴场综合改造一期主体工程，通过海情、海韵、海景等 3 个特色广场和景观绿带、绿荫停车场、蓝色透水自行车道、亲海木栈道等基础设施建设，提升秦皇岛旅游开放城市形象。

【街头游园建设与改造工程】 科学规划、精心组织，通过绿地改造，设置功能性花架，增添树阵、竹林和长廊坐凳、树穴座椅等休闲设施，巧妙融入景石、山水画墙、诗词篆刻等文化元素，建设改造石韵园、益寿园、雁留园等 6 处街头游园。增加城区绿量，提升路口园林绿化景观，为市民提供休息、锻炼、夏日纳凉及小型文化娱乐活动的场所，河北电视台进行专题报道。

【“森林港城”建设】 开展以“见缝插绿”为主的“森林港城”建设，最大限度地实现城区绿量增长。以种植乔木树阵、树池下播种野花组合等方式，高标准完成多处停车场绿荫建设，其中奥体停车场栽植银中杨 6600 株，成为全市体量最大的一片城市森林；优选胸径 11～12 公分大规格的苗木，以半冠栽植的方式，完成 20 多条主次干道苗木补植工作，完善道路景观效果；利用城区内主次干道和街道的空闲地，采取见缝插树，栽植各种乔木、花灌木、彩叶树、宿根花卉、野花组合的形式，塑造景观优美的街头树阵和街边小游园绿地，呈现层次分明、五彩缤纷的街头景观效果。通过“森林港城”的全面打造，增加城市绿量，提升原有绿地的品质。

【花街花城花海建设】 围绕“五一”“七一”“十一”等重大节日，对文化路、迎宾路、河北大街等主要路口、迎宾线路进行大型植物造景及沿线摆花，营造色彩缤纷的城市景观；延续河北大街和秦皇大街绿化风格，作为城区特有的生态文化和景观元素进行培育，优选花卉品种，在景观花箱、护栏内栽植开花期长、更换次数少的草花，打造花团锦簇、色彩斑斓的道路景观效果。在圆明山森林公园、秦皇植物园、奥体中心周边及城市区街头树阵林下实施花海工程，通过播种成本低、花色广、花期长、节水耐旱的“北国风光”组合，改善城区重要节点、暑期旅游路线周边的景观环境，展现旅游城市休闲野趣、原生态的自然美。

科学筛选植物品种，推广和栽植花期长、耐性强的地被植物，降低后期管护成本，增添城区景观亮点。

【圆明山森林公园建设】 坚持尊重自然、展现自然、亲近自然、感受自然的原则，以展现郊野森林的野趣之美为表现方式，通过山林之野、林下之野、田园之野体现，突出山野幽波、悦然身心的特色。项目2010年启动，按照统一规划，分步实施的方式进行建设。园区道路：铺筑环山道路长2680延长米、木栈道面积5400平方米、石磴道长3000延长米，砌筑毛石挡土墙长700延长米。绿化：栽植油松、杨树、梨树等乔木2.44万株，紫穗槐2.9万株，荆条6.35万株、芒草面积7000平方米，播种野花组合面积1.8万平方米，铺设植草袋挡墙面积8000多平方米。将圆明山森林公园建成市民和游客返璞归真、感受自然景观和郊野休闲的原生态公园。

【绿化养护管理】 加大技能创新力度，促进科学管养水平提升。以学、管、养为内容，开展学习培训活动。邀请专家对植物修剪进行实地操作培训；聘请专家教授讲解乔灌木和地被植物修剪、病虫害防治等专业知识；组织业务骨干赴北戴河、戴河生态园等全市绿化先进点进行现场观摩。通过常态化、多样化的培训学习，丰富职工专业知识。围绕推进园林绿化事业健康发展，加强法制建设，制订实施《海港区林政监察管理工作规范》，加大毁绿、占绿行为的预防、巡查、处罚力度，将日常巡视与市城管热线、市民电话举报紧密结合，对毁绿、占绿等不法行为实行全方位、无缝隙监察管理。全年纠正、清理违规行为为628起，查处违法案件4起。

【群众绿化】 围绕打造“森林港城”，开展“与绿色同行”等义务植树活动4次，参与的志愿者联盟互助会成员、老干部、大学生、区直机关单位、热心市民等5500多人，植树1.7万株，绿化面积5万多平方米。在新世纪公园举办第九届认种认养活动，发放紫叶风箱果、丁香等苗木5000多株。上秦家园、天洋新城、新闻西里等分会场开展“把绿色带回家”家庭植树活动，抽调技术骨干对苗木栽植和管理进行指导。第十届国庆花展本着行业组织、社会参与的宗旨，组织70多家企、事业单位在广场、单位门前摆放特色花堆30多处，投入国庆菊、羽衣甘蓝等花卉50万盆。采取户外大屏幕循环播放绿化公益宣传片、广告屏、电台互动直播、报纸电台宣传等方式加大宣传力度。全年在各级媒体发表宣传稿件300多篇。《河北日报》专题报道海港区全民义务植树活动;《秦皇岛日报》刊发《让城市在森林中“安家”》《满目碧绿翠欲滴》《街头游园市民的好去处》等多篇专版报道。

表6–3

2012年海港区园林绿化基本情况一览表

	单位	面积
园林绿地面积	公顷	1595.72
公共绿地面积	公顷	633.02
人均绿地面积		
其中：园林绿地	平方米/人	24.2
公共绿地	平方米/人	9.6
绿地率	%	28.06
覆盖率	%	30.2
绿化情况		
新增绿地面积	万平方米	31.42
其中：公共绿地	万平方米	27.41
植树	万株	5.27
草坪	万平方米	1.26
垂直绿化	万株	
育苗	亩	27

（郭丽敏）

房地产开发管理

【概况】以‘创先争优”活动为契机，突出重点，狠抓落实，完成传统业务，推进旧村改造，加强房地产行业管理。圆满完成国务院《国有土地上房屋征收与补偿条例》规定的征收任务。全年区属房地产开发企业完成固定资产投资17亿元，超额完成全年经济指标。

【房地产综合开发】4月，新店子村、下庄村、南大寺村、慕义寨村成功摘牌。东部片区，市规划部门已为徐庄村、富家营村出具规划设计条件。韩庄片区，依据区规划局提供的《关于韩庄片区预规划条件的函》及河北嘉泽房地产评估有限公司评估的开发用地平均土地市场价、北部工业区提供的大配套投资、征地费用，完成起步区、安置区域、开发区域征地征收安置成本测算工作。大旺庄村成本测算工作已经完成，正在申请规划设计条件。邹吕庄村、东王岭村完成返迁安置，后道西村返迁安置房全部竣工，具备返迁安置条件；归提寨村拆迁工作基本完成，返迁安置房进行主体建设；四合庄片区、公富庄村拆迁工作接近尾声；小张庄村、大里营村、西王岭村、晒甲会村等正在做征收前的准备工作。

【开发企业行业管理】坚持定期、不定期到开发企业施工现场督导检查在建项目，调度目标完成情况。督导返迁安置房建设，关注项目形象进度；做好区属开发企业行业管理，按时统计上报各类报表；指派专人对全区在建项目及拟建项目情况，包括开发单位注册地、开发资质、项目开工时间、拟竣工时间、建设规模等进行摸底，掌控市区内项目建设动态。

【重点项目】一塑厂家属区征收工作。采取多项举措，实施阳光征收。成立政策咨询组，律师事务所入驻征收现场，加强政策宣传与形势分析，围绕征收工作向群众宣传征收政策及相关法律、法规，有效化解矛盾纠纷，解决百姓提出的具体问题30多个，实现征收工作零上访。返迁安置房已开工建设，预计2014年底前完成返迁安置。

启动航海里改造项目。依托国有房地产开发公司即海发房地产参与旧城改造项目。与秦皇岛华筑房地产开发有限公司共同出资注册成立国有资本参股的股份制有限公司，重点参与航海里改造项目。4月中旬，入户调查工作全面展开，已完成三轮调查，97%的居民同意改造。委托北京知名策划机构对项目进行全面策划，规划设计方案经过多次调整，基本完成项目总体方案的论证，向市规划部门提请出具规划设计条件。

海阳片区改造。完成海阳片区的入户调查摸底及数据汇总工作。抽调1名领导及3名工作人员加入片区改造指挥部工作，参与片区改造工程。

东山片区改造。成本概算及地形图测绘工作全部完成。准备启动3个工作组对区公产、居民住宅等情况进行新一轮调查摸底工作。

大润发购物广场项目。同市国土局、区国土局、区规划分局了解土地现状及规划情况，委托评估单位进行评估，根据评估结果完成初步成本测算。

百脑汇电子城项目。派驻1名副主任和2名年轻业务骨干加入项目工作组，配合做好入户调查等相关工作。

【规范管理旧改工作】研究制订旧改规范性文件，为全区旧改工作的开展提供政策性依据。出台《海港区国有土地上房屋征收与补偿暂行办法》《海港区旧村及老旧小区改造暂行规定》《海港区旧改征收规范性操作流程》以及《土地一级开发协议》等规范性文件，为旧改工作的开展提供政策依据。

（刘艳晶）

房产管理

【概况】2012年，全区住房保障性安居工程的任务是新建保障性住房7114套。其中，新增廉租住房200套，公共租赁住房2600套；新建经济适用住房2023套，限价商品住房2085套，城市棚户区改造206户。

【保障性安居工程建设项目】东李庄保障性住房项目。总占地面积17.67万平方米，总建筑面积

33.5 万平方米，总投资 10 亿元，总户数 4483 户，经济适用房 3671 套、公租房 200 套、廉租房 612 套。承担 2012 年 2023 套经济适用房建设任务。项目已完成主体验收。

杨道庄保障性住房项目。总占地面积 14.33 万平方米，总建筑面积 50.43 万平方米，总投资 18 亿元，总户数 5485 户，其中项目包括限价商品房 2112 套、廉租房 508 套、公租房 2865 套。承担 2012 年公租房 1065 套、廉租房 200 套、限价商品房 2085 套的建设任务。

公富庄保障性住房项目。总占地面积 12.47 万平方米，总建筑面积 40.8 万平方米，总投资 16 亿元，总户数 4888 户，其中限价商品房 2908 套、公租房 1980 套。承担 2012 年公租房 1535 套和 2013 年部分限价房建设任务。

【征收项目】 1 月，海港区房屋征收管理中心成立。本着依法征收、合理补偿、确保社会稳定的原则，制订《海港区国有土地上房屋征收与补偿暂行规定》《海港区国有土地上房屋征收与补偿暂行办法》《海港区旧城旧村改造征收补偿安置工作规范性操作流程》，为全区实施房屋征收工作提供政策依据。规范征收程序，加强对各镇、街征收指挥部征收工作的监管，理清责任，提供依法征收的操作性依据。从加强资金监管入手，实行专款专户管理，资金不到位的项目坚决不予审批，确保不因监管不力形成恶性征收，损害群众的利益。为消除因房屋征收产生的矛盾隐患，推动征收项目顺利进行，采取国有企业参与征收项目的运作模式。国有公司实施征收项目以群众利益为先，贴近百姓，引导群众合理诉求，推动项目进展。

【旧改项目】 老旧小区改造。完善旧改政策，国务院《国有土地上房屋征收与补偿条例》颁布实施后，区政府出台《关于实施旧村和老旧小区改造有关问题的暂行规定》，为全区老旧小区改造工作的实施提供政策支持。年内，启动旧改项目包括：新兴里小区改造项目、秦皇岛军分区燕山大街家属院改造项目、燕安里小区改造项目、玉峰南里小区改造项目。完成西港搬迁、百脑汇、迎春里、燕山小区、大润发、茂业等项目改造成本测算的编制工作，为项目决策提供准确的依据。

棚户区改造。承担棚户区改造任务 206 户。其中，一塑厂项目 128 户，站西里小区改造项目 72 户，红光里小区改造项目 6 户。年底，一塑厂项目返迁安置房主体建设已完成；站西里项目和红光里项目进行返迁安置房工程主体建设。

【保障性住房管理工作】 从准入标准、审核程序、动态管理、退出机制等方面入手，修订和完善保障房管理工作制度措施，严格保障性住房资格申请、受理、分配程序和廉租住房复核、补贴发放及房屋分配程序。通过报刊、宣传板、网络及公示等方式宣传相关政策信息，使群众了解保障性住房政策规定；从申购、审核、选房等环节形成整套规范的工作程序，做到阳光操作，公开透明；对享受住房保障的家庭实行动态跟踪管理，利用城市区住房产权管理系统每年对保障家庭至少进行 1 次住房产权查档；落实年度复核制度，严格退出机制；提升保障服务水平和工作能力，做到便民、为民、利民。年内，受理各类保障性住房申请 4662 件，核定不符合条件退回申请者 230 件；年度复审工作涉及 4650 户，查处不符合住房保障条件取消资格 705 户；廉租住房货币补贴发放 4792 户，发放资金 500 多万元;实物配租 1250 户；经济适用房售出 1099 套；限价商品房购房资格审核 1459 件。

【物业管理】 制订《秦皇岛市海港区老旧小区物业管理文件汇编》，提出 3 种物管新模式，即专业化物业管理模式、社区准物业管理模式、自治化物业管理模式。确保物管模式改造的实施效果，多次指派工作人员到试点小区实地走访，就改造后问题与相关街道办事处、居委会反复沟通，拿出方案协调解决改造后小区物管人员及资金短缺问题，基本消除辖区内的“无人管理小区”。建立老旧小区物业管理的长效机制，强化前期物业行政许可管理工作。前期物业是开发商代业主为新开发小区选聘物业企业的一种方式。为从源头把好准入关，严格审批程序，细化审批流程，制订《住宅物业建设单位采用协议方式选聘物业服务企业行政许可管理暂行办法》，增加对招投标发布媒体指定、物业服务合同审查、现场踏勘等环节。全年受理行政许可项目18件，所有项目零投诉。

【房地产市场管理】 全年发放产权证1383个，转移档案2289件；接待查档1216人次；以新建小区为主，对违章装修的住户进行说服教育，对拆改严重的违章户进行处罚，责令恢复原状，与海港公安分局流动人口管理办公室联合办公，做好出租房屋备案管理工作，出租房屋备案率95%。

【归提寨片区综合开发改造项目开工】 9月16日，归提寨片区综合开发改造项目——森林家园正式开工。是市政府结合城市发展批准的重点旧改项目，总规划用地面积28.91公顷，地上建筑总面积43万平方米。秦皇岛金屋集团通过公开竞拍，取得项目开发建设权。新居采用徽派建筑风格，配套有湖景城市公园、幼儿园3所、中小学各1所、体育馆等公共设施。

【首个限价房项目开工】 5月31日，秦皇岛市首个限价房项目——归提寨保障房项目开工。项目总投资9.4亿元，建筑面积23.5万平方米的，房价限制为均价5000元。向市场投入住房1840套，解决中低收入家庭即“夹心层”（中低收入家庭）住房问题。项目占地面积6.53公顷，建高层楼房9栋，层高为26～33层，单套建筑面积85～99平方米。由市房地产经营开发公司开发建设，2013年底竣工。

（李 梦）

环境保护

【概况】 2012年，全区环保工作以近岸海域环境综合整治为重点，团结协作，攻坚克难，各项工作取得显著成绩。全年二级以上空气质量天数达350天以上；受理各类信访案件225件，办结率100%；审批建设项目253个。东港镇西向河寨村，北港镇拦马主村、小河村，海阳镇小苇芝港村等4个村被评为省级生态村。

【环保队伍建设】 组织干部职工进行理论学习培训和业务知识培训十多次。加强环境监察、监测队伍能力建设。1月13日，环境监测站通过三级标准化验收，可监测项目由10多项增至41项。环境监察大队在东部三级标准上继续完善，在全市环保系统第一个设立排污收费大厅。从排污申报到排污费的缴纳实行“一站式”服务。

【环境监管、监察、监测】 加强环保源头把关，做好建设项目环境准入，全年审批建设项目253个，拒批不符合要求的项目59个，有效控制高污染、高能耗、资源性和污染扰民项目的落户。强化辐射安全管理，对辖区内36家涉源射线单位定期进行安全检查，督促各单位完善辐射安全管理制度，举办辐射安全培训班，协助市环保局发放辐射与防护岗位培训证56个，全年未发生辐射环境污染和丢失放射源事故，确保全区辐射环境安全。重点污染源监察到位，加强区属32家重点污染源企业的监察频次，对3家国控污染源派专人驻厂监察，对一般污染源做到每季度监察1次，全年现场监察400多家次，未发生企业污水直排、偷排现象。监测保障到位，完成建设项目环保设施竣工验收监测110家、排污许可证换证监测企业30家；对重点污染源外排废水监测192次；全年获取各类监督性监测数据7900多个，为开展项目审批验收、企业监管、执法监察、污染防治等工作提供有效依据。

【环境治理】 组织开展各类专项检查，全力打击环境违法行为。春季，开展辖区内的搅拌站和施工单位扬尘检查、重点企业和医院防污染设施运转情况检查、新澳海底世界等景区和人口密集区的环境设施运转情况检查、重金属排放企业涉铅企业生产情况检查、重点行业环境风险及化学品检查、11家规模化养殖场检查，对在专项检查中发现的违法企业均下达整改通知书，帮助企业进行整改。全年立案处罚25件，处罚款67.29万元。

【污染减排】 推进畜禽养殖业污染减排工程。完成玉芬养殖场、福安养殖有限公司、李全新养殖场、鸿腾牧业有限公司等4家养殖单位废水减排项目，总共减排化学需氧量22.71吨，氨氮1.77吨。

完成港务局中水厂中水回用工程，消减化学需氧量 452.2 吨，氨氮 56.54 吨。取缔燃煤锅炉 30 台，节约燃煤 2.1 万吨，削减二氧化硫 178.5 吨、氮氧化物 84 吨。排污企业必须排污、按量排污。全区有持证排污企业 35 家。推行清洁生产审核工作，汇中再生资源利用有限公司等 3 家企业通过省清洁生产审核，市第一医院等 4 家企业待省专家组审核。

【环境宣教】 加大环保宣传教育工作，开展宣传活动 10 多次。3 月 31 日，联合环保学院等 5 所高校师生在环保学院开展地球一小时活动。4 月 20 日，联合海滨路街道办事处开展世界地球日宣传活动。6 月 2 日，联合区文明办、区妇联、区科协及高校大学生志愿者开展迎“六五”世界环境日等宣传活动。开展环保宣传进农村活动 2 次。在学校、社区举办环保知识讲座 20 多期，发放宣传资料和环保用品 5000 多份，组织大学生环保志愿者义务宣传 10 多次。创建市级环境教育基地，邀请省环保厅领导在秦皇植物园举行授牌仪式。

【环境应急管理】 定期检查企业环境应急工作情况，组织专家对《海港区突发环境事件应急预案》进行编制、修订、评审。对 17 家重点企业《突发环境事件应急预案》进行评审。5 月 31 日，联合秦皇岛输油气分公司在秦皇岛沙河支流开展“秦京管道原油泄漏”应急演练。

2012 年海港区环境保护基本情况一览表

表 6–4

	单 位	数额
1. 工业废水排放量	万吨	28.18
2. 工业废水排放达标量	万吨	28.18
3. 工业废水处理量	万吨	28.18
4. 工业废气排放量	万标立方米	20446.27
其中：经过消烟除尘的	万标立方米	20446.27
5. 工业固体废弃物产生量	万吨	0.1
6. 工业固定废弃物综合利用量	万吨	0.09
7. 烟气黑度达标率	%	未开展
8. “三同时”执行率	%	70
9. 限期治理频次	次	0
限期治理家数	家	0
10. 冬季锅炉监测	台	未开展

（侯丽伟）

城建管理调度

【概况】 2012 年，城调中心发挥“管理、指挥、督导、协调”职能，协调解决各种各类城建、城管问题，完善数字化城管，推进热线周知，做好非法小广告治理，推进城乡环卫一体化。处理数字化城管问题 2.93 万件，处理热线问题 675 个，解决各种城市管理问题 4743 件，下发各种督办卡 300 多个，上报督查专报 5 期，协调解决舆情监测问题 72 个，上报《舆情监测专报》5 期。

【督导协调工作】 完善和建立舆情监测制度、重点城建问题普查挂账制度、督办卡和督查专报制度、督导协调工作分析制度等规范性工作程序，提高督导协调工作效率。严密监测媒体报道的城建、城管问题，发现后立即处理。根据季节和工作重点，提前安排重点城建问题的普查，对查出的重点问题建立解决台账，对解决情况实行挂号销号。明确责任单位解决热点难点问题的要求、时限、标准等，促进各种难点热点问题的解决；以《督查专报》的形式向上级领导报送问题解决的进展情况和结果。以周汇总、月分析、季总结等形式，建立督导协调事项的分类、汇总、图表等基础性信息，为提前解决问题提供依据。

【城建热线工作】 专门制订服务热线周知工作方案。通过印制宣传材料、各种新闻媒体刊登宣传、电子媒介宣传等将服务热线号码向全社会公布周知，提高市民对服务热线的知晓度，发挥服务热线为市民服务、解决城市管理问题的功能。针对市民反映的各种城市管理问题，健全完善立案、定责、派发、督导、反馈等制度机制，处理热线问题675个。

【数字化城管平台工作】 通过完善数字化城管平台工作流程、工作标准、优化操作规程、进行业务培训等手段，提高数字化城管指挥平台的管理水平和工作效率。结合市数字化城管系统扩容升级、城乡环卫一体化中央集控系统建设，对数字化城管指挥系统进行升级改造，通过与市数字化城管的视频监控系统联网，实现全区范围内主要干道的适时视频监控，提升城市管理水平。处理数字化城管问题2.93万件。

【非法小广告治理】 进行44条主次干道的非法小广告市场化清理工作，依照承包协议和管理要求，制订《城调中心关于加强44条主次干道非法小广告管理的实施方案》，提出具体的管理标准和管理要求。进行10次集中检查，检查中发现问题1072处，对检查出的问题，约谈清洁公司负责人，提出整改要求和整改时限。44条主次干道非法小广告的清理工作保持较好的态势。清理粘贴式小广告150多万条，非法小广告1.3万多处，收缴非法宣传品2000多条，粉刷污损部位2000多处，面积2000平方米。谋划非法小广告清理向街巷和小区延伸。

【市容环境综合整治】 迎暑期市容环境综合整治办公室、城市容貌脏乱整治办公室、区级领导分包重点街道容貌整治办公室均设在城调中心。制订各项活动的实施方案，对工作任务进行目标分解和责任明确。建立联席会议、信息上报、督导督查等工作制度。印制悬挂各种大型横幅1000多条，刷写固定标语500多条，主要路段设立大型广告牌100多块。出动宣传车8台，在主要街道巡回宣传。利用电台、电视台、报纸等媒介，开辟专栏进行宣传。对在市容环境集中整治发现的各种难点、重点问题，分清归属，追踪解决。制订全区性工作方案3个，上报市级汇报材料5篇，编辑工作简报5期，陪同领导检查工作20多次；处理督办各种问题1000多个，其中解决文化路、海阳路、河北大街等重点路段问题500多个，解决井盖丢失、车辆乱停乱放等市属问题50多个；承办市整治办督办事项300多个；督导检查义务劳动10多次。

【城乡环卫一体化工作】 实施城乡环卫一体化垃圾收运设施建设项目，投资5965万元（中央补助建设资金70%，市财政配套30%）。用于农村环卫基础设施建设资金2600万元，建设78个行政村103座地坑式生活垃圾收集站、购置用于环卫保洁作业的机动车辆34台和手推式三轮315台、监控环卫保洁车辆和场地的中央集控系统。开工建设地坑式生活垃圾收集站65个，完成主体建设57个，完成设备安装45个。接收2台5吨自卸车、5台12吨自卸车、10台村镇垃圾收集专用车、1台50型装载机。部分完成中央集控系统设备安装工作，完成城乡环卫一体化标识标志设计。

（谷晓斐）

社会事业

SHEHUISHIYE

SHEHUISHIYE

教育事业

【概况】 2012年，全区有中小学校68所，其中，中学18所（城区中学13所，农村中学5所），小学49所（城区小学27所，农村小学22所），九年一贯制学校1所。有国办独立幼儿园4所，小学附属幼儿园17所，校外教育机构4个，（青少年活动中心、中小学生社会实践基地、社区教育管理委员会、教师进修学校），民办教育机构152个，民办幼儿园75所。有教职工5553人，其中中学教职工2302人、小学教职工2700人、国办独立幼儿园教职工187人、局机关及校外机构教职工364人。中小学在校生5.71万人，教学班1207个。其中，小学在校生3.77万人，教学班794个；中学在校生1.94万人，教学班413个。

【德育工作】 依托常规管理示范校、特色学校建设平台，开展系列沙龙活动。新增市级常规管理示范校4所（第八中学、白塔岭小学、迎秋里实验学校、青云里小学），常规管理先进校5所（第十六中学、临河里小学、新生路小学、光明路小学、燕秀里小学），特色学校9所（第八中学、第十九中学、新生路小学、光明路小学、燕秀里小学、文耀里小学、建设路小学、先盛里小学、迎宾路小学）。建立学生社团499个，成员2.25万人，类型涵盖文学、艺术、体育、志愿服务和社会实践等多个领域。组织260多名校长、副校长现场观摩25所学校55个学生社团。

【教育改革与创新】 推进“有效教学”区级岗位练兵活动，全区参赛选手492人，涉及中小学语、数、英等22个学科。开展各学科联片教研及小专题研究，组织“异科同研”研训活动，解决农村学校和规模较小学校同科教研力量相对薄弱、教研效率低的问题。开展“双有效（有效地教、有效地学）”课题研究，探索适合全区学生、教师实际的“先学后教，少教多学，当堂训练”的课堂教学模式，打造以生为本的有效、高效课堂。加强课题研究的过程性管理，组织校级小课题研究培训，用小课题引领教研组开展研究活动，实现校校有小课题研究。

【学校建设】 完成固定资产投资8925万元，明珠学校新建工程、第十八中学改扩建工程竣工并投入使用，白塔岭小学初步具备搬迁条件。完成城市区19所学校运动场改造工程，改造面积12.66万平方米，城市区学校操场全部改为绿茵操场。

【干部队伍建设】 选派6名校长、书记赴杭州西湖区挂职学习，选派5名城区业务干部到农村学校挂职锻炼。与国家教育行政学院合作，启动系统领导干部第3期远程教育培训。举办122名德育干部参加的中小学德育干部培训班和141名校级领导干部参加的中小学校（园）长、书记培训班。第七中学、第八中学、青云里小学和建设路小学被命名为秦皇岛市首批校长培训基地，为全市4个县的58名农村中小学校长进行2批、为期21天的挂职培训。

【教师队伍建设】 举办师德论坛，开展师德大讨论活动。组织师德征文活动，发表师德文章2537篇，论坛发帖7976条。开展教师全员培训，选派839人参加国家级培训，3958人参加省级培训，800人次参加市级培训。举办小学班主任培训和第五届中小学班主任基本功素质大赛。开展骨干教师送教导学活动，有424名骨干教师送课327节，讲座97次。举办中小幼各学科骨干教师优质课比赛，140名教师进行优质课展示。156名市级骨干教师和后备骨干教师参加“千节优质课送教交流”活动，到53所中小学送课。召开教师专业发展校本研修现场会，参会560多人次。举办以教师专业发展为主题的校长论坛，各中小学校长、书记及教育专家近300人参加论坛。选派70名教师进行支教交流，面向全国招录新教师108人，其中分配农村学校68人。

【非义务教育】 组织全区幼儿园进行尊重教育课题研究，召开尊重教育开题会。组织农村幼儿园园长参加全市推进学前教育工作现场会，组织74

名教师参加"幼师国培—河北省农村幼儿园教师培训"，组织165名幼儿教师参加的7天专业知识培训。举办全区幼儿园区域活动日常开展推进会，承办全市幼儿园区域活动观摩现场会。对全区17所申报省颁一类幼儿园进行评估，对38所申报省颁二类园、省颁三类园进行评估，对36所幼儿园进行"4A"评估，并对在册所有幼儿园办园许可证进行年检。召开由5个镇领导、村委会干部、各村科技带头人等100多人参加的农村成人教育工作现场会。加快5个镇成人学校建设，加强对成人学校校长培训。开展劳动力转移、回乡青年等多规格多门类的培训，全年超额完成1万人的培训任务。

【安全稳定工作】 通过安全教育课、安全教育讲座、印发校园安全宣传画等形式，开展师生安全教育和自我防护能力培训。利用全国中小学安全教育日、全国防灾减灾日等契机，开展主题教育宣传活动。通过致家长一封信、在校门口显著位置设立安全教育宣传栏等方式，对学生及家长进行预防踩踏事故、食品卫生安全等安全教育。实行安全工作"一岗双责"制和全员责任制，逐级签订责任状，层层落实安全责任。制订处理突发事件的应急预案，每学期按计划进行两次应急演练。落实"校园保安化、保安专业化"和学校保卫干部专职化，提高校园视频监控覆盖范围，实现视频监控全覆盖。成立"打非治违"专项行动领导小组，与交通等政府职能部门形成工作合力，解决学生接送车辆问题。加强对学生接送车辆和校园内车辆专项监管，对直属68所中小学、近6万在校学生的上下学交通方式进行调查摸底。建立《消防安全应急预案》等制度，逐步建立安全工作长效机制。

【社区教育】 扩大社区教育活动范围，授课范围遍及社区30多个，举办各类培训班40多个。新增开培训课堂27个，课程涉及声乐、太极拳、拉丁舞等10多个学科，参加培训1300多人。开展喜迎十八大、社区国学大讲堂等各类活动10多次。定期举办健康保健、家庭教育、法律法规、生活窍门等专题讲座，组织"有效沟通，让爱流动"大型家庭教育讲座，在中小学及社区组织多场家庭教育讲座。选派部分教师和学员参加民间艺术进校园活动，在多所小学进行授课和指导，将具有民间特色的剪纸、中国结等传统技艺传授给学生，丰富和提高学生的文化生活和专业技能。在学校和社区挂牌成立家庭教育指导室，满足家长及社区居民需求。加大信息宣传工作。全年发行《社区教育简报》8期，每期800份。创办《港城家庭教育报》，发放6万份。完成《立足社区教育，绽放和谐风彩》宣传片录制工作。全年获全国新星才艺大赛成人组舞蹈类金奖、优秀巾帼文明岗；全市宣传文化示范工程民间工艺美术展荣誉参展奖、信息宣传工作先进集体等。

【学校体育】 召开中小学生春季田径运动会；组队参加市中学生田径运动会，蝉联团体总分第一名和体育道德风尚奖。组织开展学生体质健康检测、大课间检查评比、冬季长跑等活动，保证中小学生每天1小时校园体育活动。

【学校选介】 第七中学 始建于1974年，学校分东、西两个校区，占地总面积5.23万平方米，建筑总面积3.3万平方米，操场总面积1.84万平方米。有教职工330人，教学班61个，在校生3290人。全面贯彻自己独特的教育思想体系，完善一校两址一体化年级部管理体制，把七中办成在省内有影响、在国内有知名度的现代化、高质量、有特色、出人才的实验性和示范性的初级中学。将社会主义核心价值体系教育贯穿于全年各项主要工作之中，促进教师形成学科气质和教学风格，探索适合学生发展的个性化教育，发展具有七中特点的学校文化——规范与科学上彰显创造与活力的学校风格。德育，秩序中求活力，活动中张扬个性；教学，实施绿色教学，常规中求特色。教师教育和科研，促进专业成长，适应中求发展。学校管理，低重心软性管理，规则中求民主。2012年，获省2010～2011年文明单位、全省教育系统先进基层党组织，市安全工作先进单位、市中小学校长培训实践基地、市职代会星级企事业，海港区教育系统先进集体等荣誉55项。九年级八班被评为省先进班集体。39名教师分别获得省"三育人"先进个人、港城先锋、港城平民偶像等荣誉。27名教师在市区级观摩课、示范课、基本功大赛、班主任素质大赛评比中获奖。多名学生获得省优秀团员、市平民偶像等荣誉。

第八中学 始建于1978年，坐落于秦皇东大街349号，是由著名学者沈鹏题写校名的国办初级中学。有37个教学班，在校生2134人，教职工200人。学校建设大跨步发展。学校图书馆评为省级一级馆，建成2套标准化实验室，37套标准化考场，实现多媒体教学班班通。教师学历达标率100%，其中省级名师1人，省级骨干教师2人，市级骨干教师4人，区级骨干教师23人，区专业技术拔尖人才1人，市、区优秀教师、师德标兵、模范班主任、文明教师等近50人。10月，名师工作室"秦皇岛市初中语文杨连印工作室"落户八中。以"把学生培养成体魄健康、心理阳光、习惯良好、成绩优良的具有特殊气质的人"为培养目标，探索学生自我管理的自主教育模式，成功开展学生校长助理班、学生承办校运会等活动。将体育、艺术、科技、社团活动与养成教育结合，开展的"阳光体育大课间活动"领跑港城。全年接待市内外学校参观学习50多次，并被确定为全市校长培训基地。学校被评为市级素质教育示范校，市职代会星级企事业单位、市安全管理工作先进单位、区教育系统先进集体，获得区级教学管理工作、教师教育工作、中考工作、教师交流工作等12项先进集体。校长韩凤臣被评为河北省骨干校长。

第十八中学 始建于1951年，坐落在光明路74号，拥有60多年的历史，积淀浓浓的校园文化。学校占地面积2.27公顷，1.18万平方米的新教学楼11月投入使用。全校拥有18个教学班，在校生860人，教职工89人，其中中高级教师78人，市区级骨干教师12人。学校以生本教育理念为指导，深入开展教育、教学改革，明确提出不放弃任何一名学生。以人格自尊、行为自律、学习自主、生活自理、健身自强、主动发展为培养目标，重德力行、求实创新、群策群力、共同发展。以"以学定教"为基本教学要求，让学生自主学习、主动实践、主动思考、主动创新，达到自主发展的目的。在"生本教育"教学改革的过程中，注重教师队伍的建设，教师通过学习培训、生本课堂展示、教育教学经验交流，全面推进教师专业化成长。分别被评为全区教学管理先进学校、德育工作先进校、先进职工之家、区级文明单位等项集体荣誉。

明珠学校 坐落在建设大街39号，是区政府投资4000多万元新建的一所标准化城市区公办小学。学校始建于2011年5月，2012年9月正式投入使用。学校占地面积2公顷，建筑面积1.3万平方米，校园分为教学区、探究活动区和办公区，学校设计规模为8轨制，可容纳学生2000多人。2012年，有教学班10个，学生430人，教职工29人。学校配套设施齐全，拥有全市一流的教育教学设备，建有校园局域网和视频直播系统，设有多功能综合观摩厅1间、多功能录播教室1间、3D语言视听教室1间、现代化的电脑房2间，建富有儿童情趣和学科特色的音乐教室、舞蹈房、美术教室、书法教室、生活劳动教室、科技活动教室、科学实验室、探究实验室和图书馆等专用教室17间；建有四季常青的绿茵操场，标准化的200米塑胶跑道，硅PU篮球场、排球场、羽毛球场以及足球场、乒乓球场等；在小班化理念实验教室内配置视频展示台、电脑、交互式电子白板等先进的多媒体设备，为实施素质教育提供坚实保障。学校以"办适合学生成长和发展的现代化品牌学校，打造具有鲜明个性的高品质特色教育"为实施素质教育的旗帜和宣言，以"让每一个师生幸福快乐地成长，让每一个师生成为最好的自己"为办学宗旨，秉从"面向全体、尊重个性、全面育人、多元发展"的教育理念，不断探索现代小学教育体系的科学化，在课程设置、队伍建设、教育研究、教学管理等方面锐意改革、创新实践，力争实现高品位、精品质、现代化学校的创建。把教师专业发展作为学校内涵发展的重要抓手之一，通过专题师德论坛、讲说评演等活动，促进教师快速成长。以小班化教育理念为支撑，进行学生书法、小篮球两项能力检测、全员社团活动、创意校本课程、3D视听之旅等实践活动；坚持学校教育与家庭教育的最大化结合，坚持"明珠教师访千家"工程。学校先后获得市级职代会星级事业单位、区级德育评估优秀单位、学校特色建设系列沙龙活动特别贡献奖、中小学生创新能力发展检测竞赛优秀组织奖等荣誉11项。学校有市、区骨干教师4人，多名教师获国家、省、市、区级业务奖励，2名教师获市模范班主任、区优秀大队辅导员称号。

青云里小学　始建于1928年，学校坐落在文化路青云里19号，是一所省级示范性小学。学校占地面积1.14万平方米，建筑面积9238平方米，有教学班32个，教职工102人，在校生1751人。以构建和谐校园为出发点，以德育工作为核心，以学科建设为重点，以队伍建设为关键的办学思路，实施素质教育。实施“活力课堂四部曲”教学模式，开办师德讲坛，实施青蓝工程，通过教师培训、四环节赛课、集体备课、班主任经验交流等教研活动激发教师学习热情，推进教师专业化成长。有省、市、区骨干教师15人，校长石万年获河北省骨干校长称号，多名教师获河北省优秀班主任、少先队优秀辅导员，秦皇岛市优秀教师等称号。学校荣获第四届全国国际象棋“北方棋王棋后”比赛优秀组织奖、省第八届“邮政杯”青少年书信文化和邮票设计大赛活动优秀组织奖、市常规管理示范校、市先进职工之家、市经典诵读示范校等荣誉49项。

迎秋里实验学校　始建于1988年，学校占地面积1.36万平方米，建筑面积8600平方米。有教师154人，其中市、区级骨干教师21人。有多功能室、探究实验室、闭路电视教学系统等设备，实现教育信息化、网络化。学校为全国少年军校示范校，实施准军事化管理模式。学生社团活动内容涉及体育、艺术、社会实践等方面，9个社团组织在全区中小学社团活动展示中受到好评。出版《教师论坛》《春华秋实》等多本教师随笔文集。开展骨干教师示范课、创新课评比、连片教研课等教学观摩研究活动。在市教学视导及区教学评估中教师的整体教学水平得到肯定。新建成高标准实验室，为学生提供一流的实验阵地；图书馆投入6万多元为学生购置大量图书，丰富学生读书资源；新增设三块LED电子显示屏。获全国语文教改示范校、河北省绿色学校、秦皇岛市经典诵读示范校、常规管理示范校、语言文字规范示范校及海港区教育系统先进集体等各级奖励50多项，教师获奖130多项，学生获奖500多人次。

文化里幼儿园　全园开设12个教学班，在园幼儿480人，是省级示范性幼儿园。有教职工50人，其中本科学历13人，专科学历33人，中专学历2人，高中学历1人，小学学历1人。具有高级教师资格25人。办园理念：在爱与欢乐中成长。办园目标：有特色、创一流、精品化。办园宗旨：全心全意服务家长，全部爱心奉献幼儿。园风：讲正气、讲大气、讲和气。育人目标：使每一位文幼宝宝都能成为健康、文明、自信、有灵气的孩子。年内，组织教师到上海、北京、天津、石家庄等地培训70人次。通过师徒结对、跟班学习、外出观摩、活动展示、教学比武、承担任务等，为青年教师搭建展示才能的舞台。承办全市幼儿园区域活动观摩现场会、全市幼儿园科学领域区域培训现场会。被市妇幼保健院评为卫生保健先进集体、卫生保健示范园及儿童能力大赛优秀组织奖，被市总工会评为先进职工之家，被市环保局授予环保大赛优秀组织奖。

启航幼儿园　2007年5月落成。前身是市直机关第二幼儿园。秉承“规范+特色、实干+创新、和谐+共赢”的办园理念，以创新品牌、创办特色、创建名园为办园总目标，是一所配套设施完备，内外环境优美的全日制公办园，是河北省示范性幼儿园。占地面积1.38万平方米，建筑面积9068平方米，有19个教学班，710名幼儿。有教职工79人，90%以上具有专科以上学历，有高级教师34人。严格执行《托儿所、幼儿园幼儿保健工作管理办法》《规程》《条例》，严把入园体检、消毒、喂药、病从口入等关口。严把进货关、操作关、严防食物中毒，为幼儿创设干净、卫生的生活和饮食环境。配备刷卡进园、监控及红外线报警系统等安全设施，出台《启航幼儿园安全手册》，建立安全档案，确保管理规范有序。获年度“童心向党”歌咏活动优秀组织奖、文明单位；市少年儿童健康文明歌曲传唱活动优秀组织奖、市儿童能力大赛优秀组织奖。

（王俊义）

科学技术事业

【概况】2012年，坚持以科学发展观为统领，以提升科技创新能力为核心，加强科技管理和服务，发挥科技在推进经济发展中的作用，各项目标任务圆满完成。被省科技厅授予科技工作先进集体；被市委、市政府授予创建全国县区科技进步考核工作优秀单位，全市科技工作先进集体，全市地震工作先进集体等称号。海港区光伏企业孵化中心被认定为省级孵化器，成为河北省首家光伏企业专业孵化器。

【科技立项】把科技项目建设作为全年的重点工作，从项目的立项申报、组织实施、产业转化，实行全面跟踪、全程服务。有42个项目被列为国家、省、市科技项目，获上级科技扶持经费516万元。其中，视听机械研究所的高精度探针台、科维克科技有限公司的纳米高活性正磷酸铁生产项目、学海医疗器械制造有限公司的一次性包皮缝合环切器、东易科技有限公司的东易工伤保险与职业伤害协同政务管理平台等4个项目被列为国家级科技计划，获国家科技扶持资金260万元。加强项目后期管理，推进项目实施进度，组织企业对项目进行结题验收。对已经实施完成的项目，组织企业申报科技进步奖，有10个项目获市级科技进步奖，同比增长42.9%，9项成果被评为省级科技成果。

【创新型海港区建设工作】起草《建设创新型海港区实施方案》，启动创新型海港区建设。协调创新型建设专项资金100万元，争取市级创新型城市发展专项资金100万元。河涧里社区、工农里社区申报市级创新型社区试点，分别得到市支持资金10万元；双轮环保科技有限公司、奥瑞特科技有限公司申报市级创新型企业，分别得到支持资金30万元；尼特智能科技有限公司的住宅智能化工程技术研究中心建设获支持资金10万元；作为创新型县区建设单位，得到市支持资金10万元。开展区级创新型企业、创新型社区、创新型农业示范园等创建工作，区内11家单位获区级创新型扶持资金100万元。收集整理国家、省、市、区科技政策法规，印制500册《科技政策选编》，发放到各科技企业及相关单位。开展创新型社区建设，对军工里、河涧里全国创新型社区试点建设工作进行检查，协助社区加强科普软硬件建设。把东方明珠城社区、文博城社区、怡安家园社区作为区级创新型社区培育。

【科技特派员活动】围绕全区农业产业发展和农业结构调整的需求，从机关事业单位技术干部、大学生村官、农村致富带头人中选派科技特派员25人，到部分村、农业示范园及种养殖小区，开展技术示范、培训、咨询等活动，实现科技与农业的零距离对接。加强科技特派员创业基地建设，海港区城郊型蔬菜产业科技特派员创新创业基地被认定为市特派员示范基地。向省科技厅申报科技特派员创新创业基地项目，省科技厅给予支持资金30万元。

【防震减灾工作】加强地震应急系统建设，制发《海港区地震应急预案》。组织相关单位进行地震应急桌面演练，以模拟发生5.8级地震为背景，按照演练脚本流程，启动地震应急预案，收到较好效果。组建抗震应急民兵连，购置应急救援装备。加强防震减灾知识宣传，举办以"普及防震知识，弘扬减灾文化，构建和谐港城"为主题的全区防震减灾知识竞赛，组织街道10支代表队参赛，市电视台对比赛进行播放，省、市报刊进行报道。制作《地震知识科教片》《防震减灾知识手册》，在镇街、村居、学校及区机关单位发放，普及防震应急知识。

【高新技术企业和企业工程技术中心培育工作】培育区高新技术企业，筛选科技型企业进行动态培育管理，对有条件的企业及时申报。爱迪电力设备有限公司和科力汽车零部件有限公司2家企业被培育为国家高新技术企业，全区有国家级高新技术企业11家。支持具有产业优势的企业建立技术研发机构，多次深入企业，帮助企业准备申报材料，玻璃工业研究设计院通过省相关部门组织的企业技术中心验收，被认定为省级企业技术中心，羿珩太阳能科技股份有限公司被认定为市级工程技术中心。

【科技平台建设】 加强海港区生产力促进中心建设，促进产学研结合，制发《海港区促进产学研结合的实施意见》，从5个方面提出促进产学研结合的具体措施。制订《海港区与高等院校全面实施战略合作计划》，明确在高新技术领域区院全面加强战略合作的重点任务。以高新技术产业为重点，对企业技术工艺研发动态和存在的关键技术问题进行全面摸底，与院校专家联系，为企业进行技术攻关，制订院企对接方案。12月，首次开展院企对接活动。谋划海港区科技成果转化基地，促进科技成果产业化。制发《海港区科技成果转化基地建设可行性方案》。到国内科技成果转化基地建设较好的地区学习基地建设和运行管理等方面的先进经验。

【知识产权保护】 加强知识产权宣传执法工作，借助“3·15”和“4·26”开展各类大型宣传活动。开展无假冒专利示范单位培育工作，在大型商场、超市、药店开展知识产权执法检查，遏制各类侵犯知识产权和制售假冒伪劣商品案件发生，15家单位被河北省知识产权局认定为无假冒专利示范单位。加强知识产权优势企业培育工作，把晶发光电科技有限公司和博硕光电科技有限公司作为培育重点，对照河北省知识产权优势企业评价办法，协助企业准备相关材料，有省级知识产权优势企业6家。专利申请625件，授权量444件，分别比2011年增长18.3%和18.4%，海港区被授予河北省知识产权优势培育区。

【发展战略新兴产业】 在港城创业中心建设海港区光伏企业孵化器。围绕培育战略性新兴产业的发展思路，引入光伏产业链上的弱小企业进行孵化培育，提供具有专业特点的孵化环境和孵化服务，使弱小企业不断发展。在孵的华日升电子有限公司研制的太阳能照明系统已在玉龙湾小区投入使用，通过2个太阳能电站，实现依赖太阳能解决小区几百盏庭院灯和路灯的照明问题。光伏发电技术得到推广应用，在北港镇连峪村、南王庄村、刘峪村安装太阳能景观灯和风光互补路灯56盏，使科技成果惠及民生，市、区电视台对此进行专门报道。将“海港区光伏企业孵化器”成功申报为河北省科技企业孵化器，成为全省首家省级光伏企业专业孵化器。

【提高农业科技水平】 争取省、市农业科技资金扶持。加大项目跑办力度，全年争取省、市农业科技资金39万元。首次申报成功的河北省科技富民强县项目——“城郊型特色蔬菜的集成与示范推广”项目实施后，为全区引进名优特蔬菜新品种20种，推广小叶菜蔬菜标准化生产技术30项，技术普及率100%，应用比率80%，促进全区蔬菜产业链条的升级。加强海港区农业科技示范园建设，多次组织人员赴中国农业科学院蔬菜花卉研究所、北京市农林科学院蔬菜研究中心进行蔬菜新品种的考察、学习，邀请河北科技师范学院教授对示范园规划建设、种植管理进行指导，引进新技术、新品种，对引进的秋葵、叶用萝卜、芝麻菜、四季豆、大叶蒲公英等蔬菜新品种进行种植试验示范，条件成熟后在区内推广。

2012年海港区辖区获科技进步二等奖情况一览表

表7–1

项目名称	完成单位	完成人
工业烟气除酸环保设备	秦皇岛双轮环保科技有限公司	温　建　姚殿宝
安胎方对保胎作用的临床研究	海港医院	徐学艳　刘建芳　郭艳民　李秀炜　李艳华　曹信杰　郭艳红　田大岭　张静丽
洁净钢（超低氧、硫、夹杂物）生产用纯钙丝	秦皇岛双轮环保科技有限公司	姚殿宝　赵丙龙

2012年海港区辖区获科技进步三等奖情况一览表

表 7-2

项目名称	完成单位	完成人
多层叠式层压机 TDCZ-S-4	河北羿珩太阳能科技股份有限公司	冯军智 张俊昌 辛 然 苏立春 尹丽娜 关仁杰 赵 静 南淑娜 刘馨禧
丁苯肽软胶囊联合巴曲酶治疗短暂性脑缺血发作的疗效观察	海港医院	石小晶 于怀成 李秀炜 佟素萍 李 磊 张春荣 杨文军 李霜梅 王 帅 陈 红
持续质量改进在药品配送流程中的应用	海港医院	常玉杰 刘金英 李凤云 曹信杰
心理护理对脑卒中后抑郁患者康复的影响	海港医院	李凤云 孟 聪 周丽红 郭艳红 李素坤 曹信杰 郭艳民 张丽珍 孙秀红
以人为本的术前访视对择期手术患者焦虑情绪的影响	海港医院	梁建强 杨 浩 满艳芳 郭艳红 周立恒 陶丽媛 张 宇
注射用血凝酶联合肾上腺素在经皮穿刺气管切开术中的应用研究	海港医院	段宏军 杨 广 高海明 陈婉秋 李一鹏 安 媛 刘 伟 文 军 李树杉

（郭继红）

卫生事业

【概况】 2012年，海港区卫生局机关有职工67人，管辖医疗机构总数547个。其中，综合医院1个、社区卫生服务中心10个、社区卫生服务站53个、乡镇卫生院5个、村卫生室92个、诊所386个。下属医疗和预防保健机构13个。其中，综合医疗单位1个（海港医院），疾病预防控制中心1个，卫生执法监督所1个，妇幼保健站1个，农村合作医疗管理中心1个，社区卫生服务管理中心1个，农村卫生院5个（海阳镇中心卫生院、海港镇卫生院、东港镇卫生院、西港镇卫生院、北港镇卫生院），社区卫生服务中心2个（北环路社区、东环路社区）。设病床编制数625张；有职工2063人，其中，卫生技术人员1819人，高级技术职称233人，中级技术职称604人，初级技术职称597人。区爱国卫生运动委员会办公室与区卫生局合署办公，代管区红十字会，编制3人。

【农合医疗保障】 2012年，新农合参合人数为8.19万人，参合率达97.5%，比2009年提高8.3%，圆满完成省市下达95%的工作目标，在全市排在前列；最高补助标准由4万元提高到7万元。基金平稳运行，全年补偿金额2100万元，报销比例同比提高6.5个百分点，统筹基金使用率保持在93%。报销起付线由600元降到400元，有效控制次均住院费用，由2011年的7453元下降到2012年的6604元，下降12.8%。新农合率先在全市23家市县（区）镇级定点医疗机构实现出院即报，使住院患者在出院当天即能领到新农合住院补偿，方便患者，让参合农民得到更大的实惠、享受到更多的方便。

【基础设施建设】 抢抓国家、省、市重视基层医疗设施建设的重大机遇，加大基层医疗机构建设力度。海港医院投资1000万元对门诊、医技楼进行改建，新增面积5000平方米；西港路和燕山大街社区卫生服务中心于2012年底竣工，面积和规模都达到国家级社区卫生服务中心标准；新建村卫生室29家，面积均在102平方米以上，高出省规定60平方米的标准，省验收组把海港区村卫生室建设模式在全省推广。三级卫生服务网络逐步增强。海港医院购置3000多万元的大型医疗设备，财政为镇卫生院购置105万元的必要医疗设备，配备全自动生化仪、快速洗片机和防辐射铅房等医疗设备。投资10.4万元，为试运行的4家村卫生室购置医疗设备。对4个镇卫生院的房屋进行整体装修。社区医疗卫生机构推行主动服务、上门服务和巡回医疗服务；4个试点新建村卫生室配备全新的医疗设备，选派优秀村医进驻，推进村卫生室一体化管理模式。医疗卫生机构的超标准建设和高标准运作，满足群众的就医需求，使全区城乡医疗卫生达到全覆盖，区、镇、村三级卫生服务网络进一步增强，为群众就近就医提供更多便利。

【公共卫生服务均等化】 打造15分钟就医圈。率先在城区开展公共卫生均等化，推行社区卫生服务运行模式，开展对10家社区卫生服务中心和53家社区卫生服务站“六统一”内涵升级改造建设，重点构筑城区居民15分钟就医圈，社区卫生实现“小病是医生、大病是参谋、重病是亲人、康复是助手”的目标。公共卫生服务全面展开。城乡居民建立规范化健康档案54.16万份，建档率83%，在全市领先；开展健康教育活动，开展健康教育讲座580多次，受益2万多人次；对65岁以上老年人、高血压病人、糖尿病人和6岁以下儿童全部进行规范化管理，并开展每年至少2次以上的免费体检活动，高出省卫生厅规定的每年至少1次的标准。社会监督考核。对社区公卫服务项目考核成立15人的考核工作组，邀请人大代表、政协委员和街道办事处有关人员全程参与，给予全程监督，确保考核的公平和公正。公共卫生服务均等化的全面实施，使辖区居民受惠面服务保障明显扩大。

【药物网采零差率销售】 4月28日，区政府举办基层医疗机构全部实施基本药物制度，统一网上采购，统一配送，所有药品实行零差率销售，药品平均价格降低30%，患者门诊、住院医疗费用分别降低30%、20%，减轻群众基本用药费用负担。财政给予全力保障。确保基本药物制度改革顺利推进，每年支出600多万元，用于保证乡镇卫生院及社区卫生服务中心工作正常运转。对基层医疗卫生机构核定的经常性收入不足以弥补核定的经常性支出的差额部分，通过政府预算予以足额安排。区级财政补助药品零差率资金累计达到451万元，争取上级财政资金补偿药品零差价829万元。

【基层医疗卫生机构综合改革】 推进管理体制改革。明确政府举办的5所乡镇卫生院和2家社区卫生服务中心是公益性事业单位，界定基层医疗机构的服务功能和任务，核定乡镇卫生院人员编制106人、社区卫生服务中心人员编制110人。区财政负责保障政府举办基层医疗机构按照国家标准核定的基本建设、设备购置、人员经费和其承担的公共卫生服务的业务经费，使其正常运转。推进人事制度改革。科学设置卫生专业技术岗位11个，实施全员聘用，竞聘院长7人，聘用工作人员127人。推进分配制度改革。基层医疗卫生机构从2009年10月起实施绩效工资，实施绩效工资所需经费纳入区级财政预算全额安排，推行“基础+奖励”的收入分配方式，确定基础性绩效工资在绩效工资总量中所占比重为70%，实行按月发放，30%奖励性绩效工资将根据年终考核结果发放。年内，奖励绩效工资269.33万元，实行绩效工资后，基层医务人员年人均工资约为4.11万元，实际收入水平比改革前增长90%。推进保障制度改革。实行“收支两条线”管理，开展基本医疗服务和公共卫生服务，所需的经常性支出由财政核定并全额安排。年内，财政拨付基层医疗机构收支差额补助958.6万元。区级财政为医改累计提供资金5500万元，其中拨付基层医疗机构设施建设和设备资金2280.46万元。

【医政管理】 医疗服务。提供元宵节灯展、秦皇望海祈福文化旅游节、党代会、环圆明山省级自行车赛、国际女子拳击赛、望海大会、暑期七天乐、中共十八大期间信访稳定、征兵体检和6次强拆等重要大型活动的医疗保障，派出医保人员80多人次，车辆25辆次，药品1.5万元，圆满完成各项保障任务。加强基础医疗机构的规范化管理，提出“居民建档是前提、人员管理是基础、综合环境是门面、服务工作是结果”的运作管理模式。社区组建全科医师服务团队，主动上门巡诊和预约服务，开展“片警”式的服务模式，双方建立“契约”式服务，使每个家庭都有各自的责任医师。制订《海港区乡村卫生服务一体化管理实施方案》和《海港区规范化村卫生室使用管理办法》等规范性文件。基层医疗机构建章立制，建立起责任明确、工作有序、管理规范的规章制度，形成以制度管理人，靠制度管理事，强化管理团队力量，提高执行力，更好为辖区居民服务。着力“五个规范”（规范电子病历书写格式、规范医护人员业务技能、规范医疗环节质量监控、规范医疗终末质量评价、规范抗菌药的合理使用），加大对医疗文件质控力度。提升医疗文件书写水平，严把环节质量关，保证医疗安全。全年抽查门诊处方1.04万张，平均合格率99.72%；检查各类申请单4.24万张，平均合格率99.52%；全面质控住院病历1.33万份，甲级率99.56%。

【传染病防治】 全年报法定传染病2415例（无甲类传染病病例），报告发病数同比下降22.7%。其中，发病列前5位的传染病有手足口病777例，同比下降107.46%；肝炎448例，腮腺炎303例，其他感染性腹泻292例，痢疾181例。全年无传染病暴发和流行，均为散发。疫情控制成效显著。狠抓以手足口病、结核、肝炎等为重点的传染病防治，处置可疑疫情4起（手足口病3起、结核病1起），传染病网络处理自动预警信息147条，均未构成突发公共卫生事件。手足口病防控。全年报告手足口病病例列为传染病发病首位。实行单位一把手负责制，建立责任制和责任追究制度，明确责任，狠抓落实。开展对托幼机构督导检查及手足口病防控培训，共同做好防控工作。开展疫情监测。全天24小时疫情浏览，及时掌握疫情动态，分析研判疫情，提高预测预警能力，为科学防控提供依据。加强对托幼园所监督检查，落实晨检制度，做好通风、消毒工作。加强协调沟通，做好应急准备，妥善处置各种疫情。暑期肠道传染病防治。做到逢泻必检、逢疑必报、正确治疗，落实暑期疫情物资储备工作，包括常规消毒物品及消炎药、口服补液盐等。加强外环境监测，包括对环境水、水生动植物、水底泥进行检测，监测霍乱疫情的发生。暑期各肠道门诊开诊就诊1962人次，镜检1720例，便培养100例，无霍乱及O157:H7感染性腹泻病例。结核病防治。管理结核病例80例。对结核病人进行定期随访，督导按期服药，定期复查。对辖区内综合医疗机构实行每周1次督导检查，按时上报结核病人情况。开展培训，对医疗单位诊治结核病的52名医生开展结核病防治知识培训。9月22日～10月12日，东北大学秦皇岛分校查出结核疑似和确诊病例39例，及时制订相应预案，对在校的7000多名学生进行全面体格检查，专家会诊，严防疏漏。及时与省胸科医院联系，由专家组对结核病例会诊，将确诊人员全部送到市第三医院住院治疗。

【计划免疫】 开展2011～2012年第二轮脊髓灰质炎疫苗强化免疫活动，投服1.44万人。补种麻疹疫苗313人，补种脊灰疫苗531人。开展入托儿童麻疹类疫苗查漏补种工作查验幼儿园100所、小学50所，查验6815人，补证157人，补种145人。开展第27个全国儿童预防接种宣传日以“接种疫苗、家庭有责”的宣传活动，发放宣传册2000多份，开展预防接种工作培训10次。

【公共场所监测】 食品安全监测。全年处理疑似食物中毒及其他公共卫生事件9起、疑似中毒65人，处理暴庄村鱼塘投毒1起，对被污染的村口井水质进行1个月持续监测。农村饮用水监测。7月，对城乡饮用水情况进行监测，采样城市生活用水56份、农村生活用水152份、委托生活用水水质检验59份。公共场所监测。全年监测各类公共场所178家，采样各类公共用品3450份，送化验室检验2000多份；监测宾馆招待所54家、商场超市32家、洗浴28家、餐饮31家、足疗15家、歌舞娱乐场所13家、美容美发3家、健身房2家。

【卫生执法监督】 卫生行政许可依法有序。规范卫生行政许可，简化窗口办证程序，提高办事效率，提供优质服务，做到公开、公正、便民。全年受理行政许可685份，发放卫生行政许可674份。其中，公共场所卫生许可660份，饮用水卫生许可12份，放射卫生许可2份。完成食品及公共场所从业人员体检2.9万人，发放健康证2.9万人。卫生监督实施量化管理。对美容美发、洗浴、旅馆和游泳馆等4类重点公共场所实施量化分级管理，监督检查饭馆1350多家次、美容美发540多家次、住宿业460多家次、沐浴场所480多家次，限期整改400多家次，量化管理100%。对12家餐消单位进行全面检查，整改2家，立案查处2家。开展饮用水的监督监测，对3家水厂、25家二次供水单位、20家涉水产品经营单位水样进行每季度采样或快速监测。按照“取缔一批、重罚一批、曝光一批、移送一批”工作原则，对全区医疗市场进行不间断的监督管理。出动监督员3500多人次，检查各类医疗机构1000多户次，对存在医疗废物未按规定存放、执业地点未变更等97家医疗机构予以立案处罚，罚款16.05万元，取缔无证行医14起，移交公安机关1家，无证行医案件查处率100%。

【妇幼保健】 贯彻实施《中华人民共和国母婴保健法》。对母婴保健服务的机构、人员进行技术培训，提高从事妇幼保健人员理论水平和技术水平。发放出生医学证明2703份，新生儿疾病筛查4252例，新生儿筛查率100%。婚前医学检查3400对。加强妇幼保健网络建设。全区住院分娩数9340人，系统管理8887人，系统管理率95%，0～6岁散居儿童管理率86%，集体儿童管理率90%，0～6岁体弱儿管理率100%。为幼儿教师体检610人，入托儿童体检2299人，再托儿童体检3560人，月嫂健康检查服务247人,开展妇女“两癌”检查191人。实施农村孕产妇住院分娩补助607人，补助资金24.28万元，农村孕产妇分娩率100%。为降低孕产妇死亡率和预防新生儿神经管缺陷增补叶酸800人次，发放叶酸2494瓶，服用率98.4%。

【爱国卫生工作】 春秋季灭鼠效果显著。组织街道和相关部门开展大规模春秋季灭鼠活动，举办灭鼠防病知识讲座1次，投药技术指导培训35次，发放《流行性出血热防治知识》手册2.5万份，投放鼠药21吨、粘板2.2万张、鼠盒4000个、鼠夹6000个。夏季消杀大规模稳步实施。对城区内公共无主空地、铁路沿线、垃圾场和垃圾转运站、街心公园及城区护城河道，消杀面积65万平方米，喷洒药物500公斤。加大城乡环境卫生整治力度。在中共十八大召开前期，组织各有关单位开展城乡垃圾清理、整治环境活动。重点清理“五乱”（柴草乱放、粪土乱堆、垃圾乱倒、污水乱泼、畜禽乱跑）。全区出动3000多人，清理垃圾50多吨，平整道路5000延长米。禁烟、控烟活动全面干预。全国第25个无烟年，全面开展禁烟、控烟干预工作。下发街道办事处《关于开展第25个世界无烟日活动及相关控烟履约工作的通知》，由各办事处将文件精神传达到辖区各事业、企业单位，逐级落实禁烟规定。张贴禁烟标识牌300个，下发控烟桌牌100个，发放宣传资料4000份，书写板报85块。对辖区内医院、商场等100多家企事业单位进行督导检查。

【汛期防疫】 7月30日～8月3日，全区连续强降雨，遭受严重洪涝灾害，区卫生防疫部门做到汛后防疫“七到位”。掌握灾情情况到位。成立防疫工作领导小组，研究部署汛后防病工作，及时掌握全区受灾的整体情况。报告监测工作到位。加强24小时值班及重大疫情报告制度，加强霍乱、痢疾等肠道传染病、腹泻病以及疟疾、乙脑等虫媒和自然疫源性疾病等重点疾病的监测和各项防病措施的落实。组织人员对辖区内医疗机构进行肠道门诊的督导检查。消灭疫情工作到位。采用分阶段分层次的方法，组织人员对重点灾区分批次消杀，投放消杀药品84消毒液3.14万公斤、泡腾片7580公斤、石灰粉1.7万公斤、菊酯1300公斤。饮用水监测和消毒工作到位。对12个集中式供水点和农村饮用水进行每日采样，检验饮用水指标，确保供水安全。共用漂白粉100公斤。防病宣传工作到位。印制2万多份宣传材料，发放到镇、街道、园区，并对群众进行健康教育宣传。灾后巡诊到位。及时组织医疗小分队深入受灾严重的村庄，开展灾后巡诊70多次，保证受灾严重村庄群众的身体健康。爱国卫生运动到位。区爱卫办组织消杀公司对涉水住房、临时垃圾点、公共场所、绿地、无主空地、厕所等蚊蝇孳生地进行全覆盖药物喷洒消杀。消杀河道22.03公里，消杀面积60万平方米。

【医疗惠民】 结合世界精神卫生日、暑期先锋在行动等活动深入社区乡村开展送医送药送医疗，组织医疗单位内外妇儿医疗专家81人次，下乡义诊服务11次，受益群众6500多人，免费发放药品价值2.3万元，药品种类40多种，发放宣传资料3300份。向4个帮扶村居协调解决办公电脑4台，提供消杀药品价值1000元，协助解决信访隐患7起。做好中共十八大期间派驻村和社区的维稳工作，维护社会和谐稳定。海港医院制订药房、门诊收费处、急诊绿色通道相关规定等多项措施，增开收费取药窗口，减少病人等待时间，及时运送急危症病人。推进医疗惠民工程，对城乡低保居民、农村“五保户”等患者实行“一免三减”，对退伍军人等优抚对象实行“四优先”，全年减免费2.29万元，为16名白内障人员免收手术费5.6万元。

（张　媛）

2012 年海港区卫生事业基本情况一览表

表 7–3

	床位数	人员数（人）																							
		总计	卫生技术人员																				其他技术人员	管理人员	工勤人员
			合计	副主任	主治医	主检师	主管护师	其他主治	西医师	中医师	检验师	护师	中药师	西药师	其他医师	西医士	护士	检验士	中药士	西药士	技士	其他卫技人员			
总计	665	2277	2003	184	264	17	125	47	361	61	9	244	26	6	27	68	270	10	50	34	25		36	104	134
海港医院	530	773	663	137	73	9	85	9	64	0	1	137	3	3	8	0	104	1	3	6	1		27	1	82
疾控中心		83	40	3	2	8	2	7	7		2	3			1	4						1（主任医师）		29	14
卫生执法监督所		66	33	3	12						1				17									13	17
妇幼保健站		32	21	1	3	0			5	1	1	0			0	7		1	1		1	0	3	4	4
西港路社区卫生服务中心		18	18	1	1		1			2	1	3	1			1	7						3		
东环路社区卫生服务中心	25	36	26		10				8				1			1	5			1					8
海港镇卫生院	20	11	11		3			1	3		1					1	2								
北环路社区卫生服务中心	15	26	23	1	4				6		1			1	1		7			1	1			2	3
西港镇卫生院	15	13	11	1			1	0	2	1				1		2	1	1		1			1		
东港镇卫生院	20	10	8		2			0	0			2				2	0			1		0			1
海阳镇中心卫生院	20	31	27	1	6		0	2	5		1	2	1	1		1	0			1		6	2	1	2
北港镇卫生院	20	9	8						3	1		1				1				2				1	1
城市个体医疗机构		960	960	36	142		36	28	257	56		96	20			48	144	7	46	21	22				
农村乡医		147	147																						
卫生局机关		19	0																					19	
农村合作医疗管理中心		43	7		6				1															34	2

【海港医院】 结合实际需要，新增内四科、内五科、妇科、外二四科、五官科等5个科室为优质护理服务示范病房，为病人提供人性化服务，保障病人住院期间的安全舒适。人才培养强素质。派出9名不同专业的医务人员对口帮扶镇卫生院。基层医疗机构到海港医院进修学习10人，开展全科医生培养69人，全科护士培训61人，预防接种、药学和管理人员培训83人，开展村医培训120人。选派4名中青年技术骨干到北京各大医院进修深造，参加国内、省内的短期培训和各种学术活动70人次，组织继续教育、医疗卫生知识讲座11次，参加850多人次。举行医学硕士研究生招聘面试会5次，选拔录用优秀毕业生19人，充实到临床科室。医疗设备奠基础。投资3850万元，购买直线加速器摸拟定位机、1.5T磁共振和64排以上螺旋CT各1套。

（袁春敏）

人口和计划生育

【概况】 2012年，全区人口与计划生育工作围绕稳定低生育水平和提高人口素质的整体目标，依法管理、依法行政，谋划工作思路，创新工作方法，深化服务，狠抓落实，工作整体水平不断提高。全区出生人口5560人，人口出生率9.7‰，人口自然增长率5.31‰，符合政策生育率97.4%；出生男婴2488人、女婴2716人，出生人口性别比为105；出生统计求实率95%以上。被市委、市政府评为完成人口和计划生育责任目标优秀奖。

【宣传教育工作】 组织各镇街开展“两非”（严禁任何机构和个人利用超声技术和其他技术手段进行非医学需要的胎儿性别鉴定或者选择性别的人工终止妊娠）宣传活动，营造打击“两非”良好氛围。发放“关爱女孩”、打击“两非”等宣传资料3600多份，展出展牌80多块，发放避孕药具4200多盒，接受群众咨询2300多人次。建立“关爱女孩”公益金2.18万元，帮扶贫困女孩31户，发放帮扶资金1.6万元。救助女孩8人，救助资金2000元。开展3场流动人口宣传教育活动。组织发放宣传单3000多份，利用育龄群众活动室，组织流动人口学习相关生殖健康知识5场，参加700多人；开展文体活动4场。以“5.29”计划生育协会成立日、“7.11”世界人口日、青春健康高校行等重大活动为契机，组织开展各类集中宣传活动12次，全年发放计划生育宣传单3.5万份，展出各类展牌、标语50块，发放避孕药具1.58万盒，服务咨询群众1.5万多人。

【计划生育管理】 发挥组织协调作用，加强与卫生、民政、公安、劳动、财政、法院、组织、纪委、教育等成员单位的联系，形成强大工作合力，在流动人口计划生育服务管理、优质服务、利益导向政策、信息化建设、生育秩序整治等方面有关部门各行其职，扭转计生部门唱“独角戏”的局面。通过各种途径正面引导，在舆论上造势，解除群众对计划生育政策的误解和传闻。制订并严格执行公共决策初审制度，在年度考核、先进单位评比和干部提拔时，实行“一票否决”和过错追究制度。全年审查评先单位136家，审查拟提职科级干部142人。

为保障育龄妇女生殖健康，开展月访视、季服务等活动。年内，全区季服务工作应服务人数11.9万人，实际服务人数11.4万人，服务率96%。6月，全市城镇季服务工作现场会在海港区召开，季服务工作经验在全市推广。严厉查处“两非”案件。为保持正常的人口出生性别比，成立“两非”综合治理领导小组，完善联席制度，组织区公安、卫生等部门成立联合执法大队，对所辖医院、社区门诊及个体诊所等100多家医疗机构开展联合执法检查3次。查处“两非”案件2起。

【流动人口管理与服务】 加强流动人口计划生育管理。全区流动人口5.6万人，流动人口占城市常住人口覆盖率9%以上，入库率90%，综合服务率95 %。开展宣传教育服务。开展流动人口宣传教育活动3场，发放宣传单3000多份；组织流动人口学习相关生殖健康知识5场，参加人员700多人；开展文体活动4场。开展维权服务。依托司法机构，建立流动人口维权服务制度，为流动人口提供法律咨询、救助服务，帮助其解决生产经营中遇到的实际困难，切实维护其合法权益。以长城法庭为服务网络的司法机构为29名流动人口提供司法服务。在文化路街道成立全市首家流动人口服务中心，1名专职工作人员免费为流动人口开展政策咨询、帮扶济困、就业培训、职业介绍、信息发布等6项服务。

【出生缺陷一级干预工作】 成立专项工作领导小组，制订《海港区免费孕前优生健康检查实施方案》，印制10多种、9000多份宣传资料发放给414对计划怀孕农村夫妇。建立“制度保障严格化、宣传倡导多样化、健康促进科学化和跟踪随访全程化”的出生缺陷一级预防工作机制，发挥综治单位作用，借助民政部门的婚姻登记平台，对全区目标人群开展优生优育和出生缺陷干预知识的普及教育。对一级干预对象除引导其服用叶酸、福施福，还组织区、镇（街）、村（居）开展“三优”培训204场次、6000人次。

【做好免费生殖健康检查工作】 采取服务站医疗服务队进村入居的方式，通过早出晚归、邻村拼合、服务站补漏等多项措施，全面开展免费生殖健康检查工作。全年医疗服务队深入村居189个，下乡116天，服务城市无业和农村育龄妇女8.9万人。免费生殖健康检查惠及育龄妇女9.3万人，查出妇科疾病558人，乳腺疾病870人。发放健康处方3.1万份、免费避孕药具9000多支，为育龄妇女节省各种费用180多万元。

【婴幼儿早期教育工作】 全面启动婴幼儿早期发展工作。召开全区早教工作动员会，建立健全早期发展工作体系，培育提高早期发展社区服务老典型——河涧里社区、天洋新城社区，新增加白塔岭街道森林逸城、北环路街道建新里社区作为早期发展社区服务点。8月，省计生委主任赵新等领导考察河涧里社区早期发展服务点建设情况，对早期发展工作给予高度评价。按照省、市计生委领导的要求筹划在河涧里社区召开早教工作现场会，全区社区早期发展服务点在软硬件建设上实现新突破。

【依法行政】 全年兑现独生子女父母各项奖励371.8万元；为享受奖励扶助和特别扶助对象兑现扶助金217.6万元，落实率100%。开展关爱女孩和生育关怀送温暖活动，募集公益金3.18万元，帮扶、救助贫困女孩39户，走访慰问计划生育困难家庭72户，发放帮扶资金2.63万元。全面规范再生育审批和社会抚养费征收流程，制订并落实三级审核、首办负责、集体审批、责任追究等制度。审批通过再生育申请518件，发现考核年度内违法生育案件144件。认真、及时办理人大、政协的建议和提案，回复率100%；把社会管理综合治理作为全局性重要工作进行专题研究和部署，做到认识到位、工作到位、措施到位、责任到位，全年无政治案件、无刑事案件、无火灾事故、无安全生产责任事故、无矛盾纠纷和上访事件。

【“双无”创建工作】 继续开展“双无”创建工作。按照《海港区创建无政策外多胎生育乡镇和无政策外生育村活动实施方案》，下发2012年创建“双无”任务分解表，确定创建无政策外多胎镇街3个、无政策外生育村（居）54个，将创建任务分解到村居。继续实行责任追究制度、领导班子联系镇街制度和检查督导制度。分包领导定期深入村居进行督导，帮助基层解决“双无创建”工作中存在的问题，确保创建活动的扎实开展，创建任务全部完成。继续实行区、镇领导分别联系后进村制度，对后进村实行动态管理，一季度一调度。认真调查研究，帮助所联系单位深刻剖析后进原因，制订有针对性的转化方案。对工作抓得不实的后进村进行重点监管，确保后进单位的转化。

【协会建设】 制订《城市社区非公企业和流动人口聚集地开展“建会创优”活动实施方案》，区、镇（园区、街道）、村（居）三级计生协会工作网络基本形成。全区各级、各类计生协会249个，会员5.8万人，优秀会员之家124家。区计生协会以“青春健康高校行”、庆祝中国计生协会成立32周年书画展等活动为契机，营造人口与计划生育的良好氛围，创建文化路街道、红星美凯龙家具广场、燕山大学等青春健康教育示范点。5月，省计生委领导视察时，当场决定2013年在海港区召开全省青春健康教育工作现场会。8月，在文化路街道河涧里社区召开全市青春健康教育观摩会，受到与会人员的高度赞扬。按照《开展创建计划生育“星级协会”活动的实施方案》，制订不同的创建标准模板、《诚信计生双向承诺书》及优先优惠政策，使计生工作与村民自治相结合。8月，全市诚信计生工作现场观摩会在海港镇东李庄村召开，推广海港区的经验。

【班子建设】 坚持以人为本和“创先争优”的工作理念，从自身建设着手，加强领导班子建设，重新修订理论学习、议事规则等各种规章制度。把社会管理综合治理作为全局性重要工作进行专题研究和部署，做到认识到位、工作到位、措施到位、责任到位，全年无政治案件、无刑事案件、无火灾事故、无安全生产责任事故、无矛盾纠纷和上访事件。依据《2012年“五大工程”实施方案》要求，成立“民心工程”领导小组，筹集资金63万元，精选技术精湛、服务周到的12名专业技术人员组成2个医疗服务队，逐村居开展服务。

（王　颖）

文化艺术事业

【概况】 围绕以国家首批公共文化服务体系示范区创建工作为载体，以加强“基层建设年”活动为抓手，以党风廉政建设和文明机关创建为基础，强化市场监管，搞好综治维稳工作，取得较好成绩，获全省扫黄打非先进集体，全市文化市场管理先进单位。坚持用先进文化鼓舞人、引导人，开展基层文化活动，丰富群众文化生活。

【公共文化服务体系建设】 以国家首批公共文化服务体系示范区创建工作为载体，加快公共文化服务体系基础设施建设，构建服务网络。集区级图书馆、区级文化馆、区级全民体育健身中心三位一体的区文体活动中心建设项目建设进展顺利。工程规划为综合性文体活动场馆，建设面积1.5万平方米，投入资金9009.22万元。区、镇（街）、村（社区）三级文化设施网络基本形成。全区5个镇已建成符合国家标准的乡镇综合文化站4个（东港镇文化站、北港镇文化站、海阳镇文化站、海港镇文化站），98个行政村中建有达到创建标准的文化活动室85个，达标率87%。79个社区中建有达到创建标准的文化活动室67个，达标率85%。文化信息资源共享工程形成体系。区级文化信息资源共享支中心建成并对外开放，文化信息资源共享基层服务点覆盖率达到80%。新农村书屋建设成效显著。建成农家书屋85个，每个书屋图书量2000册，配备图书17万册。具备建设公共电子阅览室条件的村、社区图书室155个。文化设施配套器材投入力度空前。发放仪器设备价值90多万元，为各镇村全部配置投影仪及部分管理用PC机；为80%的社区配备信息资源共享工程基层服务点专用的电脑、投影、电视、乐器、图书等文化器材。

【基层文化队伍建设】 群众文艺辅导基地初具规模，建成群众文化活动辅导基地16个，形成以文体广新局和文化馆为骨干、基层文化站为依托、群众文化辅导基地为基础的专业辅导网络。利用三级辅导网络，采取上站、蹲点或举办培训班等形式，开展专业服务和辅导。建立文化站长和文化管理员定期上站制度，对基层文化管理者进行各种专业培训，并指导其对基层文化设施、文艺队伍建立相应管理制度，实行台账式管理。建立包片辅导制度，委派专业教师定期深入基层进行声乐、乐器、美术、舞蹈等4大类、20多种内容的培训。各种专业培训班学员1200多人。全年培训文化骨干3294人。加大发现、培养民间文化队伍、民间艺人和民间文艺创作人员的力度，扶持市民（农民）自办文化稳步发展。提供不同档次的演出机会，给其提供展示平台，提供配套设施。全区有文艺团体428个，特色文化明星400多人，文艺活动积极分子5500多人，文艺队员3.8万人。

【群众文化活动】“彩色周末”活动已成为遍及全区城乡的文化盛会，成为群众性文化活动的标志品牌。秦皇望海祈福文化旅游节活动已打造成节庆文化活动的精品。“城乡文化互动互访”搭建文化服务的新平台，推进城乡互动互访，促进城乡文化资源共享。多元文化服务异彩纷呈。举办团拜会暨春节联欢晚会，实施假日文化工程，开展街头音乐文化人展演、群文培训成果展演、露天文化音乐节、农村文化艺术节、文化下乡、电影放映等丰富多彩的系列文化活动。全年组织文化下乡 30 场，电影放映近 1200 场，指导组织村居、企事业单位开展各类文化活动 100 场次。

【文化遗产保护】 开展开滦矿务局高级员司俱乐部、南山特等一号房等 24 处省级文物暨工业遗产群保护工作，配合圆明山景区建设，聘请长城专家对区域内“早期长城”进行考古论证，并设计保护和开发方案，搜集整理东连峪村、西连峪村的闯王洞、太子坟等景点的民间故事和传说。开展对具有民族传统和地域特色的民间工艺项目、民间艺术、民俗表演和民俗旅游项目的深入普查，新增德庆堂沙土画制作工艺、陈氏花生米制作工艺、高氏纸刻画制作技艺、古彩戏法 4 个区级非物质文化遗产保护项目，列入非物质文化遗产名录。

【文化市场管理】 坚持“123”的工作思路，即围绕“一个抓手”（以开展文化市场管理效能年为总抓手）、服务“两个大局”（迎接中共十八大胜利召开创造良好社会文化环境的大局、暑期服务大局）、实施“三大工程”（打造文化市场管理规范建设工程、推进净化社会文化环境工程、构建文化市场长效治理建设工程），采取日常检查与集中行动结合、现场检查与科技监控结合、规范警示标志与健全管理制度结合、快捷高效与便民利民结合、行业自律与社会参与结合、独立执法与联合执法结合的“六结合”办法，加大对全区文化市场检查的频度、密度和力度。深入开展校园周边文化环境专项整治，网络文化市场专项整治等 10 多项专项整治活动。全年检查各类场所 850 家次（日常巡查、突击检查、举报检查），检查场所 410 家，立案 3 件，已结案 3 件，现场处罚 35 件，收缴盗版光盘 620 张，非法出版物 450 册，取缔无证摊点 19 处，受理举报电话 3 次，联合公安执法 1 次。

【驻村帮扶工作】 选派 3 名干部组成工作组入驻北港镇东连峪村开展帮扶工作，选派 2 名副科级干部和 5 名青年干部包村包居。责成文化科、体育科、体育指导中心、文化馆等部门和单位安排专人负责，在文化资源共享、农村书屋建设、保障群众文化活动、文化遗产挖掘保护等方面开展帮扶工作。为 10 个帮扶村投入价值 16.1 万元的文体器材、图书；开展文化辅导活动 30 多次，为 10 个帮扶村培训文艺骨干 1000 多人，培育文艺表演队伍 10 支；组织市、区、镇各级文化部门送戏下乡 7 场，组织镇、村级演出 20 场，电影放送 10 多场。争取项目资金 20 万元，为重点帮扶村修路 1.5 公里；投资 2 万多元，修建小型垃圾收集池 48 个；投资 16 万元完成村卫生室标准化建设；开展治理荒山和连峪河工作，实施“青山绿水”工程，植树 8 万多株，改造河道 2.4 公里。

【第二届民俗文化庙会】 2 月 6 ~ 8 日（正月十五日至十七日），由市委、市政府主办，市委宣传部、市城管局、海港区委、区政府承办的《“祥龙祈福万家春”2012 第二届港城民俗文化庙会》在人民广场举办。庙会以“祥龙祈福万家春”为主题，以“幸福注定在海港”为主线。主要包括花灯展示、非物质文化遗产展示、文艺团体特色演出、民间特艺绝活、摄影展览、年货小吃、群众文化展示等内容。庙会突出全民互动、高手如云、公益性强 3 个特点。庙会仍然延续上年庙会的精彩节目，既有传统民俗内容也有时尚新潮体验。有老人爱看的地秧歌、评剧、舞龙舞狮等节目，也有特地为青少年和小朋友准备的跳蚤市场、街舞、轮滑等娱乐项目。还在广场两侧设立互动区，滚铁环、放风筝、贴福字、猜灯谜等。在雕塑东侧设立祈福墙，市民在祈福墙上写下新春寄语，对家庭、对家乡、对祖国美好未来祝福和祈愿。高手如云。将传统民俗活动融入其中，有将盘子旋转于长棍顶端，在转动无数盘子的同时作翻滚、跳跃等高难度动作；有耍中幡、顶技、魔术、手技小丑、柔身术、晃板等民间艺术绝活，展现多姿多彩的民俗活动。还有特地邀请的老北京民间艺术团民间绝活表演。庙会还将花灯展示、非物质文化遗产展示、风光摄影展览，与热烈喜庆的节日布置等众多元素融合，为港城增添一道文化盛宴。在非物质文化遗产展示区，吹糖人、捏面人、风车、风筝、拉洋片等诸多特色传统民俗齐聚一堂，艺术人员为游客表演精湛的手工技艺。公益性强。100 多个年货摊位免费提供给参展商户。商品内容丰富，从民俗工艺品到年味商品，从爱心车展、家居用品到时尚饰品，从毛绒玩具到儿童玩具，特色商品琳琅满目。届时，大家吃着小吃、看着喜爱的节目，买回心爱的商品。庙会活动突出公益性，不设门票，活动表演区设5个舞台，正月十五日、十六日、十七日依次推出本地秧歌、评剧、皮影、舞龙舞狮等演出。

（文智博）

体育事业

【概况】 2012年，全区体育工作贯彻国家体育锻炼标准，实行普及与提高相结合，加强体育设施建设，实施全民健身工程，组织全民健身活动，掀起人人参与体育的强身健体高潮。

【社会体育】 举办首届龙舟大赛暨京、津、冀三地龙舟对抗赛，成为群众体育活动的新品牌，填补全市大众体育水上项目比赛的空白。承办2012年河北省第七届青少年运动会山地自行车比赛，石家庄市、唐山市、张家口市等9个城市的代表队参加比赛。赢得省市体育局领导的高度评价。巩固体育主城区地位，开展传统体育比赛项目。举办秦皇岛第三届大众体育项目创纪录大赛，海港区“王斌眼镜杯”棋类比赛，“海阳农副产品批发市场杯”乒乓球比赛、羽毛球比赛、沙滩体育节等10多项特色赛事。

【老年体育】 全面贯彻国家体育锻炼标准，实行普及与提高结合、课堂与课外结合。对5个镇、10个街道的老年人体育工作情况进行检查，在东港镇进行村村成立老年人体育协会和联合会的试点工作。举办老年门球比赛和老年乒乓球比赛，参赛运动员2000多人。组织老年健身操、腰鼓、太极拳等多支队伍在汤河公园进行健身展示活动，1000多名老年健身爱好者参加。

【学校体育】 指导检查全区中、小学体育竞赛活动，组队参加上级比赛。对第七中学、第八中学、第十中学、萃文中学、青云里小学、先盛里小学、临河里小学、建国路小学、东港里小学、燕秀里小学、桥东里小学、和安里小学、耀华小学等14所中、小学体育传统项目进行检查评估。

【体育基础设施建设】 建设体育开放广场4个，修建文化广场、文体中心64个，有国家级全民户外健身基地2个，全民健身示范苑12个，全民健身路径315条，全民健身角385个，篮球场、羽毛球场等健身场所100多个，全区体育设施总面积达30万平方米。全区有社会体育指导站125个，晨晚练点235个，各级各类社会体育指导员780多人，体育骨干370人，各类体育队伍150多支，常年参加体育锻炼和活动的“体育人口”29万多人。

【机关建设】“创先争优”活动扎实开展。打造学习型机关，采取“两定一网”，搭建全体党员学习的“知识窗”，形成党员干部多读书、读好书的风尚。加强廉政建设，落实党风廉政建设责任制，加强班子自身的思想、纪律、作风建设，提高班子的凝聚力、战斗力和号召力。加强“基层建设年”活动带动干部队伍建设，选派3名后备干部组成工作组入驻东连峪村开展帮扶工作，选派2名副科级干部和5名青年干部包村包居。责成文化科、体育科、体育指导中心、文化馆等部门和单位安排专人负责，在文化资源共享、农村书屋建设、保障群众文化活动、文化遗产挖掘保护等方面开展帮扶工作。为10个帮扶村投入文体器材、图书价值16.1万元；开展文化辅导活动30多次，为10个帮扶村培训文艺骨干1000多人，培育10支文艺表演队伍；组织市、区、镇各级文化部门送戏下乡7场，组织镇、村级演出20场，电影放送10多场。为重点帮扶村争取项目资金20万元，修路总长1.5公里；投资2万多元，修建小型垃圾收集池48个；投资16万元，完成村卫生室标准化建设；开展治理荒山和连峪河工作，实施“青山绿水”工程，植树8万多株，改造河道2.4公里。

（文智博）

镇

ZHEN

ZHEN

海港镇

【概况】 2012年，海港镇辖16个村（居）。其中，转城村15个，农业村1个。总面积15平方千米，耕地面积115.6公顷。总户数5617户，总人口1.15万人。全年实现经济总收入37.7亿元，同比增长8.1%；乡镇企业总产值34.1亿元，同比增长8%；利润8800万元，同比增长5.1%；上缴税金8110万元，同比增长5.1%；增加值8.6亿元，同比增长8.15%。完成固定资产投资18.01亿元，完成目标任务的100.1%；引进内资3亿元，完成目标任务的187.5%；引进外资3000万美元，完成目标任务的100%；农民人均纯收入1.04万元，同比增长10%。被国家环保部授予国家级生态乡镇称号。

【镇域经济】 招商引资。实施千万元以上项目8个，完成项目总投资17亿元。其中，新开工项目4个：总投资2.2亿元的大世界商场改造项目、总投资2.3亿元的中信渤铝技改项目、总投资9000万元的西港路改造项目、总投资1.3亿元的海港区市民服务中心项目。续建项目4个：总投资15亿元的家乐福项目、总投资7.5亿元的火车站改造项目、总投资1亿美元的文化路地下商场项目、总投资4.7亿元的环岛花园项目。储备项目4个：旭日家居二期扩建项目、清泽建材市场项目、台湾大润发卖场项目、华润雪花啤酒退城进郊项目。民营经济。发挥海港镇民营企业家协会平台作用，通过与市邮政储蓄银行合作，为民营企业争取信贷支持。年内骨干民营企业42家，产值、利税等经济指标占总指标的95%。

【新民居建设】 完成新民居建设省级示范村东王岭村第二批7栋小高层8万平方米返迁房建设，完成省级示范村邹吕庄第二批42套返迁房建设与分配，完成东李庄村公、私产房屋测算及规划条件申请，实现李姓安庄村动迁工作协议签署、搬迁人数、拆除房屋“三过半”；完成秦皇岛火车站站前广场范家店片区“节点”征迁任务，确保秦皇岛火车站顺利“落客”通车；按照“三年上水平”和“六河治污”目标要求，集中开展环境综合整治和沿河排污治理两项重点工程。修整河道1500多延长米，清除积存垃圾5000多立方米，取缔非法小企业、小作坊、养猪场、露天旱厕100多个。

【基层党建工作】 开展加强班子建设、理顺民主程序、提升发展能力、解决突出问题、做好弱势帮扶、和谐构建等专项活动，推行“七权七责”基层党员“创先争优”工作机制，试行片区支部建设，以楼栋和居住地为单位“明权定责”，建成28个基层党支部，有党员1007人。落实“六六工程”（即六个覆盖、六个提升：农村基层党组织全覆盖，提升农村党组织战斗和凝聚能力；农村民主组织全覆盖，提升服务农村经济发展能力；农村经合组织全覆盖，提升民主管理和村民自治能力；农村综治维稳组织全覆盖，提升排查化解矛盾纠纷和治安防范能力；农村基层文化组织全覆盖，提升公共文化服务能力；农村社会保障组织全覆盖，提升农村民生保障能力），健全完善《党建工作协调会制度》《双述双评制度》《廉政谈话制度》等廉政建设管理制度，制订《海港镇2012年党风廉政建设总体目标》，规范施政行为和办事程序，定期开展述廉述职和廉政考评，增强拒腐防变能力。

【社会事业】 组织农村劳动力转移1081人，进行就业困难认定489人、农村原民办（代课）教师养老补助认定134人，完成新农保和城镇居民养老保险手续补办964人，开展医疗救助69人。发放粮食直补和家电下乡补贴9.2万元，争取新民居建设、“一事一议”等专项奖补资金66.3万元，计生奖励资金36.5万元。解决原乡企职工“入保”、邵岭及铁庄小康村房屋确权办证、热力联网改造等历史遗留问题。人口出生率9.3‰，人口自然增长率5.27‰，计划生育率97.9%。开展“文化惠民、情暖港城”和“激情夏日、彩色周末”活动，组织下乡宣讲演出40多场，观众达1万多人次，其中戏曲小品《科技兴家》参加全国科技年会汇报演出。接待群众上访80件、226人次；主动排查信访隐患26件，完成上级督办件8件，矛盾化解率95%。实现重大节日、中共十八大期间非正常访“零记录”；成立120人的治安联防志愿者队伍和30人的铁路护路员队伍，圆满完成“两节”、暑期和中共十八大等铁路护路任务。社区矫正工作进入正轨，全年新接收12人。全年无一起重大责任事故发生，被国家消防总局确定为乡镇消防网格化建设示范乡镇。

【各村简介】东李庄村　全村总户数900户，总人口2490人，耕地面积70.4公顷，农民人均纯收入9850元。

西盐务村　全村总户数642户，总人口1166人，农民人均纯收入1.04万元。

邵岭村　全村总户数110户，总人口225人，农民人均纯收入1.14万元。

东盐务村　全村总户数600户，总人口1660人，农民人均纯收入9800元。

前马坊村　全村总户数277户，总人口388人，农民人均纯收入9550元。

东王岭村　全村总户数615户，总人口1404人，农民人均纯收入1.09万元。

南李庄村　全村总户数102户，总人口115人，农民人均纯收入1.05万元。

兴隆村　全村总户数72户，总人口82人，农民人均纯收入1.07万元。

王庄村　全村总户数249户，总人口303人，农民人均纯收入1.07万元。

网匠庄村　全村总户数156户，总人口203人，农民人均纯收入1.05万元。

张庄村　全村总户数86户，总人口102人，农民人均纯收入1.12万元。

安子寺村　全村总户数154户，总人口185人，农民人均纯收入1.08万元。

李姓安庄村　全村总户数544户，总人口1062人，农民人均纯收入1.07万元。

邹吕庄村　全村总户数212户，总人口602人，农民人均纯收入1.06万元。

土台子村　全村总户数236户，总人口361人，农民人均纯收入1.11万元。

范家店村　全村总户数662户，总人口1200人，农民人均纯收入1.11万元。

【领导班子主要负责人】

党委书记：肖子平（4月免）
　　　　　王洪泉（4月任）
镇　　长：王洪泉（4月免）
　　　　　兰　鹏（4月任）
人大主席：高　庚

（曹宏光）

东港镇

【概况】东港镇辖12个行政村，总面积16.8平方千米，耕地面积544.93公顷，总户数4730户，总人口1.45万人。全年完成社会固定资产投资11.15亿元，同比增长36.5%；引进内资2.5亿元，同比增长56.3%；实现千万元以上重点项目投资18.15亿元，同比增长79.7%；农民人均纯收入9344元，同比增长8%。

【东部循环经济园建设】以园区建设为重点，有效构筑镇域经济发展平台。自身谋划与借智借力相结合，初步形成农村整体设计、控制性详细规划、产业布局规划与片区规划相衔接、各专业产业规划相匹配的规划体系，循环经济园的发展骨架与脉络更加清晰。把园区基础性工作作为推促园区发展的着力点，加大园区闲散土地收储力度，降低土地成本，拓展发展空间；对接水、电、燃气管理部门实现京沈铁路以南区域网格覆盖；缜密推进中小企业孵化基地建设，完成5栋标准厂房建设，进入实质运营阶段。循环经济园承载能力大幅提升。

【镇域经济】坚持把项目建设作为加速园区发展的抓手和提升园区综合实力的立足基石，下大力抓好夯实。落实科级领导承包、定期沟通调度、全程跟踪服务等项目工作机制，营造亲商安商氛围，实现招商引资和项目建设的全面提升。年内实施千万元以上投资项目5项，实现投资18.15亿元。渤海船务渔业船舶修造基地、中小企业园、污水厂中水回用工程等项目顺利推进实现运营；泽运游艇制造、中岩建材搬迁等项目前期工作有序开展，即将全面开工。

【新农村建设】 以旧村改造工程为抓手，有效保障东部新港城建设的稳步推进。本着“积极稳妥、尊重民意、忍辱负重、善始善终”的四项原则，以打造“东部新港城”为目标，拟定旧村改造“三步走”的实施方案。南四村旧改项目前期的入户摸底、拆迁安置成本测算、原村址面积107.4公顷转用等工作均已完成，进入规划设计条件审批环节。富家营村、徐庄村联合旧改项目，用地调规获市政府联审会批准，完成拆迁安置补偿方案制订并启动征拆工作。

【社会事业】 新增低保324户、557人，发放优抚社救款24.1万元，新建标准化农村卫生室7个，全面落实农村合作医疗，参合率97%。办理一胎登记卡131个、二胎生育证26个。为78名符合条件的中、高考独生子女办理加分，计生奖励扶助新增86人，奖扶对象219人，奖扶金额21万元。投资260万元，完成水利工程4项，在建工程2项，受益面积16公顷，受益人口2500人。启动农村垃圾集运体系建设，设集运点12处，集运箱15个。出动1580人次，水泵310台，动用大型机械45台次，帮助群众开展排险及生产自救工作，降低灾害损失。投入资金150万元、800多人次、车辆200多台次，实施入海河流环境整治工作，有效改善河道周边环境面貌。组织食安及安全生产巡查5次，关停小作坊2个，及时整改安全隐患31项。

【各村简介】 卸粮口村 全村总户数452户，总人口1295人，耕地面积29.47公顷，农民人均纯收入9181元。村民以海水捕捞、养殖业、外出务工为主，有渔船近400艘。

王庄村 全村总户数562户，总人口1639人，耕地面积55公顷，农民人均纯收入1.01万元。村民以养殖、海水捕捞和外出务工为主，有养殖小区2个。

东向河寨村 全村总户数852户，总人数2288人，耕地面积46.27公顷，农民人均纯收入9043元。村民以养殖、海水捕捞、运输业和个体经营为主。

西向河寨村 全村总户数667户，总人口1736人，耕地面积29.87公顷，农民人均纯收入9194元。村民以养殖、交通运输、海水捕捞和外出务工为主。

上营村 全村总户数413户，总人口1068人，耕地面积42.87公顷，农民人均纯收入9279元。村民以种植业和外出务工为主，种植品种主要有水稻。

龙家营村 全村总户数236户，总人口624人，耕地面积25.13公顷，农民人均纯收入8949元。村民以养殖、外出务工为主。

孙庄村 全村总户数333户，总人口923人，耕地面积19.73公顷，农民人均纯收入9150元。村民以交通运输、种养殖和外出务工为主，有大型运输车200多辆。

黄南村 全村总户数385户，总人口1047人，耕地面积37.07公顷，农民人均纯收入9255元。村民以种植、运输和外出务工为主。

黄北村 全村总户数436户，总人口1224人，耕地面积36.93公顷，农民人均纯收入9265元。村民以种植、养殖、外出务工为主，种植品种有水稻、玉米等，养殖以猪、狐、貂等为主，有养殖户20多户。

徐庄村 全村总户数508户，总人口1426人，耕地面积43公顷，农民人均纯收入9144元。村民以种植、养殖和外出务工为主，种植品种有玉米、水稻。

富家营村 全村总户数299户，总人口836人，耕地面积10.47公顷，农民人均纯收入9749元。村民以外出务工和淡水养殖为主。

中心庄村 全村总户数269户，总人口742人，耕地面积9.33公顷，农民人均收入1.02万元。村民以设施农业、养殖和外出务工为主。

【领导班子主要负责人】

党委书记：王　健

镇　　长：王维民

人大主席：刘　君（女，3月免）

郭　文（3月任）

（纪　冉）

西港镇

【概况】 西港镇辖16个行政村，总面积23.36平方千米，耕地面积106.67公顷。总户数8988户，总人口2.21万人。全年完成固定资产投资18.45亿元，为年任务的123%；完成规模工业增加值2893万元，同比增长10%；引进内资1.77亿元，为年任务的110.6%；引进外资3017万美元，为年任务的100.6%；重点项目投资16.8亿元，为年任务的120%；农民人均纯收入8301元。

【镇域经济】 全年引进投资亿元以上项目6个，总投资171亿元，分别是投资98亿元的秦皇半岛项目（归提寨）、投资30亿元的南岭国际社区项目（公富庄）、投资7.9亿元的偏坡新村项目、投资21.8亿元的香邑溪谷项目、投资12亿元的橡树湾一期项目、投资1.4亿元的海岸线生态修复项目。谋划、储备亿元以上项目8个，总投资265亿元，分别是投资15亿元的茂业城市综合体项目、投资25亿元的秦皇岛金融服务中心项目、投资9亿元的金梦海湾4号地块项目、投资150亿元的莲花岛旅游综合体项目、投资2.5亿元的金海湾大酒店项目、投资8亿元的南大寺村旧村改造项目、投资30亿元的新店子和下庄旧村改造项目、投资25亿元的慕义寨旧村改造项目，茂业城市综合体项目和秦皇岛金融服务中心项目被确定为2013年省重点项目。法云寺民俗宗教游项目，完成万佛楼、停车场、商业街区及景观绿化带等基础设施配套项目建设。高端商务区、金梦海湾一区、广顺第一观一期主体完工，香格里拉酒店封顶。占地面积25.33公顷、投资6亿元的秦皇半岛湖景公园为西部居民亲近自然、休闲健身的好去处。争取国家水利建设资金200万元，完成小乐安寨100公顷的节水灌溉项目设计工作。

【新农村建设】 随着城市建设重心的西移和城市西部次中心建设工程的实施，全新农村建设由小康型向城市型转变，全力推进旧村改造和新农村建设。倪庄村、杨道庄村、后道西村3个村完成返迁，城市新村初步形成。西白塔岭村36栋、18.4万平方米和归提寨村80栋、42万平方米的返迁房基本完工，2013年返迁；偏坡村、公富庄村返迁房开工建设，预计2014年完工；前道西村拆迁已经完成，返迁安置房即将开工建设；山东堡村动迁工作全面展开；快速路沿线南大寺村、新店子村、下庄村、慕义寨村完成土地摘牌。年内，拆迁面积125万平方米，返迁房已开工建设，完工面积61万平方米。市、区保障房项目涉征土地面积54公顷，涉拆102户。一期保障房项目全部完成征拆任务，区二期保障房项目完成征地面积14.67公顷，已开工建设。城市西部快速路、秦抚路、市区保障房项目是全市的重点建设项目。城市西部快速路征地面积36.33公顷，涉拆面积21.56万平方米，已全部完成征拆任务，6月全线通车。秦抚路涉及大乐安寨村征地面积36.67公顷，完成征拆工作；秦皇半岛、南岭国际、香邑溪谷、华润橡树湾等项目完成征地拆迁面积320.33公顷。

【基层党建】 通过开展“创先争优”和“基层建设年”活动，培树典型，评选出红旗党支部9个、先锋党员65人，归提寨村党总支书记杨家琛的先进事迹被省委组织部和区委组织部联合拍摄成专题片《满票村官》。组织村干部到经济发达地区学习考察，开展党员培训150多场次。优化党员队伍结构，发展预备党员43人，预备党员转为正式党员31人。健全非公有制经济组织党建体系，选派优秀大学生村官到企业担任党建辅导员，协助企业开展各类党建活动8次，有非公企业党支部4个，党员36人。利用远程网络，开展农村实用专业技术等各种培训50多次。学习推广肃宁县“四个覆盖”（基层党组织全覆盖、基层民主组织全覆盖、农村经合组织全覆盖、农村维稳组织全覆盖）经验，设立专项工作组7个，构建镇党委抓总、分管领导督导、专项工作组推进、村干部及大学生村官、包村干部具体落实的工作格局。建立综治工作站16个、综治小区74个、综治小组298个，成立兼职巡防队伍16支；建立村级综合文化室16个，标准新农村书屋9个，配备图书2万多册；16个村全部落实最低生活保障、医疗救助、优抚待遇、五保供养等社会福利。

【社会事业】 开展以改善农村生活环境为目标的农村清洁工程。书写标语 60 条、建成垃圾收集池 120 个、集中分拣池 6 个、可降解堆沤池 6 个，全面改善农民的生活环境。清运垃圾 8436 立方米，清理粉刷残墙断壁 43 处、840 延长米，广告围挡 252 延长米，绿化面积 3000 平方米。对辖区内前道西河、归提寨河、南大寺河等 3 条河流流域范围内的违法违规排污企业进行全面摸排、综合整治，关停企业 1 家，取缔非法作坊 1 家，整改宾馆 3 家。投入资金 60 多万元，清理河道 2000 延长米。开展"打非治违"（打击非法违法生产经营活动行为）"双基双创"（加强基层基础硬件、软件建设、创安全企业、安全镇街）、"食品安全百日行动"等专项行动，排查出隐患 112 条，全年未发生安全生产和食品安全事故。成立 200 人的应急分队，投入 10 万元贮备应急物资。开展新型农村合作医疗，参合人数 1.79 万人，参合率 97.41%。65 岁以上的老人实现免费体检，建成全市第一个农村合作医疗基金会——归提寨村农民合作医疗基金会。16 个村纳入养老保险体系，实现老有所养。办理灵活就业人员社保补贴 465 人，补贴金额 191.2 万元。开展城乡低保工作，动态保障 519 户、983 人，做到应保尽保。五保户及大病人员发放医疗救助金 15.92 万元，发放优抚资金 17.3 万元。落实计划生育政策，符合政策生育率 95.8%，免费为 3190 名已婚育龄妇女进行生殖健康检查，为计划生育家庭发放奖扶资金 9.84 万元。为小乐安寨村修路 700 延长米；发放粮食直补和综合补助 44.2 万元，家电下乡补助 13 万元，粮种补贴 7.5 万元，退耕还林补贴 6.7 万元。全年接待群众信访 170 人次，化解矛盾纠纷 34 件，解决陈年积案 4 件。铁路护路 24 小时不断岗不漏岗。开展"八好镇民"评选活动，涌现各类典型 101 人。开展"文明生态户"评比工作，全镇参评率 100%，评出文明生态户 4744 户。

【各村简介】 东白塔岭村　全村总户数 1047 户，总人口 2421 人，农民人均纯收入 9178 元。

山东堡村　全村总户数 413 户，总人口 919 人，农民人均纯收入 9216 元。

前道西村　全村总户数 386 户，总人口 863 人，农民人均纯收入 9397 元。

杨道庄村　全村总户数 180 户，总人口 496 人，农民人均纯收入 8346 元。

偏坡村　全村总户数 349 户，总人口 815 人，农民人均纯收入 8834 元。

倪庄村　全村总户数 250 户，总人口 599 人，农民人均纯收入 9482 元。

后道西村　全村总户数 241 户，总人口 567 人，农民人均纯收入 8007 元。

西白塔岭村　全村总户数 1024 户，总人口 1975 人，农民人均纯收入 9128 元。

慕义寨村　全村总户数 1132 户，总人口 3048 人，农民人均纯收入 7801 元。

归提寨村　全村总户数 1325 户，总人口 3045 人，农民人均纯收入 7671 元。

新店子村　全村总户数 586 户，总人口 1437 人，农民人均纯收入 8107 元。

南大寺村　全村总户数 337 户，总人口 858 人，农民人均纯收入 8241 元。

下庄村　全村总户数 413 户，总人口 1006 人，农民人均纯收入 7441 元。

公富庄村　全村总户数 684 户，总人口 1741 人，农民人均纯收入 7679 元。

大乐安寨村　全村总户数 167 户，总人口 439 人，农民人均纯收入 6583 元。

小乐安寨村　全村总户数 454 户，总人口 1187 人，农民人均纯收入 7801 元。

【领导班子主要负责人】

党委书记：石建军
镇　　长：孙　贺
人大主席：侯中文

（张春满）

北港镇

【概况】 2012 年，北港镇辖 32 个行政村，总面积 54.42 平方千米，耕地面积 1800 公顷。总户数 5470 户，总人口 1.75 万人。全年实现农村经济总收入 9.61 亿元，完成增加值 9319 万元，农民人均纯收入 7345 元。

【镇域经济】 项目建设。圆明寺复建工程已经完工，投资7000多万元，占地面积0.67公顷，择期对外开放。紫云山滑雪场基础设施提升项目，包括新建多功能大厅3000平方米，拟投资1200万元，改造游客中心1座；改造6000平方米生态停车场等，预计年底完成各项基础设施提升建设。圆明山森林公园一期工程，已投资8000万元，完成景区环山路、木栈道、石蹬道及绿化等一期工程项目。民族路北延伸工程，总长2.78公里（北港镇段）的道路路面建设完成72%，桥涵工程基本完工。连峪山庄建设项目，完成投资3000万元，实施旅游基础设施建设、生态环境治理、村容村貌整治等工程。获2012年秦皇岛市"十大乡村旅游目的地"称号。拟开工亿元项目：沙河蓄水工程项目、圆明山龙泉国际养老中心项目。

推进农业结构优化调整，实施"一村一品"，推动农业产业规模化发展。刘家沟村新建蓝莓种植基地，长桥岭村成为大樱桃种植专业村，新华村和暴庄村新建成蔬菜温室大棚14个，高岭沟村玉米良种高产试验被列为全市良种种植标杆。以规模养殖为示范，发展现代养殖业。初步形成年存栏2000头的现代化养猪场、年孵化4万只蛋鸡的金牧种鸡场、年存栏750头的魏家沟欣兴奶牛场及拦马庄小尾寒羊养殖专业村，养殖业步入规模化、集约型的良性轨道。

【社会事业】 纳入农村最低生活保障1078户、1941人，发放医疗救助资金2.64万元，优抚金15.78万元，发放老龄补贴4.11万元。全面掌握镇内9434名劳动力的就业去向、求职意愿等各种信息，为农民提供就业平台。农村养老保险参保人数8709人，参保率85%。农村合作医疗正常参合率98%，低保户参合率100%。落实种粮直补农户4114户，兑现补助资金127.8万元。申报道路建设、河道治理、人畜饮水等项目13个，总投资318.6万元。筹集资金69.4万元，完成尹家沟村至黑山窑、西连峪村至鸭水河、长桥岭村至外峪等3条"民心路"建设。投入资金1500万元，加强村庄环境美化、旅游配套设施和特色文化建设。完成连峪河一期治理项目，治理河道4000米。对境内32公里的沙河、大汤河进行清淤和污染防治，出动车辆1.2万台次，人员1500多人次，关停排污超标企业3家，整改养殖场3家，清理垃圾23.78万立方米。对连峪山庄的100公顷荒山实施绿化，栽植油松10万株、建成大樱桃、苹果等采摘区66.67公顷，架设2000米葡萄长廊。实施圆明山及民族路、承秦出海路两侧绿化工程，植树造林面积333.33公顷。张桥庄村、魏家沟村、南王庄村、拦马庄村以及东、西连峪村等村绘制文化墙5万平方米。南王庄村等4个村建成100平方米的文化活动场地，统一配备电子图书和投影仪等设备。31个村完成农村书屋建设。刘峪村、闫庄村成立农家乐、百姓乐文艺演出队。开展法制宣传8次，受教育群众2万多人次，所属人员学法、遵法和守法意识明显增强。调处各类矛盾纠纷45起，调处成功率99%；化解越级上访、群体上访和闹访缠访案件8起，成功率100%。

【各村简介】 小旺庄村　全村总户数460户，总人口1405人，耕地面积132.13公顷，农民人均纯收入7315元。

茅子山村　全村总户数340户，总人口1040人，耕地面积118公顷，农民人均纯收入7313元。

北张庄村　全村总户数325户，总人口900人，耕地面积67.6公顷，农民人均纯收入8156元。

徐庄村　全村总户数320户，总人口919人，耕地面积26.33公顷，农民人均纯收入7297元。

新华村　全村总户数163户，总人口502人，耕地面积39.93公顷，农民人均纯收入7053元。

姚周寨村　全村总户数356户，总人口1146人，耕地面积130.8公顷，农民人均纯收入8659元。

大旺庄村　全村总户数680户，总人口1994人，耕地面积186.2公顷，农民人均纯收入7944元。

刘家河村　全村总户数163户，总人口570人，耕地面积79.67公顷，农民人均纯收入7189元。

太平寨村　全村总户数92户，总人口257人，耕地面积30公顷，农民人均纯收入6897元。

闫庄村　全村总户数73户，总人口225人，耕地面积24.53公顷，农民人均纯收入6683元。

尹家沟村　全村总户数50户，总人口171人，耕地面积13.2公顷，农民人均纯收入6863元。

刘峪村　全村总户数121户，总人口428人，耕地面积 50.47 公顷，农民人均纯收入 7562 元。

刘家沟村　全村总户数 80 户，总人口 267 人，耕地面积 36.67 公顷，农民人均纯收入 6909 元。

拦马庄村　全村总户数 78 户，总人口 282 人，耕地面积 32.27 公顷，农民人均纯收入 7017 元。

李新庄村　全村总户数 68 户，总人口 260 人，耕地面积 30.47 公顷，农民人均纯收入 6948 元。

陆庄村　全村总户数 152 户，总人口 521 人，耕地面积 50.67 公顷，农民人均纯收入 6549 元。

木砟峪村　全村总户数 130 户，总人口 440 人，耕地面积 61 公顷，农民人均纯收入 6391 元。

东连峪村　全村总户数 101 户，总人口 310 人，耕地面积 40.27 公顷，农民人均纯收入 7243 元。

西连峪村　全村总户数 125 户，总人口 450 人，耕地面积 51.33 公顷，农民人均纯收入 6533 元。

长桥岭村　全村总户数 78 户，总人口 268 人，耕地面积 41.67 公顷，农民人均纯收入 6596 元。

麻念庄村　全村总户数 69 户，总人口 237 人，耕地面积 33 公顷，农民人均纯收入 7449 元。

南王庄村　全村总户数 62 户，总人口 258 人，耕地面积 32.33 公顷，农民人均纯收入 7580 元。

魏家沟村　全村总户数 81 户，总人口 320 人，耕地面积 29.13 公顷，农民人均纯收入 7470 元。

河北村　全村总户数 73 户，总人口 229 人，耕地面积 20.47 公顷，农民人均纯收入 7402 元。

河东村　全村总户数 145 户，总人口 548 人，耕地面积 50.13 公顷，农民人均纯收入 7059 元。

街里村　全村总户数 188 户，总人口 529 人，耕地面积 49.2 公顷，农民人均纯收入 7533 元。

小河村　全村总户数 132 户，总人口 464 人，耕地面积 51.73 公顷，农民人均纯收入 7577 元。

张桥庄村　全村总户数 145 户，总人口 508 人，耕地面积 51.53 公顷，农民人均纯收入 7476 元。

陈庄村　全村总户数 125 户，总人口 365 人，耕地面积 46.8 公顷，农民人均纯收入 7302 元。

石科子村　全村总户数 90 户，总人口 321 人，耕地面积 47 公顷，农民人均纯收入 6827 元。

暴庄村　全村总户数 250 户，总人口 869 人，耕地面积 95.53 公顷，农民人均纯收入 6632 元。

高岭沟村　全村总户数 155 户，总人口 540 人，耕地面积 54.6 公顷，农民人均纯收入 6369 元。

【领导班子主要负责人】

党委书记：郝冀伟

镇　　长：郭宪彬

人大主席：李贵林

（李新宇）

海阳镇

【概况】 海阳镇辖 17 个行政村，总面积 25.4 平方千米，耕地面积 1106.67 公顷。总户数 7428 户，总人口 1.87 万人。全年完成固定资产投资 14.15 亿元，引进内资 1.85 亿元；完成重点项目建设投资 22 亿元；完成规模工业产值 3100 万元，规模工业增加值 584 万元；农民人均纯收入 9089 元。

【镇域经济】 项目建设。依托温家洼村、小苇芝港村、栗园村、大苇芝港村及青石山村等自然资源，打造环五村的带状绿道旅游项目：投资 200 万元建成 3000 平方米的生态停车场，修建樱桃园北侧的葡萄长廊，竹木栅栏 2000 延长米，铺砌园内采摘路网 4000 平方米，建设环塘坝道路 500 延长米；投资 80 万元修建温家洼村年丰果园上山路 800 多延长米，硬化园内道路 2000 延长米；对绿道沿途进行美化、净化，粉刷景观墙 2500 延长米，修砌塘坝护堤 300 多米，建设休闲驿站 1 座，生态卫生间 1 座，摆放垃圾桶 30 个，制做绿道标识、路牌、宣传牌、植物介绍牌等设施 500 个，正在筹备建设雕塑小品、休息长椅。计划投资 3500 万元的杰艺荔园蔬菜种植基地完成管理权转让，修缮温室大棚 120 个。投资 1200 万元的农副产品精品区建成并投入使用。北港大街西延伸跨汤河大桥和北环路跨汤河桥项目纳入市政投资计划，完成地勘、测绘、规划设计、招标及 6 家涉迁企业、涉迁户的征拆补偿工作。绿道项目配套设施用地、华昆生态园等项目所用 5.6 公顷土地调为建设区。

农业。发展以大里营村、栗园村、鲤泮庄村、青石山村、温家洼村为重点的蔬菜产区；以小苇芝港村、温家洼村为重点的大樱桃产区；以范庄村、郭高庄村、鲤泮庄村、青石山村、温家洼村、新周庄村为重点的特色养殖区，逐步建立“一村一品”“多村一业”的专业化生产模式。土地流转面积247.68公顷，其中流转1.3公顷以上经营主体23个，面积192.43公顷；流转6.67公顷以上经营主体12个，面积132.42公顷。通过土地流转，建成杰艺荔园蔬菜种植基地、年丰林果、庆志肉牛养殖等农业示范园区，促进全镇农业向规模化、专业化迈进。发挥年丰林果、宝洪果蔬等专业合作组织的示范带动作用，发展黑花生、绿小米、紫甘薯等特色农业种植，加强对专业合作组织及种植大户技术指导，发放技术资料1100多份，组织培训6场次，参训人员1500多人。

【秦皇皓月城项目】 市政府与燕达集团签署项目投资协议书，项目名称正式确定为秦皇皓月城。利用4个月的时间完成涉迁范围内的入户调查、村址外厂企、附着物的清点及国有建设用地的调查工作；完成土地测绘、局部地质勘测、涉迁村村址认定、部分村界的认定及村公产测量等各项前期工作；完成村址内126.67公顷集体土地转为国有建设用地的组卷报批工作，获得省政府批准；秦皇皓月城项目被列为2012年省重点项目，两个批次批复53.33公顷建设用地指标；新版控规获市规划联审会批准并完成公示；与燕达集团充分协商，结合海阳片区的实际情况，拟以范庄村作为项目突破点，先行实施。范庄村入户征求意见同意率90.2%。

【新农村建设】 启动实施大里营村和西王岭村新民居建设，完成入户调查、成本测算、建设方案设计等前期工作。大里营村整体搬迁改造工程已抽调相关部门人员成立指挥部，拟订房屋补偿方案，进行资产预评估；西王岭村新民居建设已与村干部沟通，明确项目实施的具体工作思路和职责分工，制订切实可行的工作方案，倒排工期，确保各项工作按期完成。

【社会事业】 采取“村级收集、专业清运、区级处理”的方式对辖区积存的建筑垃圾、生活垃圾进行全方位、地毯式清理，修建地坑式垃圾转运箱20个，简易垃圾收集池170多个。投资230多万元，出动人员1500多人，各类运输工具380多台次，清理大、小汤河沿岸垃圾1.6万立方米，淤泥2.1万立方米，回填平整河岸近4000平方米，关停排污企业及小作坊7家，新建三级沉降池、沼气池10个，全部取缔直排旱厕111个。加强群众工作站建设，投资近10万元完善中心软硬件设施，民政、计生、财政、派出所户籍等窗口单位进驻中心，为群众提供一站式服务；完善一次性告知制、首问负责制、限时办结制、责任追究制及村级事务代办等制度，全年受理各类服务事项7400多件，办结各种证件1600多件，接待群众咨询、业务办理5800多人次。集综合活动室、图书阅览室、电教室于一体的村级文化活动室得到普及；大里营长青剧团、海阳三村越来越好歌舞队、海阳镇民乐团等基层文体队伍发展壮大；举办“彩色周末”“喜迎十八大、建设新农村”农村文化节及城乡互动互访等多场文艺演出。全镇人口出生率13.31‰，人口自然增长率7.72‰。完成小苇芝港村、鲤泮庄村、田家沟村129户农宅审批工作。配合区国土分局检查卫片85宗，其中立案31宗，整改查处54宗；对17处违法用地下达停工通知书，违法占地建设行为得到有效遏制。争取资金140多万元完成青石山村、栗园村、田家沟村等村内的道路工程建设，修建海阳一村、郭高庄村、鲤泮庄村的便民桥梁4座。落实退耕还林、粮食直补等各类惠农补贴121.76万元，办理家电下乡补贴农户796户，补贴金额24.75万元；发放米、面、油等救济物资15吨，发放低保五保金、临时救济补贴、残疾人补贴48.2万元；拨付一事一议财政奖补资金30.4万元；完善大苇芝港村、青石山村等5个村的村级卫生室建设；新农合参合率、新农保参保率均达95%以上。发放各类宣传资料5000多份，接洽用人单位184家，提供就业岗位3000多个，转移劳动力160多人次，劳务输出17人，增加劳务收入近350万元。

【各村简介】 海阳一村　全村总户数930户，总人口2104人，耕地面积33公顷，农民人均纯收入9881元。

海阳二村　全村总户数994户，总人口2421人，耕地面积60公顷，农民人均纯收入9897元。

海阳三村　全村总户数947户，总人口2169人，耕地面积26.67公顷，农民人均纯收入1.06万元。

海阳四村　全村总户数1055户，总人口2431人，耕地面积58.8公顷，农民人均纯收入9632元。

范庄村　全村总户数285户，总人口670人，耕地面积25公顷，农民人均纯收入9671元。

侯庄村　全村总户数283户，总人口777人，耕地面积56.27公顷，农民人均纯收入8292元。

郭高庄村　全村总户数133户，总人口413人，耕地面积34.53公顷，农民人均纯收入8430元。

栗园村　全村总户数265户，总人口770人，耕地面积52.2公顷，农民人均纯收入7198元。

鲤泮庄村　全村总户数645户，总人口2081人，耕地面积250公顷，农民人均纯收入8464元。

大苇芝港村　全村总户数130户，总人口394人，耕地面积60公顷，农民人均纯收入7990元。

小苇芝港村　全村总户数126户，总人口296人，耕地面积33.33公顷，农民人均纯收入9626元。

温家洼村　全村总户数331户，总人口860人，耕地面积134.6公顷，农民人均纯收入8002元。

青石山村　全村总户数151户，总人口433人，耕地面积92.87公顷，农民人均纯收入7958元。

大里营村　全村总户数460户，总人口1096人，耕地面积72.13公顷，农民人均纯收入9736元。

西王岭村　全村总户数461户，总人口1132人，耕地面积60公顷，农民人均纯收入9676元。

田家沟村　全村总户数50户，总人口169人，耕地面积21公顷，农民人均纯收入7574元。

新周庄村　全村总户数150户，总人口441人，耕地面积36公顷，农民人均纯收入8141元。

【领导班子主要负责人】

党委书记：祖旭波

镇　　长：杨忠权

人大主席：苏大忠

（孙桂美）

园　区

YUANQU

YUANQU

金梦海湾商务旅游度假区

【概况】 金梦海湾管辖区东起小汤河西岸，西至滨海大道山东堡立交桥、琅琊桥，北至老京山铁路，南至渤海潮汐线，包括莲花岛项目区域。总面积4.66平方千米。新建规划总建筑面积312.97万平方米，总面积180公顷。有会展中心、五星级酒店、地标建筑、高档住宅、高档公寓、商业中心及奥林匹克广场、观海广场等，配套建设幼儿园、小学及全民健身设施等。项目由政府投资和房地产项目开发两部分组成，总投资255亿元。

【项目建设】 莲花岛项目是省重点项目，通过围填海的方式建设人工旅游度假岛，拟总投资150亿元，占地面积49公顷；金梦海湾一号项目，总投资18亿元，占地面积11.33公顷，总建筑面积25万平方米，一期工程交付使用；海碧台住宅项目总投资33亿元，占地面积19.42公顷，总建筑面积55.54万平方米，一期主体工程完成70%；香格里拉大酒店项目，总投资10.26亿元，占地面积4公顷，总建筑面积7.57万平方米，主体部分已竣工；金梦海湾第一关项目，总投资10亿元，占地面积6.45公顷，总建筑面积20万平方米，一期主体竣工；金梦海湾8号项目，总投资7.4亿元，占地面积1.5公顷，总建筑面积7.5万平方米，已开工。

【基础设施建设】 实施金海湾浴场综合改造项目、海滩生态修复工程、文昌路、文昌东二路2条环路建设，完成投资2.52亿元。金梦海湾浴场综合改造项目：全长3.6公里，改造总面积62万平方米，改造内容为金海湾浴场园林景观工程、基础设施改造、服务设施完善及环境整治等，设置海洋公园区、中央核心区、城市休闲区。总投资3.55亿元，项目分3期实施，一期工程已竣工，完成投资1.2亿元。海滩生态修复工程：修复海滩全长3.3公里，海滩宽度平均增加50米，新增沙滩面积20公顷，总投资1.3亿元。文昌路、文昌东二路延伸线工程：道路全长1072.3米，总投资250万元。

【领导班子主要负责人】

管理委员会主任：陈占勤

（梁　军）

临港产业聚集区循环经济园

【概况】 临港产业聚集区循环经济园2006年建立。位于海港区东郊，北靠京沈高速，102、205国道纵贯东西，交通便利，地理位置优越，是秦皇岛城市发展规划中的临港工业区和现代物流发展区。辖12个行政村，总面积16.8平方千米，耕地面积544.93公顷，总户数4730户，总人口1.45万人。2012年，全社会固定资产投资完成11.15亿元，同比增长36.5%；引进内资2.5亿元，同比增长56.3%；实现千万元以上重点项目投资18.15亿元，同比增长79.7%；农民人均纯收入9344元，同比增长8%。

【园区发展】 园区紧紧抓住发展第一要务，把握关键环节，突出重点工作，着力提升循环经济园的建设水平。坚持调规划促引领。坚持自身谋划与借智借力相结合，初步形成农村整体设计、控制性详细规划、产业布局规划与片区规划相衔接，各专业产业规划相匹配的规划体系，循环经济园的发展“骨架”与“脉络”更加清晰。坚持强基础促发展。坚持把园区基础性工作作为推促园区发展的着力点，加大园区闲散土地收储力度，进一步降低土地成本，拓展发展空间；对接水、电、燃气管理部门实现京沈铁路以南区域网格覆盖；缜密推进中小企业孵化基地建设，5栋标准厂房建设完成，进入实质运营阶段。循环经济园承载能力大幅提升。

【项目建设】 坚持把项目建设作为加速园区发展的抓手和提升园区综合实力的立足基石，下大力抓好夯实。全年实施千万元以上投资项目5项，其中续建项目2项，有投资3亿元的渔业船舶修造基地项目，储运部分已投入运营，完成5.33公顷土地征用，正在实施港口建设；总投资7355万元的中小企业孵化基地项目，一期工程启动5栋标准厂房，主体工程基本完工，正在着手水、电等附属设施工程建设，已进入实际运营阶段。新建项目2项，有投资1.2亿元的泽运游艇制造及船舶配套项目，已完成备案、环评等前期工作，并取得土地使用权，正在开展工程设计工作；投资6299万元的秦皇岛市第一污水处理厂升级改造及中水回用工程项目，目前主体土建工程基本完工，正在进行设备安装。拟开工项目1项，有投资15亿元的嘉恒物流项目完成备案、环评、初设等前期工作，正在筹措资金实施土地征用。

【领导班子主要负责人】

循环经济园书记、主任：王　健

（纪　冉）

圆明山文化旅游产业聚集区

【概况】 位于海港区东北部，东与山海关区毗邻，西与抚宁县接壤，南起新102国道，北至抚宁县石门寨镇，辖24个行政村，规划面积34.2平方千米，总户数2687户，总人口9263人。

【项目建设】 圆明山沙河生态文化旅游综合开发项目，总体定位为以圆明山片区为核心，东至承秦出海路，西至民族路北延伸，南至京哈高速，北至圆明大街。规划占地面积7平方千米，涉及7个村（街里村、小河村、陈庄村、张桥庄村、魏家沟村、河北村、河东村）。项目总体建设分两期完成，第一期完成村民安置、沙河蓄水、生态公园、学校等周边配套设施建设；第二期完成山地体育公园及整体项目综合开发建设。

圆明山森林公园。是占地面积1平方千米的国家级林场，森林覆盖率70%。有千年古寺——圆明寺。圆明寺始建于唐朝，已有1000多年的历史。2009年，圆明寺的复建工程开始动工。规划占地面积7000平方米，总投资7000万元。圆明寺复建一期工程建成对外开放。投资70亿元的圆明山沙河生态文化旅游综合开发项目，邀请上海天华建筑设计公司对项目进行规划设计，申报省级重点项目，与秦皇岛润地房地产投资有限公司签订投资协议书及补充协议，立项工作全面展开。

连峪山庄项目。位于聚集区北部，是典型的北方山谷型项目，有得天独厚的地理位置，东面顺河直下是燕塞湖，南面翻山而过是望峪山庄，北面翻山而过是抚宁县的蟠桃峪景区，西距承秦出海路1.1公里。景区内有4300多米的北朝长城遗址和老爷台、大小玲珑塔等历史遗迹，有李自成兵败藏身的“朝阳洞”、其子安葬的太子坟的民间传说。连峪山庄项目规划占地面积5.5平方千米，已投资5600万元，其中薰衣草园一期项目进场实施，完成工程量35%，连峪河桥正在实施建设，游客接待中心、山顶驿站建设完成。

紫云山滑雪场改扩建工程。新建3000平方米多功能服务大厅和6000平方米生态停车场等，年游客接待量将从8万人次提升至15万人次。

【领导班子主要负责人】

党工委书记：郝冀伟（兼）

主　　任：张立红（女，兼）

常务副主任：郭宪彬（兼）

（王鹏丽）

北部工业区

【概况】 辖13个行政村，规划面积17.2平方千米，建成区面积6平方千米。总人口1.19万人。全年完成工业总产值18.04亿元，同比增长18.16%；完成工业增加值4.88亿元；完成固定资产投资21.61亿元，引进内资8.1亿元，实际利用外资5201万美元。

【项目建设】 把项目建设作为工作重点，加强对项目的督导服务，在建项目促投产，在谈项目抓落地，推进项目建设进度。年内，竣工投产项目3个，其中亿元以上项目2个；在建千万元以上项目16个，其中亿元以上项目11个；重点在谈项目5个，全部为亿元以上项目。环亚二期车间已竣工投产；耀华600t/d Low－E和600t/d太阳能基板浮法玻璃生产线已基本竣工；硼硅浮法线基本竣工，耀华玻璃钢、耀华机械公司、耀华工技厂等8个辅业项目正抓紧施工。

【基础设施建设】 把完善园区基础设施配套作为

打造项目承载平台的重要抓手，加快推进园区道路、绿化、电力等基础配套工程建设。民族路北延伸二期工程跨新102国道立交桥、跨京沈高速公路立交桥已完工，京沈高速公路以南1500米道路工程已完工；西港北路功能提升工程、北港大街多功能电子警察及智能交通系统工程已完工；完成耀华东路、耀华南路、海月街等绿化景观工程，新增绿化面积4.7万平方米；北部工业区5#开闭所建成投入使用。

【社会保障】 认真执行《被征地农民基本生活补助保障暂行办法》等5个配套办法，提高失地农民保障标准，扩大保障范围。将退休人员的基本生活保障金从每月330元上调到420元；将石山村纳入失地农民保障范围，工业区失地农民保障范围已涵盖12个村、1.1万人。全年发放失地农民保障金2502万元，发放失地农民子女就学奖励和补助35万元，发放医疗补助金、老龄补贴、低保户慰问金、残疾人补贴等各种社会福利金33万元。推进新民居建设工程，和美社区二期工程主体已完工，室外道路、管网等配套工程正在施工。协调解决涂庄村、腰站庄村、四合庄村拆迁改造中的突出问题，推进旧村改造工作。

【党建工作】 发挥基层党组织的战斗堡垒作用。完成新一届农村党支部、村委会换届选举工作，完成新任村干部业务培训。以“创先争优”活动为抓手，部署各项工作。新发展党员21人，培树区级“创先争优”活动优秀党务工作者1人，培树区级先进基层党组织1个，培树港城先锋4人，新成立非公企业党组织1家。落实村务监督委员会成员工作职责，确保村务监督委员会发挥作用。推进廉政文化建设，打造石山村为廉政文化进农村活动示范单位。

【各村简介】 腰站庄村　全村总户数540户，总人口1443人。

晒甲会村　全村总户数297户，总人口701人。
杨庄村　全村总户数353户，总人口1123人。
石庄村　全村总户数230户，总人口798人。
缪庄村　全村总户数455户，总人口1320人。
涂庄村　全村总户数354户，总人口932人。
韩庄村　全村总户数487户，总人口1276人。
田家沟村　全村总户数460户，总人口1350人。
新庄村　全村总户数72户，总人口206人。
四合庄村　全村总户数115户，总人口290人。
新崔庄村　全村总户数282户，总人口894人。
小高庄村　全村总户数324户，总人口753人。
石山村　全村总户数341户，总人口826人。

【领导班子主要负责人】
党工委书记、管委主任：胡福全

（侯　康）

临港物流园区

【概况】 辖7个行政村，规划面积34.38平方千米（启动区面积12.78平方千米），总户数2400户，总人口7000多人。全年完成固定资产投资13.1亿元，完成总任务的100.8%；引进内资5.5亿元，完成总任务的100%；引进外资5000万元，完成总任务的125%。

【招商引资】 全方位进行招商引资，全力大招商、招大商。在拓宽渠道上下工夫，积极参与省、市组织的各类招商会和贸易洽谈会，变招商为跑商、请商，主动寻找商机。在“5·18”廊坊国际经济贸易洽谈会上与浙商投资有限公司（秦皇岛）签署秦皇岛国际商品物流城项目；搭建电视新闻、报刊、网络等媒体平台加强宣传，提高园区知名度、推介工作上档升级；完善招商引资项目库，保障园区建设后备力量充足。构建平台，增强招商引资力度。7月5日，园区成功协办全国第十届物流年会秦皇岛物流园区项目推介会，与3家企业分别签署项目协议书，3个项目分别为中外运秦皇岛公司投资的中外运物流中心项目、益海嘉里投资有限公司投资的金海粮油物流中心项目以及秦皇岛日泰房地产有限公司投资的秦皇岛国际五金机电城项目。

【项目建设】 彩龙国际商贸广场、义乌小商品城等已建成项目运营态势良好。冀盛仓储物流、福凯物流、秦皇岛国际汽配城等9个项目计划总投资13亿元，已开工建设，其中兴龙商贸物流中心等项目已投产运营；360万吨钢材物流配送项目、中石油沥青生产装置技术改造项目等12个项目计划总投资28亿元，即将动工建设；中国外运物流中心项目、邯郸华信集团等亿元以上项目计划总投资44亿元,已签约落户园区。占地面积12公顷，投资18亿元的中运物流公路货运港项目，正积极协商洽谈。

【基础设施建设】 制订《秦皇岛临港物流园区基础设施建设实施方案》《秦皇岛临港物流园区基础设施建设三年规划》。积极谋划化工园区配套基础设施建设，完成以北港大街、兴电路为支撑的综合路网体系建设，建设设施齐备的支路、水电、污水排放等基础设施。完成东港路电缆沟及北港1#开闭所工程，新建10千伏中心开闭所1座、箱式开闭所2座，沿东港路建设电缆沟1600米，铺设电缆1.2万米，验收完毕并正式通电；义乌外电工程完工并供电，正做后期处理工作；投资1647万元的规划二路（东港路—兴电路段）道路工程已完工；推进兴电路项目建设，工程全长3公里，南至建设大街，北至京沈高速。一期为北环路至京沈高速南规划路，计划投资7000万元。与中国中铁股份有限公司洽商拟采取BT模式（一个项目的运作通过项目公司总承包，融资、建设验收合格后移交给业主，业主向投资方支付项目总投资，加上合理回报的过程）进行合作，方案已通过，正做管网等施工图设计。

【新农村建设】 按4种类型启动7个村的旧村改造。韩庄片区7村联建；小李庄村、大高庄村、柳村等3个村纳入韩庄片区集中联建；小张庄村原址改造；崔庄村结合东兴市场开发原址改造；东付店村、西付店村联合改造。

【社会事业】 全园区计划生育率98.72%，人口出生率10.91‰，出生求实率100%。保障项目建设和新民居建设稳步推进，拟定土地集中经营管理方案和4个配套办法。小李庄村、大高庄村、小张庄村、崔庄村、西付店村审核通过失地农民低保4096人，发放补助金792.8万元。随着园区发展和项目引资，逐步将所辖7个村土地集中管理。

【社会治安综合治理】 做好辖村土地监管，防止违章建房；统筹综治、信访、城管、环卫、安监等职能，整合园区发展软环境。做好全区范围内违法占地建筑集中整治行动，规范建设行为。做好信访工作，实现“案件专人抓，档案专人做，急案专人督办，工作专项落实”的“四专”模式。本着“小事不出村，疑难问题不出园区”的原则，建立稳控信息直报机制，及时记录、更新领导干部分包案件台账，加强信息沟通与共享；做好基层矛盾纠纷化解工作及完善社会志愿者活动管理机制，为辖区社会治安管理工作奠定良好基础。

【各村简介】 小李庄村　总户数373户，总人口886人，总面积94.87公顷。党员22人。村民主要以外出务工、从事第三产业及经营蔬菜大棚、苗木栽植为主。年内投资10多万元，硬化水泥路面200多延长米，投入6万元改造吃水井一口。村集体经营收入30万元,村民人均纯收入7210元。

大高庄村　总户数383户，总人口858人，总面积166.67公顷。党员32人。村民主要以经营蔬菜大棚、外出务工为主。村集体经营收入30万元，村民人均纯收入8491元。

柳村　总户数278户，总人口780人，总面积48.33公顷。党员39人。村民主要以外出务工、种植水果类经济作物为主。同西付店村一起自筹资金20多万元，硬化八三路水泥路面1000多延长米。村集体经营收入30万元，农民人均纯收入8665元。

小张庄村　总户数260户，总人口765人，总面积109公顷。党员39人。村集体经营收入50万元，村民人均纯收入8085元。

东付店村　总户数478户，总人口1730人，总面积235.05公顷。党员51人。村民主要以果树种植，发展挖掘机、装载机和外出打工为主。村集体经营收入24万元，村民人均纯收入8635元。

西付店村　总户数612户，总人口1826人，总面积213公顷。党员46人。同柳村一起自筹资金20多万元,硬化八三路水泥路面1000多延长米，方便群众出行。村集体经营收入 65 万元，村民人均纯收入 8690 元。

崔庄村　总户数 210 户，总人口 547 人，总面积 49 公顷。党员 31 人。村集体经营收入 13 万元，村民人均纯收入 8396 元。村委会联系区水务局，为村内清理河道垃圾 200 多延长米。

【领导班子主要负责人】

党工委书记、管委会主任：孟凡辉

（王楠楠）

街　道

JIEDAO

JIEDAO

文化路街道

【概况】 文化路街道辖人民里社区、河涧里社区、团结里社区、海建里社区、红旗里社区、新一街社区、碧海云天社区等7个社区，总面积1.97平方千米。总户数2.19万户，总人口5.69万人。全年完成固定资产投资1.45亿元，引进内资4500万元。

【社区党建】 “基层建设年”暨“一联六促、访解帮带”活动和“创先争优”活动全面结合，“创先争优”、“基层建设年”入脑入行入轨。党员完成服务中心、服务大局、服务发展、服务暑期、服务居民等方面的承诺312条。选树和宣传社区先进典型6人。对“创先争优”活动中，成绩突出的55名优秀党员、6名优秀党务工作者进行表彰。帮助下派干部掌握居民的急难愿盼，完善拓展帮扶规划19项。率先建立党代表工作室，探索党代表任期制，开展代表接待、联系服务、调研视察、建言献策、学习交流、走访慰问等活动，为辖区党员居民提供服务。构建网络化办公平台，在街道党建e家博客，设立“党代表工作室”专栏，及时反映工作动态。收集党员居民对党建、小区物业管理等各类民生方面的问题和意见建议240多条，解决广顺园小区物业更换、马路摊点扰民等居民反映难题32个。中央、省、市有关领导多次到工作室视察，被《河北日报》、河北党建网等多家媒体报道，省委《河北快报》刊载。

【社区建设】 老旧小区改造稳步推进，完成团结里小区、兴隆里小区墙体粉刷15万平方米，维修硬化道路6000延长米；成立文化路街道居民服务中心团结里管理处、新一街管理处，巩固老旧小区改造成果。按照以居家养老为基础、社区照料为依托、机构养老为补充的总体思路，建成红旗里社区老年人日间照料服务中心，实现老有所居、老有所依、老有所养、老有所乐的工作目标。党员工作室志愿者服务项目，被列为市志愿服务基金会首批资助项目，被评为市级优秀服务项目。

【社会事业】 开展插花等技能培训4次，加强与辖区企业联系，公布用人信息400多条。看望困难党员、残疾人、孤寡老人和困难居民100多人。为优抚对象免费体检15人，为无业居民、非公企业协会的妇女免费体检800多人。定期、不定期进行安全生产检查，出动检查人员2500人次，排查生产经营单位1000多家，发现隐患24处，整改率100%。成立义务消防救援队8支，招募消防志愿者200多人，建立24小时防控体系，实行消防网格化管理。建立企业退休人员自管小组40个，做好退休人员增减办理上报工作。全年新增低保120人、调整55人、注销30人。办理医疗救助15人，共计5万元。办理老年证60个，发放高龄补贴3.52万元，发放燃油补贴6800元。办理保障性住房、限价房申请225人。为辖区无业居民852人发放独生子女费10万多元。开展义务劳动8次，清理卫生死角死面100多处。实施阳光工程。为社区矫正人员、刑释解教人员，举办社区心理大讲堂活动，开设心灵聊天室，累计培训667人次、96小时，社区义务服务579人次、83小时。举办社区新春音乐会、以“旗帜的力量—红色收藏展”为主题的第七届社区邻里节、名家艺术进社区等文体活动90多场次。社区教育培训学校开设剪纸、电子琴、书法、葫芦丝等课程，培训学员1万多人次。由118名街居干部和居民组成的合唱团，代表10个街道，参加全市“党旗飘扬·唱响港城”活动。做好维稳工作，全年稳控值班92天，动用车辆896车次，人员2652人次，辖区社会秩序良好。

【社区简介】 人民里社区 辖人民里、康乐里、轻安里、康健里、文百里、市委楼、锦绣家园7个自然小区，总面积0.72平方千米。有居民楼81栋，总户数3064户，总人口8486人。辖区有11家企事业单位。开展党员奉献日、扶贫济困送温暖、义务奉献在社区和“五好”家庭、文明楼栋、优秀共产党员等系列评优创新活动。提高社区的影响力和凝聚力，推进社区各项工作的开展。

河涧里社区 由河涧里、金龙景园、红旗里13～16栋3个小区组成，总面积0.57平方千米。总户数2798户，总人口8706人。率先成立党代表工作室，成为党代表宣传党的方针政策、联系服务群众、参与社会管理、推进科学发展的大舞台。

被确定为省级基层重要事务规范化管理工作联系示范社区。举办歌唱幸福生活“音乐沙龙”社会音乐公益活动，举办第二届社区音乐会，加强社区精神文明建设。

团结里社区　由多个小区合并而成的“板块型”社区，总面积0.73平方千米。有居民楼107栋，总户数5128户，总人口1.36万人。社区在册党员345人。有426个商业网点。有办公用房100平方米，室内活动室120平方米，室外活动场所110平方米。创新社区管理方式，围绕一条主线——强化党的基层建设，深化“创先争优”活动，迎接中共十八大；突出两项创新——网格化管理和移动社区工作法；抓好三项重点工作——文明创建、综治维稳和老旧小区改造工作；夯实四项基础工作——优质计生服务、帮扶救助解困、劳动保障平台和安全生产工作。

海建里社区　由海建里、海建北里、长城村、红旗里等4个小区组成，总面积0.1平方千米。有居民楼29栋，总户数1226户，总人口3464人。社区在册党员110人。社区有226个商业网点。社区现有办公用房50平方米，室内活动室50平方米。2012年，社区实施网格化管理，每个网格都由2名社区干部亲自负责，对各网格区域的百姓诉求、安全隐患、矛盾排查等问题排摸和上报。

红旗里社区　由10个家属小区组成，总面积0.37平方千米。有居民楼48栋，总户数3059户，总人口9860人。在册党员108人。有242家商业网点。设有党员活动中心、居民活动中心、文化综合活动室、图书室、乒乓球室等。室内活动面积780平方米。配有电脑（8台）、投影仪、液晶电视、触摸屏、打印机（2台）等现代化远程教育办公设施。办公面积120平方米；文化活动室、老年活动中心、舞蹈厅、图书室、乒乓球室等260平方米；棋牌室、娱乐室、休息室180平方米。成立党代表工作室，受到各级领导的重视和高度赞扬。

新一街社区　辖12个自然小区，总面积0.37平方千米。总户数4560户，总人口1万多人。党支部发挥战斗堡垒作用，带领社区干部和党员攻坚克难，创新疏通污水、垃圾清扫、矛盾隐患排查、保持老旧小区综合改造成果、实现居民自治等管理新模式。建立学雷锋志愿者服务站，开展治安、义务巡逻、扶危济困、文体等志愿者服务活动10多次。被多家媒体播出、刊登30多次。

碧海云天社区　总面积0.13平方千米，有居民楼18栋，商用楼1栋，公寓1栋。总户数2200户，总人口3300多人。在册党员50人。辖区门店108家。获省无障碍设施建设示范社区、市绿色社区等称号。

【领导班子主要负责人】

党工委书记：刘淑珍（女）

办事处主任：王文斌

人大工委主任：宫慧艳（女）

（姜　伟）

海滨路街道

【概况】 海滨路街道辖南山社区、开滦路社区、吉星里社区、铁路里社区、耀中里社区、滨海城社区、耀华社区等7个社区，总面积3.86平方千米。总户数2.35万户，总人口5.81万人。2012年，引进内资3150万元，完成计划的105%；实现固定资产投资1.01亿元，超额完成全年任务。

【社区建设】 将电脑、投影机、音响、乐器、书柜等文化设施和办公设备下发到社区，为社区舞蹈室、书画室、展览室、档案室、谈心室等各类功能室建设提供有力保障。建强群众服务站（室）、妇女儿童维权站，及时化解居民中的矛盾纠纷。组建社区文化骨干队伍，为社区女校、滨海学社、“瀛园书社”、群众文化艺术基地发展提供有力保障。常年开设声乐、舞蹈、书法、绘画、编织等讲堂。开设“道德讲堂”，围绕社会公德、职业道德、家庭美德、个人品德制订讲课内容，营造“讲道德、做好人、树新风”的浓厚氛围。完善妇联亲情信访接待室建设，打造滨海城社区市级亲情信访接待示范点。建立学雷锋志愿服务站，成立由党员、居民志愿者、少年儿童150多人组成的社区学雷锋志愿服务队伍，在爱心扶助、文艺宣传、低碳环保等方面开展系列服务活动。围绕“我们的节日在社区”主题活动，开展龙腾虎跃闹元宵、“关爱老人，情暖母亲”“粽叶飘香庆端午，军民鱼水话深情”“巾帼志愿者——最可爱的母亲”“红歌唱响七月”“九九重阳节，浓浓敬老情”等主题活动。全年上报新闻稿件近300篇，刊发230多篇。吉星里社区改造办公房600平方米，建立老年人日间照料站，建老人配（就）餐室、休息室、多功能活动室、谈心室等。

【社会事业】 保障城市困难群众669户、1213人，保障标准为每人每月420元。帮扶慰问困难群众760户，发放米、面、油及发放医药购物券7万多元，为困难居民申请医疗救助17人次，救助金额4.45万元。有60岁以上老人8692人，为198名老人免费办理老年人优待证。为111名90～99岁以上老人、59名80～89岁贫困老人发放高龄补贴6.31万元。为精神残疾人申请医疗救助卡8人；为居民办理残疾证22人；为33名下肢残疾人发放燃油补贴1.72万元；为9户残疾人家庭申请无障碍改造。为167户低保家庭和低收入家庭申报保障性住房，有廉租住房保障户396户。新增就业777人，失业人员再就业523人。办理大学生失业登记97人；外来务工人员登记2018人；劳动保障两网化监察登记企业53家；完成认定就业困难人员82人；办理就业失业登记证703人；完成企业退休人员确认6022人；完成小额担保贷款初审36人。组织200多人清理卫生死角10处，清理长期积存的生活垃圾、建筑垃圾5车。开展优秀传统文化社区创建活动，7个社区全部建立传播优秀传统文化的社区博客，发布博文70多篇、文明寄语100多条、读后感300多篇。开设“道德讲堂”，身边人讲身边事。开设贴近百姓生活、贴近广大居民实际需求的就业创业、书法绘画、家庭教育、卫生保健等课程40节。组建合唱团、舞蹈队、京剧票友会等文艺队伍，成立社区夕阳红红歌合唱队，建成70人文明城区巡访团。

【社会治安综合治理】 以“抓稳定、促发展、保和谐、求实效”为目标，加强社会治安综合治理，坚持打防并举，全力以赴抓好社会治安、信访、防范、普法、矛盾纠纷排调、社区矫正等工作。坚持“四个并重”（统一领导与个人包案并重、柔性疏导与刚性执行并重、隐患排查与矛盾化解并重、表彰奖励与惩罚追责并重），街道综治维稳中心同7个社区、29个驻街单位签订社会治安综合治理工作目标责任状，协调联动，排查矛盾纠纷102起，调解102起，调解成功率100%。强化第一责任人意识，深入落实领导包案责任制，加强与信访人员沟通，采取谈心、帮扶等方法增进感情，确保敏感期与信访人保持良好沟通。与26名社区矫正人员签订协议，建立档案、跟踪管理，加强帮教，矫治率100%。

【社区简介】 开滦路社区　由煤厂小区、缸砖里、缸砖路（已拆）、开滦路（已拆）、解放里、福寿里等6个小区组成，总面积2平方千米。总户数4667户，总人口9188人。驻区单位有港务集团公司机修厂、秦港物资采购中心、秦港铁运公司开滦路站、秦港海湾公司、港务局退休活动站。

耀中里社区　由耀振里、耀中里、耀兴里、耀北里4个小区组成，总面积0.3平方千米。有居民楼52栋，总户数2384户，总人口7060人。驻区单位有河北省第三建筑工程有限公司、中国外运秦皇岛公司、中国外运秦皇岛口岸实业公司、河北外贸宾馆秦皇岛公司、富滋食品公司、市商务局、市污水排放管理处、市城管综合执法大队。个体工商户35家。

南山社区　总面积2.1平方千米。总户数2673户，总人口6427人。驻区单位有秦皇岛海事局、武警边防检查站、灯塔海洋站、东山小学、海军油料91223部队、区旅游局、秦皇求仙入海处、水运卫校、港口医院、海天一色、渔人码头餐饮公司、海景大酒店、艾欣超市等30多家企事业、个体私营单位。

铁路里社区　总面积1.3平面公里。辖铁路里楼房1～22栋、25～28栋、205～207号，耀华里楼房1～9栋、7栋后平房1～10号、8栋后平房1～10号、金路苑楼房1～11栋。总户数2709户，总人口7141人。驻区单位有北京铁路局秦皇岛车务段南站、旧货市场、龙腾搬运，全程路业等单位。

滨海城社区　社区总面积0.32平面公里。总户数2550户，总人口5301人。商业门店36户。

耀华社区　总面积1.4平方千米。由耀华老村东段、西段，新村一段、二段、三段、四段等6个自然小区组成，有居民楼86栋，总户数4027户，总人口9047人。

吉星里社区　总面积1.6平方千米。由吉星里、建设里、青云里、海安里、耀东里、仁和里、建港楼、商检楼、航五楼等9个小区及部分平房组成，总户数4455户，总人口1.11万人。

【领导班子主要负责人】

党工委书记：瓮志平

办事处主任：张静漪（女）

人大工委主任：白翠艳（女，4月免）

马秀芳（女，4月任）

（王洪科）

燕山大街街道

【概况】 燕山大街街道辖燕山一社区、燕山二社区、燕北里社区、迎春里社区、铁新里社区、天洋新城社区等6个社区，总面积2.96平方千米。有居民楼303栋，总户数1.46万户，总人口3.28万人。2012年，立足街居实际，全力创建先锋、实力、服务、和谐、文化五个品牌，奋力打造具有“城市管理有序、公共服务完善、经济发展快速、社会和谐稳定、群众幸福指数全面提升”的综合实力的一流街居，开创各项工作的新局面。全年实现固定资产投资1.04亿元，引进内资4400万元，均超额完成全年任务。获市级“创先争优”先进基层党组织、人力资源社会保障系统优质服务窗口，区级食品安全先进单位、安全生产先进单位、文明机关、“五四”红旗团委等多项荣誉。

【社区党建】 以创建天洋新城社区省级党建示范社区为契机，对社区外围环境进行整体改造，新增文化长廊，文化宣传墙，建成于文化、休闲为一体的人文绿色景观带。创新组织建设格局，在社区党支部中引入质量管理体系，优化支部工作程序，建立支部、居委会、物业、业主、居民五位一体的组织运行机制。建立党代表工作室，以党代表工作室为平台，细化“六民工程”（知民工程、育民工程、安民工程、助民工程、乐民工程、惠民工程），将“创先争优”活动引向深入。天洋新城社区作为全市“星级管理”暨“创先争优”活动示范点，接待中组部领导的调研；作为全区红旗党支部，接受区党代表的视察；作为星级管理工作学习参观点，接待兄弟单位的参观学习。街居“创先争优”活动得到中组部、省、市区领导的赞誉。加大区域化党建工作力度，依托第十九中学社区教育基地、燕秀里小学社区活动基地、文体局文体指导基地和消防支队安全教育基地，开展党员服务承诺、村居党员结对帮扶等系列活动。

【社区建设】 建立社区民主生活会制度。结合街道机关民主生活会工作制度，延伸工作触手，创新建立社区民主生活会制度，推进社区民主自治建设，实行包居领导参会指导、内容公示公开、督促整改三位一体的运行体系，全面改进和提高社区工作质量和服务水平。启动辖区应急管理系统。制订应急管理图析工作模式，所辖社区采取社区风险地图方式，明晰风险源、脆弱性区域、救援点、应急疏散集合点及楼栋疏散点路径，确定安全隐患高、中、低风险等级，建成应急工作信息化管理系统。创新社区社会化管理机制。规范老旧小区管理，探索社会化管理模式，将迎春里社区卫生无人负责区域归入区城市管理局管辖范畴，实现“三不管”地带的职能化管理。在戴卡家属院实施正规的物业化管理，成立业主委员会，实现社区、物业、业主委员会三方联动的社区管理模式。打造市级普法宣传示范点。在天洋新城社区建立普法宣传阵地，建成普法宣传文化长廊1条、普法宣传楼栋5栋，设立普法宣传意见征集、预约栏1个，实行法律宣传内容居民预约制，提升居民法律素质。利用网络宣传途径，开通社区普法QQ群——普法在线专线，在社区微博中开设《案例说法》《法制讲座》《调解矛盾》等法制宣传专题栏目，社区居民通过互联网与专业律师进行互动，实现法律法规知识的网上交流。

【社会事业】 围绕就业再就业、低保、社会保险、医疗等工作，借助社区卫生服务中心建立居民健康档案，开展失业人员、辖区企业员工、高校毕业生等免费技能培训，实施政策扶持、岗位推荐等服务项目，促使9人达成就业意向。成立惠民政策宣讲团，深入开展“惠在何处、惠从何来”宣讲活动，提高居民对社会保障体系的知晓率，帮助居民解决最关心、最直接、最现实的问题。注重弱势群体帮扶。将改善民生作为服务之本，推进民心工程，重点解决好低收入家庭的生活问题。以八个中心（党员管理服务中心、社区卫生服务中心、老年日间照料中心、社区文体活动中心、社区便民服务中心、社区早期教育中心、社区救助关爱中心、综合治理维稳中心）和群众工作站（室）为平台，完善帮助身边人基金、心理月通车、关爱女童基金、服务步行街、七彩燕山志愿者服务联盟等工作形式，开展送快乐到军营、送快乐到孤老、送快乐到身边的“三送”活动，辖区居民享受多种优质服务。启动人生关怀工程，实施居民分类管理服务，提升为民服务水平，促进居民的幸福指数大幅提高。注重公共服务意识。对流动人口、老龄人群，实行服务先于管理的工作理念，推行流动人口“五步工作法”（一访、二送、三跟踪、四建档、五反馈）。依托燕山一社区图书馆开设老年书屋，依托社区家长学校开设流动人口儿童之家，依托婴幼儿早期教育机构开设社区早教中心。新建街道综合性文化活动中心1个，完善6个社区文化活动室、电子阅览室和社区图书馆建设。建立社区人才库管理体制，吸纳乐器、棋艺、戏曲、舞蹈等不同类别的优秀人才进入人才库。成立燕山街道社区艺术团，打造燕山社区文化艺术节、邻里节活动品牌，丰富居民的精神文化生活。深化拓展关爱老年人、残疾人志愿服务活动，建立老来乐谈心室、残疾人课堂，结成志愿帮扶对子。

【社会治安综合治理】 提高维护稳定能力。重点抓好基层基础工作，做到“八个坚持”，探索构建社会风险评估和管理机制，形成街道综治维稳中心、社区法律服务站、街道群众工作站、社区群众工作室“四位一体”的工作模式，建立心理疏导体系，完善情报信息、力量建设、装备配备、现场处置、舆论引导等方面符合实战要求的应急预案，提高辖区维稳能力。营造良好法治环境。开展“六五”普法工作，依托6个社区法律服务站，开设社区法制教育课堂，制作普法教育宣传栏，实现普法宣传教育制度化、全新化、系统化。对“两劳”释解人员、社区矫正人员进行全面摸底、备案，开展“帮教在社区，关爱进家庭”“一帮一”等帮教活动50多人次。开展“平安”创建活动。借助平安建设工作队员力量，以“我为平安出一力，人人平安我平安”为主题，开展平安社区创建、平安家庭创建、平安志愿者巡防日等活动，全面做好暑期、国庆、中共十八大等重点时期维稳工作，发挥第一道防线作用，促进辖区和谐稳定。

【社区简介】 燕山一社区　总面积0.45平方千米。辖燕山里、燕河里、燕锦里、建玻里、健锋里、燕安里10～12栋，有居民楼70栋，总户数3012户，总人口6100人。驻区单位有市检察院、玻璃设计院、中煤公司、燕山派出所、小海燕评剧团。

燕山二社区　总面积0.5平方千米。有居民楼65栋，平房32户，总户数2358户，总人口5555人。驻区单位有市司法局、市民政局干休所、区房产管理局、燕秀里小学、区人防办、腈纶厂物业。社区办公面积100平方米，室内活动室120平方米，分别为阅览室、棋牌室、健身室等。室外活动场地1000平方米，设有健身器材。

燕北里社区　总面积0.5平方千米。总户数1798户，总人口3396人。驻区单位有市商业银行、市消防支队、市线务局、市安监局、区环保局、女子医院、德大地产、市排水有限公司、区生殖保健院等11个单位。有办公用房100平方米，配有电话、电脑、打印机等办公设施；综合活动室100平方米，设有电视、DVD、图书等；室外活动场地100平方米，配有健身器材，供居民使用。先后获得区优秀基层单位、区社区矫正工作先进集体、市绿色社区等荣誉称号。

迎春里社区　总面积0.3平方千米。有居民楼37栋，总户数1453户，总人口3875人。由秦皇岛日报社及家属院、中港航五公司家属院、秦市烟机家属院、戴卡轮毂公司家属院、河北外贸家属院、秦发假日酒店等辖区单位、家属院组成。

铁新里社区　总面积0.57平方千米。有居民楼64栋，总户数3039户，总人口6621人。驻区单位有妇幼医院、市骨科医院、第十九中学、铁新里小学、铁新里幼儿园、人民银行、工商银行、中国银行、蜀川天府、民航、铁道大厦等。社区设公共服务中心、党员管理服务中心、党员电教室、图书室、综合活动室。

天洋新城社区　总面积0.6平方千米。由天洋新城、长城花园、红星小区3个自然小区组成，总户数2948户，总人口5692人。驻区单位有市委农工委、市科技局、市民宗局、市城管局、市侨联、市医保中心、区工商局、羊城酒店、市城市投资建设有限公司、秦皇岛大酒店、景业酒店、东华物业。有办公用房300平方米，配有电话、电脑、传真、复印机、打印机等办公设施；综合活动室100平方米，有电视、DVD、图书、棋牌等；室外活动场地1000平方米，配有健身器材，供居民使用。

【领导班子主要负责人】

党工委书记：冯立志

办事处主任：周莲洁（女）

人大工委主任：季　平

（陈　晨）

河东街道

【概况】 河东街道辖东港里社区、安居里社区、工人北里社区、工人南里第一社区、工人南里第二社区、煤港里社区、新开里社区等7个社区，总面积5.14平方千米。总户数1.91万户，总人口4.56万人。辖区单位有机关院校、部队等22家。2012年，以五大工程为统领，以“基层建设年”活动为载体，坚持“明确定位抓发展，理清思路树形象，强化措施保平安，繁荣文化促和谐”的工作思路，围绕全年工作目标，攻坚克难、真抓实干，各项工作顺利推进。全年完成固定资产投资1.05亿元，占全年指标任务的105.3%；完成招商引资4080万元，占全年指标任务的136%。

【社区党建】 提高基层执政能力。加强政治理论学习。组织理论学习42次，撰写心得体会文章60多篇，撰写质量较高的调研文章8篇；组织干部到燕海里、新闻里、滨海城等兄弟街道、社区参观学习4次，举办社区工作经验交流会。落实党风廉政建设责任制。成立“三进三治”工作领导小组，制订《河东街道治理“慵懒散”工作实施方案》。实施《中国共产党党员领导干部廉洁从政若干准则》，开展“九项治理”活动。规范机关考勤、工作调度、公物管理、环境卫生、安全保卫等制度，促进机关风貌的改进。强化基层组织建设。对辖区1200多名在册党员信息进行更新，利用远程教育平台和党员中心户开展党员学习培训25场次，开展社区党员设岗定责活动，增强社区党员队伍的凝聚力。指导非公企业党建工作。街道党工委书记带队多次深入辖区非公企业党组织走访调研，规范和完善非公企业党组织工作。成立国粹苑结石病专科门诊党支部。增强共建联创合力。启动河东片区党员论坛，在成员单位党员中开展党员承诺制、党员先锋岗主题实践活动；在各联合党委之间实现思想工作联做、公益事业联办、社会治安联防、文体活动联谊、社区环境联保。学校联合党委成员单位东港里小学开展巧手做党旗活动、海洋学院开展爱心帮扶农民工子女活动；机关事业单位联合党委成员单位市场局与困难户、东港分站与辖区孤寡老人结成帮扶对子30多对，帮助解决生活中的困难。结合年初制订的《片区联合党委考核评比办法》，评出鸿港公司等先进片区联合党委成员单位8家。

【“创先争优”活动】 就居民关心的低保、就业等难点工作确定承诺事项8件；党员干部根据岗位特点确定承诺事项82件；社区居民党员就带头宣传党的政策、带头参加社区各类公益性活动等事项作出公开承诺。全年兑现承诺556项，践行率82%。培树平民偶像刘宝庆、先进党员中心户曹玉珍、优秀老党员李慧清、曹贵友等先进典型，在全街范围内营造“学先进、赶先进、争先进”的浓厚氛围。以开展建党90周年庆祝活动为依托，开展“五个”红色系列活动。组织党员到山海关烈士陵园、长城历史博物馆等地参观，追寻红色足迹；开展以“喜迎建党90载”为主题的诗歌诵读、红歌大赛活动，唱响红色歌曲；利用党员活动日、党员中心户集中学习日播放《地道战》《英雄儿女》

等50部经典红色影片；在社区图书室设立红书专柜，举办精读红色书籍心得交流会5场；组织志愿者走访慰问辖区老党员、老战士40多人，开展红色服务17场次。以强化载体建设为支撑，创新不断。在全体街居干部中设立党员示范科室、党员示范岗；制订《社区后备干部管理办法》，对社区干部按业绩定岗位，实行严格管理；在街居服务窗口中开展“为民服务创先争优”活动，通过“五亮五比五评”有效提升办事效率和服务质量；深入开展“暑期先锋行动”，在原有星级党员志愿服务队的基础上，建成7个党员志愿服务站和由100多人组成的7支党员先锋队，重点加强治安巡逻，党员成为社区维稳工作的带头人；实行星级管理，在老弱党员居多、不易集中的情况下，采取分小组评、中心户评、上门评的方式高效完成评议工作，对评选出的4个十星级党组织、2个红旗党支部和75名十星级党员进行表彰。

【党风廉政建设】 按照《党风廉政建设和反腐败任务分工》落实党风廉政建设和反腐败工作，组织党员干部学习《中国共产党党员领导干部廉洁从政若干准则》，开展“九项治理”活动；成立由党工委书记任组长的“三进三治”工作领导小组，深入查找干部队伍在作风方面存在的“慵、懒、散”问题；街道副科级以上领导干部到社区、企业、农村、困难家庭等各类联系对象开展帮扶；将活动对象延伸到全体街居干部，完善首问责任制、限时办结制等制度，专门成立督导组，街居工作作风得到切实转变。严格落实党务公开。在街道机关和各社区设立党务公开栏，利用网页、QQ群等网络平台，及时发布党务工作信息，为党员群众答疑解惑。确定新开里社区为廉政文化进社区活动典型示范社区，设立廉政文化宣传栏、廉政楼道、绘制廉政文化墙等，提高居民对廉政文化的知晓率。全方位开展群众工作。以“情系百姓忧乐、共创和谐河东”为出发点和落脚点，依托便民服务中心和综合维稳工作中心，建立街道群众工作站和7个社区群众工作室。各站、室配备专职工作人员，制作工作人员桌牌、联系名片，做到“五有、三亮、六上墙”，建立健全“六卡一账”，规范群众工作，方便服务百姓。以“提素、阳光、暖心、平安”四大行动为载体，主动为群众办实事、解难事，群众工作站室接受群众咨询469人次，办理服务事项522人次，排查各项矛盾纠纷54件，接待群众来访178人次。

【社区建设】 经济实力稳步增强。全年完成招商引资2420万元，占全年指标任务的110%；完成固定资产投资8042万元，占全年指标任务的100.53%。拓宽服务领域，从面向老年人、残疾人、社会贫困户、优抚对象的福利服务项目，逐步扩展到托老托幼、家政中介、文化娱乐、社区医疗、法律咨询等面向辖区全体居民的便民服务产业。坚持有偿、低偿和无偿并举，探索新的服务形式和发展模式，逐步实行社区服务的社会化、产业化、市场化。推进“三年上水平”工作。把辖区环境综合治理列为各项工作的重点，整治辖区内不符合标准的门牌11处，清理乱贴乱画小广告97处，处罚占道经营13户，清理小区内私搭乱建物20多处，粉刷楼体15栋，硬化2个小区的所有道路。修建新开里、东港里、工人北里、工人南二社区等5条道路，面积7000多平方米，硬化楼与楼之间的路面4000平方米。开展爱国卫生运动。完成春、秋两季除“四害”任务，发放灭鼠药210箱，老鼠夹100件，粘鼠板10箱，家禽免疫药品1100只。完成白蛾防治工作，对辖区内主次干道以及无物业管理小区港新里、东港里、航海里、新开里、红光里、安居里16栋的树木进行逐个药物喷洒。对环境卫生进行检查监督，对广告、标语、小张贴及时整治和清理，卫生清扫到位，无弃扫、无漏扫、无死角。全年开展6次大型清扫活动，参加义务劳动280人次，铲除小广告800多张，清运垃圾7车。

【社会事业】 社会保障日臻完善。全年申领办理“就业失业登记证”324本，为23名居民申请办理小额担保贷款，对95名符合申领条件的灵活就业人员申请社保补贴资金38万多元，辖区新增就业412人，其中失业人员实现再就业249人，就业困难对象113人，将城镇失业登记率控制在4%以内。贴心服务企业退休人员。管理企业退休人员5427人，其中市属企业退休人员4481人、区属企业退休人员869人、其他县区退休人员77人。全民养老，居民办理参保手续906人，每人每月55元的基础养老金全部发放到位。城镇居民基本医疗保险工作。发放城镇居民医疗保险服务卡400多张，接待居民政策咨询500多人次。计划生育。辖区人口出生率7.88‰，符合政策生育率99%，出生统计求实率100%，综合节育率91.64%，流动人口持证率100%，流动人口计划生育服务管理市民化比例85%以上，群众满意率90%以上。低保工作。新增低保32户，调整16户，分类施保14户，注销9户。优抚慰问工作。春节慰问优抚对象9人，组织30名志愿者对辖区10多名残疾人进行慰问；为5人上报残疾人居家托养，并为其发放居家托养金每人500元。为24名残疾人发放2009～2010年燃油补贴9600元。发放残疾三轮车通行证31个。为46户贫困大学生、重残、重困家庭，每户发放救济金800元。组织2次大型捐款活动（慈善一日捐和博爱一日捐），发动街居干部近90人，累计捐款6800多元。开展系列道德实践活动。有文化活动场所17个，有社区空竹表演队、彩虹艺术团、社区舞蹈队、夕阳红乐队等文艺团体15个。评选星级文明家庭700户、文明楼栋63个。社会治安综合治理，调处化解各类信访问题，接待居民上访182人次，排查化解各类纠纷68起，调解率100%，调解成功率98%。率先成立社区矫正"中途之家"帮教中心。中心接收社区矫正对象21人，收监1人，解矫4人，有社区矫正对象16人。10月，为服刑期2年以上的5名社区服刑人员都配备上定位手机，全面运行社区矫正"司法e通"管理系统，实现对社区服刑人员的动态监控和信息化管理。

【街道公共服务中心建设】 在街道公共服务中心安装液晶显示屏电脑8台，触摸屏电子办事程序一览机1台，大屏幕LED悬挂式显示器1台。中心设计划生育、司法信访、城管卫生、劳动保障、社会事务等5个便民服务岗位，配备8名熟知政策法规和业务程序的工作人员。制订并落实服务承诺必践制、岗位责任制、一站式服务制、首问首办负责制、AB岗工作制、一次性告知制、限时办结制、考核评议制、责任追究制等多项管理制度，并不断简化办事程序，做到简单事项当即办结、一般事项当日办结、复杂事项不超过3个工作日。转变工作理念，提升服务质量。以"强化服务意识，增强服务理念，改进服务方式，提高人民群众的满意度"为目标，用爱心、信心、细心、耐心、恒心的"五心"服务标准，坚决杜绝门难进、脸难看、事难办等现象，变群众找我办事为我要为群众办事，争当"服务明星"，展现廉洁公正的公仆形象。

【老年人日间照料中心建设】 把老年人日间照料工作列入议事日程，制订河东街道的老年人日间照料中心的建设规划，使老年人日间照料工作有计划、有步骤地与其他工作稳步协调推进。加强基础设施建设。筹措资金，建成安居里社区2层近500平方米的办公用房。工人北里900平方米新办公用房（其中办公面积300平方米，老年人日间照料中心面积600平方米）基本建成。整合民政、人事和劳动、卫生以及教育、文体等公共服务资源，依托区域养老机构、社区服务、医疗卫生、老年活动等服务设施，建立完善街道、社区运作平台，形成整体合力，多渠道、多形式、多方位开展服务，逐步形成满足不同需求的老年人日间照料服务网络，推进老年人日间照料中心创建工作。规划建设老年人日间服务中心、社区卫生中心、老年活动室、老年就餐点等各类老龄照料服务设施，为老年人提供就近低廉的照料服务和文体活动场所，丰富社区老年人日间照料的内容和形式，通过政府设立公益性就业岗位和对高龄或困难老人服务补贴等方式，由社区组织提供各种日间照料护理服务。鼓励和引导社会中介组织、市场服务主体积极参与老年人日间照料，特别是生活照料护理服务，实现老年人日间照料可持续发展。

老年人日间照料中心内设有活动室（围棋、扑克、乒乓球台及麻将等娱乐设施）、休息室（放置可供10位老人休息的床、被褥和电视）、阅览室（桌椅、图书、报刊等）、厨房和餐厅（配备可供20多位老人用餐的设施）、活动室（配备电视机、音响）；社区内部设施逐步完善，办公设施齐全，均配有电话、电脑、打印机、电视机、DVD机和各类图书；设有会议室、活动室、居民阅览室、棋牌室等活动场地。

【社区简介】 东港里社区 总户数5212户，总人口9201人。有党员430人。有廉租住房保障户103户，享受实物配租22户，新申请保障户53户。组织待业青年等参加大型企业招聘会3次。为下岗失业人员申请小额担保贷款。为60岁以下无工作居民办理城镇居民养老保险入保手续528人。调解委员会受理民间纠纷5起，调解成功率95%以上。

安居里社区 总户数3318户，总人口6381人。围绕“争当先锋，争创一流，共创和谐社区”活动主题，为居民办好事、实事50多件，评出“十星级”党员32人；评出“九星级”党员51人。成立安居里社区群众工作室，为群众解决各类困难和诉求19件，成功调解矛盾及纠纷8起。增加低保3户，增补2户，注销1户，申请医疗救助5人次，为低收入家庭办理申请保障性住房40多户，组织低保户、优抚对象进行免费体检50多人次，为下肢残的三轮车主申请燃油补贴5人次。办理“就业失业登记证”32人次。

工人北里社区 总户数2056户，总人口4110人。为民办实事。为4名就业困难人员介绍工作岗位；接待经济适用房廉租住房咨询100多人次；办理60岁以上领取养老金119人。撤销分类施保1人；取消低保户2户；申请最低生活保障贫困家庭3户。组织社区干部、协管员、各类志愿者等20多人，以包楼包片形式划分责任区，按时在路口及重点部位开展巡逻，确保辖区平安。

工人南里第一社区 总户数2128户，总人口4382人。为90岁以上老人代办代发相关补贴18人、为60岁以上老人代办老年证、为70岁以上老人公交IC卡充值。新增家庭申请保障性住房30户。为失业居民发放“就业失业登记证”13人。新增就业51人，为失业人员提供就业岗位28个。为“4050”及非“4050”人员发放社保补贴141人。登记退休人员535人，为新退休人员进行退休手续的辅助工作及异地退休认证。为74人采集全民养老保险数据信息，发放60岁以上人员的全民养老保险存折；办理参加养老保险手续并缴纳费用18人。

工人南里第二社区 总户数2146户，总人口4468人。有在册党员144人。为下岗职工安排再就业68人；办理社会养老保险92人，为85人发放社会养老保险存折，为9名90岁以上的高龄老人和2名80岁以上的低保人员发放生活补贴。为38名60岁以上老人办理老年人优待证；新增低保人员8人。对社区2条主要道路进行修建，面积5000多平方米，硬化楼与楼之间的路面4000平方米，拆除小菜园21家，拆除棚亭1个；下拆除违建通知书1份。专人24小监控，化解矛盾2起，调解纠纷16起。有舞蹈队、合唱团、体操队等3支文体队伍，举办“俏妈展风采，喜迎母亲节”“歌唱五月五，欢庆端午节”“喜迎建党90周年”文艺汇演等。

煤港里社区 总户数2916户，总人口6554人。有在册党员129人。有低保家庭74户，新增低保户3户，为重残3户和特困大学生1户发放春节救助金各800元，为低保家庭成员进行免费体检，为白内障患者申请免费复明手术。办理低收入家庭保障房申请30户，享受保障性住房120户。办理老年证52个，发放90岁以上老年高龄补贴13人，登记发放残疾人机动车燃油补贴4人。办理全民养老业务130人，纳入社区管理退休员900多人。开办声乐班、电脑班等，组成老年合唱团。为4名下岗职工办理小额贷款业务，发放再就业补贴150人，共计50多万元。栽植苗木300多棵。调解各类纠纷13宗，其中群体性上访隐患1起，成功率100%。

新开里社区 总户数1292户，总人口2609人。为7户生活困难家庭申办最低生活保障。对社区70岁以上独居老人、低保户、社区党员、社区治安巡防队员100多人进行慰问。清理无主垃圾8车，制作环保提示牌60个。重新制作1300张便民服务卡发送到每户居民家中，解决居民生活中遇到的各类问题。开展育龄妇女免费生殖健康检查2次，开展预防艾滋病、预防出生缺陷、男性健康宣传等知识的宣传4次。调解各类纠纷15起，调解成功率99%以上。组建社区太极拳队、毽子队、象棋队、合唱队等文艺队伍，促进居民文化素质和道德修养的提高。

【领导班子主要负责人】

党工委书记：谢桂亮

办事处主任：王进国

人大工委主任：迟 飞

（徐 凡）

建设大街街道

【概况】 建设大街街道辖交运里社区、秦皇社区、上秦家园社区、幸福里社区、文明里社区、新征里社区等6个社区，总面积2.47平方千米，总户数1.94万户，总人口5.68万人。辖10个党支部，在册党员1209人。有驻区部队、院校、机关及企事业单位35家，商业民营企业8家，为典型的商业网点集中地。全年完成固定资产投资1亿元，同比增长22.7%。

【社区建设】 建立下派干部联系社区、联系困难户"一对一"帮扶制度，解决实际问题60件，落实居民建议32条。出资10万元对秦皇社区装修改造，建成包括多功能厅、图书室、管理用房、器材储藏室等功能完备的街道综合文化站，室内面积300平方米，室外广场花园面积超过1500平方米。5个社区有文化活动室和文化宣传栏，活动室总面积500多平方米，图书5000多册，电教设施齐备。街居公共文化设施向居民开放，设置方便残障人士以及老年人、少年儿童的活动区域和服务项目，每周免费开放时间超过42小时。区法院与市政部门联合出资8000元，为文明里社区捐赠图书500册和书架、桌椅。为辖区30多人进行党务知识培训和入党积极分子培训。注重发挥社区党员中心户的先锋作用，采取集中党课学习、远程电教、社区党员QQ群、社区党建微博等手段，培树先进典型。结合"一联六促、访解帮带"活动，切实转变工作作风。班子成员包居包困难户，推行"一线工作法"，解决百姓关心的民生问题66件。

【社会事业】 掌握"4050"、未就业高校毕业生等人员的就业意向，建立档案，为66名失业人员进行困难认定，为53人办理小额担保贷款，为1名大学生申请3000元的自主创业补贴。为40名失业人员提供为期3周的免费插花培训，市劳动局免费进行资格认证考试，合格者发放从业资格证书。提供计算机、按摩保健、收银员等技能培训服务。为187名下岗失业人员办理就业失业登记证；为32名市属失业人员发放社保金8.57万元；为63名区属就业困难人员发放社保返还金21.36万元。全年接收企业退休人员4332人，完善辖区高龄、重病、孤寡、特殊人员台账，组织"广纳良言玉语，共谋发展良策座谈会""关爱退休职工送温暖""退休老人健康知识讲座"等活动。通过组织失业人员参加专场招聘会、开发社区就业岗位等形式，提供适合失业人员的就业岗位。新增就业661人，其中失业人员再就业323人，就业困难人员111人。新办低保175户，变更低保43户，注销低保18户。上报限价房27户、廉租房388户，辖区55户居民搬进安居东里廉租房。为328户廉租户发放补贴52.22万元。发放独生子女费1356人次，资金15.83万元，落实率100%。对流动人口实行辖区内跟踪服务，加强流动人口清查和办证工作。以市妇幼保健医院开展的"秦皇岛市妇女儿童健康快车下基层公益活动"为契机，在新征里社区广场开展"社区妇女儿童健康行"活动，为1500多名居民诊治。全年发放鼠药48箱、灭鼠工具1100多个，宣传资料1000多份。对辖区87只鸽子进行禽流感强制免疫，并对禽类养殖地点进行集中消毒灭源，查漏补缺，做好春季动物防疫补免工作。组织"植树节美化港城""扮靓节日、喜迎五一""喜迎十八大"等环境卫生综合整治行动10次，发动干部、居民、志愿者200多人，义务捡拾白色垃圾900多袋，清理卫生死角32处，杂草25堆，清理乱贴乱画和小广告1万多条。

【精神文明建设】 整合资源、因势利导，吸引群众参与社区特色文化团队活动，优化文化队伍。培育20多支文化团队，活动类型有合唱、舞蹈、戏曲等10大类，人数300人。举办24场消夏文艺汇演，组建10人的港城大讲堂分课堂授课团队，实现高端文化零距离普及。组织"文明楼栋""文明家庭"和"平民偶像"评选活动，倡导文明风尚。推动社区文化服务体系建设，以"我们的节日在社区"为主题开展特色活动，在省、市、区文明网站上发布活动信息35篇。开展"读好书·学礼仪"系列活动，提升辖区居民精神文明素质的整体水平。整合资源，与"社区义工服务"相结合，各社区学雷锋志愿者服务站分别组建治安队、文艺队、宣传队、帮扶队等诸多小分队开展相应主题活动。创新载体，社区全部建立“优秀传统文化传播”的社区博客或微博。组织14名党员群众参加文明交通志愿者活动，为港城暑期的文明交通服务。

【社会治安综合治理】 全年排查矛盾纠纷63件，化解矛盾纠纷63件，调解成功率100%。有刑释解教人员14人、社区矫正人员27人。开展帮教活动，加强思想教育，为未就业的刑释解教人员开展再就业指导，从根本上防止二次犯罪的发生。开展法律、法规集中宣传活动2次，组织普法专题讲座5次，悬挂宣传条幅33条，制作宣传板块25块，编写宣传板报28期，发放宣传资料1000多份，在辖区形成良好的普法宣传氛围。维护辖区稳定，全年通过反复摸排，重点防控集体访隐患6个，个体访隐患3个，协控涉法涉诉重点人7人。全国“两会”及暑期期间，未发生进京、赴省、到北戴河的上访。制订《关于中共十八大期间稳控工作实施方案》，成立由街道党工委书记任组长的中共十八大期间稳控工作领导小组，逐案制订防控预案。抽调110多名街居干部、下派干部、维稳队员不间断对重点上访人、重点信访案件进行密切监控。成立社区治安志愿者巡防协会，有坚持点、线、面“三位一体”巡防任务的平安志愿者185人，全年经巡防队发现并上报信访隐患6次。

【社区简介】 交运里社区 由交运里、新建村、东光里、秦新自由港和昌德城等5个自然小区组成，有居民楼68栋。总户数3465户，总人口7360人。有党员156人。低保户85户，残疾人70人。有社区工作人员10人。组织“快乐党课进校园”“欢度国庆，喜迎十八大，我们的节日在社区”“忆党恩、颂党情，喜庆十八大”座谈会等3场专题系列活动。组织社区首届春节联欢晚会，“庆‘三八’—夸夸我的老伴”“感恩母亲，最美的歌献给妈妈”等多场主题文化活动。

新征里社区 有居民楼82栋，总面积0.4平方千米。总户数3359户，总人口8872人。有党员128人。通过“六抓六促”（抓党建，促基层党组织坚强有力；抓服务民生，促群众满意度提升；抓“平安社区”建设，促社会安全稳定；抓基础设施建设，促居民幸福指数提升；抓文体活动，促媒体宣传推介；抓共驻共建，促社区建设再上新台阶），提高为民服务水平，使社区工作再上新台阶。中共十八大期间，推出“六化运行机制”（即：综治维稳正规化、防控网格系统化、普法宣传多元化、排查调解人性化、安全检查经常化、工作机制制度化），解决群众信访和困难问题25件。

上秦家园社区 由10个自然小区组成，有居民楼111栋，总面积0.43平方千米。总户数4625户，总人口1.05万人。有党员221人，在职党员92人。把治安志愿者义务巡防作为亮点工作抓紧抓实，受到省、市、区领导重视，成为全区治安巡防工作的典范。坚持把为群众谋福祉放在一切工作首位，秉承“以人为本，服务群众”的工作理念，将“扶贫济困、帮助弱势群体”作为天职和责任，精心打造“爱心型”品牌特色社区。

秦皇社区 总面积0.36平方千米。有居民楼108栋，总户数4262户，总人口1.5万人。有社区党员160人。打造“三式教育”党建工作亮点，以“创先争优”活动为载体，与“五心”工程结合，深化、细化“三式”教育，通过个人自学、培训集中学、党员中心户领学、结对帮助学等形式，提高党员学习的积极性和学习效果。坚持以民为本，开展“送温暖、听建议”入户走访，做好社区下岗失业人员及退休人员服务管理工作，增强下岗人员的就业创业能力。

幸福里社区 由太阳城、27°空间小区、幸福里小区、新北里小区、山东里小区、洪义里小区、永安里小区、庆航里小区以及欧雅花园小区等9个自然小区组成，有居民楼69栋，总面积0.46平方千米。总户数4846户、总人口1万多人。社区内设有门市房1000多套，快餐、商品摊点700多个；拥有天洋集团、广缘超市、金都购物、海浪花市场、天桥市场、国辰商场、鑫龙大市场等诸多商业门店；辖区单位有区委、区政府、区城管局、太阳城管委会、海港医院以及市交通局。组织医疗服务站为残疾人进行体检，送去书籍和慰问品；暑期“小虎子”捐衣物286件、图书259本，送给抚宁茶棚乡草东庄小黄金山小学师生。联合百姓关注栏目的帮忙记者为小区居民解决民生问题9件。

文明里社区 由文建里小区、文明里小区、文化里小区、兴龙国际城小区、世嘉茗庭小区、翔麟小区、农行家属院等7个自然小区组成，总面积0.38平方千米。有居民楼62栋，总户数3500户，总人口7120人。坚持"以人为本、服务居民"的宗旨,以争创一流的工作精神和工作态度，抢抓机遇，热心为居民做好各项服务工作，开展幸福港湾工程，全面推进"创先争优"活动向深入发展,创建关爱型品牌社区。以创特色、争品牌为目标，以"一联六促，访解帮带"活动，带动关爱型品牌社区的创建工作。

【领导班子主要负责人】

党工委书记：吕红新

办事处主任：林大华

人大工委主任：岂福明

（戴莉莉）

白塔岭街道

【概况】 白塔岭街道由城市社区和外围社区两部分组成，辖燕山大学社区、职院社区、文昌里社区、文体里社区、文耀里社区、美岭社区、企业联合社区、北部联合社区、森林逸城第一社区、世纪海洋花园社区、海政里社区等11个社区，总面积3.06平方千米。总户数2.70万户,总人口5.98万人。围绕全区"加速转型、加快发展，奋力打造沿海一流主城区"目标，深入实施"一主六化"(即坚持把加速发展、跨越崛起作为各项事业主线，以党建特色化打造区域化党建与校街共建品牌，以产业高端化强化经济职能与发展楼宇经济，以民生幸福化繁荣社会事业与完善公共服务，以城乡一体化形成区域科学布局与实现统筹协调发展，以功能多样化强化城市管理与优化人文环境，以平安长效化创新社会管理与促进社会和谐）发展战略，着力保障改善民生，致力文化繁荣发展，全力维护和谐稳定，统筹推进经济、社会、文化、环境建设和党的建设，开展"创先争优"和加强"基层建设年"活动，巩固风清气正、安定和谐的发展局面。全年完成固定资产投资1.1亿元，引进内资4270万元，超额完成年度任务。

【社区党建】 以"创先争优"和加强"基层建设年"活动为抓手，打造区域化党建工作体系与统筹城乡党建品牌，提升基层党建科学化水平。以海政里、森林逸城社区、文体里社区为试点，推行党员"七权七责"("七项权利"即方针政策知情权、党内活动参与权、评先选优提名权、积极分子推荐权、意见建议表达权、村级大事审议权、党务村务监督权；"七项责任"即政策法规宣传责任、组织决定执行责任、群众致富帮带责任、社情民意反馈责任、矛盾纠纷化解责任、遵纪守法自律责任、党内团结维护责任）管理机制。推进党代表任期制工作，通过建立森林逸城第一社区实体工作室和文体里社区网上工作室，党代表与群众在现实中和网络上实现全方位的沟通联系。6名党代表接待党员群众82人次，征集意见建议65条，解决党员群众反映问题26个。成立海政里社区党支部。《打造党员志愿者网络化服务体系》被区委组织部评为突出创新项目成果。组织党员干部以"迎接十八大、服务十八大、宣传十八大、贯彻十八大"为内容开展认责承诺活动。深入开展"为民服务,'创先争优'"活动,推行"一站式"服务、限时办结、首问责任等工作机制，通过设立党员示范岗、公示服务流程图、发放便民服务卡等举措，提升服务效率和群众满意度。将加强"基层建设年"活动向机关干部与社区干部拓展和延伸，连续两年开展"党员干部走基层、爱民惠民大行动"活动，组织街居干部走访慰问困难党员群众126人，发放慰问品3万多元，解决实际困难62个。

【社区建设】 围绕女拳世锦赛、暑期、中共十八大等重要节点，开展环境卫生整治。参加义务劳动1万多人次，清理白色垃圾、乱堆乱放、乱贴乱画等不文明现象5000多处。协调远洋海世纪公司，解决文耀里市场污水外溢问题。拆除和整治文昌里社区私搭棚亭10处、烧烤摊位4处，解决小区活动室存放私人物品、部分路灯不亮等问题。推进老旧小区改造，针对美岭社区每逢雨季污水倒灌、小区多处积水等问题，向区政府协调改造增项。解决文精里小区物业服务、文昌里小区物业移交、阳光海岸小区物业争端等问题。组建40人的抗洪防汛应急分队，处置润州里小区大量进水、前道西河堤坝坍塌等险情3处，疏散转移群众200多人。帮助群众修缮漏水房屋60多处，慰问受灾群众300多人次。

【社会事业】 完成新增449户低保家庭信息补录，妥善解决低保扩面所引起的文昌里社区居民“一窝蜂”申报低保问题。低保户大病医疗救助34人，为21人发放救助金5.21万元。加强森林逸城第一社区试点工作，推进防灾减灾工作，森林逸城第一社区被授予全国减灾示范社区。登记退休人员5019人，办理异地养老资格认定356人。完成2800多名柳江煤矿下岗职工涉及1000万元的社保补贴发放。新增就业岗位760个，新增就业652人，为26人办理小额贷款197万元，组织插花、创业等技能培训3次。申请房屋维修资金20多万元，完成文昌里社区31栋漏雨居民楼的维修。协同妇幼保健院为辖区380名育龄妇女进行免费生殖健康检查。举办生殖保健、婴幼儿呵护、儿童智力开发等知识培训班4期，培训育龄妇女176人次。打造森林逸城第一社区市级早教示范基地，开展早教活动60多次。与驻街高校携手开展青春健康教育活动，在各高校建立“青春健康俱乐部”，发展会员50人。将楼宇资源划分为文化科技、体育产业、旅游度假、服装加工等4个区域，建立闲置楼宇与入驻企业的楼宇经济数据库，发布楼宇资源信息86条，对17家楼宇业主进行走访交流。通过采取召开民营企业家联谊会、邮寄宣传册、帮助企业融资等方式，加强与辖区企业的联系。依托COD自动监控设施建设工程、环境预警监测能力、氨氮自动监控设施、入海河口水质自动站等项目．引入内资4270万元，完成固定资产投资1.1亿元。开展校企、银企、政企、企企对接活动，帮助企业解决招工难、贷款难、办事难、融资难、合作难等实际问题26个。

【精神文明建设】 依托街道特有的片区高校联合党委，全面启动校街共建促发展、志愿服务进社区活动，试点运行逸城党旗红志愿者服务站，精心设计爱心助成长助学、青春辉映夕阳红助老、请让我来帮助你助残等十大特色载体，引导燕山大学理学院与环化学院在森林逸城第一社区和美岭社区建立大学生社会实践基地，开展文艺汇演、爱心家教、探望空巢老人等活动32次。开展区域共建走在前、互动奉献促和谐、共谏言同发展等活动，引导城乡党员志愿者为村居提供法律援助、文艺娱乐、技术信息等服务1100多人次。组织城乡党员干部定期开展座谈交流，相互学习村居工作经验，推动村居工作水平全面提升。开展续写雷锋日记、十星级文明家庭评比、文明楼栋创建等活动。开展创建公共文化服务体系工作，深入推进文化活动站（室）建设，新添置图书3000多册，购置文体活动器材62套。通过舞蹈队、诗社、票友会等，丰富群众文化生活。开展文明和谐社区创建活动，组织全民阅读和彩色周末专场演出，满足居民精神文化需求。

【社会治安综合治理】 出动178人次对110家企业进行监管，督促整改安全隐患56处。开展宣传活动6次，发放宣传材料800多份，检查小饭店、小杂货店60多个，确保食品安全。对矛盾隐患进行常态化拉网摸排，对35件信访隐患实行承办责任制，明确专人稳控、专人督办。实施“八三”工作法（注），按照抓前、找早、抓小的思路，拓宽联系群众渠道，变接访为下访，妥善化解矛盾隐患19起。有矫正人员12人，年内接收矫正对象5人，到期顺利解教2人，矫正对象无一重新犯罪。做好稳控与防范。在敏感时期实施日排查、周调度、紧急情况随时报告制度，做好重点人员稳控与防范工作。在女拳世锦赛期间，抽调机关干部组建3个巡查工作组，协同社区巡防队伍，清理非法宣传品320条，劝解和处置不文明行为56件。

注：“八三”工作法：河北省委副书记赵勇在全省信访工作会议讲话中要求，要针对导致信访量长期居高不下的八方面问题，深入实施“八三”工作法，构建信访工作新格局。

一是针对部分干部执政行为不规范、损害群众和公众利益的问题，强化科学执政、民主执政、依法执政“三个执政”。要开展执政行为专项治理，建立健全决策风险评估机制和执政行为纠偏问责机制。

二是针对部分干部脱离群众、不会做不愿做

群众工作的问题，下大力做好体察民意、改善民生、凝聚民心“三项工作”。要开展万名干部下基层活动，建立直接联系群众制度，实施一批民生工程。

三是针对信访问题越来越复杂、解决难度越来越大的情况，坚持领导干部公开接访、重点约访、带案下访“三访结合”。要立足于解决问题，实行首接责任制，通过接访、约访、下访等形式，查找工作中的不足，通过解决信访个案，及时总结带有规律性的问题，从政策和制度层面减少信访问题。

四是针对信访总量较大、部分信访案件久拖不决的问题，坚持清积案、消重案、化新案“三管齐下”。要集中开展清理积案重案专项行动，对疑难信访案件开展攻坚，认真落实首问首办责任制。

五是针对不重视来信、来电导致来访增多的问题，实行信、电、访受理“三位一体”。各级领导要坚持阅批群众来信制度，要设置专门力量处理来信、来电和网上信访，依托电子信箱、热线电话、网上信访等平台拓宽和畅通信访渠道。

六是针对解决信访问题合力不足、机制不完善的问题，建立健全接访中心、信息网络、政策支撑“三大平台”。各地要将各部门信访力量整合到联合接访中心，做到“一条龙接待、一站式受理、一揽子解决”，省、市、县全部开通信访信息网络，要建立政策支撑平台，针对信访突出问题研究制订政策。

七是针对妨碍信访秩序的问题，综合运用防范、整治、处置“三种手段”。要加强基层基础工作，依法整治信访秩序，建立健全群体性事件和突发事件处置机制。

八是针对信访工作责任不落实的问题，实行领导班子“一把手”、其他班子成员、包案领导“三项问责”。落实“一把手”“第一责任人”之责、领导班子其他成员“一岗双责”之责、包案领导“五包”之责。

【社区简介】 燕山大学社区　总户数2048户，总人口5838人。有党员86人。有办公用房150平方米，室外活动场地1500平方米，配置部分休闲健身设施，有60多平方米的综合活动室，办公电脑5部、VCD、电视机、电话配套齐全。举办科普夏令营、读书会、围棋培训班、国防知识讲座。为老年人举办保健知识讲座，免费提供保健理疗。为无医保特困人员办理医疗救助卡、优惠卡，为身患重病的居民及时办理低保。实施再就业工程，开展就业帮扶、百日攻坚活动，帮助100多名下岗失业人员实现再就业。26户，共计50名特困人群全部做到应保尽保。开展创“无毒社区”活动，利用宣传栏橱窗、宣传画、社区小广播宣传有关知识；组织宣传队、腰鼓队开展禁毒宣传；在社区醒目处挂置禁毒标牌。

职院社区　总面积6.21万平方米。职院社区由秦皇岛、昌黎2个校区组成，有居民楼21栋，平房125间，总户数842户，总人口2338人。与学院团委联合开展学雷锋活动，为居民免费修理家电、打扫卫生、空巢老人服务等。利用学院职工活动中心资源，为居民提供健身和文体活动场地。有舞蹈队、毽子队、秧歌队、歌唱队。

文昌里社区　总面积0.6平方千米。由职业技术学院、警校、河北纺织、铁三处、东北石油大学等5个辖区单位家属院、海洋花园别墅区和文昌里小区组成。有居民楼62栋，总户数2688户，总人口6535人。有党员605人。成立群众工作室，开展不同主题活动。挖掘辖区商务楼宇、闲置房产资源，为商家提供楼宇信息服务。完成统计局抽查单位（碧海银帆）的经济普查。深化社区服务，为820人办理社保补贴手续。审核发放独生子女费359人、4.31万元。组织志愿者清理乱贴乱画，投放鼠药4箱、宣传疾病防控知识10次。配合街道拆除棚亭10处和清理小商贩6处。开展星级文明家庭、文明市民评选活动。有爱民乐队、交际舞队、红梅腰鼓队等文体队伍，开展群众文体活动。配合国有资产管理部门清理房屋31套，协调处理居民意见20多条。

文体里社区　总面积0.94平方千米。由19个自然小区组成，总户数4330户，总人口8266人。有党员85人。慰问困难党员和建国前党员10多人次，组织党员开展志愿帮扶30多次。成立群众工作室，入户走访240多次，为群众解决困难160件。开通网上廉政文化专栏，开展各类活动13次。

利用社区便民服务网站，反映居民所关注的热点、难点问题。为23户居民办理低保，为7户特困家庭申请医疗救助，为25户无房家庭申请经济适用房和限价房，为22名老年人办理老年优待证，为高龄老人办理老龄补贴3人。开发就业岗位56个，安置失业人员28人。开展育龄妇女健康知识讲座2次，联系大型义诊2次。开展早教活动，发放宣传资料230多份。举办消夏晚会、红色经典影片露天播放、庆七一红歌会、台球挑战赛、象棋比赛。清理卫生死角5次，清理乱贴乱画、非法小广告1000多条。

文耀里社区　总面积8.34万平方米。以耀华职工家属为主体的居民小区，有居民楼40栋，总户数1844户，总人口4058人。调解居民纠纷50起，调解排查率100%。与在校大学生组成80多名社区志愿者队五，清理垃圾死角3处，铲除小广告1000条。为企业下岗失业人员申报社会保险补贴；为居民办理“就业失业登记证”41人；组织社区下岗失业人员参加插花培训班；帮助26名60岁以上老人办理优待证。办理婚育状况证明28人次，申请办理“独生子女父母光荣证”10对，发放独生子女奖励131人。享受城镇最低生活保障58人。为特困残疾家庭申请最低生活保障金。为90岁以上老年人办理申领补贴金。

美岭社区　总面积56.31万平方米。包括美岭小区、东北大学秦皇岛分校家属区和博林小区，有居民楼58栋，总户数2590户，总人口7560人，有党员60人。社区办公用房550平方米，室外健身场地1000平方米，装有室内、外健身器材。成立老年学会，有200平方米的老年活动中心。医疗机构面积200平方米。实施老旧小区改造工程。对老党员逐一走访，挖掘先进事迹。成立社区合唱团，举办象棋、跳棋比赛，举行爱心家教揭牌仪式，讲解健康知识。对现有低保户严格审核，经核查注销2户，调出1户，患重大疾病的低保户申请医疗救助1人，居民登记廉租房和经济适用房28户。为老年人办理老年证7人。申请社保补贴28人，享受补贴金额8万多元。为失业人员办理“就业失业登记证”23人，为“4050”就业困难人员办理认定手续19人。对27户81名居民进行劳动力调查。落实维稳“第一责任”，解决民事纠纷34件，全年无非法访事件发生。

企业联合社区　总面积0.6平方千米。由5个自然小区组成，有高层住宅13栋、多层住宅22栋、两层住宅19栋、平房9栋，总户数3512户，总人口8856人。有党员106人。有办公场所110平方米，室内活动室120平方米。党建工作，把党小组建设成为社区稳定基石小组、社区文体创新小组、群众诉求解析小组、党的政策宣传小组、事件处理先锋小组、社区建设顾问小组。低保工作，注销低保6户，新增低保3户，共有低保户41户。成立新一届残疾人协会，帮助一位残疾人的女儿获得市残联大学生救助资金5000元。慰问空巢老人、孤寡老人，建立空巢老人和困难老人台账，办理老年优待证3个。保障房工作，保障失业金及时、准确发放。组织退休人员参加门球、跳棋、趣味运动会、文艺演出、知识讲座、踏青等文体活动。

北部联合社区　总面积0.28平方千米。辖5个小区，多层住宅36栋、双层住宅21栋、平房58栋，总户数4010户，总人口7875人。一站式服务大厅接待群众咨询6000多次，为群众办实事2468件。组建义务巡防队，解决矛盾纠纷42起。办理老年证18个。为80～90岁高龄老人发放补助金。对优抚对象免费体检2次，发放米、面、油等慰问品。为低保户办理医疗救助11份，报销金额3万多元。享受城镇居民最低生活保障40人。失业人员实现再就业170人；对企业退休人员建立台账；为机关事业单位离退休人员进行资格认证5人；办理“就业失业登记证”40人，就业困难人员认定148人；领取失业金25人；为辖区居民办理社保补贴154人；办理小额贷款3人；对外来务工人员实名制登记102人。为居民办理廉租住房和经济适用房申请手续80户，办理低收入家庭廉租住房补贴197户，办理实物配租22户。

森林逸城第一社区　总面积0.58平方千米。有居民楼183栋，总户数2123户，总人口3435人。一站式服务大厅和群众工作室接待群众2300多人次，提供政策咨询服务1400多次，为群众代办事项465件，协助外地居民迁移户口400多人。成立舞蹈队、太极拳、太极剑等多支文体活动队伍。开设丝网花手工班、合唱班、美术班、太极拳班和国学课堂，居民免费学习。

世纪海洋花园社区　总面积 0.06 平方千米。有高层居民楼 10 栋，商业门市楼 2 栋，建筑面积 19 万平方米，绿化率 55%。总户数 2042 户，总人口 1315 人。加大矛盾纠纷排查处理力度，受理纠纷 14 起，排查率 100%，调成率 100%。通过宣传栏、QQ 群等方式加强群众宣传工作，发便民服务卡 300 多张。群众工作室走访 726 人次，办理和解决群众问题 635 件，解决矛盾纠纷 11 件。办理异地退休认证 50 人，异地就医 9 人。建立社区志愿者服务队 3 支；成立编织队、舞蹈队、健身操队、太极拳队等文体队伍。组织居民恳谈会、楼长见面会；组织中老年人义诊，组织育龄妇女免费体检；举办暖春踏青挖野菜活动；组织“小虎子”母亲节亲子活动；举办“世纪海洋——我的家”为主题的社区首次消夏晚会。

海政里社区　总面积 0.23 平方千米。有居民楼 38 栋，总户数 2025 户，总人口 3678 人。居委会办公面积 837.4 平方米。有一站式服务大厅，党员电教室、群众工作室、综治工作站、文体活动室、图书室、电子阅览室、会议室、日间照料中心，文体活动中心 112 平方米。有文体队伍 2 支。开展法在我身边专题法制讲座、小区广场联欢、敬老联谊会等活动。举办“读书月”、科普知识竞赛等活动。走访辖区 42 家商业门店，开展安全食品检查；为社区 50 岁以上居民免费体检；开展老年健康知识讲座；办理准生证 12 个，独生子女证 3 个；办理社保补贴 13 人；办理低保 2 户。

【领导班子主要负责人】

党工委书记：梅红霞（女）

办事处主任：高洪星

人大工委主任：许　岩

（郑新杰）

西港路街道

【概况】 西港路街道辖先盛里社区、桥东里社区、纤维里社区、红卫里社区、先茂里社区、和安里社区、金龙花苑社区、滨河湾社区、和平花园社区、玉龙湾社区等 10 个社区，总面积 5.5 平方千米。总户数 3.61 万户，总人口 8.67 万人。2012 年，街道把全面推进“五大工程”作为发展经济、服务群众、凝聚人心、促进和谐的重要抓手，在推进重点工程创建上不松劲，在优化环境提升形象上出实招，在解民忧办实事上用真情，开拓创新，狠抓特色亮点工作，较好完成全年工作任务。完成固定资产投资 1.05 亿元，为全年任务的 105%；完成招商引资 3150 万元，为全年任务的 105%。

【社区党建】 开展党员先锋岗、党员示范岗、结对帮扶、党员志愿服务和党员挂牌上岗等活动，增强党员的光荣感、责任感、使命感；全面固化“创先争优”公开承诺、领导点评、群众评议的经验做法，形成务实管用的工作制度措施；选树典型，表彰先进，评选港城先锋、“创先争优”优秀党务工作者，挖掘省级优秀共产党员沈汝波等一批先进人物事迹。做好发展党员工作，全年培养入党积极分子 18 人，新发展党员 11 人，转正党员 33 人。以红卫里社区为示范点，全方位打造全市首家集“党建、文化、综治、生态和服务”五项高品质创建内容为一体的“五彩社区”。在和安里社区组织成立党代表工作室，开展接待党员群众工作。各帮扶单位走访社区 92 次，和社区联手搞活动 65 场，为社区解决实际困难 32 件，慰问贫困家庭 105 户，投入帮扶物资及资金 5 万多元，打造特色亮点工作 2 件。整合辖区 14 支群众性文艺队伍，成立西港路街道艺术团，举办各类文艺演出活动近 80 场。有 500 平方米的综合性文化站，社区均建有文化活动室。组建西港路街道“创先争优”爱心协会，帮助爱心企业与弱势群体实现点对点对接。成立西港路街道七彩志愿者协会，下设红色先进文化传播志愿队、橙色扶老护幼志愿队、黄色法律援助志愿队、绿色环保护绿志愿队、白色医疗服务志愿队、蓝色社会治安志愿队、紫色家政服务志愿队等 7 支志愿者队伍，有志愿者队员 216 人。开办善行讲习 11 次，参与群众达到数千人，中央人民广播电台“走转改”采访团、河北电视台、秦皇岛电视台、秦皇岛电台、《秦皇岛日报》等多家媒体对善行讲习所进行宣传报道。

【社会事业】以稳定低生育水平、提高人口素质为目标，创新宣传和服务载体，将人口生育文化融入社区建设，使基本国策的宣传教育贴近群众、贴近生活、贴近实际，营造良好的人口与计划生育工作社会环境。全年出生589人，出生率11.47‰，死亡率3.9‰，自然增长率7.58‰。开展春季灭鼠防病工作宣传，投放鼠药3800多袋，投药率90%。走访辖区4家用电大户，与其签订节电控制指标责任状，做好节能减排工作。落实低保政策，推动低保救助工作。有低保户827户，其中新增低保69户；办理廉租房136个，残疾证53个；帮扶慰问困难群众560户，发放米、面、油及医药购物券7万多元，为困难居民申请医疗救助32人次，救助金额8万多元，重大疾病救助20人次，救助金额3万多元。筹措帮扶金2万多元、米面油125套，帮扶贫困家庭130户。失业人员劳动技能培训119人，其中取得职业技能资格证书90多人。全年实现失业人员再就业276人，其中就业困难人员实现就业93人，办理就业失业登记证1212个，办理小额贷款54人，失业人员领取求职补贴33人，认定就业困难人员139人，公益性岗位安置6人，落实社保补贴55万多元。新增企业退休人员纳入街道管理342人。

【社会治安综合治理】组织以《中华人民共和国未成年人保护法》及《河北省保护和奖励见义勇为条例》为主要内容的专场宣传活动，展出宣传展牌9块，发放宣传单300多份，解答群众疑问70多人次。排查调处各类矛盾纠纷121件，未发生民转刑案件。接访、约访（下访）案件120件次，接待上访群众2000多人次，解决或基本解决信访案件90多件。建立健全社区矫正工作组织网络。接收社区矫正人员12人，解矫5人，实现一人一档。派驻平安建设工作队，走家串户，调查社情，掌握民意，化解矛盾，帮贫救困，确保辖区稳定。

【社区简介】先盛里社区　由先富里、先盛里、廉庄、丽水家园、水厂平房、新立庄等6个生活小区组成，占地面积0.63平方千米。总户数4235户，总人口1.13万人。被政府授予残疾人之家、特奥活动示范社区，有残疾人78人，开展为残疾人上门照相、残疾人特奥足球、亲子家庭周、爱心编织美好世界、残疾人趣味运动会、特别的中秋月饼等系列活动。成立由35名热心居民组成义务巡逻队，每天进行不少于15小时义务巡逻。

桥东里社区　总面积2平方千米。有居民楼105栋，总户数5900多户，总人口1.69万人。把桥东南里造纸厂小区建设成市级科普示范社区，在社区打造壁挂式科技馆和科普图书馆，给每位老人家中发放服务卡。

纤维里社区　由滨河里和纤维里2个住宅区构成，总面积0.51平方千米。总户数3932户，总人口1.20万人，有低保户170户，下岗失业人员780人。打造服务型社区，开展为老年人服务的“乌鸦反哺”行动、为流动家庭孩子服务的流动花朵之家活动和帮贫济困活动。

红卫里社区　总面积0.97平方千米。总户数3212户，常住人口近万人。围绕强基固本、服务群众、文明和谐的创建理念，秉承高起点、高标准、高质量的创建原则，打造全市首家集党建、文化、综治、生态和服务等五项高品质创建内容为一体的“五彩社区”（即金色—党建示范社区，红色—先进文化社区，蓝色—平安和谐社区，绿色—生态环保社区，橙色—惠民服务社区）。创造性地开展善行讲习所、红色老兵之家、青春雷锋活动站等特色工作。

先茂里社区　总面积0.63平方千米。由先锋里小区、先茂里小区、塑料厂家属院、电机厂家属院、育红里小区、建新里、金港花园和红卫里部分组成，有居民楼136栋、平房162户。总户数4648户，总人口1.50万人。有安全警务站、专职联防队、义务巡逻小组等组织，日常防范工作有记录，利用社区内宣传栏、板报对居民进行防火、防盗、防自然灾害、防恐怖活动等宣传。建立社区捐助接收站，对捐助物品及时进行详细记录，并及时发放给贫困人员。

和安里社区　总面积0.53平方千米。总户数2415户，总人口6040人。成立“党代表工作室”，解决党员、群众反映的热点难点问题。党代表主动协调解决群众反映的管道老化、污水外溢及和安里小区改造后遗留问题等。党员带头成立爱心小分队，数十名队员不仅参加义务劳动、治安巡逻、定期到孤寡老人家中帮助打扫、陪老人聊天解闷，中高考时段还主动维护考场周边环境，事迹在《秦皇岛晚报》刊载。

金龙花苑社区　总面积0.5平方千米。由百姓王庄村改造建成，由金龙花苑、和安里（部分）、友谊新天地等组成，有居民楼56栋，总户数2968户，总人口6990人。以“一联六促”活动为主线，坚持以文明和谐社区标准严格规范社区各项活动，带动社区各项工作全面发展。

滨河湾社区　总面积0.47平方千米。辖滨河湾小区和鑫苑小区2个住宅区，有居民楼32栋。总户数2200户，总人口4682人。辖区内有区畜牧局、中国人寿保险公司、市公安局等单位。依托社区自然环境，与物业形成合力，打造绿色社区，开展系列环保活动，提升社区居民的环保理念，从调整日常习惯、低碳生活到选购绿色商品、绿色消费；赢得市级绿色社区、市级食品安全示范社区等称号。

和平花园社区　总面积0.12平方千米。有居民楼31栋，总户数2397户，总人口4068人。本着以人为本，服务居民的思想，提升社区建设水平。

玉龙湾社区　总面积6666.67平方米。2012年新建小区，有高层楼房9栋，总户数3500户，总人口6400人。坚持以人为本、服务居民的思想，提升社区建设水平，增强服务群众能力。开展“社区厨房”服务工程。与区早餐工程及民政部门的日间照料工作结合，服务社区居民。

【领导班子主要负责人】

党工委书记：张华津

办事处主任：晁迎锋

人大工委主任：郭智慧（女）

（李宪刚）

港城大街街道

【概况】 港城大街街道辖燕西里社区、建兴里社区、新风里社区、服务里社区、迎秋里社区、新闻里社区、交建里社区、工农里社区等8个社区，总面积2.99平方千米。总户数2.53万户，总人口6.61万人。2012年，以“创幸福街居、建希望港城”为奋斗目标，突出保增长、保民生、保稳定等重点工作，凝聚辖区各方力量，以健全保障为前提，以服务居民为核心，以壮大实力为手段，深入推进“五大工程”。全年完成固定资产投资1.41亿元，超额完成全年任务41%；完成招商引资4306万元，超额完成全年任务44%。

【社区党建】 以创建学习型党组织活动为契机，提出“周读一文、月读一书、季撰一稿、年增一智”的口号。成立44人的街道“乐读团”和168人的社区“读书团”，坚持每天10分钟的氧阅读、向困难群体免费赠书、为老人上门读书等长效活动机制，引领辖区全民阅读。成立港城大街雷锋爱心志愿联盟。牵手市妇幼保健医院、辖区律师事务所等辖区单位开展“爱在身边”活动。与10家单位建立困难户结对帮扶机制；开展志愿服务80多次。百人威风锣鼓队、蓝色海洋合唱团、京剧票友班、奇迹舞团等26支文体宣传队活跃街道党员、居民的文化生活。街道首届“你好节暨‘社’彩缤纷系列活动”正式启动，建立文化系列活动长效机制。年内，在中央广播电台、新华社等国家级媒体采用信息4篇、《河北日报》等省级媒体登载信息13篇、秦皇岛电视台、《秦皇岛日报》等市级媒体播报刊登信息197篇。

【社区建设】 对新建新闻里社区办公用房进行装修改造，建成200平方米的一站式党员服务中心和一站式便民服务平台。新采购图书柜5个、争取文体广新局书柜1个、价值2.7万元的图书2103册、价值8992元的民乐器材57件，满足辖区居民群众文化需求。建兴里社区、新闻里社区、服务里社区、迎秋里社区等4个社区达到两室建设标准。建兴里社区、服务里社区等2个社区被评为文明和谐社区创建工作先进社区。两大经济服务实体——港大物业公司和爱城全景式孕婴童服务中心稳步发展，两大实体累计培训下岗无业人员500多人次，吸纳下岗职工100多人。完善公共文化服务体系建设，采取街居办公用房改扩建和一室多用的方法，创建200平方米的街道综合文化站1个，通过共驻共建的形式，与辖区建设路小学、海军干休所、八三管道输油公司等22家机关事业单位达成文化共享协议，共享室内文化活动室3500多平方米。协调港城大街街道卫生服务中心成立100平方米的街道养生馆。与辖区青鸟阳光健身俱乐部达成“阳光健身”惠民意向，免费教授居民广场舞和健身操。

【社会事业】 启动爱心早餐工程,选定“早餐工程”示范店“古城包子”作为弱势群体就餐地点。为困难群众办理每次3元的就餐卡1600张。迎秋里社区200平方米老年日间照料站装修完毕，配齐整体厨房、休息间、电视、棋牌等设施。对八三东里社区、新闻里社区、工农里社区、建树里社区等4个老旧小区进行墙体粉刷和道路硬化，对低保家庭做到动态管理，新增低保户196户、411人；共有低保户611户、1247人，每月发放低保金额30.91万元。申报日常医疗救助20人；发放老龄补贴9600元；为18名残疾人发放机动车燃油补贴4680元；上报居民保障房申报资料351户，限价房45户，发放上半年廉租住房保障资金存折483个。举办各类技能培训600多人次。城镇新增就业905人，失业人员再就业301人，办理“就业失业登记证”900本，申请“小额担保贷款”63份，办理灵活就业困难人员社会保险补贴802份、268万多元。为辖区群众建立健康档案，港城大街街道卫生服务中心建立个人健康档案2.16万人，建档率70%。为700多名老年人建立的预防跌倒档案。符合政策生育率97.81%。开展环保活动45次，集中整治30多次，清理建筑垃圾60立方米，白色垃圾、枯枝树叶200多袋。与8个社区签订2012年安全生产目标责任状、消防责任状；组织街居安监人员、志愿者、企业职工100多人参加消防安全演练。组织安全生产法律法规万人答题活动;发放宣传资料2000多份,排查企业800多家。发现隐患35家，整改35家，整改率100%。开展食品安全大巡作，排查企业80多家，未发现重大安全隐患。

【社会治安综合治理】 坚持以“八三”工作法为统领，开展干部驻居、认亲访友、清查处突等专项活动。发动辖区群防群治组织，对矛盾隐患进行不定期排查、梳理、分类；对重点、难点问题实行领导包案，确保问题得到妥善解决或答复，最大限度减少不稳定因素。班子成员分组每天轮班到社区办公，变在机关等访为到基层约访，面对面听取群众意见。开通微博、设立24小时热线电话，全天候接收居民反映的各类信息，及时办理。全年各类民调组织调处矛盾纠纷117起，调解率和成功率100%。清理非法宣传品500多份，社区矫正26人，全部实行跟踪管理，未发生重新犯罪。邀请法律顾问、社区片警设立法律咨询台，发挥与长城法庭、天运法律服务所结对子的优势，对弱势群体实施法律援助。在节假日向企业主和群众发放警示传单3000多份。组织街道、社区干部、企业法人、外来民工等对象参加的法律培训班1期，受教育100人。

【社区简介】 燕西里社区　由燕西里、八一里和八三西里等3个自然小区组成，总面积0.4平方千米。有居民楼81栋，总户数3060户，总人口8998人，有党员218人。辖区有市民政局、区国税局、海港镇政府、长城酒店等企事业单位27家，个体经营单位200多家。享受最低生活保障71户，其中残疾人有15户。协助9人办理小额担保贷款。为48人办理失业金领取手续。全年新增就业55人，实现再就业37人。

建兴里社区　占地面积0.2平方千米。有居民楼37栋，总人口4230人，兼管12栋624户西盐务村村民计生工作。社区实施网格化分区域服务及管理模式，建立工作交流QQ群，大学生就业群，社区博客，开通服务热线。联系家政服务、房屋中介、洗衣中介、劳动力中介等各类中介机构和服务网点101家，建立10分钟便民生活服务圈。社区成立“低碳爱心屋”,开展环保进万家、“倡导环保新生活，共建环保模范城”、老少剪纸喜迎十八大、情暖金秋爱在重阳等活动。

新风里社区　占地面积0.31平方千米。有居民楼88栋，总户数2627户，总人口5540人。辖区有自来水总公司、区地税局、海军干休所、军分区干休所、第八中学、海军秦皇岛医院、燕山啤酒厂、有线电视收费中心等企事业单位。社区建立三大工作站（即党群管理服务工作站、一站式便民服务工作站、综合维稳工作站），依托社区管理体系和信息平台对居民实施网格化管理。春节前夕，协调价值6000多元的米、面、油慰问困难群众。全年排查矛盾纠纷16起，化解16起。与辖区132家生产经营单位签订安全生产承诺书。组织育龄妇女免费体检80多人次。开展“我为党旗增光彩”活动，组织党员骨干开展志愿巡逻、义务劳动和爱心服务等志愿服务工作。

服务里社区　总面积0.68平方米。有居民楼110栋，总户数5207户，总人口1.58万人。辖区有市国税局、区财政局、区审计局、区粮食局、区安监局等企事业单位，个体工商户1500多家。社区150平方米的“一站式”服务大厅为居民提供各类业务咨询、指导和帮扶等服务。40平方米的图书室藏书3500多册。为全体居民发放爱心服务卡，街居公共服务中心、辖区服务单位、律师事务所、心理咨询师协会、医疗服务机构定期开展便民服务。定期对街、居各项工作进行民主评议。开设社区QQ群，定期公布活动动态及答复居民各项政策咨询。有舞蹈队、合唱队等文体队伍，开展书写新希望、祝福颂祖国寄语祖国活动，喜迎十八大、永远跟党走签名活动，心随舞动、想跳就跳快乐健身活动。组建50多人的社区志愿者巡逻队，开展以预警防范进社区、抵制毒品、参与禁毒、志愿巡防、亮我家园等主题活动。

迎秋里社区　总面积0.5平方米。由迎秋里、迎秋南里、香格里等3个自然小区组成，有居民楼55栋。总户数2473户，总人口6909人。利用党员QQ群，为平时上班或在外打工的青年党员介绍支部日常工作、活动情况。利用互联社区网、通知栏、板报等向居民宣传党的各项新政策。春节前，为36户低保家庭发放米、面、油等生活必需品。有持证残疾人26人，其中纳入低保7人。社区新增就业88人、下岗职工实现再就业37人、“4050”人员再就业15人、职业技能免费培训20人次。10月，迎秋里社区被抽中为国家级人口普查单位，普查涉及82户住户。有各类学雷锋志愿服务队4个，有百姓京剧团、合唱队等2支文艺队伍。举办清洁家园迎七一、“小虎子”唱红歌迎中共十八大等文化活动。

新闻里社区　总面积0.52平方千米。有居民楼89栋，总户数4256户，总人口1.28万人。辖区单位有市食品药品监督管理局、市文广新局、市发改委、启航幼儿园、市图书发行大厦。社区设有居民活动室、阅览室、棋牌室，组建巾帼志愿舞蹈队、威风锣鼓队、“起飞”拉丁舞组合、腰鼓队等4支文艺团队。辖区194个单位全部建立工会组织，会员1269人，实现辖区企业建会率100%,职工入会率100%。沿街工会联合会117家，新闻路餐饮服务业联合基层工会32家，阳光大厦楼宇联合基层工会26家。全市示范社区组织建设工作现场推进会在港城大街街道召开，50多名工会主席及工作人员参加会议，对街道工会各项活动开展情况进行现场观摩。

交建里社区　总面积0.22平方千米。辖交建里、八三东里2个自然小区，有居民楼69栋，总户数2464户，总人口5800人。辖区单位有市物价局、市中级人民法院、区规划局、交建里小学、中石化大厦、民生银行。全年组织义务劳动12次、协调解决设施损坏、跑冒滴漏等问题33件、清运垃圾10处、清理小广告500多条。对环境脏乱差的八三东里5～8栋实施老旧小区改造。结合“基层建设年”活动，开展“关爱党员、我为社区发展献一计”等活动，征集党员群众意见建议20条。争取帮扶物资4000元，慰问困难家庭贫30多户。全年成功调解各种纠纷15起。举办文化宣传、美化环境等各类活动20次。

工农里社区　总面积0.37平方千米。有居民楼68栋，总户数3508户，总人口1.08万人。有党员147人。辖区单位有区人社局、市审计局、中国移动秦皇岛分公司、教师进修学校及附属小学。社区设有人民调解、治安保卫、公共卫生、计划生育等各类下属的委员会。为活跃社区文化，社区建立居民活动室、阅览室、棋牌室，结合重大节日、庆典，开展文艺汇演、体育竞技、朗诵演讲、知识抢答、书画展览、老年健身表演等特色文化活动。社区将辖区企业分行业、分区域、分特色建立独立工会、沿街工会、楼宇工会，实现辖区企业建会率100%，职工入会率100%。建立工会会员和困难职工电子档案，组织开展劳动知识竞赛、特困职工家庭送温暖等各类文化体育活动。

【领导班子主要负责人】

党工委书记：兰　鹏（4月免）

卢利辉（4月任）

办事处主任：王晓冬（女）

人大工委主任：白亚荣（女）

（王永冬）

东环路街道

【概况】 东环路街道辖东环里社区、东环北里社区、临河里社区、东华里社区、燕海里社区、红光北里社区、热电里社区、3544社区、世极城堡社区、东方明珠城第一社区等10个社区，总面积3.27平方千米。总户数2.81万户，总人口6.91万人。辖区单位有驻区部队、院校、机关、热电厂、中首板材等大型企事业单位32家。2012年，东环路街道以紧扣“一条主线”（即以强基础、促民生、保稳定、求发展为主线）、筑牢“一个中心”（即党群服务中心）、搞好“三个工程”（即区域化党建工程、“一帮一”结对联建工程、干部素质提升工程）、实现“四个提升”(党组织的凝聚力、战斗力有明显提升；党员整体素质和表率作用有明显提升；街道团队精神、整体形象有明显提升；街居干部管理服务水平有明显提升)为工作思路和目标，开展“创先争优”、加强“基层建设年”等活动，抓重点、攻难点、塑亮点，促进和谐东环全面发展。全年实现固定资产投资1亿元，完成全年目标任务100.38％；实现招商引资4280万元，完成全年目标任务140.3%；人才引进20人。

【社区党建】 建立完善党支部书记每月上站、党支部协商议事、党员“四必访”等制度。构建街道党工委—社区党支部—楼院党小组和党员中心户三级组织网络。以东环里社区为试点，探索“社区大党委”运行模式，构建社区党建新格局。创新党员动态管理模式，设计党员动态管理平面图，增强党员教育管理的针对性、实效性。开展认领公益岗、志愿服务、党员承诺等活动，发挥党员在社区建设中的先锋模范作用。开展社区支部“一帮一”结对联建工程，以结对社区为单位，开展“兴我街居，聚我合力，爱我家园”庆祝《中华人民共和国国防教育法》颁布11周年对抗赛活动。以党员中心户为单位，开展“一图十岗一卡”（“一图”即党员中心户动态管理平面图，党支部精心挑选10户党性观念强、热爱党务工作、有群众基础的的党员任党员中心户户长，每户负责联系10 ~ 15名党员；“十岗”即以党员中心户为单位认领医疗保健岗、扶贫助困岗、文化传播岗、民事调解岗、退休人员服务岗、治安巡逻岗、政策宣传岗、帮助就业岗、保洁护绿岗、家教咨询岗等10个公益岗位；“一卡”即党员积分卡，党支部根据党员参加社区学习、活动等情况，给予相应的分数，调动党员参与社区建设的积极主动性）创争活动。全面推行星级管理、千分考核机制，开展“一面旗十颗星”（即支部创树一面先锋旗，党员争当十颗优秀星）、微笑服务星评比等活动。通过制作宣传图册、排演情景剧、拍摄宣传片等方式宣传推广东环里社区党支部的先进做法。辑印《书香社区》一书1000多本，作为教材在9个社区宣讲，组织带动基层党支部、街居干部、居民群众真学实干，掀起创争热潮，扩大街道创建学习型党组织建设成果。片区联合党委通过开展军民迎新春联欢会、“两会”宣讲团进部队、学校安全教育讲座、“12333”全国统一咨询日宣传、“传承雷锋精神，心手相牵他人”慰问福利院、消防演练等活动，加强与辖区共建单位联系与沟通，实现9个社区共建单位资源共享，发挥辖区党支部和共建单位的作用。通过设计“一岗三卡”(即党员亲情服务岗、亲情反馈卡、亲情访询卡、亲情联系卡)；开通街道博客、书记主任邮箱；开通“东环亲情智囊团”等渠道，征询居民意见建议，征集意见建议140条，梳理问题26件，办结18件。成立特色党群服务站和党群服务室，形成1+7+X特色党群服务网络，增强基层党组织和党员服务群众、服务社会的能力和水平，通过党群服务网络，各社区全力配合联居驻居干部，查找并解决的暖气改造、小区绿化、改善社区用房等问题。

【社区建设】 协调上级投资资金600万元，重建东环里社区办公用房，面积1780多平方米，打造成全市高标准的社区居民服务中心；投入资金10万元，在燕海里社区2层办公用房上加盖1层活动用房，面积为100平方米；完成街道政务服务中心及社区便民服务建设。在东华北里小区建成570平方米社区服务中心，协调区法院为临河里社区争取办公用房200平方米。组织东环南里1栋小区与燕旭里小区成立业委会，为社区申请健身器材3套。协调诚品696小区、法院小区、中房星苑等3个社区办公用房。成立东方明珠城第一社区。为5个社区配备电脑、器乐、书籍等文化设备。组建东环诗社、东环艺术团、喜洋洋舞蹈队、夕阳红自行车队等文体队伍23支，举办社区春晚、东环赋诗赞颂女拳盛会、趣味运动会、喜迎十八大文艺汇演、教师节晚会等文体活动50多次。打造东环里等3个社区学雷锋志愿服务站，成功迎接国家创建文明城市检查小组督查。街道作为秦皇岛市创建国家公共文化体系示范点迎接国家文化督导组检查。

【社会事业】 为844人办理"就业失业登记证"，为32名下岗职工组织技能培训，认定就业困难人员124人，实现新增就业490人，失业人员再就业228人，向53名失业再就业人员发放小额担保贷款471万元。完善救助体系，提高社会化救助水平。新增低保256户，注销45户，调整118户，办理分类施保162户，低保575户。为75户困难低保户申报医疗救助金12万元，为35名身患大病人员申请补助金12万元。为14名优抚人员发放米面油、棉被、电水壶、毛毯等近万元物品。为239名老年人（55～80岁）办理免费意外伤害险，为116名老人办理老年优待证，为43名老年人发放高龄老人生活补贴1.12万元。完成申购杨道庄村、东李庄村经济适用房的申请工作。年内，新增申请保障住房178户，完成廉租住房500多户的年审工作。成立残疾人"阳光之家"，为29人办理残疾人证，为21人发放残疾人机动三轮车燃油补贴5460元，为25人佩戴助听器、助视器，申请盲杖4支，轮椅4辆。出生人口符合政策率97.5%；无业居民独生子女父母奖金落实率100%，计生家庭奖励扶助、特别扶助政策落实及时率100%，长效措施落实率86.47%，群众满意度100%。开展义务劳动6次，清理小区内的死角、死面21处、无主建筑垃圾4吨、捡拾白色垃圾13公斤、清除非法小广告近1400多条。组织机关干部为6444小区院内植树500多株，为东环里社区补种花木300多株。

【社会治安综合治理】 成立群众工作站1个、群众工作室11个，建立政策宣传、扶贫助困、信访接待等制度6项，确定每周二为群众工作开放日，设立民情民意恳谈室，及时了解群众需要解决的问题。解决各类问题75件。创新"五位一体"（社区居委会、社区党支部、业主委员会、物业公司、民警为一体）社区管理模式，辖区片警纳入到社区党支部、社区居委会、小区物业公司和业主委员会共同管理小区的模式中，每月召开一次"五位一体"工作协调会，分析小区治安形势，查找矛盾隐患、通报案发情况和预警工作等，协助无物业管理小区成立业主委员会，使小区管理步入正常。成功接待全省十八大安保、学习推广"四个覆盖"经验督导组督导检查。特别是两节、两会、暑期及中共十八大期间，加大矛盾排查力度，多次召开综治维稳工作调度会，开展矛盾纠纷大排查活动，排查矛盾纠纷67起，调处67起，调解成功率100%。结合"六五"普法，抓好普法宣传工作，发放宣传材料1000多份，提供法律咨询30多人次。成立治安志愿者协会和社区治安志愿者巡逻队10支。对22名社区矫正人员和11名安置帮教人员进行心理梳理，矫正人员实现就业22人。

【社区简介】 东环北里社区　总面积0.1平方千米。总户数1668户，总人口4274人。开展健康品牌创建，以"实、精、细"为抓手，使社区各项工作水平得到全面提升。推行党员奉献充值卡制度，对积极参加组织生活、社区活动、提合理化建议等情况按照不同分值予以累计，年底按分值等级统一进行表彰。开展趣味竞走、走向春天运动会、浓情过中秋、喜迎十八大茶话联谊会等活动。

东华里社区　总面积0.25平方千米。总户数3600户，总人口1.04万人。举办老照片里忆青春"三八"主题活动、慰问光明爱心孤儿院儿童、世界无烟日宣传、慰问残疾人母亲、党建知识趣味游园、红领巾拼国旗爱国主义主题活动、"八一"

军民大联欢、消夏广场舞会、“小虎子”等主题活动。完成东华里小街改造、东华北里600平方米社区活动中心及200平方米便民服务中心的建设，为6444小区文化广场安装健身器材1套，设立便民蔬菜直销点，为居民免费体检。

东环里社区　总面积0.1平方千米。总户数4228户，总人口1.03万人。组织全体党员集中学习12次，6个党支部组织党员学习40次，知识讲座4次，上党课8次，收看电教片6次，市民学校授课20多次，党小组和党员中心户活动60多次。建立群众工作室、妇女之家、侨之家、道德讲堂、学雷锋志愿服务站等服务社区居民的创新工作载体。《东环里社区简报》《东环诗页》每月一期，刊载由党员、群众500多首诗歌作品。出版诗页12期，共出版78期。举办各类活动78次，为居民调解纠纷26起，矛盾纠纷调处率100%。清理非法宣传品230份、光盘62张。有低保户59户，办理分类施保13户。大病救助发放1.4万元，医疗救助7391元。12月12日，新建居民服务中心开展服务工作。

临河里社区　总面积0.48平方千米。有住宅楼70栋，总户数3772户，总人口1.24万人。辖区单位有区法院、区信访局、上海市政府驻秦皇岛办事处。以丰富居民业余文化生活为宗旨，开展系列的文体活动。协调阳光百度城的办公用房，解决社区无办公用房问题。

燕海里社区　总面积0.5平方千米。有住宅楼86栋，总户数4155户，总人口1.18万人。迎接省委组织部、省人大、省工会、省文化厅、省科协、省防范办、省残联、福州市科协等参观检查40多次。开展“一中心四站室”（“一中心”是社会管理服务中心。“四站室”是党群管理服务站、综治维稳服务站、文化教育服务站、一站式便民服务站）建设，运用网格管理在社区中推行“1+10+X”三级网格管理模式。抓住科普特色，申请全国科普益民行动计划专项资金20万元，打造70多平方米的科普馆（分为海洋生态馆和天文气象馆）、科普花园、科普流动展牌等项目，扩大宣传科学知识的阵地。

红光北里社区　总面积0.09平方千米。总户数3405户，总人口8928人。经常组织开展健康知识讲座，红光北里居委会特邀市营养协会专家以“与营养相约，与健康同行”为主题，开展饮食与健康专题讲座。举办以“阳光体育伴我行、健康快乐学英语”为主题的活动，增强孩子们学习英语的兴趣，丰富辖区青少年的假期文化生活。联系司法局联居干部为居民讲法制课，义务为社区居民发放法律知识手册、张贴法律知识宣传挂图。

热电里社区　总面积0.3平方千米。总户数1629户，总人口4257人。利用社区橱窗和单元信息栏，宣传节能灯泡、环保常识、消防常识、社会公德等知识，提高居民文明程度；每周末为社区居民播放露天电影；开展共创绿色环保社区等系列活动，营造良好的绿色环保氛围。

三五四四社区　总面积0.06平方千米。总户数1225户，总人口3830人。为30户家庭办理准生证；为14户家庭办理独生子女证，为87户社区居民发放独生子女费1.69万元，为4名残疾人办理机动三轮车燃油补贴；办理低保28户；办理老年优待证92人；办理90岁以上老年人老龄补贴5人；办理廉租房住户租金补贴70户；保障性住房登记17户，办理限价房登记12户；办理低保户家庭水费优惠49户；为社区居民开具各种证明信268件。

世极城堡社区　总面积0.17平方千米。总户数2170户，总人口5610人。举办红色元旦晚会，欢喜迎新春，浓浓敬老情。以“基层建设年”为契机，在世极城堡社区内开展心理健康讲座。拒绝烟草，纯净家园，禁烟督察员社区禁烟倡议行动，进行禁烟宣传活动开展。建军节，为退役老军人慰问演出。开展庆双节、喜迎十八大文艺演出及喜迎十八大、红领巾拼国旗、红心献国庆等活动。

东方明珠城第一社区　总面积0.47平方千米，建筑面积115万平方米。总户数1.25万户，总人口4.12万人。辖区有南李庄村委会、明珠小学、明珠地产等单位。8月6日，社区干部正式上岗；9月25日，正式揭牌成立。

【领导班子主要负责人】

党工委书记：昝　欣

办事处主任：孙志刚

人大工委主任：王　冀

（张　颖）

北环路街道

【概况】 北环路街道辖建新里社区、玉峰里社区、军工里社区、迎秋西里社区、新世纪社区、文博城社区、玉峰南里社区、盛秦福地社区等8个社区，总面积3.17平方千米。总户数3.41万户，总人口7.11万人。2012年，继续以"五大工程"为抓手，围绕"党建做特、富民做实、社会做稳、环境做美、文化做全、队伍做强、服务做新"的奋斗目标，增强街居造血功能，加大招商引资力度，推动经济与社会各项事业持续、快速、协调发展。全年完成固定资产投资1.14亿元，完成全年目标的114.3%；完成招商引资3230万元，完成全年目标的107.7%。

【社区党建】 坚持把组织创新工程作为基层组织建设工作的重要内容，在所辖8个社区建立党员志愿者品牌工作室，团队化开展服务工作。相继涌现出巧手婆工作室、吴永琴艺术指导工作室、红梅早教咨询工作室等特色品牌11个。党员志愿者品牌工作室的创建，扩大社区党组织的凝聚力和影响力，调动党员奉献社区的积极性、主动性，使社区居民能够享受到专业化、人性化、便捷化的志愿服务，为社区发展创造和谐稳定的环境。按照培树典型、学习典型、超越典型的工作思路，挖掘亮点，找准创建方向，为街道所辖的8个社区确立"七园一湾"（即学习家园、康乐家园、阳光家园、爱心家园、和谐家园、环保家园、睦邻家园、红色港湾）的战略目标，围绕社区建设、治安维稳、小区绿化、招商引资等重点工作，全方位、多层次培树典型，确保形成一社一品的良好局面。

【社区建设】 建成社区综合服务站7个，在建和列入建设计划的社区综合服务站2个。8月7日，创办社区干部大讲堂，举办活动9期。探索老旧小区改造后的物业管理模式，16个自然小区成立业主委员会。新闻西里小区作为政府指导、居民自治管理模式的典范迎接市人大、区人大、区内有关单位的检查和承德地区考察团的参观。加强对低保弱势群体的动态管理，有低保户626户，救济人数1186人。新增低保户221户，取消139户，调整112户，享受分类施保66人；救济人数新增446人，减少257人。办理老年人优待证326本，为高龄老人发放补贴3.77万元。城镇新增就业700人，完成全年任务的100.8%；失业人员实现再就业374人，完成全年任务的125%；就业困难人员实现再就业189人，完成全年任务的189%。城镇登记失业率控制在4%以内。办理一胎生育登记卡438个、二胎准生证38个、独生子女父母光荣证310个、流动人口证45个、无职业居民一孩父母领奖励金人数1290人，奖励金额15万元。实施老旧小区改造提升工程，以铁庄新村小区、3524小区、西港里、柳江煤矿家属区老旧小区为改造重点，为小区安装路灯、铁栅栏、路面硬化、拆除临违建筑。清理、粉刷各种非法小广告1.4万条、生活垃圾25车、建筑垃圾8车、各种杂草杂物240多处；拆除私搭乱建14处。7次对辖区204家企业门店进行走访排查，对发现隐患的49个企业门店全部进行整改。建成8个社区文化活动站，设立图书室、健身、广场、娱乐等功能分区，面积200多平方米。组建各类文艺团体34支，各类文艺人才300多人。上报信息280多篇、舆情290多篇、网评150多篇，被宣传媒体刊发稿件160多篇。

【社会治安综合治理】 落实领导负责制，坚持一把手亲自抓、负总责；实行副科级干部包居责任制，每周2次带领分管部门人员到所包社区督导稳定工作，及时研究解决工作中遇到的各种问题，做到分解责任，传递压力，确保条条有压力，块块有责任，上下有信心。制订《北环路街道重点案件领导包案一览表》，街道党政领导对分包的案件亲自接待、亲自督导、亲自协调解决，一包到底，稳控到位，确保不出现越级上访。暑期、中共十八大期间，成立稳控工作组、现场处置组、信息联络组、协调保障组等专门队伍，实行信访工作日调度、信息日报送制度。坚持用情疏导，用心稳控，主动与信访人沟通联系，对信访人的困难给予关心和帮助。排查调解各类民间纠纷168起，调解成功率100%。妥善化解园艺村村民养老保险问题、西港里生活垃圾清运问题等上访隐患。

采取社区干部包片、党员义务巡逻、民调员包楼栋的排查方式，构建纵向承包、横向摸排的立体式维稳工作组织网络。推行治安积分卡，对积极参加巡逻活动的志愿者进行累积积分奖励，将巡防过程中的好做法、好经验，及时予以宣传推广。利用板报、横幅、宣传栏、发放宣传材料等多种形式宣传《中华人民共和国信访工作条例》，在8个社区中开展法律知识进社区活动，通过以案释法、现场咨询等方式，引导广大居民依法维权。悬挂条幅25条，办板报121期，张贴宣传挂图500多张，发放传单5000多份，受教育2000多人次。

【社区简介】 建新里社区　总面积0.6平方千米。辖西城里小区、西港里小区、广电家属院、铁路家属院、广顺厚现代城、盛达鑫苑等6个自然生活小区，有居民楼91栋，总户数6072户，总人口1.18万人。

玉峰里社区　总面积0.5平方千米。辖戴卡小区、中行小区、铁路小区、康怡家园、煤气小区、市政小区、西玻里小区、都市家园、凤凰城、高速家属院等10个自然小区及1个大散居，有居民楼111栋，总户数5723户，总人口1.2万人。

军工里社区　总面积0.6平方千米。辖广顺青年城、机筑处、柳江家属院、军工医院家属院、党校家属院、八三家属院、中化家属院、质检家属院、军工里小区、鲲鹏地产、玉峰里13栋等11个自然小区，有居民楼68栋，总户数2838户，总人口8662人。办公用房面积400平方米。坚持抓好党建示范社区，成立海港区首家留守儿童驿站。

迎秋西里社区　总面积0.4平方千米。辖铁庄新村小区、人航家属院、烟机厂家属院、畜牧局家属院、水务局家属院、龙胜小区、迎秋西里小区、天骄园、航顺港湾等9个自然小区和迎秋西里散居，有居民楼89栋，总户数3699户，总人口8935人。办公用房200平方米。做好低保动态管理及低保边缘户工作，为23户困难家庭申请低保，将8户家庭条件好转的家庭取消低保资格。

新世纪社区　总面积0.2平方千米。辖烟机厂家属院、市委老干部家属院、人民银行家属院、移动公司家属院、新闻西里小区、怡景家园小区、世纪星园小区、文盛里小区、新世纪小区51～55栋等9个自然小区，有居民楼76栋，总户数3206户，总人口7831人。社区办公用房面积150平方米，为一站式服务大厅，设有劳动保障、党员服务、社会事务、城建卫生、计划生育、司法综治等窗口。

文博城社区　总面积0.06平方千米。由文博城、文景家园2个自然小区组成，有居民楼30栋，总户数3610户，总人口6436人。依据自身社区的特点，打造科技应用示范社区。有品牌队伍“文博快乐营”，其中包含歌唱队、民族舞队、广场舞队、交谊舞队、太极队、老年模特队、诗歌朗诵队等文体队伍，组织居民开展文艺活动。

玉峰南里社区　总面积0.4平方千米。辖戴卡、军分区、新丰嘉园、中保公司、郊区联社、安盛地产、人防、职防所、安全局、七五七、玉峰国际公寓、电子管、钢化、航顺一、三期、天源房地产等16个自然小区，有居民楼67栋，总户数2918户，总人口6400人。利用党员活动室、流动党员服务站、党员责任区等活动阵地，开展党员志愿者服务、党员一帮一、为党旗增辉、为社区奉献、帮贫困等活动。

盛秦福地社区　总面积0.4平方千米。辖盛秦福地小区、燕玻里小区、燕山家园小区、一瓷家属院、劳技家属院等5个自然小区，有居民楼50栋，总户数6000多户，总人口9000多人。建有老人服务热线、残疾人维权站、流动人口管理站等志愿者服务网络。以“文化年”建设为契机，探索活动机制，构建文化平台，成立俏婆婆舞蹈队等3支文艺队，开展社区文娱活动，营造浓厚的文化氛围。

【领导班子主要负责人】

党工委书记：张秀英（女，4月免）
　　　　　　齐秋丰（4月任）
办事处主任：齐秋丰（4月免）
　　　　　　高纯红（女，4月任）
人大工委主任：岂福明（3月免）
　　　　　　陈宏艳（女，3月任）

（刘巍巍）

人　物

RENWU

RENWU

先进人物

杨忠权，男，满族，1977年10月出生，河北青龙县人，中共党员，大专学历，海阳镇党委副书记、镇长。

他接受企业“一套表”工作任务后，尽快熟悉企业“一套表”各专业工作流程，坚持学习业务知识，找相关专业人员探讨企业“一套表”工作中存在难点问题，积极参加上级组织的各种形式的企业“一套表”业务培训，参与有关的业务实践。他多次召开镇领导班子及统计专业人员会议，研究工作方法，制订具体工作方案。每项工作实行专人负责制，合理安排，保证企业“一套表”工作高效运转。他对培训形式和内容进行尝试，让专业人员对操作程序和审核公式等重点难点问题进行全方位的认识。他利用现代化的多媒体技术进行具体业务流程展示，把企业“一套表”工作操作过程中需要注意以及可能会出现的问题基本解决。他带领工作人员到各企业进行网上报表操作的再培训，对个别企业网上直报上存在的技术性问题现场进行讲解，对有关业务知识现场演示与指导，使企业统计人员很快掌握网上直报技术。遇到自己解决不了的实际问题请教相关专家，做到不带错误上报，保证基层数据及时准确。高标准、高质量地完成工作任务，受到省市相关领导的好评。2012年，被国家统计局授予企业“一套表”联网直报先进个人称号。

兰清福，男，汉族，1956年4月出生，河北抚宁县人，中共党员，高中学历，海阳镇司法所司法助理员。

1988年，从事基层司法行政工作。他不断探索、制订、完善人民调解工作的七项规章制度和民间纠纷“三结合”排查法，在全市首次率先实行民间纠纷移送卡制度，使海阳镇的人民调解工作居全区前列。在秦皇岛市广播电视台做客直播间，河北省电视台在第二套节目中录制他的调解实况，多次获得市、区有关部门的表彰奖励。2011年，开展争当人民调解能手后，他成功调处和化解各类民间纠纷38件，涉及当事人126人，涉及金额15万元，其中重大疑难纠纷15件，调解率100%，成功率100%。20年，由他调处的民间纠纷从未出现过一起因调处不及时或工作不到位而激化。他虽然已临近退休，可他仍然坚守在基层司法工作前沿，为辖区社会稳定默默奉献。2012年，被国家司法部授予全国人民调解能手。

姜广明，男，汉族，1964年11月24日出生，秦皇岛人，中共党员，大专学历，西港镇司法所所长。

他12年担任镇司法所长职务。期间，他严格要求自己，努力提高政治敏锐性和政治鉴别力，正确处理苦与乐、得与失、个人利益与集体利益、工作与家庭的关系，从工作大局出发，淡泊名利，宠辱不惊，坚持甘于奉献、诚实敬业。较好地履行一个基层司法干警和人民调解员的工作职责。

化解民间矛盾纠纷，筑牢第一道防线。在调解案件中，他为人正派，公平公正，对待群众的矛盾纠纷高度负责，时时刻刻把群众的安危放在心上，努力使每一位当事人满意。“没权没钱跑断腿，不吃不喝磨破嘴”，这就是村民对姜广明所从事调解工作的概述。但他看到调解后的当事人“横眉怒目来，携手并肩走”时，再苦再累也就无怨无悔。他调解纠纷1000多起，其中群体性50多起，接待上访群众1000余人，调解成功率99%以上。没有因调解不及时、方法不得当导致矛盾激化或民转刑事件的发生。他所负责的司法所、综治、民调、信访和稳定等五项工作，连年被市、区评为先进。2008年，西港镇调委会被评为省级先进民调组织；2009年，西港镇荣膺国家级奥运安保先进单位称号。

开展法制宣传教育，提高公民法律素质。针对基层群众法律意识淡薄，造成民间矛盾纠纷频发这一客观事实，他积极深入开展法制宣传教育，普及法律知识，让人民群众知法、学法、懂法、守法，营造广大农民学法、用法、依法的良好氛围。多年来，经他提供法律援助的案件达100多件，现场解答法律咨询300多件。

做好矫正帮教工作，预防重新犯罪发生。指定1–2名帮教责任人与帮教对象面对面接触，从生产、生活、思想动态等多方面进行考察，并做好登记。在日常工作中，做到热心、耐心、细心，积极帮助解决实际困难，让他们深切感受到党和政府的温暖。2012 年，被国家司法部评为全国模范司法所所长。

杜艳文，女，汉族，1973 年出生，吉林人，中共党员，本科学历，区法院长城法庭庭长。

1995 年，东北大学毕业后，在区法院基层法庭从事民事审判工作。2000 年，担任审判员后审理案件 2000 多件，平均调解率在 90% 以上，无一上访、矛盾激化案件，无一错案，连续多年无发还、改判案件。她曾多次被评为调解能手、办案能手，并获市信访工作先进个人、市人民满意的政法干警“十佳”，省人民满意的好法官、“三八”红旗手、“十佳”法官等称号。担任庭长后，她带领全体干警不断摸索，先后建立和完善诉讼指导、回访、保密、摸索心理协助、预约开庭等多项便民制度。运用本庭总结的“调解九法”（即对当事人进行“三三制”的调解，即三种教学方式、三类教学内容、三个调解审理步骤。“三种教学方式”为授课、观看录像片，由现场的当事人自己谈体会。“三类教学内容”为有关法律法规、家庭美德、伦理道德、社会公德等相关知识，对典型案例分析，确定正确的处理方法。“三个调解审理步骤”为集中教育，当事人集中听课、看录像，以法律知识、亲情关系促使他们审慎处理自己的行为，以鲜活的案例震撼他们的内心，使其产生共鸣，个案调解，在集中教育之后，由各案件主审人分别组织调解，重点攻破，对矛盾较大，纠纷突出的案件由几个审判人员相互配合进行调解，必要时深入到单位、街道）“疏通三关”（疏通庭前调解关口，疏通庭审促成关口，疏通庭后消化关口）“审教结合”（审判与教育相结合）“三简便，二即时”（传唤方式简便，开庭准备简便，庭审程序简便；案件审结后即时打印法律文书，即时送达）等办案方法，增强当事人的诉讼能力，提高案件的调解率，做到案结事了，促进社会的稳定与和谐。她多次到当事人家中、医院等为当事人做调解工作，赢得当事人的好评。针对婚姻家庭案件的特点，她不怕麻烦，甘于受累，以特有的细心和耐心，化解纠纷。她用细腻的情感触角，真诚的服务之情，为老百姓妥善解决大量纠纷。她经常到社区、街道与群众进行面对面的交流，取得良好的社会效果。2012 年，被评为全国妇女“创先争优”先进个人。

刘继军，男，汉族，1971 年 7 月出生，河北省昌黎县人，中共党员，研究生学历，海港区人力资源和社会保障局党组书记、局长。

他任局长后，紧紧抓住涉及劳动者切身利益的突出问题，采取有力措施，为群众办实事、解难题，维护劳动者的合法权益。他主持制订并完善《海港区进一步加强就业再就业工作的意见》《海港区关于解决农民工问题实施试行办法》《海港区关于维护劳动者合法权益的实施办法》《海港区维护劳动者的合法权益协调机制》《海港区工资支付监控管理办法》《海港区关于涉及劳动保障方面群体性事件应急预案》等政策措施。协调相关部门，提出具体操作办法，确保各项优惠政策落实到位，为就业工作的顺利开展提供政策保障。他多次带队深入基层，与基层干部、居民座谈，了解群众需求，帮助解决实际困难。在时间紧、任务重的情况下，圆满完成全区农村劳动力就业实名制工作，全区 4.14 万名农村劳动力就业信息全部录入数据库，为开展就业服务工作提供依据。对有创业愿望的人员，帮项目、帮资金、帮技术，激发他们的创业热情，挖掘创业潜能，定期跟踪服务。通过政策扶持、资金支持，扶持一批创业典型，直接带动近千人就业。他提出“要换位思考，带着感情工作，要为群众实实在在做点事”的要求。在他的主持下，公安、工商、财政、总工会等部门协调联动，开展系列清理整顿人力资源市场秩序、整治非法用工打击违法犯罪等专项活动，查处用人单位 500 多个，受理投诉案件 150 起，追回克扣拖欠的农民工工资及押金 285 万多元，切实维护劳动者的合法权益。2012 年，被河北省政府评为就业工作先进个人。

（海　志）

荣誉专版

RONGYUZHUANBAN

RONGYUZHUANBAN

集体荣誉

2012 年海港区获国家部委、省委、省政府表彰的先进集体一览表

表 8-1

获奖单位	荣誉称号	授奖单位
科协	科普日活动优秀组织单位	中国科学技术协会
组织部	组织系统讲党性重品德作表率先进集体	中组部、人社部
第七中学	文明单位	省委、省政府
青少年活动中心	青少年科技创新大赛基层赛事优秀组织单位	中国科学技术协会
青少年活动中心	科普教育基地（2012 ～ 2016 年）	中国科学技术协会

2012 年海港区获省委、省政府委办厅表彰的先进集体一览表

表 8-2

获奖单位	荣誉称号	授奖单位
宣传部	舆情信息直报点	中央宣传部办公厅
宣传部	舆情信息工作先进单位	省委宣传部
政府办	信息工作优胜工作	省政府办公厅
法律援助中心	司法行政系统先进集体	省司法厅、省人力资源和社会保障厅
团区委	志愿服务工作先进单位	省精神文明建设委员会办公室、省志愿服务指导委员会办公室
团区委	优秀志愿服务组织	省精神文明建设委员会办公室、省志愿服务指导委员会办公室
团区委	“红领巾心向党”主题教育活动优秀组织奖	省少工委
团区委	“五四”红旗团支部	团省委
环保局	政务信息工作先进单位	省环保厅
地税局	“五星级”办税服务厅	省地税局
地税局	“十佳”纳税服务窗口	省地税局
民政局	退役士兵自主就业工作先进单位	省民政厅
林业局	国土绿化突出贡献单位	省绿化委员会、省人力资源和社会保障厅、省林业厅
编办	政务和公益域名注册管理工作先进单位	省编办
信访局	暑期工作先进集体	省暑期工作领导小组
检察院	侦查监督专项监督活动和“另案处理”案件专项检查活动先进集体	省检察院
组织部	农村党员干部现代远程教育系统“双创双争”活动示范终端站点	省委组织部
组织部	优秀志愿服务品牌	省委组织部
组织部	“创先争优”活动先进县（市、区）委	省委组织部
公安分局	十八大安保先进集体	省公安厅
公安分局	暑期工作先进集体	省暑办
巡特警大队	冬季巡控专项行动先进集体	省公安厅
公安分局	实战训练年活动先进集体	省公安厅

续表 8-2

获奖单位	荣誉称号	授奖单位
滨海大道警务工作站	先进集体	省公安厅
教育局	教育宣传工作先进集体	省教育厅
先盛里小学	学校安全工作先进集体	省教育厅
燕秀里小学	环境教育先进学校	省环保厅、省教育厅
建设路小学五年级二班	先进班集体	省教育厅
第七中学九年级八班	先进班集体	省教育厅
质监分局	质量技术监督系统优秀单位	省质监局
畜牧局畜牧站	统计监测工作先进单位	省畜牧兽医局
工商局	财务管理先锋旗	省工商行政管理局党组
文化路街道办事处	计生协工作突出贡献单位	省人口和计划生育委员会、省计划生育协会
东环路街道办事处	第六次全国人口普查先进集体	省统计局、省第六次全国人口普查领导小组办公室
北环路街道办事处	第六次全国人口普查先进集体	省统计局、省第六次全国人口普查领导小组办公室
港城大街街道办事处	第六次全国人口普查先进集体	省统计局、省第六次全国人口普查领导小组办公室
防范办	防范和处理邪教工作先进集体	省委防范和处理邪教问题领导小组办公室、省人力资源和社会保障厅

2012 年海港区获市委、市政府表彰的先进集体一览表

表 8-3

获奖单位	荣誉称号	授奖单位
海港区	完成人口和计划生育责任目标优秀奖	市委、市政府
海阳镇	抗洪抢险先进集体	市委、市政府
海港镇	人口和计划生育工作优秀乡镇（街）	市委、市政府
文化路街道办事处	人口和计划生育工作优秀乡镇（街）	市委、市政府
白塔岭街道办事处	抗洪抢险先进集体	市委、市政府
迎宾路小学	“创先争优”先进基层党组织	市委
工业和信息化局	全市民营经济发展先进县区二等奖	市政府

2012 年海港区获市委、市政府各委办局表彰的先进集体一览表

表 8-4

获奖单位	荣誉称号	授奖单位
区委办	县区、市直部门信息工作优胜单位	市委办公厅
政府办	信息工作优胜单位	市政府办公厅
外侨办	外事侨务工作先进单位	市外侨办公厅
政府办值班室	优秀协调联办单位	市长热线管理办公室
宣传部	舆情信息工作先进单位	市委宣传部
宣传部	对外宣传工作先进单位	市委对外宣传局、市政府新闻办公室

续表 8-4

获奖单位	荣誉称号	授奖单位
宣传部	宣传思想调研工作先进单位	市委宣传部
宣传部	“扫黄打非”工作先进集体	市“扫黄打非”领导小组、市文化市场管理工作领导小组
宣传部	优秀组织单位	市全民阅读活动组委会
文明办	乡村学校少年宫建设工作先进单位	市文明办
农业局	蔬菜质量安全技术监管工作先进单位	市蔬菜管理中心
科协	先进县区科协	市科协
科协	科协信息工作先进单位	市科协
司法局	法制宣传教育工作先进集体	法制宣传教育领导小组办公室
司法局	人民调解工作先进单位	市司法局
司法局	法制工作先进单位	市司法局
司法局	队伍职业化建设工作先进单位	市司法局
法律援助中心	先进法律援助中心	市司法局
港城大街街道办事处	第六次全国人口普查先进集体	市统计局、市第六次全国人口普查领导小组办公室
河东街道办事处	舆情信息直报点先进单位	市委宣传部
河东街道办事处	第六次全国人口普查先进集体	市统计局、市第六次全国人口普查领导小组办公室
河东街道东港里社区	第六次全国人口普查先进集体	市统计局、市第六次全国人口普查领导小组办公室
河东街道司法所	先进基层司法所	市司法局
河东街道工人北里工会联合会青年小组	先进职工小家	市总工会
北环路街道办事处	第六次全国人口普查先进集体	市统计局、市第六次全国人口普查领导小组办公室
军工里社区	第六次全国人口普查先进集体	市统计局、市第六次全国人口普查领导小组办公室
玉峰里社区	第六次全国人口普查先进集体	市统计局、市第六次全国人口普查领导小组办公室
北环路街道司法所	先进基层司法所	市司法局
白塔岭街道办事处	巾帼文明岗	市巾帼建功协调领导小组、市“双学双比”竞赛活动协调领导办公室、市妇联
白塔岭街道办事处	“三星级”服务窗口	市机关效能建设领导小组办公室
档案馆	档案工作先进集体	市档案局
人社局	档案工作先进集体	市档案局
人社局窗口	政务服务工作先进窗口	市政务服务中心
团区委	杰出青年志愿服务集体	团市委、市青年志愿者协会
团区委	暑期志愿服务先进集体	团市委、市青年志愿者协会
团区委	信息调研工作先进集体	团市委
为民市场建设经营责任有限公司	先进职工之家	市总工会
环保局	环境信访工作优秀单位	市环保局
环保局	优秀组织奖	市环保局
环保局	环境监察工作优秀等级	市环保局
环保局	巾帼文明岗	市巾帼建功协调领导小组、市“双学双比”竞赛活动协调领导办公室、市妇联
商务局	巾帼文明岗	市巾帼建功协调领导小组、市“双学双比”竞赛活动协调领导办公室、市妇联

续表 8-4

获奖单位	荣誉称号	授奖单位
城建调度中心	先进职工之家	市总工会
城建调度中心	数字化城市管理系统先进集体	市数字化城市管理领导小组办公室
城建调度中心	市容环境先进单位	市城管局
城建调度中心督导科	先进集体	市城管局
西港镇科协	先进基层科协	市科协
西港镇下庄村	第六次全国人口普查先进集体	市统计局、市第六次全国人口普查领导小组办公室
文化路街道办事处	基层信息先进单位	市委办公厅
新一街社区	第六次全国人口普查先进集体	市统计局、市第六次全国人口普查领导小组办公室
园林局	民主评议政风行风活动优秀单位	市城管局
林政监察处	民主评议政风行风活动先进集体	市城管局
秦皇植物园管理处	民主评议政风行风活动先进集体	市城管局
园林局	园林绿化先进单位	市城管局
绿化养护管理三处	先进集体	市城管局
绿化工程处	先进集体	市城管局
新世纪公园管理处	先进集体	市城管局
东环路街道办事处	基层信息先进单位	市委办公厅
东环路街道办事处	先进职工之家	市总工会
东环路街道办事处	妇联干部“一联五”贴心扎根工程先进集体	市妇联
东环路街道办事处	孝亲敬老模范单位	市老龄工作委员会
东环路街道办事处	第六次全国人口普查先进集体	市统计局、市第六次全国人口普查领导小组办公室
燕海里社区	第六次全国人口普查先进集体	市统计局、市第六次全国人口普查领导小组办公室
热电里社区	第六次全国人口普查先进集体	市统计局、市第六次全国人口普查领导小组办公室
东环路街道科协	先进基层科协	市科协
东环路街道燕海里工会联合会港城大街工会小组	先进职工小家	市总工会
交通局	基层信息先进单位	市委办公厅
计生局	基层信息先进单位	市委办公厅
计生局	落实长效避孕节育措施进步奖	市计生委
法院	基层信息先进单位	市委办公厅
法院	档案工作先进集体	市档案局
民政局	行政事业单位会计行业先进集体	市财政局
海阳镇	行政事业单位会计行业先进集体	市财政局
海阳镇	档案工作先进集体	市档案局
海阳镇	第六次全国人口普查先进集体	市统计局、市第六次全国人口普查领导小组办公室
大里营村委会	第六次全国人口普查先进集体	市统计局、市第六次全国人口普查领导小组办公室
建设大街街道办事处	第六次全国人口普查先进集体	市统计局、市第六次全国人口普查领导小组办公室
交运里社区	第六次全国人口普查先进集体	市统计局、市第六次全国人口普查领导小组办公室
团结里社区	第六次全国人口普查先进集体	市统计局、市第六次全国人口普查领导小组办公室
妇联	实施“母亲邮包”项目先进集体	市妇联、市邮政局
城管局	城市管理先进单位	市城管局

续表 8–4

获奖单位	荣誉称号	授奖单位
城管局	民主评议政风行风活动先进单位	市城管局
城管局党支部	民主评议政风行风活动先进集体	市城管局
机运联合党支部	民主评议政风行风活动先进集体	市城管局
燕山大街保洁公司	先进集体	市城管局
文化路中队	先进集体	市城管局
生活垃圾袋装化管理处	先进集体	市城管局
城乡建设局	市政工程先进单位	市城管局
城乡建设局	民主评议政风行风活动先进单位	市城管局
城乡建设局党委	民主评议政风行风活动先进集体	市城管局
站前管理处	“十佳”先进集体	市城乡建设局
站前管理处	先进集体	市城管局
城乡建设局城建科	先进集体	市城管局
市政工程管理处	先进单位	市城管局
市政工程管理处党务办	民主评议政风行风活动先进集体	市城管局
市政工程管理处工程处	先进集体	市城管局
市政工程管理处	先进集体	市城管局
市政工程管理处维修处	先进集体	市城管局
港城大街街道办事处	先进职工之家	市总工会
服务里社区	第六次全国人口普查先进集体	市统计局、市第六次全国人口普查领导小组办公室
交建里社区	第六次全国人口普查先进集体	市统计局、市第六次全国人口普查领导小组办公室
北港镇	第六次全国人口普查先进集体	市统计局、市第六次全国人口普查领导小组办公室
北张庄村	第六次全国人口普查先进集体	市统计局、市第六次全国人口普查领导小组办公室
芽子山村	第六次全国人口普查先进集体	市统计局、市第六次全国人口普查领导小组办公室
姚周寨村	第六次全国人口普查先进集体	市统计局、市第六次全国人口普查领导小组办公室
西港路街道办事处	为民服务“创先争优”群众满意窗口	市委“创先争优”活动领导小组
西港路街道办事处	孝亲敬老模范单位	市老龄工作委员会
西港路街道办事处	第六次全国人口普查先进集体	市统计局、市第六次全国人口普查领导小组办公室
金龙花苑社区	第六次全国人口普查先进集体	市统计局、市第六次全国人口普查领导小组办公室
临港物流园区	第六次全国人口普查先进集体	市统计局、市第六次全国人口普查领导小组办公室
大高庄村	第六次全国人口普查先进集体	市统计局、市第六次全国人口普查领导小组办公室
海港镇	舆情信息直报点先进单位	市委宣传部
海港镇	基层信息先进单位	市委办公厅
海港镇	第六次全国人口普查先进集体	市统计局、市第六次全国人口普查领导小组办公室
东李庄村	第六次全国人口普查先进集体	市统计局、市第六次全国人口普查领导小组办公室
北部工业区	第六次全国人口普查先进集体	市统计局、市第六次全国人口普查领导小组办公室
缪庄村	第六次全国人口普查先进集体	市统计局、市第六次全国人口普查领导小组办公室
林业局	林业综合执法工作先进单位	市林业局
总工会	工会经审工作先进单位	市总工会
总工会	工会信息工作先进单位	市总工会
总工会	工会统计工作先进单位	市总工会
总工会	工会工作先进单位	市总工会

续表 8–4

获奖单位	荣誉称号	授奖单位
总工会女职工委员会	先进女职工集体	市总工会
水务局	水务系统工作先进集体	市水务局
机关工委	先进职工之家	市总工会
燕山大街街道科协	先进基层	市科协
检察院	先进职工之家	市总工会
组织部	“基层建设年”活动优秀驻村工作组	市委组织部
组织部	工作优秀单位	市委组织部
组织部	工作创新奖	市委组织部
组织部	优秀宣传（信息）奖	市委组织部
组织部组织科	组织系统先进集体	市委组织部、市人力资源和社会保障局
现代远程中心	公民科学素质教育示范单位	市全民科学素质工作领导小组
科技局	科技信息宣传工作先进县区	市科技局
海滨路派出所	执法规范化建设先进单位	省公安厅政治部
国内安全保卫大队	国保系统先进集体	省公安厅政治部
东港派出所	先进基层党组织	中共秦皇岛市公安局委员会
东港派出所	第六次全国人口普查先进集体	市统计局、市第六次全国人口普查领导小组办公室
东港派出所	工人先锋号	市直机关工委
西港路派出所	先进基层党组织	中共秦皇岛市公安局委员会
公安分局	打击盗窃电动自行车专项行动优胜单位	市公安局
公安分局	公安工作先进单位	市公安局
滨海大道警务工作站	暑期安保工作集体三等功	市公安局
治安警察大队	第六次全国人口普查先进集体	市统计局、市第六次全国人口普查领导小组办公室
建设大街派出所	第六次全国人口普查先进集体	市统计局、市第六次全国人口普查领导小组办公室
红旗路派出所	集体三等功	市公安局
红旗路派出所	第六次全国人口普查先进集体	市统计局、市第六次全国人口普查领导小组办公室
海阳派出所	第六次全国人口普查先进集体	市统计局、市第六次全国人口普查领导小组办公室
海滨路派出所	第六次全国人口普查先进集体	市统计局、市第六次全国人口普查领导小组办公室
东环路派出所	第六次全国人口普查先进集体	市统计局、市第六次全国人口普查领导小组办公室
北部园区派出所	第六次全国人口普查先进集体	市统计局、市第六次全国人口普查领导小组办公室
巡警防暴大队	公安工作先进集体	市公安局
北港派出所	公安工作先进集体	市公安局
白塔岭派出所	公安工作先进集体	市公安局
白塔岭派出所	文明科（处）室	市公安局
文化路派出所	文明科（处）室	市公安局
行政审批科	文明科（处）室	市公安局
太阳城派出所	文明科（处）室	市公安局
公安分局团委	“五四”红旗团委	市直机关工委
纪委	纪检监察工作“创先争优”经验推广奖	市纪委、市监察局
房产局	先进职工之家	市总工会
法院	先进职工之家	市总工会
法院	优秀庭处室队	市法院
法院长城法庭	优秀庭处室队	市法院

续表 8-4

获奖单位	荣誉称号	授奖单位
法院党总支	先进基层党组织	市法院
交通局	优质服务先进窗口	市政务服务中心
教育局	行政事业单位会计行业先进集体	市财政局
铁新里幼儿园工会	先进职工小学	市总工会
耀华小学	巾帼文明岗	市巾帼建功协调领导小组、市“双学双比”竞赛活动协调领导办公室、市妇联
白塔岭小学	巾帼文明岗	市巾帼建功协调领导小组、市“双学双比”竞赛活动协调领导办公室、市妇联
光明路小学	先进集体	市全民阅读活动组委会
先盛里小学	先进职工之家	市总工会
先盛里小学	素质教育示范小学	市教育局
青云里小学	素质教育示范小学	市教育局
新一路小学六年级三班	先进班集体	市教育局
桥东里小学	学校安全工作先进单位	市教育局
和美实验学校	先进职工之家	市总工会
和美实验学校	语言文字规范化示范学校	市教育局、市语言文字工作委员会
西港路小学五年级三班	先进班集体	市教育局
第七中学	职代会星级企事业	市总工会、市委组织部、市国有资产监督管理委员会、市人力资源和社会保障局、市工业和信息化局、市工商业联合会、市企业家协会、市工商业联合会
第七中学	优秀青少年维权岗	团市委
第七中学九年级八班	先进班集体	市教育局
第十五中学	先进职工之家	市总工会
第十六中学	军训工作先进学校	市教育局
第十七中学	先进职工之家	市总工会
质监分局	质量技术监督工作先进单位	市质监局
财政局	财政管理综合考评先进单位	市财政局
畜牧局	农产品质量安全工作先进单位	市农业局
畜牧局	农业科技推广工作先进单位	市农业局
畜牧局	饲料工作先进单位	市农业局
动物防疫监督站西港分站	畜牧工作先进单位	市农业局
动物防疫监督站北港分站	兽医工作先进单位	市农业局
动物防疫监督站东港分站	动物防疫监督工作先进单位	市农业局
统计局	第六次全国人口普查先进集体	市统计局、市第六次全国人口普查领导小组办公室
工商局	先进职工之家	市总工会
工商局窗口	政务服务工作先进窗口	市政务服务中心
商务局	巾帼文明岗	市巾帼建功协调领导小组、市妇联
商务局	市场运行监测工作先进单位	市商务局
政务服务中心	综合考核优胜单位	市政务服务中心

续表 8-4

获奖单位	荣誉称号	授奖单位
政务服务中心	信息工作先进单位	市政务服务中心
太阳城管委会	先进职工之家	市总工会
太阳城管委会	数字化城市管理系统先进集体	市数字化城市管理是工作领导小组办公室
太阳城管委会市容环境管理大队工会小组	先进职工小家	市总工会

2012 年区委、区政府表彰的先进集体一览表

表 8-5

获奖单位	荣誉称号	授奖单位
农业局	人口和计划生育先进单位	区委、区政府
旅游局	强区工程先进单位	区委、区政府
旅游局	平安工程先进单位	区委、区政府
财政局	强区工程先进单位	区委、区政府
财政局	宣传思想文化工作先进单位	区委、区政府
财政局	“基层建设年”活动优秀驻村工作组	区委、区政府
财政局	区级参评单位民主评议综合管理类优秀单位	区委、区政府
城管局	平安工程先进单位	区委、区政府
城管局	生态工程先进单位	区委、区政府
城管局	民心工程先进单位	区委、区政府
城管局环卫处	基层直评单位（所站股室）综合类优秀单位	区委、区政府
质监分局	区级参评单位民主评议行政执法类先进单位	区委、区政府
教育局	区级参评单位民主评议综合管理类先进单位	区委、区政府
安监局	区级参评单位民主评议行政执法类先进单位	区委、区政府
海港镇	宣传思想文化工作先进单位	区委、区政府
海港镇	固定资产投资和项目建设工作实绩突出单位	区委、区政府
海港镇	对外开放暨招商引资工作先进单位	区委、区政府
东港镇	固定资产投资和项目建设工作实绩先进单位	区委、区政府
东港镇	对外开放暨招商引资工作先进单位	区委、区政府
东港镇	平安工程先进单位	区委、区政府
东港镇党委	基础工程先进单位	区委、区政府
东部循环经济园	强区工程先进单位	区委、区政府
西港镇	固定资产投资和项目建设工作实绩先进单位	区委、区政府
西港镇	对外开放暨招商引资工作先进单位	区委、区政府
西港镇	宣传思想文化工作先进单位	区委、区政府
西港镇	完成 2012 年度人口和计划生育责任目标奖	区委、区政府
西港镇	人口和计划生育依法行政工作成效突出单位	区委、区政府
西港镇	全民健身工作特别贡献奖	区委、区政府
西港镇党委	“创先争优”活动先进基层党组织	区委、区政府
海阳镇	全民健身工作特别贡献奖	区委、区政府
海阳镇	固定资产投资和项目建设工作实绩先进单位	区委、区政府
海阳镇	生态工程先进单位	区委、区政府

续表 8-5

获奖单位	荣誉称号	授奖单位
海阳镇	宣传思想文化工作先进单位	区委、区政府
港城大街街道办事处	全民健身工作优秀组织奖	区委、区政府
燕山大街街道办事处	完成 2012 年度人口和计划生育责任目标奖	区委、区政府
燕山大街街道办事处	人口和计划生育优质服务工作成效突出单位	区委、区政府
燕山大街街道天洋新城社区	人口和计划生育先进单位	区委、区政府
燕山大街街道一社区	人口和计划生育先进单位	区委、区政府
河东街道办事处	人口和计划生育优质服务工作成效突出单位	区委、区政府
文化路街道办事处	全民健身工作优秀组织奖	区委、区政府
文化路街道办事处	人口和计划生育工作典型示范街	区委、区政府
西港路街道办事处	平安工程先进单位	区委、区政府
西港路街道办事处	宣传思想文化工作先进单位	区委、区政府
西港路街道党工委	基础工程先进单位	区委、区政府
港城大街街道办事处	固定资产投资和项目建设工作实绩先进单位	区委、区政府
港城大街街道办事处	宣传思想文化工作先进单位	区委、区政府
东环路街道办事处	全民健身工作优秀组织奖	区委、区政府
东环路街道燕海里社区	人口和计划生育先进单位	区委、区政府
东环路街道东华里社区	人口和计划生育先进单位	区委、区政府
发改局	区级参评单位民主评议综合管理类优秀单位	区委、区政府
城乡建设局	基础工程先进单位	区委、区政府
房产局	区级参评单位民主评议综合管理类先进单位	区委、区政府
环保局监察大队	基层直评单位（所站股室）执法类先进单位	区委、区政府
林业局	区级参评单位民主评议综合管理类先进单位	区委、区政府
工商局	区级参评单位民主评议行政执法类优秀单位	区委、区政府
工商局经检大队	基层直评单位（所站股室）执法类先进单位	区委、区政府
工商局 12315 投诉中心	基层直评单位（所站股室）执法类先进单位	区委、区政府
为民市场建设经营责任有限公司	人口和计划生育综合治理工作先进单位	区委、区政府
为民市场建设经营责任有限公司	平安工程先进单位	区委、区政府
为民市场建设经营责任有限公司	民心工程先进单位	区委、区政府
园林局	生态工程先进单位	区委、区政府
园林局	民心工程先进单位	区委、区政府
园林局	宣传思想文化工作先进单位	区委、区政府
园林局	区级参评单位民主评议综合管理类优秀单位	区委、区政府
交通运输局	区级参评单位民主评议行政执法类优秀单位	区委、区政府
民政局	民心工程先进单位	区委、区政府
综开办	固定资产投资和项目建设工作实绩先进单位	区委、区政府
林业局	生态工程先进单位	区委、区政府
林业局	区级参评单位民主评议综合管理类先进单位	区委、区政府
水务局	区级参评单位民主评议综合管理类先进单位	区委、区政府
水务局	生态工程先进单位	区委、区政府
卫生工委	基础工程先进单位	区委、区政府

续表 8-5

获奖单位	荣誉称号	授奖单位
卫生局	民心工程先进单位	区委、区政府
卫生局	区级参评单位民主评议综合管理类先进单位	区委、区政府
卫监所	基层直评单位（所站股室）执法类先进单位	区委、区政府
海港医院	基层直评单位（所站股室）综合类先进单位	区委、区政府
红十字会	社会团体和行业协会类优秀单位	区委、区政府
地税局	区级参评单位民主评议行政执法类优秀单位	区委、区政府
地税局稽查局	基层直评单位（所站股室）执法类优秀单位	区委、区政府
地税局征收分局	基层直评单位（所站股室）综合类优秀单位	区委、区政府
国税局	宣传思想文化工作先进单位	区委、区政府
国税局	区级参评单位民主评议行政执法类优秀单位	区委、区政府
国税局办税服务厅	基层直评单位（所站股室）综合类先进单位	区委、区政府
海港公安分局	区级参评单位民主评议行政执法类先进单位	区委、区政府
巡警特警大队	基层直评单位（所站股室）执法类优秀单位	区委、区政府
人社局	基础工程先进单位	区委、区政府
人社局	民心工程先进单位	区委、区政府
人社局	区级参评单位民主评议综合管理类优秀单位	区委、区政府
劳动监察大队	基层直评单位（所站股室）执法类优秀单位	区委、区政府
医疗保险基金管理中心	基层直评单位（所站股室）综合类优秀单位	区委、区政府
社会保险事业管理所	基层直评单位（所站股室）综合类优秀单位	区委、区政府
科技局	区级参评单位民主评议综合管理类优秀单位	区委、区政府
科技局	强区工程先进单位	区委、区政府
重点项目办	基层直评单位（所站股室）综合类先进单位	区委、区政府
政府采购中心	基层直评单位（所站股室）综合类先进单位	区委、区政府
招商办	基层直评单位（所站股室）综合类先进单位	区委、区政府
青少年活动中心	教育系统先进集体	区委、区政府
文化里幼儿园	基层直评单位（所站股室）教育类优秀单位	区委、区政府
迎秋里实验学校	基层直评单位（所站股室）教育类优秀单位	区委、区政府
青云里小学	基层直评单位（所站股室）教育类优秀单位	区委、区政府
迎宾路小学	基层直评单位（所站股室）教育类先进单位	区委、区政府
建国路小学	教育系统先进集体	区委、区政府
白塔岭小学	教育系统先进集体	区委、区政府
先盛里小学	教育系统先进集体	区委、区政府
先盛里小学	全民健身工作优秀组织奖	区委、区政府
燕秀里小学	教育系统先进集体	区委、区政府
文耀里小学	教育系统先进集体	区委、区政府
小高庄小学	教育系统先进集体	区委、区政府
第七中学	基层直评单位（所站股室）教育类先进单位	区委、区政府
第七中学	教育系统先进集体	区委、区政府
第八中学	基层直评单位（所站股室）教育类先进单位	区委、区政府
第八中学	全民健身工作优秀组织奖	区委、区政府

续表 8–5

获奖单位	荣誉称号	授奖单位
第九中学	教育系统先进集体	区委、区政府
第十中学	基层直评单位（所站股室）教育类先进单位	区委、区政府
第十中学	教育系统先进集体	区委、区政府
第十四中学	全民健身工作优秀组织奖	区委、区政府
第十五中学	全民健身工作优秀组织奖	区委、区政府
第十六中学	教育系统先进集体	区委、区政府
房产局	民心工程先进单位	区委、区政府
房产局	“创先争优”活动先进基层党组织	区委、区政府
物价局	宣传思想文化工作先进单位	区委、区政府
畜牧局	全民健身工作优秀组织奖	区委、区政府
农业执法大队	食品安全工作先进集体	区政府
旅游局	安全生产目标考核先进单位	区政府
旅游局	安全目标考核先进单位	区政府
财政局	安全生产目标考核优秀单位	区政府
城管局	安全生产目标考核优秀单位	区政府
质监分局	安全生产目标考核优秀单位	区政府
文体广新局	安全生产目标考核优秀单位	区政府
教育局	安全生产目标考核优秀单位	区政府
太阳城管委会	安全生产目标考核优秀单位	区政府
太阳城管委会	食品安全工作先进集体	区政府
太阳城管委会	安全生产监管先进单位	区政府
安监局	安全生产目标考核优秀单位	区政府
海港镇	安全生产目标考核先进单位	区政府
东港镇	安全生产目标考核优秀单位	区政府
西港镇	安全生产目标考核优秀单位	区政府
海阳镇	安全生产目标考核优秀单位	区政府
海阳镇	食品安全工作先进单位	区政府
海阳镇安监站	安全生产监管先进单位	区政府
安培建筑产品有限公司	安全生产管理先进单位	区政府
东方大道家居用品有限公司	安全生产管理先进单位	区政府
海阳镇海阳二村	食品安全工作先进集体	区政府
求仙岛旅游休闲食品有限公司	食品安全示范企业（基地）	区政府
海阳农副产品批发市场	食品安全示范企业（基地）	区政府
北港镇	安全生产目标考核先进单位	区政府
海滨路街道办事处	安全生产目标考核先进单位	区政府
燕山大街街道办事处	安全生产目标考核先进单位	区政府
燕山大街街道办事处	食品安全先进单位	区政府
燕山大街街道天洋新城社区	食品安全工作先进集体	区政府
河东街道办事处	安全生产目标考核先进单位	区政府
河东街道工人北里社区	食品安全工作先进集体	区政府

续表 8-5

获奖单位	荣誉称号	授奖单位
文化路街道办事处	安全生产目标考核优秀单位	区政府
建设大街街道	安全生产目标考核先进单位	区政府
白塔岭街道办事处	安全生产目标考核先进单位	区政府
西港路街道办事处	安全生产目标考核先进单位	区政府
西港路街道办事处	食品安全工作先进单位	区政府
西港路街道金龙花苑社区	食品安全工作先进集体	区政府
西港路街道安监站	安全生产监管先进单位	区政府
港城大街街道办事处	安全生产目标考核先进单位	区政府
港城大街街道办事处	安全生产监管先进单位	区政府
东环路街道办事处	安全生产目标考核先进单位	区政府
北环路街道办事处	安全生产目标考核优秀单位	区政府
北环路街道办事处	食品安全工作先进集体	区政府
北环路街道安监站	安全生产监管先进单位	区政府
北部工业区	安全生产目标考核先进单位	区政府
临港物流园区	安全生产目标考核先进单位	区政府
发改局	安全生产目标考核先进单位	区政府
粮食局	安全生产目标考核先进单位	区政府
工信局	安全生产目标考核先进单位	区政府
城乡建设局	安全生产目标考核先进单位	区政府
城乡建设局	安全生产监管先进单位	区政府
房产局	安全生产目标考核先进单位	区政府
水务局	安全生产目标考核先进单位	区政府
农业局	安全生产目标考核先进单位	区政府
供销社	安全生产目标考核先进单位	区政府
环保局	安全生产目标考核先进单位	区政府
林业局	安全生产目标考核先进单位	区政府
林业局	食品安全工作先进集体	区政府
工商局	安全生产目标考核先进单位	区政府
食安办	安全生产目标考核先进单位	区政府
食品稽查大队	安全生产目标考核先进单位	区政府
为民市场建设经营责任有限公司	食品安全先进单位	区政府
为民市场建设经营责任有限公司	食品安全工作先进集体	区政府
为民市场建设经营责任有限公司	安全生产目标考核先进单位	区政府
商务局	安全生产目标考核先进单位	区政府
国土分局	安全生产目标考核先进单位	区政府
园林局	安全生产目标考核先进单位	区政府
交通运输局	安全生产目标考核先进单位	区政府
民政局	安全生产目标考核先进单位	区政府
林业局	食品安全工作先进单位	区政府
果树站	食品安全工作先进集体	区政府

续表 8-5

获奖单位	荣誉称号	授奖单位
卫生局	安全生产目标考核先进单位	区政府
海港公安分局	安全生产目标考核优秀单位	区政府
教育局	安全生产目标考核先进单位	区政府
燕秀里小学	安全生产管理先进单位	区政府
质监分局	食品安全工作先进单位	区政府
质监分局	食品安全工作先进集体	区政府
求仙岛旅游休闲食品有限公司	食品安全示范企业（基地）	区政府
仙岛酿造有限责任公司	食品安全示范企业（基地）	区政府
永金食品有限公司	食品安全示范企业（基地）	区政府
华昆食品有限公司	食品安全示范企业（基地）	区政府
房产局	安全生产目标考核先进单位	区政府
畜牧局	食品安全工作先进单位	区政府
畜牧局	食品安全工作先进集体	区政府
粮食局	食品安全工作先进单位	区政府
粮食局综合业务科	食品安全工作先进集体	区政府
工商局	食品安全工作先进单位	区政府
工商局食品流通监督管理科	食品安全工作先进集体	区政府
商务局商务综合执法大队	食品安全工作先进集体	区政府

个人荣誉

2012 年海港区获省委、省政府各委办厅表彰的先进个人一览表

表 8-6

姓　名	工作单位	荣誉称号	授奖单位
侯尚辰	农业局	渔港监督工作先进个人	河北渔港监督局
刘　萍	农业局	渔港监督工作先进个人	河北渔港监督局
郭　杰	农业局	农业资源区划工作先进工作者	省农业区划委员会
贺凤敏	农业局	农业技术推广工作先进工作者	省农业技术推广总站
张　宁	河东街道司法所	司法行政系统先进工作者	省司法厅、省人力资源和社会保障厅
李　颖	环保局	政务信息工作先进个人	省环保厅
刘　鑫	地税局	纳税服务标兵	省地税局
祖旭波	海阳镇	暑期工作先进个人	省暑办
侯国先	海阳镇	第六次全国人口普查先进个人	省统计局、省第六次全国人口普查领导小组办公室
段泓宇	编办	政务和公益域名注册管理工作先进工作者	省编办
董云鹏	信访局	二等功	省信访局
姚辉龙	信访局	暑期工作先进个人	省暑期工作领导小组
李柳杨	燕山大街街道	第六次全国人口普查先进个人	省统计局、省第六次全国人口普查领导小组办公室
李熹军	检察院	优秀侦查能手	省检察院
陈瑞锋	检察院	职业素养标兵	省检察院

续表 8-6

姓　名	工作单位	荣誉称号	授奖单位
黄秀红	科技局	科技管理工作先进个人	省科技厅
杨东旭	巡特警大队	冬季巡控专项行动先进个人	省公安厅
陈　曦	海港公安分局	第六次全国人口普查先进个人	省统计局、省第六次全国人口普查领导小组办公室
李　江	海港公安分局	第六次全国人口普查先进个人	省统计局、省第六次全国人口普查领导小组办公室
李　强	海港公安分局	第六次全国人口普查先进个人	省统计局、省第六次全国人口普查领导小组办公室
王　颖	海港公安分局	保密工作先进个人	省公安厅
张英利	海港公安分局	环京护城河十八大安保先进个人	省公安厅
陈　飞	海港公安分局	实战训练年活动先进个人	省公安厅
刘　越	海港公安分局	个人一等功	省公安厅
杨　杰	海港公安分局	个人一等功	省公安厅
孙　彤	海港公安分局	个人二等功	省公安厅
司建滨	海港公安分局	个人二等功	省公安厅
张国庆	海港公安分局	个人二等功	省公安厅
王景海	法院	法院优秀信息员	省高院
肖子平	交通局	“基层建设年”活动帮扶村主街道硬化暨驻村帮扶工作先进个人	省交通厅
张秋妮	先盛里小学	学校安全工作先进个人	省教育厅
崔媛媛	先盛里小学	青少年航空绘画竞赛优秀辅导奖	省体育局、省教育厅、省科协
刘秋玲	燕秀里小学	环境教育工作先进个人	省保护厅、省教育厅
符瑞琴	第七中学	先进德育工作者	省教育厅
宋美艳	新一路小学	五一奖章	省总工会
李东波	畜牧局	质量监测机构先进个人	农业部畜禽产品质量安全监督检验测试中心、省兽药监察所
杨俊光	畜牧局	动物卫生监督工作先进个人	省动物卫生监督所
刘　丽	畜牧局	兽医系统实验室检测技能大比武二等奖	省畜牧兽医局
乔丽萍	畜牧局	统计监测工作先进个人	省畜牧兽医局
黄彦英	统计局	第六次全国人口普查先进个人	省统计局、省第六次全国人口普查领导小组办公室
郭艳霞	统计局	第六次全国人口普查先进个人	省统计局、省第六次全国人口普查领导小组办公室
王学军	工商局	执法办案模范星	省工商行政管理局党组
鲁　龙	计生局	计生协工作突出贡献个人	省计生委
韩震生	宣传部	舆情信息直报点先进个人	省委宣传部
胡　波	宣传部	文化体制改革工作先进个人	省文化体制改革和发展工作领导小组
韩永斌	宣传部	文化体制改革工作先进个人	省文化体制改革和发展工作领导小组
张晓雁	宣传部	文化体制改革工作先进个人	省文化体制改革和发展工作领导小组
刘　勖	东环路街道办事处	首届老年人维权法律知识竞赛优秀奖	省委宣传部、省委老干部局、省民政厅、省文化厅、省广播电影电视局、省老龄工作委员会办公室

续表 8-6

姓　名	工作单位	荣誉称号	授奖单位
曹佳媛	东环路街道办事处	首届老年人维权法律知识竞赛优秀奖	省委宣传部、省委老干部局、省民政厅、省文化厅、省广播电影电视局、省老龄工作委员会办公室
吕　红	东环路街道办事处	第六次全国人口普查先进个人	省统计局、省第六次全国人口普查领导小组办公室
陈宏艳	北环路街道办事处	第六次全国人口普查先进个人	省统计局、省第六次全国人口普查领导小组办公室
周大安	北环路街道办事处	第六次全国人口普查先进个人	省统计局、省第六次全国人口普查领导小组办公室

2012 年海港区获市委、市政府表彰的先进个人一览表

表 8-7

姓　名	工作单位	荣誉称号	授奖单位
张俊亭	城管局	抗洪抢险救灾先进个人	市委、市政府、秦皇岛陆军预备役炮兵旅
张伦玮	信访局	优秀驻村工作队员	市委、市政府
王　乔	宣传部	开展加强“基层建设年”活动先进工作者	市委、市政府
尹宏亮	旅游局	安全生产工作先进个人	市政府

2012 年海港区获市委、市政府各委办局表彰的先进个人一览表

表 8-8

姓　名	工作单位	荣誉称号	授奖单位
张　筠	外侨办	外事工作先进个人	市外侨办
陈柏青	外侨办	外事工作先进个人	市外侨办
杨丽芳	政府办	优秀联办承办标兵	市长热线管理办公室
李　坚	政府办	信息工作先进个人	市政府办
侯炜晶	政府办	信息工作先进个人	市政府办
吴晓璇	规划分局	信息工作先进个人	市政府办
王　乔	宣传部	对外宣传工作先进个人	市委对外宣传局、市政府新闻办公室
唐河滨	宣传部	宣传思想调研工作先进个人	市委宣传部
马治国	宣传部	“扫黄打非”工作先进个人	市“扫黄打非”领导小组、市文化市场管理工作领导小组
李文博	区委办	县区、市直部门优秀信息工作者	市委办公厅
李春生	区委办	县区、市直部门优秀信息工作者	市委办公厅
贺凤敏	农业局	新能源工作先进个人	市农业局
艾会棠	农业局	农业系统先进个人	市农业局
杨秀娟	农业局	农业系统先进个人	市农业局
李　遥	农业局	农业系统先进个人	市农业局
刘　晨	农业局	农业系统先进个人	市农业局
朱丽华	农业局	农业系统先进个人	市农业局
李　观	科协	先进科协工作者	市科协
李　观	科协	首届科普事业贡献奖	市科协、市全民科学素质工作领导小组办公室

续表 8-8

姓　名	工作单位	荣誉称号	授奖单位
牛艳玲	科协	先进科协工作者	市科协
钱丽梅	科协	先进科协工作者	市科协
国爱红	科协	科协信息工作先进个人	市科协
王隽海	司法局	司法行政先进工作者	市司法局
陈海杰	司法局	司法行政先进工作者	市司法局
李艳红	司法局	司法行政先进工作者	市司法局
范春媛	档案馆	档案工作先进个人	市档案局
牛龙娇	档案馆	档案工作先进个人	市档案局
孙振冬	团区委	青年志愿服务先进工作者	团市委、市青年志愿者协会
彭　静	房产局	基层单位优秀信息工作者	市委办公厅
李月涵	民政局	基层单位优秀信息工作者	市委办公厅
李　岩	科技局	基层单位优秀信息工作者	市委办公厅
李　岩	科技局	科技信息宣传工作先进个人	市科技局
郝　悦	环保局	基层单位优秀信息工作者	市委办公厅
王青松	环保局	优秀财务工作积极分子	市总工会
金　丽	环保局	巾帼建功标兵	市巾帼建功协调领导小组、市“双学双比”竞赛活动协调领导办公室、市妇联
王　晶	商务局	巾帼建功标兵	市巾帼建功协调领导小组、市“双学双比”竞赛活动协调领导办公室、市妇联
符瑞琴	第七中学	先进德育工作者	市教育局
陈　洁	第十中学	巾帼建功标兵	市巾帼建功协调领导小组、市双学双比竞赛活动协调领导办公室、市妇联
李　菡	妇联	“三八”红旗手	市妇联
刘　枫	妇联	实施妇女儿童发展规划先进个人	市妇联
李品国	城建管理调度中心	系统标兵	市城管局
武建军	城建管理调度中心	政风行风建设先进工作者	市城管局
刘　娟	城建管理调度中心	政风行风建设先进工作者	市城管局
李　辉	城建管理调度中心	先进工作者	市城管局
杨　雷	城建管理调度中心	先进工作者	市城管局
张　悦	地税局	优秀工会积极分子	市总工会
徐秀杰	法院	行政事业单位会计行业先进个人	市财政局
刘　颖	城管局	行政事业单位会计行业先进个人	市财政局
韩晓婷	城管局	实施“母亲邮包”项目先进个人	市妇联、市邮政局
张卫民	城管局	系统标兵	市城管局
邹金东	城管局	先进工作者	市城管局
张　怡	城管局	先进工作者	市城管局
韩晓婷	城管局	先进工作者	市城管局
吴晓飞	城管局	先进工作者	市城管局
崔　微	城管局	先进工作者	市城管局
佟桂萍	城管局	先进工作者	市城管局

续表 8-8

姓　名	工作单位	荣誉称号	授奖单位
杜　蒙	城管局	先进工作者	市城管局
赵　刚	城管局	先进工作者	市城管局
康海滨	城管局	先进工作者	市城管局
郭升莉	城管局	先进工作者	市城管局
李振宇	城管局	先进工作者	市城管局
张伟超	城管局	先进工作者	市城管局
张海峰	城管局	先进工作者	市城管局
赵清利	城管局	先进工作者	市城管局
郑　铁	城管局	先进工作者	市城管局
雷　宇	城管局	先进工作者	市城管局
张文昭	城管局	先进工作者	市城管局
李满林	城管局	先进工作者	市城管局
宋树彬	城管局	先进工作者	市城管局
王　华	城管局	先进工作者	市城管局
李成凯	城管局	先进工作者	市城管局
张东力	城管局	先进工作者	市城管局
魏　楠	城管局	先进工作者	市城管局
郭德让	城管局	先进工作者	市城管局
董红明	城管局	民主评议政风活动先进个人	市城管局
李剑英	城管局	民主评议政风活动先进个人	市城管局
程东辉	城管局	民主评议政风活动先进个人	市城管局
张东明	城管局	民主评议政风活动先进个人	市城管局
王　伟	城管局	民主评议政风活动先进个人	市城管局
杨　旭	城管局	民主评议政风活动先进个人	市城管局
单丽莉	城管局	民主评议政风活动先进个人	市城管局
马来成	城管局	民主评议政风活动先进个人	市城管局
王春艳	城管局	民主评议政风活动先进个人	市城管局
马海涛	城管局	民主评议政风活动先进个人	市城管局
刘　鸣	城管局	民主评议政风活动先进个人	市城管局
孟立新	城管局	民主评议政风活动先进个人	市城管局
张反帝	城管局	民主评议政风活动先进个人	市城管局
姜海峰	城管局	民主评议政风活动先进个人	市城管局
戴凤民	城管局	民主评议政风活动先进个人	市城管局
董志勇	城管局	民主评议政风活动先进个人	市城管局
马晓海	城管局	民主评议政风活动先进个人	市城管局
杨　凯	城管局	民主评议政风活动先进个人	市城管局
倪　建	城管局	民主评议政风活动先进个人	市城管局
康　杰	城管局	民主评议政风活动先进个人	市城管局
关宝军	城管局	民主评议政风活动先进个人	市城管局
许　梅	城管局	民主评议政风活动先进个人	市城管局

续表 8-8

姓　名	工作单位	荣誉称号	授奖单位
王　安	城管局	民主评议政风活动先进个人	市城管局
龚　斌	城管局	民主评议政风活动先进个人	市城管局
郭　明	城管局	民主评议政风活动先进个人	市城管局
陈　强	城管局	民主评议政风活动先进个人	市城管局
王英杰	城管局	数字化城市管理工作先进个人	市数字化城市管理领导小组办公室
李振宇	城管局	数字化城市管理工作先进个人	市数字化城市管理领导小组办公室
张伟超	城管局	数字化城市管理工作先进个人	市数字化城市管理领导小组办公室
田春蕊	城管局	数字化城市管理工作先进个人	市数字化城市管理领导小组办公室
孙亚凤	卫生局	行政事业单位会计行业先进个人	市财政局
谢　彬	临港物流园区	行政事业单位会计行业先进个人	市财政局
刘保平	市政工程管理处	先进工作者	市城管局
郑　毅	市政工程管理处	先进工作者	市城管局
刘　斌	市政工程管理处	先进工作者	市城管局
陈智勇	市政工程管理处	先进工作者	市城管局
聂占武	市政工程管理处	先进工作者	市城管局
卢志刚	市政工程管理处	先进工作者	市城管局
张　磊	市政工程管理处	先进工作者	市城管局
马建波	市政工程管理处	先进工作者	市城管局
王　辉	市政工程管理处	先进工作者	市城管局
刘政权	市政工程管理处	民主评议政风活动先进个人	市城管局
孙立安	市政工程管理处	民主评议政风活动先进个人	市城管局
徐春晓	市政工程管理处	民主评议政风活动先进个人	市城管局
赵丽丽	市政工程管理处	民主评议政风活动先进个人	市城管局
张秦生	市政工程管理处	民主评议政风活动先进个人	市城管局
张晓君	市政工程管理处	民主评议政风活动先进个人	市城管局
吴艳冰	市政工程管理处	民主评议政风活动先进个人	市城管局
周立峰	市政工程管理处	民主评议政风活动先进个人	市城管局
刘艳霞	市政工程管理处	民主评议政风活动先进个人	市城管局
张贺祥	市政工程管理处	民主评议政风活动先进个人	市城管局
隽　枫	市政工程管理处	民主评议政风活动先进个人	市城管局
张　晶	园林局	系统标兵	市城管局
李秀巧	园林局	先进工作者	市城管局
韩淑耐	园林局	先进工作者	市城管局
沈振祥	园林局	先进工作者	市城管局
马成海	园林局	先进工作者	市城管局
李　斌	园林局	先进工作者	市城管局
赵丽丽	园林局	先进工作者	市城管局
徐宏斌	园林局	先进工作者	市城管局
邓　莹	园林局	先进工作者	市城管局
王宏华	园林局	先进工作者	市城管局

续表 8-8

姓　名	工作单位	荣誉称号	授奖单位
刘　鹏	园林局	先进工作者	市城管局
郭英杰	园林局	先进工作者	市城管局
张连民	园林局	先进工作者	市城管局
崔　勇	园林局	先进工作者	市城管局
祁亚斌	园林局	先进工作者	市城管局
穆慧云	园林局	先进工作者	市城管局
刘晓静	园林局	先进工作者	市城管局
谢渊明	园林局	先进工作者	市城管局
皮晓庆	园林局	先进工作者	市城管局
郑伍刚	园林局	民主评议政风活动先进个人	市城管局
张彦彤	园林局	民主评议政风活动先进个人	市城管局
单黎成	园林局	民主评议政风活动先进个人	市城管局
刘文庆	园林局	民主评议政风活动先进个人	市城管局
侣兴武	园林局	民主评议政风活动先进个人	市城管局
刘向东	园林局	民主评议政风活动先进个人	市城管局
于　洋	园林局	民主评议政风活动先进个人	市城管局
孙国卿	园林局	民主评议政风活动先进个人	市城管局
魏晓兰	园林局	民主评议政风活动先进个人	市城管局
费松龄	园林局	民主评议政风活动先进个人	市城管局
韩丽颖	园林局	民主评议政风活动先进个人	市城管局
唐爱芹	园林局	民主评议政风活动先进个人	市城管局
于　静	园林局	民主评议政风活动先进个人	市城管局
侯先颖	园林局	民主评议政风活动先进个人	市城管局
刘志英	园林局	民主评议政风活动先进个人	市城管局
肖海涛	园林局	民主评议政风活动先进个人	市城管局
陈建国	园林局	民主评议政风活动先进个人	市城管局
张　浩	园林局	民主评议政风活动先进个人	市城管局
李怀英	园林局	民主评议政风活动先进个人	市城管局
李　洁	园林局	民主评议政风活动先进个人	市城管局
王海涛	城乡建设局	先进工作者	市城管局
于洪海	城乡建设局	先进工作者	市城管局
朱　宁	城乡建设局	先进工作者	市城管局
周　方	城乡建设局	民主评议政风活动先进个人	市城管局
张赫鸣	城乡建设局	民主评议政风活动先进个人	市城管局
刘师彤	城乡建设局	民主评议政风活动先进个人	市城管局
于洪海	城乡建设局	十佳服务标兵	市城乡建设局
伊　薇	城乡建设局	百佳先进工作者	市城乡建设局
韩　鹏	城乡建设局	百佳先进工作者	市城乡建设局
郭　新	城乡建设局	百佳先进工作者	市城乡建设局
张宝春	城乡建设局	百佳先进工作者	市城乡建设局
许　楠	城乡建设局	政务服务工作先进个人	市政务服务中心

续表 8-8

姓　名	工作单位	荣誉称号	授奖单位
潘鹏程	林业局	林业工作先进个人	市林业局
王殿付	林业局	林业工作先进个人	市林业局
陈小娇	林业局	政务服务工作先进个人	市政务服务中心
邓丽君	总工会	优秀工会工作者	市总工会
邓丽君	总工会	先进女职工工作者	市总工会
张　鑫	总工会	优秀工会工作者	市总工会
张　伟	总工会	优秀工会工作者	市总工会
董卫华	总工会	优秀工会积极分子	市总工会
贾丽莉	总工会	职工文化工作先进个人	市总工会
陈小宁	水务局	水务系统先进个人	市水务局
刘淑媛	水务局	水务系统先进个人	市水务局
张伦玮	信访局	杰出青年岗位能手	市人力资源和社会保障局
常淑丽	海港镇	农经工作先进个人	市农业局
阚银萍	东港镇	基层单位优秀信息工作者	市委办公厅
孙海英	西港镇	种植业工作先进个人	市农业局
祖旭波	海阳镇	优秀党课教员	市委宣传部
楚宝吉	海阳镇	第六次全国人口普查先进个人	市统计局、市第六次全国人口普查领导小组办公室
刘　瑶	海阳镇	第六次全国人口普查先进个人	市统计局、市第六次全国人口普查领导小组办公室
鲁　鹏	海阳镇	第六次全国人口普查先进个人	市统计局、市第六次全国人口普查领导小组办公室
苗政宇	海阳镇	第六次全国人口普查先进个人	市统计局、市第六次全国人口普查领导小组办公室
苏丽娜	海阳镇	第六次全国人口普查先进个人	市统计局、市第六次全国人口普查领导小组办公室
孙克鸿	海阳镇	第六次全国人口普查先进个人	市统计局、市第六次全国人口普查领导小组办公室
张海虹	海阳镇	第六次全国人口普查先进个人	市统计局、市第六次全国人口普查领导小组办公室
张红艳	海阳镇	第六次全国人口普查先进个人	市统计局、市第六次全国人口普查领导小组办公室
邓治国	北港镇	林业工作先进个人	市林业局
夏　媛	港城大街街道办事处	基层单位优秀信息工作者	市委办公厅
苑丽清	港城大街街道办事处	第六次全国人口普查先进个人	市统计局、市第六次全国人口普查领导小组办公室
张红波	港城大街街道办事处	第六次全国人口普查先进个人	市统计局、市第六次全国人口普查领导小组办公室
景维娟	港城大街街道办事处	第六次全国人口普查先进个人	市统计局、市第六次全国人口普查领导小组办公室
张艳东	港城大街街道办事处	第六次全国人口普查先进个人	市统计局、市第六次全国人口普查领导小组办公室
张艳东	港城大街街道办事处	“三八”红旗手	市妇联
郑新杰	白塔岭街道办事处	基层单位优秀信息工作者	市委办公厅
郭珊珊	白塔岭街道办事处	巾帼建功标兵	市巾帼建功协调领导小组、市双学双比竞赛活动协调领导办公室、市妇联
韩　玉	白塔岭街道办事处	青年创新创效活动先进个人	市人力资源和社会保障局、市科技局、市科协
冯立志	燕山大街街道办事处	信息工作先进个人	市政府办公厅
郝　佳	燕山大街街道办事处	法制宣传教育先进工作者	市法制宣传教育领导小组
范秦阳	燕山大街街道办事处	法制宣传教育先进工作者	市法制宣传教育领导小组
窦菁菁	燕山大街街道办事处	第六次全国人口普查工作先进个人	市统计局、市第六次全国人口普查领导小组
李柳杨	燕山大街街道办事处	第六次全国人口普查工作先进个人	市统计局、市第六次全国人口普查领导小组

续表 8-8

姓 名	工作单位	荣誉称号	授奖单位
石洪涛	燕山大街街道办事处	优秀工会积极分子	市总工会
郝轶凡	建设大街街道办事处	优秀工会工作者	市总工会
马 强	建设大街街道办事处	先进科协工作者	市科协
张 玉	建设大街街道办事处	第六次全国人口普查先进个人	市统计局、市第六次全国人口普查领导小组办公室
王 蕊	河东街道办事处	优秀工会工作者	市总工会
李 丹	东环路街道办事处	第六次全国人口普查先进个人	市统计局、市第六次全国人口普查领导小组办公室
徐 蕊	东环路街道办事处	第六次全国人口普查先进个人	市统计局、市第六次全国人口普查领导小组办公室
辛 梅	东环路街道办事处	优秀工会积极分子	市总工会
魏秀芹	东环路街道办事处	优秀工会积极分子	市总工会
赵宇静	东环路街道办事处	优秀工会工作者	市总工会
王 莹	东环路街道办事处	宣传思想调研工作先进个人	市委宣传部
陈 薇	东环路街道办事处	先进科协工作者	市科协
刘 勖	东环路街道办事处	老龄活动先进个人	市老龄工作委员会
曹佳媛	东环路街道办事处	老龄活动先进个人	市老龄工作委员会
皇甫晨晨	东环路街道办事处	第六次全国人口普查先进个人	市统计局、市第六次全国人口普查领导小组办公室
王晓静	东环路街道办事处	第六次全国人口普查先进个人	市统计局、市第六次全国人口普查领导小组办公室
李 英	北环路街道办事处	第六次全国人口普查先进个人	市统计局、市第六次全国人口普查领导小组办公室
鲍艳杰	北环路街道办事处	第六次全国人口普查先进个人	市统计局、市第六次全国人口普查领导小组办公室
李红梅	北环路街道办事处	第六次全国人口普查先进个人	市统计局、市第六次全国人口普查领导小组办公室
张 弘	北环路街道办事处	第六次全国人口普查先进个人	市统计局、市第六次全国人口普查领导小组办公室
马 莉	北环路街道办事处	第六次全国人口普查先进个人	市统计局、市第六次全国人口普查领导小组办公室
鲁立佳	北环路街道办事处	第六次全国人口普查先进个人	市统计局、市第六次全国人口普查领导小组办公室
韩艳平	北环路街道办事处	第六次全国人口普查先进个人	市统计局、市第六次全国人口普查领导小组办公室
黄桂玲	北环路街道办事处	第六次全国人口普查先进个人	市统计局、市第六次全国人口普查领导小组办公室
李利民	检察院	优秀反渎局长	市检察院
李惠军	检察院	侦查办案能手	市检察院
梁启荣	检察院	“十佳”侦查员	市检察院
钱 磊	检察院	优秀侦查员	市检察院
高树森	检察院	优秀侦查员	市检察院
朱 超	检察院	信息调研工作先进个人	市检察院
张 志	检察院	第四届全市“十佳”公诉人优秀新人奖	市检察院
孙达运	检察院	第四届全市“十佳”公诉人优秀新人奖	市检察院
于淑贤	组织部	岗位标兵	市组织部
王文龙	组织部	业务能手	市组织部
王志刚	组织部	业务能手	市组织部
曾红云	组织部	业务能手	市组织部
张文静	组织部	组织系统先进个人	市委组织部、市人力资源和社会保障局
朱学华	组织部	组织系统嘉奖	市委组织部、市人力资源和社会保障局

续表 8-8

姓　名	工作单位	荣誉称号	授奖单位
马治国	宣传部	宣讲工作先进个人	市委宣传部
唐河滨	宣传部	宣讲工作先进个人	市委宣传部
韩震生	宣传部	舆情信息工作先进个人	市委宣传部
徐　莹	宣传部	舆情信息工作先进个人	市委宣传部
苏　里	宣传部	舆情信息工作先进个人	市委宣传部
高家宏	宣传部	舆情信息工作先进个人	市委宣传部
印　洪	财政局	优秀党课教员	市委宣传部
刘永春	海港公安分局	基层单位优秀信息工作者	市委办公厅
肖志金	海港公安分局	执法规范化建设先进个人	省公安厅政治部
韩　峰	国内安全保卫大队	国保系统先进个人	省公安厅政治部
罗　文	北港派出所	优秀党务工作者	市公安局委员会
翟竹博	海港公安分局	优秀共产党员	市公安局委员会
刘志鹏	海港公安分局政治处	优秀共产党员	市公安局委员会
杨　杨	海港派出所	优秀共产党员	市公安局委员会
刘彦涛	东环路派出所	优秀党务工作者	市公安局委员会
丁文杰	海港公安分局指挥中心	优秀共产党员	市公安局委员会
王树林	白塔岭派出所	优秀共产党员	市公安局委员会
林凡启	北部园区派出所	优秀共产党员	市公安局委员会
冯宝麟	河东派出所	优秀共产党员	市公安局委员会
果立新	建设大街派出所	优秀共产党员	市公安局委员会
徐　茂	海滨路派出所	优秀共产党员	市公安局委员会
陈文国	港城大街派出所	优秀共产党员	市公安局委员会
冯清彬	红旗路派出所	优秀共产党员	市公安局委员会
杨金业	文化路派出所	优秀共产党员	市公安局委员会
张　婕	燕山大街派出所	优秀共产党员	市公安局委员会
陈晓青	经侦大队	优秀共产党员	市公安局委员会
孙志英	治安警察大队	优秀共产党员	市公安局委员会
赵盛誉	巡特警大队	优秀共产党员	市公安局委员会
付容霞	太阳城派出所	优秀共产党员	市公安局委员会
乔志刚	东港派出所	个人三等功	市公安局
王树林	白塔岭派出所	个人嘉奖	市公安局
李平春	白塔岭派出所	个人嘉奖	市公安局
姜德强	海阳派出所	个人嘉奖	市公安局
张玉鹏	西港路派出所	个人嘉奖	市公安局
崔奇峰	站前派出所	个人嘉奖	市公安局
陈一光	滨海大道警务工作站	暑期安保工作个人三等功	市公安局
杨东旭	巡警防暴大队	十八大安保工作个人三等功	市公安局
孙成连	刑警大队	十八大安保工作个人三等功	市公安局
王　东	刑警大队	十八大安保工作个人嘉奖	市公安局
刘　洋	刑警大队	十八大安保工作个人嘉奖	市公安局

续表 8-8

姓　名	工作单位	荣誉称号	授奖单位
李国齐	海港公安分局	个人嘉奖	市公安局
王兆辉	海港公安分局	个人嘉奖	市公安局
杨世勇	海港公安分局	个人嘉奖	市公安局
刘景丰	海港公安分局	个人嘉奖	市公安局
刘　越	海港公安分局	个人嘉奖	市公安局
李　波	海港公安分局	个人嘉奖	市公安局
陈晓青	海港公安分局	个人嘉奖	市公安局
李玲玲	海港公安分局	新长征突击手	团市委
程国环	海港公安分局	“打击经济犯罪破案会战”专项工作先进个人	市公安局
赵铁权	海港公安分局	第六次全国人口普查先进个人	市统计局、市第六次全国人口普查领导小组办公室
周　彬	海港公安分局	第六次全国人口普查先进个人	市统计局、市第六次全国人口普查领导小组办公室
李彦新	海港公安分局	第六次全国人口普查先进个人	市统计局、市第六次全国人口普查领导小组办公室
果立新	海港公安分局	第六次全国人口普查先进个人	市统计局、市第六次全国人口普查领导小组办公室
冯宝麟	海港公安分局	第六次全国人口普查先进个人	市统计局、市第六次全国人口普查领导小组办公室
杨　松	海港公安分局	第六次全国人口普查先进个人	市统计局、市第六次全国人口普查领导小组办公室
杨国宏	海港公安分局	第六次全国人口普查先进个人	市统计局、市第六次全国人口普查领导小组办公室
李　勇	海港公安分局	第六次全国人口普查先进个人	市统计局、市第六次全国人口普查领导小组办公室
李义凡	海港公安分局	第六次全国人口普查先进个人	市统计局、市第六次全国人口普查领导小组办公室
李远良	海港公安分局	第六次全国人口普查先进个人	市统计局、市第六次全国人口普查领导小组办公室
刘长辉	海港公安分局	第六次全国人口普查先进个人	市统计局、市第六次全国人口普查领导小组办公室
孙志英	海港公安分局	第六次全国人口普查先进个人	市统计局、市第六次全国人口普查领导小组办公室
田　蓓	海港公安分局	第六次全国人口普查先进个人	市统计局、市第六次全国人口普查领导小组办公室
张　华	海港公安分局	第六次全国人口普查先进个人	市统计局、市第六次全国人口普查领导小组办公室
张子奎	海港公安分局	第六次全国人口普查先进个人	市统计局、市第六次全国人口普查领导小组办公室
陈德利	海港公安分局	个人三等功	市公安局
李志辉	红旗路派出所	个人三等功	市公安局
张景峰	刑警大队	个人三等功	市公安局
李战胜	刑警大队	个人嘉奖	市公安局
刘江申	刑警大队	个人嘉奖	市公安局
李　铮	刑警大队	个人嘉奖	市公安局
申建岗	刑警大队	个人嘉奖	市公安局
田　伟	刑警大队	个人嘉奖	市公安局
刘　洋	刑警大队	个人嘉奖	市公安局
闫　冰	海港派出所	个人嘉奖	市公安局
王宝军	白塔岭派出所	文明标兵	市公安局
李海生	白塔岭派出所	公安工作先进个人	市公安局
王宏智	港城大街派出所	公安工作先进个人	市公安局
洪浩军	东港派出所	公安工作先进个人	市公安局
熊业魁	文化路派出所	公安工作先进个人	市公安局
牛海涛	刑警大队	公安工作先进个人	市公安局

续表 8-8

姓　名	工作单位	荣誉称号	授奖单位
李志存	北部园区派出所	公安工作先进个人	市公安局
果立柱	海滨路派出所	公安工作先进个人	市公安局
刘彦涛	燕山大街派出所	公安工作先进个人	市公安局
郭立新	治安大队	公安工作先进个人	市公安局
李振兴	东环路派出所	公安工作先进个人	市公安局
杨洪松	河东派出所	公安工作先进个人	市公安局
郑志新	建设大街派出所	公安工作先进个人	市公安局
田　兵	太阳城派出所	公安工作先进个人	市公安局
吴洪峰	海阳派出所	公安工作先进个人	市公安局
王洪涛	巡特警大队	文明标兵	市公安局
姚蒲丰	北港派出所	文明标兵	市公安局
杨金业	文化路派出所	文明标兵	市公安局
安　伟	东港派出所	文明标兵	市公安局
董凤辉	海港公安分局	优秀共青团干部	市直机关工委
王雨浙	海港公安分局	优秀共青团员	市直机关工委
王富歆	海港公安分局	优秀共青团员	市直机关工委
郭　强	海港公安分局	优秀共青团员	市直机关工委
董晓勇	法院民四庭	优秀办案能手	市法院
张冬梅	法院民一庭	优秀办案能手	市法院
李　楠	法院民三庭	优秀调解能手	市法院
范晓春	法院审监庭教导员	优秀调解能手	市法院
周　兴	法院法警大队	优秀司法警察	市法院
邵　然	法院法警大队	优秀司法警察	市法院
王　静	法院刑一庭	优秀书记员	市法院
汪　宁	法院海港法庭	优秀书记员	市法院
焦晓丽	法院立案庭	优秀综合保障干警	市法院
陈超前	法院审管办	优秀综合保障干警	市法院
张淑侠	法院刑一庭	优秀裁判文书制作者	市法院
莫　军	法院民二庭	优秀裁判文书制作者	市法院
刘艳红	法院东港庭	优秀庭（处室队）长、主任	市法院
刘艳红	法院东港庭	优秀共产党员	市法院
姚兆华	法院执行一庭	优秀庭（处室队）长、主任	市法院
董春来	法院民二庭	职业素养标兵	市法院
董春来	法院民二庭	优秀共产党员	市法院
付　荣	法院	优秀工会积极分子	市总工会
付　荣	法院	优秀党务工作者	市中院
赵　琳	法院	优秀共产党员	市中院
郑艾君	外语实验学校	优秀指导教师	市文明办
王淑敏	北环路小学	优秀指导教师	市文明办
李　莉	迎宾路小学	优秀指导教师	市文明办

续表 8-8

姓　名	工作单位	荣誉称号	授奖单位
徐　乐	迎宾路小学	优秀指导教师	市文明办
马　丽	建国路小学	优秀指导教师	市文明办
李　岩	青云里小学	优秀指导教师	市文明办
徐　娜	建设路小学	优秀指导教师	市文明办
张新卉	建设路小学	优秀指导教师	市文明办
张　梁	建设路小学	青年岗位能手	团市委、市人力资源和社会保障局
张　朔	建设路小学	青年岗位能手	团市委、市人力资源和社会保障局
高　妍	进校附属学校	优秀指导教师	市文明办
刘春梅	进校附属学校	小学美术学科名师	市教育局
张秋妮	先盛里小学	青少年“建设幸福中国”读书教育活动先进个人	市委宣传部、市教育局、市文化广电新闻出版（版权）局
吴晓彬	先盛里小学	优秀指导教师	市文明办
王丽玲	东华里小学	优秀班主任	市委宣传部、市教育局
王艳秋	耀华小学	绿色园丁	市环保局、市教育局
李　倩	和美实验学校	创新型优秀教师奖	市环保局
郭艳彬	和安里小学	德育先进工作者	市委宣传部、市教育局
张妍妍	青云里小学	优秀班主任	市委宣传部、市教育局
王志玉	青云里小学	优秀班主任	市委宣传部、市教育局
岳　跃	青云里小学	“三八”红旗手	市妇联
韩　宇	公富庄小学	暑期工作先进个人	市暑期工作委员会
曹丽华	第二中学	优秀指导教师	市文明办
郭　然	第八中学	优秀指导教师	市文明办
刘海臣	第十九中学	德育先进工作者	市委宣传部、市教育局
郑彩霞	第十九中学	优秀班主任	市委宣传部、市教育局
宋　准	交通局	信息工作先进个人	市政府办公厅
田丽英	供销社	供销合作社系统信息宣传工作先进个人	省供销合作总社办公室
安锁良	人防办	人防系统先进工作者	市人防办
刘　静	人防办	人防系统先进工作者	市人防办
刘　丽	畜牧局	县区农业系统先进个人	市农业局
乔丽萍	畜牧局	县区农业系统先进个人	市农业局
陈春梅	畜牧局	县区农业系统先进个人	市农业局
毕　娜	畜牧局	县区农业系统先进个人	市农业局
王子新	畜牧局	畜牧工作先进个人	市农业局
齐　坤	畜牧局	畜牧工作先进个人	市农业局
宁　毅	畜牧局	畜牧工作先进个人	市农业局
刘　丽	畜牧局	农业系统先进个人	市农业局
闫树蔚	工商局	政务服务工作先进个人	市政务服务中心
张玉琢	计生局	计划生育协会工作特殊贡献先进个人	市计生委
高　慧	商务局	市场运行监测工作先进个人	市商务局
王　晶	商务局	巾帼建功标兵	市巾帼建功协调领导小组、市妇联

2012年区委、区政府表彰的先进个人一览表

表 8–9

姓　名	工作单位	荣誉称号	授奖单位
马玉虹	建管工委	基础工程先进个人	区委、区政府
张海博	建管工委	生态工程先进个人	区委、区政府
王静炜	旅游局	固定资产投资和项目建设工作实绩先进个人	区委、区政府
曾　多	旅游局	基础工程先进个人	区委、区政府
陈文博	为民市场建设经营责任有限公司	宣传思想文化工作先进个人	区委、区政府
刘　洋	环保局	生态工程先进个人	区委、区政府
刘　洋	环保局	生态工程先进个人	区委、区政府
于晓燕	环保局	优秀股室负责人	区委、区政府
张亚杰	综开办	优秀驻村工作队员及工作者	区委、区政府
付　晨	民政局	平安工程先进个人	区委、区政府
刑朝辉	民政局	优秀股室负责人	区委、区政府
杨　旭	城管局	生态工程先进个人	区委、区政府
李奕春	城管局	优秀驻村工作队员及工作者	区委、区政府
王殿付	林业局	生态工程先进个人	区委、区政府
邓丽君	总工会	优秀驻村工作队员及工作者	区委、区政府
刘福生	水务局	强区工程先进个人	区委、区政府
刘淑媛	水务局	民心工程先进个人	区委、区政府
王海涛	城乡建设局	民心工程先进个人	区委、区政府
李秀巧	园林局	生态工程先进个人	区委、区政府
李秀巧	园林局	“创先争优”活动先进个人	区委、区政府
朗智钧	财政局	优秀股室负责人	区委、区政府
宣　娜	工商局	优秀股室负责人	区委、区政府
郑安宇	国税局	优秀股室负责人	区委、区政府
高树力	文体广新局	优秀股室负责人	区委、区政府
冯春立	教育局	优秀股室负责人	区委、区政府
张桂华	食品稽查大队	优秀股室负责人	区委、区政府
郭学军	地税局	优秀股室负责人	区委、区政府
刘　明	商务局	合格股室负责人	区委、区政府
肖如柏	海港镇	对外开放暨招商引资工作先进个人	区委、区政府
刘　勇	东港镇	固定资产投资和项目建设工作实绩先进个人	区委、区政府
王维民	东港镇	宣传思想文化工作先进个人	区委、区政府
刘　芳	西港镇	人口和计划生育先进个人	区委、区政府
王雪飞	西港镇	人口和计划生育先进个人	区委、区政府
周革强	西港镇	全民健身工作先进个人	区委、区政府
潘　静	西港镇	全民健身工作先进个人	区委、区政府
侯国先	海阳镇	固定资产投资和项目建设工作实绩先进个人	区委、区政府
隋殿柱	海阳镇	基础工程先进个人	区委、区政府
邹　愚	海阳镇	生态工程先进个人	区委、区政府
吴永红	燕山大街街道办事处	人口和计划生育先进个人	区委、区政府
张　嫣	燕山大街街道办事处	人口和计划生育先进个人	区委、区政府
朱清华	燕山大街街道办事处	人口和计划生育先进个人	区委、区政府
郝铁凡	建设大街街道办事处	基础工程先进个人	区委、区政府
吕红新	建设大街街道办事处	宣传思想文化工作先进个人	区委、区政府

续表 8-9

姓　名	工作单位	荣誉称号	授奖单位
田淑一	建设大街街道办事处	人口和计划生育先进个人	区委、区政府
刘　俊	建设大街街道办事处	人口和计划生育先进个人	区委、区政府
郭枢杨	西港路街道办事处	固定资产投资和项目建设工作实绩先进个人	区委、区政府
郭枢杨	西港路街道办事处	对外开放暨招商引资工作先进个人	区委、区政府
郭枢杨	西港路街道办事处	安全生产监管先进个人	区委、区政府
吕　红	东环路街道办事处	文明公务员	区委、区政府
陈　薇	东环路街道办事处	人口和计划生育先进个人	区委、区政府
赵迎艳	东环路街道办事处	人口和计划生育先进个人	区委、区政府
薛　利	北环路街道办事处	“创先争优”活动先进个人	区委、区政府
王红凌	北环路街道办事处	人口和计划生育先进个人	区委、区政府
韩艳平	北环路街道办事处	人口和计划生育先进个人	区委、区政府
刘晓军	北环路街道办事处	安全生产监管先进个人	区委、区政府
周大安	北环路街道办事处	安全生产监管先进个人	区委、区政府
王贺凤	港城大街街道办事处	对外开放暨招商引资工作先进个人	区委、区政府
周大安	北环路街道办事处	食品安全工作先进个人	区委、区政府
王有长	房产局	强区工程先进个人	区委、区政府
王有长	房产局	宣传思想文化工作先进个人	区委、区政府
王学勤	房产局	固定资产投资和项目建设工作实绩先进个人	区委、区政府
刘　丽	畜牧局	全民健身工作先进个人	区委、区政府
许　岩	启航幼儿园	优秀教师	区委、区政府
郭艳彬	和安里小学	优秀教育工作者	区委、区政府
张秋妮	先盛里小学	优秀教育工作者	区委、区政府
张秋妮	先盛里小学	全民健身工作先进个人	区委、区政府
申　伟	先盛里小学	全民健身工作先进个人	区委、区政府
任　艳	先盛里小学	优秀教师	区委、区政府
杨　欣	白塔岭小学	优秀教师	区委、区政府
邸雅洁	白塔岭小学	优秀教师	区委、区政府
王　红	白塔岭小学	优秀教育工作者	区委、区政府
刘秋玲	燕秀里小学	优秀教育工作者	区委、区政府
韩冬梅	燕秀里小学	优秀教师	区委、区政府
杨　帆	东华里小学	优秀教师	区委、区政府
金共桥	耀华小学	优秀教师	区委、区政府
郭玉林	和美实验学校	优秀教育工作者	区委、区政府
张维民	缪庄小学	优秀教师	区委、区政府
李　媛	海阳小学	优秀教师	区委、区政府
李　妍	海阳小学	优秀教师	区委、区政府
徐　丽	和安里小学	优秀教师	区委、区政府
田　莹	东港一小	优秀教师	区委、区政府
彭月英	第四中学	优秀教师	区委、区政府
关文红	第四中学	优秀教师	区委、区政府
高兴丽	第四中学	优秀教师	区委、区政府

续表 8–9

姓　名	工作单位	荣誉称号	授奖单位
刘丽娟	第四中学	优秀教师	区委、区政府
夏菊花	第七中学	优秀教师	区委、区政府
邹志红	第七中学	优秀教师	区委、区政府
杨清华	第七中学	优秀教师	区委、区政府
王敬波	第七中学	优秀教师	区委、区政府
王晓红	第七中学	优秀教师	区委、区政府
孔妮娜	第七中学	优秀教师	区委、区政府
符瑞琴	第七中学	优秀教师	区委、区政府
王红丽	第八中学	优秀教师	区委、区政府
孙　健	第八中学	优秀教育工作者	区委、区政府
张立华	第九中学	优秀教师	区委、区政府
赵晓峰	第九中学	优秀教师	区委、区政府
丛凌洁	第九中学	优秀教师	区委、区政府
乔文军	第十二中学	优秀教师	区委、区政府
李学玮	第十二中学	优秀教师	区委、区政府
顾鹏健	第十四中学	优秀教师	区委、区政府
邢艳杰	第十四中学	优秀教师	区委、区政府
张立军	第十四中学	全民健身工作先进个人	区委、区政府
白春银	第十五中学	优秀教师	区委、区政府
邵丽红	第十七中学	优秀教师	区委、区政府
孟庆芬	第十七中学	优秀教师	区委、区政府
杨永志	人社局	民心工程先进个人	区委、区政府
韩　博	政府办	安全生产监管先进个人	区政府
李　观	科协	优秀政协委员	区政协
尹宏亮	旅游局	安全生产监管先进个人	区政府
倪　健	旅游局	安全生产监管先进个人	区政府
张海燕	环保局	食品安全工作先进个人	区政府
杨　彬	环保局	安全生产监管先进个人	区政府
马来成	城管局	安全生产监管先进个人	区政府
焦　健	城管局	安全生产监管先进个人	区政府
杨　静	林业局	安全生产监管先进个人	区政府
高晟昊	林业局	安全生产监管先进个人	区政府
王丽萍	林业局	食品安全工作先进个人	区政府
张健美	林业局	食品安全工作先进个人	区政府
代　阳	城乡建设局	安全生产监管先进个人	区政府
张宝春	城乡建设局	安全生产监管先进个人	区政府
樊庆海	海阳镇	食品安全工作先进个人	区政府
田秉新	海阳镇	安全生产监管先进个人	区政府
冯　立	海阳镇	安全生产监管先进个人	区政府
于向红	燕山大街街道办事处	食品安全工作先进个人	区政府
陈　卓	建设大街街道办事处	食品安全工作先进个人	区政府
刘　良	西港路街道办事处	食品安全工作先进个人	区政府

续表 8-9

姓　名	工作单位	荣誉称号	授奖单位
李　明	港城大街街道办事处	安全生产监管先进个人	区政府
董　雪	港城大街街道办事处	安全生产监管先进个人	区政府
段晓妹	供销社	安全生产监管先进个人	区政府
年长青	房产局	安全生产监管先进个人	区政府
廉国友	房产局	安全生产监管先进个人	区政府
许凤荣	教育局	安全生产监管先进个人	区政府
张锦程	畜牧局	食品安全工作先进个人	区政府
李东波	畜牧局	食品安全工作先进个人	区政府
国汝春	粮食局	安全生产监管先进个人	区政府
邢志彬	粮食局	食品安全工作先进个人	区政府
魏全伟	工商局	食品安全工作先进个人	区政府
史　胜	工商局	食品安全工作先进个人	区政府
李　梅	工商局	安全生产监管先进个人	区政府
周中锋	商务局	食品安全工作先进个人	区政府
王国强	商务局	安全生产监管先进个人	区政府
王　乔	宣传部	食品安全工作先进个人	区政府
刘秋玲	燕秀里小学	安全生产管理先进个人	区政府
周　洋	太阳城管委会	安全生产监管先进个人	区政府
王向东	太阳城管委会	安全生产监管先进个人	区政府
王　磊	太阳城管委会	食品安全工作先进个人	区政府

2012 年度海港区年度考核记三等功人员一览表

表 8-10

姓　名	工作单位	荣誉称号	授奖单位
毛海山	政府办	三等功	区政府
方　红	农业局	三等功	区政府
王国成	农业局	三等功	区政府
贺凤敏	农业局	三等功	区政府
姜　洋	旅游局	三等功	区政府
池泉伟	规划局	三等功	区政府
纪艳茹	东港镇	三等功	区政府
甄宏伟	综开办	三等功	区政府
王秀玲	综开办	三等功	区政府
刘艳晶	综开办	三等功	区政府
郑　斌	综开办	三等功	区政府
郭少良	西港镇	三等功	区政府
朱　丰	西港镇	三等功	区政府
孟昭卫	畜牧局	三等功	区政府
孙景民	畜牧局	三等功	区政府
王　晶	商务局	三等功	区政府
郑　巍	政务服务中心	三等功	区政府
侯淑娟	青云里小学	三等功	区政府
马玉玲	青云里小学	三等功	区政府
王　蕾	港城大街街道办事处	三等功	区政府

2012年度海港区年度考核获嘉奖人员一览表

表 8-11

姓名	工作单位	荣誉称号	授奖单位
尹 伟	农业局	嘉奖	区政府
王建华	农业局	嘉奖	区政府
刘 萍	农业局	嘉奖	区政府
王敬伟	旅游局	嘉奖	区政府
田金秋	旅游局	嘉奖	区政府
冯 岩	旅游局	嘉奖	区政府
毛海英	规划局	嘉奖	区政府
陈照东	规划局	嘉奖	区政府
张延清	规划局	嘉奖	区政府
侯春杰	东港镇	嘉奖	区政府
纪 冉	东港镇	嘉奖	区政府
蒋铁民	东港镇	嘉奖	区政府
郝会秋	综开办	嘉奖	区政府
韩 涛	综开办	嘉奖	区政府
曾宪成	综开办	嘉奖	区政府
刘 迪	综开办	嘉奖	区政府
李志媛	综开办	嘉奖	区政府
张丽丽	西港镇	嘉奖	区政府
张春满	西港镇	嘉奖	区政府
马英杰	西港镇	嘉奖	区政府
潘 静	西港镇	嘉奖	区政府
于向红	燕山大街街道办事处	嘉奖	区政府
戴 宁	建设大街街道办事处	嘉奖	区政府
刘 俊	建设大街街道办事处	嘉奖	区政府
戴莉莉	建设大街街道办事处	嘉奖	区政府
许文娜	建设大街街道办事处	嘉奖	区政府
王静兰	港城大街街道办事处	嘉奖	区政府
范秦阳	港城大街街道办事处	嘉奖	区政府
张 莉	港城大街街道办事处	嘉奖	区政府
崔喜光	畜牧局	嘉奖	区政府
顾春燕	畜牧局	嘉奖	区政府
石万年	青云里小学	嘉奖	区政府
曹志艳	青云里小学	嘉奖	区政府
李 辉	青云里小学	嘉奖	区政府
刘宝玲	青云里小学	嘉奖	区政府
张艳秋	青云里小学	嘉奖	区政府
朱晓丽	青云里小学	嘉奖	区政府
高 燕	青云里小学	嘉奖	区政府
赵浩文	青云里小学	嘉奖	区政府
郎 平	青云里小学	嘉奖	区政府
刘 辉	青云里小学	嘉奖	区政府
袁 波	青云里小学	嘉奖	区政府
岳 跃	青云里小学	嘉奖	区政府

附　录

FULU

FULU

规范性文件一览表

2012 年中共海港区委规范性文件一览表

表 9-1

发文机关	文号	文件名称
区委	海发〔2012〕1 号	关于印发冯志永同志在区委九届二次全会上所作工作报告的通知
区委	海发〔2012〕2 号	2012 年工作要点
区委	海发〔2012〕3 号	关于开展加强“基层建设年”暨“一联六促、访解帮带”活动的实施意见
区委、区政府	海发〔2012〕4 号	关于印发《海港区 2012 年“五大工程”实施方案》的通知
区委、区政府	海发〔2012〕5 号	关于印发《海港区创建国家公共文化服务体系示范区工作实施方案》的通知
区委	海发〔2012〕6 号	关于文化强区建设的意见
区委、区政府	海发〔2012〕7 号	关于深入实施旅游立市战略打造旅游业综合服务中心的实施意见
区委、区政府	海字〔2012〕1 号	印发《关于开展征地拆迁廉政风险防控工作的实施方案》的通知
区委、区政府	海字〔2012〕2 号	关于成立海港区开展加强“基层建设年”暨“一联六促、访解帮带”活动领导小组的通知
区委、区政府	海字〔2012〕3 号	印发《海港区关于近岸海域环境综合整治工作实施方案》的通知
区委	海字〔2012〕4 号	批转《区委政法委关于政法机关服务全区经济发展的意见》的通知
区委、区政府	海字〔2012〕5 号	关于在信访工作中落实“八三”工作法的实施意见
区委、区政府	海字〔2012〕6 号	关于成立海港区市民中心文化馆工程建设领导小组、指挥部、监督领导小组的通知
区委	海字〔2012〕8 号	关于调整区委常委工作分工的通知
区委、区政府	海字〔2012〕9 号	关于表彰 2011 年度“五大工程”等全区重点工作先进单位和先进个人的决定
区委	海字〔2012〕10 号	关于调整海港区法制宣传教育领导小组成员的通知
区委、区政府	海字〔2012〕11 号	关于调整区机构编制委员会组成人员的通知
区委	海字〔2012〕12 号	关于调整海港区暑期工作委员会成员的通知
区委、区政府	海字〔2012〕13 号	关于印发《海港区关停违法违规排污企业和环境卫生整治攻坚战实施方案》的通知
区委	海字〔2012〕14 号	印发《关于开展区本级党务公开工作的实施方案》的通知
区委、区政府	海字〔2012〕15 号	关于 2011 年度民主评议结果的通报
区委	海字〔2012〕16 号	关于表彰“创先争优”活动先进集体和优秀个人及实施“港城先锋”创建工程的决定
区委、区政府	海字〔2012〕17 号	关于印发《海港区 2012 年利用暑期争取项目资金政策工作方案》的通知
区委、区政府	海字〔2012〕18 号	关于转发秦字〔2012〕20 号和秦字〔2012〕21 号文件的通知
区委、区政府	海字〔2012〕19 号	关于印发《海港区 2012 年民主评议工作实施方案》的通知

2012 年海港区人民政府规范性文件一览表

表 9–2

发文机关	文号	文件名称
区政府	海政〔2012〕2 号	关于调整区安全生产委员会组成人员的通知
区政府	海政〔2012〕3 号	关于调整区森林防火指挥部组成人员的通知
区政府	海政〔2012〕4 号	关于加强 2012 年春节期间烟花爆竹安全管理工作的通知
区政府	海政〔2012〕5 号	关于授予丁春启同志见义勇为先进分子荣誉称号的决定
区政府	海政〔2012〕6 号	关于调整海港区重点动物疫病预防控制扑灭指挥部的通知
区政府	海政〔2012〕7 号	关于做好 2012 年食品安全风险监测的通知
区政府、区人武部	海政〔2012〕8 号	关于组织专武干部能力集训的通知
区政府、区人武部	海政〔2012〕9 号	关于召开海港区 2012 年武装工作会议的通知
区政府、区人武部	海政〔2012〕10 号	关于表彰 2011 年度全区武装工作先进单位和个人的决定
区政府	海政〔2012〕11 号	关于印发海港区 2012 年新型农村合作医疗实施方案的通知
区政府	海政〔2012〕12 号	印发关于深化基层供销合作社组织体制改革的实施意见的通知
区政府	海政〔2012〕13 号	关于印发海港区 2012 年食品安全宣传教育工作实施方案的通知
区政府	海政〔2012〕14 号	关于印发海港区基本农田划定工作方案的通知
区政府	海政〔2012〕15 号	关于印发蓬莱 19—3 油田溢油事故海水养殖损失补偿资金发放工作方案的通知
区政府	海政〔2012〕16 号	关于表彰 2011 年度安全生产工作先进单位和先进个人的决定
区政府	海政〔2012〕17 号	关于印发《海港区安全生产三双活动方案》的通知
区政府	海政〔2012〕18 号	关于对 2011 年度安全生产目标管理考核先进单位和安全生产执法先进单位进行奖励的通知
区政府	海政〔2012〕19 号	关于调整行政事业单位住房公积金缴存比例的通知
区政府	海政〔2012〕20 号	关于表彰 2011 年度治理公路超限超载工作先进单位和个人的决定
区政府	海政〔2012〕21 号	关于调整海港区治理公路超限超载工作领导小组成员的通知
区政府	海政〔2012〕22 号	关于印发 2012 年“安全生产年”活动实施方案的通知
区政府	海政〔2012〕23 号	关于印发《海港区安全生产十二五规划》的通知
区政府	海政〔2012〕24 号	关于印发海港区 2012 年节能工作实施方案的通知
区政府	海政〔2012〕25 号	关于印发海港区 2012 年主要污染物总量减排实施方案的通知
区政府	海政〔2012〕26 号	关于印发海港区农村集体土地确权登记发证工作实施方案的通知
区政府	海政〔2012〕27 号	关于印发海港区 2012 年城市环境容貌脏乱整治工作实施方案的通知
区政府	海政〔2012〕28 号	关于进一步加强城市管理工作的意见
区政府	海政〔2012〕29 号	关于推进镇财政所标准化建设的实施意见
区政府	海政〔2012〕30 号	关于进一步严格临时追加预算审批的通知
区政府	海政〔2012〕31 号	关于印发海港区迎暑期市容环境综合整治实施方案的通知
区政府	海政〔2012〕32 号	关于印发海港区 2012 年食品安全工作实施方案的通知
区政府	海政〔2012〕33 号	关于表彰 2011 年度食品安全工作先进单位先进集体先进个人及示范单位的决定
区人大、区政府、区政协	海政〔2012〕34 号	关于表彰 2011 年度承办工作先进单位和先进个人的决定
区政府	海政〔2012〕35 号	关于印发《海港区加快镇（街道）政务服务中心村（社区）便民服务室建设实施方案》的通知
区政府	海政〔2012〕36 号	关于印发海港区 2012 年暑期食品安全保障暨食品安全大检查工作实施方案的通知
区政府	海政〔2012〕37 号	关于印发海港区 2012 年地质灾害防治方案的通知
区政府	海政〔2012〕38 号	关于调整区突发公共事件应急委员会组成人员的通知
区政府	海政〔2012〕39 号	关于印发海港区食品安全事故应急预案的通知

续表 9-2

区政府	海政〔2012〕40 号	关于印发海港区突发环境事件应急预案的通知
区政府	海政〔2012〕41 号	关于进一步加强查处取缔无证照经营工作的通知
区政府	海政〔2012〕42 号	关于印发《海港区应对极端天气应急方案》的通知
区政府	海政〔2012〕43 号	关于印发食品安全举报奖励办法的通知
区政府	海政〔2012〕44 号	关于印发《海港区畜禽养殖管理办法》的通知
区政府	海政〔2012〕45 号	关于印发《城市社区基础设施达标建设实施方案》的通知
区政府	海政〔2012〕46 号	关于进一步加强安全生产基层基础建设的意见
区政府	海政〔2012〕47 号	关于印发《海港区深入推进消防安全网格化管理工作的实施方案》的通知
区政府	海政〔2012〕48 号	关于印发中华人民共和国政区大典海港区分篇编纂工作实施方案的通知
区政府	海政〔2012〕49 号	关于印发《海港区园区土地供应实施方案》的通知
区政府	海政〔2012〕50 号	关于印发《海港区成品油市场秩序专项整治月行动实施方案》的通知
区政府	海政〔2012〕51 号	关于进一步加强招商引资工作的意见
区政府	海政〔2012〕52 号	关于表彰 2011 年度固定资产投资和项目建设工作先进单位先进个人的决定
区政府	海政〔2012〕53 号	关于印发《海港区招商引资奖励（暂行）办法》的通知
区政府	海政〔2012〕54 号	关于印发 2012 年医药卫生体制改革主要工作安排的通知
区政府	海政〔2012〕55 号	关于印发 2012 年医药卫生体制改革主要工作安排的通知
区政府	海政〔2012〕56 号	关于印发《海港区铁路沿线环境安全专项治理活动实施方案》的通知
区政府	海政〔2012〕57 号	关于印发海港区安全生产事故应急救援预案的通知
区政府	海政〔2012〕58 号	关于印发海港区危险化学品事故应急救援预案的通知
区政府	海政〔2012〕59 号	关于印发海港区烟花爆竹事故应急救援预案的通知
区政府	海政〔2012〕60 号	关于印发海港区 2012 年十一黄金周旅游市场秩序整治专项行动方案的通知
区政府	海政〔2012〕61 号	关于印发海港区 2012 年农村危房改造工作实施方案的通知
区政府	海政〔2012〕62 号	关于印发海港区决战四十天迎接十八大安全生产执法专项整治特别行动实施方案的通知
区政府	海政〔2012〕63 号	关于做好 2010 年冬季退役士兵安置工作的通知
区政府	海政〔2012〕64 号	关于印发《海港区政府投资项目资金管理暂行办法》的通知
区政府	海政〔2012〕65 号	关于印发海港区预算单位公务卡管理办法的通知
区政府	海政〔2012〕66 号	关于建立综合治税大格局的实施意见
区政府	海政〔2012〕67 号	关于印发 2012 年度食品安全工作考核方案的通知
区政府	海政〔2012〕68 号	关于印发海港区地震应急预案的通知
区政府	海政〔2012〕69 号	关于征收山东堡村国有土地上房屋的决定
区政府	海政〔2012〕71 号	关于公布规范性文件及改善两个环境政策性文件清理结果的通知
区政府	海政〔2012〕72 号	关于进一步加强市场消防安全工作的通知
区政府	海政〔2012〕73 号	关于大力实施质量兴区战略的意见

2012 年中共海港区委办、海港区政府办规范性文件一览表

表 9-3

发文机关	文号	文件名称
区委办	海办发〔2012〕1 号	2012 年工作要点
区委办、区政府办	海办发〔2012〕2 号	关于印发《2012 年党风廉政建设和反腐败工作任务分工》的通知
区委办、区政府办	海办发〔2012〕3 号	关于海港区社会治安综合治理委员会更名为海港区社会管理综合治理委员会的通知
区委办、区政府办	海办发〔2012〕4 号	关于印发《海港区社会治安防控体系“六张网”建设的实施意见》的通知

续表 9-3

发文机关	文号	文件名称
区委办、区政府办	海办发〔2012〕5 号	关于印发《海港区 2012 年主要工作目标责任分解表》的通知
区委办、区政府办	海办发〔2012〕6 号	关于印发《海港区信访工作规程（试行）》的通知
区委办、区政府办	海办发〔2012〕7 号	印发区委区政府《关于贯彻落实省委省政府领导来秦调研时重要讲话精神进一步做好今年暑期工作的安排意见》的通知
区委办、区政府办	海办发〔2012〕8 号	关于转发《党政机关公文处理工作条例》的通知
区委办、区政府办	海办字〔2012〕1 号	关于表彰 2011 年度政法综治维稳工作先进单位和先进个人的通报
区委办、区政府办	海办字〔2012〕2 号	关于印发《海港区开展领导干部大接访活动实施方案》的通知
区委办、区政府办	海办字〔2012〕3 号	关于表彰 2011 年度与文明同行铸和谐港城创建活动文明单位和文明个人的通报
区委办、区政府办	海办字〔2012〕4 号	关于评选海港区 2009–2012 年度秦皇岛市劳动模范的通知
区委办、区政府办	海办字〔2012〕5 号	关于报送《海港区年鉴》2011 年度资料的通知
区委办、区政府办	海办字〔2012〕6 号	关于转发《秦皇岛市归档文件整理规则实施细则》的通知
区委办、区政府办	海办字〔2012〕7 号	关于转发秦办字〔2012〕6 号文件的通知
区委办、区政府办	海办字〔2012〕8 号	关于深入开展 2012 年全民健身工作的通知
区委办	海办字〔2012〕9 号	关于调整区委反腐败协调小组成员的通知
区委办、区政府办	海办字〔2012〕10 号	关于成立加强和创新社会管理综合试点现场会领导小组的通知
区委办、区政府办	海办字〔2012〕11 号	转发《市委办公厅市政府办公厅关于实行公共决策人口和计划生育初审制度的意见》的通知
区委办、区政府办	海办字〔2012〕12 号	关于表彰 2011 年度人口和计划生育工作先进单位和先进个人的通报
区委办、区政府办	海办字〔2012〕13 号	印发《关于妥善处置到区委区政府集体访和群体性事件维护机关正常办公秩序的实施方案》的通知
区委办、区政府办	海办字〔2012〕14 号	关于暑期期间严禁领导干部外出有关事项的通知
区委办、区政府办	海办字〔2012〕15 号	关于调整海港区市民中心和文化馆工程建设领导小组、指挥部、监督领导小组的通知
区委办、区政府办	海办字〔2012〕16 号	关于转发《区专项资金综合治理工作领导小组 2012 年专项资金综合治理工作方案》的通知
区委办、区政府办	海办字〔2012〕17 号	关于印发《海港区 2012 年“暑期工作上水平”活动实施方案》的通知
区委办、区政府办	海办字〔2012〕18 号	关于印发《海港区 2012 年防范和打击非法集资宣传教育工作方案》的通知
区委办、区政府办	海办字〔2012〕19 号	关于规范党政机关、事业单位工作人员上网行为的通知
区委办、区政府办	海办字〔2012〕20 号	关于印发《海港区区级领导信访工作职责分工》的通知
区委办、区政府办	海办字〔2012〕21 号	关于实行区领导分包重点项目的通知
区委办、区政府办	海办字〔2012〕22 号	关于严格控制党政主要领导暑期出访的通知
区委办、区政府办	海办字〔2012〕23 号	关于印发《区级领导分包重点街道容貌整治工作方案》的通知
区委办、区政府办	海办字〔2012〕24 号	关于印发《海港区优化旅游市场环境活动实施方案》的通知
区委办、区政府办	海办字〔2012〕25 号	关于开展全区“农村民主议政日”活动的通知
区委办、区政府办	海办字〔2012〕26 号	关于转发区纠风办《海港区 2012 年纠风工作实施意见》的通知
区委办、区政府办	海办字〔2012〕27 号	关于对全区各单位上半年目标任务完成情况进行督导检查的通知
区政府办	海政办〔2012〕2 号	关于转发《秦皇岛市人民政府办公厅转发市民用爆炸物品安全监管工作联席会议关于进一步加强民用爆炸物品安全监管工作意见的通知》的通知
区政府办	海政办〔2012〕3 号	转发《市政府办公厅关于切实做好 2012 年春节期间值班工作通知》的通知
区政府办	海政办〔2012〕4 号	转发《市政府办公厅转发省政府办公厅关于深刻汲取事故教训切实做好当前安全生产工作的紧急通知》的通知
区政府办	海政办〔2012〕5 号	关于印发《海港区 2012 年政府信息公开工作要点》的通知
区政府办、区财政局	海政办〔2012〕6 号	关于开展罚没许可证年检工作的通知

续表 9-3

发文机关	文号	文件名称
区政府办	海政办〔2012〕7 号	关于印发海港区集中开展安全生产领域打非治违专项行动实施方案的通知
区政府办	海政办〔2012〕8 号	关于召开海港区人民政府十四届第一次全体会议暨廉政工作会议的通知
区政府办	海政办〔2012〕9 号	关于分解落实市政府第五次全体会议和区十四届政府第一次全体会议议定事项的通知
区政府办	海政办〔2012〕10 号	关于转发《秦皇岛市人民政府办公厅关于加快乡（镇、街道）村（社区）政务服务体系建设的通知》的通知
区政府办	海政办〔2012〕11 号	关于区政府领导工作分工的通知
区政府办	海政办〔2012〕12 号	关于对区政府系统值班工作检查情况的通报
区政府办	海政办〔2012〕13 号	关于印发党的十八大消防安全保卫战工作方案的通知
区政府办	海政办〔2012〕14 号	关于新办证人员法律知识培训考试的通知
区政府办	海政办〔2012〕15 号	关于进一步加大安全生产领域“打非治违”专项行动工作力度的紧急通知
区政府办	海政办〔2012〕16 号	关于转发《秦皇岛市人民政府办公厅关于做好强降雨天气防范应对工作的通知》的通知
区政府办	海政办〔2012〕17 号	转发《秦皇岛市人民政府办公厅转发省政府办公厅关于进一步推进安全生产“打非治违”专项行动深入开展的紧急通知》的通知
区政府办	海政办〔2012〕18 号	关于做好连续性强降雨天气防御工作的紧急通知
区政府办	海政办〔2012〕19 号	关于进驻区政务服务中心各部门窗口 2012 年第二季度绩效考核结果的通报
区政府办	海政办〔2012〕20 号	关于转发《秦皇岛市人民政府法制办秦皇岛市监察局对规范行政执法行为优化发展环境专项监督检查的通知》的通知
区政府办	海政办〔2012〕21 号	关于启用海港区党政机关公务用车领导小组办公室印章的通知
区政府办	海政办〔2012〕22 号	关于转发秦皇岛市人民政府办公厅关于贯彻落实河北省人民政府办公厅《关于进一步做好突发事件和重要信息报告工作的通知》的通知
区政府办	海政办〔2012〕23 号	关于贯彻落实冯国林区长在秦皇岛日报《“直通车”让政务服务更贴心》上批示要求的通知
区政府办	海政办〔2012〕24 号	关于区政府十四届第一次全体会议议定事项上半年完成情况的通报
区政府办	海政办〔2012〕25 号	关于转发市政府办公厅 2012 年县区环境保护目标管理考核办法的通知
区政府办	海政办〔2012〕26 号	关于进驻区政务服务中心各部门窗口 2012 年第三季度绩效考核情况的通报
区政府办	海政办〔2012〕27 号	关于启用金梦海湾商务旅游度假区管理委员会印章的通知
区政府办	海政办〔2012〕28 号	关于启用海港区东部旧村改造工作指挥部和海港区东部旧村改造工作指挥部办公室两枚印章的通知
区政府办	海政办〔2012〕29 号	关于开展全区投入产出调查工作的通知
区政府办	海政办〔2012〕30 号	关于启用海港区西部旧村改造工作指挥部和海港区西部旧村改造工作指挥部办公室两枚印章的通知
区政府办	海政办〔2012〕31 号	转发《河北省人民政府法制办公室关于行政执法证件和行政执法监督检查证件清理上报的通知》的通知
区政府办	海政办〔2012〕32 号	关于启用海港区海阳片区开发工作指挥部和海港区海阳片区开发工作指挥部办公室两枚印章的通知
区政府办	海政办〔2012〕33 号	关于印发海港区烟花爆竹安全监管部门联席会议制度的通知
区政府办	海政办〔2012〕34 号	关于印发严厉打击非法生产经营烟花爆竹行动工作方案的通知
区政府办	海政办〔2012〕35 号	关于印发规范性文件及改善两个环境政策性文件清理工作实施方案的通知
区政府办	海政办〔2012〕36 号	关于规范性文件及改善两个环境政策性文件清理工作情况报告
区政府办	海政办〔2012〕37 号	关于转发《国务院办公厅关于 2013 年部分节假日安排》的通知

（海　志）